의식을 넘어서

옮긴이 ● 대성(大晟)

선불교와 비이원적 베단타의 내적 동질성에 관심을 가지고 라마나 마하르쉬의 '아루나찰라 총서'와 마하라지 계열의 '마하라지 전서'를 집중 번역하면서, 성엄선사의 『마음의 노래』, 『지극한 도는 어렵지 않다』, 『지혜의 검』, 『선의 지혜』, 『대의단의 타파』, 『무방법의 방법』, 『부처 마음 얻기』, 『비추는 침묵』, 『법고』 등 '성엄선서' 시리즈와 『눈 속의 발자국』, 『바른 믿음의 불교』를 번역했다. 그 밖에도 중국 허운선사의 『참선요지』와 『방편개시』, 감산대사의 『감산자전』, 혜능대사의 『그대가 부처: 영어와 함께 보는 육조단경, 금강경구결』 등을 옮겼다.

마하라지 전서 ❷
의식을 넘어서 - 니사르가닷따 마하라지와의 대담

지은이 | 스리 니사르가닷따 마하라지
기록·편집 | 진 던 外
편역자 | 대성(大晟)
펴낸이 | 이효정
펴낸곳 | 도서출판 탐구사

초판 발행　　2006년 2월 25일
개정판 발행　2021년 4월 26일

등록 | 2007년 5월 25일(제208-90-12722호)
주소 | 04097 서울 마포구 광성로 28, 102동 703호(신수동, 마포벽산 e솔렌스힐)
전화 | 02-702-3557　Fax | 02-702-3558
e-mail | tamgusa@naver.com

* 값은 뒤표지에 있습니다. 잘못된 책은 바꾸어 드립니다.

ISBN 978-89-89942-55-9 03270

마하라지 전서 ❷

의식을 넘어서
니사르가닷따 마하라지와의 대담

스리 니사르가닷따 마하라지 말씀
진 던 外 기록·편집
대성(大晟) 편역

탐구사

Beyond Consciousness - Talks with Sri Nisargadatta Maharaj

English texts by Jean Dunn and Josef Nauwelaerts
Translated and edited by Daesung

Printed in Seoul
Copyright ⓒ 2006, 2021 Tamgusa Publishing

이 책의 판권은 도서출판 탐구사에 있습니다. 저작권법에 의해 보호받는 저작물이므로 사전 허락 없이 전재하거나 복사하는 것은 허용되지 않습니다.

스리 니사르가닷따 마하라지

진인은 세계의 다양한 종교들에 상관하지 않습니다.
그것은 인간들이 창시한 것입니다.
인간이 그 다양한 종교에서 무엇을 만들어냈습니까?
아주 적은 행복이나 만족, 그리고
엄청난 질투·증오·번뇌와 견해차입니다.

어떤 종교나 종파 혹은 교리를 따르면 우리는 불가피하게 조건화됩니다.
··· 한동안 조금 평안을 얻을지 모르지만,
그런 평안은 오래가지 않을 것입니다.

"내가 있다"는 앎에 안주하는 것이 스와다르마,
곧 우리의 참된 종교입니다.

스리 니사르가닷따 마하라지

차례

서문 · 11
머리말 · 15

1. "내가 있다"는 앎 · 27
2. 의식은 절대자의 마음이다 · 33
3. 음식기운의 정수 · 40
4. 그대는 몸이 아니다 · 47
5. 주의를 기울여라 · 53
6. 존재성 안에 있으라 · 59
7. 무지의 근원으로 돌아가라 · 67
8. 그대는 보편적 생명이다 · 72
9. 진리에는 도전할 수 없다 · 78
10. 어떤 지知도 없다 · 83
11. 그대가 바로 신이 존재한다는 증거이다 · 88
12. 의식을 지켜보라 · 95
13. 그대가 보는 모든 것은 그대의 진아이다 · 102
14. "내가 있다"는 앎이 우주의 스승이다 · 108
15. 스승은 가장 순수한 의식이다 · 115
16. 의식 이전의 원리 · 122
17. 일체가 의식의 유희이다 · 129
18. 그대가 신이다 · 137
19. 굳은 확신만으로도 일체를 초월한다 · 143

20. 그대의 본연적 상태에 편안히 있으라 · 149
21. 어떤 일도 일어나지 않는다 · 155
22. 그대 자신을 이해하라 · 162
23. 명상하는 자를 명상하라 · 169
24. 태어나거나 죽는 어떤 존재도 없다 · 176
25. 진아의 힘을 낭비하지 말라 · 179
26. 의식은 자각의 반영이다 · 187
27. 현상계는 미현현자의 꿈에 지나지 않는다 · 194
28. 내가 없으면 신은 없다 · 201
29. 잉태되기 이전의 상태 · 205
30. 존재성의 출현 · 213
31. 사람이란 없다 · 222
32. 진아-요가 · 226
33. 어떤 것도 5대 원소의 유희에 개입하지 않는다 · 235
34. 경험 없음의 상태에 머무르기 · 244
35. 짜란-암리따 · 255
36. 그대가 나타난 곳으로 나아가라 · 261
37. 존재성이 출현하기 전에 나는 어떻게 있었는가? · 269
38. 그대는 영원한 절대자이다 · 278
39. 음식이 있는 곳에는 그것이 살고 있다 · 286
40. 지고자에게는 지고자조차 쓸데없다 · 292
41. "내가 있다"는 느낌 안에 안주하라 · 303
42. 주시하기는 자연스럽게 일어난다 · 311
43. 존재성과 하나가 되라 · 318
44. 명상이란 존재의 느낌이 그 자신을 붙드는 것 · 324
45. 절대자는 그 자신을 모른다 · 334
46. 그대가 없으면 그대의 세계도 없다 · 341
47. "내가 있다"는 앎을 숭배하라 · 347
48. 스승의 말씀 안에 안주하라 · 352

49. 참스승-빠라브라만 · 358
50. 현상계 내에서는 '내가 있음'이 최고의 신이다 · 364
51. 브라만은 그대의 존재성에서 창조된다 · 368
52. 고요히 머물러 있으라 · 374
53. 그대가 아는 모든 것은 불완전하다 · 379
54. 마음은 필요한 정도만 사용하라 · 386
55. 존재성의 뿌리로 나아가라 · 393
56. 그대는 무한하고 영원하다 · 401
57. 의식을 초월하는 것은 아주 어렵다 · 407
58. 그대는 "내가 있다"는 관념 이전이다 · 412
59. 의식과 하나가 되라 · 418
60. 빠라브라만에게는 세계가 존재하지 않는다 · 423
61. 몸과의 동일시를 포기하라 · 429
62. 그대의 의식을 신으로 보라 · 435
63. 진리 안에서는 어떤 변화도 생길 수 없다 · 441
64. 그대 자신을 탐구하라 · 446
65. '내가 있음'이 시작되는 근원으로 나아가라 · 453
66. 창조는 자연발생적으로 일어난다 · 459
67. 그저 존재하라 · 468
68. '내가 있음'이 되라 · 473
69. 의식이 요동하면 이원성이 일어난다 · 479
70. 의식은 환幻이다 · 485
71. 보편적 의식이 신이다 · 490
72. 그대는 마음 이전에 있다 · 496
73. 의식의 근원 · 501
74. 진정한 해탈은 그대가 무無임을 아는 것이다 · 508
75. 신의 존재와 본질은 의식 안에 있다 · 514
76. 속박도 없고 해탈도 없다 · 521
77. 그대는 그 존재의 느낌이다 · 528

78. 소모되고 소진되는 모든 것은 실재하지 않는다 · 535

79. 의식의 시작은 바퀴의 중심과 같다 · 542

80. 만물은 실재하지 않는다 · 550

81. 존재하는 모든 것은 의식이다 · 557

82. "내가 있다"를 초월하라 · 564

83. 깊고 검푸른 상태 · 571

84. 의식을 알 수는 없다 · 579

85. 링가-몸 · 587

86. 원래의 상태에서는 어떤 개념도 없다 · 592

87. 백 년 전에 그대는 무엇이었는가? · 599

88. 세계는 자연발생적으로 나타난다 · 609

89. 그대가 있다는 확신을 계발하라 · 618

90. 놓아 버려라! · 626

91. 의식 아닌 그 어떤 것도 없다 · 635

92. 몸은 하나의 손님과 같다 · 642

93. 명상이란 "내가 있다"는 앎 속에 존재하는 것 · 649

94. 의식은 해답을 얻기 전에는 휴식하지 않는다 · 655

95. 그대가 전 우주를 삼킨다 · 662

96. 그대의 존재는 영원하다 · 669

97. 진리에 대한 어떤 체험도 있을 수 없다 · 676

98. 그대의 정체성은 무엇인가? · 684

99. 자각은 의식이 자신 속으로 가라앉는 상태이다 · 690

100. 절대자 외에는 아무것도 없다 · 698

101. 그대가 말없는 존재일 뿐일 때, 그대는 강력하다 · 705

번역 텍스트와 대담의 연월일별 목록 · 712

찾아보기 · 713

옮긴이의 말 · 717

서문

스리 니사르가닷따 마하라지의 핵심 가르침은 한편으로는 이해하기 쉽고, 또 한편으로는 굉장히 어렵다. 만일 우리가 기꺼이 우리 자신에 대해 아주 정직해지고, 우리 자신의 감옥을 짓는 데 사용해 온 남들의 개념을 바라볼 수만 있다면 그것은 쉽다. 한편 우리의 **진아**를 탐구하기란 굉장히 어렵다. 왜냐하면 우리가 자신의 개념들에 몹시 집착하여 그것을 포기하고 싶지 않기 때문이다. 그러나 그 **알려는** 욕망이 열화 같은 욕망이라면 우리의 여정을 시작하게 될 것이다. 우리는 책을 통해서나 남의 이야기를 들어서가 아니라, 오직 자신의 개인적 체험에 의해 우리가 누구인지 혹은 무엇인지를 알 수 있다.

마하라지는 우리에게 이 '나'가 무엇인지 알아내라고 다그쳤다. 그는 예리한 메스를 든 외과의사 같아서, 비본질적인 것들을 잘라내 버렸다. 당신의 반문은 종종 우리를 생각지도 않은 곳으로 데려가, 무슨 말을 해야 할지 모르게 만들 때가 많았다. 당신의 답변들은 결코 우리가 예상하던 것이 아니었다. 마하라지는 우리가 경전에서 무엇을 인용하는 것을 용납하려 들지 않았고(개인적 체험만 말해 보라고 했다), 그러는 것에 대해 몹시 화를 낼 수도 있었다. 한번은 어떤 사람이 힌두 신 다끄쉬나무르띠(Dakshinamurti)를 인용하자 당신은 이렇게 응수했다. "무슨 놈의 다끄쉬나무르띠는! 그대는 어떻소? 그대가 체험한 것은 무엇이오?"

우리들 대부분은 몸-마음과 자신을 동일시하므로, 당신은 우리에게 이 몸-마음이 무엇인지 알아내라고 요구했다. 몸은 아버지의 정자와 어머니의 난자에서 온 것 아닌가? 그렇다면 그것은 우리가 섭취한 음식의 산물이고 음식에 의해 지탱되는데, 이 음식은 5대 원소의 정수精髓이다. 우리가 어찌 그것이겠는가? 의식이 없으면 몸은 죽은 물질일 뿐이다. 의식이 몸을 떠나면 개인도 없고, 세계도 없고, 신도 없다. 의식은 하나의 신체적 형상 안에서 나타났을 때만 그 자신을 의식할 수 있다. 의식은 모든 음식 알갱이 속에, 5대 원소 모두에 잠재해 있다. 그것은 보편적이고, 비개인적이며, 모든 것에 편재한다. 일체가 의식이며, 그것이 현재 우리의 실체이다. 의식은 사뜨와(satva)·라자스(rajas)·따마스(tamas)라는 세 가지 **구나**(Gunas)의 조합과, 그것이 받은 조건화에 따라서 형상들을 통해 작용한다. 이 형상들 중의 하나가 '죽으면' 어떻게 되는가? 그 형상은 다시 5대 원소의 일부가 되고, 그 의식은 **보편적 의식**에 합일된다. 이것은 모두 하나의 과정으로서 일어나는 것, 곧 **의식의 유희**이다.

이 형상이 나오기 전에 나는 무엇이었나? (알 수 없는) 그것이 참으로 우리인 것이다. 저 **절대적 빠라브라만**(Parabrahman)—이런 것은 그 '미현현의, 이름 붙일 수 없는 것'에 이름을 붙이려고 우리가 만들어낸 말에 지나지 않는다. 절대적으로 조건 지워져 있지 않고, 무시간·무공간의 **존재**인 영원한 '나'는 존재를 알지 못한다(왜냐하면 타자가 없으므로). 나는 "내가 있다"로서의 나이다. 왜냐하면 나는 항상 있었고, 영원히 늘 있을 것이므로.

세계 각지에서 구도자들이 스리 마하라지의 영적인 인도를 구하여 찾아왔다. 이 책의 내용은 1979년부터 1981년, 그러니까 당신이 목암에 걸려 1981년 9월 8일에 84세의 나이로 돌아가시기 전까지 문답 시간에 한 녹음테이프들을 옮겨 기록한 것이다. 마하라지는 마라티어로만 말씀하셨고, 대담 석상에는 매번 통역자가 한 명씩 있었다. 우리는 이분들께 깊이 감사드린다. 늘 같은 사람이 통역한 것은 아니었고, 가장 자주 통역을 해준 분들은 스리 S. K. 물라르빠딴(Mullarpattan), D. 둔가지(Doongaji) 박사, 라메쉬 S. 발세까르 님, 고故 S. V. 사쁘레(Sapre) 님, 그리고 저녁 시간 통역자로서 내가 모한(Mohan-모한 가이똔데) 씨로만 기억하는 분이다. 때에 따라서 다른 이들도 있었지만, 보통은 이분들이 매일 통역을 맡았다. 또한 우리는 이 대담을 충실히 녹음해 준 N. 바나자(Vanaja) 양에게도 매우 감사드린다.

마하라지는 당신 생애의 마지막 2년 동안은 이 세간적 삶과 그 삶의 향상과 관련되는 어떠한 질문에도 응대하지 않았다. 당신은 최고의 **진리**만을 가르쳤는데, 당신의 몸이 약해진 상태였기 때문에 어떤 날은 논의가 거의 이루어지지 못하기도 했다. 그러나 당신의 말씀 단 한 문장도 우파니샤드와 같았다. 당신의 답변은 매우 퉁명스럽고 예리했으며, 누구의 에고에도 영합하지 않았다. 사실 당신이 공언한 (대담의) 목적은 그 '사이비 개체'(에고)를 파괴하는 것이었다. 당신의 친존親存(presence)에 있는 것은 그 맥동하는 **진리**를 느끼는 것이어서, 말로 표현할 수가 없다. 당신을 지켜보는 것만도 놀라운 경험이었다. 그 '인격'은 즐거워하거나, 화내거나, 슬퍼하거나, 쾌활하거나, 신랄하거나, 아니면 온화하여, 다양한 감정들이 그 '다발'을 통해 마치 물 위의 햇빛처럼 일렁였다. 그 다발(인격)의 무엇을 바꾸어 보려는 어떤 시도도 없었고, 그것이 그냥 자기 할 일을 하게 내버려두었다. 그것은 당신이 아니었으니까. 암 때문에 고통이 무척 심했지만, 당신의 입에서는 신음소리 한 마디 새어나오지 않았다. 나는 당신의 인간 모습 속에서, 그보다 더 용감한 사람을 아무도 보지 못했다. 그 몸은 그럴 수 없을 것처럼 보일 때도 자기 할 일을 해 나갔다. 그런 그분을 우리는 전적인 사랑과 경외감으로 바라볼 수 있을 뿐이었다. 스리 마하라지의 형상이 암으로 고통 받고 있다는 것은 의심할 바 없었지만, 당신은 일과로 하루에 네 번씩 하는 **바잔**(Bhajan-헌가)과 두 번씩 하는 대담도 그냥 평소처럼 해 나갔다. 다만 몸이 점점 약해져서 대담이 중단될 때도 자주 있었다. 그럴 때는 당신의 친존親存에 있는 것만으로도 족했다. 임종이 가까워서야 말씀을 별로 하지 않으셨다.

  이 책에서 같은 말이 반복되는 것은 필요한 일이다. 왜냐하면 마하라지는 우리의 개념들에 끊임없이 망치질을 하여, 우리가 지엽말단으로 흐르려고 할 때마다 우리를 뿌리로 되돌려 놓기 때문이다. 우리가 말에 집착할 때는 설사 그것이 당신이 한 말일지라도 당신은 우리의 턱밑에서 그것을 바로 날려버렸다. 언젠가 어떤 사람이 이렇게 말했듯이 말이다. "저는 마하라지께 엄청나게 고마움을 느낍니다. 당신께서 가장 다른 점은, 그 무엇과도 관계없이 가장 도움 되는 올바른 답변을 해주신다는 것입니다. 사람들은 그 가르침을 하나의 체계로 만들고 싶어 하지만, 그것은 그 가르침을 망치는 것입니다. 그러나 마하라지께서는 걱정하지 않으십니다. 그저 수요일에는 붉은 것을 검다 하시고 금요일에는 붉은 것을 희다 하시지만, 그 당시에는 그 답변이 옳습니다. 왜냐하면 그것이 질문자의 방향을 바꿔 놓기 때문입니다. 그것은 엄청나게 가치 있고 독특합니다(194쪽 참조)." 독자들은 한 번에 몇 쪽씩만 보면서 그 의미를 숙고하고 그에 대해 명상해야 할 것이다.

  독자인 당신이 이 책을 읽는다면, 마하라지께서 말씀하셨듯이, 당신은 "해야 할 공부를 한" 사람이라고 생각된다. 당신이 이 사이비 개체(에고)와의 동일시를 포기할 준비가 되어 있다면, 계속 읽어 나가면서 행복한 여행을 하시기 바란다.

진 던(Jean Dunn)

머리말

나는 이 책의 독자들에게 스리 니사르가닷따 마하라지를 '소개'해 달라는 부탁을 받고 상당히 놀랐다. 왜냐하면 나 자신이 그럴 자격이 있다고는 거의 생각해 본 적이 없기 때문이다. 내가 마음속으로 왜 (기록자 아닌) 다른 사람이 이 영예로운 임무를 수행해야 하느냐는 반론을 채 정리하기도 전에, 부탁한 이가 하는 말인즉, 마하라지께서 내가 해주기를 바라실 거라는 것이었다. 그래서 더 이상 가타부타할 것 없이 그 문제는 매듭지어졌다.

나는 늘, 종교에는 우리가 신에게 복을 구하면서 불행을 면하게 해 달라고 기도하는 것보다 더 깊은 뭔가가 분명히 있을 거라고 직감하고 있었다. 비이원론(Advaita) 철학에 대해서도 상당한 분량의 책을 읽은 바 있었다. 그래서 스리 니사르가닷따 마하라지와 당신을 찾아온 여러 사람들 간의 대화를 고(故) 스리 모리스 프리드먼(Sri Maurice Frydman)이 정리한 책 『아이 앰 댓』을 처음 만났을 때, 나는 한 분의 스승이 히말라야가 아니라 내 고향 봄베이에 살고 계셨다는 것과, 내가 그 주제에 깊은 관심을 가지고 있었는데도 그 많은 세월 동안 당신을 만나 뵐 행운을 갖지 못했다는 사실에 상당히 놀랐다. 그 직후, 말할 필요도 없이 나는 당신을 찾아가서 당신 발아래 앉았다. (사실 내가 마하라지님을 처음 알게 된 것은 「마운틴패스」(The Mountain Path-라마나스라맘의 정기간행물) 1978년 10월호에 실린 진 던 여사의 글을 통해서였지만, 나에게 주로 영향을 미친 것은 그 책이었다.)

내가 당신을 처음 찾아가서 케뜨와디 10번길(Khetwadi 10th Lane)의 바나말리 맨션(Vanamali Mansion) 1층의 당신 댁 다락방 계단을 올라가니, 마하라지께서는 방 한쪽 구석에 앉아 몇 개비의 선향線香에 불을 붙여 그것을 앞에 놓인 몇 개의 그릇에 놓고 계셨다. 내가 당신 앞에서 절을 하고 나서 당신 앞에 과일 공양물을 놓자, 당신은 그 꿰뚫어보는 듯한 눈길로 나를 바라보더니 따뜻한 미소를 짓고 말씀하셨다. "아, 자네가 왔어? 앉게." 나는 잠시 당신이 나를 다른 사람으로 착각하신 게 아닐까 의아해하지 않을 수 없었다. 당신의 말씀은 마치 내가 오기를 기다리고 계셨다는 것처럼 들렸기 때문이다. 당신이 나에게 특별히 질문할 것이 있느냐고 하시기에, 나는 조용히 앉아서 당신의 말씀과 당신의 친존親存에 가득 찬 영적인 기운을 흡수하고 싶은 마음뿐이라고 말씀드렸다. 당신은 미소를 짓고 고개를 끄덕이셨다. 그때부터 나는 정기적으로 마하라지님을 찾아뵈었다.

내 경험상 마하라지님은 개인으로서의 당신 자신에 대해 말씀하기를 좋아하지 않으시고, 당신에 관한 개인적 정보는 다른 사람들에게서 수집할 수밖에 없다. 한 가지 확실한 것은, 당신은 사두(Sadhu)나 산야시(Sanyasi-출가수행자)가 아니라는 것이다. 실제로 당신은 어떤 특별한 포즈(pose-티내는 모습)도 일체 지니고 계시지 않다. 당신은 단순한 사람이고, 가장 평범한 옷을 입으며, 수백만의 다른 사람들과 똑같이 실제 그대로의 단순한 재가자로 보인다. 사실 당신의 말씀 중에서도 당신은 배운 사람이 아니며, 따라서 당신 자신의 개인적 지식이나 체험에 기초해서만 이야기할 수 있고, 당신의 참된 존재에 관해 당신이 알 수 있었던 것은 다른 모든 사람에게도 해당된다는 말씀을 종종 하신다. 나는 특히 다음 말씀을 결코 잊을 수 없다. "한때는 내가 한 사람의 남자고, 결혼을 했고, 자식이 있다고 생각했다. 그러다가 스승님을 만났고, 당신의 전수傳授와 가르침을 받고 나서는 내가 브라만임을 알게 되었다."

스리 니사르가닷따 마하라지는 1897년 3월, 봄베이에서 마루띠 쉬브람빤뜨 깜쁠리(Maruti Shivrampant Kampli)로 '태어났다'. 그의 생일은 길일인 하누만 탄신일(Hanuman Jayanti)과 겹쳤고, 그래서 마루띠(하누만)란 이름을 얻었다. 어린 마루띠는 봄베이에서 멀리 떨어진 시골 깐달가온(Kandalgaon)에서 유년기를 보냈는데, 부친이 '전염병이 돈 해'에 이 마을로 이주했던 것이다. 나는 마하라지님이, 아마도 당신의 가장 오래된 개인적 기억은 어릴 때 아버지의 목말을 타고 해가 산꼭대기로 막 모습을 내밀던 어느 산을 향해 가던 일이었다고 말씀하신 것을 기억한다. 세월이 가면서, 농토에서 나오는 수입만으로는 가족이 생계를 유지하기 어려웠다. 부친이 1915년에 세상을 뜬 뒤 맨 먼저 맏형이, 그 다음에는 마루띠 자신도 봄베이로 돌아가서 가족의 밥벌이를 하지 않으면 안 되었다. 마루띠는 개인회사의 서기로 일하기 시작했으나 독립적이고 모험적 기질이 있던 그는 곧 독립해서 장사를 시작했다. (내가 마하라지님과 교류하기 시작한 이후 발견한 많은 우연의 일치 중 하나지만, 내가 바로 이 문단을 쓰고 난 직후에—실은 바로 그 다음날—마하라지께서 우연히, 당신은 타고나기를 늘 워낙 독립적이어서 누구의 어떤 압력도 결코 견딜 수 없었다고 하면서 이렇게 말씀하셨다. "자유 없이 평생을 사느니 독립해서 하루를 사는 것이 더 낫지." 그리고 나에게 의미심장한 미소를 지어 보이셨다. 이것은 마하라지님이 당신의 개인적 생애에 대해 말씀하신 드문 경우 중의 하나였다.)

마루띠 깜쁠리는 비디(bidis)[손으로 만 토산 담배]를 만들어 파는 가게 하나를 가지고 자기 사업을 시작했고, 비교적 단기간에 그런 가게 8개를 소유하게 되었다. 1924년에는 결혼을 하여 1남 3녀의 네 자녀를 두었다. 그러나 물질적 번영만으로는 많은 만족을 얻을 수 없었다. 집안 전체에 내려오던 깊은 종교적 분위기와 의식적儀式的 전통, 그리고 무엇보다 어릴 때 깐달가온에서 비슈누 고레라는 학식 있는 브라민과 교류한 경험으로 인해, 그의 내면에서 꽤 일찍부터 **인간**, 바깥 **세계**, **신** 간의 관계에 관한 물음이 일어나게 된 것은 불가피한 일이었다. 마루띠가 **나바나트 삼쁘라다야**(Navanath Sampradaya)의 스리 싯다라메쉬와르 마하라지(Sri Siddharameswar Maharaj)에게 소개된 것은 그의 친구였던 예쉬완뜨라오 바그까르라는 사람 덕분이었다. 바그까르는 마루띠의 **진리**에 대한 진지하고 열렬한 탐구심을 잘 알고 있던 터라, 하루는 그를 자기 **스승**에게 데려가기로 결심했다. 마하라지의 표현을 빌리면, "바그까르는 싯다라메쉬와르 마하라지께 갈 때, 사실상 나를 억지로 데려갔다. 전통적으로 제자가 스승의 목에 걸어드리는 화만華鬘(꽃들을 실에 꿴 장신구)도 바그까르가 샀고, 그는 운명이 시키는 대로 사실상 나를 **스승님**의 발아래로 밀어 넣었다."

그리고 얼마 되지 않아서 마루띠는 스승에게서 전수(나마 만트라)를 받았고, 타고난 열성과 결의로 자신의 수행修行을 밀고 나가 마침내 깨달음을 성취했다. 이 일은 1933년에서 1936년 사이에 일어났다.

스리 싯다라메쉬와르 마하라지는 1936년에 대삼매大三昧에 들었다. 이듬해, 스리 니사르가닷따 마하라지는 문득 자신의 가족과 번창하던 사업을 버리고 전국을 방랑하기로 마음먹었다. 남인도의 몇 군데 성지와 사원들을 둘러본 뒤에, 히말라야에서 여생을 보낼 작정으로 북쪽으로 올라가던 그는 우연히 동문 사형 한 사람을 만났다. 그와 의논한 뒤 스리 니사르가닷따 마하라지는 실은 그런 방랑이 필요하지 않고, 집착 없이 행위하면서 활동적인 삶을 사는 것이 훨씬 더 의미 있다는 결론에 도달했다. 당신이 봄베이로 다시 돌아오게 된 것은 아마도 그때 이후로 마하라지님의 인도를 받을 수 있게 된 수많은 사람들의 복력 때문이었을 것이다. 봄베이로 돌아와 보니 가게들은 하나만 남고 모두 남의 손에 넘어간 뒤였지만, 당신은 그 정도면 세간에서 살아나가는 데 충분하다고 차분히 판단했다. 그 뒤로 모든 일이 자연발생적으로 일어나고 있고, 어떤 일도 면밀한 의도나 의식적인 노력 없이 이루어지고 있다.

당신이 비디 가게에 앉아서 조용히 효율적으로 장사를 하고 있으면 어떤 친구가 찾아오곤 했고, 대화는 늘 같은 주제인 **빠라마르타**(Paramartha), 즉 궁극적 의미에 대한 것이었다. 그런 대화들이 입소문으로 워낙 알려져 당신의 작은 가게 바깥에는 늘 작은 군중이 모여들어 보석 같은 지혜의 말씀에 귀를 기울이곤 했다. 그래서 아들이 가게를 맡아볼 수 있게 되자 마하라지님은 당신이 개인적으로 사용하려고 집 안에 지은 다락방으로 물러났고, 이곳은 그 이후로 어떤 아쉬람의 성스러움을 조용히 띠게 되었다.

내가 마하라지님과 가졌던 개인적 체험으로 넘어가기 전에, 당신 생애의 중요한 사건 하나를 이야기하겠다. 가끔 마하라지님은 죽음의 순간과, 보통 사람에게는 충격적인 그 체험이 **진인**眞人(Jnani)에게는 어떻게 큰 황홀경일 수 있는지를 말씀하신다. 때로는, 당신이 그것을 아는 것은 당신 자신의 죽음을 체험해 보았기 때문이라고 말씀하시기도 한다! 몇 가지 점을 알아보니, 당신이 이야기하시는 것은 이 사건을 두고 하시는 말씀인 듯했다.

몇 해 전, 일요일 저녁마다 마하라지의 동문 사형제 중 한 분인 스리 바이나트 마하라지(Sri Bhainath Maharaj)[스리 사브니스(Sri Sabnis)]의 저택에서 **바잔(Bhajan)** 의식을 거행하곤 했는데, 마하라지님도 어김없이 참석하셨다. 어느 일요일에는 마하라지님의 한 제자가 당신을 스리 사브니스의 저택으로 모셔 가려고 댁을 찾아가니, 마하라지님이 누가 보기에도 병이 나서 누워 계셨고 가족들이 몹시 걱정하고 있었다. 마하라지님은 의사의 진찰을 원치 않았고, 그 제자에게 스리 사브니스에게 가서 평소의 의식을 거행하라고 말씀하셨다. 그러나 제자는 마하라지님의 곁을 떠나지 않았고, 결국 스리 사브니스 님이 무슨 일이 있나 하고 와 보았다. 마하라지님은 스리 사브니스 님과 그 제자에게, 돌아가서 평소의 **바잔** 의식을 마치라고 고집하셨다. 그들은 마지못해 이에 따랐지만, **바잔**이 끝나자마자 다른 제자 몇 명과 함께 돌아왔다. 그들은 마하라지님이 일어나 앉아 계시고, 아주 많이 회복되신 것을 보고 기뻐했다. 며칠 후 당신은 대담 도중에, 그날 오후 당신은 실제로 당신 자신의 죽음을 지켜보고 있었으며, 그것은 더없이 황홀한 순간이었다는 이야기를 하셨다.

몇 년째 마하라지님의 일과는 단순하고 규칙적이다. 오전과 오후에는 매번 약 90분에 걸쳐 방문객들과 대화를 나누고, 하루에 네 번 당신 **스승님의** 가르침대로 하는 **바잔**이 있다. 대담 또는 대화 시간에는 요즘 보통 스무 명 가량 모이는데, 일요일이나 휴일에는 대략 서른다섯 명까지 늘어나서 작은 공간을 가득 채운다. 그중 몇 사람은 보통 외국인인데, 그들은 관광객이 아니라 특별히 '당신을 친견하고' 당신의 이야기를 듣기 위해 먼 데서 온 사람들이다. 『아이 앰 댓』을 읽고 나서 당신을 만나 뵙고 싶은 욕망을 누를 수 없었기 때문이다. 인도인이든 외국인이든, 방문객들 중 어떤 이들은 뛰어난 지성을 가진 사람들로, 자기 분야에서 성공한 지도자들이다. 마하라지님은 이렇게 말씀하신다. "보통은 저같이 하찮은 사람이 다가가지도 못할 저명한 사람들이 여기 와서 합장을 하고 이야기를 듣는다는 것은 제 **스승님의 은총에** 의한 기적 아닙니까? 그들이 개인으로서의 저를 보러 왔습니까? 아니면 그들이 와서 듣는 것은 제 **스승님의 은총이** (저를 통해) 쏟아지기 때문입니까?"

마하라지님의 처소에는 가끔 학식을 과시하려는 이들과 마하라지님을 무익

한 논쟁에 끌어넣으려는 사람들도 찾아온다. 마하라지님은 그런 사람들이 일정한 한계를 넘어서면 주저 없이 그들에게 면박을 주지만, 당신을 이해하려는 진지한 욕망을 가지고 단순한 겸허함으로 찾아 온 사람들에게는 놀라운 정도의 인내와 관용을 보이신다. 마하라지님이 하시는 모든 말씀은 워낙 신속한 자연발로성(spontaneity), 차분한 주장, 그리고 냉정한 권위와 더불어 나오기 때문에, 우리는 본능적으로 **스승**의 **친존**親存을 느끼고 **진리**를 인지하지 않을 수 없다. 그 당시에는 그것을 별로 이해하지 못한다 해도 말이다! 당신은 자신의 말을 정당화하거나 뒷받침하기 위해 어떤 전거도, 심지어 **베다**(우파니샤드)도 인용하지 않는다. 당신은 명백히 언어를 넘어선 수준에서 말씀하시는데, 그것은 **베다**에서도 이야기하지 못하는 수준이다.

마하라지님은 자신들에게 물질적 이익이나, 신체적 장애의 경감 혹은 마음의 위안을 가져다줄 수 있을 조언을 얻을 마음으로 찾아오는 사람들은 실망하게 될 거라는 점을 분명히 할 때가 많다. 왜냐하면 당신은 그런 문제들을 결코 논하지 않기 때문이다. 마하라지님이 '인기 있는' **구루**가 되지 않은 것은 아마도 그 때문일 것이다. 자신이 좋아하는 개념이나 종교적 형상들에 대한 **인가**認可를 얻기를 기대하는 사람들은 실망할 뿐만 아니라, 마하라지님의 어떤 말씀에 기분이 상하거나 좌절감을 느낄 수도 있다. 예를 들어 이런 말씀과 같다. "모든 경전은 세계가 있기 전에 **창조주**가 있었다고 말합니다. 그러나 **창조주**를 아는 것은 누구입니까? **창조주** 이전에 있던 자―곧 그대 자신의 참된 존재, 즉 모든 **세계**와 그 **창조주**들의 **근원**입니다." 실제로 마하라지님의 가르침은 어떤 기성 종교에도 직접적인 기초를 두고 있지 않다. 당신은 이렇게 묻는다. "누가 저에게 5대 원소 각각의 종교를 말해줄 수 있습니까?"

그러면 마하라지님은 무엇을 가르치는가? 마하라지 자신이 종종 말씀하시듯이, 당신이 하시는 일은 우리에게 하나의 영적인 거울, 만일 우리가 진지하게 원한다면 우리의 참된 모습을 비춰볼 수 있는 그런 거울을 제시하는 것뿐이다. 우리가 과감히 시도해 보자면, 당신의 기본적 가르침은 아마도 다음과 같이 요약될 수 있을 것이다.

전 우주(Mahadakash)는 **의식**意識(Chidakash) 안에서만 존재하지만, **진인**은 절

대자(Paramakash) 안에 자신의 자리를 갖는다. 절대자―순수한 존재성―안에는 "내가 있다"는 어떤 의식도 없다. 그것은 생각과 말 이전이다. 그러다가 아무 이유도 없이, 의식이 자연발로적으로(spontaneously) 요동하여 존재가 된다. 의식 안에서 세계가 나타나고 사라진다. 존재하는 모든 것이 나(Me)이며, 존재하는 모든 것이 내 것(Mine)이다. 모든 시작 이전과 모든 끝 이후에, 내가 있다(I AM). 무슨 일이 일어나든 그것을 주시하는 '나'가 있어야 한다. 따라서, 세계가 존재하지 않는다는 것이 아니다. 세계는 의식 안에 있는 하나의 겉모습이며, 의식은 '알려지지 않는 것'의 무변제無邊際 안에 있는 '알려진 것'의 총합이다. 시작하고 끝나는 것은 겉모습에 불과하다. 세계는 나타난다고 할 수는 있으나 존재한다고 할 수는 없다.

　마하라지는, 각 개인이 꿈을 꿀 때마다 세계가 의식 안에서 창조되는 것을 실제적으로 경험한다고 말한다. 사람이 완전히 깨어나지 않은 상태에서 의식이 단지 요동하기만 할 때, 그는 꿈을 꾼다. 그리고 그 꿈속에서, 그 작은 의식의 점 안에서 일순간에 이 바깥 세계와 아주 흡사한 전 세계가 창조되며, 그 세계 안에서 외부 세계에서와 똑같이 움직이는 지구, 태양, 산과 강, 그리고 (그 자신을 포함한!) 사람들이 보인다. 그 사람이 꿈을 꾸고 있는 동안에는 그 꿈 세계가 너무나도 실재한다. 꿈속에서 그가 경험하는 것들―쾌락과 고통―도 극히 현실적이다. 그러나 일단 깨어나면 꿈 세계 전체가 그것을 창조한 의식 안으로 합일된다. 생시의 상태에서는 무지[마야] 때문에 세계가 나타나 그대를 생시라는 꿈의 상태로 데려간다고, 마하라지는 말한다. 잠과 생시 둘 다 잘못 붙여진 이름이다. 왜냐하면 그대는 꿈을 꾸고 있을 뿐이기 때문이다. 그대는 자신이 깨어 있다는 꿈을 꾸고, 자신이 잠들어 있다는 꿈을 꾸는 것이다. 진인만이 참된 생시와 참된 잠을 안다. 모든 것을 하나의 꿈으로 보고 거기서 벗어나라…. 이해해야 할 주안점은 그대가 기억·욕망·두려움에 기초한 그대 자신의 상상물인 하나의 세계를 그대 자신에게 투사해 왔다는 것과, 그대 자신을 그 안에 가두어 왔다는 것이다. 그것을 깨닫고 마법을 풀어 자유로워져라.

　세계의 창조, 곧 의식 안에서의 겉모습에는 몇 가지 측면이 있다. 부모적 원리는 **쁘라끄리띠-뿌루샤**(Prakriti-Purusha), 곧 남성과 여성의 이원성이다. 창조의 재료는 5대 원소의 정수[사뜨와]인데, 이 **사뜨와**(Sattva)는 다른 두 가지 **구나**(Gunas)[속성들], 곧 **라자스**[에너지]와 **따마스**[불활성 및 에고]를 통해서 작용한다. 개인은 자신이 행위하는 자라고 생각할지 모르나, 진실로 모든 행위는 5대 원소에 의해 세 가지 **구나**를 통해서 성취된다. 우리를 **의식**으로 깨어나게 하는 것은 **사뜨와**이고, 우리를 일상의 활동으로 밀어 넣는 것은 **라자스**이며, 우리로 하여금 그 행위의 행위자 지위를 갖게 하는 것은 **따마스**이다.

진지한 학인學人에게는 마하라지의 접근법이 직접적이고 강력하고 단순하며, 동시에 깊고 미묘하다.

(가) 물이 좀 고인다고 하자. 얼마 후에는 어떤 곤충의 몸이 생겨난다. 그것이 움직이기 시작한다. 그것은 자신이 존재한다는 것을 안다. 한 구석에 빵 한 조각을 던져두고 한동안 내버려 두면 어떤 벌레의 형상이 출현한다. 그것이 움직이기 시작한다. 그것은 자신이 존재한다는 것을 안다. 달걀이 일정한 시간 동안 체온을 받으면 갑자기 깨지면서 병아리가 나온다. 그것이 움직이기 시작한다. 그것은 자신이 존재한다는 것을 안다. 남자의 정자가 여자의 자궁 안에서 잉태되면 아홉 달이 지나 아기로서 태어나, 잠과 생시의 상태들을 거치기 시작하고, 신체적 기능들을 수행한다. 몇 달이 지나면 이제는 유아의 형상이 된 그 정자가 자신이 존재한다는 것을 알기 시작한다. 그리고 엄마에게서 "너는 아들이다, 딸이다" 등의 더 많은 정보를 얻기 시작한다.

(나) 곤충·벌레·병아리·인간의 몸이라는 네 가지 경우에서, 실제로 태어나는 것은 무엇인가? 잠과 생시라는 두 가지 상태와 함께 실제로 태어나는 것은 "내가 있다"는 앎, 즉 **의식** 아니냐고 마하라지는 말한다. 그 네 가지 형상의 각 경우에 홀연히 나타난, 네 경우 모두에 동일한 이 **의식**은 어떤 '지지물' 없이도 그 자신을 발견하고, 그 특정한 신체적 형상에 의지하면서 자신을 그것과 동일시한다. 달리 말해서, 원래 어떤 모양이나 형상도 없던 "내가 있다"는 메시지가—(특정한 누구에 대한 것이 아니라) 존재 일반에 대한 앎에 불과한 것이—하나의 특정한 몸을 자신과 잘못 동일시하여 자신의 탄생을 받아들였고, 그 후로 끊임없는 '죽음'의 공포라는 그림자 속에서 살아간다.

(다) 이 '내가 있음(I Am-ness)', 곧 그것 없이는 우리가 자신이 존재한다는 것을 알지 못할 거라고 마하라지가 말하는—따라서 누구나 그것을 더없이 사랑하고 어떤 대가를 치르더라도 가능한 한 오래 보존하려 하는—이 **의식**이, 우리가 가지고 태어난 유일한 '밑천'이다. 이 **의식**은 신체적 형상 없이는 존재할 수 없는데, 그 형상 자체는 부모가 섭취한 음식의 정수인 정자와 난자가 잉태된 결과에 지나지 않는다. 이것이 **의식**을 가진 개인적 몸이 태어나게 된 과정의 분석인데, 그 과정은 그 해당 개인과 전혀 상의 없이 시작되었다! 만일 우리가 이처럼 우리가 생겨나게 된 과정을 분명히 볼 수 있다면, 한 개인적 인격에—곧 아무 실체가 없는, 기억과 습관의 다발에 불과한 어떤 것에—우리가 자부심을 가질 어떤 여지가 있을 수 있는가?

(라) 그럴 때 만약 어떤 개인적 인격도 실제로 있을 수 없다고 한다면, 이런 의문이 일어난다. "그렇다면 누구에게 무슨 **해탈**(Moksha)이 있는가?" 이러한 의문이 일어나는 것은 인간의 경우뿐이다. 왜냐하면 다른 어떤 생명체도 그 자신의 존재나 근원에 대해서 의문을 품을 지성이 없기 때문이다.

해탈은 "내가 있다"는 앎이 다음 것들을 깨달을 때 일어난다고, 마하라지는 말한다.

1) 그것은 늘 무한하고 전적으로 자유롭다는 것, 그것은 그 자체 모든 창조계의 원인이라는 것—즉, **의식**이 없으면 어떤 세계도 있을 수 없다는 것.

2) 그러나 그것은 자기한정에 의해—즉, 자신을 그 개인적 몸과 동일시함으로써—속박이라고 하는 그 자신의 족쇄를 만들어냈다는 것.

3) 그것은 어떤 형상도 무늬도 없다는 것—즉, 그것은 마치 설탕 속 단맛의 성질처럼 (그 몸-형상이 섭취한) 음식기운(food essence)의 '성질'이라는 것.

4) 그 음식기운[몸]이 늙어서 '죽으면' 그 성질인 "내가 있다"는 앎도 사라진다는 것—즉, 더 이상 세 가지 **구나**에 종속됨이 없이 **니르구나**(Nirguna-성질 없는 본체)가 되고, **실재**實在에 합일된다는 것. 누가 죽는가?

마하라지는 당신의 가르침을 반복적으로 요약하여, 질문자들에게 "근원으로 돌아가라"는 당신의 말을 넘어서 그곳에—**실재**인 **근원**이자, **의식**이 태어나기 이전인 우리의 참된 상태에—안주하라고 요구한다. 그 상태에서는 우리에게 어떤 욕구도 없고, (보통은 건강한 몸 안의 질병 같은) 그런 사건들의 흐름—잉태, 몸의 탄생과 생애, 그리고 결국 그 몸의 죽음—에 대한 어떤 환상도 없다. '그대'는 늘 전체적 '일어남'과 별개이며, 단지 그것을 주시할 뿐이다. 그 일어남이 끝나면 주시하기도 사라진다. 누가 죽는가?!

그대는 그 몸 안에 있지도 않고 마음 안에 있지도 않지만, 그 둘 다를 자각하고 있다는 것을 분명한 확신을 가지고 아는 것, 그것은 이미 **진아지**眞我知(Self-knowledge)라고 마하라지는 말한다. 해탈은 획득의 문제가 아니라 그대가 늘 자유로웠다고 하는 믿음과 확신의 문제이며, 이 확신에 따라 행동하는 용기의 문제이다. 변할 것은 아무것도 없다. 변해야 한다는 바로 그 생각이 거짓이라는 것을 볼 때만, 변치 않는 것이 그 자신 속으로 들어올 수 있다!

마하라지의 말씀을 듣는 사람들은 당신의 가르침에서, 완전히 다른 접근법에 충격을 받는다. 예컨대 사랑이란 주제에 대한 통상적 가르침은 우리가 남들에 대한 사랑의 감정을 계발하지 않고는 어떤 영적 진보도 있을 수 없다는 것이었다. 이런 접근법은, 자기가 남들을 그 자신만큼 사랑하지는 않고, 그럴 수도 없다는 것을 아는 정직한 구도자에게 좌절감의 문제가 되기 십상이다. 그러니 마하라지가 이렇게 말할 때 얼마나 위안이 되겠는가! "그대 자신의 **진아**에 충실하라. 그대 자신을 절대적으로 사랑하라. 남들을 그대 자신만큼 사랑하는 척하지 말라. 남들이 그대 자신과 하나임을 깨닫지 못하면 그들을 사랑할 수 없다. 그대가 아닌 것인 척하지 말고, 그대인 것이 아니려고 하지 말라. 남들에 대한 그대의 사랑은 **진아지**의 **결과**이지 그것의 원인이 아니다."

마지막으로, 마하라지가 이렇게 말하는 것을 듣는 것은 얼마나 고무적인가. "그대가 여기서 배운 것은 씨앗이 된다. 그것을 잊어버리는 것처럼 보일 수도 있다. 그러나 그것은 살아 있을 것이고, 적절한 시기가 오면 싹이 트고 자라나 꽃을 피우고 열매를 맺을 것이다. 모든 일이 저절로 일어날 것이다. 그대는 무엇도 할 필요가 없다. 단지 그것을 막지만 말라."

1980년 3월 31일
라메쉬 발세까르(Ramesh S. Balshekar)

의식을
넘어서

일러두기

1. 앞의 '서문'은 진 던이 편집한 *Prior to Consciousness*에 수록된 서문이고, '머리말'은 역시 그가 편집한 *Seeds of Consciousness*에 수록된 머리말을 옮긴 것이다.
2. 본문의 둥근 괄호 안에 있는 말 중 본문보다 한결 작은 글자로 된 것은 역자가 보충한 것이며, 꺾쇠표 안에 있는 말은 모두 원문에 있는 것이다.
3. 원서에서 대문자로 시작하는 주요 단어들과 그 밖에 일부 핵심 단어들은 문맥을 고려하여 **돋움체**로 표시하였다.
4. 각주는 모두 역주이며, 이를 나타내기 위해 *T.*(=Translator)라는 약자로 표시한다.

1
"내가 있다"는 앎

마하라지: **자연**(Nisarga) 안에서는 일체[계절·파종·수확 등]가 시간이 한정되어 있지만, **자연** 자체는 시간이 한정되어 있지 않습니다. **자연**은 남성도 아니고 여성도 아닙니다. 많은 **화신들**(Avatars)이 오고 가지만 **자연**은 영향을 받지 않습니다. **자연**에 대한 이야기는 여러분이 태어나면서부터 마음속에 받아들인 모든 인상에서 생겨납니다. 그런 기억들을 붙들고 있는 한 **진아지**眞我知는 없습니다. 역사나 위인들의 생애같이, **자연** 안에서 일어난 일들만 공부해서는 **진아**를 깨닫지 못합니다. 내면으로 들어가야 합니다. **자연** 안에서 일어난 어떤 위대한 일도, 그것이 아무리 강력하다 해도, 바로 여기서 사라집니다. 이런 상황들은 나타나고 사라집니다. 이것은 실은 추상적이고, 여기서 확실한 것은 "내가 있다(I AM)"는 앎입니다. '보이는 것'과 '봄'이 사라집니다. 저는 귀를 기울일 준비가 된 사람들에게만 이 말을 합니다. 나타나는 것은 뭐든 사라지게 되어 있습니다. 가장 위대한 나타남은 "내가 있다"는 앎입니다. 그것은 몸의 탄생 전과 죽음 이후에는 보이지 않습니다. 많은 큰 **진인들**(Sages)이 "내가 있다"는 강력한 씨앗으로 인해 나타나고 사라졌습니다. 생기(prana)가 몸을 떠나면 앎은 지지물이 없어져 사라집니다. 즉, 보이지 않게 됩니다.

제가 설명하는 것은 아주 깊습니다. 여러분은 **브라만**(Brahman)을 체험할 수도 있겠지만 그 체험은 머무르지 않을 것입니다. 모든 체험은 "내가 있다"는 세포(작은 점)에 기인합니다. 그 세포도, 체험도 사라질 것입니다. 여러분이 가장 잘 기억하는 것도 언젠가 사라질 것입니다. "내가 있다"는 앎은 시간이 한정되어 있고, 여러분의 모든 앎은 여러분이 있다는 개념에서 솟아나옵니다.

무수한 **진인들**이 왔다가 갔습니다. 그들이 현재 "내가 있다"는 상태를 체험하고 있습니까? 그들은 자신들의 존재성(beingness-'내가 있음')을 영구적인 것으로 만들 어떤 권능도 가지고 있지 않았습니다. 그들의 '내가 있음(I Am-ness)'은 보이지 않게 되었습니다. **진인들**은 세계 안에서 털끝만큼의 변화도 만

어낼 수 없습니다. 무슨 일이든 일어나는 것은 일어납니다.

질문자: 그러나 마하라지께서는 진인眞人(Jnani)의 존재로 인해 이 세계가 이익을 얻는다고 말씀하셨습니다.

마: 무지한 사람, 즉 몸-마음에 집착하는 사람에게는 그렇게 말합니다. '내가 있음'이 전혀 없을 때, 그대에게 필요한 것이 무엇입니까?

질: 제가 없어집니다.

마: 누가 말하고 있습니까? 누구에게?

질: 저 자신에게요.

마: 만일 그대가["내가 있다"는 앎이] 정말 없어진다면, 어떻게 그 없어진다는 느낌에 대해 알 수 있겠습니까? 그대는 개념에 빠져 있습니다. 이 극미한 씨앗("내가 있다"는 앎) 속에 우주가 들어 있습니다. 그대는 핵심을 놓치고 있고, 제 말을 제대로 이해하지 못하고 있습니다. 이 "내가 있다"는 원리를 제가 그대에게 거듭 반복해서 이야기하고 있습니다.

그대의 정체성을 발견하십시오. 나타나는 것은 무엇이든 사라질 것입니다. 루즈벨트나 간디가 지금 무엇을 할 수 있습니까? 그들이 지휘하고 있던 바로 그 자리에 변화들이 일어났습니다. 그들이 왜 말을 하지 않습니까? 생기가 몸을 떠나면 큰 진인들도 말을 못합니다.

질: 『기타』(바가바드 기타)에서 스리 크리슈나는, 재난이 있고 다르마(dharma-세상의 질서)가 없는 곳이면 어디든 자신이 와서 복구할 것이라고 합니다.

마: 그것은 계절과 같아서 주기가 있습니다. (우리가 살고 있는) 이 주기에서는 진아의 더 깊은 의미가 이해될 수 있습니다. 그대가 "내가 있다"의 수수께끼를 풀고 나면 모든 질문이 끝이 날 것입니다.

질: 저는 어떤 때는 기분이 좋고 어떤 때는 나쁘고, 어떤 때는 지복스럽고 어떤 때는 침울합니다. 이것이 마음이라는 것은 압니다. 베다에서 말하기를, 마음은 달에서 나왔고 그래서 변한다고 합니다.

마: 여기 왔으면 그대의 마음은 젖혀두고 제 말을 따르십시오. 좋고 나쁜 것은 마음의 영역 안에만 있습니다. 마음에서 얻는 것은 뭐든지 그대의 것이 아니라고 하십시오.

질: 누가 저에게 여기 와서 당신의 발아래 앉으라고 했습니까?
마: 그것을 말로 이야기할 수는 없습니다. 그것을 그대 좋을 대로 뭐라고 불러도 됩니다. 달은 마음을 뜻하고, 마음은 끊임없이 흐르기 때문에 하나의 액체와 같습니다. 그저 순진무구하게, 담담하게, 그 마음 흐름을 지켜보십시오. 마음 흐름을 소유하지는 마십시오. '내가 있음'의 상태 안에 말없이 있으십시오. 그대는 단어들에 의미를 부여하지만 결국 단어들은 사라지고, 마침내 '지각할 수 있고 관찰할 수 있는 것들'이 '지각할 수 없고 관찰할 수 없는 상태'로 들어갑니다. 그것을 발견하십시오. 서서히 이것을 이해할 것이고, 평안과 안식을 얻게 될 것입니다. 그대는 아무것도 하지 않습니다. 그 일은 일어납니다. 그대는 지知에 대해서 이야기하는데, 그 지知란 그대가 책에서 읽었거나 남들에게서 들은 것입니다. 그대가 자신의 진아에 대해 확신을 갖지 못하면 남들의 권위를 끌어와야 하지만, 저는 저의 진정한 상태에서 말합니다. 제가 체험하는 대로, 제가 보는 대로 이야기하지 『기타』나 『마하바라타』 같은 전거典據를 인용하지 않습니다. 그대가 『기타』에 대해 이야기할 때는, 그것이 그대와 관계된다는 것, 그 한 마디 한 마디가 그대 자신의 진아와 관계된다는 것을 알아야 합니다.

◆ ◆ ◆

질: 의식과 주시자는 동일합니까?
마: 눈에 보이는 모든 것에 대해서 의식이 주시자입니다. 의식을 주시하는 다른 원리가 있는데, 이 원리는 세계를 넘어서 있습니다.
질: 의식을 어떻게 주시합니까?
마: 그대는 자신이 앉아 있다는 사실을 어떻게 주시합니까? 힘들이지 않고 합니까, 힘들여 합니까?
질: 힘들이지 않고 합니다.
마: 그와 똑같습니다. 그대가 힘을 들일 때마다 그것은 몸의 관점에서 나옵니다. "내가 있다"는 앎이 전 세계의 영혼입니다. "내가 있다"는 앎의 주시자는 "내가 있다"는 앎 이전입니다. 있는 그대로의 그대 자신을 이해하려고 노

력하고, 어떤 한정조건도 부가하지 마십시오. 그대는 여러 가지 재료로 여러 가지 음식을 준비하듯이 뭔가를 만들고 싶어 합니다. **주시하기**(witnessing) 혹은 **자각**(awareness)은 그대가 자신의 깊은 잠을 지켜보는 것과 같습니다. 바로 그와 같지요.

질: 잘 이해가 안 됩니다.

마: 이해할 수 있는 것이 아닙니다. 스스로 내관內觀해 봐야 합니다. 내관의 스크린 위에 나타나는 그 무엇도 분명 사라질 것입니다. **내관자**는 남습니다.

질: 그 **내관자**도 마음의 한 개념 아닙니까?

마: 개념과 마음은 그 **내관자**에게서 나오는 빛살들입니다.

질: "내가 있다"는 우리가 지각하는 모든 것의 총합입니까?

마: 그렇지요. '내가 있음'은 자연발생적으로 나타나고 사라집니다. 그것은 아무 주처住處가 없습니다. 그것은 하나의 꿈 세계와 같습니다. 무엇이 되려고 하지 말고, 심지어 영적인 사람이 되려고 하지도 마십시오. 그대가 곧 현상계입니다. 나무는 이미 씨앗 속에 들어 있습니다. 이 "내가 있다"도 그와 같습니다. 그것을 그냥 있는 그대로 보십시오. 그대가 보는 것에 개입하려고 들지 마십시오. 이것을 이해하고 나면 그대에게 무엇이 필요하겠습니까?

질: 아무것도 필요 없습니다.

마: 그 확신 안에서 안정되어야 합니다. **지**知(*jnana*)가 전 우주의 영혼입니다. **싯디**(*siddhis*)[영적인 능력들]에 상관하지 마십시오. 의식적으로 **싯디**를 추구하지 않아도 그대 주위에서 어떤 기적들이 일어날 수 있습니다. 그런 기적을 자신이 일으켰다고 주장하지 마십시오. 그대로부터 천 킬로미터나 떨어져 있는 그대의 헌신자가 그대의 형상을 친견할 수도 있습니다. 헌신자가 그대의 **지**知를 칭찬할 때마다 그 **지**知는 구체적인 형태를 취합니다. 그대가 무엇을 하고 있다고 생각하지 마십시오. 소리가 온 허공을 채우듯이, "내가 있다"는 앎도 모든 장소를 채울 것입니다. 이것을 일단 이해하면 그대에게 죽음은 없습니다. 그러나 그대 자신을 한 개인이라고 생각하면 확실히 죽음을 갖게 될 것입니다.

구도자는 무엇이 되고 싶어 합니다. 그저 있는 그대로 존재하십시오(Just be

as you are). 사람들이 그대를 찾아오면 그대에게서 말이 자동적으로 나갑니다. 설사 **베다**를 공부하지 않았다 해도, 그대에게서 나오는 말은 뭐든지 **베다**와 우파니샤드에 있는 것과 같을 것입니다. 이야기를 할 때 자기가 **진인**이라거나 많이 아는 사람이라는 생각이 조금도 없을 것입니다.

질: 저는 '내가 있음'의 부담을 느낍니다. 그것을 어떻게 없앱니까?

마: 그대가 그것을 심어 놓지 않았는데, 없애고 말고가 어디 있습니까?

질: 압니다. 그러나 제 마음은 그것을 없애야 한다고 느낍니다.

마: 지고한 원리를 마음이 인식할 수 있습니까? 마음을 따라가지 마십시오. 마음은 자신의 자연적 경로를 따라가고 있습니다. 그대는 자신을 마음과 동일시하면서 마음을 대변해 이야기합니다. 마음이 무엇을 주장하며 하늘이나 허공 안에서 변화를 일으킬 수 있습니까?

허공은 "내가 있다"의 안경인데, 그것을 통해 그것("내가 있다")이 세계를 봅니다. 오관五官은 그대를 알 수 없고, 그대가 오관을 압니다.

질: '그대'라고 말씀하시는 것은 무슨 의미입니까? 어느 '그대' 말씀입니까?

마: 그대가 이원성을 느끼니, 그대 안의 그 청자聽者를 두고 하는 말입니다.

질: 저는 의식의 밖에 있지 않습니다.

마: 실은 그대는 그 바깥에 있으면서 그것을 인식합니다. 만일 그대가 스스로를 의식이라고 하면 그대는 전 세계입니다. 그대는 "내가 있다"와 별개입니다. "내가 있다"는 그 자체 하나의 환幻입니다. "내가 있다"는 앎과 이 세계는 **마야**(Maya)의 장난입니다. 그것들은 아무 실체가 없습니다. 실은 어떤 단어도 없습니다. 그대가 단어들을 말하는 것은 그대의 만족을 위한 것입니다.

그대는 배고픔·목마름과, 생시와 잠의 상태가 있다는 것을 압니다. 그런 것이 없다면 그대는 무엇입니까? 그대는 그런 것들이 모두 그대의 영원한 욕구라고 생각하지만, 그것이 바로 **물라-마야**(Mula Maya)[원초적 환幻]의 장난입니다. '내가 있음'은 어떤 시간 범위를 가지고 있습니다. 그런 것들과 그대가 얼마나 오래 연관되어 있겠습니까?

질: 기억이 세계를 실재하는 것처럼 보이게 만듭니다. 기억이 초록색을 새겨 두지 않으면 어떤 초록색도 없습니다.

마: 기억은 "내가 있다" 안에 있습니다. 상대적인 되풀이는 **마야**의 유희입니다. 만일 그대가 8일간 잠을 자지 못하면, 살아남겠습니까?

질: 아니요.

마: 즉, 그대는 생시와 잠의 상태를 넘어서게 될 것입니다. 요컨대 그 **환**幻은 사라질 것입니다.

질: 제가 아침에 일어날 때, "내가 있다"는 의식은 어디서 옵니까?

마: 그대는 그것을 이해하지 못합니다. 마치 필름처럼 그것은 이미 존재하면서 (현상계를) 재생산하고 있습니다. 이 **화물**化物(chemical)[1]을 베다에서는 가장 위대한 원리라고 부르는데, 그것이 **히라냐가르바**(*Hiranyagarbha*)[황금 자궁][2]입니다. '내가 있음'은 깊은 잠 속에서는 잊혀지고, 생시와 꿈의 상태에서는 나타납니다.

질: 그러면 이전의 것들을 저는 어떻게 기억합니까?

마: 그것이 '내가 있음'의 솜씨입니다. 그대는 자기 자신에 대해 어떤 정체성을 가지고 있습니까?

질: 저는 **주시자**입니다.

마: 무엇의?

질: 몸-마음의 모든 행위입니다.

마: 그것은 그 몸-마음의 성질일 뿐 **진아**지가 아닙니다. 상한 음식에서 벌레들이 생깁니다. 마찬가지로, 몸은 상한 음식입니다. **진아**가 그 안에서 꼬물거립니다. 몸이 부패하고 있을 때 '내가 있음'의 벌레가 일을 합니다. 그 맛이 '내가 있음'인데, 그것은 혀 없이 그것을 즐깁니다. 우리는 이 상한 음식 맛에 너무 큰 자부심을 가지고 있습니다. 그대는 어떤 앎을 원합니까?

질: 저의 참된 **자아**입니다.

마: 그 몸을 그대라고 생각하는 한, 참된 **지**知를 얻지 못할 것입니다. 마라티어에 "빌린 아내"라는 말이 있는데, 그것은 돌려주어야 하는 사람입니다. 마

---

1) *T.* 이것은 존재성을 창조하는 '탄생 원리'로서의 의식이 갖는 잠재력을 어떤 '화학물질'에 비유한 것이다(297~8, 338쪽 참조). 그래서 이 책에서는 '화물'이라는 번역어를 채택했다.
2) *T.* 마누 법전, 우파니샤드 등에서 말하는, 우주를 낳은 태초의 '황금알.' 이것은 무형상의 **브라만**에서 나온 것이라고 한다.

찬가지로 이 몸뚱이는 빌린 것이고, 그대는 그것을 돌려주어야 합니다. 몸과의 그 동일시가 사라져야 합니다.

질: 어떻게 하면 이 동일시를 없애는 데 성공할 수 있습니까?

마: 깊은 잠과 생시의 상태를 탐구해 보십시오. 이 상태들은 시간이 한정되어 있습니다. 생시와 잠의 상태에 대한 경험 없이 그대가 무엇인지 설명해 보십시오.

질: 그러면 저는 할 말이 없습니다.

마: 확실합니까? 베다에서도 "이건 아니다, 저건 아니다" 하고 나서 마지막에는 침묵했습니다. 그것은 언어를 넘어서 있기 때문입니다. 깊은 잠과 생시의 상태 없이 그대가 있다는 것을 압니까? 혹은 "내가 있다"를 체험합니까?

질: 아니요.

마: 무엇이 태어납니까? 그대 자신입니까, 그 두 가지 상태입니까? 그대가 여기 오면 이내 그대가 청산되고 말 것입니다. 그대는 이런 상태들에서 무엇을 그대 자신이라고 뽑아내겠습니까?

질: 아무것도 못 뽑아냅니다.

1979년 7월 7일, 22일

2
의식은 절대자의 마음이다

마하라지: 그대는 만족합니까?

질문자: 어떤 때는 만족하는데 어떤 때는 그렇지 않습니다.

마: 그 말을 누가 합니까? 누가 그대에게 그 말을 합니까?

질: 저는 만족을, 의식 속의 어떤 느낌을 봅니다. 저는 무관심합니다. 무슨 일이 일어나든, 제 의식 속에서 무엇이 나타나든, 저는 상관하지 않고 관심이

없습니다. 저는 그것과 아무 관계가 없습니다.

마: 그것은 무관심이라고 하지 않습니다. 무집착이지요. 불행 같은 것은 원래 없습니다. 그대가 아무것도 걱정하지 않을 때, 그것이 그 상태이고 진정한 상태입니다. 그대는 이 세간의 그 어떤 것에도 마음이 끌리지 않습니까?

질: 무슨 일이 일어나든, 얻는 바도 없고 잃는 바도 없습니다.

마: 어떻게 그리 되었습니까?

질: 모르겠습니다.

마: 남들이 한다고 해서 남들처럼 행동하지 마십시오. 이런 가르침을 듣고 나면 왕이나 주인처럼 행동해야 합니다. 안으로나 밖으로나 그것이 그대의 행동이 되어야 합니다. "아함 브라마스미(*Aham Brahmasmi*-'나는 브라만이다')", 즉 "내가 하느님이다"라는 것입니다. 이해했습니까, 못했습니까?

질: 모르겠습니다.

마: 더 질문하고 싶은 것이 있습니까?

질: 저 자신을 자각하는 이 느낌에는 큰 압력이 있습니다. 그것은 머리에 늘 큰 압력을 수반합니다.

마: 그것을 주시하는 자가 되어야 합니다. 그대는 **의식**을 자각합니다. 그러니 그것을 넘어서 있습니다. 그대는 그것의 **주시자**입니다.

질: 그 느낌이 늘 있습니다.

마: 그대의 **의식**은 몸 안에 있지 않습니다. 몸에 대한 애착이 있기 때문에 그 느낌이 완전히 사라지지 않았습니다. 그대의 **의식**은 몸에 대해 얼마간의 애착, 얼마간의 사랑을 가지고 있습니다. 그래서 그런 압력이 있는 것입니다.

그대는 그대의 **의식**을 알고, 지금 그대의 **의식**을 주시합니다. 그 전에는 그것이 참되지 않았습니다. 왜냐하면 그대 자신을 하나의 몸으로 여기고 있었기 때문입니다. 지금은 자신이 그 몸이 아니라는 것을 압니다. 또한 자신은 **의식**이 아니라는 것도 압니다.

그 전에, 이 이야기를 듣기 전에, 그대가 인도에 오기 전에는 **의식**에 대한 그대의 명칭이 '마음'이었습니다. 지금은 **의식**에 대한 단어가 **냐나**(*Jnana*)[지知] 입니다. (다른 사람에게) 그대는 목적이 달성되었으니 만족합니까?

질: 아 예, 오래 전에 제가 여기를 떠났을 때요.
마: 많은 경험을 하고 나서 이제 그대는 그 경험들에 선행하는 것은 똑같다는 결론에 이르렀습니다. 그대는 세간에서 일어나는 경험들에 의해 영향을 받지 않습니까?
질: 저는 그런 결론에 이르렀습니다.
마: 세간의 모든 관심사들이 그대에게는 그저 평범합니까? 그런 것들에 영향을 받지 않습니까? 그 상태를 성취했습니까? 아니면 여전히 남들의 존경을 갈구하고, 여전히 더 많은 기예技藝에 대한 더 많은 지식을 갈구합니까?
질: 저는 더 이상 그런 것을 보유할 수 없고, 그래서 그것을 갈구하지 않습니다. 그것을 보유할 어떤 수단도 가지고 있지 않지만, 어쩌면 제가 그것을 보유할 어떤 수단을 발견했는지도 모릅니다.
마: 갈구한다는 것은 거기에 어떤 이익, 어떤 기회가 있다고 생각한다는 것을 의미합니다.
질: 그것은 소득이 없고 결국 모두 상쇄됩니다. 그러니 소용이 없습니다.
마: 그러니까 그대는 일체를 보았고 일체를 이해했군요. 결국 지배하는 것은 무엇입니까?
질: 지배하는 것은 지각 불가능입니다.
마: 1차적인 것으로 뭐가 있습니까? 그 근저에 뭐가 있습니까?
질: 그 근저에 있는 것은 하나의 대상이 아닙니다.
마: 그대는 그것을 깨달았군요?
질: 아닙니다. 깨닫지 못했습니다. 왜냐하면 그것이 저보다 크니까요. 제가 어떻게 그것을 볼 수 있겠습니까?
마: 그대가 여러 가지 체험을 하고 있을 때, 그대는 몰랐으나 처음부터 지배하던 어떤 것이 있다는 것을 깨닫습니까? 그런 모든 체험들보다 훨씬 더 큰 어떤 것을 자각합니까? 만약 그것을 발견했다면 그 상태로 머무를 수 있습니까? 아니면 여전히 그 체험들을 통과하고 있습니까?
질: 그 체험들을 통과하고 있지는 않습니다. 그리고 예, 저는 그 상태로 머무를 수 있습니다. 그것은 우리가 배를 타고 있는 것과 같습니다. 우리는 배가

움직이고 있다는 것을 아니까, 물이 움직이고 있다고는 생각하지 않고 물이 있다는 것을 자각합니다. 스스로 "아 그렇지, 내가 물 위를 움직이고 있어"라고 중얼거릴 필요가 없습니다. 있는 것이 움직이고, 그 밑은 그 위에서 우리가 움직이는 토대입니다.

마: 그 모든 것을 통과할 때 그대는 그것이 다 피상적이라는 것, 그것은 **실재**가 아니라는 것을 깨닫습니까? 무엇을 경험합니까?

질: 저 자신이 창조한 투사물投射物을 제가 통과한다는 것을 경험합니다.

마: 그대가 환幻이라고 깨닫는 것, 곧 투사물은 그대 자신의 **진아**에 대한 그대 자신의 아주 작은 변상變相(modifications)에 불과하다는 것을 모릅니까?

질: 아, 압니다.

마: 그것을 깨달을 때, 가장 태곳적인 것을 언뜻 보지 않습니까? **무한자를?**

질: 저는 그 체험에 의해서나 그 체험의 한계에 의해 한정되지 않습니다.

마: 세계는 늘 변하고 있고 늘 새롭지만, 그것은 태곳적인 것의 생각, 태곳적인 것의 장난에 지나지 않습니다. 그러니 그대가 한정되지 않고 말고가 어디 있습니까? 그대는 그것(세계)의 존재성을 부인합니까?

질: 아닙니다. 저는 그것의 존재성을 부인하는 것이 아니라 그것의 실재성을 부인합니다.

마: 그대에게 자식이 있는데 그 자식이 팀북투(Timbuktu)[3]에 가서 왕이 된다고 합시다. 그래도 여전히 그대의 자식이겠지요. 모르겠습니까?

어떤 일이 일어나든 그것이 일어난다고 말하려면 그 일어나는 일의 **주시자**가 있어야 합니다. 모든 행위에는 그것을 지켜보는 행위들의 조상이 있어야 그것을 이야기할 수 있습니다.

질: 그 주시자, 그것이 절대자입니까, 아니면 그것은 **의식** 안에 있습니까? 그 체험을 주시하는 누군가가 있어야겠군요?

마: 저는 **주시자**에 대해 이야기하는 것이 아닙니다. 저는 그 핵심, 우리의 저 핵심 조상에 대해서 이야기하고 있습니다.

---

[3] T. 서아프리카 말리에 있는 도시. 사하라 사막 종단 교역로에 있어 14~16세기에 번성했으나 해상 무역의 발달로 쇠퇴하여 잊혀진 도시가 되었다. '아득히 먼 곳'을 뜻하는 단어로도 사용된다.

장과漿果(berry)들이 열리는 바로 그 관목 숲에서 나온 하나의 장과에서, 이 모든 (또 다른) 관목들이 자라났습니다. 그 단 하나의 장과 때문에 말입니다.

창조와 창조 이전의 상태를 관찰하는 원리는 무엇입니까? **절대자**입니다. 이 비非존재성의 상태, 비非의식의 상태만이 하나의 **의식**이 있다는 것을 압니다. 저 비非-'내가 있음'(no-'I Am-ness')의 상태가 말입니다.

많은 사람들이 그대의 마음 성향에 대해, 마음의 흐름, 의식의 영역 내에서의 활동에 대해 이야기해 주겠지요. "이렇게 하면 이것을 얻을 것이다." 그러나 누가 의식 이전의 상태를 그대에게 이야기해 준 적이 있습니까?

(영적인 공부에서) 가장 낮은 상태는 해탈열망자(mumukshu)의 상태입니다. 해탈열망자는 영적 탐구를 시작한 사람인데, 몸-마음을 자신과 동일시합니다. 그는 늘 몸-마음의 감각기관에서 이익이나 이득 혹은 손실을 얻으려고 애씁니다. 그가 스승을 만나면 스승은 그에게 말합니다. "그대는 몸-마음이 아니다. 그대는 현현된 '내가 있음'이다." "내가 있다"가 현상계인데, 그가 그것을 깨닫습니다. 자신을 거기에 확립하고, 자신이 몸-마음이 아니라는 것, 자신이 곧 현상계라는 것을 발견합니다. 그러다가 때가 되면 "나는 저 '내가 있음'도 아니다, 나는 저 의식이나 현상계가 아니라 **절대자**다"라는 것도 깨닫습니다.

그대는 왜 말이 없습니까? 혼란 때문입니까, 아니면 아무 혼란이 없고 그대가 그 고요함을 성취했기 때문입니까?

질: 이 '현현된 내가 있음'의 상태가 무집착입니까?

마: 그대는 저 '내가 있음'을 뭐라고 부릅니까?

질: 의식입니다.

마: 그 의식을 압니까? 그 의식을 주시합니까?

질: 모르겠습니다.

마: 어떤 원리에 그대는 그 이름을 부여합니까?

질: 제가 지각하거나 아는 모든 것에요. 모든 것 말입니다.

마: 의식을 누가 압니까?

질: 모르겠습니다.

마: 그대가 모르는 것, 그것이 '가장 이전인 것'입니다.

질: 의식 안에서 체험들이 부단히 변하는데, 그러면서도 뭔가 똑같은 것으로 남아 있는 것 같습니다.

마: 그대는 무지에서 그것을 마음으로 부르곤 하지만, 그것 자체는 현현물(현상계)에 대한 앎이고, 그것이 곧 현현물의 힘이지요—이 앎은. 그것이 물라-마야(Mula-Maya)[현상계의 근원]이고, 그것이 마헤스와라(Mahesvara)입니다. 그것이 아뜨만(Atman)이란 이름을 가진 최고의 이스와라(Iswara) 원리입니다.

질: 누구의 이름입니까?

마: 그대가 가진 '내가 있음'—"내가 있다"는 말 없는 느낌, 그것이 아뜨만입니다. 그것은 아주 역동적이며 움직이고 있습니다. 의식은 절대자의 마음입니다. 앎의 힘, 기억의 힘, '내가 있음'의 메시지입니다.

질: 현현의 상태, 그것은 집착의 상태입니까?

마: 그것이 일어나고 창조되는 것은 자연발생적이고 집착이 없지만, 그것이 일단 나타나면 집착이 시작됩니다.

여러분은 모두 침묵을 지키면서 감히 질문을 하지 않는군요.

질: 앞서 질문들을 준비했지만 당신께서 여기 오시자 사라져 버렸습니다.

마: 무지의 자궁 안에 지知가 있었는데, 그 지知가 성숙되자 이 현상계가 되었습니다. 그러나 무지 이전에 저 위대한 조상이 있습니다.

그대는 모름의 바탕 위에서만 앎에 대한 지知를 갖습니다. 무엇보다도 그대는 모릅니다. 모름의 기반 위에서 앎이 솟구쳐도 그 바탕은 무지일 뿐입니다. 무지가 성숙되면 지知가 되어 풍부하게 자신을 현현하지만, 그래도 그 조상은 무지일 뿐입니다. 무지 이전에는 절대자라는 조상적 상태가 있습니다.

질: 진인을 알아보는 표지標識는 무엇입니까?

마: 자신을, 아는 것이 많거나 지혜로 충만된 진인이라고 생각하는 것은 어리석은 짓입니다. 사람이 일단 자신을 지혜로 충만하다고 여기면 사회적 인정을 원하고 지위를 원하게 되는데, 그것은 어리석은 짓입니다.

진인이 누구입니까? 진인 자신이 자기가 있다는 것을 모르는데, 누가 그를 알아볼 수 있겠습니까? 비非행위(no-action)에서, 매 순간 무수한 창조가 자연발생적으로 일어나고 있고, 너무나 많은 혼돈이 있습니다. 진인이 그런 일이 일어나는 것을 허용하겠습니까?

　진인은 무지에서 지知가 나오고 그 과정에서 일체가 일어난다는 것을 이해합니다. 그러나 그 토대가 무지이기 때문에 그는 간섭하지 않습니다. 왜냐하면 그 자신이 자기가 진인이라는 것을 모르기 때문입니다. 진인은 주의를 집중할 수 없습니다. 그에게는 주의라는 것이 없으니까요.

통역자: 마하라지께서 아는 자, 절대자라고 하시는 것은 그 무엇에도 주의를 기울이지 않습니다. 주시하기가 일어나지만 그는 주시하지 않습니다. 그는 저 속성, 즉 주의를 넘어서 있습니다. 그리고 그대, 곧 의식은 그것에 주의를 기울일 수 없습니다. 그것은 알려질 수 없습니다.

질: 마하라지께서는 깊은 잠의 상태를 주시하실 수 있습니까?

마: 예, 저는 저의 깊은 잠의 상태를 아주 잘 주시합니다.

질: 이런 체험이 있었습니다. 일체가—몸과 마음이—있었지만, 동시에 아무것도 없었습니다.

마: 그것도 하나의 체험이지요. 그 체험자는 그 체험과 다릅니다. 체험들은 수천 가지로 묘사할 수 있지만, 그 체험자는 그대가 묘사하지 못합니다.

통: 마하라지께서는, 당신은 절대자를 묘사할 수 없고 나타나는 것에 대해서만 이야기할 수 있다고 말씀하십니다. "당신은 아신다"고 말할 수 없습니다. 그것은 있습니다. 그것은 앎의 문제가 아닙니다.

마: 생시와 잠은 무엇이 그들보다 먼저 있었는지 모릅니다. 의식은 자기가 없었던 상태를 모릅니다. 절대자는 알지만 절대자는 알려지는 것이 아닙니다.

　자기도 모르게 앎이 시작되었습니다—자연발생적으로. 앎이 사라지면 아무것도 없습니다. 앎이 5대 원소를 낳습니다. 앎이 사라지면 그대가 남습니다. 그 앎이 있는 동안 그것을 이용해 탐구하십시오. 내가 전갈에 쏘입니다. '쏨'이 무엇입니까? 그 '쏨'은 이 '내가 있음'입니다. 그대는 '내가 있음'의 쏨을 견디지 못하기 때문에 여기저기 쫓아다닙니다. 그 쏨의 독을 중화시키려면 '내가 있음'을 지켜보고, 그대의 지각성(knowingness-아는 성품)을 관찰하십시오. 그 쏨의 효과가 생시 상태, 잠의 상태, 배고픔, 목마름 등입니다. 그 쏨, 그 지각성을 붙드십시오.

질: 자유로워지려면 속박이 필요합니까?

마: 먼저 그대는 속박이 무엇인지를 이해하십시오. 그대 자신을 24시간 부단히 추적하십시오. "나는 하나의 몸이나 마음일 수 없다"는 것을 일단 깨달으면, 그때 자연스럽게, 그대가 거기 있습니다.

이 이야기를 다 듣고 나서도 말의 소리를 들을 필요가 있다고 봅니까? 어떤 이야기에 대한? 말이 어떤 필요성이 있습니까? 참된 영적 공부(spirituality)에, 실로 말이 무슨 필요가 있습니까?

질: 필요 없습니다.

1979년 8월 12일

3
음식기운의 정수

질문자: 스승(Guru)은 내면 세계는 물론 외부 세계를 통제하는 가장 큰 힘입니다. 그는 왕보다도 더 강력합니다. 그래서 **스승**은 최고의 기만자입니다. 그는 아무것도 아닌 것으로 우리를 속이지만, 우리는 일체를 잃어버린다고 생각합니다.

마하라지: 그것이 그대의 체험이라면 그것은 상당히 적절합니다. 그가 그대 자신을 포함한 일체를 횡령해 버린 것입니다. 그것은, 그대가 **스승**과 다른 개체가 아니라는 뜻입니다. 그대에게 더 이상 아무것도 남지 않았고 **스승**만 있는 것입니다.

질: 사랑이 그를 최고의 기만자로 만듭니다.

마: 그 사랑은 각자의 필요에 따라 그 사람에게 주어집니다. 필요가 없다면 사랑이 있을 수 있겠습니까?

질: 그 관점에서 보자면 없습니다. 그러나 **절대자**는 늘 그 개념(사랑)과 연관됩

니다. 왜 우리는 그것을 사랑으로 묘사합니까?

마: 그는 그 자신을 모릅니다. 그는 자신이 무엇인지 모릅니다. 그는 그 어떤 것도 필요로 하지 않습니다. 그는 그 자신을 "내가 있다"라고 부를 필요가 없습니다. 그 절대의 상태를 진인이라고 부르는 것은 무지한 사람들뿐입니다. 절대자는 그 자신을 절대자라거나 진인이라고 부르지 않습니다.

질: 무지한 사람들은 왜 진인을 사랑으로 이상화해 왔습니까?

마: 무지한 사람들에게 그것은 편의상의 문제지요. 자신이 저 진인의 상태에 도달하지 못하고 있는 한, 그에게는 어떤 원동력이 필요합니다. 그것을 얻기 위해, 진인을 일컬어 사랑·자비·친절 등으로 가득 차 있다고 하는 것입니다. 무지한 사람들이 이런 것들을 단언하거나 부과하는 것입니다.

질: 그것은 무지한 사람의 관점에서도 맞는 견해입니까?

마: 예, 무지한 사람들에게 해당되지요. 비토바(Vithobha)4)의 상像이 하나 있습니다. 사람들이 그에게 가서 기도합니다. "당신의 배려 덕분에 제가 살아갑니다"는 식으로. 무지가 말하는 것입니다. 무지한 사람들은 왜 그 돌[신상]을 보존합니까? 살아 있을 필요가 있고, 자신의 '내가 있음'이 영구히 지속되게 하고 싶기 때문입니다. 그래서 그 돌을 숭배합니다. 존재할 필요 때문입니다.

질: 그것도 어쩌면 신이 무지한 자를 절대자에게로 이끄는 방편 중의 하나 아닙니까?

마: 그렇지요. 무지한 사람들을 위한 여러 가지 방편과 길들이 있습니다.

질: 무조건적 사랑은 형상 있는 믿음 아니겠습니까?

마: 저의 견지에서 볼 때 사랑은 존재하려는 성질입니다. 존재성이 사랑입니다. 이 '내가 있음'이 나타날 때만 사랑이 있습니다. '내가 있음'이 없다면 사랑이 지배할 수 있겠습니까? 그대는 존재하려는 충동, 그대의 존재성을 지속하려는 충동을 가지고 있는데, 그것이 사랑입니다.

이 모든 현현물(manifestation-현상 세계, 전 우주)은 그 존재의 대양입니다. 그것을 브라마(Brahma)의 바다, 혹은 마야(Maya)의 바다라고 해도 되겠지요.

---

4) *T.* 마하라슈트라 지방에서 숭배되는 비슈누 신의 한 이름. 빗탈 또는 빗탈라라고도 한다.

질: 마야 너머, 그 바다 너머는요?

마: 넘어서고 말고가 어디 있습니까? '존재성이 있다—존재성이 소멸되다'지요. 그것은 어떤 것도 넘어서지 않습니다. 그것이 어디로 가기 위해 비행기가, 보잉 여객기가 필요합니까? 그것이 어디서 왔으며, 어디로 갔습니까? 오고 감 이전에 그대가 있습니다.

저 '내가 있음'은 맥동하는 "내가 있다, 내가 있다"입니다. '내가 있음'의 느낌이 있는 것은 음식-몸(food body)의 기운과 생기 때문입니다. 그 음식기운과 생기가 사라지면 '내가 있음'의 저 맥동도 사라질 것입니다. 존재성이 비존재성 속으로 들어갑니다.

어떤 씨앗이든 발아하려면 물이 필요합니다. 마찬가지로, 이 "내가 있다"는 앎이 발아하려면 물과 음식기운이 필요합니다. 음식기운 안에는 '내가 있음'의 성질이 잠재적인 상태로 들어 있습니다. 아뜨만—핵심 진아—그 자신이 음식의 즙 혹은 기운을 통해서 '내가 있음'을 봅니다.

질: 의식은 모두에게 공통되는, 보편적이고 자연발생적인 것입니다. 그것이 왜 그렇게 다양한 형상으로 나타납니까?

마: 그것이 의식의 본래적 성질입니다. 존재성이 하나이기는 하지만 그것은 여러 가지로, 다수·다량으로 현현합니다.

질: 사뜨와 구나(Sattva Guna)란 무엇입니까?

마: 음식기운의 정수精髓가 저 '내가 있음'인데, 그것이 사뜨와 구나입니다. 사뜨와 구나는 존재성과 동등합니다. 현상계 내에서 존재성은 라자스(Rajas)와 따마스(Tamas)를 통해서 활성화됩니다. 라자스는 활동성입니다. 따마스는 그대가 자신을 행위자나 창작자로 여길 때의 자부심입니다. 사뜨와 구나는 존재성, 즉 그냥 존재하려는 성질일 뿐입니다. 이 세 가지 구나(Gunas)는 음식기운에서 솟아 나왔습니다. 음식이 없으면 저 '내가 있음'도 없어질 것이고, 모든 성질들도 사라질 것입니다.

질: 저희가 지성의 도움으로 현 상태에서 보는 저 '내가 있음'의 불꽃 말입니다. 거기에는 어떤 발전, 일종의 진화가 일어나고 있는 것 같습니다. 마하라지께서는 어떻게 생각하십니까, 그것은 어느 쪽으로 움직이고 있습니까?

마: 파괴 쪽이지요. 그 진화가 무엇이건, 결국 해체를 향하게 될 것입니다.
  그대가 아까 이야기하던 것으로 돌아가 봅시다. 그대가 보호하고 싶거나 보호하고 싶지 않은 뭔가가 있습니까?

질: 모르겠습니다.

마: 이 모든 것은 의식에 달렸는데, 그대는 의식을 떠나려 하지 않습니다.

질: 의식에 대한 의식조차도 저는 원치 않습니다. 마하라지께서 진아에 대해 말씀하실 때, 저는 제 귀를 막을 솜을 가져올까 하는 생각도 했습니다.

마: 누가 그 말을 합니까?

질: 모르겠습니다. 왜 그것이 어떤 누구여야 합니까?

마: 그 말을 누가 합니까?

질: 말, 그냥 말입니다.

마: 의식이 없다면 말이 무슨 소용 있습니까?

질: 의식은 있습니다. 왜 의식은 모른다는 듯이 말씀하십니까?

마: 그 말은 무슨 뜻입니까? 그대가 말하려고 하는 것을 설명해 보십시오.

질: 무엇이 존재하든, 거기에 어떤 개념을 붙일 필요가 있습니까?

마: "그래야 한다거나 그래서는 안 된다"고 느낀다면, 그 밑바닥에는 무엇이 있습니까?

질: 뭐가 있든, 있습니다.

마: 그대는 그대가 있다는 것을 느끼는 것이 분명하고, 따라서 그것은 그대 안에서 싹터 나옵니다. 그대가 있다고 느낄 때, 모든 문제가 시작됩니다. 그 느낌이 없다면 어떤 문제도 존재하지 않습니다.

질: 왜 그것이 문제를 야기합니까? 당신께서는 존재하는 것에다 이름과 개념들을 갖다 붙이십니다. 그것을 가만히 내버려 둬 주시겠습니까?

마: 그 말을 누가 합니까?

질: 의식 안에서 나타나는 이해입니다.

마: 그러면 정말 문제가 있는 것은 누구입니까? 그대에게 문제를 야기하는 것은 세계입니까, 아니면 그대에게 나타나는 의식입니까?

질: 제가 입을 다물면 아무것도 저에게 문제가 되지 않습니다.

마: 그대가 거기 앉아 있다는 것—그 자체가 그대에게 문제가 될 것입니다. 이것이 그대의 문제입니다. 즉, 그대는 그 의식을 유지할 처지에 있지 않고, 그대는 그것을 견딜 수 없다는 것입니다. 몸이 없었을 때, 의식이 없었을 때, 그대는 무엇이었습니까? 그대는 그것을 이해할 입장에 있지 않습니다.

질: 몸이 있기 전, 의식이 나타나기 전에는 그것이 있었습니다. 그것이 무엇이었든 간에 말입니다.

마: 이제 그대가 있기에, 그대는 의식합니다. 그것은 그대가 원해서입니까, 아니면 그냥 그대에게 자동적으로, 자연발생적으로 나온 것입니까?

질: 자연발생적인 것 같습니다.

마: 그대는 지금, 그대가 원해서가 아니라 자연발생적으로 의식하고 있습니다. 그것은 하나의 사실입니다. 그렇지 않습니까?

질: 그렇습니다. 저는 영적인 공부에 대한—저 의식에 의미를 부여하려고 애쓰는 것에 대한—이 모든 개념이, 의식이 자신을 확장하여 저 모든 것이 되려고 할 때의 유일한 문제라고 생각합니다.

마: 아니, 그것은 그대에게 문제가 되지 않지요. 문제가 되는 것은 그대에게 나타나는 의식입니다. 오직 그것 때문에 그대는 (사물에) 이름을 부여하거나 부여하지 않거나, 무엇을 하거나 하지 않는 것입니다.

질: 그것이 문제의 뿌리입니다. 만약 의식이 그저 그 자신으로 있을 뿐 일체에 개념을 부가하려고 하지 않는다면, 아무 문제가 없겠지요.

마: 그것은 모두 상상입니다.

질: 아주 간단한 겁니다. 우리가 삶이라고 부르는 모든 경험은 의식 안에서 일어나고, 삶의 의미는 그저 도처에서 의식을 경험하는 것입니다. 그래서, 최후가 닥쳐오면 그걸로 그만입니다. 의식은 그저 그 최후를 바라보며 대면할 수 없습니까?

마: 그대는 그 상태에 머무를 수 있습니까?

질: 그러나 제가 그 공空 안에 머무르지 못하게 하는 것이 있는데, 그것은 (무엇을) 보고, 찾고, 이것저것 하려고 드는 것입니다.

마: 의식이 있을 때는 생명력(vital force)도 있습니다. 생각이 흘러가고 많은

말들이 나옵니다. 그것이 그대의 마음입니다. 그대는 의식과 무관하다는 것만 이해하십시오. 그것은 여전히 있을 것이고 여전히 지속되겠지만, 그대가 "나는 이것이다, 나는 저것이다" 하면서 자신을 그것과 동일시하지는 않습니다.

어떤 어려움도 있을 수 없습니다. 그대가 있다는 것은 자명한 사실이니까요. 왜 거기서 멈춰 ('내가 있다'는 앎의) 그 '점'을 발견하지 않습니까? 그 상태가 무엇인지를 보십시오.

통역자: 마하라지님은 당신께서 이분에게 하는 말을 그대가 이해하는지 알고 싶어 하시는군요. 그대(동석한 다른 사람)말입니다.

질: 예, 당신께서는 의식에 대해 이야기하고 계십니다.

마: 그대는 의식의 의미를 이해했습니까?

질: 의식은 나타나는 일체입니다.

마: 그 말을 하고 있는 것은 누구입니까?

질: 그 느낌은, "내가 있다"입니다.

마: 그것을 누가 경험합니까?

질: 의식이 그 자신을 경험합니다.

마: 그렇지요. 이 대화를 한동안 더 귀담아들어 보십시오. 무슨 이야기가 오고가든 한동안 더 경청해 보십시오. "나는 모든 것을 올바르게 이해했다"고 생각하는 것, 그 자체가 첫 번째 실수입니다. 공간이 창조되면 그에 따라 실제로는 비인격적 의식이 하나의 사람이 되어 몸과 마음에 한정됩니다. 그대는 의식이 몸과 마음에 한정되어 있다고 느끼지만, 의식이 비인격적이라는 것을 받아들이게 되면 아무 문제가 없습니다. "내가 있다"는 앎이 있기 때문에 우리가 모든 활동을 합니다. 아침에 잠에서 깨면 그대는 그 첫 보증, "내가 있다"는 저 확신을 갖습니다. 그런 다음 (가만히 있으면) '내가 있음'을 유지하거나 감내할 수 있는 처지가 아니기 때문에, 스스로 분발합니다. 그래서 일어나 이리저리 움직이고 활동을 시작합니다. 그대가 온갖 활동에 종사하는 것은 저 '내가 있음'을 유지하고 싶기 때문입니다. 나중에 저 '내가 있음'은 깊은 잠 속에서 그 자신을 망각하는데, 그제야 그대는 평화로워집니다.

질: 명상 속에 평안이 있습니까?

마: 왜 명상을 하려고 합니까? '내가 있음'을 진정시키기 위해서입니다. '내가 있음'과 함께 모든 불행이 시작되었습니다. '내가 있음'의 피상성을 자연발로적으로 느껴야 합니다.

질: 어떻게 말입니까?

마: 저 주의(attention-곧 의식), 저 '내가 있음'은 생시 상태에서 늘 있지만 우리가 정신 차려서 그것을 지켜보지 못합니다. 달리 따라야 할 주의란 없습니다. "내가 있다"는 저 주의에 유념하십시오.

질: 깊은 잠의 상태 속에 남아 있는 어떤 것이 있습니까?

마: 생시의 상태에 있는 모든 것이 깊은 잠 속에 합일되어 잠재적인 상태로 있습니다.

질: 어떤 것이 올바른 행위입니까?

마: 행위들이 그대를 통해 일어나게 하고, 자신을 행위자로 여기지 마십시오. 그대를 통해 일어나는 행위들이 있겠지요. 이런 행위는 좋고 저런 행위는 나쁘다고 말하지 마십시오. 그것은 그대의 책임이 아닙니다. 자신을 행위자로 생각하는 사람은 마음의 성향, 마음의 조건에 매인 노예입니다. 진인은 의식이 행위하는 것을 주시하지만 의식의 행위들에 전혀 개입하지 않습니다.

질: 주위의 사물들을 걱정하는 것은 의식의 한 중독증인 것 같습니다.

마: 그렇지요. 중독증이고, 오락이기도 합니다. 제가 물을 흘린다고 생각해 보십시오. 저는 즉시 수건을 집어 그것을 닦아내지만, 제가 무슨 어리석은 짓을 했다고 생각하지는 않습니다. 그 일이 일어났습니다. 마치 수건이 자신이 그 일을 한다는 생각 없이 물을 빨아들이는 것과 같이 말입니다.

질: 이 '내가 있음'에 대한 사랑은 얼마나 이상한 것입니까.

마: 이상하기는 하지만 그것이 구체적인 형상들 안에서 나타납니다. 우리는 모두 '세상을 구원한다, 선행을 한다'는 개념들에 집착합니다. 위대한 사람들이 지녔던 그 모든 위대한 개념과 사상에도 불구하고, 오늘날 그 구원 받은 사람들과 구원자들은 어디 있습니까? 저쪽편의 여러분은 무엇을 원합니까?

질: 저는 일체가 조화롭고 혼란이 없기를 바랍니다.

마: 이름과 형상에 집착하지 마십시오. 이름과 형상을 없애버리십시오.

질: 그 간단한 것을 이해하기가 왜 그리 어렵습니까?
마: 왜냐하면 그대가 무엇을 이해했든, 그것에 집착하고 그것을 끌어안기 때문입니다. 그것을 없애버리십시오. 그대가 이 세상에서 무엇을 이해했든, 그대는 그에 집착합니다. 그것을 포기하십시오. 그대가 자신을 이해하는 방식, 그것도 포기하십시오.

1979년 8월 13일

4
그대는 몸이 아니다

마하라지: 그대는 그대의 스승과 몇 년이나 같이 있었습니까?
질문자: 근 6년입니다.
마: 그분의 지知(Jnana)든 요가(Yoga)든 뭐였든, 그것이 지향하는 목적은 무엇이었습니까?
질: 그분은 인류가 의식에서 큰 발걸음을 내디딜 준비가 되어 있다고 가르치십니다. 이제 깨달음의 시대가 열릴 수 있습니다. 지금까지는 세상에 온 모든 진인·성자·구원자들이 어떤 사상에 따라 일해 왔습니다. 사상은 그런 변화를 일으킬 수 없지만, 인류의 작은 일부가 그분이 제시한 명상 방식을 통해서 그들의 의식 수준을 고양하면, 의식의 수준이 보편적으로 더 높아지는 결과가 나올 거라는 것입니다.
마: 전체적 의식이 이미 있는데 무엇을 변화시키려 합니까? 어떻게 변화시키려고 합니까?
질: 그러나 의식에서의 변화가 어떤 특정한 형태로 일어날 수 있다는 것은 사실입니다.
마: 예, 변화될 수는 있지요. 그러나 영구적으로 머무를 수는 없습니다.

질: 좋습니다. 그것은 영구적인 것이 될 수 없습니다. 그러나 그것이 의식에서의 향상을 이루지 말아야 할 이유가 됩니까?

마: 그것을 더 낫게 변화시킬 수는 있겠지만, 누가 그것을 향유합니까?

질: 그것은 분명히 해야 할 아주 중요한 점이고, 어려운 점이기는 합니다. 우리는 세계가 산산조각으로 폭발하려 한다는 것을 압니다. 그런데 어떤 이들은 "파괴되게 내버려둬라, 그것은 영구적이지 않다"고 말합니다. 사람들은 의식에서의 그런 변화가 지금 일어날 수 있다는 것을 인정하지 않으려 합니다.

마: 자연발생적인 것, 아무 이유도 없이 생겨난 것, 그것을 어떻게 멈추려고 합니까? 이 전부를 누가 만들었습니까? 이 이야기가 어디서 나오고 있는지 알아내십시오. 그 근원은 무엇입니까? 그 근원은 '내가 있음'이라는 작은 촉감, 크기가 없는 저 찌름입니다. 그러나 그것이 얼마나 대단한 현상계를 창조했는지, 저 이야기가 어떻게 흘러나오는지, 어디서 나오는지를 한 번 보십시오. 저 작은 찌름에서, 저 크기 없는 '내가 있음'의 촉감에서지요.

그대는 저에게 화가 나 있고, 그대가 그것을 느낍니다. 그러면 어떤 일이 일어나겠습니까? 그대는 저를 죽이지 못합니다. 저는 점점 더 크게 늘어날 것입니다. 백만 배나 늘어날 것입니다. 저는 그 각도에서 말하고 있습니다. 그대가 저를 죽일 수 있습니까? 보세요, 죽은 것이 무엇이든 그것은 모두 이 환幻의 음식, 곧 마음입니다. 그것은 아무리 많은 죽음도 흡수할 수 있습니다. 그것은 결코 죽지 않습니다. **마야**는 여전히 있을 것입니다.

질: 마하라지께 이 '내가 있음'에 대한 사랑이 없어 보이는 것이 저희에게는 놀랍습니다. 당신께서는 어디 다른 데 계시면서 그것에 관여하지 않으시는 것처럼 보입니다.

마: 제가 저 문젯거리를 사랑해야 한다는 뜻으로 하는 말입니까? 제가 저 자아를 사랑하면 어떻게 되겠습니까? 더 많은 고통을 겪겠지요. 아니면 돈이 더 생기겠지만, 그게 무슨 소용 있습니까?

통역자: 마하라지의 말씀은, 사람들이 돈을 점점 더 많이 가져와서 드리면 어떻게 되겠느냐는 것입니다. 어떤 기념물, 장식하고 예배를 올리는 아름다운 돌들이 생기겠지요. 그런 건 당신께 아무 쓸모가 없습니다.

질: 당신께는 쓸모가 없을지 모르나, 누군가에게는 쓸모가 있을지 모릅니다.

마: 그것은 다른 사람들에게만 쓸모가 있겠지요. 그뿐입니다.

질: 마하라지께서는 완전히 홀로 설 수 있는 용기를 어디서 발견하셨습니까?

마: 누가 용기를 필요로 합니까? 그것은 그대의 성품입니다. 제가 왜 이 몸에 신경을 써야 합니까? 바로 어젯밤 구자라트에서 2만 5천 명이 죽었습니다―불과 하룻밤 사이에.5) 제가 왜 여기서 이 몸에 신경을 써야 합니까?

저는 믿음·헌신 기타 여러 가지를 가지고 있었습니다. 이 의식, 이 찌름으로 말하면, 저는 그것의 온전한 성품을 압니다. (이제는) 아무것도 남아 있지 않습니다. 믿음도, 헌신도, 전혀 아무것도. 그 시절에 제가 가지고 있던 것이 무엇이었든, 모두 사라졌습니다.

통: 당신의 스승님을 만나시던 그 '나'와 지금 말씀을 하시는 '나'는 수준이 서로 다릅니다.

질: 그러면 현상계는 무슨 소용이 있습니까?

마: 소용이 있고 없고가 없습니다. 그것이 의식의 성품인데, 그 안에서 세계가 나타납니다. 세계는 자신을 몸으로 여기는 사람에게는 소용이 있습니다. 그대의 감각기관을 통해서 세계는 실재하는 것으로 보이지만, 그것은 일시적이고 잠시 머무를 뿐입니다. 그것은 우리가 몸이 아프다고 느낄 때의 그 병과 같습니다. 그것은 저 환幻, 마야의 병입니다.

질: 우리는 하나의 몸으로 태어납니다. 그런데 어떻게 우리가 몸이 아닐 수 있습니까?

마: 그대 자신을 몸이라고 생각하면 얻는 것보다 잃을 게 더 많습니다. 자신을 몸으로 여기지 않는다면, 그대는 자신을 무엇이라고 말할 수 있습니까?

질: 그러나 만약 당신께서 제 다리를 베시면 저는 비명을 지릅니다. (마하라지는 금속그릇 위의 재떨이를 탕 친다. 그러자 핑 하는 큰 소리가 난다.)

마: 보세요, 이것도 아픔을 느끼고 소리도 지릅니다. 이제는 조용하군요! 그대는 자신을 몸과 그릇되게 동일시하고 있습니다. 그대는 그것이 아닙니다.

---

5) T. 1979년 8월, 인도 서부 구자라트 주의 모르비(Morvi) 등지에서 큰 홍수가 나서 수천 명의 사람과 많은 가축들이 죽었다.

그것을 깨달아야 합니다.

질: 가끔 제가 몸을 느끼지 못할 때는 어떤 얼핏 봄이 있고, 시간이 존재하지 않습니다. 그것은 무시간입니다.

마: 맞습니다. 대부분의 시간 동안은 몸과 자신을 동일시하겠지만, 잠깐이라도 그대가 몸이 아니라는 것을 느끼면 그것으로 족합니다. 무지에서 "내가 있다"는 앎이 생겨나서, 그것이 그 자신을 모르는 곳인 무지 속으로 다시 해소될 것입니다. 이것을 이해한 뒤에는 가도 좋고, 그대가 무엇을 하든 상관없습니다. 그것은 모두 신이 하는 일입니다. 그대는 더 이상 행위자가 아니고, 결코 행위자가 아니었습니다. 텔레비전을 불태우거나 파괴하면 영화 속의 사람들이 고통을 느끼고 죽습니까? 그대는 형상이 없고, 모양이 없고, 하늘과 같습니다. 그대가 흡입하는 생기는 그대가 죽을 때 무슨 고통을 느끼겠습니까? 이전에 그랬듯이 다시 공기 속으로 합일될 뿐입니다.

그러나 그냥 여기 앉아서 이야기만 듣는 것으로는 안 됩니다. 명상을 해야 합니다.

◆ ◆ ◆

마: 존재성의 상태에 있는 동안 두 가지 주된 상태가 있는데, 생시와 잠이 그것입니다. 이 상태들 이전에는 무엇이 있었습니까? 그대가 태어납니까, 아니면 생시와 꿈의 상태들이 태어납니까? 생시의 상태는 "내가 있다"는 것을 상기시켜 주는 것이고, 깊은 잠은 '내가 있음'을 잊어버리는 것입니다. 이 두 가지 상태의 탄생 외에 달리 뭐가 있습니까? 왜 여러분은 이에 대해, 이 기억과 무無기억의 상태들에 대해 이야기하지 않습니까? 이것들이 없다면 여러분이 원하는 것이 무엇입니까? 어떤 지知를 얻겠다고 여기 왔습니까? 제가 하는 말에 동의한다면, 왜 내일도 여기 오고 싶어 합니까? 무엇을 얻겠다고?

질: 저는 얻거나 획득하고 싶지는 않습니다. 저는 잃고 싶습니다. 저는 이 개념들의 영역을 없애고 싶습니다.

마: 만약 이 두 가지 상태가 없다면 개념들이 있을 수 있습니까?

질: 생시와 잠의 상태가 없다면 무엇이 남습니까?

마: 그것이 무엇이든, 기억도 무無기억도 없는 그것이 남습니다. 생시와 잠의 상태는 영구적이지 않습니다. 그것은 모두 저 화물化物, 저 위대한 영靈(Spirit)의 위대함입니다. 그 원리에서 이 상태들과 이 현현물, 이 세계가 나옵니다.

그대는 깊은 잠과 생시의 상태가 아니지만, 이것들 없이는 그대가 없습니다. 그대가 어디를 돌아다니든, 이 이야기가 거듭거듭 떠오르겠지요.

자궁 안에 이 '내가 있음'이 무지의 형태로 있습니다. 아이가 태어나고 두어 해가 지나면 그 무지가 뭘 알게 됩니다. "내가 있다"라고. 이 '내가 있음'을 이해하기 전에 **발라크리슈나**(Balakrishna), 곧 '아이'의 무지가 있습니다. 나중에 그것이 그 자신을 이해하는데 그것이 지知입니다. 이 지知가 **발라크리슈나** 무지를 지워버립니다. 이 **크리슈나** 상태에서 주主 **크리슈나**가 그 지知를 설명했고, 그 이후 그는 자신의 원래 상태, 곧 **절대자**로 돌아갔습니다.

저 무지-지知가 있는 한, 각기 하나가 다른 하나를 지워버립니다. (어둠을 없애는) 이 불꽃과 같이, 저 무지가 있는 한 저 지知의 불꽃도 있겠지요. 저 무지가 소진되고 종식될 때, 저 지知의 불꽃도 종식될 것입니다.

누가 그대들을 이곳으로 가 보라고 했습니까?

질: 아난다 마이(Anandamayi)[6], 크리슈나바이(Krishnabai)[7], 그리고 스리 라마나스라맘(Sri Ramanasramam)에 있는 몇몇 친구들입니다.

마: 그대들의 출신지는 어디입니까?

질: 저희 둘 다 프랑스에서 왔습니다.

마: 그 모든 신체적·정신적 행법을 수련하고 나니 무엇이 되고 싶습니까?

질: 저 자신의 **진아**입니다.

마: 그대의 **스승**은 그대의 **진아**가 무엇이라고 했습니까?

질: 그것은 이미 있는 것이고, 저희가 그것을 발견해야 합니다.

마: 누가 그것을 찾는다는 것입니까?

질: 저는 제가 진정으로 현재 속에서 살지 못하게 가로막는 모든 장애물들을

---

6) *T*. 인도의 여류 성자(1896~1982). 그녀의 아쉬람은 하리드와르 인근 깐칼(Kankhal)에 있다.
7) *T*. 스와미 람다스(Swami Ramdas)의 상수제자(1903~1989)로, 스와미 람다스와 함께 께랄라주 깐한가드(Kanhangad)에 있는 아난다아쉬람을 이끌었다.

제거해야 합니다.

마: 누가 그 장애물들을 제거하게 될까요?

질: 접니다.

마: 그대는 누구입니까?

질: 알아내려고 애쓰는 의식의 한 요소가 있습니다.

마: 이 의식이라는 것—누가 그대에게 의식에 대해 이야기해 주었습니까?

질: 저는 이 길을 열망해 왔습니다. 우리를 몰아대어 우리가 이 길로 가게 하는 뭔가가 있습니다.

마: 왜 말에 걸려듭니까? 그대는 그대가 있다는 것을 압니다. 그대가 존재한다는 것은 누구도 그대에게 말해줄 필요가 없고, 그대가 자동적으로 압니다.

질: 장애물들이 이 의식을 가로막고····.

마: 이 장애물들[상습常習(samskaras)]은 나중에 다뤄 봅시다. **자아**, 곧 "내가 있다"는 앎을 다루십시오. 이 '내가 있음'이 먼저 있습니다. 그렇지 않습니까? 저 '나'가 먼저 있어야 그대가 이 상습常習이란 병에 걸립니다. 그대는 봄베이에 얼마나 오래 있으려고 합니까?

질: 닷새만 더 있을 겁니다.

마: 그대가 이미 줄에 서 있고 이 영적인 지知를 얻을 수 있는 순번을 받는다면, 아무리 많은 장애물도 치워버리게 될 것입니다. 그러나 줄에 서 있지 않으면 배회하게 되겠지요. 처음에는 "내가 있다"는 앎이 음식기운의 산물이라는 것을 이해해야 합니다. 그대가 있다는 것을 알 때, 세계도 있습니다.

　소금이 바닷물 속에 들어 있는 것과 마찬가지로, 몸 안에서는 생기와 결합하여 의식이 나타납니다. 고통이나 쾌락을 느끼는 것은 의식이지 몸이나 생기가 아닙니다. 그대가 몸이 아니라는 것을 알게 되면, 고통과 쾌락에 대한 모든 개념들은 저절로 사라질 것입니다. 이것이 참이라는 것을 확신합니까?

질: 예.

마: 여기서 그대는 그대가 무엇인지에 대한 지知를 얻는데, 이제 그것을 그대 스스로 체험해야 합니다. 침묵하면서 그대 자신을 지켜보는 것을 **명상**이라고 합니다. 그대가 여기서 들은 내용 안에 머무르는 것이 수행이라는 것입니다.

스승, 신, 그대 자신의 지知─이 세 가지는 하나입니다. 그것을 알면 침묵하게 됩니다. 스승은 지知를 뜻하고, 지知는 "내가 있다"를 뜻합니다. '내가 있음' 그 자체가 스승입니다.

1979년 8월 14일, 15일

5
주의를 기울여라

마하라지: 사람들은 영적인 지知를 찾아 돌아다닐 때 자기 자신에 대해서는 생각하지 않습니다. 자기가 이미 얻은 지식[개념들]만 생각합니다.

여기 오는 많은 사람들은 『아이 앰 댓』을 읽었습니다. 그들은 호기심에서 이 사람이 누군가 보러 옵니다. 그리고 한 번 보고는 가 버립니다. 만일 여러분이 뭔가를 더 알아내고 싶다면, 조용히 앉아서 가능한 한 오랫동안 귀담아 듣고 제가 말하는 것을 이해하려고 해야 합니다.

이해해야 할 것을 이해했습니까?

질문자: 저는 받아들이는 데 어려움이 있습니다. 저는 이 믿을 수 없는 저항감이 계속 커지는 것을 지켜봅니다.

마: 그 말을 누가 합니까?

질: 그 어려움 자체가요.

마: 그것이 무엇이든, 이해해야 할 것은 하나입니다. 그대가 이 "내가 있다"는 앎을 얻기 전에 있었던 그 상태가 진정한 상태입니다. 이 앎을 얻고 나서야 그대가 몸-마음을 자신과 동일시합니다. 그 몸-마음을 포함해서 그대가 얻은 모든 것은 사라질 것이고, 쓸모가 없고, 그걸로 그만입니다. 그러나 그대가 그 몸을 얻기 전의 원래 상태가 **진리**이고, 진정한 상태이며, (모든 것이 사라진 뒤에도) 그것이 남을 것입니다.

유아기가 청년기가 되었고, 중년·노년이 되었습니다. 이 모든 단계에서 그대가 가졌던 존재의 즐거움, 살아 있고 존재한다는 즐거움, 그것은 모두 거짓입니다. 이 모든 단계들은 사라질 것이고, 이해하는 자, 그것마저도 사라질 것입니다.

질: 마하라지께서 말씀하시는 이 오고 감에 관해서 보자면, 그것들은 몸의 경험입니까, 의식의 경험입니까?

마: 그대는 무엇을 통해 경험을 얻습니까?

질: 감각기관을 통해서입니다.

마: 그대가 존재하게 된 본래의 원인은 무엇입니까? 그것은 무엇이 혼합된 것입니까?

질: 저의 존재는 이 의식이고, 일어나는 모든 일들은 의식 안에 이미 들어 있습니다. 말씀하시는 것처럼 그것을 잃어버릴 수 있다는 데 저는 동의하지 않습니다. 몸은 사라질지 모르지만 의식 안의 모든 경험, 의식 그 자체는 사라지지 않습니다. 사라지는 것은 이 특정한 몸의 형상이지, 의식 그 자체인 앎은 사라지지 않습니다. 그것은 다른 형상으로 다시 나타날 것입니다.

마: 그대는 그 형상을 어떻게 얻었습니까? 그 형상의 원인은 무엇입니까?

질: 그것은 다른 문제입니다.

마: 두 번째도 세 번째도 없고, 또 다른 것도 없습니다. 저는 그대에게 이야기하고 있습니다. 그것은 그대와 관계됩니다. 그 혼합의 첫 순간에 대해 그대에게 묻고 있습니다. 그 몸, 그 형상이 있는데, 그 근본 원인은 무엇입니까?

질: 두 사람이 합쳐집니다. 이 두 사람이 합쳐지면 그것은 같은 그 앎이 연장되는 것 아닙니까? 의식 자체가 이 운동을 계속····.

마: 저는 그 혼합물의 이름과 형상을 알고 싶습니다.

질: 모든 이름과 모든 형상입니다.

마: 그대는 제가 하는 이야기를 듣고 있지 않습니다. 그것이 그대에게 도달하지 못하고 있습니다. 침묵을 지키십시오.

그대는 자신이 누군가를 그대의 부모라고 부르는 원인을 알고 있습니까? 그것은 그 몸들에 의해서입니까, 아니면 그 몸들의 정수에 의해서입니까?

질: 정수에 의해서입니다.

마: 거기서 정확히 무슨 일이 일어났습니까?

질: 모르겠습니다.

마: 그대는 스스로 진인이 되었다고 생각하고 책을 쓰려고 하는군요. 그렇지 않습니까?

질: 아니요. 그(다른 질문자)가 제가 책을 쓰려 한다고 생각하는 겁니다. 저는 한 분의 진인을 뵙고 있기 때문에 이런 토론을 하고 있습니다.

마: 마음이 없었던 상태—주의를 거기에 두십시오. 그 상태에 주목하십시오. 여러분은 모두 많은 가게, 영적인 가게들을 방문하는 사람들과 똑같습니다. 약간씩, 조금씩 맛보면서 여러 가지 맛난 것들의 맛을 보려고 말입니다.

질: 만약 마하라지께서 그의 모든 질문에 답변하셨다면, 왜 이런 온갖 질문이 그의 마음을 통해서 나옵니까?

마: 저는 그 질문들과 별개입니다.

질: 그것은 어떤 해결책도 아니고, 이야기입니다.

마: 그대에게는 그렇게 보이는군요? 주의를 기울이십시오. 그러면 그 일이 일어납니다. 몸을 그대 자신과 동일시하지 않고 살아가는 법을 배워야 합니다. 모든 활동, 심지어 마음 흐름조차도 생기에서 나옵니다. 그 의식에 주의를 기울이십시오—그것이 명상입니다.

질: 생각들이 우리를 붙잡아 데려가 버립니다.

마: 생각들이 그토록 많은 힘을 가진 것은 몸과의 동일시 때문입니다.

질: 고통을 지켜보기만 하는 것도 몹시 힘듭니다. 두려워집니다.

마: 고통을 지켜보는 것은 그대 자신입니다. 의식을 가지고 의식을 붙들어야 합니다. 이 '나'라는 맛에 주의를 기울이십시오. 두려움에 주의를 기울이지 말고, 그대의 실체에 주의를 기울이십시오. 일단 그대가 무엇인지를 알면 두려움이 없어집니다. 그대의 마음에서 죽음이라는 개념을 없애버리십시오. 죽음이라고 할 만한 것은 없습니다. 저는 그대가 죽지 않을 거라는 것을 확신합니다. 그것(죽음)은 하나의 개념 혹은 관념에 불과합니다.

그대의 '몸과의 동일시(identification with the body)'는 어릴 때부터 지속되어 왔고, 그래서 그것을 없애기 위해서는 시간이 걸립니다.

존재성이 그 자신을 유지하도록 하기 위해 점유(몸의 보유)가 있습니다. 그대가 무엇을 얻든 그것은 아무 가치가 없고, 얻는 자도 아무 가치가 없습니다. 이 게임의 공허함을 이해하게 될 것입니다. 무지한 단계에서만 그대가 일체를 그토록 중요하게 여깁니다. 우리는 오고 가는 것들에게 가당찮은 중요성을 부여합니다.

저는 저 자신을 알지 못하는, "내가 있다"는 것을 모르는 견지에서 이야기하고 있습니다. 저는 생시와 잠의 상태라는 영역에 속하지 않습니다. 그러니 제가 어떻게 이것이나 저것과 같다고 생각할 수 있겠습니까? 그대는 제가 제법 무엇이거나 상당한 사람이라고 생각하지요.

질: 마하라지께서 자세, 하타 요가에 대해 조금 말씀해 주실 수 있습니까?

마: 저는 어떠한 신체적 수련도, **요가**도 다루지 않고, 그대가 거기서 얻는 어떤 것에 대해서도 다루지 않습니다. 제가 설명하려고 하는 것은, 그대는 저일 뿐이고 저는 그대라는 것입니다. 저는 그대가 저일 뿐이라는 것을 알지만 그대는 모릅니다. 그래서 저는 그대에게 그것을 소개해 주고, 그것을 알아가도록 하려고 노력합니다. 그런 신체적 요가 자세 따위를 수련하면 어떤 만족감을 얻기는 하겠지만, 그것은 영적인 지(知)가 아닙니다.

질: 요가 과정을 통해서 사람들은 능력을 얻습니까?

마: 요가적 과정에서 어떤 사람들은 능력을 얻지만 그것은 끝이 있게 마련입니다. 그것은 **궁극자**(the Ultimate)가 아니고 **영원자**(the Eternal)가 아닙니다. 이 **절대자**, 이 **영원자**를 사람들은 단박에 얻지 못합니다. 사람들은 능력과 기적에 몰두하고 그것만 즐깁니다. 그들은 그런 것들로는 바빠도, **궁극자**로 바쁘지는 않겠지요. 그들은 환생을 겪게 될 것입니다.

◆ ◆ ◆

마: 의식의 체험은 몸을 통해서 오는데, 그대가 몸을 바라보기 시작하면 그것은 음식에 불과합니다.

질: 저에게는 수많은 성향이 있습니다. 음식의 성향, 감각기관의 성향, 집착

의 성향, 생각하는 성향—뭐 그런 것들입니다. 저는 마하라지님을 일종의 지성화된 음악으로 듣습니다. 지성은 아니지만 지성에서 나오는 음악으로 말입니다. 그것을 제가 어떻게 무시할 수 있습니까? 무시하지 못합니다. 그것이 항상 있습니다. 저는 일체가 음식에서 나왔다는 것을 알지만, 제 앞에 계신 분은 음식이 아닙니다. 그냥 한 송이 꽃과 같습니다.

마: 그런 성향들을 가진 그것은 무엇입니까?

질: 하나의 통합된 사회적 자아로서, 저는 그 음악을 듣습니다. 제가 그것을 어떻게 무시합니까?

마: 그 모든 체험의 바탕인 저 원리는 무엇입니까? 그것을 알아내야 합니다.

　잠에서 깨어나는 순간 그대는 전 세계를 아는 것처럼 보입니다. 모든 시간 내내 변천 상태에 있는 이 지나가는 연극은 그대의 존재성 위에 하나의 화면처럼 투사됩니다. 우리는 환幻을 통해서 '나'가 별개의 한 인격을 가지고 있다고, '나'가 별개의 한 자아라고 생각합니다. 일체에 편재한 의식은 이런 제한된 존재성의 느낌을 가지고 있지 않습니다. 일체에 편재한 이 의식에게는 무지도 없고 지知도 없지만, 무지와 지知가 그 안에서 태어납니다.

　제가 담배 라이터에 불을 붙이면 그대는 불꽃이 있다고 말하고, 그것을 끄면 불꽃이 없다고 말합니다. 지知의 불꽃이 있고 없는 것도 그와 같습니다.

　그대의 말이 멈춰졌을 때까지는 그 말들에 의미가 있는데, 그 의미 안에도 (실은) 아무것도 없습니다. 그 의미 자체가 무의미합니다.

질: 그 말들이 무의미하다면 저희가 당신의 말씀을 어떻게 경청해야 합니까?

마: 제 말을 경청하지 마십시오. 그대 자신의 **자아**(진아)에 귀를 기울이고, 그대가 그대 자신과 얼마나 함께 어울리고 있는지 알아내십시오.

질: 저희는 저희 자신의 자아와 함께하는 법을 모릅니다. 그것(에고로서의 자아)이 워낙 추해서 저희는 늘 그것에서 달아납니다.

마: 그러나 그대는 그 안에 말려듭니다. 설사 그대가 자신을 추하다고 하고 그대 자신과 함께 어울리는 것을 좋아하지 않는다 해도, 거기서 음식(생명기운)을 꺼내어 그것을 떠나기로 결심할 수 있습니까?

　파종되는 씨앗은 아주 작지만, 그래도 수많은 꽃과 과실, 나무줄기와 모든 것이 거기서 나옵니다. 내가 그 모든 것을 먹고, 그 씨앗을 먹는다면, 그 씨앗은 나의 힘과 안온함과 만족을 위한 것입니다. 내가 나의 **진아**가 되면, 존재성이 나와 함께한다는 것을 이해합니다.

수많은 욕망, 수많은 꿈들이 "내가 있다"를 아는 이 몸에 다가옵니다. 그 존재성이 이 5대 원소의 몸을 점유했습니다. 그대는 무엇이 자신의 음식인 그 몸을 먹고 살아가는지 알아내야 합니다.

탄생과 죽음은 용어이고 이름일 뿐입니다. 죽음이 찾아왔을 때, 그것은 탄생이라는 경험이 소멸된다는 것을 뜻할 뿐입니다.

질: 저희가 마하라지님의 말씀을 들으면, 죽음은 멋진 것이고, 금방이라도 찾아올 수 있고, 영원한 것이라는 생각이 듭니다.

마: 죽음이 영원할 때, 그것은 저 **영원불변의 빠라마뜨만**(Paramatman-지고아)을 의미합니다.

질: 마하라지님의 말씀을 듣는 것 외에, 죽음을 초청할 다른 어떤 증표가 있습니까?

마: 그대가 마침내 자신은 그 몸이 아니라고 판단하면 그 죽음은 최종적일 것입니다. 죽음이 죽을 것입니다. 그러니 몸과 마음에 대한 이 **의식** 없이 살려고만 하십시오.

몸은 음식기운(생명기운)에 의존합니다. 음식은 5대 원소에 의존하고, 5대 원소는 이름 없는 그 **하나**의 생기입니다. 그대가 자신의 존재성—그대가 온 저 **근원**—을 찾아내려고 노력하면, 이름도 형상도 없고, 그대 자신의 어떤 정체성도 없을 것입니다.

질: 저는 새로운 실험을 해 보고 있습니다. 제가 무엇이든, 저는 그것을 묘사할 필요가 없고, 이름 붙일 필요도 없고, 무엇을 질문할 필요도 없습니다. 제가 무엇이든, 저는 있고, 그거면 됐습니다. 존재하는 그 무엇도 저와 별개로 보지 않으면서, 그냥 있는 것입니다.

마: 그렇게 할 수 있으면 얼마든지 그렇게 하십시오. 그렇게 해서 평안을 얻고 **진리**를 이해할 수 있다면 아주 좋지요.

1979년 8월 16일, 17일

6
존재성 안에 있으라

질문자: 그 이해는 왜 그렇게 금방 사라지고 변합니까?
마하라지: 그것은 몸의 느낌에 달렸습니다. 모든 사람이 여기서 그 지知를 얻겠지만, 각자의 행동은 다른 사람의 행동과 다르겠지요.
질: 저 자신은, 같은 의식을 붙들고 있는데도 그 의식 안에서 반사되는 이해가 나날이 완전히 바뀌고 있습니다.
마: 아, 그렇지요. 마음의 습習, 마음의 이해라는 영역 안에 있는 이 앎, "내가 있다"는 똑같은 상태로 머물러 있지 않겠지요. 그것은 매 순간 변합니다. 결코 한 가지 이해 위에 안정되어 있지 않을 것입니다.
질: 그러니까 최종적 이해 같은 것은 없군요?
마: 이 이해의 시작과 끝은 "내가 있다"는 앎입니다. 개념들의 시작은 1차적 개념인 "내가 있다"와 더불어 시작되었습니다. 그 모든 개념들 속을 방황하다가 그것들을 배격했으면, 이 마지막 혹은 최초의 개념을 없애야 합니다.
질: 그 배격 말입니다. 그것은 마지막 개념이 사라지면서 옵니까? 그냥 주의를 기울이기만 하면 됩니까?
마: 담배 라이터의 이 불꽃이 보입니까? 나타났다가 사라졌지요. 그것도 이와 같습니다. 이 불꽃이 무슨 개념을 가지고 있었습니까? 개념이 없는 것이 가장 완벽하고 가장 적합합니다. 주시하기는 어떤 대상에 집중하려고 할 때 해야 합니다. 그대가 라마(Rama), 크리슈나(Krishna), 그리스도에 집중하고 싶다고 합시다. 그럴 때 집중하거나 지켜본다는 문제가 있습니다. 이것은 "내가 있다"는 앎일 뿐입니다.
질: 문제는, 제가 의식에 주의를 기울이면 기울일수록 마음속에 나타나는 개념이 더 커진다는 것입니다.
마: 의식에 어떻게 주의를 집중합니까? 의식 그 자체가 집중해야 하지요.
질: 제가 한 말도 그런 뜻입니다.

마: 의식을 이해하고, 의식은 그대 자신이 아니라는 결론에 이르십시오.

질: 잘 안 됩니다. 안 된다고요!

마: 포기하세요! 그대가 어떤 요구를 해도 저는 충족시켜 주지 않을 것입니다. 그대의 요구를 만족시켜 주지 않을 것이고, 그대가 원하는 어떤 것도 주지 않을 것입니다. 저는 그저 그대의 실체를 이야기해 주고, 그것을 강조할 것입니다. 그대는 자신을 어떤 것으로 바꿔놓거나 변형시키고 싶어 합니다. "나는 이것이 되고 싶다." "나는 저것이 될 것이다." 저는 그대의 뿌리인 것, 가장 내면의 핵심, 그대의 실체를 말해줄 것입니다. 보세요, 저는 조각가가 아닙니다. 저는 그대를 위해 어떤 상(像)을 만들어서 그대가 그 상이 되게 하지 않습니다.

질: 의식이 그 자신을 만물로 보아야 할 이 필요성은 어디서 나옵니까?

마: 그대는 그대가 있다는 것을 알고, 존재하는 것을 사랑합니다. 그래서 그런 필요성이 있습니다. 그대는 이해했다고 말하고 있지만, 어딘가에 어떤 걸림이 있습니다. 그렇지 않습니까?

질: 한 장의 카드입니다. 저는 한 장의 카드를 숨기고 있습니다.

마: 그것을 내버리십시오! 손해 볼 게 어디 있습니까? 게임을 포기하십시오. 제 이야기를 경청하든지 아니면 듣지 마십시오. 여기 오든지 아니면 오지 마십시오. 저는 그대가 무엇인지, 그대의 '내가 있음' 이전에 무엇이었는지 압니다. 그대의 부모님이 만나기 전에 저는 그대를 압니다. 저는 그대의 부모님이 만난 뒤의 그대의 존재성을 압니다. 그것이 여러 단계로 어떻게 변모했는지, 그것이 여러 가지 모습으로 어떻게 발전해 갔는지, 그것을 다 압니다. 어떤 사람이 125세라고 합시다. 어린 시절 이후로 그는 여러 단계를 거치며 자라서 많은 세간사를 알게 되었습니다. 그가 무엇을 배우거나 얻었든, 이제 일체가 사라지고 그는 침상에 누워 있는데, 그러면 지금 뭐가 남아 있습니까? 저 아이 의식(child consciousness), 저 아이 무지(child ignorance)[8]만 남아 있습니다. 그리고 그것도 사라질 것입니다. 그것이 천당이나 지옥으로 가겠습니까? 아

---

[8] T. 아이가 태어나 자아의식이 생겨나기 전까지의 의식 상태. '내가 있다'는 자아의식이 없는 단순한 의식이며, 무지이다. 노인이 죽음에 가까워서 정상적 인지력을 상실해도 이런 상태가 된다.

니지요. 그 무지가 솟아났고, 그 무지가 사라질 것입니다.

질: 그러면 문제는, 그 무지가 시간의 과정을 통해서만 사라질 수 있느냐, 아니면 지금 멈추어질 수 있느냐 하는 것입니다.

마: 바로 그 중간이지요. 그것은 음식과 물로 유지됩니다. 그것을 공급하지 않으면 그것은 없어지고, 사라질 것입니다.

질: 그러나 마하라지님의 경우에는 그것이 사라졌는데도 음식과 물의 공급이 이루어지고 있습니다. 그래서 제가 여쭈는 것은, '그 과정이 불가피한가, 아니면 그것이 지금 그냥 끝날 수 있는가'입니다.

마: 그대가 **명상**을 해야 합니다. 그것은 거저 얻어지지 않을 것입니다. 넘어야 할 문턱은 **의식**을 통하는 것뿐입니다. **의식**을 흡수하여 **의식**이 되어야 합니다. **의식** 안에 있는 과정 속에서 그대가 그것(의식)에서 빠져나오게 되고, 거기서 그대가 봅니다. 그리고 **명상**이 유일한 방책입니다.

질: 의식 속으로 들어가면 들어갈수록 그것을 초월하는 것이 더 불가능해지는 것 같습니다.

마: 그것을 공정하게 시험해 보십시오. 존재성 안에 있으십시오. 존재성 안에 있도록 노력하십시오. 지금 여기서 그대가 그것을 얻지는 못하겠지요. 1단계는, 그대 자신이 되고, 그대의 존재성 안에만 있는 것입니다. 처음에는 "나는 **내재한 영**靈 '내가 있다'이다"로 시작한다 해도, 몸-느낌(body-sense) 없이 그 존재성 안에 있어야 합니다. 그대는 지금 자신이 그 몸이라고 느끼지만, 저 존재성 안에 안주할(지속적으로 머무를) 때는 몸 없이 어떻게 있는지 알게 될 것입니다. 그러나 동시에 몸과 생기生氣는 꼭 필요하다는 것을 잊지 마십시오. 일단 이 세 가지[몸, 생기, "내가 있다"는 메시지]를 올바르게 이해하면, 그대는 (그것들과) 별개입니다. 이 세 가지 개체를 아는 자는 부모들에게 붙잡히지(환생하지) 않을 것입니다.

질: 마하라지께서는 당신의 존재성 안에 몰입하셨을 때, 정확히 무엇을 이해하셨기에 **의식**을 초월하실 수 있었습니까?

마: TV 알지요? 명상을 해보면 TV를 보는 것만큼이나 구체적으로 알게 됩니다. 그때는 보게 될 것입니다. '나'는 TV 스크린이 아니고, TV를 보는 자

는 수상기 안에 없다는 것을 말입니다. 명상 과정 속에서 더 많은 **지**_知가 일깨워질 것이고, 그대가 그것을 깨닫게 될 것입니다. 그리고 그 과정에서, 그대가 무엇을 이해했든 그대는 그것이 아니라는 것을 이해하게 될 것입니다.

질: 그래서 앞서 제가, **의식**이 그 자신을 더 의식하면 할수록 개념이, 지식이 더 커진다고 말씀드린 겁니다.

마: 예, 그렇게 되겠지요. 살아 있는 하나의 대우주(cosmos), 백만 개의 우주들(universes)이 그대의 **의식** 안에 들어 있습니다.

질: 아는 자는 어떻게 됩니까?

마: 아는 자와 알려지는 모든 것, 공히 사라질 것입니다. 그 무엇도 안정되게, 영구적으로 머무르지 않을 것입니다. 아버지 · 어머니 · 그대라는 이 삼각관계는 어떻게 일어났습니까? 그것을 탐구하고, 그것에 대해 명상하십시오.

질: 아버지 · 어머니와 저는 같은 것이고, 그냥 저 **의식**의 한 흐름 아닙니까?

마: 말하지 말고 이해하려고 하십시오. 먹는 이야기를 하는 것만으로는 배가 차지 않을 것이고, 실제로 먹어야 합니다. 말에서 나온 **지**_知를 가지고는 영원한 평안을 얻지 못할 것이고, **진아지 · 진아 깨달음**에 의해서만 그것을 얻게 될 것입니다.

◆ ◆ ◆

질: 마하라지께서 말씀하시는 것을 제가 어떻게 성취할 수 있습니까?

마: 그대의 존재성을 기억하십시오. "내가 있다"는 앎은 그대의 **사뜨와 구나**에서 온 것인데, 그것이 존재성입니다. **사뜨와 · 라자스 · 따마스** — 이 세 가지 **구나**는 여기 현상계 안에서 활동하고 있습니다. **사뜨와**의 성질, 곧 본질은 그대가 있다는 것을 아는 것이고, 그대가 그 위에서 움직일 토대를 그대에게 제공하는 것입니다. **라자스**는 동기유발 요인이고, 그대를 돌아다니게 합니다. **따마스**는 비활동성, 응집(consolidation-욕망 등의 고착화)입니다. 이 "내가 있다"는 앎이 그대에게 다가오는 것은 그대의 몸이 태어난 뒤입니다. 그런 다음 아이 때의 그 몸이 저절로 자라서 늙어갑니다. 모든 야망, 모든 욕망이 충족되고, 모든 행위들이 타고난 성향에 따라 이루어지고 난 뒤에는 무엇이 남습니까?

마지막에 남는 것은 단 하나, "내가 있다"입니다. 따라서 평생토록 이 "내가 있다"가 누구인지를 기억하고 탐구해야 합니다. 그렇지 않으면 그대의 존재성에게 탄생과 죽음이 아무 의미가 없을 것입니다. 왜냐하면 몸이 죽고 나면 그 존재성도 해체될 테니까요.

질: 몸이 죽고 나면 존재성이 해체됩니까?

마: 이 존재성은 음식-몸의 기운이 갖는 성질입니다. 실은 저 존재성은 그대의 몸이라고 하는 음식을 먹고 살아갑니다. 모든 몸은 음식입니다. 저 존재성의 느낌은 몸 안에서 나타나고, 몸이 떨어져 나가면 해소됩니다.

존재성은 저 자아의 느낌을 사랑한다는 것을 뜻합니다. 사랑(자기사랑)은 존재성 안에 포함되어 있고, 몸이 성장함에 따라 저 사랑도 성장합니다. 그 존재성에 더 많은 사랑을 주기 위해, 저 사랑을 만족시키기 위해, 수많은 현현물, 수많은 다른 사물들이 필요합니다. "저 안락을 위해 나는 이것을 원한다." 몸과 저 존재성, 곧 '**존재애**存在愛'(love to be)의 안락 말입니다. 그 갈망을 충족하기 위해 그대에게 아내가 있어야 하고, 집이 있어야 하고, 의복 기타 안락한 것들이 있어야 하고, 그런 식입니다. 이 존재성은 업業(karma)을 창출할 뿐입니다. 실은 누구도 태어나지 않고 누구도 죽지 않습니다. 사실은, 저 존재성이 나타나고 존재성이 사라지는 것입니다.

질: 업은 어떻게 생에서 생으로 작용할 수 있습니까? 그리고 **신**은 어떻게 됩니까?

마: 신이란 말의 의미를 이해하는 사람은 그 자신이 **신**입니다.

질: 존재성에 대한 앎이 해소되고 나면 무엇이 남습니까?

마: 보세요, 담배 라이터가 켜지고, 이제 그것이 꺼집니다. 그렇다고 해서 그것이 죽었습니까? 저 존재성이 소멸되면 그것이 본래 나왔던 **브라만** 속으로 합일됩니다.

질: 존재성이 해소되면 어떤 업業도 없군요?

마: 저 존재성이 없다면 행위가 있을 수 있겠습니까? 존재성이 있으면 현상계가 있고, 행위들이 저 **의식**의 영역 안에서 일어납니다. 어떤 행위자도 없습니다. 우리는 그릇되게도 자신이 행위자라고 주장합니다.

저 '내가 있음'은 장과漿果(berry)의 씨앗과 같습니다. 그 장과의 씨앗 안에 장과나무들의 숲 전부가 잠재적 형태로 이미 존재합니다. 마찬가지로, 이 '내가 있음'은 행위들이 그 안에서 일어나는 현상계의 씨앗인데, 행위자는 없습니다. 과실 속의 씨앗은 어떻게 만들어집니까? 그 과실 기운의 정수에서 씨앗이 만들어집니다. 그 씨앗이 만들어질 때 그것은 무엇을 의미합니까? 그 나무 자체 안에 이미 기록되어 있는, 그 나무가 형성되는 모든 이미지를 그것이 기록하며, 때가 되면 그것이 확대되어 또 한 그루의 나무가 됩니다. 그러나 이 모든 것이 씨앗 속에만 기록됩니다. 인간의 씨앗도 마찬가지입니다. 그 씨앗이 언제 심어지고, 언제 부모의 이미지를 기록해서, 그 특정한 씨앗이 그 아버지나 어머니의 모습을 띠고 특정한 몸의 형상을 얻습니까? 그 원리는 무엇입니까?

TV 스크린을 예로 들어봅시다. 그 스크린 상에서 그대는 모든 이미지가 행위하는 것을 봅니다. 이 이미지들은 어딘가에 기록되어 있다가 지금 상영되고 있습니다. 그래서 설사 우리가 멈추라고 소리 지르고 요청해도 그것들은 멈추지 않습니다. 이것은 그리 좋은 예는 아닙니다. 인간이나 자연의 씨앗이 기록된 것에서 그와 같거나 비슷한 이미지들이 성장해 나오는 것은 자연발생적이지만, TV 녹화물은 인간 지성의 기술에서 나오니 말입니다.

질: 불교의 가르침에서는 완전한 해법이 없습니다. 남아 있는 집합체들이 있어서 그것이 새로운 존재를 형성하게 됩니다.

마: 붓다의 철학이 어떤 것이든, 그런 것들은 모두 다양한 관념, 다양한 개념들입니다. 각 개인 안에서 그 개념들이 싹터 나오는데, 그것들이 자연발생적으로 나올 때 그 사람은 그에 따라 행동합니다. 그가 그 관념들을 따르는 것은 자신이 그 관념들을 좋아하고, 그것이 자신에게서 나왔기 때문입니다.

저는 남들의 다양한 관념이나 판단을 따르고 싶은 마음이 없습니다. 그 판단들 중에서 최선의 것은 주主 크리슈나가 내린 것입니다. 그는 우리가 우리 자신의 판단에서, 우리 자신에 대한 우리 자신의 개념에서 빠져 나와야 한다고 말합니다. 다른 누구에게도 의존하지 마십시오.

이제 그대는 이런 이야기들을 듣고 그대 자신의 궁극적 입장을 깨닫습니다. 그대의 참된 입장을 다시는 잃어버리지 않을 것입니다. 거기서 안정되십시오. 저의 **스승님**도 저의 궁극적 목적지를 저에게 가리켜 보이셨고, 저는 그 안에 저 자신을 안정시켰습니다.

어떤 사람의 **주의**主意에 자기가 있다는 것이 떠오릅니다. 그것이 그 사람의 **주의** 안에 없었을 때는 그 원리가 없었습니까? 있었지요. 그 원리가 오염되지 않았고, **주의** 없이 있습니다. 비非**주의**(non-attention)9) 안에서 그것이 지배합니다. 영원히.

그리고 획득한 모든 것은 **브라만**에게 봉헌물로 바쳐진다는 것,10) 그것은 무엇을 의미합니까? 이 모든 지知, 이 모든 지각성(knowingnes)은 **브라만**에게 바쳐집니다.

질: 만약 몸이 존재성을 위한 음식이라면 우리는 몸에 대해 불안을 느끼게 될 것입니다. 그것은 평안이나 고요함이 아닐 것입니다. 왜냐하면 우리는 몸을 통해서, 존재성을 걱정하게 될 테니까 말입니다.

마: 그대가 몸을 떠나면 그 평안을 누가 사 가겠습니까?

질: 설사 제가 몸과 동일시되지 않는다 해도, 저는 그것이 존재성을 위한 음식이라는 것을 알고 있고, 걱정이 됩니다.

마: 몸을 보존하기 위해 조심하고 걱정하는 것은 좋지만, 이 나타난 몸은 그대가 먹는 음식의 기운에 의존하고 있다는 것을 기억하십시오.

식물들의 기운 혹은 즙에서 모든 종種이 생겨납니다. 곤충·동물·인간 등이 말입니다. 이 존재성의 성질은 그 즙 안에, 식물들 안에 잠재적인 상태로 있습니다. 각각의 종種 안에 저 지각성이 있습니다. 그냥 아는, 저 원리 말입니다. 그것은 누구의 지각성이냐 하는 문제가 아닙니다. 존재성, 곧 지각성만 있습니다.

질: 존재성에 여러 가지 종류가 있습니까?

마: 여러 가지 몸들을 통한 **의식**의 표현은 다양합니다. 몸의 형태가 다르고, 음성이 다르고, 생각이 다르고, 소리가 다르고, 맛이 다릅니다. 그것은 무한히

---

9) *T.* 이것은 모든 대상적 주의를 벗어난 절대자의 상태를 가리킨다.
10) *T.* 『바가바드 기타』, 4:24-32 참조.

다양합니다.

질: 존재성이 어떻게 서로 다를 수 있습니까? 존재성은 오직 하나입니다.

마: 소리 그 자체는 동일하지만 여러 악기들을 통해서 나오는 표현은 서로 다릅니다. 같은 **의식**에서 나와도 **크리슈나**의 몸이 형성되면 **크리슈나**가 태어납니다. 당나귀도 그와 같이 형성됩니다. 의식은 동일하지요.

질: 구나들은 우리가 먹는 음식에 의존합니까, 아니면 이미 존재합니까?

마: 초기 단계에서는 일체가 잠재적으로 이 음식가치(food value)를 갖는다고 이해해도 무방합니다. 그대는 이 음식가치와 생기, 이 조합과 저 '내가 있음'을 가지고 시작하지만, 나중에는 이 '내가 있음'이 어떻게 나왔는지를 탐구하고 이해해야 합니다. 그 뿌리로 나아가야 하는데, 뿌리는 '물라(mula)'를 뜻하고 물라는 아이를 뜻합니다. "그 아이의 형성은 어떻게 일어났는가?" 그 과정에서 그 **근원** 자체로 나아가면, '내가 있음'이 이 현현된 우주를 하나의 씨앗처럼 포함하고 있다는 것을 깨닫게 될 것입니다. 더 분명하게 이해하기 위해 꿈 세계의 예를 들어봅시다. 그대는 깊은 잠이 들었는데 갑자기 "내가 있다"를 느낍니다. 그러면 그 '내가 있음'이 하나의 꿈 세계를 창조합니다. 마찬가지로, 이 현상 세계는 저 '내가 있음'에 의해 창조됩니다. 진리를 추구하다 보면 나중에 이것을 깨닫게 됩니다. 최후의 진보는 그대가 이 '내가 있음'도 초월하여 **궁극자** 안에 안정되는 것입니다.

이 모든 세간적 지식을 이해했다고 그대가 지혜로 충만해 있다고 생각하지 마십시오. 그렇게 생각하는 것은 심하게 변비에 걸린 상태와 같을 것입니다. 제가 그대에게 설명한 것이 무엇이든, **진아**가 그것을 깨달아야 합니다.

이 존재성이 그대에게 다가오기 전에도 그대는 항상 존재했지만, 그것을 의식하지는 못했습니다. **절대자**는 전혀 그 자신을 모릅니다. 우리의 참다운 상태는 **지**知의 상태가 아니라 **지**知 이전입니다.

1979년 8월 18일, 19일

7
무지의 근원으로 돌아가라

질문자: 당신의 철학은 과학이 끝나는 곳에서 시작됩니다. 저 자신도 의학과 기타 분야에서 많이 배웠습니다만, 당신의 책을 읽고 나서는 당신의 두 발에 귀의했습니다. 당신께서 **아뜨만**이라고 부르시는 것은 누구입니까? '아는 자'는 누구이며, 그는 몸 안의 어디에 위치하고 있습니까? 만일 발가락에 어떤 부상이나 상처가 있으면 우리가 그것을 이해하는데, 이 이해는 어디서 옵니까? 목과 머리 사이에 아는 누군가가 있습니다. 그 앎은 어디에 위치합니까?

마하라지: 그것은 범혈梵穴(*Brahma-randhra*)[머리 정수리의 혈]에 있습니다. 어떤 요기들은 자신의 모든 생기를 거기에 모아서 자신들을 안정시키지만, 그들은 근본적인 원리를 이해하지 못합니다.

어떤 대단한 사람이 오랫동안 극심한 고행을 했는데, 마침내 어떤 환영幻影이 그의 앞에 나타났습니다. 이 대단한 사람은 몸이 아주 더러웠기 때문에 그 환영에게 말했습니다. "저는 몸을 씻고 나서 당신을 만나고 싶습니다." 그 사람이 몸을 완전히 깨끗이 하고 나타나자 환영이 그를 잡아먹어 버렸습니다. 그들은 하나가 되었습니다. 하나의 아름다움·지복·기쁨 말입니다. 그대가 지금 체험하고 있는 모든 것은 더럽다고 내버려야 할 것들인데, 그 내버려야 할 것들 안에 저 하나의 앎, 존재성이 존재하고 있습니다.

질: 그 말씀은 무슨 뜻입니까?

마: 목 아래의 신체 부분은 시큼한 피 냄새로 가득하지만, 이 몸 안에 그 비밀스런 영혼이 살고 있습니다. 그것은 더러워지지 않습니다. 그는 여기에 살고 있고, 그의 생명, 그의 감수성, 혹은 앎은 몸 전체에 퍼져 있습니다. 그것이 그대에게 아름다운 모든 것, 향기로운 모든 것을 줍니다. 그대의 존재는 일체에 편재합니다. 4베다(리그베다, 야주르베다, 사마베다, 아타르바베다) 모두가 그대를 어떻게 찬양해야 할지 모릅니다.

'내가 있음' 한 방울 안에 모든 우주가 들어 있습니다. 그대가 그 방울을 이해하는데, 그대가 그 방울일 수 있습니까? '내가 있음'은 **빠라브라만**을 가리켜 보이지만, 그것이 **빠라브라만**은 아닙니다.

질: 의식은 실재합니까, 실재하지 않습니까?

마: 그것은 하나의 꿈꾸는 의식입니다. 그대는 실재하지 않고, 따라서 세계도 실재하지 않습니다. 그것은 하나의 환幻, 즉 **마야**입니다.

질: 왜 그 환幻, **마야**가 이 모든 몸 가진 생명들을 창조하고 있습니까?

마: 농부가 곡식을 산출하는 것은 그것을 먹기 위해서이고, **마야**가 생명을 산출하는 것은 그것을 먹기 위해서입니다. **마야**는 생명을 먹고 사는 것이 아니라 그 생명의 죽음을 먹고 삽니다. 왜냐하면 이런 형상들이 없으면 그것이 작동할 수 없기 때문입니다.

질: 과학자들에 따르면 물질은 파괴될 수 없습니다. 그것은 한 상태에서 다른 상태로 늘 변환됩니다.

마: 어떤 변화도 없는 저 상태, 저 불변의 조건은 무엇입니까? '나'도 없고 '너'도 없는, 아무것도 없는 그 동질적 상태, 오직 그것만이 영원한 **진리**입니다. 그대의 진정한 성품은 무엇입니까? 그대는 자신을 무엇과 동일시합니까? 만약 그 몸과 동일시하면 그 몸과 더불어 그대도 죽겠지요.

질: 저는 에고와의 이 동일성을 끊으려고 노력합니다.

마: 그대를 한 개인으로 느끼는 것 자체가 하나의 조건화입니다. 그 조건화를 끊고 싶어 하는 사람 역시 상상의 존재입니다. 없는 에고를 어떻게 죽일 수 있습니까? "내가 있다"는 앎이 최초의 무지이고, 그것을 가지고 그대가 습득하는 어떤 지知도 무지입니다. 그대의 무지의 근원으로 돌아가십시오.

우리는 어설픈 지知를 가지고 자신이 심오한 지혜로 가득하다고 생각합니다. 그것은 우리의 추측입니다. 우리에게 아무 생각이 없을 때, 그럴 때만 우리가 심오합니다. 그 무념의 상태를 깨달으십시오. 다른 사람들과 다른 사물들에 대해서는 걱정하지 마십시오. 그대 자신의 탐구를 하고, 그대가 어쩌다가 존재하게 되었는지를 알아내십시오.

그 이해하는 원리(의식)—그것의 언어가 마음입니다. 결국 이해되는 모든 것과 이해하는 자 둘 다 청산됩니다. 많은 사람들이 이해하고 적정寂靜 속으로 들어갔습니다.

◆ ◆ ◆

마: 의식은 잠재적이든 그렇지 않든 도처에 있습니다. 먼저 **의식**이 있고, 그 다음에 일체가 나왔습니다. 하늘, 땅, 그리고 모든 것이 말입니다.

질: 이 **의식**은 "내가 있다," 즉 **진아** 의식과 같지 않습니다. 그렇지 않습니까?

마: 우리는 **의식**을 생각할 때마다 몸을 생각하지만 그것은 잘못입니다. 생시와 잠의 상태 이전에 원래의 상태가 있었습니다.

질: 그 "내가 있다"는 죽음 뒤에 해소됩니다. 따라서 그것은 같지 않습니다.

마: 그대는 지금 개인적 인격을 이야기합니까, **보편적 의식**을 이야기합니까?

질: 보편적 **진아**입니다.

마: 지배적인 **의식**은 **보편적 의식**입니다. 세계는 거기서 태어나지 개인적 인격의 관점에서 나오는 게 아닙니다.

질: **보편적 의식**과 '내가 있음'의 관계는 무엇입니까?

마: 향대의 불꽃과 향대 전체—그것이 그 관계입니다. 그대가 (생시와 잠의) 두 가지 상태를 알기 전에 지배하는 **의식**이 **보편적 의식**입니다. 그대의 생각을 통해서는 그것을 알지 못하겠지만, 명상을 하면 저 존재(being)의 **의식**이 **보편적 의식** 속으로 합일될 것이고, 그렇게 해서만 그것을 이해할 수 있습니다. **보편적 의식**은 늘 있어 왔고 그 힘도 늘 존재합니다. 그것의 창조력이 이 세계를 낳았고, 그것이 이 **쁘라끄리띠**와 **뿌루샤**를 산출했습니다. 그리고 그것의 영혼이 개인적 **의식**입니다.

그것은 자연발생적이고, 현현된, 역동적인 **영靈**입니다. 그것에는 어떤 측면도 없습니다. 그것은 일체에 편재합니다. 저는 저 베다적 원리, 곧 이 흐름이 시작된 원천인 그 베다적 원료에 대해 이야기하고 있습니다. 저 **보편적 생명력**은 일체에 편재하지만, 어떤 인격이나 개인성도 가지고 있지 않습니다.

질: 우리는 생각, 개념들을 어떻게 주시합니까?

마: 그것은 자동적으로 진행됩니다. 그대는 그 개념과 생각들을 늘 자각하고 있습니다.

질: 나중에 그것을 알게 되지만, 도중에는 모릅니다.

마: 만일 그대가 문득 어느 장소를 가고 싶으면 일어나서 갑니다. 그것을 아는데, 또 다른 주시자라는 게 어디 있습니까? 그대는 오늘 아침에 좌선을 했고, 바잔(bhajan)이 시작될 때 일어나서 떠났습니다. 걸어 나가는 일이 일어났습니다. 그렇지 않습니까? 그것을 주시할 다른 어떤 차원을 원합니까?

질: 같은 질문입니다. 우리는 자기 마음에 대해 주시자가 될 수 있습니까?

마: 아침에 그대의 마음이 그대에게 나가라고 지시했습니다. 그것이 **주시하기** 아닙니까?

질: 예, 저는 한 가지 동작을 주시할 수 있습니다. 그러나 사고 과정 중에 저의 생각을 주시하지는 못합니다.

마: **의식**은 (모든 존재들 속에서) 하나의 전체로서 행위하며, 어떤 행위자도 없습니다. 우리는 자신을 행위자로 보고 그래서 그것을 주시하고 싶어 하지만, 그렇게 될 수가 없습니다. 따라서 **스승의 말씀** 안에 안주하십시오. 그것은, "그대는 일체에 편재하는 미세한―공空보다 더 미세한―원리다"라는 것입니다. 그것과 그대 자신을 동일시하십시오.

질: 사람은 명상·삼매三昧(samadhi) 등을 통해서 평안을 성취하기를 원하지만, 그것은 일시적 평안입니다. 왜냐하면 당신께서 말씀하시듯이 그것은 몸의 한 산물이기 때문입니다. 어떻게 하면 영원한 **평안**을 얻습니까?

마: 그대가 그 **평안**을 주시합니다. 그래서 **평안**과 **주시자**가 있습니다. 거기에 있으십시오. 때가 되면 이 **평안**과 **주시자** 둘 다 사라질 것입니다. 남는 것은 **절대자**입니다. 이것은 아주 미세한 마지막 단계입니다. 거기서는 거친 감각기관으로 이해할 수 있는 어떤 실체적인 것도 없습니다. 이것은 오직 체험해야 하는 것입니다.

그대는 이런 이야기를 듣고 나면 다른 데 가서 사람들에게 이렇게 말합니다. "제발 거기는 가지 마시오! 머리가 아주 어지럽고, 온통 뒤죽박죽이오. 내가 가졌던 양식良識, 내가 가졌던 이해가 다 사라졌소!"라고 말입니다.

질: 어떤 사람들은 과연 자기 전생을 봅니다. 그건 어떻습니까?

마: 그것은 그들이 그것을 믿기 때문입니다. 정치인들의 약속처럼 그것은 말

뿐입니다.

질: 티베트인들이 그들의 라마를 선택하는 것은 그가 환생자이기 때문입니다.

마: 그것은 하나의 전통적 개념인데, 우리는 그런 개념들에 전혀 주목하지 않습니다. 그대가 어떤 답변을 원한다면, 우리는 죽을 때 우리가 품는 어떤 개념도 될 거라는 것입니다. 그 개념에 따라 구체적 형상을 취하게 됩니다.

질: 만일 제가 죽을 때 **신**의 개념을 가지고 있으면 제가 **신**이 되겠습니까?

마: 그러나 어떤 종류의 신이 될 것이냐 하는 개념도 가지고 있어야지요! 팔이 네 개, 머리가 세 개이거나 머리가 열 개라는 식으로 말입니다.

문제는, 여러분 모두 자신의 개념과 관념에서 어떤 이익을 끌어내고 싶어 한다는 것입니다. 어떤 생각도 그대가 쓰기 위해 채용하지는 마십시오. 생각에 의지함이 없이 이해하고 머무르십시오.

보통의 욕구나 지성을 가진 사람들은 여기 올 수가 없습니다. 여기 올 생각을 하는 사람은 진보된 영혼인 것이 분명합니다. 이분은 매일 옵니다. 그것이 한 개인의 욕구나 한 몸의 욕구라고 생각합니까? 아닙니다. 그것은 그 영혼이 자신의 **근원**으로 돌아가고 싶어 한다는 것을 의미합니다. 위대한 성자 뚜까람(Tukaram)이 말했습니다. "내 어머니의 집으로 돌아가고 싶다"고.

질: 어떤 사람이 저에게, 자기가 마하라지님을 찾아뵙고 나서 체험한 것을 이야기했는데‥‥.

마: 여기를 찾아왔던 어떤 이들은 무슨 체험을 하고 나서 마하라지를 "위대하다"는 식으로 말합니다. 누구를 위대하다고 합니까? 저는 아무것도 아닙니다. 저는 완전히 비어 있습니다.

질: 어떻게 하면 이 악순환에서 빠져나옵니까?

마: 그대는 이 소용돌이에 말려들어 있습니다. 벗어나고 싶으면 그 중심으로 들어가야 합니다. 안으로 깊이 잠수하십시오. 이 탄생·죽음·환생 등의 악순환은 **의식**과 함께 시작되었습니다. 그 **의식**을 이해하려고 노력하십시오. 그러면 그 이해의 과정 속에서 그대가 바로 그것의 배경, 그 토대가 될 것입니다.

1979년 8월 20일, 21일

8
그대는 보편적 생명이다

질문자: 저는 제 내면에 어떤 중심이 없으면 제가 처신을 잘 하지 못한다는 것을 알겠습니다. 그 중심을 얻고 나니 불행하게도 제 삶에서 어떤 심리적 조건이 나타났습니다. 저의 몸 안에는 어떤 감각, 어떤 맥동脈動들이 있는데, 이것은 저에게 유쾌하거나 불쾌한 감각을 안겨줍니다. 그런 것이 왜 있는지 알고 싶습니다.

마하라지: 그런 감각들이 일어나는 것은 5대 원소가 이원성을 창조했기 때문입니다. 이원성은 또한 일종의 혼돈과 불합치를 뜻하고, 그래서 원소들이 있는 곳에는 언제나 그것들 간의 다툼이 있게 마련입니다. 따라서 원소들이 그대에게 그런 유쾌하거나 불쾌한 감각을 안겨줍니다. 우리가 무엇을 먹든, 그 음식은 우리가 유쾌하거나 불쾌하다고 하는 경험들을 안겨줍니다. 5대 원소들 간에 어떤 합치나 불합치가 있건 간에, 누구나 그것을 참아내야 합니다.

베다는 그대에게 행동하는 방식을 알려주었습니다. 사람이 이런 경전을 이해하는 것이 아주 필요합니다. 왜냐하면 그것은 모종의 길, 행동하는 법, 처신하는 법을 제공해 주기 때문입니다.

저 정수精髓가 그대를 통해 "나는 안다"라는 형상을 취했고, 의식이 그 몸 안에서 "내가 있다"의 형상으로 나타나 있다는 것은 너무나 경이롭고 너무나 놀라운 일입니다. 그리고 그 의식을 따라 큰 계좌 하나도 개설되었습니다.

질: 마하라지께서는 저희들을 어떻게 보십니까?

마: 저는 **보편적 생명**을 아는 사람이고 여러분을 저와 같은 사람으로 보지만, 여러분은 자신이 무엇인지 모른다는 것을 저는 압니다. 저는 여러분이 어떤 신조를 가지고 이야기하는지 알고, 여러분의 성품이 무엇인지도 압니다.

여러분이 진인이 되면 다소 자부심을 느끼게 됩니다. '내'가 이것을 얻었다, '내'가 이것을 했다고 말입니다. 그러나 그것은 오래 가지 않을 것입니다. 모든 생명은 **보편적 생명**이고, 그것은 한 개인과 전혀 무관합니다. '내'가 무엇을 안다거나 '내'가 삶 속에서 무엇을 한 데 대해 자부심을 가져 봐야 아무 의미(sense)가 없습니다.

질: 마하라지께서 지각(sense)이라고 하시는 것은 지성과 같은 것입니까?

마: 그것은 모두 이 **하나**(One)이지만, 여기 있는 모든 것은 **구나들**(Gunas)에 의해 불순수해집니다. 그것이 존재성의 상태, "내가 있다"는 앎입니다.

질: 그 지성에게는 내면으로부터의 어떤 지향이 있지 않습니까?

마: 무엇의 내면입니까? 그대는 주의를 어디로 향하게 합니까?

질: 인간 몸 쪽으로요. 우리는 이 지각 혹은 이 지성을 경험함과 동시에 거짓으로 보이는 많은 것을 경험하는데, 그것들은 여전히 원소들의 형태를 하고 있습니다. 그것이 수많은 문제를 야기합니다. 우리는 그에 기초해 어떻게 행위합니까?

마: 이 탄생이 일어난 저 입자는 무수한 원소들을 포함합니다. 눈을 감으면 보게 될 것입니다. 그것이 전 우주의 씨앗입니다. 그것은 가장 작고 원자적인 것이지만, 그 씨앗 안에 무수한 우주들을 포함하고 있습니다.

질: 우리는 그냥 그것들과 함께 살아가면서 그에 대해 아무것도 하지 말아야 합니까? 그 잠재성에 기초해 행위할 수 없습니까?

마: 무엇을 가지고 행위하려고 합니까? 음식을 먹기 전에는 그 음식을 가지고 무엇도 할 수 있지만, 일단 뱃속으로 들어가면 그것을 어떻게 할 수 있습니까? 음식에 대해서 이루어지는 어떤 작용도 저 **의식**이 하고 있습니다. 그대가 무엇을 합니까? 그런 실험은 꿈 세계 속에서나 해 보십시오.

질: 아니요, 저에게는 어떠한 꿈 세계도 없습니다. 저는 저 자신과 제 안에 있는, 제 몸 안에 있는 원소들을 생각하고 있습니다. 저는 그것을 기반으로 행위하고 있습니다.

마: 그렇게 하자면 많은 탄생이 오겠지요. 그대는 몸이 아니고, 한 인격을 가지고 있지도 않습니다. 그대는 **보편적 생명**입니다. 이것은 모두 **보편적 생명**입니다. 왜 자신을 어떤 특정한 개인이라고 생각하면서 고통 받습니까?

◆ ◆ ◆

마: 그대는 그 법복(승려복)을 얼마나 오래 입었습니까?

질: 25년째입니다.

마: 그대의 진아를 깨달았습니까?

질: 깨닫지 못했습니다. 저는 당신께서 말씀하시듯이 어두운 밀림 속을 이리저리 다니며 헤매고 있을 뿐입니다.

마: 그 말을 하는 것은 누구입니까?

질: 아마 진아겠지요.

마: 신이나 진아라고 불리는 것이 무엇이든 그것은 몸 안에 있고, 그가 있는 한 저 존재성도 있을 거라는 것을 기억하십시오. 존재성이 없으면 신도 없고 진아도 없을 것입니다. 어떤 사람이 죽을 때 송장이 되는 것은 진아가 아니라 몸입니다.

질: 맞습니다. 뭐, 이론적으로는 다 이해합니다. 그것을 하나의 철학으로서는 알지만, 공空을 체험하고 실재를 알기에는 제가 더없이 멀리 있습니다.

마: 신이나 진아라고 불리는 것이 무엇이든, 그것이 존재하는 것은 존재성, 즉 "내가 있다"는 느낌이 있기 때문입니다. 그것이 근본 원리이고 그대의 모든 지知 이면의 기초이지만, 그대는 몸을 그대 자신과 동일시하고 있습니다.

질: 맞습니다.

마: 영혼이 없으면 어떤 신도 없고, 그대가 없으면, 곧 그대의 존재성의 느낌이 없으면 아무것도 없습니다.

질: 그 이론은 이해됩니다. 저는 수많은 책을 읽었습니다. 그러나 그것을 어떻게 깨닫습니까?

마: 그 말의 의미를 이해할 때, 이해하는 것이 누구인지를 알아내야 합니다.

질: 그러니까, 그것이 갭(gap)이군요. 알기가 아주 어렵습니다.

마: 송장으로 변할 것을 그대는 '저', '나'라고 부르고 있습니다. 그것이 그대가 저지르고 있는 잘못이고, 그대와 지知 사이의 장애물입니다.

질: 그것이 차이점이군요. 그 갭을 가교架橋할 필요가 있습니다.

마: 그런 말들은 전혀 불필요합니다. 그대가 있기 때문에 빛, 지知의 빛이 있고, 그대가 사라질 때 지知의 빛도 꺼질 것입니다. 그대의 스승은 이런 말을

해 주지 않았습니까?

질: 그것은 "이 과자는 달다, 그 맛을 보느냐"고 말하는 것과 같습니다.

마: 그대의 **스승**은 그대가 지금 듣고 있는 이런 말을 해주지 않았습니까?

질: 예, 해 주셨습니다.

마: 그것은 그대가 그분에게 동의하지 않는다는 것을 뜻합니다. 그대는 아직 그분을 믿지 않고 있습니다.

질: 동의합니다. 믿기는 하지만 어쩌면 제가 노력이 부족한 거겠지요.

마: 그대에게는 아무것도 부족하지 않습니다! 그대는 자신을 하나의 송장, 곧 하나의 몸으로 알아 왔습니다. 그대가 '소멸될 그것'입니까?

질: 그렇지 않다는 것을 압니다.

마: 그러면 어떤 종류의 수행을 하려고 합니까? 그대가 '소멸될 그것'이 아니라면 그대는 죽지 않을 것입니다.

질: 그 입장은 이해합니다. 그것은 제가 이해 못하는 것이 아닙니다.

마: 그러면 왜 돌아다닙니까?

질: 뭔가를 찾고 있습니다. 이제까지 발견하지 못한 뭔가를 발견하려 하고 있습니다.

마: 이해한다고 하면서 모르겠다고 하니, 거짓말을 하는 것입니까?

질: 저도 모르겠습니다. 아시겠지만, 저에게는 그것이 다 있습니다. 당신께서는 돌아다니실 필요가 없다는 것, 압니다. 당신께서는 한 곳에—당신의 댁에—앉아서 그것을 알아내시지만, 저는 아직 그것을 발견하지 못했습니다. 그래서 돌아다닐 생각이 나고, 뭔가를 발견할 때까지 사람을 여기저기 몰고 다니는 그 조급함이 생깁니다. 뭐, 저는 발견하지 못했습니다. 그것을 발견하는 날, 그때는 저도 말하겠지요. "그래, 그것은 내면에 있다"고 말입니다.

마: 그대가 눈을 감으면 안으로 "내가 있다"는 느낌과 함께 가네산(Ganesan)[어둠]을 봅니다. 그리고 눈을 뜨면 그것이 바깥에 있는 것들을 그대에게 보여줍니다. 그대가 그 행위를 해야겠다고 생각할 필요는 없습니다. 그대의 적극적인 기여 없이도 모든 것이 나타났습니다.

질: 그것은 그에 대한 철학(이론)이지만, 그것을 하는 것이 어려운 부분입니다.

아주 어려운.

마: 왜 그 사실을 받아들이지 않습니까? 여기저기 방랑한들 무슨 소용 있습니까? 그대는 황색 법복의 명예를 손상하고 있습니다.

질: 맞습니다.

마: 보세요, 그대의 영혼은 너무나 아름답고 너무나 위대하고 너무나 중요해서, 만일 그대가 척박한 땅에 앉으면 그 땅이 아름다운 정원들로 가득 찰 것입니다. 그대는 자신의 위대함을 모릅니다. 그대가 있다는 앎, 그대의 존재성을 말입니다.

질: 아니요, 저는 위대하지 않습니다. 저는 아주 비천하고 아주 작습니다.

마: 무엇이 비천하고 무엇이 작습니까? 그대의 존재성 없이 무엇이 있습니까? 그대가 대단한 고행을 한다 하더라도 고작 그대의 몸을 벌할 뿐입니다. 그대의 존재성을 벌할 수 있습니까?

질: 아니요.

마: 어떤 사람을 교수대로 보낼 때, 그의 영혼, 그의 존재성을 목매달 수 있습니까? 그 몸이 교수형에 처해집니다. 그 존재성을 과연 벌할 수 있습니까?

질: 아닙니다.

마: 그래서 그는 비천하지도 않고 작지도 않습니다. 그는 모든 멋진 성질들을 향유하지만, 그러면서도 절대적으로 초연하고 그것들 중의 어떤 것에 의해서도 오염되지 않습니다. 보세요, 그대의 복장은 그대가 그것을 가지고 있다는 것을 보여줍니다. 우리는 그런 복장을 착용하지 않습니다. 아무도 저를 **마하트마**라고 부르지 않겠지요.

질: 저는 **마하트마**가 아닙니다.

마: 그러면 왜 그 법복을 입고 있습니까? 그대는 그런 법복을 입음으로써 자신이 남들에게 하는 말에 대해 걱정하지 않고, "나는 대단한 **마하트마다**, 나는 모든 사람 중에서 가장 위대하다"라는 느낌을 즐깁니다. 그대는 (자신이 진아임을) 알면서도 그 앎을 향유하지 않기 때문에, 그것은 하나의 죄이고 (그로 인해) 고통 받을 수밖에 없을 것입니다. 만약 어떤 위대한 영혼, **마하트마가** 그대를 바보라고 부르면 그것을 감내해야 할 것입니다. **마하트마가** 어떤 사람

을 바보라고 부르면 그 사람은 그것을 감내해야 합니다. 그대는 자신의 **진아**를 아직은 알 수 없는 어떤 것, 모르는 것이라고 부릅니다. 그것이 그대가 범하는 죄입니다. 그대는 자신의 위대한 영혼을 욕되게 하고 있습니다.

저는 누구에게도 무엇을 가르치기를 원치 않습니다. 단지 여기 오는 사람들에게 거울을 들어 보일 뿐입니다. 저는 그대를 그 거울 앞에 서게 하여 그대 자신을 보게 할 것입니다. 그대는 자신의 **진아**에서 나오는 빛 안에서 그대 자신의 모습을 보아야 합니다.

바잔을 할 때 우리는 "눈을 감고, 도처에 **그분**이 서 계심을 보라. 안과 밖, 위아래, 어디나 계신."이라고 말하는데, 그것을 체험해야 합니다. 신이 그대의 몸 안에 거주하지 않는다면, 그대가 있지도 않을 것입니다.

질: 맞습니다. 이 명료한 소견을 가지고 마하라지께서는 보고 말씀하실 수 있습니다. 저는 말은 할 수 있지만 보지는 못합니다.

마: 만일 이번 생에 바로 지금 **그**를 인식하지 못한다면, 몇 천 번을 태어나도 **그**를 알 기회가 오지 않을 것입니다. 하다못해 지금이라도 집중된 주의력으로 **그**를 붙들려고 노력해 보겠습니까?

질: 저도 노력은 합니다.

마: 그 사람이 누구며, 누가 노력하고 있습니까? 왜 남들에 대해 걱정합니까? 그대는 어떻습니까, 저는 이 이야기를 그대에게 하고 있는데?

질: 저에게 그 말씀은, 제가 답변 드린 것과 같은 의미입니다. **진아**에게 말씀하셨고, **진아**가 대답하고 있습니다.

마: **진아**가 무엇을 하고 있느냐고 물은 게 아닙니다. 저는 그대가 자신에 대해 무엇을 하고 있느냐고 묻고 있습니다.

질: 차이가 어디 있습니까? 저와 **아뜨마**(Atma-진아)가 서로 별개입니까?

마: 보세요, 그대는 이야기를 할 때 그대의 몸에 한정된 **의식**을 두고 이야기합니다. 만약 **보편적 의식**을 두고 이야기한다면 그것은 **아뜨마**, 곧 **신**입니다. 따라서 유한한 그대 자신을 두고 하는 말인지, 무한한 그대 자신을 두고 하는 말인지 분명히 하십시오.

질: 저는 유한합니다. 말씀 들은 바대로, 저는 제가 무한하다고 말해야 한다

는 것을 압니다. 제가 알고 있는 바로는, **스승들**이 저에게 해준 이야기로는, 제가 무한합니다. 하지만 저는 제가 유한하다는 것을 압니다.

마: 그 몸과 자신을 동일시하기 때문입니다. 그래서 그대가 자신을 조건 지우고 있는 것입니다.

질: 맞습니다. 그것은 알겠습니다. 제가 그것을 극복해야 한다는 것도 압니다.

마: 그대는 현현된 몸과 자신을 동일시함으로써 그대의 진정한 성품을 시야에서 놓치고 있습니다. 늘 그것을 의식하고 있어야 합니다. 저 **의식**의 상태는 본래적인 것이니 거기서 벗어나지만 마십시오.

보세요, 저는 여기서 대중에게 **베다**의 곡예술을 드러내지 않습니다. 그런 것은 몸-마음 안에서 놀고 있는 사람들이나 할 일입니다.

질: 너무나 많은 지식이 인쇄되어 여기저기, 도처에 전파됩니다. 하지만 대부분의 사람들은 그 지식에도 불구하고 어둠 속에서 살고 있다고 해야겠지요.

마: 저는 누구에게도 어떤 특정한 길을 따르라고 말하지 않습니다. 그저 그들의 본래적이고 자연발로적인 상태 안에서, 본래의 **자기**가 되라고 말할 뿐입니다. 거기서, 존재성 안에서 안정되십시오.

질: 그것은 바바(Baba)께서 쓰시는 단어들과 똑같습니다. '그저 있으라'는.

마: 그분을 25년이나 모셨으면서 왜 부인했습니까?

질: 모르겠습니다.

1979년 8월 22일, 23일

9
진리에는 도전할 수 없다

질문자: 저는 몹시 헷갈립니다만, 저에게는 먼저 명상을 하는 것이 최선이라고 생각합니다.

마하라지: 그것이 아무 소용이 없겠지요. 질문들이 있는 한 그것을 꺼내 놓는 것이 더 낫습니다. 억압해 봐야 아무것도 얻을 게 없습니다.

질: 마음이 고요해질 필요가 있습니까?

마: 마음이 있기 전에 그대가 있습니다. 생각에 주의를 기울이지 말고 의식에 주의를 기울이십시오. 생기 때문에 생각들은 늘 흐르게 되어 있습니다. 어떤 생각이든 그대에게 유용한 것이라면, 활용해도 됩니다.

질: 마음이 고요한 상태를 이루는 것이 가능합니까?

마: 예, 그 상태를 그대는 깊은 잠 속에서도 체험합니다. 명상을 통해서 그것을 이루게 될 것입니다.

질: 어떤 과정도 필요 없습니까?

마: 최대의 관심을 가지고 그대의 진아에 몰입하십시오. 그대의 '나' 의식에만 주의를 기울이면 거기에 도달할 수 있습니다. 몸에 주의를 기울이지 말고 "내가 있다"는 느낌에 주의를 기울이십시오.

질: 어떤 길이라고 할 만한 게 있습니까? 각자 자신의 길이 있지 않습니까?

마: 그대의 충동은 자신의 진아를 알려는 것입니다. 저는 직접적인 길을 일러 드립니다.

질: 그게 어떤 것입니까?

마: 단어들 이전에 그대가 무엇인지를 방금 보여드렸습니다. 그대의 어떤 체험도 영원하지 않습니다. 따라서 그것은 진리일 수 없습니다.

질: 하지만 인류는 신성神性을 언뜻언뜻 봅니다.

마: 이 인류는 하나의 비진리입니다.

질: 그러나 인류를 부인하실 수는 없겠지요, 그렇지 않습니까?

마: 이 사람 몸은 진아의 성질이 아닙니다.

질: 그것은 진아의 반영(반사물)입니다.

마: 완전한 고독 속에서 '내가 있음'의 감촉이 나타났습니다. 작은 씨앗 안에 나무 전체가 들어 있듯이, '내가 있음'이 전 창조계를 담고 있습니다.

질: 마하라지께서는 저희들의 자각의 수준을 보실 수 있습니까?

마: 못 봅니다. 왜냐하면 저는 그대를 하나의 정체성으로 보지 않으니까요.

9. 진리에는 도전할 수 없다

질: 그러나 자각의 수준은 하나의 현실이지 그냥 관념이 아닙니다.
마: 그것은 그대 자신의 체험으로 하는 말입니까? 그런 말들은 관념일 뿐입니다. 향대의 불이 진보한다고 우리가 어떻게 말할 수 있습니까? 불이 있거나 없거나 둘 중의 하나입니다.
질: 그것이 꺼질 때까지는 길고 짧은 여러 거리가 있습니다.
마: 궁극적으로 그것이 꺼졌을 때, 그 뒤에 무슨 진보가 있습니까? 사라진 것은 사라진 것입니다. 소똥 안의 벌레가 아무리 많은 진보를 했다 해도, 소똥이 말라 버린 순간 끝나 버리는 것과 같습니다.
질: 그러나 마하라지께서는 벌레가 아니십니다.
마: 다를 바 없지요. 이 의식은 음식 물질의 한 산물입니다. 그 음식 물질이 어떤 형상을 취하든—사람이든 원숭이든 벌레든—그것은 중요하지 않습니다. 이 의식은 음식 물질의 한 산물입니다.
질: 개아, 브라마, 절대자 간의 차이는 정확히 무엇입니까?
마: 그런 모든 이름을 없애버리면 이해하게 됩니다. 그런 것은 모두 개념이고 말들의 어지러운 혼돈이지 달리 아무것도 아닙니다. 제가 그대에게 무슨 말을 하든, 이 지知는 결코 끝이 없습니다. 시작이 없고 따라서 끝도 없습니다. 이 모든 것은 5대 원소의 산물이고, 허공을 포함한 그 원소들은 바탕입니다. 허공은 어둠이나 무無(nothingness)와 같고, 밤과 같습니다. 그것에서부터 하나의 진동으로서 생명기운이 일어났습니다.

이 몸은 원하지 않았는데도 저에게 자동적으로 나타났습니다. 그래서 저는 이게 뭘까 싶었습니다. 제가 체험한 바는, 저는 그 물질이 아니라는 것입니다. (몸이 죽으면) 물질의 산물인 존재성·지각성이라는 저 성질은 소멸되었다가 다시 점차 진보하면서 대기(허공) 속으로 들어가고, 그 순환이 계속됩니다. 저 존재성은 저 물질의 상태로 돌아갔지만, 그 물질 안에 머물러 있지 않을 것이고, 자신의 절대적인 미세함의 상태로 되돌아가려고 노력할 것입니다.

◆ ◆ ◆

마: 진리는 무시간이며 묘사할 수 없습니다. 그 안에 누가 살고 있든, 그가

무엇을 하든, 영원히 존재하는 **진리**에 에고가 도전할 수 있습니까? 누구도 진리에는 도전할 수 없습니다.

가끔 어떤 큰 파도가 저를 엄습해 오면, 제가 모든 것을 순수하게 만들어야겠다는 느낌이 듭니다. 그러나 거기에 주의를 기울여 보려고 하면, 근본 진리를 바꾸는 어떤 일도 이루어질 수 없다는 것을 압니다.

저는 **의식**이 생겨나고, 그 **의식**이 에테르(허공)가 되고 음식 자체도 되며, 그 둘 다 무無 속으로 소멸되는 것을 보는데, 그것이 어떻게 변하겠습니까?

여기서 일어나는 일은, 잎, 초본과 식물로부터 정수를 섭취하면 그것을 통해 또 하나의 **의식**이 나타난다는 것입니다. **의식**은 소화된 음식의 정수이며, 그 음식과 함께 저 **의식**도 사라질 것입니다.

이 유한한 수명 동안 많은 사람들이 경전을 공부하고, 고행을 하고, 명상을 했습니다. 거기서 나온 온갖 생각이 수많은 책을 가득 채워 왔습니다. 그러나 일단 **주의**가 **의식**의 바탕에 고정되면, 아무것도 남지 않습니다.

5대 원소에서 몸을 통해 나온 **의식**은 존재성의 성질, 곧 "내가 있다"는 앎을 가지고 있습니다. 그 존재성의 상태는 (언젠가) 소멸될 것입니다.

저는 많은 우주들이 생겨났다가 해체될 때도 제가 살아 있다는 것을 깨달았습니다. 이 모든 것을 저는 보고, 알고, 이해합니다. 예, 저는 제가 늘 언제나, 상주하고 있다는 것을 압니다. (이 우주에서) 무슨 일이 일어났든, 저는 늘 여기 있습니다.

질: 저는 제 삶에 대해 몹시 신경이 쓰이고, 만족하지 못합니다.

마: 그대는 불멸이고, 죽지 않을 것입니다. 그러나 그대가 현재 삶에 부여하는 의미를 포기하십시오. 그대가 해야 할 일은 한 가지뿐입니다. 자신을 보살피듯이 남들을 보살피십시오. 그들이 모두 그대의 식구인 양 행동하십시오. 그것이 그대가 할 수 있는 전부입니다. 어떤 특정한 길을 따를 필요는 없습니다. 모두 똑같습니다. 우주의 중심인 것에 대해 생각하십시오. 그대의 **주의**가 "내가 있다"라고 하는 이 존재성의 앎에서 결코 벗어나지 않게 하십시오.

성자와 **진인**들은 많은 전생을 가졌지만 그들의 삶은 유한했고, 그 특정한 기간 동안일 뿐이었습니다. 이 모든 존재성들은 무지 위에서 나타났는데, 전체 의식은 무지에서 나온 그 의식을 무지를 통해 즐기고 있습니다. 무지를 통해서 얻은 그 지知에 대한 자부심과 에고를 내버리면, 일체가 명료합니다.

그대는 몇 가지 체험을 가지고 거기서 이익을 얻으려 하지만, 그대에게 쓸모가 있을 것 같은 그 무엇도 결국 그대에게 해가 될 거라는 것을 기억하십시오. 어떤 쓸모가 있다 해도, 이 이원성의 세계에서는 쓸모없음도 있습니다.

그대가 좋아하는 그 무엇도 그대에게 해가 될 것입니다. 그대가 더없이 좋아하는 것은—설사 그것이 빠라마뜨만이라 해도—결국 그대에게 더없이 해로운 것이 될 것입니다. 그대에게 지知로 나타나는 것, 그대가 이해하려고 애쓰고 좋아하는 그 무엇도, 그대에게 아주 큰 슬픔의 원인이 될 것입니다.

그대가 빠라브라만의 상태에 도달하면 어떤 욕망도 없고, 어떤 좋아함이나 싫어함도 없을 것입니다. 그것이 니쉬까마 빠라브라만(Nishkama Parabrahman) [무욕의 빠라브라만]입니다.

질: 니쉬까마 빠라브라만은 무엇입니까?

마: 저 니쉬까마[무욕의] 빠라브라만이 있기 때문에 이 현상계가 나타나서 자기가 좋아하는 것을 하고 있습니다. 현상계는 사까마(Sakama)[욕망을 가진]이지만 그것의 지지물은 니쉬까마입니다.

질: 그것은 우리가 그 상태에 도달하고 싶으면 그와 같이 행위해야 한다는 뜻입니까? "무슨 일이 일어나도 상관없다. 일어날 테면 일어나라"고요?

마: 마음이라는 매개물을 통해 그것을 논하고 싶다면, 어떤 의미든 얼마든지 생각해도 좋습니다. 그러나 무엇을 하든 한계가 있습니다. 그것은 모두 유한한 활동입니다.

만약 그대가 이 체험을 갖고 싶다면 그대의 진아, 그대 자신의 자기사랑(Atma-prema)을 고집해야 합니다. 한 순간도 그것을 떠나지 마십시오. 고수하십시오. 신이나 여신들에게 기도하지 말고 오로지 하나를 보십시오. "내가 있다"는 앎을 유지해 나가면 그 고수를 통해, 그대가 도달하고 싶어 하는 그 상태를 알게 될 것입니다.

1979년 8월 25일, 27일

10
어떤 지_知도 없다

질문자: 저는 제가 되어 버린 음식에 대한 이런 말씀들을 많이 들었지만 핵심은 그리 분명하게 이해되지 않습니다. 그것은 무슨 뜻입니까?

마하라지: 곤충이든 인간이든 모든 유기체는 음식에 의존합니다. 이 모든 꽃, 잎들은 우리의 선행 상태입니다. 우리는 일찍이 이런 상태에 있었고, 점차 우리가 이 존재성을 향유하기 위해 취했던 그 모든 몸들의 정수에서 이 사람 몸이 발전해 나왔습니다. '내가 있음'는 그대가 '나'라고 부르는 그 음식-몸의 성질일 뿐입니다. 그것은 다른 어떤 것과도 무관합니다. 그것은 이 존재성의 순수하고 단순한 성질입니다.

질: 음식에서 나온 이 존재가 독창적인 어떤 것, 전혀 다른 어떤 것을 한다는 것이 가능합니까?

마: 라마크리슈나 빠라마한사(Ramakrishna Paramahansa)는 고행을 하여 그 자신 **자가담바**(*Jagadamba*)[세계의 어머니]가 되었습니다. 다른 사람들도 고행을 하여 **진리**를 이해했습니다. 진리를 깨달았을 때 그들이 무엇을 할 수 있었습니까? 수많은 위대한 인간들이 왔다 갔지만 그들이 무슨 변화, 무슨 다른 일을 할 수 있었습니까? 어떤 일이 일어났든, 모두 그대가 모르는 가운데 일어났습니다. 그 앎은 무지에서, 곧 지_知가 전혀 없는 데서 나왔고, 무한에서부터 진행되는 것에는 다른 어떤 길도 주어질 수 없습니다.

질: 저의 마음·지성과 이해력은 수정되고 있고, 저는 마하라지께서 저에게 완전히 새로운 어떤 것을 주고 계시다고 생각했습니다. 그러시지 않습니까?

마: 그대의 마음이나 지성 안에서 어떤 변화나 수정이 일어나든, 저는 다른 어떤 일도 하고 있지 않습니다. 저는 그대 앞에 무한히 태곳적인 것을 새롭게 제시하고 있을 뿐입니다. 새로운 것은 아무것도 없습니다.

문답 과정 중에서 설사 그대가 저에게 화를 낸다 해도, 저는 그대에게 할 말이 전혀 없을 것입니다. 엄마가 생후 3개월 된 아기를 무릎에 앉히면 아기는 버둥거리거나 엄마를 때리거나 엄마의 옷을 더럽힐 수 있습니다. 그래도 엄마는 아기를 안고 귀여워할 뿐이고, 자기 몸을 씻을 때에도 아기를 씻긴 다음에 씻습니다. 저는 바로 그와 같이 그대를 봅니다. 설사 그대의 몸이 일흔 다섯 살이라 해도 말입니다.

질: 그 점은 아주 분명하게 이해되는데, 다른 비유가 하나 떠오릅니다. 제가 한 사람의 화가와 같은데, 제가 무엇을 그릴 때마다 마하라지께서는 "연관성이 보인다"고 하십니다. 그 과정에서 제가 화가 나면 당신께 물감을 집어던질 수도 있습니다. 그래도 당신께서는 개의치 않고 여전히 웃기만 하십니다.

마: 생기와 몸의 결합이 있으면 이 존재성이 있습니다. 그 존재성은 죽지 않습니다. 하모늄(작은 상자형 풍금) 연주자를 놓고 봅시다. 하모늄 안의 공기 때문에 소리가 울려 나옵니다. 연주자가 손을 떼면 공기가 사라지고 아무 소리도 나지 않습니다. 그 소리가 죽었습니까? 그것은 그냥 사라집니다.

질: 이 존재성의 성질과 저의 연관성이 정확히 뭔지 말씀해 주십시오.

마: 존재성의 바로 핵심이 저 "내가 있다"는 앎입니다. 그런데도 그대는 "연관성이 무엇이냐?"고 합니다. "내가 있다"는 앎 그 자체가 이 몸의 성질, 곧 음식의 정수의 성질입니다.

누가 저를 찾아오든, 저는 마치 그가 죽게 되어 있는 존재인 양 가르치지는 않겠습니다. 저는 그를 불멸의 존재로 봅니다. 세상에는 알파벳을 가르칠 수 있는 초등 교사들이 많이 있습니다. 설사 제가 그 사람에게 자신이 누구인지 알아내도록 약간 주사를 놓거나 (곤충이 물듯이) 물어 준다 해도, 그에게는 "내가 있다"는 앎 이면의 원리로 충분할 것입니다.

질: 사람들은 우리가 무집착을 가지고 행위해야 한다고 말합니다. 무집착이 무엇입니까?

마: 무집착을 알고 싶다면, 인격 혹은 개인성은 녹아 없어진다는 것을 깨달아야 합니다.

질: 인격은 너무나 저와 함께 하는데, 어떻게 그것을 녹여 없앨 수 있습니까?

마: **진아**의 의미를 알아내십시오. 무슨 수를 써서라도 **진아**의 의미를 이해하려고 애쓰십시오. "내가 있다"는 이 앎이 그대에게 나타나기 전에는 그대가

절대적으로 집착이 없는 상태였습니다. 이 앎이 그대에게 일어나자마자 그대는 주위의 모든 것에 집착하게 되었습니다. 그 거짓된 '나'만이 집착합니다. 일체는 그냥 일어날 뿐인데 그 거짓 '나'가 자신이 무엇을 한다고 자처하는 것입니다. 그대는 '아는 자'이지 행위자가 아닙니다. 그대에게 한 마디 조언을 하겠습니다. 남에게 피해를 줄 어떤 일도 하지 마십시오. 그뿐입니다. 그들의 뜻에 따라주거나 그들에게 선행을 하지는 않아도 되지만, 다른 누구에게도 피해를 주지 않도록 조심하십시오. 그런데 그것도 이 의식의 장場 안에 있습니다. 그 너머에는 아무것도 없습니다.

설사 그대가 전 세계에 대한 지식을 광범위하게 갖추게 되고 천 년을 살면서 그 지식을 향유한다 해도, 그 천 년이 끝나면 그 모든 지식도 소멸될 거라는 것을 기억하십시오. 이 원자("내가 있다"의 점)가 천 년 동안 계속된다 할지라도, 이 계좌를 개설하기 위해 언제 펜 끝이 닿았는지를 탐구해야 합니다.

질: 무엇이 그 계좌를 개설합니까?

마: 그것을 개설하는 것은 무지입니다. **가나빠띠**(Ganapati)[의식]가 이 수백 생의 계좌를 열기 시작한 개체입니다. 이 모든 계좌들은 그대에게 **가나빠띠**에 대해 말해주지 않을 것입니다. 의식의 근원은 그대가 알아내야 합니다.

마야는 '하나' 이전입니다. 이 계좌는 하나부터 세기 시작한 자에 의해 만들어집니다. 세기 위해서는 세는 누군가가 있어야 하고, 따라서 그는 어떤 숫자보다도 먼저 존재하고 있어야 합니다. **물라-마야**(Mula-Maya), **가나빠띠**, 이들을 탐구해 보십시오. **가나빠띠**는 태초음太初音('옴')의 주主입니다. 소리와 말은 동일합니다. **가나빠띠**를 이해하는 이가 곧 **브라만**입니다.

오늘의 주제는 어렵고도 아주 쉽습니다. 그대는 바깥에서 뭐든지 배울 수 있지만, 그대의 **진아**를 붙들기는 상당히 어렵습니다. 일단 그것을 붙들면, 그대 자신의 존재성을 알고 나면, 결코 그것을 잊어버리지 않을 것입니다.

살아 있는 동안은 겁 없이 사십시오. 왜냐하면 누구도 그대를 창조하지 않았기 때문입니다. 그대는 그대 자신의 빛을 가지고 살아갑니다. 특히 **진아**에 대한 확신을 가지고 사십시오.

◆ ◆ ◆

10. 어떤 지知도 없다

마: 어느 나라에서 오셨고, 누가 여기 가 보라고 하던가요?

질: 저는 미국에서 왔습니다. 몇 군데 아쉬람을 찾아갔는데 제가 만난 몇 사람이 마하라지님에 대해 이야기해 주어서 왔습니다. 저는 다년간 몇 가지 철학들을 공부해 오고 있습니다.

마: 그런 온갖 철학들을 배워 봐야 전혀 아무 의미가 없습니다. 그대 자신을 비춰볼 수 있는 거울을 가지고 있지 않다면, 그것이 무슨 소용 있습니까?

질: 그런 거울이 제가 찾고 있는 것입니다.

마: 지금까지 그대가 가졌던 그런 거울들은 다 쓸모없습니다.

질: 아니요, 쓸모가 없지는 않습니다. 그런 것들은 제가 한데 결합시켜 만들 수 있는 정말 큰 거울의 부분들일 뿐입니다.

마: 그대가 그것을 다 가지고 다닐 수 있습니까?

질: 아니요, 실은 그렇지 않습니다.

마: 그대는 내면에 "내가 있다"는 부단한 초조함을 가지고 있습니다. 그 조바심이 모든 문제를 야기합니다. 왜냐하면 그대는 자신이 정확히 무엇인지 모르기 때문입니다. 그래서 여기저기 떠돌아다닙니다―딱히 누구를 찾지도 않으면서. 먼저 그 조바심이 언제 시작되었는지를 알아내야 합니다. 그냥 여기 앉아서 한동안 이야기를 듣고 나서 질문을 하십시오.

질: 마하라지께서는 일체가 음식에서 나온다고 말씀하셨고, 또 제가 일체의 창조자라고 말씀하셨습니다. 저는 지금 제가 일체의 창조자인지, 아니면 음식에서 나온 어떤 것인지 잘 모르겠습니다.

마: 누구에게 묻지 않고 그대 자신에 대해 얻은 지知는 절대적으로 옳습니다.

질: 저는 어려움을 겪고 있습니다.

마: 그것은 모든 어려움을 넘어서 있습니다. 그 어려움을 아는 자는 그것들을 넘어서 있습니다.

질: 마하라지님의 말씀을 들을 때는 큰 행복감이 제 내면에서 일어납니다.

마: 그 순간적인 행복은 그대에게 전혀 쓸모가 없습니다.

질: 제가 그것을 발견한 것은 아니겠지만, 그 이야기를 들으면 행복합니다.

마: 그런 모든 생각이 그대를 속박하고 있습니다. 어떤 지知도 없다는 것, 그

것은 다 무지라는 것을 일단 이해하면 그대는 적합한 수준에 있는 것입니다.

그대는 제가 지知를 가지고 있다고 생각하는데, 그것은 하나의 관념일 뿐입니다. 정직하게 말해서, 일체 어떤 지知도 없습니다. 그것은 모든 상상을 넘어서 있고, 아무 속성이 없습니다. 그것은 전혀 상상할 수 없는 것입니다.

지知가 없기 때문에 저는 정말로 아주 행복합니다. "나는 모든 지知를 가지고 있다"는 생각을 하게 되면 그것이 나날이 늘어나겠지만, 그런 지知에는 전혀 어떤 평안이나 즐거움도 없습니다. 그 지知는 몇 가지 속성을 가지고 격렬하게 회전하고 있으나 저는 그 지知가 아닙니다. 모든 인간은 지식을 얻는 것이 자신의 본분이라는 말을 듣고 있지만, 이런 지식은 자신의 궁극적 목표를 얻는 데 전혀 쓸모가 없다는 것을 이해하게 될 것입니다.

질: 신이란 무엇입니까?

마: 그대가 보는 일체가 다 이스와라[신]입니다.

질: 제 주위에서 저는 세계를 봅니다.

마: 일체가 이스와라이고, 극미의 원자조차도 이스와라입니다. 봄베이 같은 대도시에서 시궁창이 오물과 쓰레기로 가득 차면 한동안 주위에 냄새가 나는데, 그러다가 하늘로 사라집니다. 하늘은 늘 있지만 전혀 아무 냄새도 없이 순수하고 맑습니다. 인간의 몸은 오물에 불과합니다. 때가 되면 이 몸은 사라질 것이고, 그 오물은 더 이상 냄새가 나지 않고 모두 순수한 하늘이 되어 아무것도 남지 않을 것입니다. 그러나 그대는 "나는 태어났다," "또 태어날 것이다" 등의 개념적 생각들로 나날이 자신을 속박하면서 온갖 불행 속에 머물러 있습니다.

질: 거기서 제가 어떻게 빠져나올 수 있습니까?

마: 그대가 무엇인지 알지 못한다면, 거기서 어떻게 빠져나오겠습니까?

질: 우리는 하늘과 해가 지구의 오물을 돌보는 것을 봅니다. 저의 오물은 무엇이 돌보게 될지, 누가 말할 수 있겠습니까?

마: 그대는 전혀 어떤 지知도 받아들이지 않겠군요. 그 창고는 그런 개념과 생각들로 가득 차 있습니다. 그 모든 것이 오물이고, 그렇게 해서 그대는 자신을 생사윤회에 속박하고 있습니다.

질: 그 개념들이 다 더럽지는 않습니다. 어떤 것은 아주 아름답습니다.

마: 그 개념들은, 궁극적으로 (부모의) 오물의 산물인 그대에게서 비롯되었다는 것을 기억하십시오.

그대는 개념들을 한데 뭉뚱그리면서 세상 속에서 분주합니다. 그대는 확고하게 "나는 이러 이러한 사람이다"라고 하면서 돌아다니는 그 '나'가 아닙니다. 그대는, 그 몸이 태어나기 전에 없었고 몸이 죽고 난 뒤에도 없을 그 '나'라는 기초 위에서 행동하고 있습니다. 그대는 시간에 제약된 그 '나'를 당연시해 왔습니다. 개념들을 넘어서서 무념이 되십시오.

1979년 8월 28일, 31일

11
그대가 바로 신이 존재한다는 증거이다

질문자: 제가 보기에 마하라지께서는 저희들에게 설명을 해주시는 방편으로 개념들을 영구화하시는 것 같습니다.

마하라지: 이 모든 개념적 사이클은 그대가 창조하는 것입니다. 왜냐하면 그대가 "내가 있다"는 개념을 가지고 있기 때문입니다. 그 개념을 그대 자신이 근절해야 합니다.

질: 왜 이런 모든 분리를 만들어내십니까? 존재하는 모든 것을 그와 별개라고 생각되는 사람과 분리하시면서요? 그것이 더 많은 개념을 만들어냅니다.

마: 그것은 "나는 이것이 아니다"라고 말하는 것일 뿐입니다. 그대가 깊이 잠들었을 때 쾌락과 고통, 혹은 탄생과 죽음의 경험이 있습니까? 그것은 무엇을 의미합니까? "내가 있다"는 개념이 사라졌다는 것을 뜻합니다.

질: 저는 마하라지님과의 관계가 의존성을 낳고 있지 않나 싶었는데요? 이른바 게으름 말입니다.

마: 이 지知는 생명으로 가득 차 있는데 어떻게 누가 게으를 수 있습니까? 몸이나 마음을 게으르다고 할 수는 있겠지만, 그대가 그것들과 어떻게 연관됩니까? 그대는 마하라지에 대한 의존성을 어떤 식으로 느낍니까?

질: 마치 제가 무슨 일이 일어나기를 기다리고 있는 것 같습니다.

마: 무슨 일이 일어나기를 기다리고 있는 그 사람의 정체를 알아내십시오.

　공동 우물이 하나 있다고 합시다. 그 물[의식]을 모든 사람이 이용합니다. 그대는 개인적으로 쓰기 위해 그 물을 조금 떠 왔습니다. 그대 자신을 위해 가져온 그 의식은 전지전능하고 무소부재한 것입니다. 그것을 이해해야 합니다. 게으를 겨를이 없습니다.

　그대는 조국을 떠나 수천 리를 와서 이 위대한 지知를 들었는데, 특정한 나라·계급·피부색의 한 개인으로 죽으렵니까?

　그대의 몸과 이름으로 돌아다니는 그것은 일체에 편재한 의식의 성품을 가지고 있다는 것을 아십시오. 그대가 차를 타고 다닐 때, 그 차가 그대입니까?

질: 이해가 됩니다.

마: 그대는 저 의식의 상징입니다. 그것을 이해할 필요는 없습니다. 그것이 그 자신을 의식하니까요. 그러나 그대가 자신을 그 몸에 한정하고 있다는 것, 그뿐입니다.

질: 그렇게 하고 있는 것이 의식이라면, 즉 의식 자체가 그런 한정을 받아들이고 있는 거라면, 그에 대해서는 제가 어떻게 해볼 수가 없습니다.

마: 그 의식은 무지를 통해서 스스로에 대해 그런 한정을 받아들였습니다. 그 무지를 버려야 합니다.

질: 저에게 그런 말씀을 하신다고 해서 제가 그것을 발견하게 되지는 않습니다. 저 자신이 그것을 발견해야지, 그렇지 않으면 설사 제가 수천 년간 진인들과 이야기를 한다 해도 단 한 가지도 변하지 않을 것입니다. 어떻게 하면 저 스스로 그것을 발견합니까?

마: 그렇게 됩니다. 그대가 그럴 운명이라면 여기 와서 그 이야기를 들을 것이고, 그에 따른 결과가 있겠지요. 어제 두 사람이 이 여사와 함께 왔다가 돌아갔습니다. 그것은 그들의 운명이 아니었습니다. 사람들은 자기가 원하는

어떤 정해진 개념을 가지고 여기 옵니다. 여러분은 마치 특정한 치수·색깔·옷감으로 어떤 옷을 지어달라는 주문을 받은 재단사인 양 여기 옵니다. 그러나 저는 여러분이 원하는 것을 드리지 않겠습니다. 여러분의 정해진 요구사항에 따라 지知를 드리지는 않겠습니다. 있는 그대로의 여러분 자신을 보라고, 여러분이 누구인지 알아내라고만 이야기할 것입니다.

수천 명의 사람들이 여기 오지만, 그들은 이 지知를 자기에게 맞는 대로만 사용할 것입니다. 그것은 진리 자체가 아니라 그들 자신의 개념을 통해서 본, 그들 자신의 관점에 따른 진리입니다. 그들 자신의 관점을 통해서 걸러진 이 지知는 지知가 아니라 하나의 관점에 불과합니다.

질: 저는 마하라지께서 하시는 말씀을 이해하려고 온 힘을 다 쏟습니다. 아주 열심히 노력했는데, 오늘은 제가 멈춰야 할 지점에 와 있습니다. 본질적으로 아무것도 변하지 않았습니다. 저는 마하라지님이 저의 스승님이라는 생각을 가지고 왔습니다. 스승(Guru)이란 어둠을 없애주는 분을 뜻하는데, 어둠이 아직 존재하고 있습니다. 이제 저는 제가 한 모든 노력이 아무 소득이 없었다고 느낍니다. 바로 지금부터 새로 시작해야 한다고 느끼고 있습니다. 어떻게 해야 그럴 수 있습니까?

마: 칠흑 같은 어둠 속에 앉아 있던 사람이 그 어둠을 없애고 싶어서 신에게 기도를 하기 시작했습니다. 그때 어떤 사람이 와서 말했습니다. "아니! 당신의 헌신으로 이 어둠을 없애려고 합니까? 아니지요. 빛을 가져와야 합니다." 빛을 가져오자 어둠은 사라졌습니다. 수련(무엇을 얻기 위한 수행)을 할 필요가 없고, 이것이 진리라는 것을 알아야 합니다. "나는 진리다"인데, 그 진리에는 턱수염이나 콧수염이 없습니다. 하지만 그것이 그대가 깨달아야 할 진리입니다. 진리에는 형상이 없습니다. 만약 진리에 형상이 있다면 그대가 가서 그것을 얻었겠지요. 애씀 없고 본래적인 것이 그 진리입니다.

질: 스승은 단지 길을 가리켜 보일 뿐이라는 겁니까?

마: 그대가 그것을 고수해야 합니다. 그러면 점차 그것이 자라나서 빛이 일체를 감싸게 될 것입니다. 영원자의 증거는 이 무상함이고, 진리의 증거는 이 비진리이며, 브라만의 증거는 마야입니다.

질: 저희들은 마음을 가지고 질문을 하고 (당신의 말씀을) 이해하려고 애씁니다. 어떻게 하면 저희가 이것을 넘어설 수 있습니까?

마: 그대는 마음도 아니고 몸도 아닙니다. 누가 그런 어려움을 가지고 있습니까? 누가 넘어서야 합니까? 그 질문을 하기 전에 그대가 있었습니다. 생시와 잠의 상태가 나타나기 전에 그대가 있습니다.

질: 어떻게 하면 그것을 깨달을 수 있습니까?

마: 가능한 한 그대가 오늘 들은 말을 기억하십시오. 그것을 믿으십시오. 그대의 요구사항에는 맞지 않을지 모르지만, 그것은 있는 그대로입니다. 그것을 있는 그대로 보고, 그것과 함께 지복스럽기만 하면 됩니다.

그대가 그 지知가 될 때는 더 이상 그대에게 필요한 것이 없게 될 것입니다. 그대는 무한한 그대 자신이 됩니다. 저는 경전을 인용하거나 남들의 판단을 들려주지도 않고, 단지 무엇이 존재하든 그것을 그대에게 말해줍니다. 브라만의 존재 증거는 그대의 내면이 아닌 어디에서도 얻지 못할 것입니다.

우리는 명백한 것을 간과하기 쉽습니다. 제가 말하는 것은 아주 분명하고 단순합니다. 그것을 이해하지 못하는 이유는, 그대가 뭔가 복잡한 것을 원하기 때문입니다.

질: 마하라지께서는 정확히 무엇을 저에게 말씀해 주시고 싶습니까?

마: 그대가 신이 존재한다는 증거입니다. 그대가 없으면 어떤 신도 없습니다. 이 '내가 있음'이 증거입니다. 그대는 그것이 그 몸에 한정되어 있다고 생각하지만, 그것은 일체에 편재합니다. 그것이 현상계의 근원입니다. 그대는 몸을 아는 자입니다. 이 과거의 습習이 그치면 그것이 텅 비게 되고, 그 빈 것을 빈 것 아닌 어떤 자가 지켜봅니다. 어둠이 있음을 아는 자ー그가 어둠일 수 있습니까? 그대가 절대적으로 고요하면, 개념들은 목이 졸려서 죽을 것입니다.

저는 매일 아무것도 하지 않으면서 여러분에게 매일 다른 말로, 그러나 똑같은 것을 이야기하고 있습니다. 여러분이 보아야 합니다. 여러분이 이해해야 합니다. 그 흐름은 계속 오고 있지만 여러분이 듣고 있지 않습니다. 바로 이 몸을 가지고 있을 때, 바로 이 생에서, 제가 여러분에게 이야기해 드린 것을 깨달아야 합니다. 다른 모든 개념은 내버려두고 이것을 붙드십시오. 한 수행자(sadhaka)가 **진인**이 되었다면, 그것은 그가 자신이 무엇인지를 최종적으로 그리고 절대적으로 이해했다는 것을 뜻합니다.

◆ ◆ ◆

마: 죽음이 다가오면, 여러분에게는 아무 형상도 아무 색깔도 없다는 것을 기억하십시오. "나는 **니르구나**(*Nirguna*)[속성이 없는 것]다", 이것이 여러분이 마지막으로 지녀야 할 생각입니다. 여러분은 몸을 알지만 여러분은 그 몸이 아닙니다. 잠자리에 들 때는 그 진리를 기억하면서 잠드십시오. "많은 불순수한 생각들이 오고 갔지만 나는 불변이다. 나는 무한하다. 나는 **진리**다." 이런 생각을 하면서 잠드십시오. 그러면 그런 모든 불순수한 생각들이 해소됩니다.

마음의 노예로서 잠들지 말고 마음의 주인으로서 잠드십시오. 이 습관에서 시작하여 절대적으로 초연해지고, 자기 마음의 주인이 되십시오.

질: 어떻게 하면 제가 두려움을 뿌리 뽑습니까?

마: 탄생이라는 두려움을 뿌리 뽑아야 합니다. 여러분은 다양한 교육으로 많은 것을 습득하고 여기 옵니다. 저는 여러분이 습득한 것과 여러분이 섭취한 저 음식을 물리치고 싶습니다. 그 음식과 그 **지**知 이전에 그대는 무엇이었습니까? 이것을 생각해 보기 바랍니다.

질: 의식이 무엇입니까?

마: 그대의 존재성의 활동과, 그대가 보는 전 세계의 활동입니다. 이 **의식**은 아무 색깔이 없지만, 하나의 인격이 있는 곳에서는 그 특정한 인격의 색깔을 띱니다. 그 존재성이 사라지면 저 다채로운 인격이 저 색깔 없는 것, 곧 **의식**에 합일됩니다. 의식 안에서는 아무 차별이 없고 모두가 하나이지만, 우리는 그것을 여러 가지 이름으로 부릅니다.

그것은 모두 **지**知이고 모두 **의식**이며, 아무 크기가 없습니다. 그대가 오늘 느끼고 있는 그 존재성의 맛이 저 **보편적 의식**에 합일되면, 그것은 유한한 개인이라는 의식을 갖지 않습니다. 그것은 어디서 온 것도 아니고 어디로 가지도 않습니다.

그대는 어떠한 욕망이나 목적도 없는 존재(existence)이며, 여러 현상적 우주가 거기서 왔고 거기로 사라진 저 큰 하나(Great One)입니다.

질: 저는 『아이 앰 댓』을 읽으면서 공부해 왔습니다. 저는 여전히 저의 생활방식에 대해 불만족을 느낍니다.

마: 그 이유를 알아내려고 해 보았습니까?

질: 아니요. 제 생각에는 제가 저의 인격을 너무 사랑하는 것 같습니다.

마: 그대는 아직도 자신이 그 몸-마음이라고 느낍니다. 그래서 불행하다고 느끼는 것입니다.

질: 맞습니다.

마: 그대는 마음을 가지고 읽었습니다. 이제 그 책을 읽을 때마다 자신을 **보편적 의식**이라고 생각하고, 그 관점에서 독서와 공부를 하십시오. 그대는 아무 형상이나 색깔이 없다는, 그대는 **빛**이라는 관점에서 그것을 읽으십시오.

질: 제가 몸도 마음도 아니라고 생각한다면 더 이상 읽을 수가 없습니다.

마: 읽을 수 있을지 없을지에 대해서는 염려하지 마십시오. 제가 말한 대로 그냥 해보면 점차 일이 풀려갈 것입니다. 어떤 사람들은 그것을 받아들일 준비가 잘 되어 있고 어떤 사람들은 얻어맞아도 이해하지 못하지만, 만일 그대가 준비되어 있다면 그것이 풀려가겠지요. 어떤 사람들은 너무 질겨서 마치 인도 음식 빱빠담(poppadum-둥글납작한 인도식 빵) 같습니다. 그것은 반죽을 많이 두들겨야 하는데, 그래도 반죽이 너무 질겨서 아주 힘을 주고 밀대로 밀어야 합니다. 그런 다음 그것이 구워집니다. 어떤 사람들은 이렇게 힘들게 가르쳐야 하는 반면, 어떤 사람들은 잘 준비되어 있어 듣는 즉시 받아들입니다. 어떤 사람들은 그냥 듣고 제 말에 집중하면 홀연히 어떤 폭발이 일어납니다.

몸과 마음을 붙들지 말고 "내가 있다"에 대해 명상해야 합니다. 그대가 아기일 때 엄마 젖을 먹었듯이, 이 "내가 있다", 곧 그대의 존재성에 대한 지知를 먹어야 합니다.

질: 저는 4년 동안 "내가 있다"를 기억하면서 그 안에 머무르려고 노력했습니다.

마: 오늘 제가 말해준 대로 해보겠습니까?

질: 그 책을 읽으라고요?

마: 그대가 들은 모든 것을 말입니다. 그대가 하나의 몸-마음이라는 느낌이 없이 그렇게 살겠습니까?

질: 저는 여기 오는 것을 몹시 두려워했던 것이 부끄럽습니다. 왔다가 무슨 일이 일어날지 모르니 말입니다. 아무 일도 일어나지 않을 수도 있고, 많은 일이 일어날 수도 있습니다. 그래서 약간 신경이 쓰입니다.

마: 그 두려움이 완전 소멸될 것입니다. 신경이 쓰이지 않을 뿐 아니라 두려움 자체가 사라질 것입니다. "내가 있다"는 앎의 젖을 먹어야 합니다. 이것도 기억하고 명상하십시오. "나는 아무 두려움이 없고, 두려움을 넘어서 있다."

질: 저는 모든 사람에 대해 두려움을 가지고 있습니다. 예를 들어 제가 네덜란드의 한 도시를 걷고 있으면, 모든 사람이 두렵습니다.

마: 제 말은, 그 두려움이 점차 줄어들고, 완전히 사라질 거라는 것입니다. 왜냐하면 제가 그렇게 말하기 때문입니다. 그 두려움에 대한 약은 제가 하는 말입니다.

질: 속박이 무엇입니까?

마: 마음이 바로 그대의 속박과 해탈의 토대입니다. 무슬림들은 사람이 죽고 나면 세계가 해체될 때까지 그 영혼이 무덤 안에 갇혀 있다는 관념을 가지고 있습니다. 그래서 그들은 그 영혼을 먹여 살립니다. 기독교에서도 사람이 일단 무덤에 묻히면 종말이 와서 심판이 이루어질 때야 깨어날 거라고 합니다.

질: 그런 사람들에게 그런 일이 정말 일어납니까?

마: 그런 개념을 가지고 죽으면 그렇게 될 수밖에 없겠지요. 왜냐하면 마음이 일체를 창조하니까요. 마음이 속박을 창조하고 마음이 해탈도 시킵니다. 오늘 제가 생각을 할 수 없다고 하면, 제 마음이 별로 명료하지 않은 것입니다. 그것이 무슨 뜻입니까? 저의 음식기운이 오늘은 상당히 둔한 것입니다. 그것이 적절한 순서로 연소되지 않고 있습니다. 그래서 사고 기능도 둔합니다. 이 마음 기능도 몸의 기운에 속하지만, 저는 그것이 아닙니다.

'그대가 있고,' "내가 있다"는 것을 분명히 이해하십시오. 이런 느낌들은 이 거친 대지의 산물입니다. 대지에서 식물이 나오고, '내가 있음'이라는 기운이 나옵니다. 몸이 떨어져 나갈 때 저 '내가 있음'은 사라집니다. 본질적으로 그것은 음식기운의 산물에 불과하기 때문입니다.

1979년 9월 1일, 3일

12
의식을 지켜보라

마하라지: 여러분은 "나는 이런 사람이다"라는 개념을 가지고 여기 옵니다. 그래서 저는 그것을 철거하여 폐기하는 작업을 시작해야 합니다.

절대자는 그 자신을 모르지만, 그 **절대자**에게 이 음식의 산물, 즉 "내가 있다"를 통해서 그 자신을 이해할 기회가 주어집니다.

질문자: 여기 오기 전에는 제가 사랑으로 가득 찰 거라고 기대했지만, 몸이 약하고 피로한 느낌입니다.

마: 그것은 그 해체 과정 때문입니다. 우선 그대는 완전히 해체되어 재건축되어야 합니다. 씨를 뿌리기 전에 먼저 땅을 갈고 비료를 넣어야 합니다. 땅을 갈고 씨앗을 심은 뒤에야 발아가 일어나겠지요. 해체 과정이 필요합니다. 그리고 나면 남는 것은 **의식**뿐이고, 그러면 발아가 시작됩니다.

외국인들은 여기 오기만 하면 사랑에 관해 질문합니다. '내가 있음'은 사랑일 뿐입니다. 그대가 이 형상, '내가 있음'이라는 이 꽃을 취한 것은 사랑에서일 뿐입니다. 모든 원자들의 바로 핵심에 "내가 있다"는 저 앎이 두루 스며 있습니다. 우주의 모든 원자가 "내가 있다"는 앎의 형태로 우리 속에 들어와 있다는 느낌으로, 그 모든 원자들을 포용하십시오.

그대는 몸-마음의 **의식**에 의해 경험될 수 없는 어떤 것에 대한 이 **지**知를, 몸-마음의 **의식**을 통해 언어로써 듣고 있습니다.

그대는 말을 할 때마다 먼저 자신을 어떤 것과 동일시하지만, 그 '나'는 지속되지 않을 것이고 정직하지 않습니다. 그것은 영원하지 않을 것입니다.

　제가 여러분에게 하는 무슨 말이든, 그것을 받아들일 준비가 된 토양을 가진 사람들만이 흡수하게 될 것입니다. 자기는 이해했다고 생각하는 사람들도 제가 이해하기를 바라고 말한 뜻은 이해하지 못하고 있습니다.

질: 어제는 잠을 못 잤습니다. 자리에 누워 있으니 계속 무슨 소리가 들리고 빛이 보였습니다. 겁이 나서 진땀을 흘렸습니다. 제가 죽는 줄 알았습니다.

마: 일어나는 모든 일은 정해진 대로 일어납니다. 그대가 죽는 줄 안 그것이 실제로 죽어가고 있었다 할지라도, 그대는 죽은 것이 아닙니다. 그것을 확고히 마음에 간직하십시오.

　그대의 종교에서는 어떤 사랑을 옹호합니까?

질: "네 이웃을 사랑하라"입니다.

마: 그대의 종교는 그대에게, **신**에 대한 사랑을 토대로 모든 존재를 사랑하라고 합니다. **그리스도**는 그대의 이웃을 그대 자신만큼 사랑하라고 했습니다. 그대는 그것을 어떻게 실천합니까?

질: 가끔씩 여기 오는 것으로써 실천하겠습니다. 그 사랑은 여기 있습니다.

마: 그 사랑은 사랑하는 자와 사랑 받는 자의 구별이 없을 때 가장 순수한 형태를 갖습니다. 그대의 이 모든 세계에서 가장 심한 고통의 원인은 무엇입니까?

질: 이원성입니다.

마: 그 이원성이 언제 시작되었습니까?

질: 저 자신 아닌 어떤 것을 처음 지각하면서 시작되었습니다.

마: 이원성의 시작은 그대가 있다는 것을 알 때입니다. 이것이 최초의 이원성이고, 환幻의 바로 근원입니다.

　제 말을 온순하게 듣지만 말고 질문을 하십시오. 그대는 어떤 **지**知를 얻고 싶습니까?

질: 죄와 공덕에 대해서입니다.

마: 그것을 하면 그대가 행복을 느끼고 만족하게 되는 것이 공덕이고, 그것을 하면 마음이 편치 않거나 불만족스럽게 되는 것이 죄입니다.

질: 만일 어떤 사람이 죄를 저지르고도 그에 대해 미안함을 느끼지 않는다면, 그래도 그것은 죄입니까?

마: 한 사람, 한 인간, 환幻의 관점에서 이야기하지 마십시오! 그대가 언제 공덕과 죄에 대해 알게 되었습니까? 어떤 개념이 주어진 뒤부터입니다.

질: 만약 우리가 잘못을 범하면 그 즉시나 다음 생에 고통을 받습니까?

마: 즉시 고통 받아야 할 수도 있고, 다음 생에는 분명히 받습니다. 고통은 그대가 있다는 기억과 함께 시작되었습니다.

질: 죄를 저지르는 사람들이 고통 받고 있는 것 같지 않습니다.

마: 그것은 그대의 개념이지만, (그들의) 내면에는 괴로운 경험들이 있습니다.

질: 일상생활에서 우리의 문제들과 어떻게 대면해야 합니까?

마: 그 진아와 그대 자신을 동일시하는 정도에 따라 그대가 해야 할 일을 하십시오. 일체를 그대의 진아로 보십시오.

질: 법률가의 삶에서는 매일 수많은 일이 일어납니다. 늘 문제가 있습니다.

마: 그대는 몸-마음의 의미에서 이야기하고 있습니다. 거기서 나오십시오.

질: 그러고 나서 제 마음대로 하라고요?

마: 그때는 그대 자신의 가치에 따라서 행동하게 될 것입니다.

질: 그러니까 우리가 진아지를 분명히 이해하고 나면 그런 어려움들은 사라지는군요. 그러면 일체가 자동적으로 진행됩니다.

마: 맞습니다. 그런데 왜 질문을 합니까?

질: 그 상태에서는 어떤 활동도 없습니까?

마: 그때는 잎사귀 하나도 그대 없이는 움직이지 않는다는 것을 알게 됩니다. 그대가 있기 때문에 모든 활동이 일어납니다.

질: 평정심과 고요함에 대한 이야기가 있지만, 제가 보기에는 고통이 있으면 깨닫겠다는 충동도 더 많이 일어나는 것 같습니다. 빤다바 형제들(Pandavas)[11]의 어머니인 꾼띠(Kunti)는 크리슈나에게 자신이 그를 기억할 수 있도록 고통을 달라고 청했습니다. 이 점에 대해 한 말씀 해주시겠습니까?

---

[11] T. 『마하바라타』에 나오는 아르주나 5형제. 그들은 크리슈나의 도움을 받으면서 까우라바 일족(Kauravas)과 전쟁을 벌인다.

마: 그대는 여기 온 지 얼마나 되었습니까? 그것은 무지한 사람들을 위한 이야기입니다. 그대 자신의 정체성을 발견하면 그런 질문은 일어나지 않을 것입니다. 그런 관념을 이야기하는 것은 무지한 사람들에게 용기를 심어주기 위해서입니다. 그대를 위한 것이 아닙니다. 다음 질문은 이런 것이 되겠지요. "**라마**(Rama)와 **시따**(Sita)의 결혼을 주관한 사제는 누구였습니까?"라는.

질: 만약 **진아지**가 적절한 접근법이라면, 헌신을 할 여지가 어디 있습니까?

마: 서로 다른 것이 아니지요—헌신과 **지**知는. 그것은 그대가 진아를 깨달을 때에야 깨닫게 됩니다. '내가 있음'이 있기 때문에 그대가 신에게 헌신합니다. **자기**(**진아**)가 자기를 사랑하는 과정이 **라마**, **크리슈나**, **그리스도** 등에 대한 헌신에 의해 흡수되고, 결국 **자기**가 **자기**를 깨달을 때 그것이 결실을 맺습니다. 그러면 일체가 **진아**일 뿐이라는 것을 압니다.

질: 영혼이 평안히 안식하라고 기도하는 것도 무슨 도움이 됩니까?

마: 그것은 하나의 개념일 뿐입니다. 죽은 사람에게 영혼이 남아 있어서 그가 평안에 들겠습니까? 죽은 사람에 대한 사랑에서 그대가 우유 한 사발을 가져다 그에게 올리면 그가 와서 우유를 마시겠습니까? 그것은 그대가 만족을 얻기 위한 것뿐입니다. 왜 죽은 뒤에 일어나는 일에 대해 묻습니까? 오늘 그대는 무엇입니까? 이 **환**幻이 늘 그대를 그대의 **진아**에서 떨어져 있게 합니다. 그대는 늘 바깥에 있는 온갖 것에 대해 묻지만, 그대가 무엇인지는 알아내려고 하지 않습니다. 평생토록 그대는 자신에 대해 서로 다른 정체성들을 지녀 왔습니다. 태어난 뒤에는 자신이 아이라고 인식했고, 그런 다음에는 소년·어른·중년·노년으로 인식했습니다. 그 정체성 중 어느 것도 그대와 함께 머무르지 않았습니다. 그대가 '나 자신'이라고 집착하는 그 무엇도 결국에는 사라질 것입니다.

    이것을 이해해야 합니다. 어떤 **참스승**(Sad-Guru)이 그대를 인도해야 합니다. 완전히 이해한 사람만이 **참스승**이라고 할 수 있지요.

    그 모순을 분명하게 이해해야 합니다. 저는 무엇을 설명하든, 뭔가를 의도합니다.

    그대가 이해했다고 말하면 그것은 (그 의도와) 계합契合하지 못한 것입니다.

"나는 아무것도 이해하지 못했다"는 상태에 이르러야 합니다. 이해의 단계를 넘어가서 그 너머의 단계에 이르러야 합니다. 그래서 이런 결론에 도달해야 합니다. 어릴 때부터 노인이 될 때까지의 다양한 단계들은―그대가 무엇을 이해하고 그것을 그대의 정체성으로 삼아 그 안에 자리 잡았든, 그 모든 것은―거짓임이 드러났다고 말입니다. 마찬가지로, 그대가 영적인 추구를 해오는 동안 무엇을 이해하려고 애썼든, 그 모든 것은 거짓으로 드러날 것입니다. 따라서 아무것도 이해해서는 안 됩니다. 이 점에 대해 숙고해 보십시오.

◆ ◆ ◆

질: 오늘은 저희가 무엇을 해야 합니까?
마: 저 의식을 지켜보십시오. 그것 때문에 그대가 다양한 단계들을 관찰하게 되는 저 짓궂고 환적인 의식 말입니다. 아주 간단합니다. 이 의식은 일찍이 없었고, (언젠가) 사라질 것입니다. 그래도 그대가 있어서 저 의식을 지켜볼 것입니다. 절대자인 그대는 완전한 상태입니다. 그대는 의식이 아니고, 의식 안에 있지도 않습니다. 의식은 원하는 것과 필요한 것들로 가득합니다.

또 이렇게 이해할 수도 있지요. "내가 **바잔·헌신** 등을 통해서 얻은 모든 **지**知는 신에 대한 **지**知에 바쳐지지만, 나는 그것이 아니다. 나는 저 **지**知나 의식의 향기 안에 들지 않는다. 모든 것이 의식 그 자체에 바쳐지지만 나는 그것과 별개이다"라고 말입니다. "나는 나 자신과 의식을 포함하여 내 모든 지식을, 저 현현된 의식인 **브라마**에게 바친다"는 것입니다. 창조계 자체가 **브라마**이고, 희생의 불도 **브라마**이며, 희생을 바치는 자도 **브라마**입니다.
질: 제가 단 하나 이해하는 것은 우리가 **실재**이지 몸-마음이 아니라는 것입니다. 저는 늘 그것을 생각하고 있습니다.
마: 그에 대해 알고 있는 바를 말해 보십시오.
질: 그것이 아주 어렵습니다. 그것은 '존재하는 모든 것'이고, 우리가 늘 그것입니다.
마: 그대는 거기에 이름이나 형상을 부여할 수 없기 때문에 그것을 묘사하기가 아주 어렵다고 느낍니다. 그대가 묘사할 수 없는 그것이 무엇입니까?

질: 저는 그냥 '내가 있음'의 현존, 그 존재를 느낍니다. 그것을 묘사할 수는 없습니다.

마: 그대는 저 지각성을 볼 수 없지만 그것은 다른 일체를 봅니다. 저 의식은 모든 것의 안에서, 그리고 도처에서 동일합니다. 확신을 가지고 이것을 일단 깨달았으면, 그대가 그것을 이용할 수 있습니까?

질: 아니요, 그것을 전혀 이용할 수 없습니다.

마: 세상에서 무슨 일이 일어나든, 그것이 그대를 끌어당기는 정도가 똑같겠습니까?

질: 아니요. 전에는 일어나는 모든 일에 신경을 썼지만, 지금은 신경 쓰지 않습니다.

마: 세상에서는 늘 그랬던 것과 같이 일들이 일어나지만, 그대는 그대에게 아무 이름이나 형상이 없고 그래서 아무 활동도 없다는 것을 깨달았습니다. 세상에서 일어나는 모든 일은 꿈의 성품을 가지고 있습니다. 개인적 인격이 상실됩니다. 이것을 아는 사람은 그런 세상을 향상시키는 데 흥미가 있을 수 없습니다. 세상 속에서의 행동에 신경을 쓰지 않습니다.

어떤 사람은 세계에서 제일 명민한 지성을 가지고 있어서, 그 지성에 힘입어 세계에 대한 최대한의 정보를 수집할 수도 있겠지만, 그 모든 것은 그 토대가 거짓이기 때문에 쓸모가 없을 것입니다. 이런 말들의 의미를 듣고 나서 그대는 그대의 원래 상태에 도달했습니까? 그대 말입니다.

질: 아니요.

마: 그것은 그대가 몸-마음을 자신과 동일시하고 그것을 자랑스럽게 여기기 때문입니다.

질: 우리는 왜 세계를 봅니까? 우리는 왜 잘못 봅니까?

마: 그대는 이 질문을 할 때 그대 자신을 자각하지 않습니까? 그대의 몸으로 어떤 정체성을 갖지 않습니까?

질: 예, 갖습니다.

마: 그 관념을 포기하십시오.

질: 어떻게 그럴 수 있습니까?

마: 실은 포기할 것이 아무것도 없습니다. 그대는 하나의 이름을 가지고 있습니다. 그대는 그 이름이 자기라고 생각하지만 그렇지 않지요.

질: 그 이름의 기능은 무엇입니까? 저의 몸입니까? 저의 인격입니까?

마: 그대에게 인격은 없습니다. 그것은 모두 마음속에 있습니다.

질: 저에게는 마음이 있고, 그 마음은 제가 하나의 인격을 가지고 있다고 저에게 말해줍니다. 저는 어떻게 합니까?

마: 그대가 별개의 한 존재라는 느낌이 들게 하는 것은 마음이 아니라 생명 기운입니다. 생명력이 생각을 일으킵니다. 그렇지 않으면 마음은 없습니다. 그 기운이 세상에서 생각들을 일으키고, 그대는 그것을 보고 있을 뿐입니다.

그대가 몸-마음과 자신을 동일시하는 한, 이 주제는 그대의 이해력이 미치지 않는 저 멀리에 있습니다. 마음을 넘어서야 합니다.

질: 저는 넘어서고 싶지 않습니다.

마: 몸-마음의 정체성 없이 들을 준비가 되었을 때만 여기 오십시오. 그렇지 않으면 시간을 낭비하는 것입니다. 그 정체성을 포기할 준비가 되지 않았으면 여기 오지 마십시오.

질: 하지만 저는 계속 여기 오고 있는데요!

마: 좋습니다, 그러면 오십시오. 그러나 이것을 계속 성찰하십시오. 그대는 그 몸이 아니라는 것 말입니다.

질: 그것을 항상 생각합니다만, 제 생각이 더 나아가지 않습니다.

마: 계속 생각(탐구)하고 분별하십시오. 몸이 죽어도 그대는 죽지 않습니다.

질: 그것은 제가 전혀 몰랐던 저 자신의 일부일 것이 분명합니다. 저는 그저 제 몸, 제 이름, 제 인격을 알 뿐입니다. 그것이 제가 아는 전부입니다.

마: 그것에 대해 계속 생각하고, 계속 귀담아 들으십시오. 그것에 대해 책을 읽고, 그에 대해 공부하십시오.

1979년 9월 6일, 7일

13
그대가 보는 모든 것은 그대의 진아이다

질문자: 저는 제가 무엇인지는 모르고, 제가 고통 받고 있다는 것만 압니다. 거기까지는 압니다.

마하라지: 그런 것은 고통과 쾌락이라는 상대적 개념들입니다.

질: 이것은 보통의 고통과 약간 다릅니다.

마: 그대가 좋아하는 것 몇 가지가 오염되었고, 그래서 그런 느낌을 경험하는 것입니다.

질: 마하라지께서는 그것을 어떻게 아셨습니까?

마: 그것은 설명할 수 없습니다. 제가 어떻게 깨어났는지, 혹은 잠자리에 들었는지는 말할 수가 없군요.

질: 고통 받는 저를 도와주실 수 있습니까?

마: 몸-의식을 잊어버리십시오. 쾌락을 추구할 필요는 없습니다. 그대가 쾌락을 무엇이라고 부르건, 그것은 **궁극자**가 아닙니다.

질: 저는 쾌락이나 행복을 추구하지 않습니다만, 저를 괴롭히고 있는 이것은 사라져야 합니다.

마: 그것은 없습니다. 그것은 그대가 그 고통을 가지고 있다는 그대의 상상, 그대의 개념일 뿐입니다. 그대가 있는 것보다 더 순수한 것은 없습니다. 그 고통은 그대의 상상·환상·개념에 지나지 않습니다.

질: 어떻게 하면 그 개념을 버릴 수 있습니까?

마: 버릴 것이 뭐가 있습니까? 그대가 태어났다는 것—그 개념을 그대는 어떻게 얻었습니까?

질: 그것을 무시해야 하는군요?

마: 알기만 하고, 관찰하기만 하고, **주시자**가 되십시오. 달리 아무것도 해서는 안 됩니다. 아무것도 시도하지 마십시오. 그대가 있다는 것만 아십시오.

질: 그러니까 저에게 구원은 없고, 저는 이 모든 고통을 지켜봐야 하는군요?

마: 그렇지요. 그것의 얼굴, 그것의 기원, 그것 전체를 직시하고, 그것이 어디서 오는지를 알아내야 합니다. 이 앎이 그대에게 나타나고 있는 그 **중심**을 바라보십시오. 그것에만 집중하십시오.

그 핵심에 도달하면 거기서 쏟아지는 빛살들을 발견할 것입니다. 그대가 보는 모든 것은 **빛**의 유희에 지나지 않습니다. 그 **중심**에 합일되어 그것과 하나가 되십시오.

질: 제가 배척해 온, 저의 주위에 온통 있는 우주는 어떻게 되겠습니까?

마: 그대가 **중심**입니다. 따라서 내면으로 돌아서면, 그대가 보는 모든 우주가 오직 그것을 통해 존재한다는 것을 발견할 것입니다.

질: 마하라지께서 당신 자신의 삶을 규율해 오신 것을 알겠습니다. 왜 저희들에게, 저희가 아침부터 밤까지 해야 할 것을 말씀해 주지 않으십니까?

마: 아침부터 밤까지 그대가 해야 할 것에 대해서는 주의를 기울이지 마십시오. 거기에는 그냥 주의를 기울이지 마십시오. 그대는 몸-마음이 아닙니다.

질: 그러면 마하라지께서 당신의 삶을 규율해 오신 것은 어째서입니까?

마: 저는 시간과 삶을 넘어서 있습니다. 우주의 삶이 저에게 의존해 있지, 제가 우주에 의존해 있지 않습니다.

질: 그런지는 모르겠지만, 저희가 보는 것은 잘 규율된 삶입니다.

마: 저는 5대 원소에 의해 건드려지지 않습니다. 외관상으로는 제가 이런저런 행위를 하고 있는 것처럼 보이겠지만 저에게는 어떤 행위도 없습니다.

일단 그대의 참된 상태를 언뜻 보게 되면 거기서 영구히 안정되어야 합니다. (어릴 때) 어머니가 저에게 아이라고 했는데, 저에게 그것을 기억하라거나 "나는 아이다"라고 되뇌라는 말씀은 한 번도 하지 않았습니다. 어머니는 단 한 번 그렇게 말씀하셨지만 저는 그것을 기억했지요. "나는 몸이 아니다"라고 되뇔 필요가 없습니다. 일단 이해하면 그걸로 끝난 것입니다. 그대는 남자니까 아이를 낳지 않을 거라고 확신하는 것만큼이나, 그대가 몸이 아니라는 것을 확고히 납득해야 합니다. 그대는 자신이 아이를 낳을 거라는 생각은 결코 하지 않겠지요.

질: 무엇에 대해 명상해야 합니까?

마: 그대가 있다는 것, 그대의 존재성에 대해 명상하십시오.

질: 왜 이 '내가 있음'을 음식기운이라고 부르십니까?

마: 이 '내가 있음'은 절대자를 가리키는 하나의 간판에 지나지 않지만, 그 간판은 그대가 아닙니다.

    몸은 이 현현된 우주의 원료로 만들어진 하나의 인형입니다. 그것은 끊임없이 변하면서 현현된 우주 속으로 증발됩니다. 이것이 소진되면 허공 속으로 녹아들 뿐입니다. 이 몸이 허공 속으로 완전히 녹아들면 어떤 지성도 없습니다. 저 지성은 몸과 함께만 있습니다. 허공으로부터 몸이 다시 형성됩니다. 그 형성 과정 속에는 어떤 지성도 없습니다.

질: 시간 같은 것은 없습니까?

마: 그대의 '내가 있음'이 시간을 규정합니다. 시간은 하나의 관념일 뿐입니다. (다른 사람에게) 무슨 질문거리를 가져왔습니까?

질: 저는 저를 진아 깨달음으로 이끌어 줄 스승을 찾아 작년에 인도에 왔습니다. 저에게 단계적으로 상세한 가르침을 주실 어떤 형상을 가진 분을 찾겠다는 생각으로 말입니다. 형상을 가진 스승을 발견하는 대신 마하라지님을 만나 뵙고 제가 가지고 떠난 것은 빈 액자 혹은 하나의 거울이었습니다. 저는 제가 형상이고 뭐고 아무것도 없다는 것을 발견했습니다. 그저 늘 변하는 순수한 허공뿐이었습니다. 제가 마하라지님을 생각하면, 어떤 때는 당신을 저 자신으로 보고, 어떤 때는 당신을 무無로 보기도 합니다. 제 앞에서 제가 보는 그 '사람'이 늘 변합니다. 꼭 집어서 "저것이 그분이다"라고 할 것이 아무것도 없습니다. 그것은 무서운 일이고, 그 두려움이 점점 커지고 있습니다.

마: 그대가 한 말은 상당히 적절하고 상당히 옳습니다. 그대가 관찰하는 그 무엇도, 그대의 진아 외에 달리 아무것도 아닙니다. 몸이 그대 자신이라는 이 이미지를 없애십시오. 그대가 보아 온 그 무엇도 그대의 진아입니다.

질: 종종 책에 있는 개념, 관념들이나 여기서 논의되는 것들이 떠오르거나, 당신의 모습이 떠오르기도 합니다. 그 직후에—그 이전은 아닙니다—아무것도 없다는 느낌, 제가 듣고 있는 것은 실체가 아니라는 느낌이 다가옵니다. 그러나 제가 그런 허공을 느끼는 것은 당신을 생각한 뒤에만 그렇습니다.

마: 아무것도 없다는 것, 일체가 사라졌다는 것을 누가 알아차립니까? 그리고 일체가 사라졌을 때, 무엇이 남습니까?

질: 그것이 바로 무서운 것입니다.

마: 일체가 사라질 때, 그대는 **실재**입니다.

질: 개념으로서는 그것을 이해합니다. 일순간 알아차리지만 다시 비실재로 돌아갑니다. 저는 저의 가족, 제 아내, 제 자식들에게 집착하고 있습니다. 그것은 하나의 습관이고, 저는 (거기로) 돌아갑니다.

마: 그대는 개념들의 뒷받침에 워낙 익숙해져 있어서, 개념들이 그대를 떠나면 그것이 참된 상태인데도 불구하고 겁을 먹고 다시 그것을 붙들려고 합니다. 그것이 저 내재적 원리("내가 있다")와 **영원자**가 만나는 점이고 경계 지역입니다. 그럴 때 지성이 왜 당황합니까? 그대가 경험하고 있는 저 존재성이 녹아 없어지고 있습니다. "내가 있다"는 개념이 사라질 때 지성도 사라집니다. 그래서 지성이 "내가 사라지고 있다"는 경험을 하며 겁을 먹는 것입니다.

질: 그 공포를 어떻게 극복합니까?

마: 그냥 그 순간을 지켜보십시오. "나는 죽어 가고 있다"고 느끼는 사람은 진인이 아닙니다. 그대의 참된 상태는 "내가 있다"는 1차적 개념 너머입니다. **의식**이 그 1차적 개념이지만, 이 '내가 있음', 곧 **의식**은 음식-몸의 산물입니다. **절대자**인 그대는 그것이 아닙니다.

죽음이 '내가 있음'이라는 성질에게 다가오는데, 이 성질은 음식의 산물입니다. 그러나 **절대자**는 늘 지배합니다. 이것이 **궁극적 지**知입니다. 주主 **크리슈나**는 전장戰場에서 전투가 벌어지려는 시점에 말들이 태세를 갖추고 있을 때, 이 **지**知를 아르주나(Arjuna)에게 설했습니다. 그는 결코 아르주나에게 머리를 삭발하고 숲으로 들어가서 따빠스(tapas)를 하라고 말하지 않았습니다. 그런 말은 전혀 없지요. 일단 이 **궁극적 지**知를 이해했으면, 그대 하고 싶은 대로 뭐든 하십시오. 주 **크리슈나**가 말했습니다. "참된 기상으로 이 전투에 임하라." 저는 이렇게 말합니다. "일단 이것을 이해하면 충만된 열정으로, 열의에 가득 차서 그대의 세간적 삶을 영위하십시오. 그러나 그대의 참된 정체성은 이 '내가 있음'이라는 성질을 넘어서 있다는 것을 이해하십시오."

13. 그대가 보는 모든 것은 그대의 진아이다

진인에게는 소위 죽음의 순간이 가장 지복스럽습니다. 왜냐하면 지복의 근원 그 자체 속으로 들어갈 것이기 때문입니다. 영원성은 **지복**이고, 감로甘露의 바다 그 자체이며, **불멸**입니다.

◆ ◆ ◆

마: 여러분은 자신의 몸과 자신의 존재성을 의식하게 된 후, 주위 환경에서 인상을 수집하고 주위의 현상 세계를 관찰했습니다. 그리고 세계의 파노라마와 그 안에 있는 자신의 파노라마에 대해 숙고한 다음, 자기 나름의 어떤 결론을 내린 것이 분명합니다.

여러분의 모든 행동은 몸과의 동일시에 의존하고, 그 동일시는 "내가 있다"는 앎에 의존합니다. 그 "내가 있다"는 여러분의 몸을 지탱하는 음식기운에 의존하고 있습니다.

이것이 여러분이 세상 속을 돌아다니는 밑천입니다. 여러분이 지금 경험하고 있는 이 존재성의 의식은 여러분이 먹는 음식의 기운에 의존합니다. 더 이상 저 음식을 소화시킬 수 없을 때는 여러분의 생명기운이 약해지고, 어느 날 '내가 있다'는 의식과 함께 사라질 것입니다. 그에 관해 열심히 숙고하면 이 수수께끼를 풀게 될 것입니다. 여러분이 몸이나 음식을 경험하기 전에는 여러분 자신이나 세계에 대해 전혀 어떤 경험도 없었습니다. 이 현상계는 시작이 없습니다. 먼저 하늘이 태어났고, 하늘에서 공기가 나왔습니다. 공기에서 빛과 열이, 그 열에서 물이 나왔고, 물에서 나온 그 무엇인가가 흙이 되었고, 거기서 모든 생명이 싹텄습니다. 이 5대 원소가 함께 이 거대한 현상계를 낳은 것입니다. 의식은 음식기운의 성질인데, 그 기운은 5대 원소를 다 합친 것 속에 들어 있습니다.

질: 그렇다면 음식의 서로 다른 성질들은 **의식**의 서로 다른 성질들을 산출하게 되겠군요?

마: 5대 원소는 서로 다릅니다. (존재들의) 각 형상마다 **구나**(Guna)가 다릅니다. 저 **의식**이 몸에 한정되면 서로 다르게 보이지만, 그것이 그 자신을 알게 되면 **보편적 의식** 속으로 합일되는데, 그 **의식**은 일체를 포용합니다.

질: 환幻은 어떻게 태어납니까?

마: 어떤 실체의 그림자가 어떻게 태어납니까? 그것은 몸을 구성하는 모든 실체에서 나옵니다. 이 **마야**는 저 존재성에 대한 사랑에 지나지 않습니다.

질: 우리는 그 함정에서 빠져나올 수가 없습니다.

마: 처음에 본래의 그대인 것을, 아름다운 꾸밈이나 집착 없이 고수하십시오. 그것은 그대가 빠져 있는 하나의 상상적 함정입니다.

질: 그 체험을 얻으려면 우리가 어떻게 해야 합니까?

마: 아무것도 하지 마십시오. 그저 그대의 '내가 있음' 안에 있되, 거기에 그대의 몸-형상을 부여하지 마십시오.

질: 왜 우리는 '내가 있음'을 붙들어야 합니까?

마: 그대의 존재성의 **의식**을 알아야 합니다. 그렇게 하면 **브라마**(Brahma)를 손아귀에 붙잡은 사람같이 될 것입니다. 어부가 그물 안의 고기를 붙잡듯이, 그대도 자신의 존재성을 알고 나면 그렇게 될 것입니다.

질: 마음-에고가 늘 저 자신을 아는 것을 어렵게 만듭니다.

마: 그대의 **의식** 없이는 마음이 존재하지 않습니다. 그것은 다 말의 문제입니다. **생명기운**이 마음을 낳았습니다.

질: 우리가 이미 그것 너머라는 것을 안다면, 왜 우리가 이 "내가 있다"를 붙들어야 합니까? "내가 있다"는 하나의 개념일 뿐입니다.

마: "내가 있다"가 하나의 개념일 뿐이라는 생각은 언제 떠올랐습니까?

질: 저는 일체가 개념이라는 것과, 제가 개념들을 가지고 살 필요가 없다는 것을 알게 되었습니다.

마: 이것이나 저것을 가지고 존재한다는 것은 없습니다. 그저 존재하십시오.

질: 우리는 '이미 우리인 것'으로서 살아야 한다는 말을 듣습니다. 우리가 여기, 이 방 안에 있는 동안은 우리가 아닌 것을 벗어버리기가 아주 쉽지만, 바깥에서, 곧 실제로 존재하지 않는 세계 안에서는 어떻게 살아야 합니까?

마: (그 바깥세상에서) 그대는 아무것도 하지 않는다는 것을 깨닫게 될 것입니다. 모든 일은 (자연발생적으로) 일어나고, 그대는 자신이 그 일어나는 일들의 관찰자일 뿐임을 알게 됩니다. 그저 **존재하십시오**(Just be). 깨달은 이들에게

세계가 어디 있습니까? 세계는 저 존재성 안에 있습니다.

질: 제가 아무것도 할 필요가 없다고요?

마: 그대는 이제까지 무엇을 했습니까?

질: 지금까지 우리의 관계는 '해야 한다'와 '이다'의 관계였습니다. '이다'가 먼저여야 하고 그 다음이 '해야 한다'입니까?

마: 그것이 알아서 하겠지요. 저는 그대에게 사물의 상태를 보여줄 뿐입니다. 그 뒤에 무엇을 하느냐는 그대의 소관사항입니다. 한편으로 그대는 일체가 그대의 진아를 통해서 공급되고 있다는 것을 이해할 것이고, 다른 한편으로는 그대가 일체를 잃어버린 것이 될 것입니다.

1979년 9월 8일, 9일

14
"내가 있다"는 앎이 우주의 스승이다

질문자: 왜 마하라지께서는 저희에게 거친 형상(몸)을 비난하라고 하십니까?

마하라지: 저는 그러지 않습니다. 일체가—오물·몸이—저 자신입니다. 그러나 변모(transformation)의 과정은 계속 진행되고 있습니다. 저 거친 형상이 다시 허공으로 변모하고, 그 순환이 계속됩니다.

질: 왜 우리가 그 순환의 가속화를 걱정해야 합니까?

마: 누가 가속화합니까?

질: 우리 모두가 그렇게 하고 있습니다.

마: 자기 자신에 대한 그대의 인식이 발가락부터 머리끝까지인데, 누가 그대에게 그런 걱정을 하라고 했습니까?

질: 두 가지가 있습니다. 세계와 저의 고통입니다.

마: 그것이 그대의 몸-동일시(body-identification)가 일어나는 자리입니다.

질: 제 주위의 일체를 무시해야 합니까?

마: 그대가 저 특정한 이해와 소화의 수준에 도달하면 그것을 체험하고 즐기게 될 것입니다. 그러나 일단 그것을 초월하면 그것을 똥처럼 비워내게 될 것입니다. 내가 **브라마 신**의 성질을 이해하여 **브라마 신**이 되었다 해도, 만일 **브라마 신**의 성질보다 더 나은 것이 있으면 그것을 성취하고 이것을 배척하는 그런 식이 되겠지요. 이런 것이 여러 가지 경지의 랜드마크 또는 수준들입니다.

저에게는 어떤 움직임이란 것이 없습니다. 저는 또 동적이고, '다함없는 것' 그 자체입니다. 그 흐름은 있지만 저는 그것을 소진시킬 수 없습니다. 세계 안의 모든 것이 저의 안에 합일되고, 자리 잡고, 휴식을 취합니다.

분명히 **스승들**은 매우 중요하고 매우 의미 있지만, 결국에는 그들도 허공에 합일됩니다. 그대가 끌어안고 집착하는 것이 무엇이건, 모두 사라질 것입니다. 일체를 포기하고 그대가 무엇인지를 이해하십시오.

질: 질문이 하나 있습니다. 어제 마하라지께서 말씀하시기를, 어떤 사람이 자신이 무엇인지를 깨닫고 싶으면 그냥 '나' 의식을 끌어안아야 한다고 하셨습니다. 그것은 제자와 **스승** 간의 관계와 비슷하거나 같은 것입니까?

마: 그대가 그 **지**知와 하나가 되면 "내가 있다"는 앎이 곧 우주의 스승이라는 것을 깨달을 것입니다.

질: 여쭤어 보는 까닭은, 제가 마하라지님께 사랑과 존경을 느끼고, 당신께서도 매우 단순하고 정돈된 방식으로 반응하신다고 느껴지기 때문입니다. 제가 '나' 의식을 끌어안기 시작할 때 당신의 도움이 필요했고, 당신의 지혜가 필요했습니다. 당신에 대한 저의 감정이 성장했습니다. 그래서 **스승**과 제자 간의 관계를 이해하고 싶은 것입니다.

마: 알려지는 모든 것은 바로 그 사물 자체 안에 들어 있습니다. 그대가 한 이야기는 맞습니다.

질: 저는 전에도 여기 있었기 때문에, 당신의 모습, 당신께서 하신 모든 말씀이 늘 다가오고 있습니다. 그러나 제가 개념에서, 심지어 **스승**에 대한 개념에서도 벗어나야 한다고 하신 당신의 말씀도 기억하고 있습니다.

마: 그대가 하는 말은 아주 좋습니다. 스승은 지知의 현현이며, 그대도 때가 되면 그것이 될 것입니다.

질: 당신의 말씀을 받아들입니다. 저는 행위해야 합니까, 아니면 그저 일들이 오고 가게 내버려두어야 합니까?

마: 해야 할 것은 아무것도 없습니다. 그것이 흐르게 하고, 그저 지켜보며 그에 대해 아무것도 하지 마십시오. 해가 비치면 햇살은 자기 갈 곳으로 갑니다. 설탕으로 만든 인형이 있습니다. 그 인형은 설탕일 뿐입니다. 마찬가지로, 그대가 어떤 스승의 모습을 볼 때 그것은 지知, 곧 그대의 의식을 대표할 뿐입니다. 그 모습은 그 스승의 것일 수도 있고, 주 크리슈나, 그리스도 등의 것일 수도 있지만, 그것은 그대 자신인 그 지知의 현현입니다.

질: 이 과정에서 모든 유형의 지식, 온갖 유형의 개념들이—개인적인 것은 물론 우주적인 것도—거리낌 없이 떠오릅니다. 그것이 흐를 때는 그것이 사람들을 건드리는 것 같고, 관계들이 변합니다. 세상에서는 일들이 일어나고, 저는 거기에 정확히 어떻게 대처해야 할지 모르겠습니다.

마: 한 인격으로서, 하나의 환幻으로서 행위하는 것은 올바르지 않겠지요. 한 인격으로서의 그대의 개입 없이 그대를 통해서 일어나는 어떤 행위도, 적절하고 자연발로적인 행위입니다.

질: 제가 과거에 여행을 하면서 찾아다닐 때, 여러 부류의 스승들을 만났습니다. 만트라 요가, 꾼달리니 요가 등을 가르치는 분들 말입니다. 그 저변의 실재는 무엇입니까? 구도자는 꾼달리니 각성이나 차크라(chakras)에 대해서 알아야 합니까?

마: 그대가 자신의 존재성에 대한 지知 안에서 안정되면, 다른 모든 지知도 활용할 수 있게 됩니다.

질: 제가 어디를 가도 이 꾼달리니 지식이 저를 따라오는 것 같습니다. 제가 그것을 내버려야 할지, 바라보아야 할지 알고 싶습니다.

마: 그것은 내버리고 그대의 존재, 그대 자신의 진아를 붙드십시오. 그대의 존재 외에는 그 무엇도 받아들이지 마십시오. 그저 존재하십시오. 단 하나 순수한 지知는 진아에 대한 지知입니다.

질: 어떤 책에서 가야뜨리 만트라(Gayatri mantra-베다의 한 진언)를 발견했고, 제가 그것을 좀 좋아합니다. 어떤 쓸모가 있습니다.

마: "내가 있다"는 앎 외에는 어떤 것도 사용하지 마십시오. 다른 것 일체를 잊어버리십시오. 많은 가지와 잎이 달린 장대한 나무가 한 그루 있다 합시다. 그 뿌리로 들어갈 일이지 가지를 찾지 마십시오.

질: 왜 스승들은 늘 제자들과 모종의 전수傳授(initiation-입문)를 갖습니까?

마: 그것이 그들의 성품입니다. 결혼을 하고 나면 자식들이 늘어나는데, 그것이 부부애의 성품입니다. 스승-제자 간의 전수는 자연스러운 과정입니다.

질: 여기에도 전수가 있습니까?

마: 아, 있지요. 여러분에게 어떤 문장(만트라)을 주고, 경각警覺하여 그 신성한 말들의 의미로 남아 있으라고 합니다.

질: 그 위치에 도달하려면 제가 무엇이 되어야 합니까? 아니면 무엇을 해야 합니까?

마: 그 신성한 문장의 의미가 그대의 **진아**라는 굳은 확신을 갖기만 하십시오. 경각해야 하고, 그대의 주의가 살아 있어야 합니다.

질: 전수를 청하는 것은 잘못입니까?

마: 잘못이라고 할 것이 없습니다. 그대가 원하면 그것이 주어지겠지요. 사실 그것은 공식적 전수이지만, 이런 모든 이야기가 전수의 과정일 뿐입니다.

질: 그것은 알고 있습니다만, 저는 공식적 전수를 받고 싶습니다.

마: 그것이 주어지겠지요. 그러나 그와 함께 그대는 공식적 전수 이상의 뭔가를 받습니다. 여기서 핵심은 그대가 그것과 같이 되어야 한다는 것입니다. 그 단어의 의미에 주의를 기울여야 합니다. (그 만트라의 의미는) 그대가 **그것이**라는 이것뿐이고, 달리 아무것도 없습니다.

◆ ◆ ◆

마: 사람은 죄와 공덕이라는 이런 온갖 개념을 스스로 떠맡습니다. 온갖 개념들로 자기 자신을 속박합니다. 의식은 그 개인의 개념에 따라 무한한 형상들을 현현합니다. 제가 하려는 것은 그 개념·관념을 교정하는 것입니다.

질: 다음 생의 원인은 무엇입니까?

마: 일단 이 존재성, "나는 안다"가 소멸되어 **보편적 의식** 속에 합일되면, 그대는 무엇을 다음 생의 씨앗이라고 하겠습니까?

질: 환생을 야기하는 것은 욕망 아닙니까?

마: 그 욕망과 정념들은 (죽음의 과정에서) 이른바 대기 속으로 동화되지 않았습니까? 또 그런 의미에서 그것은 도처에 두루 있게 되지 않았습니까? 그 개인성이 어디에 있습니까? 환생의 씨앗이 어디 있습니까? 물질이 무엇인지 살펴본다면 그것은 고체화된 물입니다. 그러니 그대가 환생을 이야기할 때 환생하게 될 그것은 무엇입니까? 이 금속을 보십시오. 이게 물입니까? 궁극적으로 그것이 물에서 나왔다 해도 그것을 물이라고 하지는 않겠지요. 따라서 만약 그대 자신에 대해 알고 싶다면 제대로 분별하십시오. 그대가 정확히 무엇인지 알아내십시오. 왜 다음 생을 걱정합니까? 지금 그대가 무엇인지 알아내십시오. 이와 무관한 것은 모두 배제하십시오.

이 모든 창조물은 허공보다 더 미세한 원리(의식)에서 일어납니다. 저 태고의 원리 자체가 다양한 형상들로 태어납니다. 그런 것들이 탄생이며, 다른 환생이란 없습니다.

그대는 입맛에 맞는 모종의 지(知)를 얻으려고 여기 오지만 저는 그런 것을 전달하지 않을 것입니다. 저는 사실적 지(知)를 그대 앞에 놓아드릴 것입니다. 그대는 어릴 때부터 여러 단계를 성취했는데, 그 모든 것이 사라졌습니다. 그대가 무엇을 성취했든 모두 사라질 텐데, 무엇을 그대 자신으로 붙들려고 합니까?

만약 본래의 그대가 되고 싶다면, 그것은 거저이고, 풍부하게 있고, 아무 어려움 없이 얻을 수 있습니다. 그러나 본래의 그대 아닌 어떤 것이 되고 싶다면 그것은 어렵습니다.

질: 그러나 우리는 환생에 대해 읽기도 하고 듣기도 합니다.

마: 죽음과 환생을 체험해 보았습니까? 그런 것은 남들의 관념입니다. 그대가 무엇인지 스스로 알아내십시오. 다른 사람들의 답변을 받아들이면 안 됩니다. 그대 스스로 생각(궁구)할 수 있습니다. 그것을 숙고하여 그대가 무엇인지 알

아내십시오.

현재 그대는 현현된 지知입니다. 그대가 그것을 흡수하려고 하면 그 자체가 그대에게 모든 지知를 안겨주겠지만, 그대가 거기에만 거주해야 합니다.

질: "내가 있다"는 무엇을 의미합니까?

마: 그것은 생시·꿈·깊은 잠의 세 가지 상태가 있다는 것을 뜻합니다. "내가 있다"는, 그대가 이 세 가지 상태라는 의미입니다. 이 상태들이 사라지면 그 기억도 사라지는데, 환생이고 말고가 어디 있겠습니까? 몸이 죽으면 부패하여 많은 벌레가 생겨납니다. 벌레들이 생기는 것은 5대 원소의 기운이 존재하고 있고, 거기서 생명이 나타나기 때문입니다. 생명이 있다는 것을 어떻게 압니까? 일체가, 전 우주가 음식-몸을 통해서 표현되는 이 생명력으로 가득 차 있습니다. 그래서 "내가 있다", 즉 곤충·동물 등의 생명력은 이미 존재하고 있고, 그 표현만 이 대상적인 음식-몸을 통해 얻어지는 것입니다.

"내가 있다"는 이 원초적 개념의 출현이 이원성의 시작입니다. '나'는 '나 자신'부터 세기 시작했는데, 이 숫자 셈이 시작되기 전에는 그것에게 아무 숫자가 없습니다. 그것은 절대자입니다. "내가 있다"는 저 작은 움직임과 함께 이 숫자 셈이 시작되었습니다.

질: 지적으로는 완전히 이해합니다만, 그것을 어떻게 깨달을 수 있습니까?

마: 지성을 누가 이해하며, 무엇을 가지고 이해합니까?

질: 우리에게 필요한 것은 저 완전히 의식하는 상태, 소위 초超의식 속으로 들어가는 것입니다. 우리는 의식하면서 저 초의식 속으로 들어갈 수 있습니까? 아니면, 그 속으로 들어가려면 의식을 묶어 두어야 합니까?

마: 저는 자연발로적으로 잠 속에 떨어지는데, 잠자는 기술을 연구한 적이 없습니다. 마찬가지로, 이 의식은 비非의식 속으로 가라앉습니다.

질: 우리가 노력을 해야 합니까? 초의식 속으로 들어가는 이 기술은 은총에 의한 것입니까?

마: 그대는 그 몸-형상을 얻기 위해 무슨 노력을 기울였습니까? 그것은 자동적으로, 자연발생적으로 왔습니다. 이것도 자연발생적이지만, 그대는 노력을 하고 싶어 하고, 저 절대적 상태 속으로 들어가기 위해, 존재하기 위해, 어떤

특수한 기술을 사용하고 싶어 합니다.

질: 어떤 것이 올바른 명상입니까?

마: 올바른 **명상**은 그대의 **진아**에 대해 내관하는 것입니다. 내관하는 동안 어떠한 개념이나 이미지도 없어야 합니다. **브라만**은 개념이 없습니다.

질: 저는 마음이 헤매게 내버려 두려고 하는데, 그러면 그것이 잠시나마 서서히 안정 상태로 됩니다. 가끔 생각들을 지켜볼 수도 있지만, "내가 있다"에는 도달하지 못하고 있습니다.

마: 지켜보아야 하는 것은 그대의 생각이 아니라 "내가 있다"는 **의식**입니다. 일체가 "내가 있다"의 한 표현이지만, **그대**는 그것이 아닙니다. 그대는 "내가 있다" 이전입니다.

질: '내가 있음'은 이 모든 혼란스러운 세간적 상태를 의미합니다. 그러니 제가 언제 그냥 '내가 있음'만 지켜보는 입장이 되겠습니까?

마: 아르주나처럼 하십시오. 전쟁터보다 더 혼란스러운 상태가 있겠습니까? 전쟁터의 바로 한복판에서 아르주나는 궁극적 이해를 성취했습니다.

질: 우리는 그것을 혼란스럽다고 이름 붙이지 않으면서 그 혼란스러운 상태를 지켜보고, 안팎으로 그저 조용히 그것을 참아내야 합니다. 우리가 혼란을 넘어서서, 우리도 모르는 사이에 우리 내면에 새로운 질서를 가져올 수 있습니까?

마: 예. 그대가 **의식**과 별개일 때 그것은 평안일 뿐입니다. 그대 자신의 개념이나 지성에서 그대가 무엇을 구상하려 하든, 그것은 쓸모가 없습니다. **영원자**에게는 그 자체에 대한 '내가 있음'의 향기가 없습니다. **그것**은 자기가 있다는 것을 모릅니다.

질: 저는 영적으로 감화 받기 위해 영적 교감交感(communion) 방식의 도움을 좀 받고 싶습니다. 제 내면의 집중 과정을 가속화하기 위해서라도 말입니다.

마: 그것은 이미 일어나고 있습니다. 그렇지 않다면 그대가 떠나 버리겠지요. 왜 사람들이 많은 돈을 써가며 먼 거리를 여행해 여기로 옵니까? 그들이 여기에 왜 앉아 있습니까? 여기에 무슨 아름다운 매력 요인이 있습니까? **절대자**가 열릴 때 사람들이 여기로 옵니다. 그것은 모르는 사이에 열립니다. 아는

가운데 일어나는 일은 오래가지 못할 것입니다. 그것은 모르는 사이에 자연발생적으로 열리지만, 여러분은 그것을 이해하지 못하겠지요. 그대가 무엇을 이해하든 그것은 오래가지 않을 것입니다. 어릴 때 그대는 자신이 어떤 형상이나 모습을 취하고 있고, 나중에 이런 모든 단계를 거치게 될 거라는 것을 알았습니까? 모든 일은 자연발생적으로 일어납니다.

질: 명상 중에 보라색 빛을 보는 것은 무엇을 뜻합니까?

마: 그런 것은 모두 그대 자신의 비춤(illumination-자각의 빛)에서 나오는 이미지들입니다. 그 빛은 주 크리슈나, 그리스도, 라마 등의 형상을 취할 수도 있지만, 그것은 **진아**의 빛이고 그대의 창조물입니다.

질: 그것은 어떤 특별한 목적이 없군요?

마: 그대가 그대 자신의 빛을 보는 것입니다. 모든 경전이 그 원리를 찬양하지만, **절대자인** 그대는 그 원리가 아닙니다. 물론 그것은 아주 의미 있는 단계입니다. 그 원리는 위대하지만, **절대자인 나는** 그것이 아닙니다.

1979년 9월 10일, 11일

15
스승은 가장 순수한 의식이다

질문자: 명상을 하는 과정에서 제가 침묵에 도달하면 "나는 누구인가?" 하고 묻는데, 거기서 더 심오한 침묵이 나오고 '나'라는 관념은 일어나지 않습니다. 이것이 그 상태인지, 그리고 만약 그렇다면 제가 **진아 깨달음**을 얻기 전에 그 빛을 언뜻 볼 수 있습니까?

마하라지: 그런 체험들은 그대의 탄생 상태의 영역 안에 있습니다.

질: 제가 말씀드리는 그 상태는, 이름과 형상이 잊혀지듯이 탄생이 잊혀지는 상태입니다.

마: 그대가 삼매三昧 혹은 명상에 대해서 묘사한 것은 맞지만, 그것은 여전히 몸-마음의 상상의 산물입니다. 명상 중에 그대가 어떤 체험을 하든—그 침묵의 체험도 그러하지만—그것은 의식의 영역에 한정되어 있습니다. 의식은 태어나고 사라질 것입니다. 그대는 그것 이전입니다.

질: 진아는 스스로 빛을 발한다고 하고, 그것은 빛이라고 하며, 의식은 그 빛의 한 반사물로 나타난다고도 합니다. 우리가 그 빛을 추구하면 마하라지께서 말씀하시는 그 상태를 발견할 수 있습니까?

마: 그대 앞에 나타난 것이 무엇이든 그것은 그 의식에서 나온 것입니다.

질: 저는 스스로 빛나는 그 빛에 대해서 말씀드렸는데, 그것은 진아와 동등한 것입니다. 만일 우리가 진리의 추구자라면, 그 빛을 발견함으로써 제가 진리를 발견하겠습니까?

마: 의식이 나오는 원천인 참된 자각이 있는데, 그것이 그대의 "내가 있다"는 느낌입니다. 그대의 의식과 하나가 되십시오. 그것이 그대가 할 수 있는 전부입니다. 궁극의 상태가 그대에게 다가와야 합니다. 어떤 일이 일어나든 그대는 지켜볼 수 있을 뿐입니다. 그것을 얻기 위해 그대가 할 수 있는 일은 아무것도 없습니다.

질: 비이원적 베단타의 많은 종교적 문헌들은 우리가 진아를 자각하기 전에 일체에 편재한 빛이 있고, 세계 즉 마야가 가지고 있는 빛은 그 원초적 빛의 한 반사물이라는 관념을 표현합니다. 그것은 문자 그대로 아닙니까?

마: 마야는 묘사할 수 없는 그 하나(One)의 표현입니다. 의식은 이 모든 것을 통해서 스스로를 드러내는데, 그대는 그 의식 이전입니다. 의식은 이 현상 세계의 영혼이고, 절대자인 그대는 그 의식의 영혼입니다.

그대가 지금까지 책에서 무엇을 읽었든, 그것은 그 저자들의 개념에 불과합니다. 그것이 그대의 개인적 지知와 부합합니까?

질: 아니요, 그런 것들은 "내가 있다"는 느낌을 성취하기 위한 지침입니다. 그들은 또한 모든 스승은 하나라고 이야기합니다.

마: 스승은 바로 그 일체에 편재하는 의식인 "내가 있다"입니다. 참스승은 1차적 개념인 "내가 있다"를 포함한 그런 모든 개념을 넘어서 있습니다.

질: 그 넘어섬은 단계적으로 이루어집니까, 아니면 즉시 일어납니까?
마: 아기의 몸이 나오면 그대는 아기가 태어났다고 말합니다. 그 몸을 발육시키는 데 아홉 달이 걸리지 않았습니까? 그 아홉 달을 단계적이라고 본다면 출생 그 자체는 돌연한 것이지요.
질: 좋습니다. 임신 기간이 있습니다. 그것은 비유로서 사실과 부합합니까?
마: 아홉 달조차도 맞지 않는 비유가 하나 있습니다. 그 임신 기간 전에 그대가 있습니다. 그 전체가 **마야**입니다. 누구도 태어나지 않고 누구도 죽지 않습니다. 그것은 하나의 왜곡이지요.
질: 맞습니다. 그러나 우리들 중 일부는 다른 사람들보다 더 왜곡되어 있습니다. 문제는 어떻게 하면 덜 왜곡되느냐입니다.
마: 원래의 입장으로 다시 돌아가서, 아무것도 해서는 안 됩니다. 그대의 존재성 안에 있으십시오. 그러면 일어나야 할 모든 일이 일어날 것입니다. **진리**를 성취하려는 깊은 열망을 가져야 합니다. 이해하려는 강렬한 욕구를 가져야 합니다. 그런 사람에게는 **스승**이 와서 껍질을 깨트려 줍니다.
질: 예, 하지만 우리가 무욕의 상태로 있어야 한다는 또 다른 가르침도 있습니다. 그런 열망도 하나의 욕망입니다.
마: 그 순간에는 필요한 것이지요. 무욕이 되고자 하는 것이 최후의 욕망인데, 그 욕망은 존재해야 합니다.
질: 이 열망은 어떻게 드러나야 합니까?
마: 그대가 깨어 있다는 것은 누가 말해 주어야 합니까?
질: 어떤 때는 그렇죠.
마: 그대는 그것을 알고 있습니다.
질: 글쎄요, 어떤 때는 수행자가 머리를 얻어맞아야 합니다.
마: 동의합니다. 그대의 존재성은 그대가 사용할 권리가 있는 것입니다. 그것이 삶 속에서 그대의 1차적 밑천이고, 그것이 그대가 해야 어떤 일이든 해낼 것입니다. 그대가 태어나기 전에 그대의 것이었고, 그 몸이 죽은 뒤에도 그대의 것인 그 상태는 그대의 영구적 재산입니다. 그대의 그 **궁극적** 밑천 안에서 그대의 '내가 있음'이 소비됩니다.

질: (다른 질문자) 질문이 하나 있습니다. 왜 저는 제 부모님과 **스승님**이 개념에 불과하다는 것을 알면 슬퍼집니까? 저는 사랑이 너무 많아서 그분들을 개념으로 보게 되면 고통스러운 느낌이 듭니다.

마: "나는 태어난다"는 것 외에 다른 어떤 개념도 없습니다. 모든 부모와 스승들의 뿌리에 있는 것은 저 **원초적 환**幻입니다.

질: 추악한 것들은 (마음에서) 쉽게 사라지지만 우리가 사랑하는 것들은 그렇지 않습니다. 그것은 고통을 가져옵니다.

마: 그것은, 해서는 안 되는데도 한 일과 해야 하는데도 하지 않은 일들의 고통입니다. 그래서 그런 고통이 있습니다. 그 집착이 몸에 속박되면 안 됩니다. 그 몸과의 동일시 느낌을 극복하십시오. **스승**에 대한 사랑은 이원성의 느낌이 없습니다.

질: **진아**를 깨달은 존재들은 너무 적고, 깨닫기를 희망하는 수행자들은 너무 많습니다. 성공을 거둔 분들이 왜 그렇게 적습니까?

마: 모든 것은 자연발생적이며, 이 현상계에는 어떤 원인도 없습니다. 따라서 왜 **싯다**(Siddhas-성취자)가 된 분들이 적은가라는 그대의 질문에 대해서는 아무 것도 원인으로 지적할 수 없습니다. 그 질문에는 대답할 수 없습니다.

그대는 몸-마음에 의해 조건 지워지지 않는 그런 사랑이 되려고 애씁니다. 그대가 그런 사랑이면 그것은 전체적이고 완전한 사랑이지만, 만약 그것이 그대의 몸-마음에서 일어난다면 그것은 불행의 근본 원인입니다. 무집착은 그대가 신체적 사랑을 벗어난 뒤에야 옵니다. 몸-마음 상태에서 벗어나 사랑의 상태에 있으십시오. 그러면 그것이 모든 지복의 근원이 될 것입니다.

질: 가끔 저는 침묵 속에서 **참스승과의** 어떤 영적인 교감이—최고 수준의 영적 교감이—이루어진다고 믿습니다.

마: 그것은 좋은 맛이지만 개인적인 것이지요.

질: 어쩌면 그것은 제가 우러르는 것에 의해 제가 흡수될 때까지는 개인적일지도 모르겠습니다. 그런 다음 비인격적으로 될지도 모릅니다.

마: 그대는 우리가 오늘 아침에 **바잔**(헌가 예배)을 하는 것을 보았습니까?

질: 예, 보았습니다.

마: 어둠도 없고 대낮도 없고, 깊은 잠도 없고 생시의 상태도 없고, 배고픔도 없고 목마름도 없습니다. 그것이 그 상태이지만 이 모든 것은 저의 표현입니다. 그대는 자신이 그 안에 있다고 느끼지만, 저는 제가 그 안에 있지 않다고 느낍니다. 저는 예배를 하고 **바잔**도 하는데, 거기에 저는 없습니다. 저의 참된 상태는 그것을 넘어서 있습니다.

질: 저는 **진아**가 **진아**를 숭배하고 있다고 느꼈습니다.

마: 그것을 뭐라고 해도 좋지만, 그것은 여전히 하나의 개념입니다. 그대가 말하는 어떤 개념도 그대의 미래를 틀 지웁니다. 따라서 어떤 개념도 갖지 마십시오. 그대는 이미 **궁극자**이니, 무엇이 되려고 하지 마십시오.

질: 이 상대적 존재(삶)의 실제적 측면을 제가 어떻게 합니까? 즉, 일, 성취, 우리가 살고 있는 목표 지향적 사회와 우리가 가진 가족들 말입니다. 그런 것들에 대해 어떻게 해야 합니까?

마: 이 세계 표현은 5대 원소의 **의식**에서 나오는데, 그 **의식**의 책임은 이 현상 세계를 돌보는 것입니다. 세계는 그대의 **의식**의 표현이지만, **그대는** 그 **의식**이 아닙니다. 이 원리를 이해하고, 그대 좋을 대로 삶을 영위하십시오.

❖ ❖ ❖

마: **비슈누**(Vishnu)의 불길은 늘 찬란히 빛난다고 생각됩니다. 그것이 이 몸 안에 들어왔다고 해서 성질에 어떤 변화가 있는 것은 아닙니다. 그것이 짐승 속에 들어가든 인간 속에 들어가든, 그 불길은 본래의 성질을 잃지 않습니다. 설사 여러분이 "내가 있다""고 하면서 그것을 자신의 것이라고 주장한다 해도 그것은 여전히 하나입니다. **의식**의 제국은 여러분의 것이고, 그것을 깨달을 때 여러분은 자신이 일개 사람이 아니라는 것을 알 것입니다.

질: 마하라지께서는 "내가 있다"가, 그것을 통해 세계가 나오는 **의식**이라고 말씀하셨습니다. 그 이면에는 **자각**이 있지만, 어떤 '나' 의식도 없습니다. **자각**이라는 말에는 이 존재(existence)가 내재되어 있습니다. 존재는 또한 소유자가 있다는 의미를 함축합니다. 그 말은, 그것이 누구의 존냐?라는 것입니다. 우리는 '나'라는 느낌으로 되돌아옵니다.

15. 스승은 가장 순수한 의식이다

마: 그대의 깨어 있는 상태를 누가 이해하고, 압니까?

질: "내가 있다"입니다.

마: 생시의 상태는 '내가 있음'이지만, 그 '내가 있음'을 누가 지켜봅니까? 그 생시의 상태 이전에 그대가 있지 않습니까?

질: 그 자각, 곧 존재의 느낌은 하나의 준거점이 있는데, 그 준거점은 늘 자신의 존재를 '있음'과 '나임(I-ness)'으로 느끼는 그것에게로 돌아와야 합니다.

마: 그 자각의 느낌 이면에는 어떤 소유자도 없습니다.

질: 그것을 어떻게 알 수 있습니까?

마: 그것은 있을 뿐입니다. 그것은 묘사를 넘어서 있습니다. 말은 아무 소용이 있을 수 없습니다. 그것이 영구적인 상태이고, 이 현상계는 그것의 움직임일 뿐입니다. 누구도 **빠라브라만**이 되지 않고, 누구도 **빠라브라만**이 될 수가 없습니다. 그것은 있습니다. "내가 있다"는 앎이 그대에게 나타나기 이전, 그것이 **빠라브라만**입니다.

질: "내가 있다"가 에고 및 마음과 동등하다는 것은 이해할 수 있습니다. 그런데 신은 그 자신을 묘사하면서 "나는 내가 있다는 것이다(I Am That I Am)"가 진리라고 말합니다. 두 개의 '나'가 있습니다.

마: 한 '나'는 바탕이고 다른 하나는 움직이는 우주입니다.

질: 설령 제가 (근원으로) 되돌아가서 '내가 있음'을 넘어선다 해도, 여전히 '나'라는 느낌이 남습니다.

마: 제대로 되돌아가면 "내가 있다"는 의식이 사라질 것입니다. (거기서는) 아무런 움직임도 없습니다.

질: 스승은 해에 비유되어 왔는데, 거기서 스승은 빛을 방사하고, 그 빛 쪽으로 향하는 것은 구도자의 책무라는 것입니다.

마: 스승은 일체에 편재한 가장 순수한 의식일 뿐입니다.

질: 그러나 책에서는 수행자가 자신의 스승을 찾는 상황들을 이야기하는데, 스승은 그 수행자를 찾기 위해 더 애쓰고 열망한다고 합니다.

마: 여기서는 어떤 책도 인용하지 마십시오. 직접 물으십시오. 스승이라는 말조차 사용하지 마십시오. 가장 순수한 의식—그게 전부입니다.

질: 그 가장 순수한 의식 앞에 앉아 있는 한 구도자가 있습니다. 순수한 의식은 비인격적으로는 물론 인격적으로도 그 자신을 현현한다고 합니다. 그럴 때 그가 수행자로 하여금 그 빛을 향하게 하기보다는 그 수행자에게 개인적 관심을 가질 수도 있습니까?

마: 진아지를 얻겠다는 욕망만 가지고 있는 사람이 진정한 구도자입니다. 그 나머지 욕망들은 그대를 수행자가 아니라 개아個我(jiva)로 불리게 합니다. 그것은 그대의 지성을 연날리기(과시) 하는 것에 지나지 않습니다.

질: 그 말씀은, 그 순수한 의식 앞에 앉은 수행자는 그 순수한 의식이 자기를 사랑하는 것보다 더 그 순수한 의식을 사랑한다는 뜻입니까?

마: 그들은 둘이 아니고 하나입니다. 아무 차별이 없습니다.

질: 그것은 절대의 수준에서입니다.

마: 그 사랑의 흐름이 흐르는 것을 그대가 느낀다면, 그것은 그대 자신의 순수한 의식이 흐르는 것입니다. 그대가 누구를 사랑하고 있다고, 스승을 보살피고 있다고, 혹은 스승이 그대를 보살펴야 한다고 생각하지 마십시오. 알고 싶어 하고 사랑과 함께 흐르고 있는 것은 그대 자신의 진아입니다. 그 사랑은 진아가 진아를 사랑하는 것입니다.

질: 그러나 이것을 깨닫도록 돕기 위해 순수한 의식에서 계속 나오고 있는 뭔가가 있다는 것은 사실 아닙니까?

마: 스승에 대한 기억은 순수한 의식 전체가 자신과 하나가 되고자 하는 그런 사람들에게만 떠오릅니다.

질: 저희들은 순수한 마음이 진아 깨달음을 이루기 위한 필수조건의 하나라고 믿게 됩니다. '순수하다'고 할 때 우리는 그것을 그 마음 속에 상서로운 생각들이 있는 것으로 이해합니까, 아니면 그 내용과 관계없이 전혀 어떤 생각도 없는 것으로 이해합니까?

마: 마음을 완전히 내버리십시오. 그대의 그런 말은 몸-마음 의식을 보여주는 것일 뿐입니다. 그대는 모양이나 이름이 없습니다. 물이 (그릇에 담겨) 강을 빠져나올 때 그 성질이 변했습니까? 그 물을 담고 있는 그릇은 상상일 뿐이고, 물은 하나입니다. 누가 그 모든 위대한 화신들(incarnations)을 통해서 나타

납니까? 누가 또한 나귀와 돼지들을 통해서도 나타납니까? 모두가 의식일 뿐입니다.

1979년 9월 14일, 16일

16
의식 이전의 원리

질문자: 서양 신학에서는 두 가지 이익이 있는 큰 희생 법칙이 있습니다. 우리가 나쁜 습관을 희생하면 그것의 재발을 극복할 뿐 아니라 의지력도 길러집니다. 나쁜 습관을 희생하는 또 하나의 이익은 무엇을 달라고 할 때가 되면 그것이 확실히 주어질 거라는 것입니다. 이 법칙은 마하라지님께도 유효합니까?

마하라지: 그것은 절대적으로 옳습니다. 의지력이 커지고, 그대가 원하는 것이 주어집니다. 희생은 그대 자신을 포기하고 내주는 것입니다. 더 상위의 표현으로 그것을 무집착이라고 합니다.

질: 마하라지께서는 저희가 이 목적을 이루기 위해 처음에 무엇을 포기하라고 권해 주실 수 있습니까?

마: 그대가 여기 올 때 저는 그대를 평범한 사람으로 보지 않습니다. 여기 오기 전에 충분히 공부를 했을 것으로 봅니다. 그래서 이것이나 저것을 놓아 버리라고 대놓고 말하지 않습니다. 왜냐하면 그대의 기준이 아주 높고 훨씬 높아서, 평범한 구도자가 아니라고 믿기 때문입니다. 그대는 뛰어난 지성을 가지고 있습니다. 그래서 제가 이렇게 이야기하는 것입니다.

질: 그렇게 믿으시면 제가 그 기준에 부응하기 어렵게 됩니다.

마: 어떤 기준에 부응하라고 요구하지는 않습니다. '존재하는 것'을 보라고 할 뿐입니다.

질: 희생이 자신이 원하는 것을 이루는 데 도움이 된다고 한 이분의 질문과 관련해서인데요, 원하는 것 자체가 하나의 습관 아닙니까? 원하는 것은 무지에서 나오는 것 아닙니까?

마: 빗방울이 떨어집니다. 떨어지는 것은 비의 성품이고, 부는 것은 바람의 성품 아닙니까? 몸-마음과의 동일시가 있는 한 무엇을 원한다는 것은 자연스럽습니다. 그것을 초월하고 나면 어떤 원함도 없을 것입니다.

질: 제 경험으로는 제가 몸-마음에서 초연해질수록 덜 원하게 되고, 저의 욕구가 더 간단히 충족됩니다.

마: 초연해진다고 생각한다는 것조차도 옳지 않습니다. 그대는 이미 초연하기 때문입니다. 에고가 완전히 해소되면 그대가 무수한 몸들을 사용하게 됩니다.

질: 알면서입니까, 모르면서입니까?

마: 일체가 현현하지만 어떤 개인성도 없습니다. 그것은 일체에 편재하기 때문에, 알면서 그렇게 할 필요가 없지요.

질: 그냥 일어나는군요? 알고 모르고가 없군요?

마: 그렇지요. 왜 이런 갈등이 늘 일어납니까? 우리 사이에 왜 논쟁이 있습니까? 사람들은 영적인 공부에 대한 어떤 심오한 개념을 가지고 여기 옵니다. 그들은 자신들이 영적인 知를 가지고 있다고 생각하여, 제가 그들에게 분명한 인가를 해주기를 원합니다. "예, 당신은 많이 아는군요"라고. 저는 그렇게 하지 않습니다. 저는 그들의 개념을 박살냅니다. 그래서 언쟁이 벌어집니다. 불협화가 이렇게 시작됩니다.

질: 예, 제가 여기 온 것도 이런 대결을 하기 위해서입니다. 하지만 마음은, 개념들을 보유한 그 물건은 두려워합니다. 의지력만이 저를 지탱해 줍니다.

마: 그 의지력을 아는 자는 누구입니까?

질: 마하라지께서 그 아는 자에 대해서 묻고 싶으시다면, 마음은 늘 어떤 답변을 내놓을 수 있고, 어떤 개념을 내놓을 수 있습니다. 그러나 저는 지금 그것이 무엇인지를 보고 있고, 최선을 다해서 노력하고 있습니다.

마: 그건 좋습니다. 저는 그대가 저 마음-의식과 자신을 동일시하고 있다는 것을 압니다. 그것을 알지요.

질: 저도 압니다.

마: 그 '나'를 알려고 하십시오.

질: 예. 제가 처음 여기 오고 있다는 것을 알았을 때는, 마음이 아주 들떠서 많은 질문과, 마하라지와 함께 있는 것은 어떤 것일까 하는 생각이 일어났습니다. 그러나 그것이 마음의 장난이라는 것을 아주 분명하게 보았습니다. 그래서 매일 아침 질문을 가지고 여기 오는 것이, 저 개인적으로는, 마음의 장난이라는 것을 압니다. 저로서는 그것이 논쟁의 형태로 올 수밖에 없습니다.

마: 이제 그대는 마음의 성질을 이해했으니 평안을 이루었습니까?

질: 그런 순간들도 있었지만, 그러고 나면 마음이 다시 헤맵니다.

마: 그대는 자신이 마음이 아니라는 것을 압니다. 마음의 장난을 지켜보는 그 상태에 도달한 것은 그전입니까, 아니면 여기 와서입니까?

질: 그전입니다. 그것은 발전 과정의 일부였습니다. 10년 전에 저에게 어떤 일이 일어났습니다. 말씀하신 것으로 미루어볼 때, 이른바 **참스승**은 제가 이름 붙이지 못하는 이것을 말하는 것 같습니다. 저는 10년째 그 부름을 따르고 있습니다. 저 내적인 것과 제가 마하라지님과 함께 있으면서 체험하는 것 사이에 아무 차이가 없습니다. 저는 기법에 관한 질문이 하나 있습니다. 제가 눈을 감고 "내가 있다"에 안주해 있으면, 처음에는 어둠이 있는 것이 관찰됩니다. 그 어스름이 명료함으로 바뀔 수 있고, 그것이 무한해질 거라는 것을 압니다. 어떻게 하면 그것을 성취할 수 있습니까?

마: 왜 그것을 바꾸고 싶어 합니까?

질: 만일 그것을 빛으로 바꾸는 것이 그 어둠을 지각하는 자의 능력으로 가능하다면, 왜 어둠 속을 배회하겠습니까? 왜 그 빛을 즐기지 않겠습니까?

마: 그대가 누구기에 그것을 빛으로 바꿉니까? 빛들 중 몇 가지 빛이 흐르는 것은 어둠 속에서입니다. 그것은 어둠이 아니라 감로의 웅덩이입니다. 그 속으로 뛰어드십시오. 그것(어둠)을 내버려 두십시오.

질: "내가 있다"의 상태에서 직면하는 또 하나의 문제가 있습니다. 처음에는 그 상태가 머리 속에 들어 있다고 느껴지는데, 그것이 하나의 엄청난 힘으로 발전하고, 그것을 풀어주면 실제로 **의식이 흘러넘쳐**, 이를테면 방 하나를 가

득 채웁니다. 이것은 제대로 된 것입니까?

마: 몸-의식 없이 이야기하십시오. 그대가 방 안으로 자연적으로 흘러나온다고 말하는 의식이 방과 우주를 완전히 점합니다. 안정되는 과정에서 그것은 우주로 확장되는데, 충분히 확장되고 나면 브라마란드라(Brahmarandhra), 즉 범혈梵穴(머리 정수리의 혈) 안에서 안정됩니다.

질: 꾼달리니 요가, 곧 샥띠파派 학도들이 많이 있습니다. 진인은 수련을 통해, 그의 존재를 통해, 저들이 말하는 꾼달리니를 반드시 깨우게 됩니까?

마: 진인은 꾼달리니에 아예 흥미가 없습니다. 그대가 태어나기 전에 꾼달리니가 어디 있었습니까? 이 꾼달리니는 모두 그대가 지각하는 것이고, 모두 그대가 보는 것입니다. 그들은 그것을 다른 이름으로 부르는 것뿐입니다.

질: 그러나 어떤 요기들은 일곱 개의 차크라(chakras)를 통해서 이동하는—추측컨대 척추를 따라 올라가는—어떤 힘에 집중합니다.

마: 그 말은 맞지만, 그대가 태어나기 전에는 그런 것이 없었습니다. 그것은 생각일 뿐입니다.

질: 그러면 그들은 모두 속아서 꾼달리니 요가 공부를 하고 있습니까?

마: 뭔가를 수련하고 싶은 사람은 그렇게 해도 되겠지요. 그러나 그것이 뭡니까? 영零(zero)—무無입니다.

질: 말씀하시는 것으로 미루어보면, 이 모든 것은 의식 안에서의 장난이고, 우리가 자신을 의식과 동일시하기로 하면 무수한 게임을 벌일 수 있겠습니다.

마: 그 사람이 무엇을 선택하거나 선호하든, 그 직업이나 오락을 얼마든지 따르라고 하지요.

질: 저희가 해온 일은 진짜 해야 할 게임을 발견하려는 것이었는데, 그것이 모두 의식 안에서의 게임에 머물러 있습니다.

마: 그대는 게임을 하고 있는 것이 아니라 지켜보고 있지요.

질: 저에게 계속 의식 안에서 게임을 하게 한 것은, 아무것도 일어나지 않을 거라는 두려움이었다는 것을 알았습니다. 제가 의식에서 벗어나 있는 것처럼 보이는 순간에도 일들은 어떻게든 일어나지만, 그것은 제 욕망에서 일어나지 않습니다. 우주가 그것들을 밀어내기 때문에 일어납니다.

마: 그대가 그것을 볼 때, 그대는 의식 안에 있습니까?
질: 최소한 제가 그것의 밖에 있는 것처럼은 보입니다. 저는 그 꿈을 하나의 꿈으로 봅니다.
마: (그럴 때) 그대는 자신이 그 안에 있는지 밖에 있는지 모릅니다. 그냥 지켜볼 뿐이지요.
질: 몸과의 연관이 남아 있는 한, 저에게는 그 주시자가 어떤 방식으로든 그 꿈 안에 아직 남아 있는 것같이 보입니다.
마: 예, 그는 깨어 있지 않습니다. 그것은 하나의 꿈입니다.
질: 그것은 꿈과 생시 사이에서 제가 꿈을 꾸고 있다는 것을 홀연히 자각하는 그런 순간들 같습니다. 그 꿈 안에서 깨어나는 사람의 연속성에는 아무 단절이 없습니다. 저는 꿈 속에서 깨어 있는 것입니다.
마: 그 꿈은 곧 그대 자신입니다. 그대가 무엇을 보든, 그것은 그 꿈이 아닙니다. 그것은 그대가 그것인 '나'입니다. 일체를 보는 저 의식이 그 꿈 자체를 통해서 보는 것입니다.
질: 마음이 요동할 때 만트라가 쓸모가 있겠습니까?
마: 예. 그럴 때를 위한 거지요—요동하는 마음을 제어하라고 말입니다.

◆ ◆ ◆

질: 저는 수행에서 "내가 있다"는 의식이 되는 것에 미묘한 차이가 있다는 것을 바로 지금 발견하고 있습니다. "내가 있다"를 명상할 수는 있지만, "내가 있다"는 느낌은 없습니다. 그것은 그냥 뭔가에 대해 외적인 것 같습니다.
마: "내가 있다"는 느낌에서 분리되어 있다고 느낄 때, 어떤 차이가 있다는 것을 아는 무엇 혹은 누군가가 있지 않습니까?
질: 아니요, 그것은 하나의 감각일 뿐입니다.
마: 알아내십시오. 모르는 가운데 그대가 분리되어 있는지.
질: 그것은 어떤 관찰같이 느껴집니다.
마: 우리가 여기 있는 것은 태어나고자 한 우리 자신의 의지 때문입니까, 아니면 모르는 가운데 이 앎이 우리 안에서 나타났습니까?

질: 모르는 가운데입니다.

마: 이 존재성은 그대 모르게 그대에게 다가왔지만, 그대는 자신의 행위 의지(volition)에 따라 그것을 사용하고 있습니다. 저는 그 개인성을 사형에 처하고 싶습니다. 이 형을 선고하는 것이 정의 아닙니까? 그러니 잘 생각해 보십시오. 그 개인성이 사라져야 합니다. **빠라브라만**은 가장 순수한 정의이고 **진리**입니다.

우리는 오늘 여기서 이야기하는 것은 우리 자신의 행위 의지 때문이 아닙니다. 우리는 자신이 선택권을 가지고 있다고 생각하지만 그렇지 않습니다.

그대는 하루나 한 달 동안 삼매三昧를 성취할지 모르나, 정상으로 돌아오면 의식이 다르지 않습니다. 그대는 삼매를 성취했다고 생각하지만, 그렇게 생각하는 자는 이미 있고, 그대가 선택해서 오지 않았지요.

질: '내가 있음'을 유지하는 동안에도 삼매에서와 같이 몸-의식을 잃어버리는 것이 가능합니까?

마: 삼매 중에는 "내가 있다"는 저 지각성(앎)이 정지해 있습니다.

질: 그러나 아무것도 사라지지 않고, 아무것도 상실되지 않습니까?

마: 예, 아무것도 상실되지 않습니다.

질: 그것은 "내가 있다"는 이 의지, 행위 의지와 같은 것입니까?

마: 그것이 바로 '내가 있음'입니다. 그것은 자연발생적으로 나타나고, 그런 다음 행위 의지에 따라 사용됩니다.

주시하기(witnessing)는 **의식 이전의 원리**, 곧 **절대자**에게 일어납니다. 그러나 절대자는 의식의 도움으로 지켜봅니다. 꿈 속에서는 어떤 물리적 '나'도 없지만 그래도 그대는 봅니다. 일체의 바탕이 그 **자각**입니다.

질: 절대자는 자연발생적으로 나타나고 사라집니까?

마: 의식 이전의 그 상태는 늘 있습니다. 이 자연발생적인 나타남과 사라짐은 의식의 성질입니다.

스승은 보통 그 사람의 수준에 맞추어 설명합니다. 무지한 사람들에게는 보통, 해체나 죽음에 이르면 일체가 **의식** 안에 합일된다고 말합니다. 의식 이전의 원리에 대해서는 말하지 않습니다. 모두가 이해하지는 못할 테니까요.

질: 진인은 해가 진 뒤에 또 다른 새벽을 갖겠습니까? 그는 또 하나의 의식을 이뤄낼 수 있습니까?

마: 이 진인의 원리에는 뜨고 짐이 없습니다. 그대의 말로써 진인을 조건지울 수는 없습니다. 그는 절대자입니다.

질: 의식 없는 자각이 있을 수 있습니까?

마: 절대자, 곧 자각은 의식을 지탱하는 원리입니다.

질: 그러나 무엇에 대한 자각입니까? 자각할 대상 없이 자각이 있을 수 있습니까?

마: 빠라브라만 상태에서는 지각성의 성질이 존재하지 않고, 그것은 현현된 의식과 같은 어떤 아름다운 꾸밈이나 장식물도 갖지 않습니다. 빠라브라만 상태는 자기가 있다는 것을 모르고, 이 현상계를 가지고 있지도 않습니다. 우주가 해체되어도 저 절대자는 영향을 받지 않습니다. 그것은 존재합니다. 그 원리가 지금 의식의 도움을 받아 이야기를 하고 있습니다. 의식의 영역 안에서 이 현현(우주와 그 안의 사건들)이 계속 진행되고 있습니다.

질: 저는 섬에 살았던 적이 있는데, 바다를 자주 바라보곤 했습니다. 파도들이 끊임없이 나타났다 사라졌는데, 저는 그것이 하나의 개념이라는 것을 깨달았습니다. 파도들의 유희와 제가 세계 안에서 보는 것 사이에 아무 차이가 없었습니다. 저의 개인성은 하나의 찰나적 섬광일 뿐이었다는 것입니다. 그러나 저의 깨달음은 어떤 경험에 대한 하나의 묘사로만 머물러 있습니다.

마: 절대자는 현현된 의식을 넘어서 있습니다. 그것은 저 동적인 생명력, 저 지知의 바다가 벌이는 유희입니다.

질: 파도가 고요할 때는 그 원리가 존재하지 않습니까?

마: 절대자는 이 바다 의식의 원리와 관련이 없지만, 절대자 없이는 그것이 있을 수 없습니다. 절대자가 그 원리를 지탱하고 있습니다.

1979년 9월 17일, 18일

17
일체가 의식의 유희이다

질문자: 저는 몇 해 전에 집중 강좌 하나를 받기 시작했는데, 얼마 후 제가 마음을 제어하는 갈고리와 손잡이를 발견하는 데 도움이 되었습니다. 한동안 한 가지 수련만 했습니다. 그것은 마음속으로 검은 배경을 뒤에 두고, 한 대상을 그리면서 다른 일체를 배제하는 것이었습니다. 그 집중 수행이 너무나 강력하여 그것이 뇌의 구조 자체를 바꿔 놓을 수도 있다는 것을 알았습니다. 제가 그 수행을 계속해도 됩니까? 그리고 마지막에는 어떤 결과가 나오겠습니까?

마하라지: 그대 자신을 알지 못하면 그런 집중의 효과를 깨닫지 못할 것이고, 그대의 **진아**를 알게 되면 그런 집중이 필요치 않을 것입니다. 그것이 누구의 집중이며, 무엇 때문에 합니까?

질: 마음을 일념으로 만드는 능력은 어떤 형태의 명상에서도 전단계입니다. 마음을 가라앉힐 수 있다는 것은 어떤 유형의 깨달음에도 그 초석이 됩니다. 왜냐하면 모든 생각을 뿌리 뽑고 나야 그 이면에 있는 것이 스스로 드러나기 때문입니다. 그래서 명상 공부를 선택한 것입니다.

마: 그대가 무엇을 배우고, 성취하고, 깨닫고 싶든, 그것이 명상이나 집중을 통해서 옵니까? 명상 이전에 어떤 실체가 이미 존재하고 있지 않습니까?

질: 그렇습니다.

마: 명상을 통해서 그대가 그 실체를 탄생시키지는 못합니다. 그것은 이미 존재하고 있습니다.

질: 방해하는 생각들이 그것을 가리지 않으면 제가 그 실체를 더 쉽게 식별할 수 있습니다.

마: 그대가 도달하기 원하는 그 실체에 도달하지 못하는 까닭은 다름 아닌 그런 온갖 생각들 때문입니다.

질: 그러나 오늘의 제가 있게 된 것은 오로지 제가 집중 수행을 통해 마음을

가라앉히고 제어할 수 있었기 때문입니다.

마: 그대가 자신의 개념이나 상상에 어떤 의미를 부여하든, 그 의미에 따라 그대의 깨달음 혹은 이해를 발견하게 될 것입니다.

질: 명상은 선결조건인 감각들을 성취하고자 할 때 유용하다는 데 사람들이 일반적으로 동의합니다. 예컨대 "나는 일체를 꿰뚫는 무한한 빛인 '내가 있다'이다"를 명상하면, 마하라지께서 말씀하시는 그 상태의 문턱에 우리가 이르게 될 것입니다.

마: 예, 그런 **명상**은 그대가 수행자가 되도록 해 주겠지요. 그런데 그대는 무엇을 추구하고 있습니까? **명상**은 초기의 한 상태일 뿐입니다.

질: 그러면 그것은 보조 수단입니까?

마: 수행자는 **명상**을 해야지요. 그대가 추구하는 그 특정한 중심에 도달하려면 **명상**이 절대적으로 필요합니다. 명상자는 **명상** 이전입니다.

질: 어젯밤에 명상을 하다가 마하라지께서 답변이 질문에 선행한다고 말씀하신 것이 떠올랐는데, 실로 질문은 답변과 접촉해서만 나올 수 있다는 것을 알았습니다. 한 가지 문제가 떠올랐습니다. 마하라지께서 우리는 몸이 아니라고 말씀하실 때, 그것은 형상으로서의 몸을 두고 하시는 말씀입니까?

마: 이 몸이 어떻게 생겨났는지 조금이라도 알고 있습니까?

질: 몸과 자각은 동시에 생겨났습니다. 저는 몸에 대한 사전지식은 없습니다.

마: 그 몸이 왜 왔고, 그 **의식**이 어떻게 그대에게 나타났는지 알아야 합니다.

질: 이 질문에 충실하게 답변하자면, 그것은 제가 알려고 하는 어떤 것으로서 여전히 제 앞에 있다는 것입니다.

마: 그 점, 그 문제에 대해서만 숙고해 보십시오. 그 **의식**이 어떻게 그대에게 나타났습니까?

질: 만약 **궁극적 실재**가 우주의 모든 원자들 속에 있다면, 몸도 그 원자적 실체에서는 **궁극적 실재** 아닙니까?

마: 어떤 원자가 몸을 책임지고 있습니까? 그대는 답변을 가지고 있습니까?

질: 몸·세계·개아個我·신에 대해 책임을 지고 있는 것은 "내가 있다"입니다. 그것이 일어나면 다른 모든 것이 일어납니다.

마: 그 다음은 뭐지요?

질: 몸은 (부모의) 두 가지 체액이 합쳐져서 생겨납니다. 그 체액에 내재되어 있는 지시사항이 그 형상을 구성합니다. 그렇게 하여 몸이 나옵니다.

마: 태아로 있는 아홉 달 동안은 "내가 있다"는 앎이 부재했습니다. 저 '내가 있음'은 몸이 태어난 뒤에 왔습니다.

질: 아닙니다. 마하라지께서는 "내가 있다"가 잉태 시에 창조된다고 말씀하셨습니다.

마: 잉태 시점에 그대는 자신이 존재한다는 것을 알았습니까?

질: 아니요, 하지만 그것은 단지 그때는 제가 능력이 없었기 때문인지도 모릅니다.

마: 어머니를 만날 때까지 그대가 뭐라도 알고 있었습니까? 개념을 주입받고 나서 "나는 하나의 몸이다, 아들이다" 하는 따위를 의식하게 되었습니다. 그때까지는 그대 자신조차 기억하지 못했습니다.

질: 그것은 전에 하신 말씀과 일관되지 않습니다.

마: 전에 무슨 말을 했건 그것은 그대와 전혀 무관합니다. 내버리십시오. 설탕을 만드는 재료는 사탕수수 안에 있습니다. 우리는 설탕을 얻고 사탕수수는 내버립니다. 마찬가지로, 지금 하는 말은 사탕수수에서 나온 설탕입니다. 그 단맛은 이름도 아니고 형상도 아닙니다. 그대가 알고, 제가 압니다. 그대가 있다는 이 단맛 말입니다. 그 맛에 무슨 일이 일어나겠습니까?

질: 저는 계속 맛을 봅니다.

마: 그 맛은 영구적이지 않고, 그 맛은 오래 가지 않을 것입니다. 이것을 이해하고 나면 그대의 미래는 무엇입니까?

질: 미래는 하나의 신비로 남아 있습니다.

마: 그 단맛이 신비를 가질 수 있습니까?

질: 그 단맛은 결국 사라질 것이고, 따라서 신비가 단맛 안에 있을 수는 없습니다. 그 맛이 신비가 아니라 '맛보는 자'가 신비입니다. 의식이 '맛보는 자'입니까?

마: 그대는 그것을 압니다. 그 답을 압니다. 그 맛은 5대 원소의 것입니다.

몸의 근원은 5대 원소이나, 그대는 몸이 아닙니다. 몸과 생명기운의 결합이 이 의식을 산출하지만, 그대는 의식이 아닙니다. 그대는 저변의 원리입니다. 그것 안에 있으십시오.

질: 여기 있으면서 마하라지께서 그 말씀을 거듭거듭 되풀이하시는 것을 듣는 것은 갑자기 그것을 직접 대면하는 것과는 사뭇 다른 문제입니다. 그리고 그 첫 대면의 순간에, 제가 아주 분명하게 알지는 못합니다.

마: 누가 누구와 대면합니까? 그것은 다 생각입니다. 그대는 뭔가를 이해했는데도 자신이 이해했다는 것을 인정하지 못합니다. 그러니 침묵을 지키고, 그 안에 있으십시오.

마: 그대는 어디서 왔습니까? (다른 사람에게) 그대 말입니다.

질: 저는 라마나스라맘에서 오는 길입니다.

마: 거기서 그대는 좋은 사마단(samadhan)을 하고 있습니까?

질: 사마단이 내적인 평안을 뜻한다면, 예, 아주 그렇습니다.

마: 어떤 액체를 끓여서 거기서 불순물을 제거하면 거품이 더 이상 일어나지 않는데, 그 상태를 사마단이라고 합니다. 따라서 마음속에 어떤 상相(vritti)[움직임]이 있는 한, 그것은 사마단이 아닙니다.

질: 저는 아직도 거품이 좀 일어납니다! 제 명상(dhyana)이 깊어질수록 제 몸은 더 약해지고 더 아픕니다. 이 상태가 제 마음을 분산시킵니다. 마하라지께서 뭔가 조언해 주시겠습니까?

마: 한동안 그런 상태가 나타날 수도 있습니다. 라마나 마하르쉬도 한때 몸 안에 어떤 고통[타는 듯한 느낌]이 있었습니다. 그런 것을 겁내지 마십시오. 명상·공부·명호기억(nama smaranam)[신의 이름 기억하기]을 부드럽게 계속해 나가십시오. 그 방편의 성품(prakriti)과 성질(gunas)의 차이에 따라 수행에서 각자 체험하는 것이 다르겠지요.

질: 저는 마하라지님께, 저에게 몸과 마음을 무시할 수 있는 용기와 내적인 힘을 주시라고 청합니다.

마: 라마나 마하르쉬에 대한 완전하고 움직일 수 없는 믿음을 가지고 그대의 수행을 계속해 나가십시오. 여기 와서 제 이야기를 들어도 되지만, 그대의 참

스승은 라마나 마하르쉬라는 것을 명심하십시오.

질: 저는 내일 라마나스라맘으로 돌아갑니다. 마하라지께서는 제가 지닐 수 있는 **쁘라사드**(Prasad-은사물)로 당신의 뭔가를 주실 수 있습니까?

마: 그대에게 드리는 저의 **쁘라사드**는 이것입니다. 즉, 어떤 일이 있어도 그대의 **스승** 라마나 마하르쉬에게 완전하고 움직일 수 없는 헌신을 가져야 한다는 것입니다. 비가 오나 눈이 오나, 괴로우나 즐거우나, 죽든 살든, 그대의 믿음이 흔들리면 안 됩니다. 다른 데로 갈 필요도 없고 다른 성자들을 찾아갈 필요도 없습니다. 그분이 그대의 스승입니다.

질: 마하라지께서는 여기 당신의 친존親存에 있는 것이 어떤 이익이 있는지 저희들에게 말씀해 주시겠습니까?

마: 그것은 가늠할 수 없습니다. 허공을 잴 수 없듯이, **참스승**을 갖는 복은 헤아릴 수 없습니다. 그것을 이해할 수 있다면 그대는 복이 있습니다.

질: 여기 오기 전에는 제 심장이 차갑다고 생각했지만, 지금 큰 **해동자**解凍者의 친존에서 그 냉기가 가시는 것을 발견합니다.

마: 뭐든지 오고 가게 내버려 두십시오. 그대는 **주시자**일 뿐입니다. 이 융해 과정에서 다치지도 말고 여기에 개입하지도 마십시오. 그것은 마음의 수준에서 그러할 뿐, 그대의 **진아**와는 다릅니다. 마음을 통해서 어떤 체험을 얻든, 그것은 그대에게 영향을 줄 수 없습니다. **그대는** 마음의 인식을 넘어서 있고, 5대 원소를 넘어서 있습니다. 마음은 그런 원소들로 만들어졌을 뿐입니다.

◆ ◆ ◆

질: 덕과 믿음이란 무엇입니까?

마: 덕이란, 그대가 무엇인지를 알고 그 **지**知 안에서 살 때 그대가 보유하는 것입니다. **진리**를 알면 행동해야 합니다.

질: 그렇다면 덕은 행동이고, 우리가 얻을 수 있는 것이라기보다는 **진인**의 축복으로서 옵니다. 마찬가지로 믿음은 **진아** 깨달음을 위해 필요한 것이고, 그것도 **진인**의 한 선물로서 옵니다. 이 두 마디 말에 대해 마하라지께서 한 말씀 해 주시겠습니까?

마: 그대가 한 말은 옳고, 그것은 한 개인의 행동에 도움이 되도록 하기 위해 하는 말입니다. 그러나 제가 하는 말은 (의식의) 보편적 현현에 대한 것일 뿐이고, 한 인격에 대한 것이 아닙니다.

질: 마하라지께서는 때에 따라, 진보된 영혼에 대해 말씀하신 적이 있습니다. 관찰해 본 바로는, 모든 영혼들은 비슷합니다. 잘난 것도 없고 못난 것도 없고, 오히려 모든 인류가 한 형제라는 느낌이 있습니다.

마: 우리는 모든 보편적 장면과 서로 친밀하게 연결되어 있습니다. 그 보편적 형제애는 원자 하나하나에도 있습니다. 음식 속의 원자든, 그대 몸속의 원자든 간에 말입니다. '나'의 개인성이 포기되어 해소되면 내 몸과 모든 활동은 보편적으로 됩니다. 그것은 보편적으로 쓸모가 있습니다. 거기서 어떤 것을 '내 것'이라고 주장하는 일은 없습니다.

질: 마하라지께서 제 질문에 답변하셨다고는 할 수 없습니다.

마: 그대는 개인으로서 질문하고 저는 현현된 원리에서 답변하고 있습니다. 개인이 남들에게 어떻게 행동해야 하느냐에 대해서는 여러 학파가 있지요.

질: 어제 단식의 효험에 대한 질문이 하나 있었는데, 마하라지께서는 개인적인 답변을 주셨습니다.

마: 그 답변은 무지한 사람들을 위한 것이었지 진보된 구도자를 위한 것이 아니었습니다.

질: 저는 **진아 깨달음**으로 나아가는 데 도움이 될 방편들을 구하고 있습니다.

마: **진아 깨달음**이라고 할 것은 없습니다. 그 '그대'가 일체를 깨닫고, 일체를 경험하고, 일체를 지켜봅니다. **그대는** 그것 이전입니다. 그대가 내면의 핵심에서 붙들고 있는 깊은 확신이 무엇이든, 그것이 (언젠가) 일어날 것입니다.

질: 제가 드리는 질문들은, 이미 답변해 주신 주된 사항들과는 별개로, 그림에 마무리 손질을 가하는 작은 붓놀림입니다.

마: 그대가 모든 영혼의 영혼 그 자체가 될 때, 그 마무리 손놀림을 어떻게 할지에 대해 남들의 도움을 청할 필요가 있습니까? 그대는 누구에게도 의존하지 않고, 일체가 그대가 있다는 그대의 확신에 의존합니다. 그림이 이제 완성된 것입니다. 그대는 그대의 인정을 얻으러 왔습니다. 그대의 인정은 **진아**

안에 안주하고 있습니다.

질: 이것은 하나의 새로운 경험이고 새로운 조정입니다.

마: 전혀 새롭지 않지요. 그것은 더없이 오래된 것이고 영원한 것입니다.

질: 압니다, 압니다! 우리는 내맡겨야 한다고 하는데, 무엇을 내맡깁니까?

마: 우리는 우리의 소유물뿐만 아니라 우리 자신을 내맡깁니다. 우리는 전체 지知를 내맡깁니다. 여러 가지 보시布施가 있지만 최고의 보시는 "내가 있다"는 앎을 포기하는 것입니다. 그것을 포기하면 나고 죽음을 면하게 됩니다.

질: 세간에서는 어떻게 움직여야 합니까?

마: 그냥 움직이기를 그만두십시오. 그대는 아무것도 하지 않습니다. 생시의 상태는 활동을 나타내고, 깊은 잠은 평안·고요를 나타냅니다. 이 두 가지가 있을 때, 그것은 "내가 있다"가 있다는 것을 뜻합니다. 그러나 **절대자인 그대**는 생시 상태도 아니고 깊은 잠도 아니며, '내가 있음'도 아닙니다.

질: 왜 저는 이 몸만 저라고 느끼고, 특정한 몸을 제 것이라고 느낍니까?

마: 그 몸에 대해 그만 생각하십시오. 생시와 깊은 잠만 '그대'로 붙드십시오.

질: 죽음에 대한 공포를 어떻게 없앨 수 있습니까?

마: 그대는 죽음이 있다고 믿기 때문에 그것에 비위를 맞추고 있습니다. 보름간은 아무 질문도 하지 말고 조용히 문답을 듣기만 하십시오. 그대의 모든 질문이 자동적으로 답변될 것입니다. 그저 침묵을 지키십시오.

이 많은 사람들 중에서 한 사람만 입을 열어도 저에게는 충분합니다. 이것은 존재성에서 비존재성으로 나아가는 마지막 단계입니다. 지난 수백만 생에서 얻거나 축적한 것이 무엇이든, 여기서 모두 폭발할 것입니다.

질: 어제 점심때 저희 몇 사람이 바로 그 사실에 대해 이야기했습니다. 이곳은 우리가 무엇을 가져와 그 대가로 무無를 잔뜩 얻을 수 있는, 독특하고 이상적인 곳입니다.

마: (그 표현은) 아주 적절합니다. 온통 무無일 뿐이지요.

질: 질문이 하나 있습니다. 개는 자기가 개라는 것을 알겠습니까? 아니면 그저 "내가 있다"는 것만 알까요?

마: 그를 개라고 부르는 것은 그대이지, 그는 자신이 개라는 것을 모릅니다.

질: 개들도 배가 고플 때는 "나는 배가 고프다"는 느낌이 있습니까, 아니면 그저 배고프다는 느낌만 있습니까? 제가 여쭈어 보는 이유는, 어느 유명한 요기가 대부분의 동물들에게는 배고픔에 대한 인식이 있을 뿐, '내가 있음'은 없다고 했기 때문입니다.

마: 개도 압니다. 동물들도 압니다. 개의 유일한 정체성은 몸입니다. 자기 몸으로써 그것을 압니다. 그래서 늘 자신의 몸을 보호하려고 합니다. 새·곤충·인간들이 '내가 있음'을 보존하기 위해 자기 몸을 보호하듯이 말입니다.

질: 명상을 닦는 사람들은 '나' 안의 다른 의식 수준에 도달하는 것처럼 보입니다. 그런 수준들은 세 가지 원초적 상태만큼 실재합니까, 아니면 마음의 창조물입니까?

마: 저 존재성만 아십시오! 그대의 존재성은 녹음기나 영화와 같아서 그 안에 이 모든 것이 이미 기록되어 있다가 생시·잠·명상 등의 상태에서 투사되지만, 1차적인 상태는 '나' 의식입니다. 그대가 이 **진아지**를 얻어서 그 고요함 속에 안주하면, 모든 우주가 이 원자적 **의식** 안에 이미 들어 있다는 것을 깨달을 것입니다. 이 모든 **지**知는 단어적 **지**知이지만, 그것을 이해하고 깨달아야 합니다.

지금 그대는 존재성에 대해 그대에게 해준 말에 대한 **지**知를 가지고 있지만, 그 존재성 안에 안주하면 일체가 **의식**의 유희라는 것을 깨달을 것입니다. 그것이 이미 그대의 저 **의식** 안에 기록되어 있다는 것을 깨달으면, 그것을 내버리겠지요. 저 **의식**은 폐기 가능합니다.

그 '나'는 욕망으로 가득 차 있습니다. 그 욕망을 채우려고 하지 말고 이 '나'가 무엇인지를 알아내십시오. 욕망을 이해하십시오. 세간의 그 무엇도 저의 흥미를 끌지 못합니다. 누군가가 저에게 금이나 다이아몬드를 가져오면 저는 도로 가져가라고 말할 것입니다. 그런 것들이 저한테 무슨 소용 있습니까? 먹지도 못하는데. 저로서는 제 **스승님**에 대한 기억이 가장 소중합니다. 저는 기적을 행하는 능력조차도 신경 쓰지 않았습니다. 그런 능력을 얻고 싶으면 무슨 의식을 거행하거나 어떤 수련을 해야겠지요.

질: 그러면 **진인**은 그런 의식을 거행하지 않았기 때문에 **싯디**(초자연적 능력)가

없는 것입니까?

마: 진인은 능력을 추구하지 않습니다. 왜냐하면 저 원자적 의식 안에 그런 것이 다 들어 있다는 것을 아니까 말입니다. 그것은 다중적 에너지, 다중적 능력이지만, 그는 그것을 이미 내버렸습니다.

질: 마하라지께서는 **나바나트**(Navanath) 계보를 따르십니까?

마: 저는 모든 유파를 다 따릅니다.

질: 마하라지께서는 당신의 **스승님**의 발자취를 따르고 있다고 보십니까?

마: 그분은 발자취가 없습니다. 그분은 발이 없습니다.

1979년 9월 19일, 20일

18
그대가 신이다

질문자: 모든 현현이 환幻으로 간주된다면, 그것이 생각과 어떻게 다릅니까?

마하라지: 그런 분별을 하는 것은 세간적 활동을 위해서일 뿐이고, 결국 매한가지입니다.

질: 누가 자신은 생각에서 벗어났다고 말할 때, 그가 지적인 명상에서 벗어날 수는 있겠지만 눈을 뜨면 환幻이 지속됩니다. 그것은 생각에서 벗어난 것입니까?

마: 환幻이란 단어를 들어내고 **브라마**란 단어로 대체하십시오. 그대가 바꿀 수 있는 것은 단어뿐이고, 달리 아무것도 바꾸지 못합니다.

그대는 지知를 구하여 **진인**을 찾아가지만, 어떤 지知를 구하며, 지知를 구하는 그것은 누구입니까? 그대가 추구하고 있는 지知는 **마야**, 곧 환幻에 대한 것이지만, 그 지知를 원하는 것이 누구인가에 대해서는 적절한 주의를 기울이지 않겠지요.

질: **진인**은 상대적 질문이든 절대적 질문이든 모든 질문을 해명해 줄 수 있는 분입니다. 그래서 **진인**에게 그런 질문들을 드리게 됩니다.

마: 질문을 할 때 그대는 그 질문들이 그대의 문제를 해결해 줄 거라고 느낍니까? 그대는 그 질문의 내용과 일체가 되어 질문합니까? 그리고 질문을 할 때 그대의 **진아**를 계속 지켜봅니까?

질: 지금 저에게 당혹스러운 것은, 이곳을 떠난 후 삶 속에서 그 개인이 취하는 태도입니다. 저는 마음이 몸과 그 활동들을 떠받치는 가운데 그 자신을 어떻게 방어할 것이냐 하는 것을 염려합니다.

마: 마음이 절대적으로 정화되면 그것이 일체를 돌보게 될 것입니다.

질: 알겠습니다. 그러나 그 정화가 일어날 때까지의 기다림이 저를 한눈팔게 합니다.

마: 생명기운이 흐르고 있는 한 마음도 흐르겠지요.

질: 저는 어떤 갈림길에 당도하고 있는 것 같습니다. 그래서⋯.

마: 저는 그 몸, 생명기운, **의식**이 하나라는 것, 그리고 **그대**는 그것을 넘어서 있다는 이야기를 해드리고 있을 뿐입니다. 돌아가서 그대가 어떻게 행동해야 할지는 그대의 마음이 결정하겠지요. 몸과 마음이야 그들 자신의 습관과 상태에 따라 움직이라고 하십시오. 그러나 **그대**는 몸도 마음도 아닙니다.

질: 저는 어디서 열대 섬을 찾아내어 나무 밑에 앉아 이것을 흡수해야 할지, 아니면 사회로 돌아가서 전에 하던 일을 계속해야 할지 잘 모르겠습니다.

마: 그대의 몸이나 생명기운을 정화하러 가겠다는 것입니까?

질: 맞습니다.

마: 이런 이야기가 시시하다고 생각하면 내버리고, 그대가 하고 싶은 대로 하십시오. 저는 그대가 제 이야기를 들어야 하고 제가 한 말을 준수해야 한다고 주장하지 않습니다.

질: 마하라지께서 하신 말씀은 이해했습니다. 여러 가지 방식으로 몇 번이나 되풀이하셨으니까요. 이해합니다!

마: "내가 있다"는 감촉 외에 달리 뭐가 있습니까? 왜 **마야**와 **브라마** 등을 발견하는 것을 걱정합니까? 이 "내가 있다"는 원리가 무엇인지를 이해하십시오.

그러면 그대는 끝납니다. "내가 있다"가 개념들 때문에 속박되어 있습니다.

질: 상대적인 상태로 돌아가 보자면, 저는 제가 여기 오기 전에 하고 있던 활동으로 돌아가야 합니까?

마: 그 사람은 그 몸·생명기운과 관계됩니까, "내가 있다"와 관계됩니까?

질: 몸입니다.

마: 이 세 가지 실체의 **주시자**인 그대가 어떻게 상관합니까? 그것들은 수천 년간 일을 계속해 나갈 수 있는데, 그대가 어떤 식으로 상관합니까? 그 질문이 일어난 것은, 생명기운이 떠나면 썩어질 몸을 그대가 고려하고 있기 때문입니다. 그대는 몸과 자신을 동일시하고 그것을 끌어안고 있습니다.

질: 그렇습니다.

마: 그대의 아내와 아들을 포함하여 그대의 가장 가까운 친족들도 그 몸이 썩으면 가까이 가지 않을 것입니다.

질: 정말 맞는 말씀입니다.

마: 이해했으면 그대의 일을 계속 해나가십시오—걱정하지 말고.

　라마가 인도에서 **랑카**(Lanka-스리랑카)로 바다를 건너가고자 했을 때, 원숭이들이 그를 많이 도왔다고 합니다. 그래서 그는 그들 모두가 천상에 들 수 있도록 축복했습니다. 바로 그 원숭이들이 지금 서양의 여러 나라에서 그 복을 즐기게 되었습니다. **라마**가 베푼 물질적 쾌락과 천상의 쾌락이라는 은택을 즐기고 있는 것입니다. 천상에 날 목적으로 고행을 많이 한 **리쉬**들도 천상에 태어나서 복락을 향유합니다. 이제 그들은 즐길 만큼 즐겼기 때문에 다시 **라마**를 찾기 위해 이곳에 오기 시작했습니다.

◆ ◆ ◆

마: 태어났던 위대한 분들 중 의식에 조금이라도 변화를 야기한 사람은 아무도 없습니다. 있는 것은, 있습니다. 그것은 결코 변치 않을 것입니다. 그냥 보고 알면 됩니다. 어떤 행위나 의식儀式도 필요하지 않습니다. 모르는 사이에 이 지각성이 여러분 안에서 나타났고, 여러분은 원하든 않든 그것을 겪어야 합니다. 그 체험이 있고, 누군가가 나중에 와서 그것을 체험합니다.

몸·마음과 자신을 동일시하는 한, 누구도 자신이 체험으로서 직면해야 하는 것을 바꾸지 못합니다. 홍수나 화재, 이득이나 손실이 있을 때는 그것을 그냥 받아들여야 합니다. 그것은 의식이 작용하는 것입니다.

질: 저는 어젯밤에 흥미로운 경험을 했습니다. 혼자 앉아서 저녁을 먹고 있는데, 아주 촌스러운 사람이 다섯 명의 가족과 함께 들어와 제가 앉은 탁자를 점거하고는, 제가 그 탁자를 혼자 독차지하면 안 된다고 했습니다. 저는 그 사람을 때려주고 싶었습니다. 그럴 때는 어떻게 해야 합니까?

마: 가능한 한 자신을 억제해야지요.

질: 그것은 몸이 그 자신을 억제하는 것은 아니었겠군요.

마: 몸은 아무것도 하지 않습니다. 몸은 생명기운과 저 존재성의 성질에 의해 보호됩니다. 생명기운이 모든 움직임을 책임지고 있고, 존재성의 성질은 높은 곳에 앉아서 지켜봅니다.

질: 존재성이 몸과 무관하다고 느끼시는 그런 상태가 있습니까?

마: 그 존재성 안에 그대 자신을 안정시켜 보지 그럽니까? 몸 느낌은 잊으십시오. 그러면 남는 것은 그대뿐입니다. **뚜리야**(Turiya)[초의식 상태]지요.

질: 저는 제가 모든 것이고 달리 아무것도 없다는 믿음을 가지고 있습니다. 그러나 그것은 드물게만 찾아오고 잠시 머무를 뿐입니다.

마: 일체가 그대라는 것을 지켜볼 때도 그것은 여전히 5대 원소적 몸이 갖는 성질이어서, 지속되지는 않을 것입니다. 생시 상태, 깊은 잠, 그리고 **뚜리야**—이 모두가 일시적인 상태입니다.

질: 그러면 무엇이 영원합니까?

마: 그대가 잊어버리지 않고 있는 **하나**입니다. 저 **영원한** 상태는 기억하기와 잊어버리기의 상태를 넘어서 있습니다.

질: 그 증거는 어디 있습니까?

마: 그 단계에서는, 증거를 요하는 것이 어떤 원리든 그 원리만 남습니다. 그 상태에서는 아무것도 없는데, 증거를 제출하고 말고가 어디 있으며, 누구에게 제출합니까?

질: 제가 말씀드리려던 것은, 어떤 단계에서 당신께서 그것을 가지고 있다고

느끼시느냐는 것입니다.

마: 달리 아무도 없고 그대만이 있습니다. 그대가 하고 있는 일은 신과 자신을 동일시하려는 것이지만, 그대가 없으면 신도 있을 수 없습니다.

질: 저는 신을 믿지 않습니다.

마: 신을 믿지 않으면 몸은 믿습니까? 신을 배척하는 것은 누굽니까? 그것은 누구입니까?

질: 접니다.

마: 그 '저'가 무엇입니까?

질: 그것은 그냥 하나의 느낌입니다.

마: 그대가 신입니다. 신이 없으면 그대가 없습니다. 신이 있으면 그대가 있습니다.

질: 그리스도가 자신과 아버지가 하나라고 했을 때, 그는 **지고의 존재**로서가 아니라 **이스와라**(하느님)로서의 자신의 **아버지**를 이야기한 것입니까?

마: 그 존재성에 대해 책임이 있는 행위들을 하는 자가 **아버지**입니다.

질: 그리스도는 **아버지**로서 어떤 신체적 존재를 지칭한 것이 아닌데요?

마: 그것은 제가 판정하고 싶지 않습니다. **그리스도**가 있었기 때문에 그 존재성이 그 음식-몸에 의해 지탱되었습니다. **그리스도**는 큰 **진인**이었습니다. 그의 조상 계보에는 관여하지 마십시오. 그에 대해 명상하고, 그에 대한 기억으로 그대 자신을 성스럽게 하십시오. 그 과정에서 그대가 순수해집니다. 어떤 형상도 그대에게 남지 않게 될 것입니다.

질: 서양 전통에서는 사람들의 온갖 질병을 고친 많은 **성자**와 **진인**들이 있습니다. 동양의 **진인**은 치유에 관여하지 않는 경향이 있습니다. 왜 그렇습니까?

마: 동양의 **진인**도 기적을 행하는 능력을 가지고 있습니다. 그러나 그가 사람들을 치유하는 과정에서 자연스럽게 지위가 올라가 사회에서 대단한 존경을 받게 되겠지요. 그러다 보면 자부심을 갖게 될 가능성이 있습니다.

질: 하지만 자부심을 느낄 사람이 아무도 없는데요.

마: 개념에 말려들지 마십시오. 그것이 그대의 목을 조를 것입니다. 드물지만 어떤 **진인**들은 기적을 행하면서 자부심을 갖지 않을 수 있습니다.

질: 진인은 자부심이 없습니다. 자부심을 가질 사람이 누가 있습니까?
마: 이 현상 세계의 모든 활동들은 의식을 통해서 이루어집니다. 그대는 몸을 가진 어떤 진인을 상상하고 있습니다.

이 존재성은 5대 원소 모두에 들어 있지만, 그것은 인격적이지 않고 보편적입니다. 만일 그대가 자신이 의식이라는 것을 알면서 잠이 들면 그 생각이 다음날도 이어질 것입니다. 몸은 허공이라는 확신을 가지고 잠드십시오. 그대가 몸이라는 생각이 고통을 가져옵니다. 매일, 그대는 그 몸이 아니라는 것, 그대는 단지 지知, 의식이라는 것을 명심하십시오. "내가 죽고 난 뒤 내 몸은 허공이 될 것이다." 그러니 왜 지금 그것이 허공이라고 생각하지 않습니까?

질: 그것은 개념들을 더 보태는 것입니다.
마: 저는 그대가 몸이라는 그대의 개념을 없애드리고 있습니다. 왜 제가 개념을 더 보탠다고 말합니까?
질: "내 몸은 허공이다"라고 말하는 것은 또 하나의 개념입니다.
마: 모든 개념들의 영혼 자체가 "내가 있다"입니다.
질: 잠이 들기 전에 "나는 허공이다"라고 생각하는 것은 하나의 기법입니다.
마: 그대는 나가서 누구한테나 "나는 바보 한 명을 만났다. 그가 나를 목매 달려고 했는데 어찌어찌 목숨을 건졌다"고 말하는 게 낫겠군요. 저는 그대에게 그 의식의 성품을 이야기했습니다. 저는 그대를 점차 모든 개념에서 벗어나게 하고 싶습니다. 일체가 개념이라고 말한다고 해서 그대가 자유로워지는 것은 아닙니다. 하나의 거친 개념에서 다른 미세한 개념으로 들어갈 뿐입니다. 그대가 "나는 몸이다"와 같은 거친 개념들을 즐기면 그것은 더 많은 개념들로 증식됩니다. "내 몸이 아프다," "약을 먹어야겠다," "병원에 가 봐야겠다" 등으로 말입니다. 그대가 "나는 허공이다"라고 말한다고 합시다. 더 이상 무슨 개념을 가질 수 있습니까?

저는 그대를 환幻의 마지막 전초기지인 "내가 있다"는 개념으로 데려가서 그것을 없애고 싶습니다. 이러한 개념들의 성질을 이해하십시오.
질: 질문이 하나 있습니다. 아까 마하라지께서는 늘 주의력이 있어야 한다고 말씀하셨습니다. 주의력을 하나의 느낌으로 경험할 수도 있습니까? 느낌이

앎보다 먼저인 것 같은데요. "내가 있다"는 것을 늘 알고 있다는 저변의 느낌이 있습니다. 그것은 지각하기, 주시하기와 같습니까?

마: 그 느낌은 주의와 같습니다. 그대가 "나는 보는 자다, 나는 아는 자다"라고 알 때, 그것은 그냥 있습니다. 그것은 형상이 없습니다. 그 앎은 무형인데, 그대가 형상을 끌어안을 때 문제들이 생겨납니다.

1979년 9월 21일, 22일

19
굳은 확신만으로도 일체를 초월한다

마하라지: 저는 여러분에게 아무것도 기대하지 않고 저 자신을 거저 내놓습니다. 무식한 사람도 제가 하는 말을 이해하고 흡수하면 해탈할 것입니다. 왜 그렇습니까? 스승에 대한 믿음, 스승의 귀중한 말씀에 대한 믿음 때문입니다. 지성에만 의존하는 사람들은 늘 진자振子처럼 왔다 갔다 할 것입니다. 제가 여러분에게 한 말을 완전히 흡수하여 자기 것으로 만드십시오. 어떤 방편이나 수련을 이야기할 것도 없습니다. 굳은 확신만으로도 여러분이 일체를 초월합니다.

여러분은 어떤 밑천이 있습니까? 저 "내가 있다"뿐입니다. 그것은 5대 원소로 된 음식기운의 산물입니다. 먼저 이 의식이 되십시오. 그런 다음 자신이 곧 현상계라는 것을 깨달으십시오. 이 몸은 거친 흙·채소 등에서 나왔기 때문에 온갖 오물과 질병을 담는 그릇이지만, 스승의 말씀을 지침 삼아 의지하면 바로 이 몸을 잘 활용할 수 있습니다. 진아를 깨달은 사람이 사는 곳은 그 뒤 많은 사람들의 순례지가 됩니다. 사이 바바(Sai Baba-쉬르디 사이 바바)처럼, 사람들이 가서 그의 상像에 예배하면 그들의 기도가 이루어집니다. 그 상이 무엇입니까? 그것은 돌로 만들어졌습니다.

제 스승님이 무슨 말씀을 하시든 저는 완전한 확신을 가지고 그것을 절대적으로 따랐는데, 그 확신으로 말미암아 저는 성과를 거두었습니다. 최고의 신은 "내가 있다"는 앎이라는 굳은 확신을 가져야 합니다. 그러나 그 자신이 **진인**인 스승에게서, 이 "내가 있다"는 앎을 인식하고 그것을 초월한 사람에게서, 그 말씀을 받아야 합니다.

『바가바드 기타』에서는 우리에게 다섯 가지 인식 감각기관이 있다고 하는데, 이것들은 아주 미세합니다. 이 감각들보다 더 미세한 것은 마음이고, 마음보다 더 미세한 것은 지성이며, 이것들보다 더 미세한 것은 생명기운입니다. 그런데 그보다 더 미세한 것은 '그', 존재성, "내가 있다"입니다.

절대자는 이런 개체들이 아닙니다. 그대가 곧 **절대자**입니다.

질문자: 저는 마하라지께서 말씀하시는 것을 이해하지 못합니다.

마: 그대는 자신이 여기 앉아 있다는 것을 압니다. 그 앎에만 주의를 기울이십시오. 그냥 그대의 존재성 안에 있으십시오. "내가 있다"는 그 지각성이 전 우주를 창조했습니다. 그것을 꽉 붙드십시오. (달리) 아무것도 할 필요가 없습니다. 그 원리를 인식하고 나면 그것이 고요해집니다. 그것과 하나가 되십시오. 그러면 그대에게 필요한 모든 것이 충족될 것입니다.

어떤 단계에서도 그 원리를 잊어버리지 마십시오. 그대가 무슨 일을 하고 있든, 그대의 주의는 거기에 가 있어야 합니다. 그대가 음식을 먹을 때, 먹는 것은 누구입니까? 그 존재성일 뿐입니다. 그대가 무엇을 하든, 모두 그 존재성입니다. 그 존재성에 주의를 기울이십시오.

질: 통역되고 있는 말에 주의를 집중하다 보면 "내가 있다"가 사라지는 것 같고, 제 안에서 아무 생각도 일어나지 않습니다.

마: 그것으로 행복합니까?

질: 행복도 없고 불행도 없습니다. 저는 단지 고요한 상태로 지켜보고 있고, 아무 느낌도 없습니다.

마: 이해합니까, 아니면 단지 지적으로 그대 자신과 씨름하고 있습니까?

질: 씨름하고 있지 않습니다.

마: 그대 자신과 평화를 이루고 있습니까? 그것이 궁극적 기준입니다.

질: 늘 그렇지는 않습니다. 제가 거기에 주의를 기울이고 있지 않을 때는 말려듭니다.

마: 그 말을 하는 것은 누구입니까?

질: 그 지각성은 나중에야 나옵니다. 어제는 많은 감정이 일어났고, 그 때문에 눈이 멀었습니다. 그런 일이 일어나고 있을 때, 저는 제가 그것이 아니라는 것을 자각하지 못했습니다.

마: 감정이 일어날 때 그대가 그 감정과 하나였습니다. 주시하지 않고 있었던 거지요.

질: 깨달은 존재도 그런 느낌에 말려듭니까, 아니면 지켜보기만 합니까?

마: 그대의 존재성은 하나이지만—이것도 되지 않고 저것도 되지 않지요—그 존재성이 몸-마음의 감정과 자신을 동일시했기 때문에 문제가 시작됩니다. 그 의식을 별개로 유지하십시오. 그러면 말려들지 않을 것입니다.

질: 감정이 터져 나온 뒤에는 왜 정화되는 느낌 같은 게 있습니까?

마: 그것은 일시적인 마음 상태였습니다. 그 마음 상태가 사라지면 그대의 본래적인 평화로운 상태로 돌아갑니다.

요기(yogi)는 이 행불행에서 벗어나는 요령을 알고 있습니다. 그래서 생명기운을 정지시키지만, 문제가 해결되지는 않지요.. 그것은 하나의 상태입니다.

그대는 모든 감각기관과 정신적 요소(마음)를 가지고 있습니다. 그 각각의 기능을 이해하고 그것을 적절히 사용해야 합니다. 그것을 사용하지 않겠다고 말하지 말고, 기능하지 못하는 상태로 두지도 마십시오. 완전히 사용하십시오. 왜냐하면 그것을 통해서 그대가 생존할 수 있으니까요. 그대는 거기에 말려들어 있지 않다는 것을 이해해야 합니다. 그대는 **주시자**일 뿐입니다.

만일 그대가 왕이 되고 싶으면 백성과 군대, 그리고 행정부가 있어야 합니다. 마찬가지로, **진인**이 되려면 그런 주변적인 것들이 있어야 하고, 그것을 이해해야 합니다. 그래야만 다스릴 수 있습니다.

질: 세 가지 상태—주시하기, **이스와라 의식**, **절대자**—는 동시에 일어납니까?

마: 그것은 실제로 일어나는 상태입니다. 오늘 그대는 자신이 몸이라고 느끼는데, 그 생각을 놓아버리십시오. "나는 이 현상계일 뿐이다." 거기에 머무르

19. 굳은 확신만으로도 일체를 초월한다

십시오. 그대가 곧 현현된 **바가반, 이스와라** 원리입니다. 단순한 명상법이지요. 그대는 (어디가 가려우면) 몸을 긁는데, 계속 긁다 보면 결국 피가 납니다. 그것은 지적인 씨름입니다. 그저 가만히 있으십시오. 그것이 가라앉게 하십시오—질문을 찾아내지 마십시오.

저는 지금껏 아주 개방적이고, 아주 거리낌이 없었습니다. 여러분은 그 몸이 아니라 앎일 뿐이라고 이야기했고, 이 생명기운은 여러분의 탈것이자 여러분이 활동을 계속하는 도구이며, "내가 있다"는 앎은 아주 미세하다고 말했습니다. 여러분의 앎 때문에 여러분이 있고 세계가 있습니다.

저는 장차 이렇게 말해야겠다는 생각이 듭니다. "제 이야기를 들으려면 1천 루피를 선금으로 내야 합니다"라고 말입니다. 그래야 여러분이 진지해지겠지요. 1천 루피를 청구하고 대신 하루 만에 전 과정을 끝내야겠습니다. 여러분이 여기에 한 달 머물러 있은들 뭐합니까? 돈을 내라고 해야 그것이 정말 귀한 줄 압니다.

질: 옛날에는 이 지_知를 얻기 위해 사람들이 임금 자리도 내놓았습니다.
마: 그때는 수많은 수련법이 있었고, 그들은 숲 속에서 나무 열매를 따 먹으며 살아야 했지요. 음식을 저장할 수 없었습니다. 그때는 상황이 그랬습니다.

◆ ◆ ◆

질: 제가 곧 "내가 있다"라는 것을 스스로 납득하기가 무척 힘듭니다. 내면에는 제가 그것을 넘어서 있다는 작은 느낌이 늘 있습니다. 그러니 어떻게 제가 "내가 있다"를 전적으로 받아들일 수 있겠습니까?
마: 그 단어들을 사용하지 마십시오. 그것은 그대가 심어 놓고 싹이 틀 때까지 석 달 동안 매일 물을 주어야 하는 씨앗과 같습니다. 그대가 들은 것이 내면에 가라앉아야 합니다. 그것이 소화되어야 합니다. 이것은 모두 단어적 지_知입니다. 그저 지켜보십시오.

그대는 어떤 아쉬람에서 여기로 옵니까?
질: 예.
마: 그대의 스승에 대한 믿음이 있습니까?

질: 예, 그분에 대한 믿음이 있습니다.

마: 왜 그 스승을 떠나 이렇게 돌아다닙니까? 그분에게 돌아가야지요.

질: 제가 아직 흡족하지 않습니다. 망설여지는 것들이 많이 있습니다.

마: 망설여지는 것이 있다면 그분을 떠나는 것이 최선이지요. 그렇지 않으면 그대 자신을 완전히 내맡기십시오. 의심과 확신을, 일체를 말입니다.

그대가 한 스승을 받아들였으면 절대적인 믿음이―그리고 완전한 순복順服이―아주 필요합니다. 스승이 말을 통해 그대에게 무슨 지침이든 주고 나면 그 스승을 섬겨야 합니다. 그 말을 흡수하여 그것과 하나가 되어야 합니다.

한 스승에게 순복하기 전에는 자유롭게 활동하는 구도자로서, 어디든 마음대로 다녀도 좋습니다. 어디든지 가서 영적인 정보를 수집하고, 하고 싶은 대로 하십시오. 그러나 일단 한 스승을 받아들이면 완전히 순복해야 합니다.

스승을 어떤 사람으로 생각하지 마십시오. 그렇지 않습니다. 스승은 저 존재성이고, 존재성이 곧 현상계입니다. 모든 세계는 존재성인데, 그것이 스승입니다.

질: 더 이상 몸으로 계시지 않은 분을 스승으로 모시고 있다 해도 그 말씀이 해당됩니까? 마하라지께서는 만일 우리가 한 스승에게 순복했으면 여기저기 쇼핑하며 다니지 말아야 한다고 말씀하셨습니다.

마: 그 스승(존재성)이 더 이상 있지 않았다면 그대가 세계를 어떻게 경험할 수 있었겠습니까? 이 존재성을 인식하고 그것을 초월하는 사람이 참스승(Sat Guru)입니다. 그렇지 않으면, 그저 영적인 공부를 거래하는 가게주인으로서의 스승들만 있겠지요.

질: 마하라지께서 절대적으로 말씀하실 때 저는 마하라지님과 동일합니까, 아니면 동등합니까?

마: 우리는 하나입니다. 스승의 말씀 안에 안주하십시오. 이 제자는 그의 어깨 위에 얹힌 개념에 사로잡혀 있군요. 제 스승님은 여러 제자들에게 똑같이 이 지知를 전해 주셨지만 각 제자의 행동은 서로 다릅니다. 각자가 스승이 말씀하신 것에 대해 서로 다른 개념을 가지고 있고, 자기가 가장 좋아하는 개인적인 개념에 집착합니다.

"내가 있다"의 의미를 이해하도록 노력하십시오. 그것을 가늠해 보려고 애를 쓰면 쓸수록 그것의 성질이 더 고원高遠하다는 것을 발견할 것입니다. 그대 자신을 하찮게 여기지 마십시오. 그대는 남자도 여자도 아닙니다. 그대는 모든 것이 거기서 나온 근원인 그 원리입니다.

질: 어제 저는 이 "내가 있다"의 상태에 들었다 나왔다 하고 있었는데, 제 마음의 눈에 보석들이 보였습니다. 아주 영롱했습니다. 어두운 호박색으로 빛났는데, 아주 아름답더군요.

마: 그것은 지知의 보석입니다. 그 보석들은 지知에서 방사되어 나옵니다. 그 보석들이 남들에게 비추어지면 그들이 해탈하겠지요. 그 보석들이 그와 같습니다. 그대가 무엇이라고 제가 일러주는데도 불구하고, 그대는 여전히 몸에 집착하면서 죽음을 받아들입니다.

질: "남들에게 비추어진다"고 말씀하신 것은 무슨 뜻입니까?

마: 해가 "내 빛이 남들에게 비추어질 것인가?"라고 묻습니까? 그대는 자신이 누구인지 확인했습니까?

질: 제가 해라고 하는 개념은, 저에게는 어렵게 느껴집니다.

마: 아무 개념 없이 있으십시오. 그대는 몸이 아니라는 것을 확인하십시오.

질: 어떻게 하면 제가 남들에 대한 사랑을 계발합니까?

마: 누군가를 사랑하려고 하지 말고 **사랑**이 되십시오. 그대가 **사랑**일 때, 그 **사랑**은 인류에게 도움이 될 것입니다. 마치 물과 같이 말입니다. 그대가 물이면 일체가 자라날 것입니다.

질: 그리스도는 우리가 남들을 **자기**처럼 사랑해야 한다고 말했습니다.

마: 일체가 그대의 **진아**이고, 어떤 남도 없습니다. 이 모든 것이 그대의 사랑의 표현입니다. 저는 같은 지침으로 거듭거듭 망치질하지는 않겠습니다. 그대가 그것을 흡수하십시오.

1979년 9월 23일, 25일

20
그대의 본래적 상태에 편안히 있으라

질문자: 저는 오늘 아침 일찍 어떤 체험을 했습니다. 깨어나서 40분 동안 앉아 명상을 했습니다. 머릿속에 기운(vibration) 형태의 것들이 있었는데, 오로지 지복이었고 어떤 환영幻影도 없었습니다. 제가 중심이었고 '나-나' 느낌이 있었는데, 하나가 다른 하나 위에 포개져 있었습니다. 제가 이원성으로 돌아오기 시작할 때 심벌즈가 울리는 소리가 들렸고, 마하라지께서 심벌즈를 치면서 춤을 추고 계신 것이 저의 지각 안에 들어왔습니다. 제가 당신께 말했습니다. "우리는 숲 한가운데에 있습니다. 그런 것들을 계속 치셔야 합니까?" 당신께서는 계속 치면서 춤을 추셨지만 더 이상은 아무 소리도 들리지 않았습니다.

마하라지: 그런 체험을 하고 나니 무엇을 질문하고 싶습니까?

질: 아닙니다.

마: 체험들은 존재성 안에서 일어나고, 저 **지**知 안에서 다시 나타납니다.

질: "내가 있다"는 체험이 있었지만 다른 것이 그 위에 얹혀져 있었는데, "내가 있다"를 넘어서려는 어떤 끌림(attraction)이었습니다.

마: 만약 해가 자신의 빛 속으로 들어갈 수 있다면 그대가 자신의 존재성 속으로 들어갈 수 있겠지요. 그대는 "내가 있다"를 아는 자입니다. 그런 모든 체험은 그대의 존재성에서 흘러나옵니다. 그 체험들로부터 얻는 것도 없고, 잃는 것도 없습니다. 그 존재성이 진지하게 열망하면 저 영적인 길에 올라서겠지만, 몸-정체성(body-identity)이 조금이라도 남아 있는 한 실패할 것입니다.

여러분은 모두 체험을 원하지만, 체험이 여러분을 충족시켜 주지는 않을 것입니다. 의식이 **진아**를 알려고 조바심을 내게 되면, 일체를 내던져 버리고 목표를 향해 달려가겠지요. 그것이 저 자신의 경험입니다.

수백 수천 명의 현지인들과 외국인들이 이곳을 다녀갔습니다. 그들은 저의 제자가 되어 떠났습니다. 저는 그 누구도 청하지 않았습니다. 그들을 이곳으로 데려온 것은 그들 자신의 영혼이 가진 배고픔이었습니다.

저도 저 자신의 영혼의 배고픔과 열의에서 저 자신의 **진아**를 알게 되었고, 그 한도에서 **바가반 크리슈나**의 철학(가르침)이 제 것이 되었습니다. 이 **크리슈나 의식**이 저의 **진아**이지만, 저는 그것의 바깥에 있습니다. 일체가 저의 안에 있고, 저에게 의지해 있습니다.

절대자가 **빠라마뜨만**입니다. 이 전체적 **실재**에서 **찌다까샤**(chidakasa-의식의 허공 또는 무변제), 즉 존재하려는 욕구가 나옵니다. 거기서부터 물리적 공간, 전체 현상계가 찰나 간에 생겨납니다. 깊은 잠 속에서는 아무것도 없다가, 내가 깨어나고 싶다는 희미한 느낌이 있고, 그런 다음 전체 현상계가 한 찰나 간에 일어납니다. **현현자**(the manifest-현상계)가 **미현현자**(the Unmanifest-절대자) 위에 나타나면서 움직임이 시작되었지만, 그 **주시자**가 곧 **절대자**입니다.

그대가 갖는 체험들, 그것이 그대에게 무엇을 안겨줍니까? 그대는 그 중심점을 이해하려 하고 있습니까? 우리는 그대에게 일어난 일을 환영幻影이라고 부르는데, 그 환영은 늘 시야 안에 있습니다.

질: 처음 이 체험을 할 때는 **주시자** 측면을 자각하고 있었습니다. '나-나' 느낌을 체험할 때, 그것이 누구에게 왔느냐고 저 자신에게 물었더니 그것이 사라졌습니다.

마: 그것이 일시적이었습니까, 아니면 종일 그런 상태에 있습니까?

질: 지금 제가 그렇습니다. 오늘 아침에 제가 가졌던 그 느낌의 지속인데, 저의 안에서 저를 끌어당기는 동시에 저에게 어떤 추상적인 느낌을 주는 뭔가가 있습니다. 바로 지금 "내가 있다" 속으로 들어가는 것은 저에게 그냥 아주 쉬운 일입니다. 가슴은 물론이고 머리에도 가득 퍼져 있는 어떤 명확한 느낌이 있고, 제가 아주 빨리 사라질 수 있습니다.

마: 그대는 깨어 있고 세계를 보고 있는데, 그대가 깨어 있다는 것과 세계를 보고 있다는 것에 대한 주시하기가 일어나고 있습니다. 얼마나 간단합니까. 생시의 상태에서 나는 이러이러한 사람인데, 이 생시 상태가 **주시자**이니 말입니다. 이 생시 상태가 잠이 들어도 그 **자각**이 여전히 있습니다. 그대는 그 상태들 이면의 **빛**입니다. **크리슈나**는 이 **지**知를 아르주나에게 베풀었습니다.

그 지知를 들은 사람이 책을 썼으니, 그 지知는 제3자가 쓴 전문지傳聞知(전해 들은 지知)입니다.

베단타 학자가 쓰든 소설가가 쓰든, 그것은 그 자신의 개념을 통해 서술된 것일 뿐입니다. 소설가는 자신의 상상 속에 들어오는 것이면 무슨 이야기든 쓰는데, 그 대부분은 쓰지 말았어야 할 잡동사니요 쓰레기들입니다. 그 자신 안의 그 모든 오물이 나온 것입니다. 생시의 상태 동안 그대 자신 안에 무엇을 가지고 있었든, 그것이 그대가 한 그 체험 속에서 드러난 것입니다.

질: 그 말씀은 어떤 정화 과정이 진행 중이고, 더 많은 오물이 나올 거라는 뜻입니까?

마: 그대는 그 몸이 아닙니다. 오고 가는 것은 뭐든 마음이나 의식의 투사물에 지나지 않습니다.

질: 만약 그런 것들이 지금 나올 가능성이 있으면, 제가 신경을 써야 합니까?

마: 그대가 들은 모든 것, 낱낱의 지식, 그대의 삶 속에서 일어난 모든 사건을—심지어 그대가 잊어 버렸다고 생각하는 것까지도—저 의식은 기록해 왔습니다. 매초마다 저 의식은 그대가 겪고 있는 일들을 기록하고 있습니다. 다섯 가지 감각기관 모두가 끊임없이 타자打字를 하고 있습니다. 그대는 더욱 더 멀리 나아가 더욱 더 깊은 물 속으로 들어가면서 이 점에 대해 숙고할 수도 있겠지만, 반대로 근원으로 되돌아가야 합니다. 그대는 어디서 왔습니까? 근원으로 돌아가서 그대의 본래적 상태 안에 입지를 확립하십시오.

친애하는 양반, 그대는 모든 것을 이해했으니 이제는 그것을 이용하십시오. 그대 자신을 안정시키고 가십시오.

◆ ◆ ◆

마: 사람들이 충분한 지知를 얻어 그것으로 그들 나름의 추구를 계속해 나갈 수 있다고 생각되면, 저는 그들에게 떠나라고 합니다. 그대는 그 지知가 그대의 의식 속에 가라앉게 해왔지만, 그 지知는 완전한 휴식이 필요할 것입니다. 아쉬람에서는 그런 휴식을 가질 수 있겠지요. 인도에는 그런 좋은 아쉬람이

더러 있습니다.

질: 제가 가 있고 싶은 아쉬람은 심장이라는 섬뿐입니다.

마: 그대는 그것을 성취했으니 신체적으로 여기 있어야 할 필요가 없습니다. 그대는 그 섬을 보유하고 있습니다. 저는 아주 단순하게 몇 마디 말로 그대가 받아야 할 것을 말하는데, 정말 그것을 흡수하려고 하면 그걸로 끝납니다.

새로 오는 사람들은 앉을 자리가 없습니다. 제 집이 이렇게 작습니다.

질: 헌신을 위해서 누가 더 있고 싶다면요?

마: 우리가 방이 있다면 괜찮겠지요. 다양한 모습으로 가장하여 돌아다니는 그 원리를 그대가 파악하고 나면 환幻은 끝납니다. 이 원리, 이 의식을 그대는 한 마리 뱀으로 보고, 한 마리의 물소로도 보고, 그 다음에는 또 다른 것으로 보게 되겠지요. 일단 그 원리를 파악하면 그대는 이해합니다.

우리는 그것에만 관심이 있습니다. **마하트마**들에 대해서는 걱정하지 말고 이 존재(being)에만 신경 쓰십시오. 그 원리를 알아내십시오. 단어적 지知에 정신을 팔지 마십시오. 제가 그대에게 한 말의 의미를 흡수하십시오. 그 근원으로 들어가십시오.

질: 제가 적극적으로 **주시자**가 될 때는 일어나는 모든 일을 조용히 관찰하는데, 그것은 집중을 요하고 두뇌 자체에도 영향을 줍니다. 그래서 얼마 뒤에는 피곤해집니다. 마찬가지로 명상 중에는 "내가 있다" 단계에 3, 40분 이상 머물러 있지 못합니다. 그러고 나면 머리가 진동하는 것 같아서 정상 상태로 돌아가야 합니다. 이것이 나아지겠습니까, 아니면 두뇌에 가해지는 긴장을 없애기 위해 취해야 할 어떤 조치가 있습니까?

마: 왜 그런 데 정신을 팔고 있습니까? 그대는 자신이 여기 앉아 있다는 것을 알고, 저는 그대가 여기 앉아 있다는 것을 압니다. 그대가 앉아 있다는 것을 누가 주시하고 있습니까?

질: "내가 있다"입니다.

마: 의식이 앉아 있는데, 누가 앉아 있음을 주시합니까? 저는 그대가 여기 앉아 있다는 것을 알고, 그대는 자신이 앉아 있다는 것을 압니다. 그것은 완전히 열려 있지만 그러면서도 아주 불가사의합니다. 주시하려는 특별한 노력을

하지 말고 그냥 편안한 상태로 있으십시오. 그대는 마음의 수준에서 자기 마음의 움직임을 연구하고 있습니다.

질: 예, 바로 그렇게 하고 있습니다.

마: 그대는 주시하기를 닦고 있는데, **주시자**가 되지는 못하고 있습니다. 어떤 특별한 노력도 할 것이 없습니다. 그것은 그냥 일어납니다. 집중에 대해서 보자면, 그것은 봄베이 정부의 사진을 찍으려고 뛰어다니는 것과 같습니다. 정부의 사진을 찍을 수 있습니까?

질: 그 전부를 지각하기는 어렵습니다.

마: 바로 그 정부가 그대에게 수갑을 채울 수도 있지요.

질: 명상에서 나오고 나면 두뇌에 어떤 활동이 있었고 긴장이 있었다는 느낌이 왜 일어납니까?

마: 명상에 들었다가 나오는 그 '그대'가 그 사람을 묘사하는군요. 그런 수련을 왜 합니까? 그만두십시오. 그냥 그대의 본래적 상태에 편안히 있으십시오. 그것이 최고의 상태입니다. 그보다 낮은 상태가 집중이고 명상입니다.

 어떤 것에도 상관하지 말고 "내가 있다"는 의식 안에 머물러 있으면서, 다시 지적인 놀음을 하지 마십시오.

 의식이 의식을 가리키고 지知를 설명해 주지만, 그대는 그곳에 거주하지 않고 그 몸을 끌어안겠지요. "내가 있다"는 앎이 그 자신에 대한 지知를 "내가 있다"에게 말해줄 뿐입니다. 남들이라고 하는 것은 없습니다. '너'와 '나'는 몸들에 대해서 하는 말입니다. 그래서 우리는 침묵을 지키겠습니다. 왜냐하면 아무도 없으니까요. 전선에서는 모두 조용합니다(All quiet on the front).[12]

질: 마음의 정화에 대해서 보자면, 어떤 일이 일어나겠습니까?

마: 그대가 받은 **만트라**를 염念하십시오. 그것을 하면 마음이 정화됩니다.

질: 들숨 날숨과 연계하여 **만트라**를 해야 합니까?

마: 리듬감 있게, 그렇지요. 그것은 항상 계속되고 있는 같은 호흡이지만, 그대가 그것을 **만트라**와 결합하는 거지요. 그뿐입니다.

---

12) T. 소설 제목인 '서부 전선 이상 없다(*All Quiet on the Western Front*)'를 응용한 표현.

그대는 여기 앉아 있는데, 저는 한동안 이야기를 하다가 그대에게 가라고 합니다. 엄마가 아이를 보살피다가 얼마 후 "나가 놀아라"고 하는 것과 같습니다. 엄마가 아이를 원치 않는 것이 아닙니다. 아이를 사랑합니다. **스승**은 제자에게 **지**知를 설명하여 그를 몸-마음의 감각에서 끄집어내 준 다음, 스스로를 지키라고 말합니다.

이 존재성은 저 비존재성, 곧 **절대적** 상태의 아이입니다. 존재성이 존재성을 이해하면 비존재를 성취합니다. 그러면 그것이 이 존재성에 무슨 일이 일어나든 신경 쓰지 않습니다. 먼저 이 세계를 없애고, 그런 다음 존재성을 없애십시오.

실은 이것이 본래적 상태이지만, 우리가 몸에 집착하기 때문에 모든 문제가 시작됩니다. 그대가 몸을 경험하지 않을 때는 아무 욕망이나 욕구가 없지만, 자신이 몸이라고 생각하면 그대의 욕망을 충족시키고 싶어 하고, 그러면 평안을 얻을 거라고 생각합니다. 몸-정체성 안에서는 어떤 평안도 없습니다.

질: 제 직업이 작가라면, 글을 쓰는 것은 누구입니까?

마: 그 화물化物, "내가 있다"는 **의식**이지요. 그것은 다 **의식**의 유희입니다.

질: 마하라지께서 말씀하시기를, 시절인연이 좋으면 마음 안에서 어떤 폭발이 일어나며, 그것은 순수한 존재의 체험에 바로 앞서는 거라고 말씀하셨습니다. 그것을 더 자세히 말씀해 주실 수 있습니까?

마: 그것은 **진리**의 수문들이 열리는 것입니다. 그는 밧줄을 끊어서 껍질을 깨트려 열었습니다. 가정에서는 보통 질그릇 항아리에 버터밀크와 버터를 보관합니다. 그 항아리가 껍질인데 밧줄로 천장에 매달려 있습니다. 그는 문을 열어젖혔고, 그 밧줄[족쇄]을 끊어 껍질[육신]을 깨트린 뒤, 버터밀크는 내버리고 버터[정수]인 "내가 있다"의 **지**知를 삼켰습니다. 그러고 나면 무엇이 있습니까? '나'도 없고 '너'도 없습니다.

질: 마하라지께서는 또, 이 메커니즘을 촉발시키는 어떤 사건이 있는데, 그것을 알아차려야 한다고, 그러지 않으면 그것이 지나가 버릴 것이고, 우리는 또 한 번의 사건을 기다려야 한다고 말씀하십니다.

마: 그 폭발 이전의 그 사건이나 그 무엇에 대해서도 걱정하지 마십시오. 그

대가 걱정하는 것은 지성 때문이지만, 믿음을 가지고 그 "내가 있다" 안에 계속 머무르기만 하면 됩니다. 달리 아무것도 할 필요가 없습니다. 지성을 이용하려고 들면 그 사건을 놓칠 공산이 큽니다. 그냥 그것이 일어나게 하십시오. "내가 있다"는 느낌을 꽉 붙들 것이지, 몸의 느낌을 붙들어 그 상태를 오염시키지 마십시오.

질: 마하라지께서는, 만일 우리가 필요한 정보의 어떤 유형을 오래 생각하고 있으면 모든 정보가 거기서 흘러나올 거라고 말씀하셨습니다. 그것은 어떻게 작용합니까?

마: 화물化物이 그렇게 합니다.

질: 우리가 그 활동을 어떤 식으로 증진할 수도 있습니까?

마: 여기 오면 그것을 증진하게 됩니다.

1979년 9월 26일, 27일

21
어떤 일도 일어나지 않는다

질문자: 무엇이 주시자입니까? 마음입니까, 마음을 넘어선 어떤 것입니까?

마하라지: 그것은 마음을 아는 자입니다.

질: 만약 제가 "내가 있다"고 말하면 그것은 마음입니까?

마: 존재성이 마음을 통해 "내가 있다"는 말로써 (자신을) 표현합니다.

질: 프리드먼 씨가 번역한 책에서는 운명과 정의正義라는 단어가 사용됩니다. 그것은 업(karma)과 같은 것입니까?

마: 정의는 내려진 결정입니다. 운명은 거기서 이 모든 현상계가 흘러나오는 창고입니다. 그것은 그대가 거기서 방출되어 나온 원리입니다. 그것은 필름 원판과 비슷합니다. 의식은 그대가 나온 근원 안에 이미 존재하고 있고, 그래

서 그 필름이 영사됩니다. 영사되어야 할 것은 이미 기록되어 있습니다. 그래서 저 존재성, 즉 그대를 통해 일어나는 모든 활동이 그대의 운명입니다. 저 존재성이 취하는 행위 하나, 걸음 하나도 그 필름 안에 이미 기록되어 있습니다.

질: 일부 점성학자들이 주장하듯이 별들이 그 원판을 보여줍니까?

마: 그것은 직접적인 위증입니다. 그대가 태어나기 아홉 달 전에 운명은 창조되었습니다.

질: 누구에 의해서 말입니까?

마: 누구도 아니고, 그냥 일어납니다.

질: 그 원판은 운명이 시작되기 전에 이미 존재하는군요. 그 원판은 어디서 인쇄됩니까?

마: 그것이 **물라-마야**(원초적 환)의 솜씨입니다.

질: 어떤 사람들은 우리가 뿌린 대로 거두기 때문에, 그전 어디쯤에선가 원판의 구조를 뿌렸다고 믿습니다.

마: 그것은 들은 말일 뿐입니다. 그 증거를 가지고 있습니까?

질: 아니요.

마: **마야**가 환幻의 1차적 근원입니다. 그 지점에서 **자기사랑**이 시작됩니다. 즉, "내가 있다", **존재애**입니다. 그것의 표현이 이 모든 현상계입니다.

질: 왜 어떤 사람들은 남들보다 이 거짓된 자아를 더 사랑합니까?

마: 하나가 다른 하나를 더 사랑하고 말고가 없습니다. 사랑의 상태가 존재하며, 그대는 그것을 향유하거나 그 고통을 겪어야 합니다. 우리가 고통을 받을 때조차 우리는 자신의 존재성을 사랑합니다.

질: 우리가 주시하기를 닦을 때, 그것은 의식적으로 되는 것입니까?

마: 주시하기를 닦는다는 것은 무슨 뜻입니까? 그대가 하고자 하는 것은 그대 자신의 존재성을 강화하려는 것이군요. 주시하기는 자동적으로 일어나겠지만, **진아**가 열려야 합니다. 주시하기 이전에 그대가 있습니다.

질: 마하라지께서는 고요해지라고 말씀하셨지만, 저의 생활 방식은 고요해지기가 어렵습니다. 제 직업에는 많은 압박과 활동이 있습니다. 마하라지께서는

다른 직업을 얻으라고 권하시겠습니까?

마: 저는 이래라 저래라 하지 않습니다. 그대가 하고 싶은 대로 하되, 다만 그대는 행위자가 아니라는 것만 아십시오. 그것은 그냥 일어납니다. 잉태된 첫날 생겨난 운명이 펼쳐지고 있습니다. 그대가 무엇의 행위자라고 주장할 것이 없습니다. 일단 그대가 누구인지 알면 저 운명이 그대를 속박하지 않을 것입니다.

질: 죽는 사람들은 자신에게 몸이 없다는 것을 깨닫기 위해 무엇을 합니까?

마: 어떤 일도 일어나지 않고, 누구도 죽지 않았습니다. 경전에서는 해소되지 않은 개념을 가지고 죽은 이들은 다시 태어날 거라고 하지요.

질: 그들이 다시 태어날 때는 여러 몸들 중에서 선택할 수 있습니까? 예컨대 A씨 집안으로 가느냐 B씨 집안으로 가느냐처럼 말입니다.

마: 왜 그런 외적인 문제들에 신경을 씁니까? 그대는 몸이 아니라는 것을 스스로에게 납득시키는 데 집중하십시오. 그 몸은 5대 원소로 만들어졌고 실로 하나의 음식-몸입니다. 그대는 거기에 끼어들 자리가 없습니다. 그대는 이 음식-몸과 상관이 없습니다. 힘·호흡·존재성은 음식과 물에 의존하고 있습니다. 음식과 물이 없으면 '내가 있음'이 존재하지 않습니다.

질: 그러면 '내가 있음'이 나중에 다시 돌아옵니까?

마: 그대는 그런 어떤 것도 아닙니다. 다시 태어난다는 일은 없습니다.

질: 마치 음식이라고 하는 것이 대기 중에 떠다니는 것 같습니다. 그것으로 몸을 만들 수 있는데, 만약 우리가 그릇된 개념을 가지고 있으면 그 음식-몸 안에 들어가고 말 것입니다. 실은 제가 볼 때 (당신의) 이 가르침 속에는, 음식이나 음식-몸 같은 것이 정말로 있지는 않고, 하나의 개념만 있다는 의미가 은연중 내포되어 있는 것 같습니다.

마: 그대는 지금 어떤 수준에서 이야기하고 있습니까? 몸이란 없다는 것, 그것이 마음에서 온다는 것을 어떻게 압니까?

질: 마하라지께서 책에서 말씀하시는 것을 읽고 압니다.

마: 그것을 깨달았습니까?

질: 제가 깨달았으면 진인이겠지요.

마: 맞습니다. 그러기 전까지는 모든 몸이 태어나듯이 그 몸도 태어납니다.

질: 사물의 이치가, 지금 우리는 하나의 몸을 가지고 있다는 개념을 받아들여야지 몸이 없다는 다른 개념을 만들어내면 안 된다는 것입니까?

마: 그 근원으로 나아가십시오. 몸이 있다는 것을 누가 압니까? 몸이 생겨나기 이전에 뭔가가 있습니다.

질: 이런 측면에서 우리가 하는 모든 노력이 "내가 있다"는 느낌을 소멸하는 데 있어 어떤 효과가 있습니까? 아니면 그 노력도 필름의 일부입니까? 그러니까 사람들이 자기가 목표에 도달하기 위해 기울인다고 생각하는 노력이 아무 효과가 없고, 그냥 전부가 필름 안에 들어 있다는 것입니까?

마: 의식 이면의 빛인 그 **근원** 안에 있으십시오. 그대는 의식이 아니라는 것, 그것을 이해하십시오. 일어나는 (모든) 일들은 저 **물라-마야** 안에 있습니다.

카세트가 제가 하는 말을 녹음하고 있지만, 카세트 안에 기록되는 어떤 말도 제가 아닙니다. 원래의 음성은 카세트 안에 담겨 있지 않듯이, 그대도 그 화물化物·몸·'내가 있음'·의식과 별개입니다.

질: 깨달음은 그 필름 안에 있습니까?

마: 그것은 필름 안에 있을 수 없지요. 왜냐하면 그대가 그 필름을 아는 자니까요. 이제 그대가 들은 모든 이야기를 숙고해 보고 5시에 다시 오십시오.

저 마음은 현상계 안에 존재하는 생각들이 축적된 것에 불과합니다. 그대의 모든 활동은 마음에 의존해 있고, 마음은 그대의 모든 기억과 그대가 이 세상에서 들은 모든 이야기에 의존해 있습니다.

우리는 이 세상에서 일어나는 것은 뭐든지 흡수하고, 또 그것을 우리 나름의 시각에서 바라보면서 우리 자신의 개념들을 그런 것들에 부가합니다. 그런데 이 몸-마음 의식이 세상에서 일어나는 모든 사건을 흡수하기 때문에, 우리는 이 "내가 있다" **의식**이 전생·탄생·업業 등의 원인이라고 계속 생각합니다. 그대는 어떤 것을 좋다, 훌륭하다고 받아들이고 다른 것을 나쁘다, 죄가 된다고 배척하지만, 그런 것은 그대가 세상에서 얻은 개념일 뿐, 그런 분별에 어떤 근거도 없습니다.

질: 어제 마하라지께서는 차크라(chakras)와 브라마란드라(Brahmarandhra)에 대

해서 말씀하셨습니다. 저는 우리가 명상 중에 그런 것들에 대해 신경을 써야 하나 하고 생각했습니다.

마: 차크라는 잊어버리십시오. "내가 있다"는 앎을 붙잡고 그것과 하나가 되십시오. 이것이 **명상**입니다.

질: "내가 있다"를 누가 붙잡아야 합니까?

마: 누가 이 질문을 하고 있습니까?

질: 우리가 생각을 넘어설 수 있습니까? 아니면 **절대자** 안에서 생각들은 그 필름의 일부일 뿐입니까? 그리고 만약 그렇다면 우리는 그것들을 그냥 견뎌내야 합니까?

마: 누가 생각을 넘어서고 싶어 합니까? 그 사람이 누굽니까? 생시의 상태에 의식이 나타나기 전, 그것이 **절대자**입니다. 의식이 나타나자마자 생각들이 나옵니다. 생각들을 견뎌내야 할 필요도 없고 그것을 버려야 할 필요도 없습니다. 그냥 생각인 줄 알기만 하십시오.

질: 당신께서 원물原物(필름 원판)이라고 하시는 것을 결정하는 다른 모든 것들 말입니다, 그것들은 존재하지 않습니까?

마: 그러나 그것은 그대가 그 원래의 단계에 도달했을 때의 문제일 뿐이고, 그때는 그대가 **진인**입니다.

질: 우리가 이미 그것입니다.

마: 그대가 그것을 안다면 질문이 없을 것이고, 여기 있지도 않겠지요.

❖ ❖ ❖

질: 마하라지께서 어제 말씀하신 필름 말입니다. 저는 우리가 "나는 누구인가?" 하고 물을 때, 그 답은 그 필름 안에서 진행되는 그 어떤 것에 대한 관념이 아닐까 싶었습니다. 즉, "나는 누구인가?"와 "이렇게 하고 있는 것은 누구인가?"는 그 필름 안에서 한데 연결되어 있다는 것입니다. 맞습니까?

마: 존재성이 그대에게 나타난 이후로 그 앎을 통해서 이루어진 모든 일은 전적으로 5대 원소들이 그대를 통해서—또한 그대가 그 원소들로부터 받은 "내가 있다"에 대한 모든 앎을 통해서—작용하는 결과입니다. "내가 있다"는

'내가 있다는 앎'보다 먼저이지만, 바로 지금 그 앎을 통해서 작용하는 것— 그대 자신이라고 여겨 온 그 인격—은 5대 원소에서 나오는 음식기운의 결과입니다. 그대가 절대적으로 고요하고 '내가 있다는 앎' 속에 그대 자신을 안정시키지 않는 한, 세간적 활동의 이 결과는 "내가 있다"로부터 분리될 것입니다. 먼저 그곳에서 안정되어야 합니다.

질: 주시자는 그 필름의 일부를 주시하는 그 필름의 일부입니까?

마: 그대가 (잠에서) 깨어나면서 "내가 있다"가 그대에게 나타나자마자 그것이 주시자이지만, 그 순간이 지나면 모든 현상계가 그 "내가 있다"의 시야에 들어오고, 그는 전 현상계를 주시합니다.

깊은 잠에서 깨어난 뒤 의식이 "내가 있다"로서 그대에게 밝아오자마자 그것이 주시자입니다. 그 순간 이전에는 그대가 있다는 것을 몰랐습니다. 주시자도 없었고 "내가 있다"는 앎도 없었습니다.

의식이 그대에게 나타나자마자 그대는 그대가 있다는 증거를 얻었지만, 그 증거를 받아들이자마자 그 의식이 몸을 장악했습니다. 그 "내가 있다"가 몸을 붙들자마자 그는 이 현상계 내에서 어떤 생각이 나타나든 그것을 통해 행동해야 했습니다. 우리는 그것을 성향, 혹은 마음이라고 합니다.

질: "내가 있다"는 1차적 개념은 실제로 주시하기를 하는 무엇입니까, 아니면 그 주시하기는 비인격적 주시하기 같은 하나의 측면입니까?

마: 의식은 저에게나 그대에게나 하나의 개인적 체體(body)입니다. 저는 제가 의식한다고 말하고, 그대는 그대가 의식한다고 말합니다. 그래서 의식과 별개로 그 의식을 자각하는 어떤 원리가 있습니다.

질: 그러니까 그것은 의식의 주시자인 원래의 상태이지만, 그것은 개인적인 것이 아니군요. 그 원래의 상태에서 마하라지께서는 주시하기가 아무 노력도 요하지 않는다고, 그것은 자동적으로 일어난다고 말씀하시는군요.

마: 존재하는 모든 것은 의식입니다. 그것이 우리가 가진 밑천의 전부입니다. 일단 이 의식이 (그 안에) 아무것도 없이 깨끗해지면 우리는 자동적으로 원래의 상태에 도달합니다. 그러나 그 상태가 무엇인지 알기를 원하면, 이 모든 앎이 (그 상태에서) 존재할 것입니다. 왜냐하면 그대의 원래 상태가 무엇이었는

지 알려면 (그대의 실체를) 이해해야 하고, 몸과의 자기 동일시를 포기하고 그대가 아무 형상도 이름도 없다는 것을 확신해야 하기 때문입니다. 그대가 해야 할 일은 그것이 전부입니다.

몸-마음과 자신을 동일시하는 한 그대는 조건지워집니다. 그러나 일단 "내가 있다"는 앎 안에서 무조건적으로 안정되면, 그대는 현현된 '내가 있음'이고 더 이상 한 개인이 아닙니다. '내가 있음'의 그 현현된 상태에서는 그대가 무엇을 한다는 것이 없습니다. 왜냐하면 그대가 더 이상 한 개인이 아니기 때문입니다. 어떤 일이 일어나든, 그것은 모두 그대의 의식 안에서 일어납니다. 이것을 통해 무슨 일이 일어나든 그대는 그것이 일어날 거라는 것도 알겠지만, (그대가) 무엇을 한다거나 된다는 것이 없습니다.

빗물로부터 좋은 것과 나쁜 것들이 자라납니다. 그러나 나쁜 것들이 자란다고 해서 빗물의 죄라고 할 수 없고, 좋은 것들이 자란다고 해서 빗물의 공덕이라고 할 수 없습니다. 빗물에 다시 태어난다는 것이 어디 있으며, 빗물에 죄나 공덕이 어디 있습니까?

질: 말이 없는 그 '나'와 "내가 있다"는 우리가 생각하는 '나'가 아닙니까?

마: 그것에 이름을 붙이기 전에 그대는 그대가 있다는 것을 압니다. 그 단계에서는 일체가 그대의 **진아**입니다. 흙과 해와 달, 모두를 포함해서 말입니다. 그것이 **진아**입니다. 모두 그대의 현현이지만, 그대는 여전히 그것을 넘어서 있습니다.

이제 한 단계 높여 봅시다. 의식은 이 세계, 이 현상계를 의미하고, '내가 있음'은 존재성을 의미합니다. 이 의식은 없는 색깔이 없고, 광대하고, 풍부하고, 무한합니다. 절대자인 나는 흙·불·물·공기가 아니고 허공도 아닙니다. 나는 오염되지 않았고, 그 무엇에도 접촉되어 있지 않습니다. 그러나 우리가 '나'를 '내가 있음'—존재성—으로 간주하면 이 모든 현상계가 나 자신인데, 이 현현된 '내가 있음' 안에서도 나는 어떤 죄나 공덕에 의해서도 영향 받지 않습니다.

질: 저는 왜 잉태 때가 다른 어떤 순간보다도 미래를 결정하는 데 있어서 더 중요한지 알고 싶습니다.

마: 잉태는 모르는 결에, 자연발생적으로, 그 순간의 세계의 상황은 물론이고 부모의 사진이 찍히는 때입니다.

질: 티베트 불교에서는 (잉태된 지) 석 달이나 넉 달이 지나야 영혼이 자궁 속으로 들어간다고 합니다.

마: 자궁이 무엇입니까?

질: 그것은 제 생각이 아니고, 저는 단지 그것을 전해 드리는 것입니다.

마: 이 현현된 세계 모두가 5대 원소의 한 결합입니다. 우리는 5대 원소 안에 있고, 5대 원소의 일부입니다. 5대 원소 안에서 모든 유희가 벌어집니다.

질: 5대 원소는 언제 태어났습니까?

마: 그 순간에는 시간이 없었습니다.

질: 도저히 (당신을) 이길 수 없군요!

마: 이기려고 하지 마십시오.

질: 시간 속에서든 밖에서든, 누가 5대 원소를 잉태했습니까?

마: 저 1차적 개념, 물라-마야, 환幻의 근원이지요. 이 모든 집과 건물들은 누가 잉태했습니까? 마음의 개념이지요.

1979년 10월 2일, 3일

22
그대 자신을 이해하라

질문자: 다른 사람과 당신의 관계의 질은 당신에게만 달렸습니까, 아니면 양자에 다 달려 있습니까?

마하라지: 양자에 다 달려 있지요. 두 사람이 있다고 그대가 느끼는 것은 전적으로 몸과의 동일시 때문입니다.

질: 꽃들도 관계를 갖습니까?

마: 꽃들도 5대 원소의 기운을 가지고 있고, 저 존재성의 앎은 5대 원소의 기운입니다. 꽃에 물을 주면 꽃들이 즐거워하면서 꽃을 피우지만, 물을 주지 않으면 싫어하고 화를 냅니다. 그러나 우리는 말을 할 수 있지만 그들은 말하는 능력이 없지요.

질: 저는 언어의 의미를 알고 싶습니다. 왜 우리는 말을 하고 꽃들은 하지 않습니까?

마: 꽃들이 자기네끼리 이야기를 주고받는다 해도 그대는 모를 것입니다.

질: 그러면 우리의 언어는 어떤 의미가 있습니까?

마: 우리의 말들은 혼돈을 창조하지만, 그 말들이 갖는 어떤 의미도 찰나적인 것일 뿐입니다. 지속적인 의미는 없습니다.

질: 어린애들은 말을 못합니다.

마: 그래서 그들의 행동이 그대의 행동보다 낫다는 것입니다.

질: 우리가 아이들과 갖는 관계는 어른들과 갖는 관계와 아주 다릅니다.

마: 아이들은 아주 천진하기 때문입니다. 우리는 누구의 아이도 안고 귀여워할 수 있지요.

질: 아이들이 먼저 말하는 법을 배우고 나서 나중에 말하지 않는 법을 배워야 한다는 것이 유감입니다.

마: 말하는 법을 배우는 것은 그 아이의 행복을 위해서입니다. 우리는 금으로 무엇을 만들듯이 아이를 어떤 인간으로 만듭니다. 어떤 때는 금붙이 하나를 만드는 데 드는 수공비가 그 제품의 가치보다 더 높습니다.

질: 저는 예술가들에 대해 알고 싶습니다. 어떤 사람이 무엇을 창조하는 일은 어떻게 일어납니까?

마: "내가 있다"는 저 위대한 앎의 성질이 무엇을 창조합니다.

질: 몸-마음의 개념에서 벗어나지 않고서도 예술가가 될 수 있습니까?

마: 우리가 몸 안에 있다는 것이 예술가에게는 하나의 보조수단입니다. 몸이 그 존재성을 지탱해 줍니다. 그 존재성이 심어진 순간, 이 몸의 형성이 시작됩니다. 세계가 그 존재성을 위해 창조됩니다. 자궁 안에서 그 존재성은 자신이 존재한다는 것을 모릅니다. "내가 있다"는 없어도, "내가 있다"의 원리는

그곳에서 시작됩니다. 모든 일이 모르는 가운데 일어나는데, 그것을 이해하는 것조차도 아주 어렵습니다. 그것은 우리의 이해 범위를 넘어서 있습니다.

질: 우리는 무無가 됩니까?

마: 그대의 무無 안에서 그대는 완전하고, 전체적입니다. 그대의 지각성 안에서는 그대가 불완전합니다.

질: 그러면 우리의 자존심을 포기해야 합니까?

마: 그저 자존심이라고는 전혀 없다는 것을 이해하십시오. 그대는 이제까지 아무것도 한 일이 없다는 것을 깨달으십시오.

몸-마음을 자신과 동일시하면 그대는 분리되고, 누구와도 하나가 아닙니다. 그대가 '내가 있음'일 때 그대는 모든 것입니다. 그대의 이해를 돕기 위해 쁘라끄리띠니 뿌루샤니 하는 개념들을 제공하지만, 실제로는 아무것도 없습니다. 그런 개념들조차 하나의 함정이 됩니다. 첫 번째 함정은 **존재애**지요.

질: 절대자의 영원성이 상대자의 영원성입니까?

마: 절대자는 영원하고, 환幻은 일시적입니다.

질: 그것이 언제 일시적 변화(마야)가 없는 순수한 **절대자**였던 적이 있습니까?

마: 절대자는 늘 있습니다. 우리가 절대자와 마야의 공존에 대해 이야기할 때는 시간이란 것이 없습니다. 절대자는 시간이 한정되어 있지 않습니다. 환幻 너머에는 시간 같은 것이 없습니다. 절대자가 환幻 없이 존재하느냐는 생각은 할 수가 없습니다. 왜냐하면 거기서는 시간이 전혀 존재하지 않기 때문입니다. 이 환幻이 태어나는 데는 10만분의 1초도 걸리지 않는데, 과학자들은 이 세계가 수십억 년이 되었다고 이야기합니다.

질: 제가 **절대자**를 바다로 생각하면, 그 파도들은 바다가 아니지만 그래도 파도들이 여전히 있습니다. 그래서 그런 질문이 떠올랐습니다.

마: 객관 대상인 바다와 이 몸, 환幻을 연구하지 마십시오. 그대 스스로 이해해야 합니다. 바다 속으로 깊이 잠수하면 파도가 어디 있습니까? 바다 밖으로 나올 때 파도가 나타납니다.

행복이나 불행의 느낌, 혹은 "내가 있다"는 느낌이 전혀 없을 때 그대는 **니르구나**(Nirguna)의 상태에 있습니다. 뒤돌아 나오십시오—생각들 이전으로.

◆ ◆ ◆

질: 어느 것이 첫 번째 필름인지 우리가 어떻게 압니까?

마: 첫 번째 필름은 저 지각성이 그대에게 나타날 때입니다. "내가 있다"는 그 앎 속에 모든 것이 들어 있습니다.

질: 그러나 제가 드리려는 말씀은, 우리가 태어났다가 나중에 죽는다는 것입니다. 저는 우리가 지금 그에 대한 기억을 가지고 있는지를 알고 싶습니다.

마: 그대 자신의 앎에 따르면 그대에게 나타난 이 지각성은 첫 번째입니까, 아니면 다른 몇 번째입니까?

질: 저에게는 그것이 첫 번째입니다.

마: 그대가 당연시할 수 있는 것은 그것이 전부지요. 그대가 들었거나 읽은 것은 모두 내버리십시오. 그대 자신이 체험한 것이 무엇인지만 말하십시오.

지난 11생 동안 저를 알고 지냈다고 말한 사람이 있었습니다. 제가 그에게 말했습니다. "그것은 당신의 개념입니다. 저는 당신을 모릅니다." 제가 직접 경험한 것이 아니면 저는 어떤 것도 믿지 않습니다.

질: 도처에 폭력이 있고, 전쟁, 그리고 온갖 끔찍한 일들이 벌어지고 있습니다. 당신께서는 별개이려고 하시면서도 그것과 하나이시군요.

마: 누구도 저 **마야**를 변화시키지 못했습니다. 받아들이거나 배척함이 없이 그냥 지켜보십시오. 해법은 그대가 그대의 **진아** 안에 안주할 때만 있을 수 있습니다. 그대가 어떻게 존재하게 되었는지 탐구하십시오.

질: 저는 제 부모님에 의해 창조되었기 때문입니다.

마: 그 필름 안에서 필름이 그 자신을 알기 시작할 때만 '내가 있습니다'. 그런 다음 그대가 이 모든 것을 알게 되었습니다. 그전에 뭔가를 알았습니까?

질: 아는 게 없었습니다.

마: 바로 그거지요. 그것을 이해해야 합니다. 그대의 질문을 "나는 누구인가?"와 "나는 무엇인가?"로 돌리십시오.

어떤 사람이 매일 아침 5시에 차를 마시는 습관이 있었습니다. 불행히도 그 원리가 3시에 육신을 떠났습니다. 그 죽은 몸이 5시에 차를 달라고 하겠습니까? 그대는 숙고해야 할 영역은 건드리지 않고, 그저 지나가는 국면일 뿐인 다른 온갖 영역들에 대해 알고 싶어 합니다.

질: 그 지知를 얻기 위해서는 우리가 변해야 하지 않습니까?

마: 그대는 변하는 자가 아닙니다. 변하는 것은 그대의 마음이고, 지성이고, 몸입니다. 그대가 여기 와서 제 이야기를 들을 때는 내면을 성찰하고 싶은 마음이 나겠지요. 나중에는 그대의 성품이 변합니다. 듣는 것이 더없이 중요하고, 이런 지혜로운 말들을 들음으로써 점차 마음이 변화합니다.

"내가 있다"는 저 앎은 사랑에서 태어나지만, 환幻이 그것을 워낙 장악해 버려서 '내가 있음'에 대한 사랑이 뒷전으로 밀려났습니다. 그것을 고수하기가 갈수록 어려워졌습니다. 현상계가 없을 때는 그 **사랑**이 전체적이었지요.

질: "내가 있다"는, 의식과 동일합니까?

마: 예, 하지만 저 '내가 있음'은 연료가 지속되는 동안만 존재하겠지요.

질: 그 연료는 궁극적으로 사랑일 수밖에 없습니다.

마: 그렇지요. 그 **사랑**은 일체에 편재합니다. 이 꽃들은 저의 **사랑**의 한 표현입니다. 꽃들이 피어나는 것은 한 개인의 사랑의 표현이 아니라, **사랑**의 보편적 표현입니다.

질: 그 움직임은 어떻게 시작되었습니까?

마: 아무 이유도, 원인도, 목적도 없습니다. 그것은 자연발생적으로 일어나고 있습니다.

질: 마야는 첫 움직임의 시점부터입니까, 아니면 형상이 창조되는 시점부터입니까?

마: 일체가 의식 안에 들어 있습니다. 연극 전체가.

질: 환幻 자체의 출현도 말입니까?

마: 예, 일체가 환幻이지요. 그대가 태어났다는 확신도 하나의 환입니다.

질: 그 환幻의 희생자는 누구이며, 누가 거기서 벗어나겠습니까?

마: 그대가 있다는 앎이 희생자이고, 그것이 해방될 것입니다. 농부가 씨앗을 뿌리고 그 수확물을 거둡니다. 그가 창조하고 그가 소비합니다. 환幻, 마야, 혹은 브라마는 모두 그대의 이름입니다. 누가 해탈하고 누가 속박되느냐고요?

그대일 뿐입니다.

◆ ◆ ◆

질: 제가 명상을 하고 있으면 사고 활동은 아주 적고 그냥 어떤 자각, 아주 고요한 마음 상태가 있습니다. 이 상태는 '내가 있음' 쪽으로 나아가는 것과 관계가 있습니까, 아니면 **의식** 내의 또 한 가지 상태입니까?
마: 그 고요함은 그대의 존재성이 휴식하고 있을 때입니다. 그대는 인도에 왔지만 자신이 호주인이라는 것을 잊지 않듯이, 그대의 실체를 잊지 말아야 합니다. 그런 식으로 확신합니까?
질: 지적으로는 그렇습니다.
마: 지성에 대해서는 이야기하지 마십시오. 그대는 납득합니까? 그대는 자신이 몸도 아니고 마음도 아니고, 누군가가 지어준 그 이름도 아니라는 것을 알고 있습니다. 그대는 **의식**인데, 그것은 형상이 없습니다. 만일 그대가 몸을 자신과 동일시한다면 그대의 성별은 무엇입니까? 그 몸을 떠나고 나면 생명기운과 "내가 있다"는 그 바탕(보편적 의식) 속으로 흡수됩니다. 그러면 남자가 어디 있고 여자가 어디 있습니까?
질: 그것에 대해 명상해야 합니까?
마: **명상**이 아주 필요하지요. **명상** 도중 그대는 "나는 몸-마음이 아니라 스스로 빛을 발하는 **지**知일 뿐이다"라는 개념을 붙들어야 합니다.
질: 삼매(samadhi)란 무엇입니까?
마: 만족입니다. 얻으려 하던 대상을 얻으면 그대는 만족을 느낍니다. 그대가 어떤 이익을 얻고 싶을 때 그것을 얻으면 만족을 느끼지요.
질: 삼매는 **진아**를 이해하는 데는 아무 도움이 안 됩니다.
마: 삼매 안에서의 그 만족의 상태가 **진아**입니다. 그대에게 몸이 없을 때는 완전한 만족이 존재했습니다.
질: 삼매의 만족은 완전한 만족입니까?
마: 그것은 음식기운의 성질이 있다는 하나의 대상적 만족입니다. 음식기운의 성질인 그 지각성이 만족 속으로 가라앉은 것입니다.

모든 **진인**들은 그대 자신의 **진아**를 숭배하라고 말하지만 사람들은 이해하지 못합니다. 그들은 **라마**와 **크리슈나** 등을 숭배합니다. 그러나 이런 **신**들을 숭배하는 과정에서 그대의 **진아**가 싹틉니다.

진인들의 이야기를 듣고 나면 그 사람은 **진아**에 초점을 맞추겠지요. 자신의 일상적 임무를 계속 해나갈 수 있지만, 그의 주의는 **진아**로 향해질 것입니다. 그는 무엇에도 관여하지 않게 될 것입니다. 그 과정에서 점차 그는 **지고자·절대자**를 성취할 것입니다. 그대가 만나는 **진인**, **스승** 혹은 **현인**을 최대한 활용하되, 그대가 무엇인지를 이해하십시오. **진아** 안에서 안정되십시오.

우리는 무지 때문에 계속 마음에 의존해 왔습니다. 마음이 우리의 **스승**이었고, 마음이 우리를 지시하고 인도해 왔습니다. 이제 저는 마음이 제가 아니고 저와 별개임을 이해했고, 이 과정에서 저는 몸-마음과 별개입니다. 설사 내일 제 몸이 떠난다 해도 저에게는 아무 일도 일어나지 않을 것입니다.

질: 스승의 말씀을 들을 때 우리의 태도는 어떠해야 합니까?

마: 아주 수용적이고, **스승**을 사랑하고, 겸손하고, **스승**에게 완전히 순복해야 합니다.

질: 스승과는 얼마나 오랫동안 함께 있어야 합니까?

마: 그대의 **진아**와 함께해야 합니다. **진아**가 스승입니다. 스승의 말씀에 대한 믿음은 살아 있는 믿음이어야 합니다. 생각들은 오고 갈 수 있지만 그 믿음이 동요되면 안 됩니다. '내가 있음' 안에 안주해야 합니다. 그렇게 할 때 그대는 현현된 **스승**과 하나입니다. **참스승**은 이 '내가 있음'이라는 스승이 나타나고 사라지는 것을 지켜보는 자입니다. 우리가 **절대자** 안에 안주할 때 그것이 바로 **참스승**입니다. 처음에는 **참스승**인 어떤 사람이 필요합니다. **진리**를 알고 싶은 충동을 가진 사람들은 반드시 그런 **참스승**을 만나게 될 것입니다.

저의 원래 상태에서는 저에게 어떤 형상도 어떤 생각도 없습니다. 저는 제가 있다는 것을 몰랐지만, 홀연히 또 하나의 상태가 나타났고 거기서 저는 하나의 형상과 "내가 있다"는 생각을 가졌습니다. 이것이 어떻게 나타났습니까? 이런 현현들이 어떻게 일어났는지를 설명해 주는 사람이 **참스승**입니다.

1979년 10월 5일, 6일, 9일

23
명상하는 자를 명상하라

마하라지: 상상이나 관념에 속박되지 말고 그것들로부터 초연할 것이며, 일체가 그 자신의 성품에 따라 일어나게 내버려두십시오. 여러분은 지금 몸-마음의 느낌에 속박되어 있는 것과 마찬가지로 이 대상 세계 안의 관계들에 의해서도 속박되어 있는데, 그 속박은 실로 아주 심각한 것입니다. 내면의 **진아**가 가진 참된 시각은 **자유**이며, 그것은 여러분의 것입니다.

내면에 있는 **진아**는 온통 하늘의 텅 빔입니다. 여러분은 자신에게 나타난 **의식**을 통해서 이 대상 세계를 봅니다. 여러분이 깨어 있다는 앎과 함께 세계가 온갖 대상적 그림들로 가득 차 있는 것을 보지만, 그것들은 여러분 안에 있습니다. 깊은 잠 속에서는 어떤 그림도 없고 어떤 대상적 광경도 전혀 없습니다. 이 대상 세계의 창조에는 원인이 없습니다. 그것은 자연발생적으로 나왔지, 누가 무슨 행위를 한 것이 아닙니다. 저 **의식** 자체가 그것을 자각하는 자에게 말해줄 것입니다. 그것이 여러분이 보는 전부라고 말입니다.

이것을 이해하기는 아주 어렵습니다. (개인적) **의식**이 **보편적 의식**에 의해서 주시되고 있다는 것을 깨달은 사람은 **궁극자**(the Ultimate)에 도달한 것입니다. 그러나 대다수 사람들은 "내가 있다"는 현현된 앎에 감싸여 있습니다.

세계가 내 안에 있지, 내가 세계 안에 있는 것이 아닙니다. **바가반**[신]은 이 현현된 세계이기도 한 그 **빛**입니다. 저는 그 **빛**을 깨달았지만 그 **빛**에 의해 속박되지 않고, 그 안에 있지도 않습니다.

그것은 거기서 현상계가 관찰되는 상태입니다. **이스와라**[하느님] 상태는 이 현상계에 대한 주시하기가 일어나는 곳으로서, **절대자** 영역으로 들어가는 경계선이자 존재로부터 비존재로 들어가는 **니르구나**의 시작입니다. 그것이 **절대자**의 시작입니다. 그것은 '내가 있음'이 아닙니다. **절대자**는 말을 할 수 없지만, 이 대담은 그것에 관한 것일 뿐입니다.

저는 이 **진리**를 추구하는 어떤 방법도 가지고 있지 않습니다. 기껏해야 저는 여러분의 생명기운을 정화하라고 말하겠지요. 여러분은 **나마 만트라**(Nama Mantra)13)에 대해 명상하라는 말을 듣게 될 것입니다. 그뿐입니다. 다른 모든 것들은 자연발생적입니다.

나마(nama-이름)를 염한다는 것은 어떤 의미가 있습니까? 그것은 원초적인 음악입니다. 이 **나마 만트라**의 곡조를 노래하십시오. 그 과정에서 자신의 자아를 상실하고, 날뛰는 모든 생각들이 사라집니다.

질문자: 이 현상계가 저 자신인데, 제가 그 안에서 어떤 향상을 가져올 수 있습니까?

마: 몸-마음에 집착할 때는 그대가 현상 세계에서 분리되고 별개의 개체들을 보게 됩니다. 그 상태에서는 그대 자신이나 남들을 향상시키고 싶은 온갖 욕망을 갖게 될 것입니다. 그 다음 상태는 '내가 있음'인데, 여기서는 모든 행위가 나 자신이고 현현된 모든 사물이 나 자신입니다. 그 상태에서는 향상시키고 말고가 없습니다. 그대가 그냥 현상계이고, "나는 일체다"입니다. 그 다음은 **불생**不生(Unborn)의 상태인데, 여기에는 "내가 있다"를 이해할 어떤 존재성도 없습니다. 그것이 최고의 경지입니다.

제가 저 자신을 산야시(sanyasi)[출가승]라고 부르는 순간, 저 자신을 조건 짓기 시작합니다. "나는 헝클어진 머리를 하고 있어야겠다", "탁발을 해야겠다", "이것은 먹지 말아야겠다"는 식으로 말입니다. 그래서 저는 어떤 포즈도 취하지 않습니다. 누가 음식을 주면 이 몸이 즐기는 어떤 음식이든 먹고, 그렇지 않은 것은 내버려둡니다. 이것은 좋고 이것은 싫다—그런 것이 아닙니다. 그대의 첫째 단계는 존재성입니다. "내가 있다"는 그 앎을 끌어안고, 그것이 되십시오. 저는 저의 가장 친숙한 비결들을 이야기하려는 것입니다. 꿈 세계가 청하지 않았는데도 나타났고 그대가 그것을 지켜보듯이, 이 세계도 청하지 않았는데 나타났고 그대는 그것을 지켜보아야 합니다. 그저 지켜보십시오.

자연발생적으로, 모르는 결에, 그대의 존재성이 나타났습니다. 알면서는 그대가 "이제 내가 있게 된다"고 알지 못하고, '내가 있음'이 형성되고 난 뒤에

---

13) T. 마하라지가 속한 나브나트 삼쁘라다야(Navanath Sampradaya)에서 전승되는 만트라. 이 만트라는 우리의 실체를 가리키는 진정한 이름(Nama)이라는 의미에서 '나마 만트라'로 불린다.

야 "내가 있다"는 것을 압니다.

질: 저의 일상적인 가정적 임무를 계속 해나가도 됩니까?

마: 온 정성을 다해 그것을 해나가되, 다만 제가 말해준 것을 이해하십시오. 그것을 참으로 이해한다면, 그것을 기억하고 숙고하십시오. 어떤 특별한 명상도 필요치 않습니다.

생명기운이 마음 흐름의 원인입니다. (이 수행이 진전되면) 잠잘 때를 제하고는 그것이 지속적으로 장악됩니다. 우리가 무슨 영적인 행위를 한다고 생각하면서 겉으로 어떤 의식을 거행하고 큰 소리로 찬송을 할 수도 있지만, 마음은 그 찬송 따위에 집중되지 않고 다른 무엇을 생각하고 있습니다.

질: 어떤 사람이 자신이 하는 일을 전적으로 즐기고 있을 때는 '나'라는 느낌이 없습니다.

마: 존재성은 마음의 습層에 완전히 몰입해 있지만, 저 비존재의 상태는 그것을 지켜볼 뿐입니다.

그대가 있고 세계가 있다는 것을 그것에 의해 알게 되는 그 원리를 명상하십시오. 그것은 이 현상 세계의 근원 자체입니다. 모든 행위는 생명기운에 의해 수행되는데, 생명기운의 언어를 마음이라고 합니다. **만트라** 염송하기, 곧 **염송**念誦(Japa)은 생명기운에 의해 수행되며, 이 존재성은 생명기운의 그 행위들에 대한 주시자일 뿐입니다. "내가 있다"는 메시지는 **주시자**에 불과하고, 생명기운이 모든 활동을 촉발합니다. 이 두 가지 개체를 지탱하는 것은 음식-몸, 음식기운입니다. "내가 있다"는 얇은 필름, 곧 운명입니다. 결국 우리의 운명이란 것이 무엇입니까? 그것은 저 탄생 화물化物(birth chemical), 그 안에 일체가 기록되고 그 안에서 일체가 일어나는 저 필름입니다. 여기서 '그대'는 어디 있습니까? '내가 있음'은, 일어나게 될 일체가 그 안에 기록되는 하나의 화물化物입니다. 이것을 깨달을 때, 그대는 자신이 한 개인이 아니라는 것을 이해할 것입니다.

◆ ◆ ◆

마: 그대들은 인도를 함께 돌아다니고 있습니까?

질: 예. 저희들 중 몇 명은 하타 요가를 공부해 왔고, 저희는 또 스리 라마나스라맘에 가서 명상도 했습니다.

마: 둘씩 혹은 몇 명씩 다니면 재미는 있겠지요. 진정한 탐구는 홀로 하는 것입니다. 여러분이 하타 요가에 통달하고 싶으면 다른 데로 가야 합니다. 명상을 하려면 라마나스라맘으로 돌아가십시오. 거기는 아주 좋은 곳입니다. 여기서 우리는 하타 요가가 아니라 지知-요가(Jnana-Yoga)를 합니다.

질: 하지만 마음 제어하는 법을 배우는 것은 도움이 되지 않습니까?

마: 아뜨만이 존재할 때만 마음이 있습니다. 마야는 아뜨만의 언어입니다.

질: 아뜨만은 생각하는 자입니까?

마: 아뜨만은 지켜보는 자입니다. 마음과 생기(prana)는 활동자일 뿐입니다.

질: 그것들이 하나가 되기는 합니까?

마: 그대는 자신을 몸이라고 생각하기 때문에 그것들을 별개라고 생각하지요.

질: 업(karma)의 지식은 어떻습니까?

마: 그대가 가지고 있는 모든 에너지가 업이지만, 그것은 아뜨만이 아닙니다.

질: 인간은 늘 자신이 모르는 어떤 것의 화현입니다.

마: 그것은 음식-몸에 지나지 않습니다. 마음과 몸-의식 때문에 그런 개념들이 떠오르는 것일 뿐입니다.

질: 마음과 진아가 다릅니까?

마: 하나지요.

질: 죽음이란 무엇입니까?

마: 죽음에 대한 공포가 존재할 뿐, 죽음이라는 실제 경험은 없습니다. 그대에게 출생의 경험이 없듯이, 그대에게 죽음의 경험은 없습니다. 죽음에 대한 공포가 있을 뿐.

질: 죽음의 경험이란 어떤 것입니까?

마: 휴식이지요.

질: 우리는 죽는 경험을 합니까?

마: 죽음의 경험은 아닙니다. 기껏해야 거기 누워 있는 시신 하나를 볼지 모르지만, 그대는 (그 시신을) 여기서 지켜봅니다.

질: "나는 누구인가?"를 알아내려고 할 때면, 오래지 않아서 다른 생각들이 들어옵니다.

마: 그 생각들을 누가 압니까?

질: 제가 압니다.

마: 그대가 그 생각들을 아니 그대는 그 생각이 아닙니다. 그 원리(존재성, 곧 "내가 있다")가 존재하지 않는다면 누가 생각을 가질 수 있겠습니까?

질: 생각에서 벗어나 있으면서도 동시에 통찰력을 가질 수 있습니까?

마: 생각에서 벗어나 있으면서 다른 어떤 것에 대한 통찰력을 갖고 싶어 하는 것은 누구입니까? 그 '나'가 누구입니까? 그대는 그 생각보다 먼저이니, 그 근원으로 돌아가야 합니다.

이런 대화를 숙고할 때 그것을 명상이라고 할 수도 있지만, 실제 **명상**에서는 명상자를 명상하고 내관자를 내관해야 합니다. 그렇게 하면 그대가 누구인지를 알게 됩니다. 누구와 의논할 것도 없이 그것을 깨닫게 됩니다. 세간적 삶에서는—영적인 추구에서도 그렇지만—그대가 늘 어떤 사람과 의논하고 싶어 하지요.

질: 우리의 정상적인 세간의 일상생활 속에서, 우리의 '내가 있음'이 **절대자** 안에 합일되는 것이 가능합니까?

마: 가능하지 않지요. 그래서 저 모든 위대한 화신들이 **대삼매**大三昧에 들었습니다. 대삼매란 그 존재성이 **절대자** 속으로 합일했다는 뜻입니다.

질: 저는 하타 요가를 하면 집중이 훨씬 잘 되고 몸이 가볍게 느껴집니다. 저는 그것이 저한테 좋고, 그것을 할 필요가 있다고 느낍니다.

마: 그대의 **진아**를 알기 전까지는 그대에게 무엇이 필요하고 무엇이 필요하지 않은지 모를 것입니다. **진아**를 아는 그 순간까지는, 그대가 무엇을 하든 다 쓸모없습니다. 그대는 몸뚱이가 남겨질 거라는 것을 아는데, 누가 그 몸을 떠나게 됩니까? 그것을 생각해 보십시오.

질: 그 말씀은 이 동일시가 하나의 장애물이란 뜻입니까?

마: 그렇지요. 장애물은 그 (동일시) 개념뿐입니다.

질: 우리는 이 개념을 어떻게 얻었습니까?

마: 아이는 엄마에게서 "우리가 부모다," "너는 아들이다," "너는 이런 식으로 행동해야 한다"는 등을 위시한 첫 가르침을 듣습니다. 그때까지 그의 욕구는 신체적인 것뿐이었고 자기 자신에 대해서는 아무것도 몰랐습니다. 나중에는 학교 선생님이나 다른 가족 구성원 등에게서 가르침을 받습니다. 그가 무엇을 알게 되든 그것은 모두 남들이 말해준 것입니다. 그 개인은 다양한 개념들을 받아들이고, 그것을 남들과 함께 논의합니다. 그러나 늘 존재하면서 이 모든 것을 인식하는 저 원리에 대해서는, 누구도 거의 생각해 보지 않습니다.

이 앎이 최초의 앎이고 모든 개념의 기초입니다. 앎이란 그것에 주어진 하나의 이름에 불과합니다. 그것은 아무 이름도 형상도 없습니다. 그것이 모든 지각의 근원입니다. 그것에게는 어떤 평안이나 고요함도 필요 없습니다. 그것 자체가 **평안**이자 **고요함**이기 때문입니다. 이원성이 없는 이 기본적인 **고요함**의 원리 안에서는 어느 때건 아무 변화도 일어나지 않습니다. 이 기본 원리는 어떤 상태도 넘어서 있습니다. 우리가 감각기관을 통해 지각하는 모든 것은 **의식** 안의 한 움직임일 뿐인데, 이 **의식**은 생시와 잠의 상태가 존재할 때 존재합니다. 이들 상태에서 일어나는 모든 일은 찰나적인 것에 불과합니다.

의식 그 자체가 **신**이고, 저 존재성, 곧 **의식**에 의해서만 모든 현상계, 모든 창조계의 비밀이 그대에게 드러납니다. 다른 무엇도 그렇게 드러나지 않을 것입니다. 다른 모든 것은 하나의 개념일 뿐입니다.

이 기본 원리가—존재성, 곧 **의식**에 대한 이 기본적인 앎이—그 자신의 비밀을 드러내어 그대가 그것과 친숙해지기 전까지는, 그대가 갖는 어떤 지知도 개념에 기초한 것이고 참되지 않습니다. 그런데 모든 지知의 **근원**인 이 기본 원리조차도 시간이 한정되어 있습니다. 이 **의식**은 그대 자신의 존재에 대한 지知뿐만 아니라 세계에 대한 지知도 가져다줍니다. 그리고 몸이 사라지면서 이 지知가 사라지면, 자기 자신이나 세계에 대한 어떤 지知도 없습니다.

'나'가 어떻게 아무 노력 없이도 생겨났는지에 대한 비밀스러운 지知는, 이 **의식-존재성**에 의해서만 드러날 것입니다. 그대에게 영적인 지知를 전해주는 어떤 **스승**도, 그 지知의 기초를 자신의 개념에 두면서 그것을 **진리**라고 여길 수 있습니다. 그 개념이 탁월할지는 모르지만, 그래도 그것은 하나의 개념이고, 그것을 통해 그대가 무엇을 이해하려고 하든, 그것은 오래가지 않을 것입니다.

제가 이 씨앗('내가 있음')을 통해 이 지知를 설명하고 있다는 것이 놀랍습니다. 고행을 하는 대단한 요기들과 무니들(munis-성자)은 그것을 받지 못합니다. 왜냐하면 그들은 뭔가 아주 대단한 것을 얻을 생각으로 어떤 개념들을 붙들고 있기 때문입니다. 겉으로는 진아 깨달음을 위해 고행을 하고 있는 것처럼 보이지만, 그 과정에서 얻는 것에 아주 만족하여 거기에 안주해 버립니다.

질: 이제 당신께서 말씀하신 것을 이해했습니다. 그래서 제가 이것을 공부하여····.

마: 공부라는 것은 무슨 뜻입니까? 그것은 그대가 개념들을 기억하려고만 한다는 뜻입니다. 제가 하는 말은 그대가 개념에서 벗어나야 한다는 것입니다. 개념들을 도끼로 내려치십시오. "내가 있다"는 개념을 포함해서 말입니다

질: 우리가 그런 개념들을 제거하여 진리를 알 수 있기 위해 필요한 어떤 노력들(수행법)이 있습니까, 아니면 그것이 저절로 일어납니까?

마: 그것은 자연발생적이지요. "내가 깨어났다"는 개념 자체가 환幻의 뿌리입니다.

질: 그러니까 어떤 노력도 없어야 하고, 그저 있는 그대로 그것을 받아들여야 하는군요?

마: 백만 명 중 한 명이나 이것을 받아들이겠지요. 다른 사람들은 뭔가를 얻고 싶어 합니다.

질: 어떻게 해야 우리가 마음의 흐름에서 벗어납니까?

마: 이 마음이란 것들은 생기에서 나와서 제 안에서도 흐르지만, 저는 그것을 받아들이지 않습니다. 무지한 사람이 어떤 인상을 받아들이는 순간, 그는 그것을 자기 장부에 올리고 자기 일기장에 기록합니다.

1979년 10월 13일, 14일

24
태어나거나 죽는 어떤 존재도 없다

마하라지: "내가 있다"는 이 앎은 사랑에서 나왔고, 그 사랑은 존재 안에서 나옵니다. (태어나서 처음) 이 앎이 진아에게 다가왔을 때는 지극히 행복하지만, 그 아이가 두세 살이 되고 나면 점차 '나'와 '내 것'에 개입하고, 갈수록 "내가 있다"는 기쁨을 놓치게 됩니다. 이런 모든 개입의 결과, 그는 자기가 태어났고 죽게 될 거라는 결론에 도달합니다.

이 앎이 그대에게 나타나면서 그대는 많은 죄와 탄생의 짐을 짊어집니다. 피고인이 법정에 서 있고 25년간 힘든 징역에 처해진 다음 26년째에 교수형을 당합니다. 그런데 그는 유죄를 자인하고 있지요! 그대 자신을 철저히 점검해 보십시오. 그대가 하나의 몸-마음인지, 과연 태어났는지, 그대는 누구인지, 그대는 무엇인지 말입니다. 그대 스스로 알아내십시오. 그대가 태어나기 전에는 아무것도 없었고, 어떤 형상을 받는다는 생각도 없었습니다. 그 형상은 어머니가 그대를 그대 자신에게 소개한 뒤에야 알게 되었습니다. 이 점검을 통과하고 나면, 죽음에 대한 어떠한 생각도 그대에게 나타나지 않을 것입니다.

질문자: 이 앎, 이 지각성은 무엇입니까?

마: 이 앎은 몸이 소화한 음식의 기운입니다. 그것은 몸만큼이나 물질적이며, (언젠가) 사라질 것입니다. 마치 이 불이 (언젠가) 꺼질 것이듯이 말입니다. 우리가 다음 달에도 살아 있으려면 우리 몸에 음식을 공급해야 하지 않습니까? 상한 음식이 좀 있다 합시다. 그것을 놓아두면 시큼해졌다가 나중에는 그 안에서 구더기와 벌레들이 생겨나겠지요. 그 구더기와 벌레들에게 생명을 주는 것은 그 음식 아닙니까? 그것은 무엇을 말해줍니까? 그 벌레에게서 나타난 생명력은 음식기운이라는 것입니다. 생명을 주는 그 힘은 이 음식기운 안에 있고, 음식기운 자체가 그것의 음식입니다.

질: 지금까지—만약 그것이 바로 여기서 공기 중에 떠돌고 있고 더 나아가

지 않고 있다면―마하라지께서 하신 말씀은, 음식과 관련되는 어떤 자기장磁氣場 같은 것이 하나의 "내가 있다"로 조직화되는 듯한 인상을 줍니다. 달리 말해서, 당신께서 음식의 어떤 실체를 설정하셨는데, 그 안에 하나의 "내가 있다"를 구성하는 어떤 장場이 들어 있다는 것입니다. 그것이 저희들에게 이해시키려고 하신 취지는 아니라고 생각하지만, 그런 식으로 들립니다.

마: 저 몸이 무엇입니까? 원소들, 대지, 그리고 식물로부터 하나의 몸이 형성됩니다. 그렇지 않습니까?

질: 그렇습니다.

마: 그것을 벗어나서 그대는 어디에 있습니까?

질: 제가 어디 있는지 모르겠습니다.

마: 설탕 한 알갱이를 봅시다. 설탕은 사탕수수의 정수입니다. 그것은 단맛뿐입니다. 그대가 설탕 맛을 보지만 그대는 설탕이 아닙니다. 그 단맛은 어떻게 됩니까? 그것에 어떤 형상이 있습니까?

질: 그럴 가능성은 늘 있습니다.

마: 그 맛이 사라지고 나면 그것이 천당으로 갑니까, 지옥으로 갑니까? 아무 데도 가지 않고 그대 속으로 합일되었습니다.

질: 아까 마하라지께서는 '내가 있음'이 5대 원소에서 생겨난다고 말씀하셨습니다. 5대 원소도 "내가 있다"에서 생겨나지 않습니까?

마: 그렇지요, 그것은 하나의 악순환입니다. 그것을 이해하고 거기서 빠져나오십시오. 만일 음식-몸이 존재하지 않으면 그대는 그 음식-몸이 소진되기 전의 그 무엇으로 있겠지요. 의식, 세계, 그리고 이 현상계는 '그대가 있다'는 한 표현입니다.

결론은 이렇습니다. 이 모든 것을 이해하되 개입하려 하지 마십시오. 무수한 예언자들과 사회사업가들이 왔다 갔지만, '존재하는 것'을 그들이 바꾸지는 못했습니다. 이것은 **마야**의 유희입니다. 이 모든 것은 무無에서 일어났고, 그 상태로 돌아갈 것입니다.

이 '내가 있음'은 5대 원소의 산물이고, '내가 있음'이 다시 5대 원소를 창조합니다. 그러니 우리가 그것을 어떻게 파괴하겠습니까?

질: 파괴하지 못합니다. 그것을 그냥 넘어서야 합니다.
마: '내가 있음'은 그 유희의 일부입니다. 그대는 '내가 있음'보다 먼저입니다.

◆ ◆ ◆

마: 오늘날 이 세상의 온갖 놀라운 기계적·기술적 발명품들을 누가 만들었습니까? 아이가 자기 가슴속에 이 모든 지知의 잠재성을 가지고 있었고, 그가 원한 어떤 재료든 5대 원소에 의해 공급되었습니다. 그 아이가 그것을 가지고 창조한 것이 오늘날 우리가 세상에서 보는 것들입니다. 어머니의 자궁에서 나온 그 무지가 수많은 지知를 낳습니다.

아르주나는 **스리 크리슈나**가 보여준 그 대단한 우주적 형상을 어디서 보았습니까? 자기 심장 속의 저 원자같이 작은 **의식** 안에서 보았습니다. 누가 크리슈나와 아르주나로 행위했든, 그대가 있습니다.

질: 그 말씀이 좋습니다.
마: 그대는 이 말을 받아들일 준비가 되어 있습니까?
질: 예.
마: 우리가 비위를 맞춰주어 일이 우리 뜻대로 이루어지게 할 별개의 어떤 신도 없습니다. 그대는 아무것도 하지 않고도 "내가 있다"는 앎을 가졌습니다. 무한한 용기, 대장부다움, '그대가 있다'는 확신―그것이 **이스와라요**, 그것이 **그대**입니다. 저는 그대의 시작 없는 존재에 대한 가르침을 그대에게 드리고 있지만, 그대는 저 원숭이 형상 안에 있는 것을 더 좋아합니다. 그 형상을 떠날 준비가 되어 있지 않습니다.

그대의 목표는 무엇이며, 목적은 무엇입니까? 그대의 목적은 그대의 개인성, 그대의 인격을 유지하는 것이고, 그대의 모든 욕구를 충족하는 것입니다.

여기 이분은 자신과 자신의 모든 가족이 건강하기를 바라고 저를 찾아옵니다. 그것이 그녀의 목표이지, **진아지**가 아닙니다. 가족들은 이 작은 결과를 얻겠지만, 이 더없이 중요한 결과, 이 **궁극자**는 얻지 못할 것입니다.

이 세상에는 태어나거나, 살아가거나, 죽는 어떤 존재도 없습니다. 그런 어떤 것도 없습니다. 그것은 **의식** 안에서의 유희일 뿐입니다.

질: 사람들이 신을 믿으면 죽은 뒤 어떻게 됩니까?
마: 평화로운 죽음을 맞이하지요. 그들은 **신**이 오는 것을 보고, 그런 다음 그냥 사라집니다.
질: 천당과 지옥의 개념은 어떻습니까?
마: 그대가 가지고 있는 어떤 개념도 실현되겠지요.
질: 음식-몸 없이 그 개념들이 어떻게 살아남을 수 있습니까?
마: 저 '내가 있음'은 즉시 소멸되지 않습니다. 미세신微細身 형태로 한동안은 존속합니다. 몸-형상은 사라졌지만 미세신 안에 있는 욕망들은 해소되지 않습니다. 그 의식은 음식기운이 조금이라도 남아 있는 한 지속됩니다. 스리 크리슈나가 말했습니다. "나는 이 다양한 존재들을 이 환幻이라는 기계 위에 얹었다. 그들은 기계적으로 빙빙 돌아가고 있다." 이 모든 존재들을 움직이게 하는 그 기계적 운동력이 **마야**이고, "내가 있다", "나는 사랑한다"입니다.

이 **사랑**의 성품은 존재하려는 욕심, 큰 애호, 강렬한 욕망입니다. 우리가 삶을 얼마나 열렬히 좋아합니까. 그것이 **원초적 마야**—"나는 존재하고 싶다"입니다.

이 원리가 그런 형태를 취했다는 것은 경이롭기 그지없는 일이지만, 그대는 그것을 즐기면서 그것을 '나'라고 바라보고, 그것을 몸에 국한시키고 있습니다. 이제 우리는 이 형상을 취한 그 원리가 누구인지를 알아내야 합니다.

1979년 10월 21일, 22일

25
진아의 힘을 낭비하지 말라

질문자: 사람들이 저를 찾아와서 마하라지님의 가르침에 대해 묻습니다. 어떻게 대답해야 합니까?

마하라지: 그 대답을 알면 얼마든지 대답해 주되, 자신을 남보다 나은 사람으로 여기지는 마십시오. 그 사람이 피상적인 관심만 가졌다면 즉흥적 답변을 해 주십시오. 그러나 이해하려는 진지한 의도가 있을 때는—그 사람이 몹시 알고 싶어 할 때는—그 질문을 놓고 그 사람과 토의를 하십시오. 가슴에서 우러나는 진정한 관심이 없는 사람에게 올바른 지知를 전해주면, 그 사람과 그의 이야기를 전해 들을지 모를 다른 사람들에게 피해를 주게 될 것입니다.

질: 제가 **진아**를 설명할 수 있을지 모르겠습니다.

마: 우리가 사물을 지각하지만, 지각을 가능케 하는 그 원리가 곧 우리라는 것을 이해해야 합니다. 보통 개인은 자신이 보거나 지각하는 그 무엇과도 자신을 동일시합니다. 그대가 여기에 존재하는 근본 원인을 이해해야 합니다. 그대의 탄생은 기본적으로 자궁과 연관되는데, 그 전 과정을 분명히 이해해야 합니다. 자칭 **구루**라고 하는 많은 사람들은 이것을 진정으로 깨닫지는 못했습니다. 그들은 전승되는 말로 사람들을 가르칩니다. 무엇을 들으면 그것으로 이야기를 풀어나가지만, 그 문제의 뿌리로 돌아가지는 않습니다. 자신의 관념과 개념에 따라 다양한 종교를 창시한 다수의 예언자들이 있었습니다. 이런 종교들은 여러 가지 계율을 정하여 "'이것을 하라", "저것을 하지 마라"고 합니다. 이런 '하라'와 '마라'들이 있다고 해서 사람들의 기본적 본능에 무슨 변화가 있습니까?

한 힌두교도가 소에게 돌을 던져 소가 죽습니다. 그 힌두교도는 자신의 종교 때문에, 자기가 큰 죄를 지었다고 생각합니다. 한편 다른 종교의 사람들은 소를 도살하여 그 고기를 먹습니다. 그들에게는 아무 죄가 없습니다. 도살자와 그 가족들은 아주 행복하고, 잘도 삽니다! 그들은 죄에 영향을 받지 않습니다. 힌두교도는 자신의 죄를 씻기 위해 전통적 의식을 거행하겠지요. 이런 여러 가지 전통적 규범 속으로 들어가지 마십시오. 뿌리로 나아가십시오.

잉태되었던 자궁에서 벗어나고, 그대가 태어난 그 씨에서 벗어나십시오. 잉태될 때 그대의 존재성은 잠재적인 상태에 있는데, 그것이 있음으로 해서 태아 안에서 그 몸의 형성이 일어납니다. 그것이 그대입니까?

그대는 정신적으로 그렇게 안정되어 있지 않습니다. 저는 이야기를 할 때마다 그대가 **근원**으로 나아가 주기를 바라는데, 그대는 그러지 않고 앞으로 나갑니다. **근원**을 지각하지 못합니다. 질문은 할 수 있습니까?

질: 그 첫 번째 몸은 어떻게 만들어졌습니까?

마: 처음이든 마지막이든, 과정은 동일합니다.

질: 만일 시작이 없다면 그것은 아무것도 없다는 것을 뜻합니다. 아무것도 시작하지 않았고, 아무것도 끝나지 않습니다.

마: 여기서는 언어적 답변을 얻지 못할 것입니다. **근원** 안에 거주하십시오. 거기서 안정되면 답변을 얻게 될 것입니다.

쁘라끄리띠(Prakriti)와 **뿌루샤**(Purusha)라는 이 두 원리에서, **뿌루샤**는 정지해 있는 것을 뜻하고 **쁘라끄리띠**는 움직임입니다. 그들은 몸도 없고 형상도 없습니다. 우리는 바로 허공에서 시작되는데, 허공은 안정되어 있고 (허공에는) 공기의 흐름, 곧 **쁘라끄리띠**가 있습니다. 그래서 **쁘라끄리띠**의 투사投射가 거기서 시작됩니다. 공기와 하늘 사이에서 마찰이 있고 그 마찰에서 열이 나오는데, 이 열(불)이 가라앉으면 물의 형태로 스며 나옵니다. 그 물이 비로 내리고, 그것이 안정되는 곳에서 흙의 형성이 일어나며, 흙에서 식물의 발아가 일어납니다.

그것은 모두 **쁘라끄리띠**와 **뿌루샤**의 유희입니다. 그것이 대지와 식물의 단계에 이를 때에야 몸·형상·모습들의 형성이 일어납니다. 그런 다음 다양한 벌레·짐승·인간들이 태어납니다. 그러나 그 모든 형성은 허공 안에서 이미 정해져 있었습니다. 운명은 허공 안에서 이미 결정됩니다.

허공 안에서 **뿌루샤**와 **쁘라끄리띠**의 접촉이 있고, 그 최종적 완성은 인간·짐승들의 몸이 창조되는 것입니다. 힌두 신화에 따르면 8천 4백만 가지 종種이 있다고 합니다.

질: 그 창조를 일어나게 하는 것은 무엇입니까?

마: 그것은 실재하지 않지만, **마야**의 영역에서는 실재합니다. 이 모든 게임을 이해하고 거기서 빠져나오십시오.

질: 만약 그것이 실재하지 않는다면 왜 우리가 그것을 이해해야 합니까?

마: 그렇게 해서 그대가, 이 형상을 가진 것이 얼마나 부질없는지를 이해하

게 됩니다. 탐구의 과정에서 그 어느 것도 그대가 아니라는 것을 발견합니다. "나는 **쁘라끄리띠**와 **뿌루샤**의 일과 무관하다"고 깨달을 때, 그대는 즉시 해탈할 것입니다.

질: 자궁 속의 저 생명 원리가 어떻게 '나', 곧 저의 존재성일 수 있습니까?
마: 그대의 탐구는 더 거친 상태에서 시작됩니다. 그래서 이 '나'와 '내 것'이라는 문제가 일어납니다. 그 전체 과정을 이해하십시오. 이 우주적 과정 속에서 그대가 정말 그 환幻들 중 하나입니까?

질: 어떻게 하면 그 순환에서 빠져나옵니까?
마: 우리는 별개 아닙니까? 그대는 거기 있고 저는 여기 있습니다. 이것은 **쁘라끄리띠**와 **뿌루샤**의 우주적 유희라는 것을 아십시오. 그대는 그것이 아니고, 그 안에 있지 않습니다. 간단한 논리지요. 그대의 친족 한 사람이 죽어 그의 몸이 화장된다고 합시다. 그 친족이 화장됩니까? 시신이 화장됩니다. 그는 그 몸이 아닙니다. 생명기운도 그 몸을 떠났습니다. 그는 생명기운이 아닙니다.

어떤 사고가 나서 수백 명의 사람들이 죽었다고 합시다. 그대는 둘도 없는 친구가 거기에 포함되었다는 이야기를 들었습니다. 그래서 현장에 가서 물어봅니다. 친구가 거기에 들어 있지 않은 것을 알면 금방 즐거워하며 걱정에서 벗어납니다. 마찬가지로, 이 전 과정을 탐구해 보면 그대가 그 안에 있지 않다는 것을 발견할 것입니다. 그러면 그 순환에서 벗어납니다.

질: 세계와 **신**의 수많은 끌림 요인들(attractions)이 있습니다.
마: 세계의 끌림 요인들을 왜 걱정합니까? 그대가 있을 때만 세계와 **신**이 있습니다.

결국 우리가 알아내야 할 것은 이 존재성이 무엇에 기인하느냐는 것입니다. 존재성이 음식기운의 산물임을 일단 이해하면, 그 존재성이 그대일 수 없다는 것을 압니다. 명상을 할 어떤 대상도 없습니다. 어떤 사람이 자신의 **진아** 외에는 달리 아무것도 없다는 결론에 도달하고 나면, 그가 누구를 숭배하겠습니까? 저 **하나**가 일체一切입니다.

질: **하나**가 있을 뿐이지만, 그것은 풍부하고 다수입니다.
마: 그대는 잘 알면서도 그것에 대해 등을 돌렸습니다. 누가 **진인**이 되면 그

는 절대자와 하나이지만, 몸에 관한 한—몸에 일어나는 일과 그 몸의 행동에서는—일체가 다른 진인의 그것과는 다를 것입니다. 진인에게는 아무 계획이 없습니다. 그는 한 개인이 아닙니다. 그는 그 몸이 어떻게 행위하게 될지에 대해 신경 쓰지 않습니다.

질: 진인 앞에서 하는 참된 절(prostration)은 어떤 것입니까?

마: 그대는 저를 진인이라고 생각할지 모르지만, 저의 견지에서는 제가 보는 모든 것이 그냥 아이들 장난입니다. 전체가 다 그렇습니다. 세계의 존재와 세계에 대한 지知는 아이들 장난입니다. 이 아이는 여든 세 살인데, 이것은 그 아이의 환幻의 장난입니다.

지금 진행되고 있는 게임은 무엇입니까? 어린애가 태어났는데, 나이는 그 어린애에게 해당되지 저에게는 해당되지 않습니다. 10만 명 중에서 겨우 한 명이나 제가 베푸는 이 지知를 정말로 이해할 것입니다. 대다수는 자신의 몸 느낌을 놓아버리지 않습니다.

이런 모든 이야기는 엄마와 아이 간의 놀이와 같습니다. 그냥 즐거울 뿐, 거기에 실제적 의미는 없습니다. 아이는 그저 현재에, 그 순간 동안 살고 있고, 아무 걱정도 책임도 없습니다. 설사 그가 여든 세 살이라 해도, 같은 일이 벌어집니다.

지각을 가능케 하는 이 의식이 아뜨마(아뜨만)입니다. 그 의식을 아는 것은 브라만입니다. 저는 매일 똑같은 주제에 대해 이야기하는데, 문제는 여러분이 무엇을 들으면 그것을 잊어버린다는 것입니다.

◆ ◆ ◆

마: 태어나서부터 무엇이 몸을 성장시켰습니까? 세간의 어떤 힘도 아닙니다. 그것은 존재성, 원자, 진아, 의식—뭐라고 불러도 되는 어떤 것의 힘입니다.

다양한 종교들이 신을 기쁘게 하기 위한 다양한 방법들을 제시했지만, 원초적이고 순수한 숭배 형태는 진아에 대한 숭배입니다.

통치자와 왕들이 겉보기에 아주 평범한 사람들의 발아래 엎드리곤 했습니다. 겉보기에 평범한 그런 사람들이 무엇을 가지고 있었기에 힘 있는 통치자들이 그들의 발아래 엎드렸습니까? 이 진아에 대한 지知입니다.

많은 사람들이 많은 돈을 벌고 세간적 권력을 얻은 다음 그것을 잘못 써서 결국 둘 다를 잃고 가난하게 삽니다. 어떤 사람들은, 예컨대 거지들은 찰나적인 것만 달라고 비는데, 그들은 거지로 남습니다.

누구나 진아의 힘을 가지고 있지만 어떻게 됩니까? 그 모든 힘이 삶 속의 쓸데없는 일들에 쓰입니다. 그 힘이 보존되어 진아지에 쓰이지 않습니다. 이 진아의 힘을 보존하고 확장하여 진아지를 얻는 데 사용하면, 전 세계가 그대의 발 아래 있습니다. 여기 진인 바쉬슈타(Vashista-라마의 스승)가 라마짠드라 왕(라마)에게 해준 조언이 있습니다. "이 진아는 명상의 힘을 기뻐하며 지극한 행복을 즐긴다. 왜냐하면 지극한 행복 안에 다른 모든 쾌락이 흡수되기 때문이다. 진아를 완전히 깨닫지 못한 사람들조차도 명상에 의해 지극한 환희의 순간을 즐긴다."

질: 우리는 어떤 식으로 그 힘을 낭비합니까?

마: 여러분은 세간사에 그 힘을 낭비하고, 서로 끌어안고 잡담하면서 낭비합니다. 여기서도 여러분은 명상을 하고 앉아 있으면서 얼마간의 잠재적 힘을 얻지만, 그것도 다 낭비됩니다. 그러니 이런 것을 해본들 무슨 소용 있습니까? 그것을 보존해야지 온갖 세간적 쾌락에 낭비해서는 안 됩니다.

수백 명의 사람들이 아난다 마이를 찾아가는데, 그녀는 그들을 모두 잘 먹여줍니다. 그녀는 그 모든 돈을 모을 힘을 어디서 얻습니까? 아난다 마이 자신이 그런 힘이 있기 때문에 사람들이 그녀를 찾아가서 시주를 하는 것입니다. 아난다 마이 자신은 무엇을 합니까? 아무것도 하지 않지요. 자신의 행복 속에서 거기 앉아 있을 뿐입니다.

이것을 명심하겠습니까? 이것이 지知-요가의 힘입니다. 그렇지 않다면 어느 한 사람도 다른 어떤 사람이나 마찬가지입니다. 이 사람과 저 사람을 구별하는 것이 진아의 힘입니다.

질: 저는 명상 중에 에너지가 오르락내리락합니다. 그것을 전혀 통제할 수 없습니다.

마: 때가 되면 그 에너지를 통제하는 힘을 계발하게 될 것입니다.

질: 저는 명상을 억지로 해야 한다고 믿은 적이 한 번도 없습니다. 억지로 하면 아주 기가 죽고 피곤합니다. 그것이 저절로 되지 않으면 명상을 할 수가 없습니다.

마: 명상을 할 수 없다면 (신의) 명호名號(nama)를 염하십시오. 명상을 할 수 없으면 그 신성한 단어들을 계속 염하십시오. 살인을 많이 하고 죄를 많이 지은 발리(Vali)라는 이름의 강도가 있었는데, (그가 흘리게 한) 피가 일곱 항아리나 될 정도로 죄를 많이 지었습니다. 그가 진인 나라다(Narada-고대의 진인)를 만났는데, 나라다가 그에게 라마의 이름을 염하라고 했습니다. 라마는 아직 태어나지도 않았을 때입니다. 그래서 발리는 그 이름을 계속 염하기 시작했고, 그것을 염했더니 절대자가 발리를 위해 라마의 형상으로 화현했습니다. 염송(repetition)의 힘이 그와 같습니다. 발리는 염송의 힘에 의해 자신의 모든 죄를 소멸하고 많은 공덕을 얻었습니다. 그 공덕의 힘 때문에 라마가 태어난 것입니다. 우리는 그 누구도 발리와 같은 정도의 죄인은 아닙니다. 최고의 숭배는 진아에 대한 숭배("내가 있다"는 자각의 수행)입니다. 그대는 명상을 해서 많은 공덕을 얻고 있지만 그것을 세간적인 일들에 탕진합니다.

질: 제 방에서는 주변이 아주 시끄럽고, 제 마음도 시끄럽다는 것을 발견합니다. 여기 와서 명상하면 그걸로 충분합니까?

마: 마음에 드는 어디서든, 명상할 기회가 날 때마다 명상을 하십시오. 여기 올 필요는 없습니다. 깊이 명상하면 진아가 기뻐합니다. 지知를 얻으러 달리 어디로 갈 필요가 없습니다. 그대 자신의 진아가 지知를 베풀 것입니다. 제 이야기의 요점은, 진아를 알고 진아 안에서 안정되라는 것뿐입니다.

질: 그러나 이 안다는 것이 무엇입니까? 하나의 지각입니까?

마: 명상을 시작하면 진아가 그대를 이끌어 줄 것입니다. 진아는 내재하는 현현된 영靈입니다. 그것에 하나의 형상을 부여하지 말고, 몸-형상 안에 그것을 조건지우지 마십시오. 진아가 일단 그 몸을 포기하면 그 몸이 무슨 의미가 있습니까? 썩어 문드러지기 시작할 텐데 말입니다.

질: 제가 명상에 들어 아무 생각이 없을 때는 마음이 진아 안에 녹아들었다고 할 수 있습니까?

마: 그렇지요. 몸이 없는 **진아**의 상태가 무엇인지가 **명상** 중에 그대에게 드러날 것입니다. **진아**라는 정체성, 혹은 몸이 없을 때의 저 지극히 행복한 **진아**의 상태가, 그대가 몸을 가지고 있을 때 그대에게 드러나야 합니다. 몸이 있으면서도 그 상태에 도달해야 합니다.

질: 명상을 하면 마음이 집중되지만 어떤 것에 집중되는 것은 아니고, '내가 있음'과 **진아** 사이에 어떤 경계선 상태가 있는 것 같습니다. 생각들이 일어나는 것을 지켜볼 수 있는데, 그러다가 가끔은 마치 누군가가 방 안에 들어와 있는 것처럼, 어떤 현존(presence)이 있다는 느낌이 듭니다. 그분이 눈에 보이지는 않지만 말입니다. 그런 느낌입니다.

마: 그런 것을 느낄 수도 있겠지만 그대의 주의가 **진아**, 곧 명상자에 쏠려 있어야 합니다.

질: 그러나 마음이 그 (현존의) 느낌에 집중되지는 않습니다. 그것은 예고 없이 옵니다.

마: 그 과정에서 많은 지知도 얻게 되겠지만, 그대의 주의, 그대의 관심 대상은 그렇게 얻는 그 무엇도 아니고 **진아**여야 합니다. **진아**가 무한하고 한계 없이 드러날 것입니다. 현재 하나의 인격 안에 조건 지워져 있는 그것(개인적 자아)이 타파될 것이고, 그것이 한계 지워지지 않은 것으로 드러날 것입니다.

질: 제가 무념의 상태에 있을 때는 어떤 전적인 균형의 느낌, 행복도 불행도 없고 그저 균형을 이룬 그런 느낌이 듭니다. 이것이 맞습니까?

마: 예. **진아**의 상태이고, 즐거움도 불행도 없지요. 이것을 지고자와의 동일성(범아합일)이라고 하는데, 그것은 그대가 자기가 있다는 것을 모를 때입니다. 생명기운이 존재하는 한 마음도 있겠지요. **진아** 안에 있으면서 생명기운과 마음에 상관하지 마십시오. 마음을 무시하십시오.

1979년 11월 11일, 16일

26
의식은 자각의 반영이다

질문자: 제가 현현된 내재적 영靈이라고 들었습니다. 그것이 어떻게 해서 이 몸과 연루되었습니까?

마하라지: 그대가 내재적 영靈이라면, 그 몸의 상태에 연루되어 있는 그 다른 그대는 무엇입니까? 다른 어떤 것입니까? 몸, 내재적 영靈, 그리고 그대. 그것은 동적인 내재적 영靈 이외에 다른 것이 아닙니다. 그것의 현현은 "내가 있다"는 **구나**(guna)의 형태로 일어나고, 그 자신을 "내가 있다"로 이해합니다. 그런 다음 이 **구나**가 세 가지 **구나**를 통해서 세간에서의 활동에 관여합니다. 그것이 그 성질입니다.

질: 저는 누구입니까?

마: 그대 자신에게 어떤 이름이든 부여하고 싶으면 그렇게 하십시오! 브라마라고 하든 **이스와라**라고 하든, 그대가 좋아하는 뭐든 좋습니다. 그런 이름들은 그대의 세간적 활동이나 의사소통을 위해서 필요할 뿐입니다.

그대가 태어났다고 하는 비난을 옳다고 받아들이면, 그대는 몸을 가진 인격체이고, 세계는 옳은 것이며 실재합니다. 마찬가지로, 이 현현된 브라마(현상계)도 옳습니다. 그러나 그대 자신의 **진아**를 탐구해 들어가면, 태어난다는 것은 사실이 아니고 실재하지도 않는다는 결론에 도달하게 됩니다.

그래서 이 태어남이 사실이 아니면 이 존재성도 사실일 수 없습니다. 왜냐하면 존재성은 나타난 것이니까요. 존재성은 또한 이 현현된 세계를 의미하고, 그래서 현현된 세계는 실재하지 않습니다. 따라서 **진아**를 탐구하십시오.

현재 이 **지**知의 수준과 그대의 이해 수준—그것이 서로 부합합니까? 그대 말입니다!

질: 예.

마: "나는 내가 태어났다는 이야기를 듣는데, 내가 태어나는 것을 직접 경험하지는 못했다." 이것은 간접적인 **지**知입니다. "나도 모르게 이 존재성이 나

타났는데, 홀연히 '내가 있다'는 것을 안다." 이 지知는 직접적입니다. 그대가 "내가 있다"를 탐구하면 태어남과 존재성 간의 어떤 연결을 발견합니까?

질: 아니요.

마: 태어남이 부정되면 영적 추구(spirituality)의 대단하고 고상한 의미와 이 세계—곧 일체—의 의미가 부정됩니다. 이 존재성에서 나오는 행위는 어떤 것입니까?

질: 뭐든지 자기가 하고 싶은 것입니다.

마: 명상을 하여 바로 이 점을 내관해야 합니다. 제가 하는 말을 그냥 말로 써는 배척하지 못합니다. 그것을 내관해 봐야 합니다.

질: 저는 끝났습니다.

마: 맞습니다, 그리고 저는 그대가 말에 능하다는 것을 충분히 확신하지요. 사람들은 고집스럽게 어떤 수련법을 따르지만, 근본 원인을 탐구하려고 하지 않습니다. 그러다가 그 근본과 직접 대면하면 놀라서 말문이 막힙니다.

그대를 깎아내리려고 이 말을 하는 것이 아니라, 그대가 사실적인 지식을 얻도록 하고 싶기 때문입니다. 저는 그대에게 큰 존경심을 가지고 있습니다.

질: 저는 제가 가지고 있는 것(수행으로 성취한 것) 때문에 왔습니다.

마: 하지만 저는 그대가 그대의 현존, 그대의 존재성을 충분히 이해하지 못했다고 말해야겠습니다. 그것을 실제로 이해하면 일체가 내버려질 것입니다.

질: 저는 따지는 게 아닙니다. 승인을 구하는 것도 아닙니다. 왜냐하면 저는 아무 말도 하지 않았으니까요.

마: 저는 그대가 자신이 성취한 것에 대해 저의 승인을 얻으러 왔다는 생각은 조금도 하지 않았습니다.

질: 뭐, 그렇게 생각하신다면 맞습니다.

마: "내가 있다"는 존재성을 가리켜 보이는 하나의 성질, 하나의 속성이지만 진아는 어떤 성질이 아닙니다. 저 궁극의 진아에게는 어떤 세간적 지知도 필요치 않습니다. 말이 필요 없습니다. 그러나 이 존재성을 유지하려면 이런 말과 세간적 지知가 필요합니다.

질: 예, 그것은 압니다. 한때는 저도 지知를 원했지만, 나중에는 제가 이미

그것이라는 것을 알게 되었습니다.

마: 존재성이 나타났고, 그 존재성 안에서 이 모든 유희가 진행되고 있습니다. 이것도 실재하지 않지만, 그것이 뭐냐고 누가 묻는다면 저는 거기에 하나의 칭호를 부여하겠습니다. 그것은 모두 **브라마**의 유희라고 말입니다. 존재성 때문에 그 유희가 시작되었습니다.

모든 것이 이 **브라마**의 유희 속으로 합일될 것입니다. 수십억의 별들과, 달과 해의 원인은 무엇입니까? 지구의 표면에 쌓여 있는 온갖 오물과 쓰레기는 가스로 화하고, 이 가스에서 광채가 나타나고 있습니다. 그 가스는 여러분이 소화하는 음식에서 생겨나고, 이 가스가 빛날 때 "내가 있다"는 앎의 횃불도 유지됩니다. 이것은 결국 공기와 물에서 나온 가스 아닙니까? 그 가스의 산물에 대해 이야기하는 그 사람은 음식과 물에 기인하지 않습니까?

지각성의 불길은 음식의 가스에 의해 유지됩니다. 지각성은 혀가 없는 단맛 같은 어떤 것입니다. 그것은 가장 미세한 것입니다. 허공보다도 더 미세합니다.

◆ ◆ ◆

마: 몸 안의 **신** 원리는 (언젠가) 몸을 벗어버릴 것입니다. 그대가 살아 있는 동안 그 원리를 소개받으십시오. 그 원리를 알고 그것과 하나가 되십시오. 몸이 늘 그대와 함께할 수는 없습니다.

의식은 절대자인 자각의 반영입니다. 의식은 몸이 있는 동안만 머무를 것입니다. 이 점을 부단히 생각하십시오. 우리가 살아 있는 동안은 그것이 일체이고, 우리는 그 안에 거주해야 합니다. 그러나 의식은 사라질 거라는 점을 명심하십시오.

우리가 먹는 음식은 24시간 안에 똥으로 사라질 것입니다. 그러나 우리 안의 그 원리가 몸처럼 폐기되겠습니까? 그대는 이곳에 온 목적에 대해서 진정으로 생각이라도 해봅니까? 그대가 몸입니까? 그대가 무엇인지를 알아내야 합니다. 탐구하여 알아내야 합니다. 이것을 아주 진지하게 숙고해야 합니다. 그럴 때만 여기 와서 제 이야기를 들으십시오. 바로 지금 여기서, 그대가 그 몸을 가지고 있을 때, 그대가 무엇인지를 알아내십시오.

영적인 공부(spirituality)라는 것을 그대는 어떻게 이해합니까? 그대가 영적인 공부라는 이름으로 하고 있는 것은 정확히 무엇입니까?

그대는 음식을 먹고 물을 마시고 나서 그것을 똥과 오줌으로 배출합니다. 마찬가지로 그대는 그 몸을 버려야 합니다. 또 음식은 그것을 먹을 때는 아주 맛있지만, 나중에는 악취가 나고 똥이 된다는 것을 기억하십시오.

저 내거內居하는 영靈(indwelling Spirit), 이 몸 안에 거주하는 저 신적 내재성(Godly immanence)─그것에 대해 탐구하십시오. 몸에 어떤 의미가 부여되는 것은 그 내거하는 영靈이 신적이기 때문입니다. 만약 내거하는 영이 몸을 떠나면 몸은 똥과 같이 됩니다.

그냥 폐기물이 되고 말 그 몸을 위해 왜 그렇게 많은 노력을 기울입니까?

그대가 다른 사람들과 무슨 조화를 이루고 무슨 우정을 누리든 간에, 그것은 마음이 서로 맞는 동안만 지속됩니다. 뜻이 맞지 않으면 마음이 불편하고 그대는 그 우정을 버립니다. 생명기운이 몸을 떠나면 몸은 폐기처분되고 만다는 것을 기억하십시오. 언제까지 그 몸에게 비위를 맞춰주려고 합니까?

질: 포기(renunciation)란 무엇입니까?

마: 포기란 그대에게 무엇이 쓸모없는지를 이해하고 그것을 버리는 것입니다. 그대는 이 '내가 있음'이 무엇인지, 존재성 이전에 저 원리가 무엇인지 이해합니다. 그것이 그대의 진아입니다. 그것은 몸이 아닙니다. 제가 그대에게 이야기하는 것은 그대가 여기 온 가장 중요한 목적입니다.

무슬림 진인인 티쿠 바바(Tiku Baba)의 한 제자가 있었는데, 저의 담뱃가게로 매일 찾아오곤 했습니다. 하루는 그가 세상에는 많은 문제가 있다는 메시지를 하나 가져와, 어떻게 해야 하느냐고 물었습니다. 제가 그에게 말했습니다. "일어난 탄생의 원인을 탐구해 보십시오. 세상의 모든 근심과 불행에 그 원인을 약으로 바르십시오. 그런 다음 그 이름으로 바잔(bhajans)을 만들어 보십시오." 듣고 난 그는 춤을 추기 시작했습니다. 몸의 창조주에게 불행의 해독제가 뭔지 물어보십시오. 의사와 정신과 의사들이 많지만 그들이 어떻게 하겠습니까? 그 환자를 그들이 어떻게 다루겠습니까? 창조주 자신에게 물어

보십시오. 그대는 제가 말하는 것을 실천합니까?

질: 노력하고 있습니다.

마: 노력하면 그것을 활용할 수 있습니까?

질: 당신의 **은총**이 있으면요.

마: 은총이고 말고가 어디 있습니까? 그것은 이미 그대에게 있습니다. 그대가 그것입니다. 이 몸의 창조가 어떻게 일어났는지 알아내십시오. 무엇 때문입니까? 그 원인은 무엇입니까?

이 세상에는 사람 몸이라는 수억 수천만의 조상彫像들이 있는데, 제각기 서로 다른 얼굴을 하고 있습니다. 이제 그대는 몸이라고 하는 이 모습을 누가 만들었는지 알아내십시오. 그것은 무엇으로 만들어져 있고 그 조각가는 누구입니까? 그가 그 몸 안에 있습니까, 없습니까?

◆ ◆ ◆

질: 진인은 세계의 온갖 다양한 종교들에 대해 어떻게 생각합니까?

마: 진인은 세계의 다양한 종교들에 상관하지 않습니다. 그것은 인간들이 창시한 것입니다. 인간이 그 다양한 종교에서 무엇을 만들어냈습니까? 아주 적은 행복이나 만족, 그리고 엄청난 질투·증오·번뇌와 견해차입니다. 인간은 다양한 종교에 대한 자신의 개념과 상상으로 자기 자신을 고문합니다. 나라마다 몇 가지씩 종교가 있는데, 모두 5대 원소들의 유희입니다.

사람마다 자기 나름의 개념들에 스스로 얽매인 채 그것을 영구히 지속시키려고 애씁니다. 불행한 일은, 자신의 실체인 것의 근본 토대를 보지 못한다는 것입니다. 이 토대를 깨달은 이들에게는 죽음의 공포가 있을 수 없습니다.

질: 히틀러는 자신의 사고의 산물이었습니까, 음식기운의 산물이었습니까?

마: 그는 5대 원소의 산물이었고, 따라서 그를 인격화해 봐야 아무 의미가 없습니다. 참된 성품은 형상이 없습니다. 무엇이 나타나든 그것은 5대 원소의 한 결과입니다.

질: 진인은 진인과 히틀러를 어떻게 구별합니까?

마: 진인은 그들 사이에 전혀 구별을 하지 않습니다.

질: 그들은 어떻게 왔습니까?

마: 그들은 그냥 5대 원소에서 나왔지요. 요리사는 서너 가지 재료만 있으면 각기 다른 맛의 여러 가지 음식을 만들어낼 수 있지만, 기본적으로 그것은 동일한 재료에서 나옵니다. 그러니 이 음식이 어디서 왔느냐고 물으면 뭐라고 하겠습니까? 그것은 그 재료들의 한 혼합물입니다.

질: 인도에는 수백만의 억압 받는 사람들이 있습니다. 혹자는 그들을 돕고 싶어 하지만, 스승은 그런 어떤 목표도 세우지 말라고 우리에게 경고합니다.

마: 어떤 상황이 있다고 할 때, 그것은 다 움직임이고 계속 변해갑니다. 그 상태를 교정할 능력이 있는 사람들이 반드시 있겠지요. 교정 수단으로 무엇이 등장하든, 그것은 원소들이 벌이는 유희의 일부입니다. 그러니 개인성이 어디에 끼어듭니까? 일체가 그 사건의 일부입니다.

질: 5대 원소는 어떻게 일어났습니까? 그것들은 누가 관장합니까?

마: 그대입니다. 그 몸이 어떻게 일어났는지 알아내십시오. 그 원 질문이 그대를 수백만 년 전으로 데려갑니다. 더 가까운 것, 즉 그대 자신의 몸을 예로 들어봅시다. 그 몸이 어떻게 일어났는지 알아내면 그대의 원 질문의 해답에 도달하게 될 것입니다.

우리는 이 몸, 마음 그리고 의식을 가지고 있습니다. 그 중에서 얼마만큼이 일시적이고 시절적(seasonal)인지, 그리고 무엇이 영구적이어서 변치 않을 것인지 알아내십시오. 그것을 알고 나면 더 이상 할 일이 없습니다.

질: 몸과 호흡이 나타났지만 사라질 것이듯이, 이 의식도 사라질 거라는 것을 저는 확신을 가지고 이해합니다. 그러나 불변이고 영구적인 뭔가가 있어야 합니다. 그것을 어떻게 발견합니까?

마: 항아리에 물이 조금 있는데 그것을 바다에 붓습니다. 그러면 바다의 어느 부분이 자신이 그 항아리 물과 합쳐졌는지 여부를 알고 싶어 하겠습니까? 어느 부분이 별개였는지 어떻게 알겠습니까? 그렇게 저 작은 의식의 일부도 전체 의식에 합일됩니다.

질: 몸이 죽고 난 뒤에는 이 의식이 **보편적 의식**에 합일되겠지요. 몸이 존재하는 동안에 **궁극적 상태**를 아는 것이 가능합니까?

마: 그대가 합일될 때 알고 싶어 할 사람은 누구입니까? 많은 사람들, 특히 서양인들은 자신의 질문이 정확히 답변되지 않았다고 생각합니다. 이 견해가 맞습니까?

질: 아닙니다. 마하라지께서는 저희가 정말 알고 싶어 하는 것을 답변하시고, 답변하실 때 저는 늘 저의 많은 질문은 여쭈지 않는 것이 더 좋았다는 것을 깨닫습니다. 당신께서는 어떻든 늘 제가 알고 싶은 것을 답변하십니다.

마: 이상적인 답변은 누가 행복을 얻으려고 애쓰고 있고, 어려움을 겪고 있는지를 아는 것입니다. 내가 얻고자 애쓰는 **실재**가 무엇이냐고 하는.

질: 기독교의 어떤 교파들은, 만일 우리가 성서의 모든 약속을 정말 성취하면, 우리가 죽고 나서 땅에 묻히기보다 (하늘로) 사라질 것이라고 강조합니다. 저는 오랫동안 그것을 확신하고 있었습니다. 왜냐하면 어릴 때 스승님이 계셨는데, 이분은 정말 우리의 목전에서 사라지면서 동시에 수십 리 밖에서 다시 나타났기 때문입니다. 저는 이것이 중요하다고 생각했습니다. 물론 오래 전에 그런 생각은 포기했지만 말입니다. 그런데 제가 마하라지님과 같이 있으면 그것이 정말 우스운 생각이라는 것을 알겠습니다.

마: 세상에서 일어날 수 있는 기적에는 한이 없지만, 그런 것들은 여전히 현상계에 속한 것입니다. 고행이나 마음의 힘으로 능력을 얻어 기적을 행한 그런 강력한 사람과 강력한 존재들이 많이 있었지요. 그들에게 어떤 일이 일어났습니까?

질: 누구에게나 일어나는 것과 같은 일(죽음)입니다.

마: 만일 그들이 자신의 참된 **진아**를 체험했다면, 그런 사람들이 능력을 얻으려고 애쓰지 않았겠지요.

질: 여기 오는 많은 서양인들은, 만일 우리가 **진인**이 되거나 깨달으면 매사가 잘 풀릴 거라고 믿습니다. 그것이 그들이 추구하는 것입니다.

마: 그들을 오라고 하십시오. 각자가 자기 나름의 개념을 가지고 옵니다. 그들의 개념이 무엇이든, 궁극적으로 손익을 따질 게 없다는 것을 깨달을 것입니다. 이 **의식**은 저와 함께 남아 있지 않을 것인데―그것은 제가 알지요― 제가 무엇과 관계가 있고, 누가 저한테 이야기하는 어떤 개념이나 관념과 무

슨 관계가 있습니까?

질: 제가 가지고 있는 이 의식을 초월하는 것이 가능합니까?

마: 그럴 필요가 어디 있습니까? 그대가 그 의식을 시작했습니까? 왜 그 의식에 대해 그런 에고 책임을 집니까? 그것을 청하지도 않았는데 말입니다.

질: 저는 마하라지께 엄청나게 고마움을 느낍니다. 당신께서 (다른 스승들과) 가장 다르신 점은, 그 무엇과도 관계없이 가장 도움 되는 올바른 답변을 해주신다는 것입니다. 사람들은 그 가르침을 하나의 체계로 만들고 싶어 하지만, 그러면 그것을 망칩니다. 그러나 마하라지께서는 걱정하지 않으십니다. 그저 수요일에는 붉은 것이 검다 하시고 금요일에는 붉은 것이 희다 하시지만, 그 당시에는 그 답변이 옳습니다. 왜냐하면 그것이 질문자의 방향을 바꿔 놓기 때문입니다. 그것은 엄청나게 가치 있고 독특합니다.

마: 배우가 여러 가지 역을 하는 것과 같지요.

1979년 11월 17일, 18일, 28일

27
현상계는 미현현자의 꿈에 지나지 않는다

마하라지: 미현현자(절대자)가 현현자(현상계)가 되자마자 이원성의 상태가 일어났고, 현현자 안에서 일어나는 모든 것은 시간이 한정되어 있습니다. 그대는 제가 한 개인인 그대에게 이야기한다고 생각하지만, 저는 그 개인에게가 아니라 현현자에게 이야기합니다. 개인이란 상상의 한 허구에 지나지 않습니다.

그대는 부인과 의사이고, 출생과 의학을 다룹니다. 그 출생들을 일으킨 것은 5대 원소입니다. 아이는 한두 살 때 엄마를 통해 자신의 존재를 알게 됩니다. 엄마가 "너는 딸이고, 나는 엄마다"는 식으로 말합니다. 그때까지 아이는 그저 행위할 뿐입니다. 나중에 아이가 얻는 모든 지知는 한 단어가 다른 단어에게 주는 것입니다. 그것은 단어들에 기초합니다.

사람이 수술을 받을 때는 의식을 잃게 하기 위해 약을 씁니다. 의식이 돌아오면 통증을 느끼기 시작하고, 그러면 그 통증을 느끼지 못하도록 다른 약을 줍니다. 나중에 그가 배가 배고픔을 느끼지 못하면, 식욕을 자극하기 위해 또 다른 약을 줍니다. 아이를 발생시키는 모든 것은 또 다른 종류의 약, 5대 원소로 이루어진 자연약일 뿐입니다. 존재하는 모든 것은 5대 원소로 되어 있습니다. 이 점이 분명하다면, 한 개인으로서의 그대가 끼어들 곳이 어디입니까? 한 개인으로서 우리는 무엇을 자부합니까?

질문자: 그러면 어떻게 해야 합니까? 삶의 목표는 무엇입니까?

마: 있는 그대로의 자기 **진아**를 보는 것, 자신의 참된 성품을 보는 것입니다.

질: 그 단계를 어떻게 얻을 수 있습니까?

마: 부단한 **자빠**(Japa)[만트라 염송念誦]에 의해서입니다.

질: '자빠'라고 하신 것은 어떤 의미입니까?

마: '자빠'는 마라티어로 '보살핀다'는 뜻입니다. 그대는 유지하고 싶은 욕망을 가진 대상만 보살핍니다. 그래서 **자빠**는 욕망에 기초해 있습니다.

질: 그러니까 수행자는 뭔가를 이루기 위해 수행을 하는 사람이군요?

마: 수행자에게 뭔가를 이루고 싶은 욕망이 있는 것은 사실입니다. 우리가 이 물질적 우주 너머에 뭔가가 있다고 느끼는 첫 번째 단계인 해탈열망자 (mumukshu) 때 그런 것들이 (목표로서) 주어집니다. 해탈열망자는 여전히 자신의 몸-마음에 신경을 쓰지만, 자신이 몸-마음이 아니라는 것을 납득하게 되면 수행자(sadhaka)의 단계로 나아갑니다. 그 단계에서 자신이 존재성, 곧 의식이라는 것을 납득하게 됩니다. 궁극적으로 그는 자신이 존재성이 아니라는 결론에 도달합니다. 왜냐하면 존재성은 음식에 의존하고, 또한 시간이 한정되어 있기 때문입니다.

질: 만트라를 염송念誦하는 것은 어떤 가치가 있습니까? 그리고 가치가 있다면 어느 정도입니까?

마: 예. 대단한 집중으로 **만트라**를 염하면 몸 안의 내적인 그릇이 정화되어, 다가올 수 있는 내적인 **지**知를 받아들일 수 있게 되고, 마음이 실재의 **영**靈

27. 현상계는 미현현자의 꿈에 지나지 않는다 **195**

속으로 사라집니다. 일반적으로는 **만트라**를 염하기 시작하다가 차茶가 준비되었나, 전화가 울렸나 하는 등의 생각을 하게 됩니다.

질: 저의 환자들이 전화를 걸어올 것이고, 그러면 그들을 상대해야 합니다. 그러니 그 의무에서 제가 어떻게 벗어납니까?

마: 그대가 과연 무엇을 원하는지 마음을 정해야 합니다. 몸이 존속하든 않든 그것을 가져야겠다고 할 정도로 그대의 욕망이 강하면—결의가 그렇게 크면—그것이 반드시 오지만, 만약 물질세계 안의 어떤 것을 원한다면 그것이 불가능합니다. 참된 제자는 이것을 명심하고 명상합니다. 몸 안의 그 존재성은 워낙 강력하여 그대가 명상하는 어떤 **신**도 볼 수 있을 것입니다. 그것은 기본적으로 존재성의 힘입니다. 대다수 사람들은 명호를 염하는 것이든 혹은 어떤 수행이든, 그것을 할 시간을 내지 못합니다. 궁극적으로 목표는 자신의 개인성을 잊지 않는 것입니다.

질: 그 말씀은 제가 이 세간에서 아무 할 일이 없어야 한다는 뜻입니까? 세간을 포기해야 합니까?

마: 핵심적 문제는 누가 그렇게 하느냐입니다. (그대의) 잉태를 가져온 것이 무엇이든, 그것은 전 우주의 원초적 씨앗입니다.

질: 저는 바바지(Babaji)에 대해 여쭈어 볼 게 있습니다. 그렇게 오랜 세월 자신을 지탱할 수 있는 그분의 능력[14]은 **진인**이 되기 전에 배운 것입니까?

마: 그 능력은 획득되지 않습니다. 그것은 자연 안에서, 현현된 우주 안에서 나타나는 어떤 것입니다. 어떤 법칙도 이유도 없습니다. 온갖 기적들이 일어나고, 어떤 일도 일어날 수 있습니다. 그 존재성은 그 몸에 집착해 온 탓에 (절대자에) 합일되지 않았고, 아직도 머무르고 있습니다. 전통적인 힌두 문헌에서는 무수한 우주들이 창조되고 파괴되는 것을 보아 온 두 개체가 있습니다.[15] 잉태가 일어나고 필름이 창조되자마자 미래의 사진이 찍혔고, 그것이 그들의 운명이었습니다. 어떤 이유도 없습니다. 그것은 그냥 일어나며, 저 자

---

[14] T. 바바지는 『요가난다 자서전』에 등장하는 히말라야의 큰 스승으로, 500세가 넘었다고 알려져 있다. 그는 1970년 북인도 하이다칸에서 청년의 모습으로 출현하기도 했다.

[15] T. 힌두 경전에서 '불사의 존재(chiranjibi)'로 알려진 두 명의 인물은 『라마야나』 시대의 비브히샤나(Vibheeshana)와 『마하바라타』 시대의 아슈와따마(Aswathama)이다.

연의 많은 기적들 중의 하나입니다.

질: 이 바바지란 분의 추종자들은 그분이 수 세기 동안 히말라야에서 나타나고 사라지기를 반복해 온 것으로 생각된다고 말합니다. 마하라지님의 말씀은, 그런 분은 나면서부터 그런 능력을 가지고 있었던 것이 분명하거나, 아니면 **진인**이 되기 전에 누군가에게 그것을 배웠을 거라는 거군요. 그분이 진인이 된 뒤에는 몸을 보존하는 어떤 능력도 쓰려 하지 않을 테니 말입니다.

마: 그 존재성이 시한부라는 것을 아는데, 제가 왜 다른 사람에 대해 걱정합니까? 누가 왜 그런 것을 걱정합니까? 생겨난 것은 결국 끝이 있을 것이고, 그것이 온 상태로 돌아가겠지요. 그런 일도 종국에는 사라집니다.

질: 우리가 진인이 되면 모든 **요가**를 버립니까?

마: 우리가 **진인**이 될 수 있게 해준 방편 그 자체는 사라지겠지요. 우리가 쏘이면 가렵고 구역질이 나는 곤충이 하나 있습니다. 그 곤충을 없애 버리면 가려움과 구역질은 멈춥니다. 삶에서의 모든 가려움과 구역질은 브라마란드라 속의 작은 점 때문입니다. 그 존재성 때문에 이 모든 문제가 **의식** 안에서 일어납니다. 그것이 그대가 아니라는 것을 알고 나면 모든 것이 끝납니다.

　참스승이 일체를 분명하게 해주는 순간, **염송**이니 **만트라**니 기타 일체가 필요 없게 됩니다. 제가 지금까지 해드린 말을 이해했다면 어떤 수행도 할 필요가 없습니다. 아무것도 할 필요가 없고, 아무것도 할 수가 없습니다.

◆ ◆ ◆

질: **미현현자** 안에서, **자각** 안에서, "내가 있다"는 느낌이 전체적 **의식**으로 되지만, 자기 자신 내에서 시간이 한정되어 있는 **의식**, 이 **의식**을 아는 자는 저 의식이 될 수 없습니다. 그는 전적으로 다릅니다. **진인**은 모든 지知 이전의 상태에 자리 잡고 있습니다.

마: 그대는 어디서 왔습니까? 누가 여기 가 보라고 했습니까?

질: 저는 호주에서 왔습니다. 전에도 여기 왔는데, 3년 전에 며칠간 와 있었습니다.

마: 전에 여기 있을 때 무슨 효과를 느낀 적이 있습니까?

질: 예, 어떤 변화요.

마: 그대는 지知를 얻으려고 여기 오고 있지만, 몸이 없는 삶을 받아들일 준비가 되어 있습니까?

질: 예. 몸이 없는 삶의 특징은 무엇입니까?

마: 그것은 불변입니다. 몸이 있는 삶은 변하고 찰나적입니다. 그대의 참된 성품은, 그대가 의식이나 생시와 잠의 상태를 자각하지 못한다는 것입니다.

문제는 사람들이, 몸·호흡·의식은 시간이 한정되어 있고, 삶의 시작과 끝은 영구적인 상태 안에서 일어난 어떤 작은 것이라는 것을 확신을 가지고 참으로 이해하지는 못한다는 것입니다. 결국에는 그 의식이 사라질 것인데, 누구도 자기가 갈 길을 알고 싶어 하지 않겠지요.

우리는 삶 속으로 표 한 장 들고 들어오는데, 삶의 종말에 이르면 떠나야 합니다. 항소가 불가능합니다. 삶의 시작과 끝은 시간이 정해진 표를 가지고 하는 여행이라는 것을 깨달으십시오. 그 표가 끝나면 온 것은 뭐든 가게 될 거라는 것을 아십시오. 그것을 지켜보는 자가 되어 거기서 벗어나십시오.

질: 의식이 죽음 뒤에도 어떤 식으로든 계속된다고 하는 증거가 많이 있는 것 같습니다.

마: 그것은 하나의 개념입니다. 실은 그 누구도 바로 이 생의 탄생과 죽음조차 경험하지 못합니다.

질: 그것은 어떻게 일어났습니까?

마: 그대는 꿈을 꾼 적이 있습니까?

질: 예.

마: 그대는 그대 자신의 꿈들 속에도 존재하는데, 어떤 사람을 (생시 때와는) 전혀 다른 사람으로서 봅니다. 꿈이 끝나면 그것이 다 사라지지요.

질: 저는 왜 이 몸-의식 속으로 들어왔습니까?

마: 그대가 따뜻하고 편안한 침대에서 편히 푹 자고 있습니다. 그런데 왜 꿈속에서는 숨을 쉬려고 버둥대며 죽어가는 악몽의 상태로 자신을 데려갑니까? 이 모든 현상계는 **미현현자**의 꿈일 뿐, 실제로는 일어나고 있지 않습니다.

우리가 있다고 믿게 만드는 그것이 (현상계의) 원인이며, 그 끝에 가서는 우리의 원래 상태로 다시 돌아옵니다. 이것을 아는 자는 일어나는 어떤 일에 대해서도 두려움이 없습니다.

질: 진인은 관찰 가능한 어떤 자연발로적 특징들을 가지고 있는데, 그 중의 하나는 자비심(compassion)이라고 말해도 무방하겠습니까?

마: 자비심이라는 단어는 정확히 무슨 의미로 한 말입니까?

질: 마하라지께서는 매일 사람들을 만나시면서 일종의 지식을 전해주시려고 애쓰십니다. 굳이 왜 그러십니까?

마: 이 자비심이란 것은 그 개인을 위한 것이 아니라, 몇몇 개인들과 자신을 동일시하는 함정에 빠져 있는 저 존재성을 위한 것입니다.

질: 이 자비심은 절대자와 의식 간의 자연발로적 관계입니까?

마: 미현현자가 현현자가 되는 바로 그 지점에서 같은 시간에, 이 자비심을 가질 이유가 자연발로적으로 솟아올랐습니다.

질: 알겠습니다. 진인의 몸이 죽을 때는 그의 참된 상태가 비非조건화되지만, 이 자비심은 죽지 않습니다. 그럴 때 그 진인은 환생합니까? 스스로 나타났다가 사라진 자비심은 어떻게 됩니까?

마: 전체 현상계는 이 자비심이 자연발로적으로 일어난다는 아주 분명한 표현입니다. 세상에서는 그대가 이 자비심의 순간적 표현을 깨닫지 못합니다. 아기가 태어나기 전에 엄마의 젖가슴에 젖이 생기고, 동시에 아기에게 젖을 먹여야겠다는 자비심이 일어납니다. 여자는 남의 아기에게 젖을 주고 싶어 하지 않습니다.

질: 제가 말씀드리려고 한 것은, 죽고 난 뒤에도 어떤 씨앗, 일종의 연속성이 남는지, 진인이 새로운 몸을 받고 싶어 하는지 여부입니다.

마: 한 생에서 다른 생으로 이어지는 뭔가가 있다는 개념 자체가 그릇된 것입니다. 그대가 완전한 진인이 되면, 그대 없이는 5대 원소조차도 아무 생명력을 가질 수 없다는 것을 이해하게 됩니다. 제가 지금 드리는 지知는 갓난아이에게 젖을 먹이는 것과 같지만, 그대가 완전한 지知를 갖게 되면, 그대의 존재성이 전 우주를 지탱한다는 것을 이해할 것입니다.

이 존재성은 아무 가치가 없습니다. 그것은 불행을 가져다 줄 뿐이고 시간

27. 현상계는 미현현자의 꿈에 지나지 않는다

이 한정되어 있습니다. 그러나 동시에 현상 세계에 관한 한, 살아 있는 가장 작은 것이 전 우주의 지탱자입니다.

그대가 가진 이 의식은 다양한 성품을 가지고 있어 그것이 좋아하는 어떤 형상도 취할 수 있지만, 그대의 참된 성품은 그 자체로 온전하고 불변입니다.

그대는 인간의 성품과 의식의 성품에 대한 지知를 가지고 있습니다. 더 이상 어떤 지知를 구합니까?

질: 실은 저는 지知를 넘어서고자 합니다.

마: 넘어서든 이전이든, 실제로는 어떤 '감(going)'도 없습니다. 그 상태는 있습니다. 인간은 자기가 한 상태에서 다른 상태로 넘어가야겠다고 생각하지만, 어떤 '감'도 없습니다. 그 이상으로 그대가 더 추구하는 것이 있습니까?

질: 그냥 모든 거짓된 집착, 거짓된 동일시를 떨쳐 버리려는 것입니다.

마: 문제가 있다면 바로 그것입니다. 그대는 어떤 잘못된 개념이 자신에게 와 있다고 생각합니다. 그런 모든 개념은 의식 안에서의 움직임인데, 의식 자체가 사라지면 그와 함께 왔던 움직임들도 사라집니다. 그대는 이미 그 상태에 있고, 얻을 거라고는 하나도 없습니다. 이제 그대는 이것을 아니, 그대에게는 이 모든 것이 쓸데없습니다.

질: 맞습니다. 저는 마하라지께서 브라마란드라에 대해 설명해 주셨으면 합니다. 그에 대한 요가의 가르침은 익히 압니다만, 마하라지님의 가르침은 약간 다릅니다.

마: 두 가지가 있는데, 세계와 그대의 존재—존재의 느낌, 즉 의식, 존재성입니다. 그것이 브라마요, "내가 존재한다"입니다. 란드라(*randhra*)는 구멍 중에서도 가장 작은 것을 뜻합니다. 그 구멍 속에는 고요한 원초적 소리가 있는데, 그것이 그대가 있다는 인상을 그대에게 주지만, 실은 그대는 없습니다. 그 구멍 안의 이 소리가 그대가 있다는 느낌을 주지만, 그대는 없다는 것을 분명히 아십시오.

질: 아주 좋습니다.

마: 저는 "내가 있다"를 몰랐던 원 상태에 자리 잡고 있습니다. 이 몸과 존재성이 왔지만, 그 성품을 아는 이상 저는 거기서 아무것도 기대하지 않습니다.

요기가 명상이나 요가에 완전히 몰입했을 때는 이 소리 없는 소리가 그를 워낙 가득 채워 한동안 그것에 취하게 되고, 나중에야 그것이 가라앉습니다.

몸이 죽으면 이 개인적 의식은 **전체** 의식에 합일되는데, 그럼에도 그 **전체 의식**은 자신이 있다는 것을 압니다. 그리고 그것이 있다는 것을 그대가 아는 한, 그것은 이원성의 상태에 있습니다.

1980년 1월 1일, 2일

28
내가 없으면 신은 없다

마하라지: 존재성의 느낌이 일어난 순간 이원성의 느낌이 있었습니다. 현상 세계는 무수한 형상을 창조하고 파괴하는 움직임으로 늘 가득 차 있습니다. 이 의식은 마치 허공처럼 보편적인 성품을 갖습니다. 몸 안의 의식은 미세한 체험이지만, 그 성품, 그 성질은 본질적으로 동일하며, 허공과 똑같습니다.

상상과 기억이 하나의 몸과 하나의 인격을 창조하면, 현현된 자(개인)는 그것이 하나의 몸이고 하나의 인격이라고 그릇되게 간주합니다.

질문자: 존재성이 일어나게 하는 것은 무엇입니까?

마: 그대가 꾸는 꿈에 아무 원인이 없듯이, 존재성에도 아무 원인이 없습니다. 그대는 꿈을 어떻게 꾸는지 저에게 설명해 보십시오. 그것은 무원인이고, 따라서 (설명할) 논리가 없습니다.

우리가 이 현상 세계에서 보는 모든 것은 텔레비전 화면에 나오는 영상과 똑같습니다.

우리는 누구를 부모라고 부릅니까? 두 개의 신체적 형상일 뿐입니다. 그것들이 사라지면 우리는 부모님이 돌아가셨다고 생각합니다. 나도 모르게 나의 존재성을 일으켰던 것이 내 부모님을 구성하며, 그것이 뿌리입니다.

내가 세계를 보고 신을 생각하는 것은 오직 내가 있기 때문입니다. 따라서 신은 내가 있기 때문에 있습니다. 내가 없으면 신은 없습니다. 그대의 모든 문제를 해결해 줄 공식을 하나 드리겠습니다. "나는 신이다, 나 없이는 어떤 신도 없다"는 견지에서 끊임없이 생각하십시오. 이 안에 확고히 자리 잡으면, 중요치 않은 모든 것이 점차 희미해질 것입니다.

한 걸음 더 나아가 봅시다. "나는 신이다"라고 말하라고 했지만, 지금 제가 말하고자 하는 것은 "나는 신이다"라는 말이 아니라 그 말의 이해 이전에 있던 것입니다. 그것이 신이고 그것이 그대이지, 그 말이 아닙니다.

집배원이 여기 와서 우편물을 전달합니다. 그는 덩치는 작을지 몰라도 자신이 정부를 대표한다는 것을 잘 알고 있습니다. "내가 있다"는 나의 느낌은 신의 현존에 대한 등기입니다.

원래의 질문은 이 의식을 어떻게 넘어서느냐였지요. 의식은 시간이 한정되어 있지만, 그것은 우리가 가진 유일한 밑천이고, 그래서 매우 중요합니다.

질: 저는 아직 그것을 파악하지 못했습니다.

마: 그것은 몸과의 동일시가 워낙 강하기 때문입니다. 그것을 포기하기가 쉽지 않습니다.

질: 저희들이 몸과의 이 동일시를 포기할 수 있는 요령을 말씀해 주십시오.

마: 유일한 답변은 지속적인 명상 수행과 제가 말한 것에 대한 성찰(탐구)입니다. 점차 (몸과의 동일시라는) 이 자기한정이 사라질 것이고 분리의 느낌이 없어질 것입니다. 그 수수께끼를 풀려면 오랜 기간에 걸쳐 깊이 명상해야 합니다. **명상**이란, 존재성이 자신을 존재성 속으로 흡수하는 것을 뜻합니다. 오랜 기간에 걸쳐 이런 식의 **명상**을 하면 이 존재성을 **아는 자**를 알게 될 것입니다.

'나'는 이 의식을 아는 자입니다. (보통의) '나'는 다른 어떤 것만 알지 '나' 자신은 알지 못합니다. 그런데 지속적으로 깊이 명상하면 그 수수께끼가 저절로 풀릴 것입니다.

그대는 이제 자신이 의식을 아는 자임을 확신합니까? 확신하지 못합니까?

질: 확신합니다.

마: 그대가 확신해도 여전히 몸과의 심적 동일시가 있기 때문에, 무슨 좋은

일이 자신에게 일어날 거라고 생각합니다. 이제 그대는 일정량의 지知를 가지고 있어서 기분이 아주 좋습니다. 이 지知가 무지를 몰아냈습니다. 무지를 그렇게 씻어내는 과정에서 그 지知도 사라질 것이고, 그대만 남을 것입니다.

그대가 들어야 할 소리는 **침묵의 소리**입니다. **침묵의 소리**만이 실제 소리를 들을 수 있습니다.

질: 신은 현현된 무형상과 동등합니까?
마: 신이 그 소리 없는 소리입니다. 그것은 현현자 안에 있습니다. 왜냐하면 우리가 이야기하는 대상은 다 현현자니까요. **미현현자**는 전혀 말을 못합니다.

◆ ◆ ◆

마: 제가 사람들에게 그들이 자신을 모른다고 말하면 그들은 저를 믿지 않습니다. 그대는 진리가 아닌 것에 스스로 미혹되었습니다. 몸과의 동일시에 의해 그 지知를 잃어버린 것입니다.
질: 그 '그대'가 누구입니까?
마: 누가 이 질문을 하고 있습니까?
질: 이 개인적 존재성은 몸에 의존해 있는데, 어떻게 우리가 몸을 너무 중요시해서는 안 된다고 할 수 있습니까?
마: 우리는 개인성을 너무 중요시합니다. 몸 안의 이 **의식**은 몸이 지속되는 동안에만 머물러 있습니다. 우리는 몸이 소멸될 때 **의식**도 소멸된다고 생각합니다. 그것은 소멸되지 않고 **보편적 의식**과 하나가 됩니다.

이 존재성은 우리가 가장 소중히 여기는 재산이자, 어떤 대가를 치르더라도 가급적이면 앞으로도 내내 보유하고 싶어 하는 것이지만, 그것은 몸에 의존하고 있고, 각 개인의 존재에 정해진 시간 한도 동안만 지속될 것입니다.

주체는 그것이 지각하는 대상과 별개일 수밖에 없습니다. 사람이 아무리 그러지 않기를 간절히 바란다 해도 몸은 사라질 수밖에 없습니다. **진아**는 (몸과) 별개여서 (몸이 소멸되면) **보편적 존재**와 합일될 것입니다.

진아는 제 이야기를 듣는 사람이 상상하는 것과 전혀 다릅니다. 저는 청자聽者가 자기라고 생각하는 사람에게가 아니라 실제의 청자에게 이야기합니다.

이 세상에는 여러 종류의 지식이 있지만, 참된 지식은 **진아지**뿐입니다.

질: 제가 한 체험들 때문에 저는 많은 성자들을 찾아가서 지도를 받았습니다. 마하라지께서는 책에서, 우리가 여러 사람들로부터 도움을 받는다고 말씀하십니다. 우리에게 도움을 주는 것은 어떤 사람들입니까?

마: 그들은 모두 그대 자신의 존재에서, 그대 자신의 **의식**에서 일어납니다. 그들은 그대와 별개가 아닙니다.

질: 그러니까 책에 있는 그 말씀은 완전하지는 않았군요?

마: 그 답변은 특정인에게 한 것이고, 그대에게 지금 한 이야기는 그대를 위한 답변입니다.

질: 저는 그것을 다 차단할 수도 있습니다. 아니면 받아들여야 합니까? 스승께는 문을 열면서 다른 모든 것을 배제하기가 아주 어렵습니다. 스승에 대한 명상은 아주 중요합니다.

마: 그런 소위 **진인**이나 안내자(영적 선생)들의 지도를 받아들일 수 있다면 그것을 받아들이십시오. 그렇지 않으면 그것을 배척하고 그들에게 더 이야기해 달라고 하십시오. 설사 머리가 하늘까지 닿는 거대한 **신**의 환영을 본다 한들, 그대가 그것을 존재케 하는 자가 아니라면 그 환영이 어디 있습니까? 그대가 무엇을 해야 한다거나 하지 말아야 한다는 이야기가 아닙니다. 저는 그대가 자신의 **진아**이기를, 만물을 존재하게 하는 자이기를 바랍니다. 그대가 조언을 구하는 것은 그대 자신의 수준, 그대의 목적에 달려 있습니다.

제 스승님은 당신의 가르침을 통해 저를 어떤 조건화나 어떤 종류의 체험도 있기 전의 상태로 데려다 주셨지요. **침묵의 소리** 안에 몰입되는 요기는 그 침묵의 소리 이전에 존재합니다. 그대는 이런 것들이 일어나는 상태에 도달했지만, 그 전에 그대가 있다는 것을 잊지 마십시오.

그대는 그런 온갖 멋진 명상을 하고 있군요. 만일 저와 계속 친교를 가지면 일체를 잃어버리게 될 것입니다.

1980년 1월 3일, 5일

29
잉태되기 이전의 상태

질문자: 진아를 깨달은 사람도 에고를 가질 수 있습니까?

마하라지: 그는 에고와 전혀 일면식도 없습니다. 우리가 형상(몸)을 자신과 동일시하는 한 에고가 있습니다. 진아를 깨달은 사람에게는 더 이상 몸-형상과의 어떤 동일시도 없기 때문에, 그 질문이 아예 일어나지 않습니다. 뿐만 아니라 그는 자신의 존재 자체도 알지 못합니다. 그것은 그 개체의 '진아를 깨달은 원리'가 '현현된 원리'를, 즉 존재성과 함께하는 생명기운을 주시한다는 것을 뜻합니다.

질: 형상이 없으면 우리에게 더 이상 아무 문제가 없습니까?

마: 몸의 선 하나도 그를 건드리지 못합니다. 진아를 깨달은 개체는 현현된 모든 것을, 세계와 함께, 존재성과도 함께 주시합니다.

질: 진아를 깨달은 사람의 경우, 모든 신체적 행위가 자연발생적으로 일어납니까?

마: 모든 행위는 자연발생적으로 일어납니다. 존재성이 잉태되었을 때 그 주위에서 몸의 형성이 자연발생적으로 일어났습니다. 누가 특별히 그 몸을 만들고 말고가 없었습니다.

질: 절대자에 자리 잡은 진인의 경우, 어떻게 그의 주위에서 일들이 일어나 그가 살아가게 할 수 있습니까? 아이의 경우 자연이 부모를 제공하여 그들의 도움을 받아 발육할 수 있게 하지만, 진인의 경우에는 주위에 아무도 없는데 어떻게 살아갑니까?

마: 존재성이 자궁 안에 있을 때는 몸의 형성이 자연발생적으로 일어났습니다. 그렇지 않습니까? 진인의 경우도 마찬가지입니다. 그는 자연과 하나이고 자연 그 자체이기 때문에, 그를 돌보는 것은 자연이 걱정할 일이기 때문입니다. 어떤 인격체들도 필요하지 않고, 일체가 그의 주위에서 그냥 일어납니다.

질: 수천 년을 살려고 하는 그 모든 대단한 요기들이 있습니다. 그들은 거꾸

로 매달리기도 하고, 공중이나 그냥 물 위에서 살기도 합니다. 무엇 때문에 그런 데 관심을 가지며, 그 많은 괴로움을 가지고 왜 그렇게 오래 삽니까?

마: 그들은 자기들이 뭔가 영적인 것을 하고 있고, 고행을 하고 있다는 데서 상당한 만족을 느낍니다. 그래서 그것을 연장하고 싶어 하고, 수명을 늘림으로써 영적인 분야에서 어떤 임무를 다한다고 느낍니다. 이 존재성은 무엇에 의존합니까? 그대는 살려고 애쓰지만, 궁극적으로 어떤 사람들은 살아남지 못합니다. 그대는 무엇 때문에 생존합니까? 이 삶은 지속되지 않습니다. 무엇 때문입니까? 몸이 뭔가 잘못되면 그것은 끝이 납니다. 그대는 자신이 존재한다고 확신하지만 그것은 무엇에 의존합니까? 그리고 무엇 때문에 이 확신, 이 존재성이 사라집니까? 그 과정에서 존재성은 '비존재(no-being)'로 됩니다. 그리고 '비존재'는 다시 자연발생적으로 '존재'가 됩니다. 그런데 이런 일이 어떻게 일어나는지, 우리는 누구에게 물어야 합니까?

자기 자신을 탐구해야 합니다. 그대는 '그대가 있다'는 믿음을 가지고 있는데, 그것은 무엇에 의존합니까? 누구도 이런 식으로는 탐색하지 않습니다. 왜 이 존재성이 있고, 내가 어떻게, 왜 있으며, 그것은 무엇에 의존합니까? 사람들은 이런 측면을 결코 고려하지 않고 몸-마음과 관련되는 상대적 요인들만, 그 정도까지만 고려하며, 그 너머는 결코 숙고해 보지 않을 것입니다.

그대가 '죽음'이라고 부르는 보통 단어, 보통 용어는 무슨 의미입니까? "내가 있다"는 이 믿음이 사라진 것, "내가 있다"는 확신이 없어진 것—그것이 죽음입니다.

질: 어떤 사람들은 자신의 수명을 늘리고 싶어 하는데, 그것은 그들이 **자기사랑**(self-love)을 가지고 있다는 의미입니다. 그것은 그들이 **마야**의 한계 내에 있다는 뜻입니까, 아니면 그들은 그것을 초월했습니까?

마: 일단 몸 관념을 초월하면, 짧게 살든 오래 살든 그것은 중요하지 않습니다. 그때는 그대의 존재를 위해 어떤 것에도 의존하지 않습니다. 어떤 것에도 의존하지 말고, 그대가 무엇인지를 스스로 발견하려고 노력하십시오.

그대는 생각하거나 숙고하고 싶을 때마다 다른 어떤 것을 생각하지, 그대를 생각하지는 않습니다. 그대가 아닌 뭔가를 숙고하지요! 그러면 그대 자신을 어떻게 생각할 수 있습니까? 그것은 그대가 하지 못합니다. (그렇게 하려다 보면) 그대가 무념이 됩니다. 그대는 무엇을 생각하고 싶을 때마다 그대 아닌 어떤 것을 생각합니다. 심지어 **이스와라**에 대한 생각 같은 고상한 생각도 마찬가지입니다. 그것은 그대와 별개의 한 단어인데, 그대는 그것을 생각하고 싶어 합니다. 그대 자신의 '**자아**'를 생각할 수 있느냐, 그것이 문제입니다.

질: 당신께서는 저희가 자신의 존재에서 독립하려고 노력해야 한다고 말씀하시는군요. 저는 그렇게 해보려 하지만, 제 건강에서 독립할 수가 없습니다.

마: 우리가 다루고 있는 주제에 대한 질문들을 해야 합니다. 그대는 거친 질문을 합니다. 저는 그대가 자기 자신에 대해 숙고해 봐야 한다는 주제를 다루고 있습니다. 단어들이 들어설 여지가 없지요. 단어가 없으면 생각도 없습니다.

어머니 자궁 속에 잉태되기 8일 전에 그대가 무엇을 하고 있었는지, 그대가 압니까, 제가 압니까? 자궁에 들어가기 전의 상태를 저에게 설명해 보십시오. 그 상황은 어떠했고, 그대는 어떻게 있었습니까? 그대만 그 상태에 대해 이야기할 수 있지요.

질: 저는 기억하지 못합니다만, 제가 존재성이었습니까?

마: 잉태되기 전의 존재성에 대해서 누가 알겠습니까? 만일 잉태되기 전에 그대가 존재성을 알고 있었다면, 자궁 속으로 들어가려 하지 않았겠지요.

질: 저는 기억하지 못합니다.

마: 가능하지 않지요. 왜냐하면 그것은 비非주의적(non-attentive) 상태니까요. 그러니, 기억이니 기억하기니 그런 게 어디 있습니까? 주의(attention)는 존재성과 함께 나중에 시작됩니다. 존재성은 잠재적인 상태에서 자궁 속에 들어갑니다. 존재와 비존재의 저 경계선, 바로 그 지점이 **물라-마야**인데 여기에 명예로운 이름들이 붙습니다. 주의가 없었다가, 거기서 주의가 시작됩니다.

여기 한 물건이 있습니다. (마하라지는 자신의 담배 라이터를 보여준다.) 이것이 생겨나기 전에는 그 이름이 무엇이었습니까? '비존재'에서 '존재' 상태로 되었는데, 그것을 어떻게 관찰했습니까? 그냥 그 감촉을 느꼈을 뿐입니다. 어떤 것을 관찰하기 전에 우리는 "내가 있다"는 감촉을 느낍니다.

잉태 이전의 그 상태가 무엇이든, 그 영원한 상태를 깨닫는 것, 그 상태에 안주하는 것이 최고입니다. 자, 이제 그대를 위해 제가 거기에 **빠라브라만** 상태, 곧 **절대자** 상태라는 이름을 붙여 보겠습니다.

질: 잉태 이전 말입니까?

마: 잉태 이전에 어떤 상태가 존재하든, 그것은 그대의 가장 자연스럽고 완전한 상태이고, 늘 편재하고 있습니다. 이 존재성이 사라져도 그 상태는 여전히 편재할 것이고, 늘 편재할 것입니다.

잉태되기 8일 전과 수백만 년 전에 그대가 있던 상태가 무엇이었든, 그 상태가 편재하며, 지금도 그렇습니다. 그리고 그 존재성이 떠난 뒤에도 편재할 것입니다!

저의 현재 건강 상태가 좋지 않기 때문에 말을 많이 하고 싶지 않습니다. 이 주제만 다룰 것인데, 제가 말하려는 것을 이해하는 사람은 드물겠지요. 누군가가 저에게 어떤 거친 질문을 하면, 여러분은 제가 그 수준으로 내려가서 마치 유치원 반에서 하듯이 낱낱이 설명해 줄 거라고 생각합니까?

저는 (여러분에게 하는) 몇 가지 이상한 질문을 가지고 있지요! "내가 태어나기 전에, 내가 잉태되기 전에, 누가 나를 (자궁 속으로) 끌어넣었나? 아버지가? 어머니가? 그리고 어떤 형상으로?"라는 것입니다. 잉태되기 이전에 내가 어떤 형상, 색깔 혹은 무늬를 가지고 있었다면 그것이 가능할 수도 있었겠지요. 그럴 때는 내가 자궁 속으로 끌려들 수 있습니다. 이 수수께끼를 푼 사람은 이 존재성과 이 모든 현상계가 실재하지 않는다는 결론에 도달합니다.

이 존재성이 없었을 때는 지知가 필요 없었습니다. **브라마**, **비슈누** 같은 큰 신들조차도 이 수수께끼, 이 질문을 만났을 때는 눈을 감고 삼매에 들어 그냥 사라져 버렸습니다.

질: 아무것도 하지 않고 말입니까?

마: 그들이 무엇을 할 수 있겠습니까? 현재 그대는 생명기운과의 연관 때문에 '그대가 있다'고 느낍니다. 생명기운이 움직이고 작용하고 있기 때문에, 그대가 있다는 것을 압니다. 존재성의 그 연관이 없으면 그대가 무엇을 할 수 있습니까? 무엇을 할 수는 있습니까?

질: 지知를 얻으려면 제가 무엇을 할 수 있습니까?

마: 그대 자신을 붙드는 것 외에는 아무것도 하지 말고, 그 존재성 안에 그저 있으십시오(Just Be). 그러면 그것이 그대에게, 존재성이 어떻게 '비존재성'이 되는지를 말해줄 것입니다. 그래서 저는 여러분에게 한 가지만 이야기합니다. 즉, '내가 있음'의 그 감촉만, 그 존재성만 붙들고, 그것에 대해 숙고하고, 그것에 대해서만 내관하십시오.

질: 우리가 해야 할 최선은 거기에, "내가 있다" 상태에, '있는' 거로군요? '있는' 것이 명상이군요?

마: 어떤 '거기에 있음'도 없습니다. 그저 있으십시오.

질: 하루 종일 그것이 가능합니까? 어떤 특별한 명상이 있습니까?

마: 누가 '하루 종일'이라고 말합니까? 그 존재성 말고 달리 누가 '하루 종일'이라고 말할 수 있습니까? 그것은 내관 속에서 모든 것을 (내관의 대상으로) 붙들 수 있지만, 그 자신을 붙들지는 못합니다.

질: 업業(karma)은 우리가 창조하는 하나의 문제입니까?

마: 그대를 창조한 자가 이 업業과 업의 문제들을 창조했습니다. 그래서 그대가 그 안에 말려듭니다. 누가 그대를 창조했습니까? 그대가 업이라고 말하는 것은 무슨 의미입니까? 그것은 움직임, 활동입니다.

질: 업業이 있는 한 우리는 도중에 그것(업으로 인한 과보)을 만나는데, 그것은 (존재하는) '어떤 것'입니다. 그것이 환幻입니까?

마: 저는 그대가 마치 자궁 속에 있었던 것처럼 그대를 함정에 가두어 두려합니다. 만일 제가 하는 말을 주의 깊게 조용히 경청하면, 모든 것이 싹터 나올 것입니다. 우리가 이 몸-형상을 자신과 동일시해 온 것이 흔히 범하는 실수이고, 큰 실수지요.

질: 마지막 실수입니까?

마: 처음이자 마지막 실수지요. 제가 앞에서 한 말을 다시 기억해 보십시오. 그 몸과 다른 모든 것을 창조한 그 씨앗이 살아 있고 촉촉한 한, 그대는 그런 단어들을 설명하겠지요. 그 씨앗이 일단 사라지면 그대는 영원 속에, 그대의 영원한 상태 안에 있을 뿐입니다.

아주 작은 씨앗 하나에서 아주 큰 나무가 하늘 높이 자랍니다. 마찬가지로, 이 작은 씨앗, 곧 이 존재성, '내가 있음'의 감촉이라는 그 씨앗에서 이 모든 현상계가 창조됩니다. 이 주제의 핵심에서는 말 안에 어떤 에너지도 남아 있지 않습니다. 따라서 그것을 더 이상 말로 표현할 수 없습니다.

질: 저의 에고, 저의 몸, 여기 이 방에 있는 에고들의 다른 몸들, 그들이 듣고 있는 것은 모두 개념이고, 모두 이 존재성 안의 움직임입니다. 맞습니까?

마: 그렇지요. 더 분명히 이해하고 싶다면 꿈, 그대의 꿈을 예로 들어봅시다. 저는 지知의 최고 측면들에 접촉하고 있기 때문에, 어떤 거친 질문에도 대답할 입장에 있지 않습니다. 누군가가 이야기를 하고 질문을 하면, 저는 그에게 시비하지 않을 것입니다. 왜냐하면 그 질문들은 그의 관점에서, 그의 수준에서 하는 것이어서, 그에 따르면 그 질문들은 올바른 것이기 때문입니다. 현재 제가 어떤 상태에 관심을 가져야 한다면, 그것은 잉태 8일 전의 상태, **빠라브라만**의 상태입니다. 어제 '에고'라는 단어가 나왔는데, 오늘도 그렇군요. 이 '에고'라는 단어는 어느 수준에, 그리고 언제 해당됩니까?

일체가 더없이 신성하고 더없이 비非신성합니다. '신성하다, 비신성하다'의 문제는 저 존재성이 있는 한에서 있습니다. 존재성이 없다면 '신성하다, 비신성하다'의 문제가 어디 있습니까?

그대는 몇몇 사람을 만나보고 그들이 아주 많이 안다고 말하겠지요. 그들은 그대가 다음 생에 위대한 왕이 되고, 그 다음 생에는 더 위대한 왕이 될 거라고 말해줄 것입니다. 그런 조언을 들으면 듣는 이는 아주 즐겁고 아주 흡족합니다. **자기사랑** 자체가 환상인데, 누구도 그렇게 말하지 않습니다. 누구도 자신의 존재성, 즉 "내가 있다"는 앎을 포기하고 싶어 하지 않습니다.

총명한 사람에게 이런 질문을 했다고 합시다. "잉태되기 전에 당신은 어떻게 있었습니까?" 그 사람은 이렇게 대답할 것입니다. "저는 제 부모님의 본질 안에 잠재적인 상태로 있었습니다." 영리한 사람이라면 그렇게 대답하겠지요. 그것은 인습적인 대답이고, 만일 그 부모의 부모 등등으로 거슬러 올라가면 끝이 없습니다. 따라서 아무 형상이 없고 잠재적인 상태에서의 지知에 지나지 않은 이 원리를 그 **근원**에까지 거슬러 올라가면, 그것은 영원으로 갑니다. 그래서 그 원리는 영원합니다. 이제 그대에게 두 가지 개념을 드리는데, 하나는 그대 자신을 잉태 이전의 그 상태에 자리 잡게 하는 것이고, 또 하나는 부모에 대한 인습적인 개념 안에 그대 자신을 감싸는 것입니다. 후자의 개념으로는 그대 자신의 참된 성품을 제대로 탐구하지 못할 것입니다. 이런 전통적이고 인습적인 지知는 소멸되지 않을 것이고, 그럴 필요도 없습니다. 왜냐하면 기본적으로 그것은 실재하지 않고, 비진리이니 말입니다. 아무것도 모르는 아이나 깨달은 진인이 하는 어떤 말도 다 맞습니다.

저는 그대에게, "완전한 원리, 곧 어떤 사람이 태어나기 전에 존재했던 저 인격은 누구인가?"라는 또 하나의 개념을 드릴 수 있습니다. 여기에서도 요람 안의 아기와 완벽한 진인 간에 유사성이 있습니다. 아기가 음식을 맛보면 그것이 오줌인지 똥인지, 음식인지 우유인지 모릅니다. 다 똑같은 맛입니다.

그 상태에서 아기가 그 자신을 어떻게 압니까? 자기만이 압니다. 자, 이제 아기와 진인에 대해 무슨 말을 하고 싶습니까?

질: 아기가 되는 것, 모든 집착을 놓아버리는 것이 중요하다고 믿습니다.

마: 일체를 놓아버리느니, 포기하느니 할 것이 어디 있습니까? 그것은 자연발생적으로 일어났고, 무엇을 내버릴 필요가 없습니다. 그대가 '이해'하기만 하면 됩니다. 그대는 그 존재성의 겉모습 때문에 고통 받거나 무엇을 경험해야 하는 것일 뿐입니다. 그대가 나서서 그 존재성을 붙들었습니까? 그것은 자연발생적으로 일어났습니다. 아기가 무엇을 붙듭니까? 어떤 개념이나, 관념이나, 에고를 붙잡았습니까? 이 존재성의 상태와 그 모든 유희를 이해한 진인은 그것을 초월하여 잉태 이전의 상태에 거주하고 있습니다. 그는 그 존재성이 나타나든 사라지든, 그 완전한 상태 안에서 항상 살고 있습니다.

살아오는 동안 그대는 수많은 것을 이루었고 수많은 정체성을 가졌는데, 그 모든 정체성과 이해들은 그대를 떠나 버렸습니다. 결국 그대는 어떤 정체성을 가지고 죽게 되겠습니까? '그대'가 진정 무엇인지를 이해한다면, 영적인 추구를 해야 할 무슨 필요가 있겠습니까?

질: 실제로는 없습니다. 저는 제가 여기 왜 있는지, 그 이유가 무엇인지 자문해 봅니다. 제 안에 무지가 있다는 것은 너무나 잘 알고 있습니다. 제가 여기

온 이유는 그 무지를 소멸하는 데 도움을 얻기 위해서라고 생각합니다.

마: 그대의 무지는 사라졌습니다. 자, 이제 그대가 무지라고 하는 것이 뭔지 말해보겠습니까?

질: 여러 가지를 보기는 합니다만, 그것을 분명하게 지각하지는 못합니다. 가끔 문제들이 있는데, 저는 그것이 제 무지 때문이라고 생각합니다.

마: 생시 상태·잠·존재성, 이 모든 경험을 합친 것은 무지일 뿐입니다. '탄생'이라고 불리는 저 무지는 이 세 가지를 의미합니다. 이것을 알고 나면 그대는 어떤 것도 할 수 있고, 자유롭습니다. 거짓을 거짓으로 알 때는 전혀 숭배를 할 필요가 없습니다. 행위자라는 관념도—이런 것은 그대가 무엇을 하기 때문에 일어나지만—모두 사라집니다.

그 존재성이 출현하기 전에 그대는 순수한 **빠라브라만**, 곧 **절대자**였습니다.

진인은 이 생시, 잠과 존재성을 중시하지 않습니다. 그대가 고무로 만든 뱀을 겁내지 않듯이, **진인**도 이 생시의 상태와 존재성에 대해 관심이 없습니다.

질: 모두 똑같은 것입니까?

마: 그대는 이 지식을 (그대의 수행에서) 활용해 보겠습니까? 그것이 거짓임을 보고 확인하는 데 어떤 노력을 할 필요가 있습니까?

질: 당신께서는 노력 없이도 뭐든지 보실 수 있습니다.

마: 그 무지를 알게 되면 어떤 노력도 없습니다. 그것을 무지라고 무시해 버렸기 때문에, 훗날 참조하기 위해 기록해 두는 것이 없습니다.

그대는 무엇으로 고통 받고 무엇을 경험합니까? 이 몸-형상의 이름과, 그것에 연관되는 것들, 그리고 저 존재성입니다. 그것을 탐구해 보면 단박에 해답을 얻을 것입니다.

질: 잉태의 상태에 대해 말씀하셨습니다. 또 저희가 영원한 **빠라브라만**의 상태에 있다고 하셨습니다. 그러면 업業은 무엇입니까? 그것은 그 영원한 상태의 한 변수입니까?

마: **빠라브라만**의 상태에서는 어떤 업業도 없습니다. 업이 있고 말고가 어디 있습니까?

질: 그러나 잉태, 몸-마음에 대해서 말씀하셨습니다.

마: 몸-마음 형상 안에 누가 들어갔습니까?

질: 저요?⋯ 저희들요?

마: 지금 공간이 이 방 안에 들어와 있습니다. 공간이 있습니다. 공간이 이 방에 왜, 그리고 어떻게 들어왔습니까?

질: 처음에는 공간이 없었고⋯ 시간이 없었습니까?

마: 공간은 밖에 있고, 여기에도 있습니다. 바깥 공간과 안 공간의 구분이 없고, 다 공간일 뿐이지요! 그러니 오고 감이라는 것이 어디 있습니까?

1980년 1월 8일

30
존재성의 출현

질문자: 저는 기독교가 몸과 마음에서 의식까지 이끌어 주기는 하지만 그것을 넘어서지는 못한다고 느낍니다.

마하라지: 그리스도, 크리슈나 혹은 어떤 예언자에 대해서도 한 가지 점을 분명히 이해해야 합니다. 그들이 몸-마음의 형태로 화현하기 전에 그들이 **절대자**였는지 아닌지 말입니다! 그들이 몸을 받았을 때, 그 과정에 들어간 원료와 장비는 5대 원소뿐이었습니다. 더욱이 그 육신의 형상에서 나타난 존재성은 5대 원소들 간의 상호작용의 결과입니다. 그것은 세 가지 **구나**를 통해 그 자신을 표현하며, 5대 원소로 된 음식기운을 얻을 수 있는 동안만 지속됩니다. 그리고 그 존재성이 사라졌을 때 그들은 자신의 존재를 몰랐고, 그들이 몸을 가진 상태에서 한 일들도 몰랐습니다.

우리는 언제부터 그리고 어떻게, 세계의 경험을 갖습니까? 존재성을 통해서이며, 세계의 경험은 5대 원소의 음식기운에서 나온 그 존재성이 생겨난 뒤, 혹은 나타난 뒤에야 가능합니다. 지금 이 존재성은 망원경과 같습니다.

어떤 관찰자가 망원경을 통해서 달과 별과 해 등을 봅니다. 그러나 관찰자는 망원경도 아니고 그것을 통해 보이는 시야도 아닙니다. 마찬가지로, 5대 원소로 이루어진 현상계와 우주에 대한 주시하기가 **절대자**에게, 즉 **빠라브라만**이라고 하는 **불생**不生의 영원한 원리에게 일어납니다. 그러나 **절대자—주시자—**는 존재성, 곧 주시하기의 매체가 아니고, 주시되는 현상계도 아닙니다.

자, 질문입니다. 그대는 잉태되기 열흘 전에 무엇을 하고 있었습니까?

질: 관찰하고만 있었습니다.

마: 그 답변은 맞지 않습니다. 그대는 어떤 관점에서 이야기합니까? 저는 그대를 망원경의 지점에 못 박아 두고 싶습니다. 저는 그대를 존재성으로 끌어내리는데 그대는 그 지점에서 벗어납니다. 제가 그대에게 어떤 망원경을 이야기했습니까? 바로 지금, 어느 것이 그 망원경입니까? 그것은 '어떤 것'으로 이루어져 있습니다. 그것은 '어떤 것'에서 나왔습니다. 그대는 이 지점에 집중하지 않고, 이것저것 주워섬기면서 자신이 많이 안다고 생각합니다. 그대가 세계를 경험하고 관찰하는 것은 하나의 망원경을 통해서 아닙니까? 그러나 **절대자**인 그대는 그 망원경이 아닙니다. 망원경입니까?

이 지점에, 그 존재성 안에 머물러 있으십시오. 그러나 그대는 자신의 입각점을 떠나서 여기저기 뛰어다닙니다. 그러니 어떻게 평안을 얻겠습니까?

질: 그것이 삶의 모든 요체입니다.

마: 지금 그런 태도로는 아무리 많은 지知도 그대에게 평안을 안겨주지 않을 것입니다. 존재성에게는 무수한 이름과 명칭이 주어집니다. 5대 원소에서 이 망원경, 이 존재성을 만들어내는 데 아홉 달이 걸렸습니다. 이것을 숙고해 봅니까? 그 망원경으로 이 모든 것이 경험되고 눈에 보이지만, 그 **관찰자**는 망원경이 아닙니다.

질: "내가 없었던 적은 결코 없었다"고 하는 주主 **크리슈나**의 말에서····

마: 그 망원경을 통해서, 즉 **관찰자**의 표현일 뿐인 그 존재성을 통해서, 그는 자신의 현상계를 주시합니다. 그러나 망원경과 그 관찰의 시야가 사라지면 그 관찰자도 사라진다고 생각합니까?

어떤 대상이 있다고 말하려면 두 가지 조건이 있어야 합니다. 하나는 그

대상이고, 다른 하나는 "대상이 있다"고 말하는 그 대상의 관찰자입니다. '존재성'의 1차적 성질은 '내가 있음'의 느낌입니다. 그 후에 성질들의 다수성이 있습니다. 그러나 관찰자―절대자―는 어떤 성질로부터도 전적으로 자유롭고, 그래서 그것을 '니르구나'라고 합니다. 이는 '비非성질의', '속성 없는' 등의 의미입니다.

질: 크리슈나가 몸-형상 안에 있지 않았을 때는 진술할 자가 없었기 때문에 어떤 진술도 할 수 없었다는 데 당신께서 동의하셨습니다.

마: 물론이지요. 왜냐하면 **절대적 상태**에 있는 **크리슈나**에게는 진술할 수 있는 어떤 도구(마음, 발성 기관)도 없었으니까요····. 그리고 누구에게 하겠습니까!

이 모든 사건들은 존재성의 영역 안에 있는 5대 원소의 산물이자 유희라는 것을 일단 이해하고 깨달으면, 그대는 그것에 영향 받지 않고 그것과 별개로 남게 됩니다.

저의 주의는 제가 그것을 가지고 "내가 있다"를 알게 되고, 그것을 가지고 세계를 경험하는 그 매체(존재성)에만 가 있습니다. 저는 초능력이라든가 (현상적으로) 나타나는 어떤 것에도 주의를 기울이지 않습니다. 문제는, 이 매체가 어떻게 있게 되었느냐는 것입니다.

방문객들은 어디서 얻은 지식을 가지고 와서 제가 그에 대해 언급해 주기를 기대합니다. 제가 어떻게 그럴 수 있습니까? 그들은 이미 그 지식에 걸려 있는데 말입니다. 그러니 그들이 자신을 옹호하라지요.

죽은 자는 산 자의 일에 관여하지 않습니다. 마찬가지로, 존재성을 이해하고 깨달은 자는 존재성 영역에서 일어나는 활동과 사건들에 관심이 없습니다.

여기서 우리는 존재성을 초월하는 지知에 대해 논하고 있습니다. 그러나 세간에서는 누가 그런 심오한 지知에 진정으로 관심이 있습니까?

그대가 그런 이야기들에 귀를 기울이고 싶어 한다는 것은 하나의 큰 특권입니다. 많은 사람들은 기회가 있어도 이런 이야기에 신경 쓰지 않겠지요.

질: 어떤 선사禪師의 이야기가 있습니다. 한 제자가 찾아가자 선사가 소리를 질렀습니다. "왜 왔나? 아직도 안 죽었어?" 또 라마나 마하르쉬도 마음이 완전히 죽어야 한다고 했습니다.

마: 그대의 모든 이야기, 개념, 말들을 모조리 내버리십시오. 결국 마음이 무엇입니까? 그것은 내면에서 계속되는 이야기에 불과합니다. 잠에서 깨어나면 그 (마음의) 잡담이 시작되고, 이야기가 계속 이어집니다. 그것이 그대의 마음이고, 그대는 그것을 쫓아갑니다. 그대의 호흡 자체가 그 이야기입니다. 호흡이 그치면 어떤 이야기도 있을 수 없습니다.

질: 그 문제를 찬찬히 생각해 보면 사랑과 진리가 같다는 것을 알겠고, 또 사랑의 깨달음은 마음을 사뭇 넘어서 있다는 것을 이해합니다.

마: 그런 이야기는 모두 마음의 수준에 있습니다. 그러나 저는 개인의 관점에서 말하는 것이 아니라, 전체 현상계의 수준에서 이야기합니다. 개인은 어떤 개념들을 통해 그 자신을 이해하고 그에 따라 쾌락과 고통을 겪습니다. 그러나 실제로는 그렇지 않습니다. 행복과 불행을 해석하는 마음은 세간의 일을 하기 위해 있는 것입니다.

질: 아라띠(arati) 불꽃을 흔드는 것과 같은 예배 의식과 **바잔** 찬송은, 신에 대한 우리의 열망을 살아 있게 하고 단조로움을 피하기 위해 필요합니다.

마: 그대가 이해하는 '아라띠'의 의미는 무엇입니까?

질: 특별한 사랑입니다.

마: 마라티어에서 '아라띠'는 '특별한 욕구'를 뜻합니다. 이 특별한 욕구는 모든 동물이 자신에 대해 가지고 있는 사랑입니다. 모든 동물이 각기 이 세상에서 활동을 계속하도록 촉구하는 것이 그 '**존재애**存在愛'입니다. 이 '**존재애**'는 모든 종種의 타고난 본성입니다. 각 종이 자신의 종과 자신을 동일시하기 때문에 '타자성(otherness)'의 관념이 솟아나는데, 이 '타자성'이 쾌락과 고통의 근본 원인입니다. '**존재애**'는 곧 **자기사랑**입니다. 누가 자기 자신을 사랑하지 않습니까? 바로 이 사랑을 '**아뜨마-쁘렘**(Atma-prem-자기사랑)'이라고 합니다.

　인간은 자신을 한 개인으로 여기기 때문에 고통과 쾌락을 겪습니다. 의식의 상태에서만 행복이니 불행이니 하는 그런 문제가 없습니다. 그런 것들은 몸-마음의 수준에서만 경험됩니다. 저는 이 몸-마음의 상태—즉, 개인적 상태—를 초월했고, 동적인 현현된 **의식**으로부터 여러분에게 말하고 있습니다. 좋거나 나쁜 일이 일어날 거라는 관념 자체가 저에게서 완전히 사라졌습니다.

또 저는 생사에 대한 어떤 관념도 가지고 있지 않습니다.

저의 몸 상태는 아주 약합니다. 다른 사람이 이런 상태에 있다면 자리에서 일어나지도 못할 것입니다.

개인성에 대한 자부심을 완전히 상실해 버린 것이 저의 **열반**涅槃(Nirvana), 즉 비정체성(non-identity)의 상태입니다. 그대는 어떤 정체성을 가지고 세간의 모든 일이나 영적인 활동을 합니다. 개인성이 상실되지 않는 한, 그대는 쾌락과 고통, 과거와 미래, 탄생과 고통 등을 겪게 될 것입니다.

그대는 이런 식으로 생각해 보거나 했습니까? 누가 그대에게 이런 것을 묻습니까? 무형상인 자, 동적인 자, 현현된 의식인 제가 그대에게 묻습니다.

그대는 왜 고통을 겪습니까? 그대 자신을 하나의 형상과 하나의 정체성 안에 밀어 넣었기 때문에 그런 고통이 있습니다. 그대는 그런 한정되고 조건 지워진 관점을 가지고 영성을 추구하기 때문에, 그 추구에서 어떤 거점도 확보하지 못합니다. 어떤 주제에 몰입하든, 그대는 개인화된 존재의 관점에서 그것을 다룰 뿐, 동적인 현현된 의식으로서 다루지 않습니다. '그대가 있다'는 앎은 현현해 있고 일체에 편재합니다. 그것은 이 빛보다도 더 순수하고 더 미세하며, 따라서 그 빛을 인식합니다. 그대는 개인주의적 기억을 붙들고 있기 때문에 이 **지**知를 소화하지 못하고, 그래서 그대에게 평안이 없습니다.

하타 요기들이야 얼마든지 있고, 성스러운 이름들을 염하는 염송가(*japis*)나 힘든 고행을 하는 고행자들(*tapis*)도 많이 있습니다. 외관상 그들 중 많은 사람은 영적인 길을 가고 있는 것처럼 보입니다. 그러나 그들은 기적에 탐닉하기 위해 싯디(*siddhi*) 능력을 얻는 데 만족하고 있어, 진정한 영적인 **지**知를 향해 진보하지 못합니다. 그들은 자신의 특정한 체계와 자신이 얻은 능력, 그리고 자신의 개인성에 대한 자부심이 있습니다. 그것은 영적인 **지**知가 아닙니다. 남을 섬기는 사람은 박봉에 만족하고 있거나 아니면 그만두어야 합니다. 마찬가지로, **지**知 수행자(*jnani*)는 생시·깊은 잠·지각성의 세 가지 상태에 만족하고 있거나 아니면 그것을 떠나야 합니다. 저는 **진인**으로서 그대에게 제 이야기를 하고 있습니다. 깊은 잠과 생시가 이렇게 번갈아드는 것이 저에게 무슨 소용 있습니까? 저는 그것을 원치 않습니다. 지각 가능한 이 우주는 한

량없고 무한합니다. 그것을 보존해서 제가 무엇을 얻겠습니까?

깨달은 **진인**은 완전함 속에 안주하고 있기 때문에, 무엇을 얻어야 할 필요가 전혀 없습니다. 그러나 구도자는 그 **진인**의 삶을 기억하고 그에 대해 생각하는 것만으로도 헤아릴 수 없는 이익을 얻을 것입니다. 그것의 잠재력이 아주 큽니다. 보통 사람은 **진인**의 **절대적 상태**를 얼핏 보거나 짐작할 수조차 없습니다. 그래서 **진인**의 존재성의 결과로 나타나는 그의 행동과 신체적 표현에 만족해야 합니다. 그러나 그런 **진인**은 그 신체적 표현도 아니고 존재성도 아닙니다. 예를 들어, 군 장교가 그의 계급을 나타내는 부속물들을 단 군복을 입고 있습니다. 그 모든 것이 장교를 구성하지만, 그 군복과 부속물들이 그 장교는 아닙니다. 이처럼 음식의 덩어리인 그대의 몸은 그대가 아니고, 몸 안에 거주하고 있는 '그대가 있음'의 원리가 그대입니다.

그대는 몸과의 동일시를 포기하지 못합니다. 이것이 큰 **마야**—환幻—입니다. 그래서 그대는 제가 말하는 것을 흡수하지 않습니다.

질: 진인은 자신이 깨달았다는 것을 어떻게 압니까?

마: 그가 자신의 지각성을 인식할 때, 그것이 "내가 있다"는 느낌입니다. 바로 지금 여기에서, 그대는 그 깨달은 상태에 있습니다. 그러나 그대는 욕망과 마음의 개념들을 통해 그것을 판단하려 하고, 그래서 그것을 깨달아 그 안에 안주하지 못합니다.

진인의 상태에서는 그 무엇에 대한 욕구도 없고, 자기 자신을 알리는 욕구조차도 없습니다. 그대는 몸의 감각기관에 집착하고 있습니다. 그러니 설사 백 살이 된다 해도 여전히 더 살기를 원하겠지요.

질: 선생님, 당신을 찾아오는 저희 같은 무지한 구도자들에게 연민과 걱정을 느끼지 않으십니까?

마: 제가 왜 그래야 합니까? 저는 **지**知의 태양 자체여서, 모든 사람을 있는 그대로 바라봅니다.

질: 점성학, 별들, 행운과 불운의 의미는 무엇입니까?

마: 모든 것은 합당한 곳에서 중요합니다. 자신의 참된 정체성을 인식하지 못한 사람은 자연히 점성학·별·운 등의 '의미'를 추구하겠지요. 그러나 **진아**

안에서 안정된 사람에게는 아무것도 중요하거나 의미 있지 않습니다. 그런 사람은 그 무엇에도 상관하지 않습니다.

질: **절대적 상태**는 영원하다고 합니다. 그런 영원한 상태에서 어떻게 존재성과 같은 찰나적이고 일시적인 상태가 일어나게 됩니까?

마: 그런 일시적 상태가 출현하려면 어떤 원인이 있어야 합니다. 예컨대 친한 친구 두 명이 있는데, 서로 사이좋게 지냅니다. 그러다가 갑자기 말다툼을 벌입니다. 여기에는 필시 어떤 원인이 있습니다. 어떤 알력, 어떤 오해가 있습니다. 마찬가지로, **절대적 상태**에서 5대 원소와 현상적 우주를 일으킨 어떤 원인이 있었음이 분명합니다. 이 1차적 원인은 설명을 넘어서 있습니다.

친구들이 견해차와 알력으로 갈라서듯이, 1차적 원소인 공空·지地·수水·화火·풍風은 마찰과 상호작용의 결과로 **지고자**에서 생겨났습니다. 그 과정이 계속되면서 다양한 형상들이 창조되어, 식물계와 동물계가 생겼습니다.

'바나스빠띠(vanaspati)'라고 불리는 식물계에는 덤불·초목·나무 등이 있는데, 이것들은 한 곳에서 자랄 뿐 이동하지 않습니다. 진화의 그 다음 단계는 '바짜스빠띠(vachaspati)'라고 불리는데, 곧 세균·벌레·동물과 인간들로 가득한 동물계입니다. 이런 종들은 이동과 의사소통의 특권을 가지고 있습니다.

인간들은 신체적으로는 동물이지만 뛰어난 종이어서 '브리하스빠띠(brihaspati-'우주의 영靈')'라고도 불립니다. 인간은 **의식**이라고 하는 고도로 진화된 내거內居 원리를 가졌기 때문에, 직관적으로 지혜를 얻고 자신을 초월하여 **지고자**에 도달할 수 있습니다. 그 과정에서 처음에는 몸-마음에 조건 지워져 있던 **의식**이 **보편적 의식**으로 발전하는데, 그래서 브리하스빠띠라는 칭호에 명실상부하게 됩니다. 이것은 '광대한 크기의 주主'라는 뜻으로, 일체에 편재한 원리를 의미합니다. 궁극적으로 **보편적 의식**은 **절대자** 속으로 가라앉습니다.

질: 생명기운이 몸을 떠날 때 어떤 신체적 고통이 있습니까?

마: 개념들에 관련되어 있는 사람은 죽을 때 고통을 받습니다. 그 고통의 강도는 그가 붙들고 있는 개념들의 의미에 따라 다릅니다. 신에게 헌신하고 있고 개념들에서 자유로운 사람은 마치 잠이 들듯이 행복하고 평화롭게 죽습니다. 잠이 들 때 그대는 고통을 받습니까?

시인-성자 뚜까람(Tukaram)은 그가 지은 한 시에서, 식물들은 우리의 친척이자 우리의 조상이기도 하다고 말했습니다. 어떻게 그럴 수 있습니까? 식물 기운이 동물계인 바짜스빠띠와 인간들 종인 브리하스빠띠의 창조에 절대적인 필수요소이기 때문입니다.

천상의 신들이 지구상에 화현하려면 인간의 형상을 취해야 하고, 식물 기운을 섭취하여 자신의 몸을 유지해야 합니다. 신의 상태에 도달하려면 우리가 인간의 몸과 의식을 가져야 합니다.

최고의 상태에 안주하려면 다른 어떤 것도 할 필요가 없고, 이런 이야기를 주의 깊게 경청하면 됩니다. 그러면 모든 일이 올바르게 일어나서 그대의 영적인 진보를 이끌어 줄 것입니다.

지금 그대에게, 5대 원소의 유희의 결과이자 음식기운으로 된 몸의 결과인 존재성에 대해 이야기했습니다. 그러나 절대자로서의 '그대'는 몸이 아니고, 내거內居하는 존재성도 아닙니다. 그런데 왜 그것이 떠나는 것을 걱정합니까?

질: 저희는 태어나기 때문에, 죽을 것이고….

마: 진인은 태어나지 않고 죽지 않습니다. 그러나 진인의 몸이 떨어져 나갈 때 주위 사람들은 슬퍼하며 울지도 모릅니다. 왜냐하면 그들의 몸을 자기와 동일시하기 때문입니다. 따라서 그들은 진인도 몸을 가진 사람이라고 생각하지만, 그는 몸이 아닙니다.

질: '비非지각(non-knowing)'의 상태에 안주해 있는 진인이 어떻게 저희들과 의사소통을 할 수 있습니까?

마: 진인이 진인(jnani-知者)이라고 불리는 것은 몸에 의해 유지되는 지知(Jnana)를—존재성을—가지고 있기 때문입니다. 지知를 가지고 있는 동안 진인은 '비지각', 곧 절대적 상태에 있습니다. 그 존재성과 몸은 진인의 의사소통 매체입니다. 그러나 그는 의사소통을 위해 표현되는 그 언어가 아닙니다.

그대 역시 물러나 그대 안에서 언어가 일어나기 이전의 상태에 안주하면, 그런 진인의 상태에 머무를 수 있습니다. 그런 상태는 깊은 잠과 생시 상태의 경계선에서 드러납니다. 그것이 바로 의식이 일어나기 시작하는 때입니다.

이 상태를 빠라샥띠(parashakti) 혹은 빠라바니(paravani)라고 하는데, 그것은 말, 즉 언어의 근원입니다. 제1단계인 이 근원에서부터 의사소통을 위해 말이 입 밖으로 터져 나올 때까지 언어는 세 단계를 더 거치기 때문에, 결국 모두 4단계입니다. 두 번째 단계는 빠시얀띠(*pashyanti*)라는 초기 단계이며, 이때 언어의 형태 없는 구성이 시작됩니다. 세 번째 단계는 마디야마(*madhyama*), 즉 중간 단계로, 여기서는 마음의 구역 안에서 형태 있는 언어 구성이 일어납니다. 네 번째이자 마지막 단계인 바이카리(*vaikhari*)에서는 숨이 그 언어를 입 밖으로 터져 나오게 하여 음성으로 표현되게 합니다.

빠라바니는 언어의 가장 미세한 형태인데, 여기서 이 용어는 더 깊은 의미를 함축하고 있습니다. '빠라'는 '다른 것'이란 뜻으로, **절대적 상태**와 별개이면서도 그에 가장 가깝다는 것을 말해줍니다.

한 진인, 곧 주 **크리슈나**는 "나는 빠라바니가 아니다"라고 했습니다. 왜냐하면 그들은 **지고자** 안에 거주하기 때문입니다. 제가 **크리슈나**에 대해 이야기할 때, 그를 하나의 인격체로 여기지 마십시오. 그는 **절대자**입니다.

그대는 어떤 개념, 칭호 혹은 '**크리슈나**' 같은 이름을 들으면 '이해했다'고 느낍니다. 그러나 그것은 그렇지 않습니다. 그를 참으로 이해하려면 그대가 **크리슈나**가 **되어야** 합니다.

빠라바니는 **절대자**의 언어가 아닙니다. 그것은 여전히 존재성의 한 산물이기 때문입니다. 발전의 여러 단계를 거친 뒤 그것은 마침내 어떤 개념을 음성으로 표현하는데, 우리가 그것을 받아들이면 그것이 우리를 점유합니다. 그 과정에서 우리는 그 개념을 자신과 전적으로 동일시하고, 우리의 참된 정체성을 잃어버립니다.

질: 저는 일단 명상에 들면 마음 이전의 빠라바니 상태에서 안정되고, 과거와 미래의 사건들에 대한 환영을 봅니다.

마: 빠라바니 상태에서 우리는 싯디 능력을 얻고 과거와 미래를 읽을 수도 있습니다. 그것은 꾼달리니 에너지의 깨어남으로 이어지기도 합니다.

1980년 1월 9일

31
사람이란 없다

마하라지: 자궁 속에서 아홉 달 감옥살이하기 전에 저의 상태는 무엇이었습니까? 모릅니다. 그러나 저는 그 감옥살이가 남녀의 합의 때문에 일어났다고 결론짓습니다. 그 부부가 즐기던 지복이 지금 이 특정한 의식의 형태로 있습니다. 이것을 어떻게 설명하겠습니까? 그것의 부질없음을 아십시오. 거기서는 진리를 발견하지 못합니다. "어떻게 이것이 진리일 수 있는가? 몸에 의존해 있는 것이 진리일 수 있는가?" 하는 지점에 이르러야 합니다. 지성을 사용하십시오.

그대가 그토록 사랑하는 그 의식이 존재하려면 몸이 있어야 합니다.

질문자: 몸이 '그것의 잉태 전에 있는 것'에게 무슨 소용이 있기는 할까요?

마: 그대의 상태는 무엇입니까?

질: 몸입니다.

마: 그 몸은 음식의 한 형상입니까?

질: 예.

마: 그런데 그 음식의 형상 안에 그대의 존재에 대한 기억이 있는데, 그것이 곧 "나는 사랑한다"는 의식입니다.

이 지知는 아주 희유합니다. 그대가 그것을 가지고 있으면 많은 돈을 벌 수도 있고 이 세상의 것들을 가질 수 있습니다. 여기저기 돌아다니면서 이 지知에 대해 이야기할 수도 있고, 만일 그대가 원하면 사람들이 그대를 숭배할 것입니다.

질: 저는 그런 것을 원치 않습니다.

마: 저의 시각에서 보자면 그대는 무無이고 아무 정체성도 없습니다. 그러나 만일 그대가 어떤 정체성을 가졌다고 생각한다면, 지금까지 제가 전해 드린 이 지知를 가지고 세상에 나가도 됩니다.

아무 말이 없는 원초적 환幻(물라-마야)은 행위하기를 그치지 않을 것입니다.

원초적 환幻은 없앨 수 없고, 그것은 계속되어야 합니다. 후속하는 환幻들은 우리가 없앨 수 있지만, 원초적 환幻은 그럴 수 없습니다.

질: 알겠습니다.

마: 그것은 계속될 것입니다. 그대는 풀이 자라고, 강에 물이 흐르고, 바다에 파도가 있는 것 등을 볼 것입니다. 그것이 원초적 마야인데, 우리는 그것을 멈출 수 없습니다. 그것은 환幻의 성품 자체입니다. 원초적 마야에는 색깔도, 형태도, 전혀 아무것도 없습니다. 저 원초적 마야에 대해서는 무슨 생각을 할 수 없습니다.

그대는 이것(여기서 들은 지知)을 무엇에 쓸 수 있습니까? 엄청난 부를 축적할 수도 있겠지요. (그러나) 누가 이익을 보겠습니까? 그대가 죽고 나면 자식들이 일부를 쓸지 모르고, 정부도 일부 가져갈지 모릅니다. 그것은 모두 공적公的이고, 모두 비개인적입니다. 그대의 지知는 개인적인 것으로 남지 않을 것입니다. 그것은 남들을 위한 것입니다. 그대가 죽을 때 자신이 무엇인지를 이해하면, 자신이 결코 한 '사람'이 아니었다는 것을 이해하면, 그걸로 족합니다. 그대가 하나의 인격체라고, 그대 자신을 위해 뭔가를 할 수 있다고 느끼지 마십시오. 어떤 '사람'도 없습니다.

그대가 무엇을 벌든 그대는 그것을 지키려고 하겠지만, 그것은 전혀 그대에게 위안을 주지 못할 것입니다. 그대는 (결국) 세상을 다시 보지 못할 것이고, 따라서 일체를 그대가 아니라 남들이 사용하게 됩니다. 바로 지금, 이 의식이 무엇인지 알려고 노력하십시오.

그대는 살아가기 위해 그대가 먹는 음식에서 나오는 몸의 힘에 의지하는데, 이 음식의 기운과 음식-몸이 이 "내가 있다"는 의식입니다. 그대의 존재성은 그대 안에 있지, 달리 어디에 있지 않습니다.

이해해야 할 단 한 가지는, 이 존재성이 사뜨와 구나(Sattva Guna) 때문에 있고, 그것은 다른 구나[라자스와 따마스]에 따라 세상에서 행동한다는 것입니다. 그대는 그 어느 것도 아닙니다. 그 속성들은 현현된 일체를 가리키며, 사뜨와 구나의 표현이 이 존재성입니다.

◆ ◆ ◆

마: 우리는 자신의 개념을 가지고 무엇이 더럽다, 그렇지 않다고 판단합니다. 어떤 이들은 멧돼지 똥을 가공해 무슨 병을 고치는 약을 만드는데, 다 죽어가는 사람에게도 약효가 아주 탁월합니다. 오물로 간주되는 것이 약으로 쓰입니다. 사람 몸조차도 오물로 여겨질 수 있는 것으로 만들어졌습니다. 이 몸이 무엇인지를 생각해 보았다면 우리가 자신의 개인성을 중요시하겠습니까?

저로서는 남들이 말한 어떤 것도 믿지 않고, **베다**에 쓰여 있는 것조차도 마찬가지입니다. 저 자신의 체험만 믿습니다.

그대는 많은 환영幻影을 보았습니다. 그런 환영에 무슨 진리가 있습니까? 무슨 환영이든 그 토대가 무엇입니까?

질: "내가 있다"는 의식입니다.

마: 전통적 견지에서는, **브라마**가 세계를 창조했고, **비슈누**는 그것을 유지하며, **시바**는 세계를 파괴한다고 합니다. 세계를 창조하는 이 **브라마**는 "내가 있다"는 느낌이 나오는 브라마란드라(梵穴)와 동일하지 않습니까? 이 '내가 있음' 아니면 이 **브라마**가 누구입니까? 그것에 이런 온갖 이름들이 부여됩니다. 시간이 한정되어 있는 모든 것은 존재성에서 창조되어 나옵니다. 그 기본 개념을 이해했습니까?

질: 우리의 경험 속에서 일어나는 모든 일은 선하지도 악하지도 않은 것으로 보아야 합니까?

마: 그런 이야기는 또 왜 합니까? 무슨 의미가 있습니까?

질: 맞습니다.

마: 생각해 봐야 할 단 한 가지는 이겁니다. "이 형상과 존재는 어떻게 해서 생겨났나? 나는 이런 것을 원하지 않았다." 여기 누가 오든 제가 그 사람을 보는 토대가 무엇입니까?

질: 다 똑같은 것입니다.

마: 그것이 "내가 있다"입니다. '나'인 그것이 곧 남들이기도 합니다. 제가 말하는 것을 받아들인다면, 그대 자신에 대한 그대의 관념은 무엇입니까?

질: 우리가 알고 있는 자아라고 해서 우리가 남들에 대해 아는 것보다 더 실재하지는 않습니다. 달리 말해서, 그것은 다 환幻입니다.

마: 그대에게는 어떤 일이 일어날 거라고 생각합니까?

질: 제가 결국 발견했으면 하는 것은, 실재하고 '시간이 한정된 것'에 국한되지 않는 부분입니다.

마: 왜지요? 그대가 보는 것이 거짓이라는 것을 깨달았는데, 실재를 찾고 있는 '그대'는 누구입니까? 무슨 답변이 있습니까?

질: 없습니다.

마: 그런 탐구를 해서 무엇을 발견했습니까? 그대의 결론은 무엇입니까?

질: 저는 일어나는 일들을 그냥 바라보는 것에 익숙해졌습니다.

마: 그것은 기대입니까, 아니면 그럴 수밖에 없기 때문입니까?

질: 어느 쪽도 아닙니다. 그것은 아무 기대 없이 그냥 있습니다. 그것이 지금 제가 있는 지점입니다. 그것은 성품 외에는 아무것도 없다는 것을 뜻합니까?

마: 성품이라는 단어 말고는 우리의 버팀목을 매달아 둘 데가 전혀 없습니다. 우리가 무엇으로부터 이 창조계를 관찰하는지 압니까? 이름과 형상을 가진 어떤 사람이 창조되는 것을 그대는 어떻게 이해합니까?

질: 우리 자신의 경험의 견지에서 이해할 뿐입니다.

마: 그게 어떤 것입니까?

질: 저는 저 자신에게서, 즉 저의 내면에서 관찰하는 것부터 시작합니다. 그 이면에 어떤 이론들을 세우지는 않습니다.

마: 무엇을 관찰하고 있습니까?

질: 오고 가는 모든 것입니다.

마: 존재성이 자연발로적으로 주시하고 있습니다. 그대의 존재성의 주시하기가 그대에게 어떻게 쓸모가 있을까요?

질: 실은 모르겠습니다. 하지만 그것을 실재하지 않는다고 관찰하는 것이 어떤 가치가 있다는 것을 받아들입니다.

마: 그것을 이해하고 나면, 그대의 존재(삶)의 목적은 무엇입니까?

질: 몸의 목적은 저 (존재성) 이전 상태를 얻기 위한 것입니까?

마: 누가 그 말을 합니까? 그 사람의 정체성을 내놓으십시오.

질: 그것을 못 합니다.

마: 어떤 정체성도 내놓을 수 없다면 왜 이야기를 합니까?

마: 그냥 마하라지님께 복종해서입니다.

마: 그것은 이 단계에서는 질문하는 것 자체가 불가능해지기 때문입니다. 질문이 없는데 여기 머물러 있는 것이 무슨 소용 있습니까?

질: 저희는 무無가 되는 데 대해 완전한 통찰력이 없습니다. 없애야 할 것이 조금 있습니다.

마: 완전히 해소되거나 말소되는 어떤 것을 그대가 지켜보지만, 늘 있는 것은 지각 불가능합니다. 그 원리는 항상 남아 있습니다.

여러분 가운데 제가 오늘 한 말을 분명하게 이해한 사람이 있다면 다시 여기 올 필요가 없습니다.

질: 지적으로는 이해했지만 그것을 깨닫지는 못했습니다. 저는 아직도 병들어 있습니다. 그래서 여기 왔습니다.

마: 그대가 보는 그 무엇도 실재하지 않는다는 것을 충분히 납득하면서, 왜 그 실재하지 않는 원리에 매달립니까?

질: 그런 믿음이나 신념에 우리가 의지해야 하는군요?

마: 그렇지요. 그 믿음이나 신념이 무엇이냐—그것은 "내가 있다"는 원리일 뿐입니다.

1980년 1월 11일, 13일

32
진아-요가

질문자: 신체적 고통과 심리적 고통 간의 차이는 무엇입니까?

마하라지: 몸 안에 장애가 있을 때는 고통이 신체적이지만, 생각과 개념들 안에 어지러움이 있을 때는 그 고통이 심리적입니다. 이 모든 것이 시작되었을

때, 그대가 어떤 관념을 가지고 있었습니까?

질: 모릅니다.

마: 그것은 자연발로적이고 (그대의) 안에 있습니다. 그러나 생애 최초의 날에 대한 기록은 언제 어떻게 이루어졌습니까?

질: 죽음에서 탄생이 일어났습니다. 그 이전에는 아무 의식이 없었습니다.

마: 무엇에게 이 탄생이란 칭호가 주어졌습니까? '무엇이 진정으로 태어났는가?'라고 그것을 그냥 들여다보십시오.

질: 하나의 개념이 태어납니다.

마: 하나의 개념이 태어난다고 생각하기 위해서라도, 실제로 어떤 일이 일어났습니까?

질: 시간과 공간이 나타났습니다.

마: 그대가 올바른 답변을 내놓으려면 **명상-요가**(Dhyan-Yoga)를 많이 해야 할 것입니다. 우파니샤드도 많고, 하타 요가, 빠딴잘리 요가(Patanjali yoga-라자 요가) 등과 같은 요가도 얼마든지 있습니다. 그러나 저는 **진아-요가**(Atma-Yoga), 곧 진아지 외에는 달리 어떤 것도 모릅니다.

밀 한 무더기를 가지고 여러 가지 방법으로 갖가지 먹을거리를 만듭니다. 마찬가지로, 영적인 공부에는 많은 체계가 있습니다. 저는 다양한 맛난 음식들, 방법과 체계들에는 관심이 없고, 주된 근원에만 관심이 있습니다.

내 존재성의 상태, 내 존재(existence), 그리고 전 현상계가 어떻게 왜, 그리고 무엇에서 일어났습니까? 그 원초적 근원에서는 나의 현존을 느끼지 못합니다. 그 궁극의 근원에게 어떻게 존재의 상태가 일어나서, 타자성(이원성)을 가져옵니까? 우파니샤드와 다양한 요가 체계들은 개념적 환상입니다. 저는 그런 것들에 전혀 들어가지 않았습니다. 저는 저의 '비존재성'과 '존재성'에 대해, 그리고 그것들이 어떻게, 왜 일어났는지를 탐구했을 뿐입니다.

질: 제가 태어난다는 것 자체가····.

마: 그러나 그것은 그대가 들은 하나의 개념입니다. 들은풍월이지요.

질: 매 순간 우리는 태어납니다.

마: 예. 매 순간 탄생이 일어나지요. 그러나 태어나는 물질은 무엇입니까?

질: 그게 대체 무엇일까요?

마: '비존재성' 위에서 존재성이 나타났고, 그 존재성 안에서 수많은 탄생과 생명 형태들이 한 순간에 창조됩니다.

질: 그러나 이 모든 것의 배경은 '무無'일 뿐입니다.

마: 이 '무無'를 아는 자도 있어야 하는데, 이 '아는 자'도 '무無'이지요! '비존재성' 안에서 어떻게 그것을 표현할 수 있겠으며, 누가 표현하겠습니까? 그 상태에서는 주체도 없고 대상도 없습니다. 그것을 무無대상(nirvishaya)이라고 합니다. 그러나 존재성의 상태에서는 주체와 대상 둘 다 있고, 그래서 그것을 유有대상(savishaya)이라고 합니다.

그대는 빠딴잘리 요가(Patanjali Yoga-라자 요가)가 이원성을 다룬다는 것을 이해했습니까? 그 요가를 공부해 보았습니까? 그것이 멍에 얹기(yoking)를 다룹니까, 멍에 풀기(unyoking)를 다룹니까?16)

질: 조금 읽어는 보았습니다. 그 요가는 이원성을 다룹니다.

마: 빠딴잘리는 무엇으로부터 이원성을 창조했습니까? 그가 이원성을 확립했을 때, 무엇을 둘로 나누었습니까? 무엇을 둘로 나누었든 그것은 존재성의 영역 안에, 곧 주체-대상의 영역 안에 있지 않았습니까?

질: 우리가 무엇을 둘로 나누려고 하는 순간, 그것은 대상적으로 됩니다.

마: 그러나 **궁극적** 원리는 주체-대상의 영역 이전입니다. 저는 그대가 그 상태를 어떻게 나누었는지 알고 싶군요.

'비존재'의 상태 위에 존재성이 현상계와 함께 나타나면서, 마치 "내가 있다"고 가리켜 보이듯이 합니다. 그것이 누구인지는 중요하지 않습니다. "내가 있다"만이 중요합니다.

우리는 이원성에 대해 이야기했습니다. 그것은 존재성이 '비존재성' 위에서 나타나면서 시작되었습니까, 아니면 나중에 발전되었습니까? 간단하지요. '비존재성'에서 나왔습니다. 존재성이 느껴질 때, 즉 '내가 있음'이 느껴질 때, 이원성이 시작되었음이 분명합니다. 나중에 존재성이 다수성으로 나타나고, 무

---

16) T. '요가'란 말은 '멍에(yoke)' 혹은 '결합'을 뜻하는 산스크리트 말 *yuga*에서 왔다. '멍에 지우기'는 신과 나의 결합(단일성), '멍에 풀기'는 신과 나의 분리(이원성)를 의미한다.

수한 형상들을 통해서 작용합니다. "내가 있다, 내가 있다"라는 존재성의 최초의 웅얼거림이 이원성입니다. 그러나 그 이원성을 누가 받아들입니까? '비존재성'이 존재성과 함께 이원성을 받아들입니다. 절대적인 '비존재'의 상태가 존재(있음)의 상태를 취함으로써 현상계 속에서 이원성이 되는 것입니다.

말이 우리 사이에서 이원성을 만들어냅니다. 두 사람이 조용히 앉아 있으면 아무 다툼이 없습니다. 그러나 그들이 이야기를 시작하는 순간 이원성이 시작됩니다.

'비존재'의 상태가 존재의 상태를 통해서 대상적으로 표현될 때, '존재'의 상태를 여성적 측면인 **마야**라고 합니다. 한편 '비존재' 상태는 남성적 측면으로 간주됩니다. 그래서 현현된 우주의 작용을 **쁘라끄리띠**와 **뿌루샤**, 즉 여성적 측면과 남성적 측면의 유희라고 하는 것입니다.

질: 저는 이 존재성이 '비존재성'을 체험하려고 애쓰는, 곧 현현자가 **미현현자**를 체험하려고 애쓰는 그런 길을 따르려고 했습니다. 애초에 그것이 불가능하다는 것을 우리가 이해해야 하는데 말입니다.

마: 저도 바로 그것을 이야기해 왔지요. 깊은 명상을 많이 해야 합니다. 존재성이 '비존재성'의 상태에 전적으로 합일되어야 합니다. 저는 매일 깊은 잠 속으로 들어갈 때 스트레스와 긴장을 해소합니다. 이와 같이 저 자신을 잊고 망각과 휴식 속으로 들어갑니다. 이처럼 존재성이 '비존재성' 안에서 사라져야 합니다.

명상-요가를 올바르게 하면 존재성이 '비존재성' 속으로 점차 해소됩니다. 깊은 잠에서 약간 깨어나는 듯할 때 꿈의 장면들이 나타납니다. 마찬가지로, 깊은 명상에서도 필요한 모든 지혜가 그대에게 드러납니다. 이 모든 것을 이해하고 현상계는 실재하지 않는다는 것을 깨닫고 나서도, 우리는 여전히 자신을 하나의 인격체로 여깁니다. 존재성의 상태는 현현된 상태입니다. 그것은 개인적이지 않습니다. 그것은 5대 원소, 세 가지 **구나**, 그리고 여성 원리와 남성 원리인 **쁘라끄리띠-뿌루샤**로 이루어집니다. 존재성은 나중에 '비존재성' 속으로 합일됩니다.

그래서 저는 저의 과정을 **진아-요가**(Atma-Yoga)라고 하는데, **진아-요가**란 곧

진아안주眞我安住(abidance in the Self)를 의미합니다. '비존재'의 상태가 존재의 상태로 되었을 때, 세계가 무수한 사물들과 함께 생겨났습니다. 제 **스승님**의 지시에 따라, 저는 존재성과 하나가 되었습니다. 그것은 우리가 곧 역동적인 전 우주라는 소견을 갖는다는 것을 의미합니다. 우리가 자신의 개인성을 초월하면, 우리는 현현된 존재성일 뿐입니다. 이 과정에서 **미현현자**가 <u>스스로</u>를 드러냅니다.

질: 그것이 마하라지께서 '**명상**'이라고 부르시는 거군요. 즉, 존재성의 상태에 머무르는 것 말입니다.

마: 어떤 창조주도 없고, 누구도 저를 창조하지 않았습니다.

질: 창조주는 이미 현현자(현상계)입니다. 우리가 창조주가 되기 전에, 먼저 우리에게 '존재(being)'의 느낌이 필요합니다.

마: 창조는 그 사람의 마음과 개념들을 통해서 일어납니다. 그의 마음속에서 일어나는 웅얼거림을 통해 그의 세계가 창조됩니다. 설사 그대가 홀로 있다 할지라도 그대의 마음속 수다와 잡담은 계속됩니다.

질: 또한 마음도 창조됩니다.

마: 그렇지요. 그러나 언제입니까? '비존재'가 존재성으로 화할 때, 그럴 때만 마음이 나타나서 작용합니다. 제가 하는 말을 정확히 전달받을 수 있는 사람은 백만 명에 하나 정도로 아주 드뭅니다.

질: 일단 그 전달이 일어나면 어떤 '사람'도 없습니다.

마: '네 것'이나 '내 것'이라는 것이 없지요. 저의 현현물이라는 바다 안에 그대와 같은 수백만의 존재들이 마치 파도와 물결처럼 기어 다니고 있습니다.

질: 스승은 예외로 하고, 다른 모든 이들은 물결입니다.

마: 그러나 '스승'이 무엇입니까? 그가 빵 한 조각으로 지탱되는 물질입니까?

질: 그것은 '묘사 불가능한 것'에 대한 다른 단어입니다. 제 **스승님**은 저에게, 먼저 제가 한 개인으로서 **스승**을 받아들여야 하며, 그러면 **스승**이 저를 먼저 현현자에게 안내하고, 이어서 **미현현자**에게 안내할 거라고 말씀하셨습니다.

마: 그러나 그 스승은 현현된 상태입니다. 만일 개인성을 받아들이면 그대는 진보하지 못할 것입니다. 현현자를 그대 자신과 동일시해야 합니다. 여명의

첫 순간부터 빛 전체가 도처에 넘칩니다. 현현자와 자신을 동일시하면, 그대가 일체에 편재합니다. 개인적 정체성을 붙들고 있으면 진보할 수 없습니다. 죽음을 피할 수 없는데, 왜 내가 내 스승의 지시를 준수하지 않겠습니까? 암묵적으로, 애씀 없이, 자연발로적으로 그를 따르면 현현자가 **미현현자**로 되고, 존재성이 '비존재성' 안에 합일됩니다. **미현현**은 완전한 고요와 휴식을 뜻합니다. 그러면 어떤 탄생도 죽음도 없고, 옴도 감도 없습니다.

세간적 활동은 존재성의 웅얼거림 없이는 가능하지 않습니다. 개인성과 현상계는 '비존재성' 상태가 존재성으로 화한 결과입니다. 마치 사람이 깊은 잠에서 생시로 깨어나듯이 말입니다. 깊은 잠이 든 사람과 완전히 깨어 있는 사람은 똑같은 개체입니다. 잠을 자는 사람은 깨어나는 사람과 동일합니다.

질: 생시의 상태는 세계를 가리키는 다른 단어입니다.

마: 생시는 전체적인 세계 현현(world manifestation)을 의미합니다.

질: 깨어나면 그 사람은 늘 이원성으로 돌아갑니다.

마: 제가 그대에게 말을 하기 때문에 그대가 계속 저에게 말을 합니다. 누구든 뭘 많이 아는 사람이 있으면 그도 여기 데려오십시오.

질: 제가 누구에게 여기 와 보라고 하는 경우는 아주 드문데, 한두 번은 그래 봤습니다.

마: 저는 이해하고 싶어 하는 사람들을 좋아합니다. 그러나 논쟁을 위한 논쟁만 하려 드는 사람은 누구든지 쫓아내 버립니다.

저는 **미현현자** 안에 늘 안주해 있습니다. 그러나 일체가 **요가마야**(Yogamaya)—존재성—의 힘에 의해 일어납니다. 현현된 상태(현상계)가 **요가마야**인데, 그것은 스스로를 현현합니다.

한 위대한 마라티 시인은 그가 지은 시에서 **미현현자**의 상태를 가리켜 이렇게 말합니다. "누구의 손도 타지 않은 석녀石女가 임신해서 아이를 낳는다고 생각해 보라." 마찬가지로, **요가마야**가 현상 세계를 낳았습니다. 즉, 음식 기운으로 된 몸의 결과인 존재성이 이 현상계를 투사했는데, 그것은 제 **스승님**의 이미지입니다. 미현현자와 현현자, 곧 **요가마야**는 결코 함께 있을 수 없습니다.

질: 어떤 사람이 『아이 앰 댓(I Am That)』을 한 외국어로 번역했는데, 그는 그 제목을 『따뜨-뜨왐-아시(Tat-Tvam-Asi)』('그대가 그것이다)로 하고 싶어 합니다.

마: 그건 마음에 들지 않는군요. '아이 앰 댓'이란 제목을 그대로 달든지 아니면 아예 아무것도 달지 말라 하십시오.

질: 그러나 모리스 프리드먼(Maurice Frydman) 씨는 동의해 주었습니다.

마: 저는 동의하지 않습니다. 그리고 그대가 이해한 것을 가지고 그 내용을 희석시키지 마십시오. 설사 그대 자신을 **진인**으로 여긴다 해도 말입니다. 프리드먼이 한 것과 같이 하십시오. 원문을 정확하게 번역해야지 어떤 수정도 가하면 안 됩니다.

질: 명상을 하고 나니 이제 저는 당신의 가르침의 핵심이 『아이 앰 댓』에 들어 있다는 것을 알겠습니다.

마: '아이 앰 댓'이라는 말의 의미를 깨닫고 싶다면 깊은 명상에 들어가십시오. 그리고 '그대', 곧 현현된 상태가 **미현현자**에 합일되어야 합니다. 그것이 그 궁극적 의미입니다. 제가 세계와 **신**에 대해서 어떤 경험을 하든, 그것은 **신**의 어떤 가호나 의무 때문이 아니라 전적으로 저 때문에, 즉 저의 상태 때문입니다. 만일 제가 없다면 그 체험을 하지 못했겠지요. 제가 지배했고, 늘 제가 지배하고 있습니다. 저의 존재성 때문에 제가 세계를 경험합니다. 이제 저는 세 분의 **진인**, 곧 아짜리야(Acharyas-스승들)인 샹까라(Shankara), 마다바(Madhava), 라마누자(Ramanuja)의 가르침17)이 하나임을 분명하게 봅니다.

　모든 창조물들은 **물라-마야**, 즉 **원초적 환**幻과 그것의 내밀한 웅얼거림에서 방출됩니다. 모든 단어, 이야기, 칭호들이 그 방출을 가리키고 있습니다. 마찬가지로, 이 모든 모습들은 누군가의 잡담이자 표현입니다. 이 모습들은 두 사람의 사랑의 속삭임과 '함께 함'의 소산입니다.

　존재성의 상태가 **신**이라고 불립니다. **신**의 상태가 전체 현상계입니다. 그것은 (세계를) 경험할 때의 저의 상태이고, 그것이 이원성입니다. 그러나 저의 미

---

17) T. 이들은 베단타(Vedanta)의 주요한 세 유파를 대표한다. 샹까라(8세기)는 비이원론(Advaita), 마다바(13-14세기)는 이원론(Dvaita), 라마누자(11-12세기)는 한정비이원론(Vishishtadvaita)의 입장이다.

현현 상태는 비이원적입니다. 그 상태에서는 어떤 경험하기도, 어떤 현현도 없습니다. 절대자인 저는 '존재'의 상태가 아닙니다.

그대는 그 모든 영적 지식에도 불구하고 몸-마음 수준의 경험들을 포기하고 싶어 하지 않습니다. 몸-마음의 감각과 자신을 동일시하지 않으면 먼저 존재성 속으로 초월해 들어가고, 나중에는 존재성을 초월할 것입니다. 그대는 몸-마음 수준에서 개인성을 유지하면서, 존재성과 '비존재성' 둘 다를 경험하고 그 안에 있고 싶어 하지만, 그것은 불가능합니다.

절대자인 저는 저의 존재성 상태, 즉 전체 현상계의 주시자입니다. 이 상태는 신, 마헤스와라(Maheswara-시바)와 같은 아주 높은 속성들로 찬미되고, 사람들은 그들을 숭배합니다. 저의 이런 이야기는 장난처럼 생각될지도 모릅니다.

질: 만약 제가 "나는 그것이 아니다"라고 하면, "내가 그것이다"도 있습니다.

마: 경험이 곧 경험자를 의미하지는 않습니다.

질: 경험자는 경험됩니다. 경험자는 하나의 대상이지만, 주체로 여겨집니다. 저는 당신을 경험하고, "내가 있다"는 하나의 대상입니다. 그러나 주체로 취급됩니다. 대상을 주체로 보는 것은 하나의 환상입니까?

마: 그대의 이런 모든 이야기는 지적인 이야기이고, 제 이야기에 대한 답변으로 하는 것일 뿐입니다. 그대가 이야기하는 것을 그대는 직접 실천합니까?

질: 그것이 실천입니다. 저는 도처에서 '나'를 탐색해 왔지만, '나'를 찾는 어디에도 '나'는 없습니다.

마: '나'는 그 '나'란 말이 아닙니다. 그것은 일체입니다.

질: 한 개인으로서의 '나'는 그 일체에 도달할 수 없습니다.

마: 저는 누구도 그가 하나의 인격체라고 해서 비난하지 않습니다. 그대는 자신을 한 개인과 동일시합니다. 죽음의 공포가, 그대가 존재성 속으로 초월해 들어가는 것을 허용하지 않습니다.

질: 거짓인 것만 거짓으로 존속하고 싶어 합니다.

마: 맞습니다.

질: 저는 여전히 '나'라는 느낌을 느낍니다.

마: "내가 있다"는 느낌은 늘 있습니다. 그것이 몸을 자신과 동일시할 때에만

그것을 에고라고 합니다.

　절대자인 '나'는 개인적인 '나'가 아닙니다. 개인적인 '나'는 비인격적 존재성을 용납할 수 없고, 죽음을 두려워합니다. 사실적이고 영원한 '나', 곧 **절대자**에게는 어떠한 죽음의 공포도 없습니다.

　그대가 5대 원소로 된 물질을 가지고 존속시키고, 양육하고, 유지하고 싶어 하는 것(몸)은 그대가 아닙니다. 그대가 '실재하지 않는 것'을 자신과 동일시하기 때문에 죽음의 공포가 있는 것입니다.

　절대자인 그대는 개인적인 '그대'가 아닙니다. 그러나 '그대'라는 개인적 존재물은 (절대자인 그대에 의해) 24시간 내내 주시되고, 양육되고, 보호받기 때문에 계속 존속할 수 있습니다. 요컨대 그대는 실제로는 그대가 아닌 것을 주시하고, 양육하고, 보호하고, 호위합니다.

질: 우리가 사자를 만나면 두 가지 방안이 있습니다. 도망치든가 아니면 사자에게 잡혀 먹히든가 둘 중의 하나입니다.

마: 세 번째 방안이 있지요. 어느 쪽이든 사자가 그대를 죽이려 들 테니, 오히려 그대가 사자를 위협하는 것입니다. 그러니 왜 공포에 질린 겁쟁이처럼 죽습니까? 용감하게 사자를 공격하여 이빨 몇 개를 부러뜨리십시오.

　시간을 두려워하는 사람은 시간의 먹이가 됩니다. 그러나 시간 자체는 그것을 두려워하지 않는 사람의 먹이입니다.

　시간, 존재성 및 그 속성들을 초월하는 사람은 **절대자** 안에 안주합니다. **진인**은 계속 시간을 소화하지만 다른 모든 사람들은 시간에 잡혀 먹히고 있습니다. **진인**은 시간·원소·속성(구나들)과 감정들(두려움 등)을 넘어서 있습니다.

질: 우리는 자신이 섭취하려고 하는 것을 실재하는 것으로 설정하지 않도록 아주 조심해야 합니다.

마: 그대는 **진인**인 척하지만 수많은 것들로 가득 차 있습니다. 시간에 대한 두려움은 태어나지 않은 아이에 대한 두려움과 같습니다.

질: 저는 저를 **진인**이라고 여긴다는 말은 하지 않았습니다.

마: 시간은 석녀의 자식입니다. (그 방문객과 또 한 사람을 가리키며) 두 분 다 영성을 갖추었다고 알려진 저명한 인물들이고, 저를 공격하려고 무장을

잘 하고 왔군요. 그러나 당신들에게 말하지만, 당신들은 저를 포착할 수 없습니다.

저는 왜 시간을 두려워하지 않습니까? 이 현현된 우주—**브라만**—의 해체조차도 저를 파괴하지 못하기 때문입니다. 그 해체 이전이나 그 동안이나 그 이후에도 **절대자**인 저는 누구의 손도 타지 않고, 오염되지 않고, 똑같은 것으로 항상 지배합니다.

여러분은 죽을 때 어떤 정체성을 가지고 죽으려고 합니까? 만일 여러분이 죽을 것임을 확신한다면, 왜 저급한 죽음을 겪습니까? 고상하고 명예롭게 죽으십시오. 죽기 전에 **지고자**가 되고, **무한자**가 되고, **절대자**가 되십시오.

1980년 1월 14일

33
어떤 것도 5대 원소의 유희에 개입하지 않는다

질문자: 에고가 무엇입니까? 왜 그것은 항상 그 자신을 생각합니까?
마하라지: 먼저 그대는 "내가 있다"는 느낌, 즉 아감我感(aham-bhava)이라고 하는 것을 가지고 있습니다. 나중에 이 느낌은 한 몸의 형상을 자신과 동일시하는데, "나는 형상이다"라는 이것을 아상我相(aham-akar)이라고 합니다. 이것이 에고입니다.

질: 왜 어떤 사람들에게서는 그것이 사라지지 않습니까? 그들은 자신이 행위자라고 느끼고, (남들로부터) 사랑받고 싶어 합니다.
마: 그것은 세 가지 **구나**의 자연스러운 결과입니다. 몸은 음식기운의 산물이지만, 이 세 가지 **구나** 모두가 그것을 통해 작용하는 매개체이기도 합니다. 에고는 이 **구나**들의 성품 자체입니다. 사람이 자신을 행위자로 생각하는 동안은, 설사 아무 행위도 하지 않고 있다 해도, 모든 행위가 그 **구나**들로 인해

일어납니다. **진인**만이 이것을 깨달아 에고를 초월합니다. 에고는 칭호도 이름도 아니고, 언어 이전의 "내가 있다"는 느낌일 뿐입니다. 생시 상태, 잠, 그리고 "내가 있다"는 지각성이 에고를 구성합니다. 이 세 가지 상태가 없다면 그대는 자신이 무엇이라고 생각합니까? 이 세 가지 상태가 없다면 무엇이 그대가 존재한다는 증거일 수 있습니까?

질: 에고는 생각들 때문에 있을 수 있지 않겠습니까?

마: 이 세 가지 상태는 존재성, 곧 '내가 있음'의 자연적 결과입니다. 존재성을 지각하는 자는 세 가지 **구나** 모두를—즉, **의식**인 **사뜨**와, 동적인 성질인 **라자스**, 행위자임을 주장하는 **따마스**를—초월합니다. 그러나 **의식**이 현현하기 위해서는 음식-몸이 절대적으로 필요합니다. 음식-몸이 없으면 **의식**도, 세 가지 **구나**도 있을 수 없고, 생시·잠·지각성의 세 가지 상태조차 있을 수 없습니다.

질: 당신께서 **의식**이라고 하시는 것은 정신적 의식을 말씀하십니까?

마: 우리가 세 가지 상태에 대해 이야기하는데, 마음이 어디 끼어듭니까? 생시·깊은 잠·지각성이 없으면 마음이 어디 있습니까? **의식**이 없으면 그대는 '그대가 있다'는 것도 모릅니다.

질: 그러면 **의식** 속에서 생각들이 나타날 수 있겠군요?

마: (타고 있는 향대를 가리키며) 그렇지요. 향대가 타면 향기가 있겠지요. 그대가 탄생이라고 하는 것은 무슨 의미입니까? 그것은 생시, 깊은 잠, 그리고 지각성의 탄생을 의미합니다. 그러나 이 탄생의 재료는 음식-몸의 정수입니다. 질문할 것이 있으면 얼마든지 질문하십시오. 그러나 만일 그대가 없다면 누가 그대의 질문들에 답해 주겠습니까? 그대가 없다면 그대의 탄생과 죽음에 대한 질문이라 한들, 그 질문이 어디에 있을 수 있겠습니까?

질: 탄생은 몸에만 일어납니다.

마: 그러나 그대가 몸이라고 할 때, 그것은 음식기운의 정수 아닙니까?

질: 나이를 먹고 몸이 쇠퇴하면서 때로는 편집증 환자들의 경우에 그렇듯이 에고가 확장되는 것은 무엇 때문입니까? 에고는 나이를 먹을수록 커지는 것 같습니다.

마: 그러나 에고는 무엇의 산물입니까? 그대가 어떤 경험을 하든 그것은 존재성의 산물이고, 존재성은 음식의 결과입니다. 음식에서 몸-형상이 나오고, 몸의 기운에서 탄생이 나옵니다. 그대는 달리 무엇을 기대합니까? 존재성이 나타나면서 탄생이라는 칭호가 그대에게 부여되고, 그대는 태어났다는 비난을 받습니다. 이런 답변을 들으면 그대의 질문과 이야기는 모든 의미를 상실합니다. 자, 이야기를 하고 있는 것이 누구인지 말해 보십시오. 그대가 이야기를 합니까, 아니면 존재성이라는 성질이 이야기를 합니까?

질: 이야기를 하는 '나'라는 것은 결코 존재하지 않습니다.

마: 그대는 아직도 제가 말하는 것을 파악하지 못하고 있습니다. 세계 경험의 씨앗은 존재성입니다. 이 모든 것 안에 그 '나'가 어디 있습니까? 이야기는 존재성이 합니다. 그러나 그것은 몸의 기운에 의존하고, 몸의 기운은 음식의 산물입니다. 몸 안에 있는 몸의 기운이 그 성질을 잃으면 존재성이 약해지고 죽음이 두려워집니다. (한 방문객이 잘 들리지 않는 말로 뭐라고 중얼거린다.) 그대가 좋아하는 어떤 단어를 사용하든, 하고 싶은 말을 하십시오. 그대는 책을 여러 권 썼는데, 거기에 무슨 정보를 담았습니까? "내가 있다"나 "나는 없다"는 존재성과 관계됩니다. 존재성이 그 모든 단어를 말합니다. 만약 "내가 있다"는 느낌이 없으면, 즉 존재성이 없으면, 누가 있어서 "내가 있다"고 말하겠습니까?

질: 저는 제가 책을 쓰고 있다는 생각을 결코 한 적이 없습니다.

마: 그대와 토론해 본들 무슨 소용 있습니까? 제가 한 말을 그대가 부인해도 소용없습니다. 생시·깊은 잠·"내가 있다"는 지각성의 세 가지 상태 없이 그대가 무엇이며, 그대가 무엇일 수 있겠습니까?

질: 그래서 저는 아무것도 하지 않는다고 하는 것입니다.

마: 그러나 그대의 이야기 속에는 어떤 주장이 있는 듯이 보입니다. 단지 이야기를 위한 이야기는 부디 전개하려 하지 마십시오. 제 이야기를 조용히 들으면 모든 것이 드러날 테니 말입니다. 누가 여기 오면 저는 그 사람이 조금도 아는 게 없다는 것을 압니다. 사람들은 저에게 선물을 가져옵니다. 그러나 이것(당신의 몸)은 하나의 병이고, '저'는 그 안에 있지 않습니다. 마찬가지로,

우리의 삶에서는 신체적·영적 규율과 의식儀式들이 규정되지만, 저는 항상 그런 조건들에서 벗어나 있습니다. 저에게는 이것이 아주 분명합니다.

이 중국산 카펫은 4천 루피 이상 나간다고 하는데, 누가 선물한 것입니다. 그러나 저는 이것에 대해 아무 느낌이 없습니다. 마찬가지로, 저는 저에게 부과된 소위 '탄생'에 대해 조금도 관심이 없습니다. 탄생은 세 가지 **구나**, 세 가지 상태, 그리고 존재성과 관계되는데, 저는 어느 것도 아닙니다.

저는 이 카펫을 사용하지만, 제가 그 카펫은 아닙니다. 그와 마찬가지로 저는 존재성을 사용하지만, 제가 존재성은 아닙니다. 이곳을 찾아온 사람들은 존경심에서 저의 발 앞에 엎드리지만, 그 존경심은 존재성의 성질에게 표해지는 것이고, 저는 접근 불가능입니다.

이 모든 영적인 **지**知는 존재성의 영역에 속하는데, 그것은 손님처럼 가게 되어 있습니다. 문제는, 언제 어디서 어떻게 그대가 궁극적 **지**知를 갖게 될 것이냐 하는 것입니다.

질: 누가 이 궁극적 **지**知를 가지고 있습니까?

마: 누구도 자기-앎(self-knowledge)을 가지고 있지 않습니다. "내가 있다"는 앎은 **절대적** 상태가 아닙니다.

세 가지 **구나**를 포괄하는 존재성에 **브라마·비슈누·마헤쉬**(Mahesh-시바)라는 신의 칭호들이 붙습니다. 브라마는 창조주, 비슈누는 유지주維持主, 마헤쉬는 파괴주破壞主인데, 우리가 **바잔**을 할 때는 이 세 신의 결합을 예배하고 찬양합니다.18) 그러나 이들 세 신 모두 **진인**(*jnani*)이라고 불리는, 진아를 깨달은 현자(sage) 안으로 가라앉아 휴식합니다. 진인의 상태는 시간 감각을 초월하며, 숭고한 감정들마저 초월합니다. 그 최고의 상태에 **아뜨마**(Atma), **빠라브라만**, **빠라마뜨만** 등의 칭호가 붙습니다.

사람들은 영적인 책을 읽고 나서 그 해석을 놓고 논쟁을 벌입니다. 그러나 그런 말다툼이 무슨 소용 있습니까? 그런 모든 이야기는 존재성의 영역 안에서 진행되는데, **절대자**인 **그대는** 그 존재성이 아닙니다.

---

18) *T*. '세 신의 결합'이란 이 세 신이 한 몸에 화현했다고 하는 성자 **닷따뜨레야**(Dattatreya)를 가리킨다. 닷따뜨레야는 마하라지가 속한 '나바나트 삼쁘라다야' 계보의 창시자로 알려져 있다.

질: 어제 마하라지께서 저에게, 그 존재성이 언제 나타났는지를 명상해 보라고 하셨습니다. 존재성이 출현한 뒤라야 왜, 언제, 어떻게 그것이 출현했느냐 하는 등의 질문도 드려 볼 수 있겠지요.

마: 그렇지요. 그런 질문들은 존재성이 출현한 뒤에야 할 수 있는데, 그 존재성은 음식기운이 있는 동안만 머물러 있을 것입니다. 사람은 왜 죽으며, 언제 죽습니까? 음식기운이 공급되지 않으면 그 사람의 몸은 작동하기를 그치고, 그 안에 살고 있던 존재성이 사라집니다. 이것이 '죽음'이라는 것입니다. 그러나 누가 죽었습니까?

질: 한 대상이 죽었습니다.

마: 그러나 누가 그 말을 합니까? 죽은 사람이 그 말을 할 수 있습니까? 그게 아니라면 누가 그렇게 말합니까?

질: 이 존재성이 나타나고 사라지는 것은 매일 볼 수 있습니다. (그것을 보는) 뭔가가 있습니다.

마: 궁극적인 보는 자는 '봄'으로써는 (어떤 대상도) 보지 못하지만, 봄이 없으면 그 보는 자가 봅니다. 그러나 궁극적인 보는 자는 존재성의 영역에 속하지 않습니다.

질: 저에게는 봄 그 자체가 보이는 것 같습니다.

마: 그러나 그 원인이 무엇입니까? 그것은 존재성—곧, 세 측면을 가진 **사뜨와 구나**일 뿐입니다. 만약 이해가 안 되면 부디 침묵을 지키십시오.

　절대자는 이해될 수 없습니다. 그대가 무엇을 이해하든 그대는 그것이 아닙니다. 비非이해 안에서 그대가 자신을 이해합니다.

질: 그렇다면 세 가지 **구나**가 어떻게 주시하기의 원인이 될 수 있습니까?

마: (수염이 난 새로운 방문객에게 말하기를) 그대는 마치 한 사람의 마하트마처럼 수염을 길렀군요. 자, 질문을 해 보십시오.

질: 당신께서는 **진인**에 대해 이야기하셨습니다. 진인도 생각을 합니까? 그는 감정 없이 있을 수 있습니까?

마: 진인도 의사소통의 목적을 위해서는 "진인이 생각을 하고 있다"거나 "진인이 말을 하고 있다"와 같은 단어들을 사용해야지요.

질: 그러나 실제로는 그런 어떤 것도 없습니다. **진인**이 생각하기에 대해 이야기하는 것, 감정을 느낀다는 것을 듣는 것은 쓸모가 있습니다.

마: **진인**은 세 가지 **구나**의 속성을 넘어서 있고, 감정들을 넘어서 있습니다. **진인**이 어떻게 생각과 감정에 관여할 수 있겠습니까?

질: 저는 감정과 생각 사이에 어떤 차이가 있다고 봅니다. 제가 감정이라고 할 때 그것은 강물의 흐름 같은 것이라는 뜻입니다. 그것은 오고 갑니다.

마: 그렇지요. 느낌과 감정의 이러한 나타남과 사라짐은 세 가지 **구나**의 성품 그 자체이지, 그대의 것은 아닙니다.

질: 저는 이것이 **구나**들의 자연적 유출이지 **절대자**의 것은 전혀 아니라고 알고 있습니다.

마: 그대는 무無에 대해 납득하고 있지만, 누구에 대해서입니까? 그대는 **진인**이 무無라거나, "내가 있다"는 앎이 무無라고 확신합니까? "내가 있다"는 앎은 무無입니다. 그 앎은 손님처럼 오고 갑니다. 그와 같이 존재성도 그대의 손님이어서 오고 갑니다. 그대는 여기 왔습니다. 그대는 아주 명민합니다. 지금 어떻게 되었습니까? 그대가 다른 데서 수집하여 여기 가져온 모든 지식이 아무 쓸모없는 군더더기가 되었습니다. (두 방문객을 가리키며) 이 두 양반의 지식은 쓸모없게 될 것입니다. 현재 그들은 지知의 바다 그 자체입니다. 그러나 그들의 세 가지 **구나**와 존재성이 사라지면 그들의 모든 지知도 사라집니다. 존재성이 있는 한 모든 세간적 활동도 계속되겠지요. 그러나 이제 **그대는** 존재성 안에서의 활동도 아니고 존재성도 아니라는 것을 깨달으십시오. **절대자인 그대**는 그 어느 것도 아닙니다.

질: 존재성이 오고 난 뒤에 '그것'에 대해 명상하는 유일한 방도는, 제가 볼 때, 일체가 사라질 때 남아 있는 것을 지켜보는 것입니다. 시간, 공간 그리고 일체가 사라질 때 무엇이 남습니까?

마: 세 가지 **구나**의 현상계가 사라질 때 무엇이 여전히 남아 있든, 그것은 백 년 전, 그대가 태어나기 이전의 그대의 본래 모습을 가리킵니다. 그 상태에서 그대에게는 생시 · 깊은 잠 · 지각성의 세 가지 상태가 없습니다. 명상 중에 그 상태에 안주해야 합니다.

질: 이런 명상을 할 때 어떻게 하면 삼매三昧에 드는 것을 피할 수 있습니까?

마: 삼매에 들거나 삼매에서 나오는 것은 그대의 성질이 아닙니다. 그대는 성질들을 넘어서 있습니다.

질: 제 질문은 어떻게 해야 그것을 피하느냐는 것입니다.

마: 삼매에 들거나 삼매에서 나오는 것은 세 가지 **구나**의 다른 모든 성질과 비슷한 '성질'들입니다. 그리고 삼매를 피하려 하지 마십시오. 그것은 세 가지 **구나**의 자연스러운 작용입니다. 삼매가 있겠지만, **절대자**인 **그대**는 그 삼매 안에 있지 않습니다.

질: 저는 그런 경향이 있어서 제 스승님이 저에게 명상과 내관을 하지 못하게 했습니다.

마: 그런데 그대가 어디서 어떻게 '그대가 있다'는 앎을 접했는지 저에게 말해줄 수 있습니까? 그대의 **스승**은 그것을 말해주었습니까? 그 존재성과 **절대자**의 합일은 어디서 어떻게 일어났습니까?

질: 그런 물음은 결코 일어나지 않았습니다.

마: 무지한 사람은 다른 무지한 사람에게 아무것도 말해줄 수 없습니다. 그러나 무지가 무엇인지를 인식하는 사람은 '아는 자', 곧 **진인**(*jnani*)으로 간주해야 합니다. 많은 사람들이 자기가 **진인**이라고 생각하지만 그들은 무지할 뿐입니다. 어떤 사람은 "나는 학식이 있다"고 하고, 어떤 사람은 "나는 안다"고 말하지만, 둘 다 무지합니다.

생시의 상태에 이어서 깊은 잠이 오고, 깊은 잠에 이어서 생시의 상태가 오며, 이런 식으로 계속 순환합니다. 이 순환이 존재성을 이룹니다.

누가 그대에게 총을 겨누면 총알을 피하려고 애쓸 때처럼, 정신을 바짝 차려야 합니다. 무지를 꿰뚫어보는 일은 아이들 장난이 아닙니다.

질: 해보겠습니다.

마: 그대는 세 가지 상태의 밖에서 질문하겠습니까, 아니면 그 안에서 질문하겠습니까?

질: 세 가지 상태를 이용해서요.

마: 그렇다면 그게 무슨 소용 있습니까? 아까는 여기 3주간 머무르고 싶다고

했는데, 아직도 그 기간만큼 머물러 있고 싶습니까? 그럴 필요가 있습니까?

질: 아까는 마하라지께서 저에게 질문을 하나 하셨고 제가 대답했습니다. 그러나 일단 제 목적이 달성되면 떠날 수 있을 겁니다.

마: 아직 달성하지 못하고 남아 있는 어떤 것이 있습니까? 그리고 목적이라고 한 것은 무슨 뜻입니까?

질: 어떻게 하면 그 목적에 완전히, 그리고 의식적으로 대처할 수 있는지, 말씀해 주실 수 있습니까?

마: 그 목적을 달성하는 과정은 세 가지 **구나**의 안에 있는 반면, 그 목적 자체는 세 가지 **구나**를 넘어서 있습니다.

질: 그 목적을 달성하는 일련의 과정이 그때는 사라지는군요?

마: 그 과정에 관계되는 명상자는 진짜가 아니고, 그 표적이 진짜입니다.

질: (책 한 권을 가리키며) 이것이 마지막 장애입니다.

다른 질문자: 책의 가치는 무엇입니까?

마: 책은 독자가 그 책의 저자보다 더 무지한 한에서 그 독자에게 가치가 있습니다. 저자는 자신의 책에 무지를 아주 아름답게 써 두었고, 우리는 거기에 너무 몰입한 나머지 잠이 듭니다.

질: 그러나 그 책을 읽고 나서 많은 사람들이 당신께 왔습니다.

마: 그들이 왜 왔습니까?

질: 자신들의 명상을 위한 지침을 얻기 위해서입니다.

마: "내가 있다"는 앎을 초월하면 **절대자**가 지배합니다. 그 상태를 **빠라브라만**이라 하고, "내가 있다"의 앎을 **브라만**이라고 합니다. 이 "내가 있다"는 앎 혹은 존재성은 환幻일 뿐입니다. 따라서 **브라만**을 초월하면 **빠라브라만**만 있게 되는데, 거기서는 "내가 있다"는 앎—즉, 존재성—이 흔적도 없습니다.

생시·깊은 잠·지각성이라는 저 세 가지 상태가 없을 때, 존재성이 있을 수 있겠습니까? 왜입니까? 그 상태에서 그대의 존재성이 일어났겠습니까? **빠라브라만**의 상태 안에 존재성이 있을 필요가 있습니까? 존재성이 없을 때, '그대'가 창공의 해와 달, 별들을 보았습니까? 그 상태에서 해와 달, 별들이 (그대에게) 무슨 이익이 있었습니까?

존재성은 **절대자** 위에 드리운 환幻의 외투입니다. 바꾸어 말해서 존재성, 즉 "내가 있다"는 최초의 제1차적 개념은 그 자체가 개념적 환幻입니다. '내가 있음'의 감촉 자체가 환幻입니다. 그것이 풍부하고 다수이기는 하지만 말입니다.

이 현상계는 5대 원소의 역동적 유희입니다. 여기에 개인이 들어설 여지는 없습니다. 다이아몬드는 빛을 사방으로 방사합니다. 그것은 방사되는 빛 그 자체입니다. 더 깊은 명상 속에서는 마치 다이아몬드로부터 사방으로 광채가 방사되듯이 현상계가 그대로부터 방사되는 것을 깨닫는데, 그것은 그대의 광채일 뿐입니다.

질: 벽들이 거울로 된 구식 카페에서 우리의 모습이 다중적으로 반사되는 것처럼 말이군요.

마: 전 우주가 존재성 혹은 탄생이라고 불리는 저 원리 안에서 나타납니다. 이 존재성이 전 우주를 비추는데, 그것은 전 우주가 존재성의 몸으로서 나타난다는 것을 의미합니다.

텔레비전 화면에서 우리는 여러 가지 형상·모습·경치들을 보지만, 그것은 모두 텔레비전 빛의 표현 또는 유희일 뿐입니다. 마찬가지로, 그대의 시야에 들어오는 전 현상 세계는 그대의 존재성의 산물입니다.

이런 이야기를 철저히 이해한 뒤에 깊은 고요 속으로 들어가면, '그대가 있다'는 앎(존재성) 속에 무수한 우주가 잠재적으로 존재한다는 것을 관찰하게 될 것입니다. (마하라지는 그 외국인들을 가리킨다.) 이 양반들은 참된 지知를 추구하는 사람들이지만, 내국인들은 세속적 욕구를 이루기 위해 어떤 신에 대한 헌신의 길을 따릅니다. 그래서 저는 외국인들을 존중합니다. 왜냐하면 그들은 어떤 일에 착수하든 끝장을 보기 때문입니다. 저는 그들의 꾸준함을 높이 평가합니다.

질: 여기 오기 위해서 저희들 중 많은 사람은 저 심오한 '**아짜리야**(Acharyas)'들을 완전히 떠났습니다.

마: 그런 영적 인물들은 어느 나라에 속하지 않습니다. 그들은 5대 원소의 유희의 산물입니다. 사람들은 **의식**의 유희 안에서 태어나고 죽습니다. 앞으로

백 년 뒤에는 이 모든 사람들이 죽고 새로운 방문객들이 연이어 이 세상에 태어나겠지요. 이 또한 5대 원소의 유희입니다. 많은 **아짜리야**들이 왔다 갔지만 누구도 창조·보존·파괴의 과정, 곧 5대 원소의 유희에 조금도 변화를 가져오지 못했습니다. **아짜리야**들뿐만 아니라 **라마·크리슈나** 등과 같은 위대한 화신들도 그렇게 하지 못했습니다. **리쉬**(Rishis), **무니**(Munis), **싯다뿌루샤**들(Siddhapurushas)[영적으로 고도로 진보한 존재들]도 마찬가지라고 하겠습니다.

이 위대한 드라마는 무자비하게 진행됩니다. "한 종種이 다른 종을 잡아먹는다"는 얄미운 원리에 의해 지배되기는 하지만 말입니다. 동물들에 대한 잔학행위를 금하는 조직들이 있습니다. 그러나 그들은 동물들의 생존과 고통을 연장시킬 뿐입니다. 그들이 동물의 창조를 멈추게 할 수 있겠습니까? 이 창조의 결과로 인간과 동물들이 공히 이 세상에서 고통을 받습니다. 인간이나 동물 전체에 대한 '가족계획'에 무슨 진보가 있습니까?

우리가 자기 자신에 대해 무슨 권한이 있습니까? 사람들은 5대 원소가 벌이는 이 장대한 드라마에 개입하여 무슨 변화를 가져올 어떤 권한도 가지고 있지 않습니다. 왜냐하면 그들의 1차적 성품이 계속 똑같은 상태로 남아 있기 때문입니다.

1980년 1월 15일

34
경험 없음의 상태에 머무르기

마하라지: 저는 외부에서 일어나는 기적들에 관심이 없고, 제 안에서 일어나는 일들에만 관심이 있습니다.

저의 원래의 '모름' 상태에서는 제가 존재한다는 느낌을 몰랐습니다. 그러나 홀연히 자연발로적으로, 존재성이 느껴졌습니다. 이것이 첫 번째 기적입니다. 그런 다음 찰나적으로 이 거대한 현상계와 제 몸을 보았습니다. 나중에 저는 전 우주가 저의 존재성이라는 작은 점 안에서 현현해 있다고 인식했습니다.

왜 이런 기적들에 주의를 기울이지 않습니까? (이런) 많은 기적들이 일어나는데, 어느 하나도 다른 기적(세간의 일반적 기적)보다 낮습니다. 그러나 이런 기적들은 어떡합니까? 다시 되풀이하자면, 처음에는 "내가 있다"는 메시지가 없었고, 세계도 없었습니다. 그러다가 순간적으로 "내가 있다"는 메시지와 이 놀라운 세계가 '무無'에서 생겨났습니다! 얼마나 놀라운지요!

이 "내가 있다"는 메시지는 **영원한 진리**의 광고에 다름 아닙니다. 마찬가지로, 현자·진인·마하트마들의 이름, 칭호, 형상들은 같은 원리들의 선언에 지나지 않습니다. 예컨대 여러분이 밀가루로 여러 가지 음식을 만들 때, 그 음식들에 여러 가지 이름이 붙습니다. 그러나 그 모든 음식의 바탕은 밀입니다.

저의 **스승님**은 저를 이 **영원한 원리** 안에 자리잡게 하기 위해, 먼저 저에게 '**따뜨 뜨왐 아시**(Tat Tvam Asi)'라는 신성한 어구를 염하게 했습니다. 그것은 "**내가 그것이다**"라는 뜻입니다. 그 순간부터 저는 세간사에 흥미를 다 잃어버렸습니다. 이런 신성한 어구를 **큰 말씀**(Maha-Vakya)이라고 하는데, 그것은 숭고한 의미로 충만한 심오한 말입니다.

확실히, 이 세계를 경험하고 있는 '나'는 그 이전에 존재하고 있었음이 분명합니다. '내'가 무엇을 보고 그것을 이해한다고 말할 때, 이 형상을 받기 전에 '나'였던 것이 있어야 그것을 이해할 수 있습니다. 그것에 어떤 이름을 붙여야 한다면 **신**, **이스와라**라고 불러도 되겠지요. 이름은 중요하지 않습니다. 누가 그 이름을 붙였습니까? '내'가 그 이름을 붙였습니다.

질문자: '내가 **그것이다**'라는 것은 무슨 뜻입니까?
마: 그 구절에서 '**그것**'이란 말은 전체성 안에 있는 일체를 가리킵니다.
질: 우리가 몸과 세계를 통해서 얻는 어떤 경험에서 그 영원한 상태의 미미한 일부나마 얻을 수 있습니까?
마: 물론 아니지요. 그것은 비경험적 상태입니다. 경험하기 전의 나의 상태는 무엇이었습니까? 그 질문에 답할 누가 있었습니까? 이것을 이해해야 합니다.

그 원초적인 영원한 상태에서 저는 저 자신에 대한 어떤 정보도 가지고 있지 않았습니다. 지금은 "내가 있다"는 정보와 함께 하나의 형상이 저에게 부과됩니다. 그대는 이 상태에 대한 이야기를 듣고 싶어 하고, 거기에 어떤 이름이 있기를 바랍니다. 만약 그렇다면 그것을 **빠라브라만**이나 **빠라마뜨만**이라는 이름으로 부르십시오. 그러나 그 이름이 누구에게 붙습니까? 어떤 형상이나 "내가 있다"는 자기정보를 가지고 있지 않았던 그 '**나**'에게 붙습니다.

그대는 자신이 현명한 사람이고 한 사람의 **진인**이라고 생각하며, 거기에 자부심을 느낍니다. 그러나 한 번이라도 자신이 왜, 어떻게 해서 이 경험적 상태에 있게 되었는지 생각해 봅니까?

이 점에 대해 한 번 생각해 보십시오. 생명 없는 작은 개미 한 마리가 거의 눈에 띄지 않게 땅바닥에 누워 있었습니다. 제가 그것을 바라보고 있을 때 그것은 살아 있는 기미를 보였는데, 홀연히 거대한 사자 한 마리가 거기서 나타났습니다. 그런 사자를 제가 어떻게 실재하는 것으로 받아들일 수 있겠습니까? 그와 같이 따져볼 때, 이 세계를 어떻게 실재한다고 받아들일 수 있겠습니까?

이 모든 창조계와 **신**이라고 불리는 존재가 숭배 받지만, 언제부터 그랬습니까? 저 **신**은 액체 에너지에서 방출되어 하나의 형상을 취했습니다. 존중되고 존경받기는 하지만, 그것은 체액(spit-정액)의 산물입니다. 그렇지 않습니까?

하나의 몸-형상을 취하기 전에 제가 누구였고, 언제 어디서 왔는지에 대해 저는 아무 정보도 가지고 있지 않았습니다. 그러나 제 **스승님**이 저를 불러서 깨우신 순간, 모든 것이 드러났습니다.

저의 이 존재성은—경험적 상태는—비천하고 천박하고 혐오스러운 것입니다. 앞에서 말한 그 작은 개미는 거의 죽어 있었습니다. 그것은 체액을 뿜어낸 결과로 어떤 액체의 형상을 가지고 있었고, 그 축축함과 액체 에너지로부터 사자가 튀어나왔습니다. 이 액체는 달리 무엇도 아닌, 체액 같은 것에 불과했습니다.

바로 그 액체 에너지에서 하나의 몸-형상이 어떤 형태를 취했는데, 그것은 알고 보니 존재성이 거주하는 집이었습니다. 그것이 '**존재애**'의 상태입니다.

그 점에서 보자면, 창조된 것은 무엇이든 **자기사랑**, 곧 저 '**존재애**'의 축축함을 그 기반으로 가지고 있습니다. 그 축축함 자체는 또한 움직이거나 움직이지 않는 전체 세계로 자신을 현현할 수 있습니다. 몸 안에 이 액체 에너지가 거주하고 있는데, 이 액체 에너지 안에 하나의 잠재적 몸이 살고 있습니다. 이 액체 에너지는 아주 엷고 미세하며, 더없이 강력합니다.

이 주제에 관해 질문할 것이 있으면 부디 물어 보십시오.

질: 주시하기의 상태를 제가 어떻게 넘어설 수 있습니까?

마: 그대의 질문은 우리의 논의와 무관한 것입니다. 제가 뭐라고 했습니까? 그 체액으로부터 '**자기사랑**'이 하나의 형상을 취했습니다. '**자기사랑**'의 공간에서 전 우주가 나타나는데, 그것은 같은 원리로 박동하고 맥동합니다.

이 주제를 충분히 설명했는데도 그대는 별 상관없는 질문을 합니다. 제가 여기와 저 너머에 대해 논의했습니까? 저는 여러분에게 '여러분이 무엇인지'에 대해 설명했는데, 그대는 주시하기로 건너뛰었군요!

이 존재성의 근원이 체액이며, 혐오스러운 거라는 것은 이해했습니까?

질: 예.

마: 그대는 자신의 존재성이 실재하지 않고, 무가치하고, 비천하며, 하나의 속임수라는 것을 압니까? 그대에게 "나는 이와 같고, 저와 같다"고 생각하게 만드는 이 존재성은 환적이고 사기적詐欺的입니다.

질: 우리가 주시자일 때, 그것은 우리가 이와 같거나 저와 같다는 의미는 아닙니다.

마: 지금 현재 그대는 주시자가 아닙니다. 문제는, 그대의 현재 상태가 무엇이냐는 것입니다. 그대는 무엇입니까?

그대는 자신이 주시자라고 말하면서 과시하고 싶어 합니다.

"내가 있다"는 메시지가 없는 곳, 즉 존재성 이전에 나는 어떻게 있었습니까? 저는 그 상태에 대한 이름표를 그대에게 제공했습니다. 그 칭호는 **빠라브라만**, **빠라마뜨만** 등입니다. 이런 칭호들은 그 상태를 가리키는 지시물일 뿐, 그 상태는 아닙니다. 궁극에서는 그런 것들이 군더더기고, 외적인 것이고, 가짜입니다.

34. 경험 없음의 상태에 머무르기 **247**

질: 존재성이 주시자이고, 그 너머에 뭔가가 있다는 것은 저도 압니다. 그래서 질문을 드린 것입니다. 어떻게 넘어서느냐고 말입니다!

마: 저는 존재성과 그 근원에 대해, 그리고 몸과 세계의 근원에 대해서 논의하고 있는데, 그대는 세계와, 존재성의 상태에서 그것을 주시하는 것에 대해 이야기하고 있습니다.

(우리가 나누는) 대화의 주제는 사람들이 기적을 믿고 있다는 것인데, 제가 말하는 것은 세계를 경험하는 '나'보다 더 큰 기적이 없다는 것입니다. 최초의 기적은 '내'가 "내가 있다"와 세계를 경험한다는 것입니다. 이 경험하기가 시작되기 이전에 '나'는 나 자신 안에, 나의 영원한 **절대적 상태**에 안주하고 있었습니다. 앞에서 제가 말한 칭호들이 이 **상태**를 가리킵니다.

질: 이해는 했습니다만, 조금 더 설명해 주시면 감사하겠습니다.

마: 아직도 더 설명해 달라고요! 그렇다면 그대의 머리는 톱밥으로 가득 차 있다고 말해도 되지 않을까요? (마하라지는 한 헌신자에게 그 문제를 방문객에게 다시 설명해 주고, 주제에서 벗어나지 말라고 말한다.)

제 **스승님**을 만난 뒤로 저는 여러 현자나 다른 **스승**들을 찾아다니는 것을 그만두고 주의를 전적으로 저 자신에게 돌렸습니다. 그 결과로 저는 저 자신에 대해서만 성찰합니다.

저의 존재성이 있을 때만 현자와 **스승**들의 존재가 일어날 수 있습니다. 그들은 저의 존재성 안에서, 그것이 있는 동안만 지속되고 번성합니다. 그 존재성, 즉 "내가 있다"는 메시지가 없으면 저의 영원한 **절대자**만이 지배합니다.

질: 그것이 바로 제가 주시자 너머를 이야기할 때 여쭈어 보려 한 것입니다.

마: 저는 저의 상태에 대해 그대에게 정확히 이야기하고 있습니다. 다른 어떤 소식도 그대에게 말해주지 않습니다. 아마 그대는 과시하기 위한 지식을 얻어서 사이비 스승이 되고 싶은 거겠지요.

존재성의 일어남, 그것의 유희, 그리고 그것의 가라앉음이 제 존재성의 세 가지 상태[생시, 깊은 잠, 지각성]입니다. 제가 저와 관련하여 이야기할 때, 그대는 그것을 그대에게 적용하여 그대 자신을 완전히 이해해야 합니다. 왜냐하면 그것은 그대에게도 똑같이 관계되기 때문입니다.

지금 이런 미성숙한 청년들이 영적인 공부를 위해 여기 옵니다. 제가 무슨 말을 해줄 수 있습니까? 이 청년들이 저에게서 지식을 얻겠다고 고집하면, 저는 그들을 저의 청소부에게 가라고 해야겠지요. 그들이 여기서 쓸고 닦는 등의 봉사를 할 때 그가 몇 가지 지식을 나누어줄 수 있으니 말입니다.

우리네 신들의 위계구조에서는 고기와 술을 바쳐서 달랠 수 있는 반신半神들도 있습니다. 그런 저급한 신들은 더 높은 신들에게 잡역 하인으로 봉사하고 난 뒤에 그들의 영적인 힘을 받았습니다. 자, 그런 신들 중의 하나가 화가 나서 저에게 복수를 하고 싶다고 생각해 보십시오. 그가 무엇을 할 수 있겠습니까? 기껏해야 자기 발가락 밑에 저를 짓눌러서 이 세 가지 구나의 상징, 곧 저의 존재성을 없애버리겠지요. 그러나 누가 상관합니까? 왜냐하면 절대자인 저는 건드려지지 않은 채 항상 남아 있기 때문입니다.

(그 방문객에게) 그대는 지식을 얻기 위해 왔습니까, 아니면 한 사람의 스승이 되는 법을 배우려고 왔습니까?

질: 저는 미치지 않았습니다.

마: 그러면 왜 '주시하기'를 거론했습니까?

질: 여기 오기 전에 주시하기의 지점까지 도달했습니다.

마: 무엇을 주시한다는 것입니까?

질: 나타나고 사라지는 모든 것 말입니다.

마: 주시하기의 목적을 위해서라면, 저 액체가—존재성이—있어야 합니다.

질: 그렇습니다.

마: 그러면 주시하고 말고가 어디 있습니까? 그리고 무엇을 주시합니까? 저는 그대에게 어떻게 해서 몸 받기와 탄생이 그 체액—액체 에너지—에서 계속 일어나는지 말해 주었습니다. 그와 별개로 그대는 무엇입니까?

질: 아무것도 아닙니다.

마: 그러니 제가 어떻게 누구를 선하다거나 악하다고 판단할 수 있겠습니까? 저는 모든 것의 근원—존재성—에 대해서만은 판단을 유보합니다.

저의 접근법은 간명직절簡明直截합니다. 절대적 비존재 상태로부터 존재성이 현상계와 함께 저의 앞에 나타났습니다. 그런 일이 어떻게 일어났습니까?

제가 깊은 명상에 들어 있을 때, 제 **스승님**이 저에게 형상들의 현상계가 어떻게 그리고 무슨 원인 때문에 창조되었는지를 보여주셨지요.

질: 명상에 들어 계실 때 당신께 무엇이 보였습니까? 그리고 당신의 스승님이 당신께 하신 말씀이 무엇이든, 그것은 실로 아주 중요하군요?

마: 의심할 바 없이 둘 다 아주 중요하지요. 그러나 존재성 이전, 그러니까 "내가 있다"는 메시지가 없던 저의 영원한 **절대적** 상태는 굉장히 중요합니다. 만일 '비존재'라는 저의 가장 최초의 상태가 없었다면, "내가 있다"는 메시지를 누가 주시했겠습니까?

질: 누가 그것들을 창조했을까요?

마: 창조는 스스로 빛을 발하며 자연발생적입니다. 어떤 창조주도 없습니다. 작은 씨앗 하나에서 훌륭한 나무 한 그루가 솟아납니다. 누가 그것을 창조합니까? 그것은 자연발생적 창조입니다. 낡아빠진 전통적 방식으로 우리는 **하느님**이 **창조주**라고 말합니다. 그러나 모든 창조는 자연발생적입니다. 누가 식물을 키웁니까? 그것이 스스로를 키웁니다. 훌륭한 나무로 현현된 것은 그 씨앗 안에 들어 있던 잠재력입니다.

(방문객들에게 질문해 보라고 해도 아무도 질문하지 않자 당신이 말한다.) 저는 창조의 뿌리 자체를 찍어버렸는데, 무슨 의문이 일어나겠습니까? 마라티어에서 '물(*mool*)'이라는 단어는 나무의 뿌리를 뜻하는데, 발음을 약간 바꿔주면 '아이'를 뜻합니다. 작은 씨앗에서 훌륭한 나무가 뿌리를 내리듯이, 다 큰 사람은 한 아이와 그의 존재성에 잠재적으로 뿌리 내리고 있습니다.

그러나 **절대자**인 저는 그 뿌리, 아이, 그리고 존재성 이전입니다.

여러분은 먹고 살기 위해, 즉 여러분의 '아이 원리(childhood principle)', 존재성을 유지하기 위해 여러 가지 음식을 먹습니다. 그 원리가 사라지면 사람들이 여러분을 '죽었다'고 하겠지요. 실은 여러분이 죽음으로부터 보호하고 있는 것은 기본적인 '아이-존재성(child-beingness)', 즉 뿌리입니다. 아이의 출현과 함께 경험하기의 첫날이 시작됩니다.

질: 존재성 이전의 그 상태를 마하라지께서는 의식적으로 경험하십니까?

마: 그렇지요. 그것은 영원한 상태입니다. 반면에 이 존재성은 시간이 한정되

어 있습니다. 저는 항상 존재합니다. **빠라마뜨만, 빠라브라만**—이런 것이 저의 상태에 대한 명칭입니다. '아이'가 나타나기 이전, 그것이 저의 영원한 상태입니다.19)

그 상태에서는 "내가 있다"는 메시지조차 없이 '나'만이 지배하며, 전혀 어떤 경험도 없습니다. 그것은 비경험적인 영원한 상태입니다.

질: 당신께서 그것을 책을 읽어서가 아니라 당신의 직접 체험으로 아신다는 것을 제가 어떻게 알겠습니까?

마: 되풀이하지만, 그 상태에서는 '나'만이 지배합니다. 따라서 어떤 타자성도 없습니다. 어떤 체험을 위해서는 타자성이 필요합니다.

질: 그러나 그것은 누구에게나 그렇습니다. 어떤 사람은 그것을 알고, 어떤 사람은 모릅니다.

마: 제가 왜 다른 사람들에게 신경을 써야 합니까? 달리 누가 있습니까? 그 '홀로됨'의 상태에서는 '나'만이 존재합니다.

질: 그 상태를 어떻게 인식할 수 있습니까?

마: 이 존재성의 상태가 완전히 삼켜졌을 때, 남아 있는 것이 저 영원한 '나'입니다.

질: 저 절대적인 '나'의 상태가 홀로인 것으로 느껴졌기 때문에 『찬도갸 우파니샤드』에서 말하듯이, 그것에게 "나는 홀로구나, 여럿이 되자"는 생각이 일어났습니다.

마: 그것은 존재성의 문턱에서 일어날 수 있습니다. 그러나 저의 궁극적 상태(빠라마뜨만의 상태)는 우파니샤드의 이해 범위를 넘어서 있기에, 저는 그런 것들을 배척합니다. 우파니샤드는 지식의 창고이기는 하지만, 그것은 무지의 상태에서 나온 것입니다. 그 가르침들을 제시하는 데 사용된 원료는 무지일 뿐입니다.20)

---

19) *T.* 본 장은 Josef Nauwelaerts '원고'를 따르지만, 이 문단은 Jean Dunn의 제1권 1월 14일자에서 가져왔다. 이 날짜에서 두 텍스트를 비교해 보면, 지금 이 대목에서 같은 문답을 서로 조금 다른 버전으로 전달하고 있어, '원고'에 없는 부분을 보충한 것이다.
20) *T.* "존재성의 문턱에서"는 '존재성'이 나타나기 시작한 때'이며, 그것은 절대자의 상태를 벗어나 무지로 떨어지기 시작한 때이다. 따라서 우파니샤드의 그 가르침도 무지의 범주 안에 있다.

세 가지 구나 모두가 감정에 속박되고 감정으로 충전되어 있지만, 진리는 아닙니다. 이 사기적인 세계가 '체액'에서 창조되기 때문에, 사람들은 진실로 부끄럽습니다. 그래서 그들은 '체액'을 내뿜은 바로 그 주둥이(mouthpiece)[21]를 드러내거나 과시하기를 좋아하지 않고, 그것을 늘 감추어 두고 싶어 합니다. 이런 측면에서 본다면 그대가 어떻게 에고를 가질 수나 있겠습니까? 더없이 혐오스러운 상태지요. 그대는 어디서 나타났고 어디로 가고 있습니까?

질: 아무데서도 나타나지 않았고 아무데도 가지 않습니다.

마: 그런 심오한 논의가 이루어지고 있을 때는 복 있는 사람들만이 자리하고 있겠지요. (질문한 방문객에게) 그대는 2주일 동안 더 머물러 있고 싶습니까?

질: 아, 예.

마: 그대의 자존심이 완전히 노출될 텐데, 그래도 좋습니까?

질: 저는 숨길 게 아무것도 없습니다. 그러니 좋아하고 말고가 없습니다. 당신께서 저에게 싸우라고 말씀하셨지요.

마: (여기서 마하라지는 어떤 진인이 지은 것으로서 시골에서 사람들이 춤추면서 부르는 시 가곡 하나에 대해 이야기하고, 그 일부를 암송한다.)

> 나는 애인이 많아 그들에게 춤을 추게 했는데
> 그들은 나를 그리워했네.
> 그러나 스승님에게서 나는 완벽한 짝을 만났고,
> 당신은 나를 당신이 연주하는 곡에 맞춰 춤추게 하셨지.
> 오, 벗들이여, 들어 보게나.
> 완전한 스승을 조심해야 한다네.
> 그런 분을 만나면, 에고 의식이 완전히 씻겨 나가 버린
> 그대들이 어디에 있게 될까.

위대한 시인이자 진인인 까비르(Kabir)는 어느 시에서 이렇게 말합니다.

---

21) T. Josef Nauwelaerts '원고'에는 '남근'을 지칭한 이 단어가 '범죄자(offender)'로 되어 있다. 이 부분은 Jean Dunn의 텍스트를 따랐다.

나는 신성한 이름을 백만 번이나 암송했고
고행과 참회를 수련했지만, 나 자신을 깨닫지 못했네.
그러다가 완전한 **스승**이신 청정자淸淨者 니란잔(Niranjan) 님을 만나
단박에 **지고자**를 깨달았고, 알락(*alak*)이라는
비非주의(non-attention) 상태에 안주했다네.22)

❖ ❖ ❖

마: 망원경(존재성)의 도움을 받아 '내'가 모든 현상계를 봅니다.
질: 그것은 마하라지님의 신념입니까, 체험입니까?
마: 신념을 가질 필요가 없지요.
질: 그러면 왜 마하라지께서는 "나," "내가 어떠했다," "내가 어떻다"라고 말씀하십니까?
마: 이런 이야기는 그 망원경 안에서 일어납니다.
질: 그 망원경을 가져가 버리면 그것은 어떤 상태입니까?
마: '그대가 있다'는 것을 몰랐을 때, 그것이 그대의 참된 성품입니다. 그대는 지知를 흡수했음에도 여전히 그대 자신을 더 발전시킬 뭔가를 원합니다. 저는 **미현현자**이고, 저의 현현과 함께 이 모든 세계가 저의 형상이고 몸입니다. 그대가 자신을 어떻게 인식하는지 저야 모르지요. 그대는 자신이 어떤 지知를 가지고 있다고 생각할 수도 있겠지만, 그와 함께 그대의 에고적 느낌만 발전시키고 싶어 합니다.
질: 우리의 모든 지知를 잃어버려야 합니까?
마: 이해를 해야지요. 지知를 배척할 필요는 없습니다.
질: 전에 말씀하신 것으로 볼 때, 저는 어떤 명상도 필요하지 않다고 이해합니다만, 마하라지께서는 저에게 침묵을 지키면서 명상하여 제가 무엇인지를 깨달으라고 하셨습니다.
마: 그대가 있다는 것을 어디서 압니까? 지각성 안에 일체가 있습니다.

---

22) *T*. 마라티어에 '비非주의(inattention)'란 뜻의 *alaksya*라는 단어가 있다. 존재와 비존재의 경계선인 '비주의' 상태에 대해서는 207쪽, 169쪽(다섯째 문단), 269쪽(첫째 문단)을 참조하라.

질: 저는 그것을 그냥 느낍니다. 그 망원경을 통해서 저는 제가 그 망원경이 아니라는 것을 이해했습니다.

마: 그것은 이해한 것이 아닙니다. 그대는 이해했다고 생각하지만, 그것은 이해한 것이 아닙니다.

질: 말씀은 이해했는데, 제가 이해하지 못한 것입니까?

마: 그대가 무엇을 이해했든 그것은 다른 어떤 것입니다. 그대는 자신의 **진아**를 이해하지 못하고 있습니다.

당나귀 한 마리가 길을 지나가면 그대는 당나귀에 대해 물어봅니다. 어떻게 그런 데 신경을 씁니까? 여기서는 그대가 이야기하고 싶은 조바심을 충족시킬 수 없을 것입니다. 다른 데서는 이야기할 수 있고 그 이야기에 만족하겠지요.

질: 저는 할 일이 아무것도 없다고 느낍니다. 저는 저의 명상을 하겠습니다. 그러면 일체가 그것을 통해 오겠지요.

마: 제가 **명상**이라고 하는 것은 모든 경험을 배척하고 경험 없음의 상태에 있는 것입니다. 이것을 이해하려면 명상을 해야 합니다. 그 경험이 무엇입니까? '존재하는(to be)' 경험입니다. 이 존재와 비존재 상태를 관찰하는 자가 **참된 상태**입니다.

그대는 열심히 명상을 하는데, 그렇지 않으면 어떻게 되겠습니까? 여기저기 뛰어다니기만 하는 송아지처럼 돌아다니겠지요. 명상을 통해 그대 자신을 안정시켜야 합니다. 그대의 감각기관들은 아주 활동적이어서 제어되지 않고 있습니다. 명상을 하면 마음의 그런 약점이 제어될 것입니다.

질: 저는 어떻게 해야 합니까? 오랫동안 애써 왔지만 잘 안 됩니다.

마: 끈기가 있어야지요. 그런 깊은 열망이 있어야 합니다. 그대가 뭔가를 절실히 필요로 할 때는 그것을 끊임없이 생각합니다. 그것을 끈기 있게 갈망하면 그 단계에 도달할 것입니다.

1980년 1월 16일

35
짜란-암리따

마하라지: 이 의식은 '내가 있음'의 감촉이 존재하지 않을 때 일체에 편재합니다. 이 모든 현상계는 그대를 위한 것인데, 왜냐하면 그대가 있기 때문입니다. 그것('내가 있음')은 "나는 이것이다, 또는 저것이다"라고 말할 지지물이 없었기 때문에, 몸을 붙들고 "나는 남자다, 혹은 여자다"라고 말했습니다.

질문자: 그러니까 우리가 해야 할 단 한 가지 일은, 우리가 그 어느 것도 아니라는 것을 보는 거군요?

마: 그대는 어느 정도까지 "나는 이것이나 저것이 아니다"라고 말하렵니까?

질: 일단 그것을 보고 나면 그 말을 되풀이할 필요가 없군요?

마: 일단 그대가 몸이 아니라는 것을 이해하면 그대는 일체 아닙니까? 그대는 5대 원소의 유희 아닙니까? 존재하는 모든 것이 그대입니다. "내가 있다"는 메시지에는 어떤 형상도, 무늬도, 색깔도 없습니다. '내가 있는' 한 이 현상계의 경험이 있는데, 일단 '내가 있음'이 사라지면 어떤 경험도 없습니다. 이 "내가 있다"는 메시지가 곤충, 짐승, 혹은 인간에게서 나타나면 즉시 그 존재성과 더불어 현상계가 나타납니다. 안팎이 현상계로 가득합니다. 이런 이야기는 대중들이 일반적으로 소화할 수 있는 것은 아닙니다.

대다수 사람들은 어떤 행위에서 어떤 이익을 얻어내려 하지만, 여기서는 어떻게 됩니까? 누구에게 뭐가 있습니까? 그 누구 자체가 해소됩니다.

그대에게 한 가지만 말하겠습니다. "**구루, 구루, 구루**(Guru, Guru, Guru)" 하고 계속 웅얼거리십시오. 그것이 '내가 있음'입니다. 말없이, '부딪치지 않은 소리(unstruck sound)'[23]로 "내가 있다""를 계속 웅얼거리십시오.

질: 그것을 어떻게 체험할 수 있습니까? 어떤 것이 그 길입니까?

마: 그것 속으로 물러나십시오. 누구나 길을 묻는데, 제가 어떻게 길을 가리

---

23) *T*. 사물들의 부딪침이나 발성기관의 마찰 없이 나는 소리. 마하라지는 『자기사랑』에서, 태초음 '옴'을 '부딪치지 않은 소리'라고 하였다. 이것은 어떤 에너지에서 자연히 일어나는 소리이다.

켜 드립니까? 저는 어머니 자궁 속으로 어떻게 들어갔습니까? 제가 뭐라고 할 수 있습니까? 누구나 길을 원합니다. 그대가 온 바로 그 길로 가십시오.

"내가 있다"는 메시지는 아무 형상이 없습니다. 그것은 하나의 음식 그릇일 뿐입니다. 그것은 있고, 의미를 가지고 있지만, 그대가 그것을 지각할 수 없고 관찰할 수 없습니다. 내가 나 자신에 대한 온갖 정보가 들어 있는 편지를 받지만, 그 메시지는 나가 아닙니다. 나는 그 메시지의 관찰자입니다. "내가 있다"는 메시지는 시간이 한정되어 있습니다. "내가 있다"가 가리키는 원리는 시간을 넘어서 있고, 무시간이며, 영원합니다.

질: 그 관찰자는 시간이 한정된 것과 무시간인 것 사이의 접점입니다.

마: 현상 세계에 대한 주시하기가 저 **궁극적** 원리에게 일어납니다. 그대는 무엇을 관찰할 때, 그것을 받아들이고, 기록하고, 그것에 대해 숙고해 봅니다. 그래서 거기에 관여합니다. **궁극자**(the Ultimate)는 지나가는 연극을 받아들이지도 않고 기록하지도 않습니다.

❖ ❖ ❖

마: 만일 우리가 '하느님의 두 발의 감로甘露', 곧 **짜란-암리따**(charan-amrita)를 얻어서 맛보게 되면 마음이 정복될 수 있습니다. 이것은 마음이 더 이상 우리를 지배하지 않고, 어릴 때부터 우리에게 부과된 이 마음의 지배권이 더 이상 우리를 억압하지 않게 될 거라는 뜻입니다. 이것을 '마노자야(manojaya)' 곧 '마음에 대한 승리'라고 합니다. 그러나 이것은 신의 은총이 있어야 가능하고, 은총이 없으면 우리가 그 감로를 맛볼 수 없습니다.

그렇기는 하나 참된 헌신자만이 **짜란-암리따**를 얻을 수 있습니다. 그러나 이 참된 헌신자가 누구이며, 무엇입니까? 그것은 우리도 모르게 자연발생적으로 우리 안에 나타나 있는 저 **의식**, 곧 존재의 느낌, 우리가 있다는 앎 외에 달리 아무것도 아닙니다. 그 **의식**이 곧 **짜란-암리따**는 '하느님의 두 발의 감로'입니다.

진동하고 들끓는 움직임 상태의 전 우주는 그 **의식**, 곧 **하느님의 두 발**에 의해 대표되고, 전체 우주는 **의식**의 몸입니다. 그러나 그것과 모든 존재들의 관계는 무엇입니까? 그것은 모든 존재들의 핵심 안에 "내가 있다"는 앎으로서, '존재애'로서, **짜란-암리따**로서 거주합니다.

하느님의 두 발의 감로를 마시는 사람이 참된 헌신자입니다. 그는 "내가 있다"는 앎 속에 자리 잡고 있습니다. 그는 신적입니다. 이처럼 우리가 **의식**, 곧 존재의 느낌을 주시함으로써 이 감로를 지속적으로 마실 때, 사람들을 평가하고 남자와 여자로 구분하는 우리의 마음은 점차 그 자신을 주의의 초점에서 제거하여, **의식**이 그 본래의 찬연한 모습으로 남게 됩니다.

그러나 그러한 상태를 어떻게 얻을 수 있습니까? 우리가 자기 자신으로서의 "내가 있다"는 앎을 완전한 확신과 믿음을 가지고 전적으로 받아들이고, "나는 '내가 있다'는 것을 알게 해주는 **그것**이다"라는 명제를 확고히 믿기만 하면 됩니다. "내가 있다"는 이 앎이 **짜란-암리따**입니다. 그것을 왜 '암리따'—즉, 감로라고 합니까? 감로를 마시면 우리가 불멸의 존재가 된다고 하기 때문입니다. 그래서 참된 헌신자는 "내가 있다"는 앎 속에 자리 잡음으로써 죽음의 경험을 초월하고 불멸을 성취합니다. 그러나 마음이 정복되지 않고 남아 있는 한, 죽음의 경험은 피할 수 없습니다.

많은 방문객들과 함께 제 이야기가 끝없이 이어지지만, 저의 관점은 변함없이 그대로입니다. 왜입니까? 저의 관점은 **짜란-암리따**에 안정되게 자리 잡고 있기 때문입니다. 그것은 개념과 언어의 원천인 **의식** 안에 움직이지 않고 그대로 있습니다. 거기서부터 언어가 빠라(*para*), 빠시얀띠(*pashyanti*), 마디야마(*madhyama*), 바이카리(*vaikhari*)와 같이 가장 미묘한 형태에서부터 가장 거친 음성 표현에 이르기까지, 방출되어 나옵니다.

다른 모든 영적인 노력과 행법들을 그냥 포기하고 **의식** 안에 안주하여 **짜란-암리따**를 맛보는 데 몰두하면, 마음이 여러분을 자신의 손아귀에서 풀어줄 것입니다. 현재 여러분은 마음이 여러분의 것이라고 지시해 주는 것을 뭐든지 순순히 받아들입니다. 마음이 침묵하면 여러분이 어디 있으며, 무엇입니까?

여러분이 **의식** 안에 가라앉고 나면 **실재**의 사실적 상태가 여러분에게 드러나면서, 여러분에게서 마치 샘물처럼 방출되는 지(知)가 있을 것입니다. 그것은 실재하는 것과 실재하지 않는 것을 여러분이 분간할 수 있게 해줄 것이고, 무엇보다 중요하게는 '여러분이 무엇인지'를 깨달을 수 있게 해줄 것입니다.

"나 자신에게만이라도 내가 무엇인가? 이 삶이 무엇인가?" 일단 이런 의문들이 직관적으로 해결되고 **실재**가 나타나면, 마음은 더 이상 득세할 수 없습니다. 그럼에도 마음의 작용은 계속되겠지만 그 작용의 질은 전적으로 다를 것입니다. 그런 상태를 성취한 사람은 어떤 사건에도 영향 받지 않고 그대로일 것입니다. 왜냐하면 마음의 지껄임이 (그에게는) 아무 효과가 없을 것이기 때문입니다. 그런 사람이 누구이겠습니까? 분명 마음이라는 껍질 안에 갇혀 있는 개인은 아닙니다. 그 사람은 "내가 있다"는 앎―곧, 의식입니다.

우리를 몸과 세계에 집착하게 하는 족쇄를 끊어야 한다고 합니다. 그것이 무슨 뜻입니까? 우리에게 보이고 지각되는 모든 것은 몸의 수준 혹은 세계의 수준에 있다는 뜻입니다. 지각되는 대상들에 대한 집착이 생겨나고, 그러면 우리는 한 몸을 자신과 동일시하여 그 대상들을 우리 것이라고 주장합니다. 집착은 마음의 본성이며, 마음은 이러한 집착을 완고하게 고수합니다. 그러나 여러분이 의식 안에 안정되어 **짜란-암리따**를 마시면 일체가 해소될 것이고, 여러분은 깨닫게 될 것입니다. 여러분의 의문을 해소해 줄 누군가가 필요하지 않습니다.

제가 일상적 일을 하고 **신**을 찬양하는 **바잔**을 부르는 등의 활동을 할 때, 여러분에게는 제가 깊이 개입하는 것처럼 보입니다. 실은 저는 몸과 마음의 느낌 없이 저 자신과 별개로 남아 있고, 그러다가 그 활동들이 저에게 일어나는 것을 지켜봅니다. 여러분이 이것을 알아차린 적이 있는지 모르겠군요! 많은 사람들이 이런저런 방식으로 저와 관계됩니다. 외관상 저는 그들과 즐겁게 담소하지만, 그들과 별개입니다. 저 자신으로 말하면, 저는 '내가 무엇인지'를 완전히 깨달았고, 바로 지금도 '내가 무엇'이며 '어떻게 있는지'가 저에게 절대적으로 분명합니다. 그러나 이 사람들이 무엇을 '자기'라고 생각하는지는 그들만이 압니다. 그들은 자신이 지知를 얻었고, 남들보다 높은 영적 지위에 도달했다는 식으로 생각합니다. 그럴 수밖에 없는 것이, 그들은 여전히 자기 마음의 노예이기 때문입니다. 저의 경우 그런 일은 있을 수 없습니다.

저는 하느님의 두 발의 감로, 곧 의식을 완전히 들이마셨기 때문입니다.

현재 모든 의사소통과 신체기능은 이 감로, 곧 의식을 매개물로 해서 일어납니다. 이 매개물이 무엇입니까? 그것은 "내가 있다"는 앎입니다. 그것은 세샤샤이(Seshashayi)라는 뱀의 똬리 위에 지복스럽게 기대고 누워 있는, 그래서 세샤샤이-바가반이라고 알려진 최고의 신, 주 비슈누에 의해 대표됩니다.

이런 이야기를 하는 것이 좋기는 하나, 그 정수를 깨닫고 흡수하기는 실로 어렵습니다. 왜입니까? 여러분이 자신을 몸이라고 확고히 믿고 그에 따라 살아가면서, 이 세상에서 뭔가 좋은 것을 성취하고 나중에는 더 좋은 것을 이룰 거라는 소망을 간직하고 있기 때문입니다. 그런 기대는 1차적으로 자신이 몸이라는 그릇된 관념에 기초해 있습니다. 그러나 이 잘못된 동일시는 여러분이 의식 안에 완전히 가라앉아 개인성을 상실할 때, 하느님의 두 발의 감로 안에서 해소됩니다.

개인성의 해체는 구루-박띠(guru-bhakti), 곧 '스승에 대한 헌신' 없이 가능하지 않습니다. 이는 달리 말하면 역시 의식이고, 구루-짜란-암리따(guru-charan-amrita)입니다. 의식 안의 안주는 과거와 미래의 모든 문제를 제거하고, 여러분을 현재에, 지금 여기에 자리 잡게 합니다.

의식은 말 없는 "내가 있다"는 지각성의 느낌인데, 그것은 우리도 모르게, 원하지도 않았는데 나타났습니다. 그것은 현현된 생명력이고, 따라서 개인적일 수 없습니다. 그것은 다이아몬드의 광채처럼 안팎으로 뻗어 있습니다. 여러분은 자신의 안에서 꿈-세계를 보고 밖에서 지각 가능한 세계를 보는데, 저 의식이 지배하는 한에서 그렇습니다. 몸의 수준에서는 여러분이 몸의 안과 밖을 말할 수 있을지 모르나, 의식의 관점에서 보자면 안과 밖이 어디 있고, 그것이 무엇입니까? "내가 있다"는 지각성의 영역―의식―안에서만 세계가 있을 수 있고, 경험도 있을 수 있습니다.

"내가 있다"는 지각성을 꽉 붙드십시오. 그러면 지知의 샘이 여러분 안에서 차올라 우주의 신비와 몸과 영혼의 신비, 5대 원소, 세 가지 구나, 쁘라끄리띠와 뿌루샤가 벌이는 유희의 신비, 기타 일체의 신비를 드러내줄 것입니다. 이 드러냄의 과정에서, 몸에 국한되었던 여러분의 개인적 인격은 현현된 우주로 확장될 것이고, 여러분은 전 우주에 편재하면서 그것을 자신의 '몸'으로 포용한다는 것을 깨닫게 될 것입니다. 이것이 **슷다 비냐나**(shuddha-vijnana), 곧 '순수한 초월지超越知'라고 하는 것입니다.

그렇기는 하나, 그 숭고한 **슷다 비냐나** 상태에서도 마음은 자신이 비실재물이라는 것을 믿지 않으려고 합니다. 그러나 여러분이 **의식** 안으로 가라앉을 때는, "내가 있다"는 앎—여러분이 존재한다는 느낌—이 바로 여러분의 세계가 일어난 원천이라는 확신을 갖게 됩니다. 오직 이 앎으로 인해 여러분은 '여러분이 있고', '세계가 있다'는 것을 느끼게 됩니다. 사실 이 현현된 **지**知가 우주를 점거하고 우주에 편재한 채, '여러분이 있다'는 앎으로서 여러분 안에 거주합니다. 이것을 꽉 붙드십시오. 거기에 어떤 이름이나 칭호를 부여하려고 하지 마십시오.

이제 아주 미세한 상황으로 나아가, 여러분 안에서 '여러분이 있다'는—여러분의 관점에서는 "내가 있다"는—앎을 어떤 이름, 칭호 또는 단어 없이 이해하는 그것은 무엇입니까? 그 가장 내밀한 중심 속으로 가라앉아, "내가 있다"는 앎을 주시하면서 그저 있으십시오. 이것이 **스와루빠난다**(Svarupananda), 곧 '**존재의 지복**'입니다.

여러분은 다양한 외적 보조물과 과정들을 통해 쾌락과 행복을 얻습니다. 어떤 이들은 좋은 음식을 즐기고, 어떤 이들은 그림 보기를 좋아하며, 어떤 이들은 음악에 심취하는 그런 식이지요. 이런 모든 즐김을 위해서는 어떤 외적 요인들이 필수적입니다. 그러나 '**존재의 지복**'에 안주하는 데는 어떤 외적 보조물도 전혀 필요하지 않습니다. 이것을 이해하려면 깊은 잠의 예를 보십시오. 여러분이 일단 깊은 잠이 들면 어떤 보조물이나 조치도 필요 없이 고요한 행복을 즐깁니다. 왜 그렇습니까? 그 상태에서는 남자나 여자인 한 몸과의 동일시가 완전히 잊히기 때문입니다.

어떤 방문객들은 저에게 묻습니다. "부디 저희에게 **실재**에 이르는 길을 보여주십시오." 제가 어떻게 합니까? 모든 길은 비실재로 통합니다. 길들은 앎의 범위 내에서 창조된 것입니다. 따라서 길과 움직임들은 여러분을 **실재** 속으로 데려가지 못합니다. 왜냐하면 그것들의 기능은 여러분을 앎의 차원 안에 얽매는 것인데, **실재**는 그 이전에 편재하기 때문입니다. 이것을 이해하려면 여러분의 창조의 근원, 곧 "내가 있다"는 앎의 시작점을 고수해야 합니다. 그것을 해내지 못하는 한, 여러분은 자신의 마음이 만들어낸 사슬에 휘감기고, 남들의 사슬에 얽매일 것입니다.

따라서 되풀이하지만, 여러분의 **존재의 근원** 안에서 안정되십시오. 그러면 모든 사슬이 끊어지고 여러분이 해탈할 것입니다. 시간을 초월하게 될 것이고, 그 결과 시간의 촉수들이 미치는 범위를 넘어 영원 속에 편재하게 될 것입니다. 이 드높은 경지는 **구루-짜란-암리따**, 곧 스승의 신성한 두 발의 감로를 끊임없이 마실 때만 성취할 수 있습니다. 그것은 자아가 **진아** 안에 지복스럽게 가라앉는 황홀한 지복감의 상태입니다. 이 황홀경은 언어를 넘어서 있습니다. 그것은 또한 완전한 고요함 속의 **자각**이기도 합니다.

이 이야기의 핵심은 분명합니다. 여러분의 더없이 중요한 자산은 마음이 방출되기 이전에 '여러분이 있다는 앎'입니다. 이 '앎'을 꽉 붙들고 명상하십시오. 이보다 더 수승殊勝한 것은 없고, **구루-박띠**(Guru-bhakti)[스승에 대한 헌신]나 **이스와라-박띠**(Ishwara-bhakti)[신에 대한 헌신]도 이에 미치지 못합니다.

1980년 1월 21일, 25일

36
그대가 나타난 곳으로 나아가라

마하라지: 지구에서 보면, 해가 뜨고 집니다. 그러나 해 자체의 관점에서 보자면, 그것은 계속해서 빛나고 자신이 뜨고 진다는 앎을 가지고 있지 않습니다. 존재성 이전에 있는 것이 무엇이든, 그것은 영원합니다. 반면에 존재성과 그 현현물(현상계)은―그 안의 활동들을 포함하여―일시적이고 시간이 한정되어 있습니다. 그대는 『바가바드 기따』를 공부하는 사람인데, 제가 하는 모든

말이 『기타』와 부합합니까?

방문객: 당신의 말씀을 듣고 나서 저는 **뿌루쇼따마**(Purushottama-완전한 인간)에 대해서 이야기하는 『기타』 제15장을 분명하게 이해할 수 있었습니다.

마: 뿌루쇼따마는 절대자요 영원자이며, 현현된 일체의 지지물입니다. 한편 절대자는 어떠한 외부적 지지물도 없이 스스로를 지지합니다.

질: 크리슈나는 이렇게 말했습니다. "절대자인 내가 존재와 비존재의 상태들을 넘어서 있다는 것을 아는 자만이 나의 참된 성품을 이해할 것이고, 그 나머지 사람들은 모두 바보다"라고 말입니다.

마: 어리석은 행위에서 창조된 사람들도 어리석지요.

질: 진인이 하는 모든 말은 영적인 **지**知이고, 그의 행동조차도 **지**知를 드러냅니다.

마: 실은 우리의 모든 행동은 음식기운에서 표출되는 **사뜨와 구나**의 성질을 가지고 있는데, 그것은 그대의 것도 아니고 저의 것도 아닙니다. **사뜨와 구나**에는 세 가지 상태, 즉 생시·깊은 잠·존재성이 있습니다. **지**知를 올바르게 이해하면, 우리는 몸-형상을 가지고 있기는 해도 어디까지나 순수한 **브라만**일 뿐입니다. 그것은 어떤 마음의 변상變相(mind-modification)[24]도 가지고 있지 않습니다. 그것이 **크리슈나**가 말한 내용입니다.

몸은 음식기운의 산물입니다. 모든 화초·덤불·나무·동물 등은 씨앗에서 창조되고, 그래서 씨앗(*bija*)이란 예전 형상으로 재창조한다는 것을 의미합니다. 또한 씨앗은 **사뜨와 구나**의 한 산물입니다. 씨앗에서 식물이 싹트고 나중에는 큰 나무가 자라납니다. 그러나 그 근원은 씨앗일 뿐입니다.

또한 세 가지 **구나**와 음식기운에서 나온 산물인 인간의 씨앗에서 몸·존재성·현상계가 싹터 나옵니다. 이것은 인간만이 깨달을 수 있습니다.

저는 이것을 이해함으로써 몸-형상을 가졌으면서도 순수한 **브라만**을 깨달았습니다. 이런 지혜를 흡수하는 사람은 드뭅니다. 많은 사람들은 소위 지식을 습득하지만, 뭐든 습득한 것은 참된 **지**知가 아닙니다.

---

[24] T. 가장 순수한 형태의 마음은 **사뜨와**지만, 이것이 **라자스**와 **따마스**의 영향을 받으면 요동하여 갖가지 형태를 취하게 된다. 이런 일시적인 마음의 국면들을 변상(*vrittis*)이라고 한다.

질: "내가 있다"는 앎은 참된 지知 아닙니까?

마: 이 참된 앎, "내가 있다"는 앎도 최종적인 **절대적** 상태에서는 '비지非知(non-knowledge)'의 지위가 되고 맙니다. 그대가 그 최종적 자유의 상태에 자리 잡으면 "내가 있다"는 앎은 '비지非知'가 됩니다.

꽃이 피는 나무를 볼 때 그대는 잎사귀들만 볼 뿐 그 뿌리나 그 나무가 싹튼 씨앗에 대해서는 생각하지 않습니다. 씨앗도 함께 이해하지 않으면 전체적인 이해가 없을 것입니다.

현재 그대는 자신을 하나의 몸으로 이해하고, 그 몸이 나타나게 된 근원과 씨앗을 그 이해에 포함시키지 않습니다.

잉크를 적신 펜촉이 많은 책을 씁니다. 그 펜촉이 모든 저작의 근원입니다. 마찬가지로, 그대의 존재성이 그대의 전체 세계의 근원이자 시작입니다. 글로 쓰인 것은 쉽게 관찰되고 읽히지만, 그 근원, 크기가 거의 없는 펜촉은 쉽게 지각되지 않습니다. 무형상의 씨앗-존재성(seed-beingness)도 마찬가지입니다.

그대는 자신의 존재성을 자신과 동일시하지 않고, 눈에 보이는 그대의 몸-형상을 얼른 자신과 동일시합니다. 존재성 대신 그 형상을 '나'라고 집착하는 것입니다. 그러나 존재성이 유지되려면 하나의 몸-형상이 반드시 있어야 합니다. 설사 **주**主 **크리슈나**가 다시 화현하기로 한다 해도 씨앗-존재성이라는 매개물을 가지고서만 그렇게 할 수 있을 것이고, 그 매개물은 음식기운으로 된 몸의 산물일 것입니다.

크리슈나뿐만 아니라 **그리스도**와 **붓다**도 음식기운의 존재성을 통해서만 나타날 수 있습니다. 그러나 그대는 **붓다**, 보살(bodhisattva)의 의미를 압니까?

질: 붓다는 우리 모두의 본래적 성품을 뜻합니다.

마: 그런데 그대가 (스승에게) 입문했을 때, 그 입문의 형태는 어떤 것이었고, 무엇에 입문했습니까?

질: 저는 성스러운 승가僧伽(sangh)에 승려로 받아들여졌습니다. 전적인 행복을 위해서 노력하는····.

마: 그런 말을 저에게 다 하지는 마십시오. 입문(*diksha*)의 의미는 "그저 있으라(Just be)", 경각하면서 "본래의 그대로 있으라(Be what you are)"는 것입니다.

입문할 때 어떤 조언을 받았습니까?

질 저의 몸-마음을 지켜보라고 했습니다.

마: 어떤 관점에서, 혹은 어떤 정체성을 가지고 지켜보았습니까?

질 어떤 관점에서 제 몸을 지켜보지는 않았습니다. '지켜보기'만 있었습니다.

마: 그대 자신을 모르는데 누가 지켜봅니까? 그 '지켜보기'는 어떻게 일어납니까?

질: 제가 주시하는 대상이 관찰자, 주시자 안에서 떠오릅니다. 생각, 감정과 몸을 포함한 대상을 통해 어떤 자아감이 있습니다. 저는 이 자아감도 지켜볼 수 있습니다. 이 마음-몸의 과정 속에는 실체적인 것이 아무것도 없다는 것을 저는 아주 분명히 보았습니다.

마: 입문 때 어떻게 경각하고 있으라는 말을 들었습니까?

질: 내내 경각하고 있으라고 했습니다.

마: 그러나 어떤 정체성을 가지고 경각하고 있어야 합니까?

질: 어떤 정체성에 대해서도 말해주지 않았습니다. 그분들 말씀이, 그냥 경각하고 있으라고 했습니다.

마: 그들은 누구에게 말했습니까? 주시자가 어떠해야 한다고 그들이 일러주어야 하지 않습니까?

질: 아닙니다.

마: 그것은 낮은 수준의 입문입니다. 먼저 내거內居하는 원리, 즉 "내가 있다"는 앎, 곧 **자기사랑**을 인식하십시오. 그것이 '주시하기'를 하는 것입니다. 주시하기는 그것에게 그냥 일어납니다. 통증이 있을 때는 내가 경험하는 그 통증을 내가 자연발로적으로 주시합니다.

질: 저 자신과 주시하기의 대상 사이에 어떤 분리감이 있는 것 같습니다. 그래서 제가 주시할 때는⋯.

마: 그런데 그대는 언제 주시합니까?

질: 몸-마음을 주시할 때는, 제가 몸-마음에서 분리되어 있다고 느낍니다.

마: 그 주시하기가 누구에게 일어납니까?

질: 그것은 모르겠습니다.

마: 그러면 그대는 어떤 형태의 영적인 공부를 닦고 있습니까?

질: 제가 법복을 입고 있기는 하지만 어떤 특정한 영적인 공부나 종단을 따르고 있지는 않습니다. 그저 제가 누구인지를 알려고 애쓰고 있습니다.

마: 모든 존재들에게 그것은 동일한 경험입니다. 이른 아침, 잠에서 깨자 즉시 "내가 있다"는 느낌이 내면에서 느껴집니다. 즉, 존재성이 일어납니다. 그런 다음 다른 모든 것에 대한 주시하기가 연달아 일어납니다. 이 "내가 있다"라는 1차적 주시하기가 그 이후의 모든 주시하기의 전제조건입니다. 최초의 주시하기는 "내가 있다"에 대한 주시하기입니다. 그러나 언제입니까? 깨어남조차도 없이 항상 있는 것, 그 항상 존재하는 것에게 생시 상태의 주시하기가 일어납니다. 세계 경험의 신비가 이 지점에 있습니다. 씨앗-존재성의 내밀한 비밀도 여기에 있습니다. 지금 그대는 깨어났고 생시의 주시하기가 일어나고 있습니다. 1차적 주시하기는 나 자신의 현존, 나의 존재에 대한 주시하기입니다. 이 생시, 곧 존재의 느낌은 일시적인 상태로서, 깊은 잠·생시·지각성이라는 세 가지 상태 중 하나입니다. 이 세 가지 상태가 합쳐져 존재성을 이룹니다. 이 존재성은 젖어 있는 펜촉의 성질과 같습니다. 이 세 가지의 총합은 **뿌루샤-쁘라끄리띠**(Purusha-Prakriti)라고 하는 남성-여성 원리에 의해 대표되는 미세한 에너지입니다. 이 존재성, 곧 **사뜨와 구나** 안에 **비슈와-수뜨라**(Visva-sutra), **브라마-수뜨라**(Brahma-sutra), **아뜨마-수뜨라**(Atma-sutra)가 있습니다.25) 그 존재성 안에 우주적 현상계가 거주합니다. 이 **사뜨와 구나**라는 실 주위에 **브라만**과 현현된 우주가 매달려 있습니다.

질: 제가 드리고 싶은 질문은….

마: 이 주제에 대해 그대가 무슨 질문을 할 수 있습니까? 바로 그 젖어 있는 펜촉 끝이 다양한 형상을 취했습니다. 그 존재성은 **사뜨와 샥띠**(Sattva Shakti)와 **쁘라끄리띠-뿌루샤 샥띠**(Prakriti-Purusha Shakti)로 알려져 있습니다. 존재성을 낳은 **사뜨와 구나**는 바짜스빠띠(*vachaspati*-동물) 종種에 속하는 부모의 정수精髓의 산물입니다. 바로 이 정수가 형상을 취하며, 그러면 우주가 그것의 안

---

25) T. '수뜨라(sutra)'는 '실'이란 뜻이며, 비슈와·브라마·아뜨마는 각기 '세계·신·자아'를 뜻한다. 따라서 이것은 이 세 가지가 **사뜨와 구나** 안에 매달려 있다는 뜻이다.

과 밖에서 나타납니다. 그 근원을 분명히 이해하십시오. 그것은 반얀나무의 작은 씨앗 하나가 장대한 나무로 자라나서 많은 공간을 점하는 것과 꼭 같습니다. 그러나 그 공간을 점하는 것은 누구입니까? 그것은 그 작은 씨앗의 힘입니다. 마찬가지로, '내가 있음'의 감촉을 가져오는 부모의 이 정수의 방출을 이해하십시오. 이 '내가 있음'이 하나의 우주로 나타납니다. 따라서 그 근원으로 나아가 그것을 완전히 이해하십시오. 씨앗이 나무의 형상을 잠재적으로 지니고 있듯이, 부모의 씨앗도 그 부모의 모습을 닮은 남자나 여자의 잠재적인 형상을 지니고 있습니다.

아버지와 어머니는 **사뜨**와 **구나**의 표현이기도 한데, 이 **사뜨**와 **구나**는 정수의 원리일 뿐입니다. 마찰의 결과로 방출이 일어났습니다. 부모의 사진을 찍은 이 방출물은 그 부모와 닮은 아이로 자라납니다. 태어나기 전에 그대의 존재성은 어디에 잠재적으로 거주하고 있었습니까? 그것은 부모의 정수 속에 있지 않았습니까? 그것이 바로 **사뜨**와 원리와 **뿌루샤-쁘라끄리띠**라는 말이 뜻하는 에너지(남성-여성 에너지)를 통해 이루어지는 모든 종種의 생식이라는 영원한 드라마 아닙니까?

질: '내가 있음'의 감촉은 그 자체로는 전혀 개인적인 것이 아닙니다. 그것이 개인적으로 보이는 것은, 그것이 몸·마음과 연결될 때입니다.

마: 이 '내가 있음'의 감촉은 현현자일 뿐 개인적인 것이 아닙니다.

질: "나는 사랑한다"의 상태에 대해 말씀하셨는데, 만일 제가 어떤 사람을 사랑한다고 말하면, 그것은 실은 이 점 위의 '내가 있음'이 저 점 위의 '내가 있음'을 인식한다는 의미입니다.

마: 사랑할 대상인 어떤 타자성도 없습니다. '존재애'가 솟아났을 뿐입니다. 그 '존재애'의 상태를 유지하기 위해 그대는 많은 어려움과 역경을 겪습니다. 오직 그 상태를 즐겁고 만족스러운 것으로 유지하기 위해 수많은 활동에 관여하는 것입니다.

질: 그 괴로움은 주의를 "나는 사랑한다"의 상태 아닌 다른 어떤 것으로 돌리기 위한 것이지만, 만약 이 모든 것이 '내가 있음'을 영속시키기 위한 것이라면, 이것은 하나의 욕망 아닙니까?

마: 그것은 욕망이 아닙니다. 그것은 존재하려는 '내가 있음'의 성품 그 자체입니다. 존재성은 존재하기를 원하고 그 자신을 영속시키기를 원합니다. 이것은 그것의 성품 자체이지 그 개인의 성품이 아닙니다.

질: 그것이 몸-마음과 연결되어 있을 때도 말입니까?

마: 그 원리에서 많은 마음과 몸들이 생겨납니다. 그것은 창조의 근원입니다. 수백만의 종種들이 저 기본 원리에서 창조됩니다. 그것이 **물라-마야**, 곧 씨앗-환幻(seed-illusion)입니다.

질: "내가 있다"가 당신을 창조합니까?

마: 저의 존재성에서 삼계三界(three worlds)가 창조됩니다. 저의 꿈 세계 안에서 무수한 벌레들, 인간들 등이 창조됩니다. 그 꿈 세계가 언제, 어디서 나타났습니까? 그것은 꿈의 상태 안에 있는 외관상의 생시로부터 나타났습니다.

질: 제가 눈을 감으면, 당신께서 존재하지 않으신다는 의미입니까?

마: 그대의 눈이 감긴다고 누가 그대에게 말했습니까?

질: 저의 '내가 있음'입니다.

마: 그대가 눈을 감으면 그대의 **의식**도 감깁니까?

질: 아닙니다.

마: 부모라고 하는 몸 가진 대상들이 사랑으로 결합한 결과인 그대는, 그들의 지복스러운 순간에서 생겨난 창조물이라는 것을 상기시켜 주는 존재입니다. "내가 있다"는 기억은 그 지복스러운 순간을 상기시켜 줍니다. 이 형상, 이 몸 가진 사람은 그 지복의 상기물입니다. 그대는 많은 지知를 수집하고 그대 자신이 한 **스승**이 되기에 적합하다고 생각한 다음, 그 지知—즉, 수집한 지知—를 설법합니다. 그대 자신의 현현된 지知를 설법하는 것이 아닙니다. 그 지知는 그대에게 충분히 드러나지 않았고, 그대는 자신을 깨닫지 못했습니다. 따라서 (스승이 된다 해도) 그대는 사이비 **스승**이 될 것입니다. 그대의 존재는 아버지와 어머니 안에 잠재적 상태로 있었습니다. 이제 그대는 여기서 어디론가 나아가고 싶어 합니다. 그대는 어디서 솟아났습니까? 그대가 출현한 근원으로 나아가십시오. 먼저 거기에 있으십시오. 어떤 사람이 그 지복의 즐거움을 가졌고, (그로 인해 태어난) 나는 고통 받으며 백 년간 비명을 지릅니다.

질: '내가 있음'을 문이 두 개 있는 방에 비유하면 맞습니까? 한쪽으로는 세상을 보고, 다른 한쪽으로는 **빠라브라만**을 보는 방 말입니다.

마: 빠라브라만에게는 문이 없지요, 젊은 양반. 그대가 나온 곳의 문을 바라보십시오. 그 문에서 나오기 전에 그대는 어떻게, 그리고 어디에 있었습니까? 이 주제에 대해서는 그대가 질문을 할 수 있겠지요.

질: 이 "내가 있다" 안에는 사랑도 있고 고통도 있습니다.

마: 그 원인은 행복이고, 그 결과는 '내가 있음'입니다. 그 원인은 지복이지만 그 소산(그대)은 처음부터 끝까지 고통 받아야 합니다.

질: 그 한때의 순간에 사랑에 대한 자각과 고통이 동시에 있습니까?

마: 그 사랑의 시간에 우주에 편재하는 일체가 그 소산 안에 기록되고, 그 소산은 부수적으로 부모의 형상을 취합니다. 그대의 탄생은 그 당시 우주의 한 필름이 찍혔음을 의미합니다. 그것은 하나의 탄생일뿐만 아니라, 안팎으로 우주로 충전되어 있습니다.

질: 일단 우리가 태어나면 의식은 지속적이지만, 저의 명상에서는 그것이 오고 갑니다.

마: 존재성은 지속적인데, 그것은 몸-형상의 도움이 있어야만 그 자신을 알고, 그것이 없으면 그 자신을 모릅니다[즉, 절대적 상태에 있게 된다]. 그 의식의 오고 감에 대한 주시자는 누구입니까?

질: 그냥 자각입니다.

마: 그 말은 맞기도 하지만 실은 맞지 않습니다. 그것은 제가 만 루피를 그대에게 주겠다고 말하는 것과 같습니다(허황된 말이라는 뜻). **자각**(awareness)은 **빠라브라만**의 상태이지만 (그대가 말하는) 그것은 하나의 단어일 뿐입니다. 그대가 그 상태에 안주해야 합니다. 현재 (그대의) "내가 있다"는 존재성의 상태에 있습니다. 지금 제가 있다는 것은 저에게 "내가 있다"는 지각성의 환幻이 없다는 것이고, 그럴 때 그것은 **뿌르나브라만**(Poornabrahman-완전한 브라만) 혹은 **빠라브라만**의 상태입니다. '내가 있음'의 감촉이 없을 때, 나는 전체적이고 완전한 **뿌르나브라만**의 상태, 곧 영구적인 상태입니다.

존재성과 비존재성의 경계선은 지성을 아뜩하게 합니다. 왜냐하면 지성은 그 지점에서 가라앉기 때문입니다. 이 경계선이 **마하-요가**(Maha-Yoga)입니다.

'너와 나'라는 구절에서 '와'라는 연결사가 일단 제거되면, 어떤 이원성도 존재하지 않습니다. 즉, '너'와 '나'의 어떤 분리도 없습니다. 마찬가지로, 이 존재성은 하나의 연결사와 같습니다. 그것이 제거되면 어떤 이원성도 남지 않습니다.

그 경계선, 그 마하-요가의 상태에 있어야 합니다. 그대는 '탄생'이라는 명칭을 가지고 있는 그 상태의 창고로 내려갑니다.

질: 그 창고에서 분노, 공포, 증오 등이 있는 곳은 어디입니까? 존재성, 탄생 원리(birth principle), 저 "내가 있다"의 감촉 안입니까?

마: 저 두 형상[부모]의 씨앗 안에 무수한 우주가 잠재되어 있습니다.

질: 당신의 말씀은 크리슈나무르티의 가르침과 아주 많이 부합합니다.

마: 이 무지의 점, 즉 존재성을 이해하는 사람은 자기 좋을 대로 무엇이든 이야기할 수 있습니다. 저 존재성의 점이라는 공간 안에 무수한 우주가 거주합니다. 이것을 더 잘 이해하고 싶다면 꿈 세계의 예를 들어봅시다. 이 꿈 세계는 깊은 잠 속의—지속시간이 아주 짧아서 살짝 건드리고 가는 것 같은—외관상 생시에 지나지 않습니다. 그 꿈속에서 많은 꿈 우주가 창조됩니다.

1980년 1월 28일

37
존재성이 출현하기 전에 나는 어떻게 있었는가?

마하라지: 어떤 행위자도 없고, 이 현현된 세계와 우주의 창조자도 없습니다. 어떤 향유자도 없고, 모든 일은 자연발생적으로 일어납니다.

질문자: **자빠**(Japa)[신성한 언구의 염송]를 하는 동안 저희는 그 말의 의미를 주의의 초점에 가져와야 합니까?

마: 그 **자빠**의 의미를 파악하려고 일부러 애쓰면 안 됩니다. 의미는 그대의 자질 여하에 따라, 때가 되면 그대 안에서 저절로 퍼져나가서 그대를 가득 채울 것입니다. 각 사람을 통해 나타나는 역동적인 **샥띠**(shakti), 곧 에너지의 발현은 사람에 따라 다릅니다. 얼마든지 그대의 가정 활동을 하고, 온 정성과 열의로 세간적·사회적 책임을 이행하십시오. 그러나 최소한 그대 자신의 '자아'를, 그대가 '무엇인지'를 이해하고 알도록 하십시오. 그러면 점차 '아는 자'로서의 그대는 어떤 장소나 형상과 관련되는 어떤 정체성도 가지고 있지 않다는 것을 깨달을 것입니다. 우주와 세계 안에서 지각 가능하고 접촉 가능한 모든 움직임들은 아무 특별한 이유 없이 그냥 일어납니다. 즉, 아무 목적 없는 동작·회전·진동·웅얼거림이 있습니다. 그러나 그대는 몸-형상·이름·환幻의 정체성 없이 영원히 편재합니다. 그리고 형상·환幻·이름과 몸에 의해 규정되고 그것들과 동일시되는 저 다른 원리(에고)가 무엇이든, 그것은 스스로 그 자신을 지탱합니다. 그것은 또한 그 자신을 창조하고 양육합니다. 나중에는 그것이 사라져야 합니다. 이 모든 행위 연극을 이해하는 것이 **지**知입니다. 주 **크리슈나**는 **빠라마뜨만**, 즉 **지고아**를 그 자신으로서만 이야기했습니다. 다른 이들도 그것을 설했지만 그들은 개념에 매몰되고 자신의 개념에 사로잡혀 있었습니다. 만일 제가 무슨 생각을 한다면, 그것은 현상계와 그것의 자연적 유희와 관련되는 것입니다. 저는 현상계의 과정을 바꿀 생각은 하지 않습니다. 그러나 그대가 무슨 생각을 한다면, 그것은 인격 혹은 개인의 수준에서, 그대의 개인적 문제들에 대해서 하는 생각이겠지요. 해야 할 것은 아무것도 없습니다. 그저 이 '내가 있음'의 느낌이 그대 안에서 어떻게 일어났는지를 알아내십시오.

질: 저는 이야기를 할 때, 제가 이야기하고 있다는 느낌이 없습니다.

마: 지금 그대는 그대가 가진 어떤 정체성을 가지고 말을 합니다. 그 정체성을 떠받치는 것은 무엇입니까?

질: 말이 그냥 나옵니다.

마: 그대는 이야기를 할 때 그대의 존재성에 의존합니까, 아니면 다른 누군가의 존재성에 의존합니까?

질: 저 자신의 정체성에 의존합니다.

마: 자아의 이 존재성은 지속시간이 짧습니다. 그것은 짧은 시간 동안 경험됩니다. 그러나 그 존재성을 경험하는 자는 영원히 존재합니다. 그 경험자, 곧 그대는 항존하고 현존하는 원리라는 것을 깨달아야 합니다. 그대는 어떤 정체성에서 이야기하려고 합니까?

질: 저는 이야기하고 싶은 욕망이 전혀 없기 때문에, 그것이 전자(개인적 자아)에서 나오지는 않습니다.

마: 저는 제 질문에 대한 정확한 답변을 원합니다. 왜 별 상관없는 말을 합니까? 제 질문을 다시 되풀이하지요. 그대는 짧은 시간 동안 지속되는 존재성의 관점에서 말합니까, **영원자**의 관점에서 말합니까?

질: 이야기하고 있는 어떤 개인적인 '나'도 없습니다.

마: 그런 말은 저에게 하지 마십시오. 이야기하는 것은 그대일 뿐입니다. 그대는 일시적 입장에서 이야기합니까, 영구적 입장에서 이야기합니까?

질: 일시적 입장에서는 아닙니다.

마: 진실을 말하지 않는군요.

질: 어떤 '나'가 이야기하는 것이 아니라는 것은 제가 체험하는 바입니다. 사람인 '나'가 이야기하고 있다고 말씀하시면 그것은 맞지 않습니다.

마: 그런 말을 하면 어리석은 것이, 그대에게는 참된 **지**知가 드러나지 않았기 때문입니다. 그대는 일시적 국면이나 기타의 관점에서 저에게 정보를 제공하려고 합니까? 그대는 제 질문을 이해하지 못하고 있습니다.

질: 그것은 일시적인 것은 실제로 일시적이라는 것을 저에게 분명히 보여줍니다.

마: 그러면 그대는 그 영구적인 상태에 대해 누군가에게 어떤 식의 정보를 제공하려 합니까?

질: 그러면 저는 그 사람에게, **참스승**을 찾아가라고 말하겠습니다.

마: 그러면 인도해 주고 있는 그 사람의 가치는 어디 있습니까?

질: 그 결과는, 소수의 사람들이 그를 찾아오는 것이 되겠지요.

마: 그대를 여기서 몰아내야겠군요. 그대에게는 어떤 **지**知도 드리지 않겠습니

다. 제가 ABCD부터 가르쳐야겠습니까? 그 책[『아이 앰 댓』]을 읽고 먼저 그에 대해 숙고해 보십시오. 누가 여기 올 때마다 제가 처음부터 가르쳐야 합니까? "존재성이 출현하기 전에 '나'는 어떻게 있었는가? 존재성이 어떻게, 왜 나타났는가?" 우리는 이런 물음들에 대한 정보만 얻어야 합니다.

질: 저는 제 스승님이 보여주신 접근법을 따릅니다. 습득된 것은 뭐든지 실재하지 않으며, 시간이 한정되어 있습니다.

마: 그런 말은 누구나 할 수 있지요. 이 몸과 존재성이 어떻게 일어났습니까? 저는 그것을 알고 싶군요.

질: 무엇에 대해 이야기해야 할지 아직 결정하지 않았습니다. 저에게 흡수된 것은 뭐든지 스스로 표현될 것입니다.

마: 무슨 말을 할 것인지는 누구도 결정할 수 없습니다. 가령 그대가 여기서 많은 말을 하겠다고 준비했는데 하나도 기억나지 않는다고 합시다. 그러면 어떻게 하겠습니까? 그대가 무엇을 결정하든 그것이 매번 이루어지는 것은 아닙니다. '그대가 있다'는 느낌은 중대한 것입니다. 지금 가장 중요한 것은 그대가 가진 존재의 느낌을 그대가 기억한다는 사실입니다. 그 이후에 다른 모든 것이 나타납니다. 먼저는 "내가 있다"는 이 기억이 없었는데, 홀연히 그것이 나타났습니다. 지금 저는 **니루빤**(Nirupan)이라고 하는 영적인 담화(법문)에 대해 설명합니다. 마라티어에서 **니루빤**이란 말은 '메시지'를 뜻하는 니라쁘(Nirap)라는 말에서 나왔습니다. 따라서 **니루빤**인 어떤 영적인 담화를 하려면 "내가 있다"는 1차적 메시지가 있어야 합니다. 그러면 이 1차적 메시지에 이어지는 모든 말이 영적인 담화가 되겠지요. 이때 전달되는 영적인 메시지는 그 메시지를 듣는 사람들에 대한 정보를 제공합니다. 이 메시지를 전하기 위해 **절대적 '나'**가 존재성을 취합니다. 자, 정부의 공문배달원의 예를 들어봅시다. 그는 정부의 전갈만 전할 뿐 그가 정부는 아닙니다. 그는 한 사람의 공무원으로서 자기 임무를 수행합니다. 그러나 여기서 '내가 있음'은 그 자체 정부이자 배달원입니다. 어떤 예언자들은 자신이 **신**의 메시지를 전하는 자라고 합니다. 그러나 **크리슈나**는 그런 말을 하지 않습니다. 그는 이렇게 힘주어 선언합니다. "이 모든 창조계는 **나**에게서 나오지만 **절대자인 나**는 그것과 별개

이다. 그리고 나에게서 창조되는 모든 것은 축제 때의 폭죽처럼 빛났다가 꺼지지만, 절대자인 나는 영원히 지배한다."

영적인 공부를 설하는 여러 가지 방법이 있습니다. 저는 남들의 영적인 판단들을 암기하려고 외지 않습니다. 이해해야 할 주된 사항은 이것입니다. "나의 이 '존재의 느낌'이 어떻게, 왜 탄생이라는 이름으로 나타났고, 존재의 느낌 이전에 나는 어떻게 있었는가?" 이것을 이해하는 사람은 아주 드뭅니다.

많은 화신들(Avatars)이 존재했습니다. 그러나 바가반 크리슈나만이 "나는 모든 화신들의 창조주이며 그들을 아는 자이기도 하다"라고 말했습니다.

샹까라짜리야(샹까라)와 라마나 마하르쉬 두 분 다 영적인 공부의 이러한 측면을 명료하게 설명했습니다. '나'는 어떻게 해서 영원한 '나'인가? 그리고 '나'는 어떻게 해서 존재성의 느낌과 시간에 의해 한정되는 자인가? 이것을 이해해야 합니다. 그거면 됩니다.

그러나 위대한 물라-마야는 그대를 미혹시켜서 그대가 무수한 생을 태어났다고 믿게 합니다. 그러나 그대, 즉 무지한 사람은 여기에 대해 한 번도 올바르게 숙고해 보지 않습니다. 태어나기 전에 그대는 '그대가 있다'는 것과 그런 무수한 생을 살아 왔다는 것을 알지 못했습니다. 그런 이야기를 도대체 믿을 수 있습니까? 그대는 자신이 태어났다고, 그리고 여러 번 환생했다고 믿습니다. 그렇지 않습니까? 그대는 무엇이며, 어떻게 있습니까? 여기에 주의를 기울이지 않으면, 그리고 그것을 완전히 이해하지 않으면 그런 개념들에서 벗어나지 못할 것입니다. 네 가지 베다도 이런 개념들을 전승하고 있어, 많은 사람들이 그 장단에 춤을 추었습니다. 제가 생시의 시점에 주의를 기울였을 때, 베다들은 합장을 하고 완전히 순복하여 침묵에 들어갔습니다.

그 과정을 이해하려면 먼저 두 가지 영원한 원리인 쁘라끄리띠와 뿌루샤를 숙고하십시오. 쁘라끄리띠와 뿌루샤의 상호작용의 결과로 5대 원소와 세 가지 구나가 나타났습니다. 허공·공기·불·물·흙이 사뜨와·라자스·따마스와 함께 지구를 형성하여 그것이 계속 발전할 수 있게 준비해 주었습니다. 지구상에서 식물들이 자라고 식물의 정수가 몸-형상을 취하자, 잠재적인 존재성의 원리도 그 속에서 나타났습니다. 5대 원소는 자신들이 존재한다는 느낌을 전혀 모릅니다. 존재성은 5대 원소의 과정이 진행되는 동안 몸-형상 안에서 나타납니다. 그때부터 법칙·규정·의식 등이 만들어졌습니다. 자신의 존재를 알지 못했던 저 영원한 원리가 이제 무수한 형상들을 통해 나타납니다.

탄생이 있기 전에는 저 원리도 부모들도 서로를 몰랐습니다. 그 원리는 어머니의 자궁 안에 액체 형태로 심어졌습니다. 아홉 달이 지나면서 그것은 아기의 형상으로 발전했는데, 이 아기가 미래의 모든 경험의 씨앗입니다. 이 씨앗-존재성은 순수한 **사뜨와**이고 음식-몸의 정수인데, 이것은 오로지 무지일 뿐입니다. 미래 경험들의 씨앗이란 **발현업**發現業(prarabdha), 즉 장차 태어날 아이가 겪고 경험해야 할 모든 것을 의미합니다. 태어나기 전에는 자신의 '지각성' 안에 있지 않던 불행한 아이가 이제 태어나면 고통이란 고통을 다 떠안게 됩니다. 한 아기가 잉태되는 순간, 그를 창조한 물질적 부모, 행성들의 위치, 창공의 별들 등 우주의 전체 상황을 정확히 찍은 사진이 그에게 인화되었습니다. 그 사진을 찍는 원리는 무엇입니까? 그 지고의 원리는 **브라마-수뜨라**(Brahma-sutra), **물라-마야**(Mula-maya), **마하뜨-따뜨와**(Mahat-tattva), **히라냐가르바**(Hiranyagarbha), **자기사랑**(Atma-prema) 등의 명칭으로 알려져 있습니다. 그것이 **마하뜨-따뜨와**(대지성大知性)라고 불리는 것은 그것이 세상에서 더없는 중요성을 가지고 있기 때문입니다. 이 **마하뜨-따뜨와**는 나아가 **그리스도·크리슈나·시바·비슈누** 등 신의 이름으로 알려집니다. 또한 그것을 **빠랍티**(Parabthi)라고도 합니다. 즉, 무수한 생명들로 들끓는 생명의 바다입니다. 주 **크리슈나**는 "나는 지고의 원리인 이 **요가마야**(Yogamaya)를 통해 세계 안에서 모든 우주적 기능을 수행하지만, 그러면서도 **절대자로서의 나는** 초연히 남아 있다"고 말합니다.

현현된 우주 전체는 **요가마야**, 곧 **요가샥띠**(Yogashakti)를 통해 이 에너지와 연결되어 있고, 이 에너지로 가득 차 있습니다. 이 존재성은 자궁 안에서는 충분히 드러나지 않았습니다. 그래서 그대는 '내가 있음'이, 곧 그대의 운명이 자연발생적으로, 청하지도 않았는데 나타났다고 기억하는 것입니다. 현현된 이 존재성, 이것이 얼마나 오래가겠습니까? 그것은 만기일이 있고, 따라서 시한부입니다. 자궁 안에서는 존재성이 그 자신을 모릅니다.

진인(Jnani-知者)을 그렇게 부르는 것은 그가 존재성의 뿌리를 이해하고, 그것이 순전한 무지일 뿐이라는 것을 알기 때문입니다. 그는 이 존재성의 유희에 개입하지 않고, 따라서 그것을 초월합니다. 그는 이 원리가 싹트고, 양육되고, 사라지는 것을 관찰하면서 자신은 그 원리가 아님을 압니다. 그는 그 존재성, 그 발현업(prarabdha)을 주시하는 자이자 아는 자입니다.

자궁 안에서 발생 단계에 있던 그 존재성은 세상에 나온 지 얼마 후 자신의 존재성을 느끼고 자기 몸을 자신의 정체성을 받아들였습니다. 양육을 통해서 이 형상은, 잉태 시에 그들의 사진이 인화되었던 부모의 모습을 닮아가기 시작합니다. 음식기운을 담은 작은 용기容器(엄마의 젖가슴)를 저 존재성, "내가 있다"가 밤낮으로 빱니다. 그 용기를 빠는 원리는 그 몸이 아니고, 몸과는 별개입니다. 이 존재성 원리는 음식-몸 그 자체 안에 거주합니다. 아기가 엄마 젖을 빨듯이, 존재성은 그 몸을 먹고 삽니다.

그대는 **진아**지를 원합니다. 그렇지요? 그것은 아이들 장난이 아닙니다. 만약 **진인**이 되고 싶다면 그대가 무엇인지를, 즉 이 '내가 있음'이 무엇이며, 그것이 어떻게 나타났는지를 알아야 합니다. '내가 있음' 이전에 그대의 참된 상태는 무엇이었습니까? 주 **크리슈나**만이 이것을 분명하게 설했습니다. 그는 말합니다. "'내가 있음'은 나타나고 사라지므로, **절대자**인 나는 그것일 수 없다. 나는 영원히 지배한다."고 말입니다.

저의 **참스승**(Sad-Guru)께서는 저에게 이렇게 말씀하셨지요. "그대가 세간적 활동을 하고는 있으나, 그대는 태어나지 않았고, 모든 것과 별개이다." 따라서 누구든 이것을 분명히 이해하기만 하면 **진인**이 될 수 있습니다. 즉, 존재성은 음식기운인 몸의 한 결과로 나타나서 스스로 작용하다가, 음식-몸이 그것을 유지해 주지 못할 때 사라진다는 것입니다. 이 이해의 과정에서 그는 자신이 그 존재성이 아님을 깨닫고, 그래서 **진인**의 상태에 안주합니다.

최고의 영적인 지위에 도달했다고 주장한 수많은 화현들이 존재했지만, 그들은 남의 말을 듣거나 책에서 읽는 식으로 밖에서 수집한 개념들에 집착되어 있었습니다. 세간적 혹은 영적인 활동을 하려면 말이 필요합니다. **진인**은 개념들을 초월하므로 말에서 자유롭습니다. **진인**의 고요함 속에서는 말이 침묵에 잠겼습니다. 왜냐하면 베다들도 "나는 이것이 아니다, 나는 저것이 아니다"라고 하면서 그들의 말을 전부 다 소모한 뒤에는 '베단타(Vedanta)', 즉 '베다의 끝', '말의 끝'이 되었기 때문입니다.

저는 그대에게 발현업과 그 경험들에 대해, 그리고 그것들이 어떻게 왜 창조되는지에 대해 충분히 말해 드렸습니다. 지금 이 모든 유희 속에서 그대는 어디 있습니까? 그대의 위치는 어디입니까? 그대가 보존하고 싶어 하는 정체성은 무엇입니까? 어릴 때부터 지금까지 어떤 정체성이 그대에게 충실하게 남아 있었습니까? 한때는 아이의 정체성을 가지고 있다가 청소년의 정체성으로 넘어갔고, 이어서 중년의 정체성, 마지막으로 노인의 정체성을 갖습니다. 이 모든 것들 중 어느 것이 그대의 참된 정체성입니까? 사실 그대가 태어났다는 증거도 전혀 없습니다.

질: 저는 흔히 말하는 어떤 정체성을 생각하지는 않습니다. 저의 모든 경험 속에서 가끔은 '나라는 느낌을 훨씬 적게 느낍니다. 그것은 그냥 주의이고, 주의의 대상들입니다. 그러나 주의를 "내가 있다"에 두면, "내가 있다"가 적어집니다.

마: 주의를 "내가 있다"에 둘 때, 어떤 신체적 감각을 느낍니까?

질: 저의 주의가 "내가 있다"에 있지 않을 때는 그것이 사라집니다. 그러나 주의가 아주 강할 때, 그럴 때는 대상들이 지각됩니다.

마: 그러면 그대의 주의는 영구적으로 안정되어 있습니까?

질: 예.

마: 그렇다면 그것을 묘사해 보십시오. 그리고 그런 체험을 합니까?

질: 예.

마: 그러면 여기는 왜 왔습니까?

질: 그 체험이 지속적이지는 않습니다.

마: 만약 그것이 확고히 안정되었다면, 그것이 지속적이고 영원해야 합니다.

질: 한동안은 안정적입니다.

마: 순수한 주의와 불순수한 주의라는 두 상태를 누가 주시합니까?

질: 어쩌면 '아는 자', '주의'이겠지요. 이떤 사람은 주의에 대해 이야기하는지

모르지만 저는 말하지 않습니다.

마: 누가 이 모든 것에 주의를 기울이고 있습니까? 그대입니까, 다른 누구입니까?

질: 진리가 압니다.

마: 그대는 제대로 공부하는군요. 가능한 한 자주 명상을 하십시오. 한 번에 몇 시간씩 삼매에 드십시오.

질: 제 마음은 고요하고 그러면서도 깨어 있습니다. 저는 이 "내가 있다"를 바라봅니다.

마: 그대는 지각성의 단계에 올라왔지만, 아직 목적지에 도달하지 못했습니다. 그것은 주의가 주의 속으로 합일될 때만 가능합니다. 만일 주의가 그 자신을 씹어 먹었다면 그대가 여기 오지 않았겠지요.

질: 아, 알겠습니다. 제 주의를 잘 씹어 먹어야 하는군요.

마: 그렇지요. 현재 그대는 주의의 단계에서 정체되어 있습니다. 그것이 완전히 소화되어야 합니다. 그대는 지금 일시적이고 시간이 한정되어 있는 "내가 있다"라는 앎의 단계에서 이야기하고 있는 것입니다.

새 질문자: 대상 없는 주의, 그게 있을 수 있을까요?

마: 그 주의가 아무 대상 없이 있을 수 있습니까? 주의가 있다면 대상도 있습니다.

질: 주의와 그 대상이 점차 사라지면 우리가 삼매를 성취할 수 있습니까?

마: 그것을 아는 자는 누구입니까?

질: 저에게 미끼를 놓으시는 겁니까?

마: 그대의 소견을 말해 보십시오.

질: 제 마음은 아주 고요합니다. 그리고 어떤 대상을 향해 움직이지 않습니다. 그것은 마음의 어떤 고요함, 어떤 묵연함인 것 같습니다. 이것은 제가 여기서 한 체험의 결과입니다.

마: (통역자에게) 그가 뭐라고 했습니까?

질: 뭔가가 그 주의를 느끼게 되면 제 마음은 한 대상 쪽을 내다보고, 저의 고요함은 깨집니다. 그리고 "내가 있다"는 느낌이 생겨납니다. (즉) 그 순간에

제 마음은 그 대상 쪽으로 새나가고, 그래서 그 대상과 "내가 있다"는 느낌이 동시에 일어납니다.

마: 그대는 몸-마음의 상태에서 말하는 것 같습니다. 저는 무심(no-mind)의 상태에서 이야기합니다. 몸-정체성(body-identity)이 있는 한 마음은 존속합니다. 이것이 사라지면 마음이 어디 있습니까? 생시·깊은 잠·존재성을 '탄생'이라는 용어로 호칭하는데, 그것은 하나의 일시적 국면입니다.

질: 그러나 제가 몸-마음을 알려면 그 상태에서 그것을 탐색해야 하지 않습니까?

마: 제가 유치원 교사여서 ABC부터, 즉 몸-마음 상태에서부터 시작해야 합니까? 제 이야기는 발현업(prarabdha)과, 존재성의 뿌리에서부터 시작합니다. 몸-마음에 대해서는 다루지 않습니다.

1980년 1월 31일

38
그대는 영원한 절대자이다

마하라지: 전체성 안에서 허공처럼 보이고 느껴지는 모든 것은 우주적 현현, 곧 브라만입니다. 그러나 형상들이 나오면서 이것들은 서로 별개의 고립된 것으로 느껴집니다.

　진인에게는 일체가 브라만입니다. 즉, 그것의 표현일 뿐입니다. 각 생물은 존재의 느낌을 가지고 있습니다. 이 느낌은 그 자신을 몸-형상과 동일시하고, 그 몸은 세계 안에서 활동합니다. 인간 몸 안의 이 현존 또는 존재의 느낌은 엄청난 잠재력이 있는데, 왜냐하면 이 종種의 신체 감관은 최고도로 발달해 있기 때문입니다.

　이 존재의 느낌, 곧 의식은 자신의 참된 성품을 깨달아 이스와라의 상태—

즉, 신의 상태에 안주할 수 있는 능력을 가지고 있습니다. 고대의 경전—4베다—은 존재의 느낌을 순수한 **브라만**일 뿐이라고 확언했고, **진인**과 **성자**들도 그것을 뒷받침해 주고 있습니다.

바다의 포말은 무수한 물방울을 포함하고 있습니다. 그러나 그것들이 바다와 분리되지 않았을 때는 바다일 뿐입니다. 바다와 분리되면 개개의 물방울입니다. 하지만 바닷물이든 물방울이든, 그 물의 짠맛은 동일합니다. 짠맛이 바다 전체에 존재하듯이, 인간 형상 속의 존재성 곧 "내가 있다"는 느낌은 일체에 편재할 수 있는 내재적 능력을 가졌습니다. 그러나 몸-형상에 자신을 조건 지웠기 때문에 그 몸을 지키고 보존하는 데만 관심을 갖습니다.

몸-형상이 만들어진 결과로, 현현된 **의식**은 외관상 파편화되었습니다. 그러나 이 파편화는 그 몸-형상에 대해서만 그렇다고 보아야 합니다. 왜냐하면 실제로는 몸들의 안팎으로 **의식**이 일체에 편재하기 때문입니다.

마음은 5대 생기(Pancha Pranas)라고 하는 몸 안의 다섯 가지 생기가 흘러나온 것입니다. 마음은 몸의 감관들을 통해 바깥에서 받아들인 인상들—상습常習(samskaras)—을 예찬하고 그것을 흡족해합니다. 그러나 마음은 **진인**이나 **성자**들과의 친교 속에서 자신을 정화할 수 있습니다. **진인**과 **성자**들은 이 목적을 위해 **신**의 신성한 이름 염송이나 고행 등의 수행을 권합니다.

자연적 현상이지만, 순수한 역동적 **브라만**은 자기도 모르게 여러 가지 몸을 마치 옷을 걸치듯 걸치고 나서 그 몸들을 통해 작용합니다. 그 결과 몸들의 감각기관을 통해 세계에 대한 지각이 일어나게 됩니다. 거기다가 '내거하는 원리'가—즉, '내가 있음'의 느낌이—몸을 그 자신으로 끌어안고 몸의 지시와 요구에 따라 행위합니다. 하지만 이 모든 왜곡과 변형에도 불구하고 '내가 있음'의 느낌은 본래적 성품이 변치 않고 남아 있습니다. 몸의 작용 이면의 원동력인 이 순수한 역동적 **브라만**이 동력 전달을 그칠 때, 바로 그 순간 몸은 무질서 상태로 들어가며, 이것을 보통 '죽음'이라고 합니다.

이처럼 **의식**은 어디에도 가지 않고., 그 '죽은' 몸을 통해 이루어지던 활동만 바로 그 자리에서 소멸될 뿐이며, 순수한 역동적 **브라만**은 아무 영향을 받지 않고 그대로 남습니다.

존재의 느낌, 곧 몸 안에 거주하고 있는 **의식**이 자신의 참된 성품을 깨닫지 못하고 있는 한, 자신을 몸과 동일시하면서 몸의 모든 행위에 대해 자신이 행위자라고 주장할 수밖에 없습니다. 그러나 이런 주장의 결과, 그것은 몸이 해체되고 죽음이 가까워질 때 극심한 고통을 겪게 됩니다.

건강한 몸 안에서는 생명기운의 움직임을 분명하게 느껴집니다. 그러나 죽음이 일어나면 생명기운이 몸을 떠나고 움직임이 일순간에 멈춥니다. 하지만 **브라만**의 경우에는 움직임이라는 것이 전혀 없고 그것이 계속 도처에 편재합니다. 여기서 분명히 이해해야 할 점은, 하나의 몸이 죽을 때 이 기본 원리 ―순수한 **브라만**― 는 하나의 개체로서 떠나거나 어디로 가지 않는다는 것입니다. 왜냐하면 그것은 도처에 편재하기 때문입니다. 다만 몸의 '죽음'의 순간에, 몸을 통한 그것의 표현은 바로 그 자리에서 가라앉고 맙니다.

악기를 연주할 때는 악기에서 나는 소리가 주위의 공간을 채웁니다. 그러나 악기가 연주를 그치면 그 소리는 어디로도 가지 않습니다. 그냥 바로 그 자리에서 사라져 끝나버립니다.

현재 이 몸-형상은 5대 원소의 산물입니다. 이 원소들은 **아뜨만**에서 창조됩니다. 그러나 우리가 이 **아뜨만**을 어떻게 인식합니까? "내가 있다"는 앎을 이해하는 것, 곧 **진아지**(*Atma-jnana*)로써 인식합니다. 공간이 일체에 편재하듯이 "내가 있다"는 앎도 일체에 편재하며, 한계 없이 무한합니다. 그런 지고의 원리가 마치 하나의 몸인 양 취급된다는 것은 얼마나 이상한 일입니까! 모든 고통은 이 그릇된 동일시에서 비롯됩니다. 만약 그 원리에게 그에 합당한 최고의 명예를 부여하면 고통도 죽음도 겪지 않게 될 것입니다.

탄생과 죽음은 전해들은 말입니다. 탄생은 한 몸의 탄생을 가리키는데, 몸은 음식의 정수로 이루어집니다. **아뜨만**은 허공처럼 이미 도처에 편재하기 때문에, 이 몸 안에 들어갈 필요가 없습니다. **아뜨만** 원리가 도처에 편재하므로, 만약 몸이 건강하다면 그 기능들은 자연히 작동을 시작하겠지요. 이 원리는 불멸이고 파괴 불가능입니다. 만약 여러분이 그것을 맛보고 싶다면, 그것은 '여러분이 있다'는 앎, 곧 '내가 있음'의 감촉에 지나지 않는다는 것을 분명히 이해하십시오. 이 기본 원리를 잊지 마십시오.

이 위대한 원리—**아뜨만**—는 여러분이 몸-정체성을 가지고 하는 어떤 행위에 의해서도 영향을 받지 않고 그대로 남습니다. 그렇기는 하나 '내가 있음'의 감촉은 하나의 음식-몸이 있을 때만 나타납니다. 여러분이 "나는 아주 튼튼하고 건강하다"고 말할 때, 그것은 몸에 좋은 많은 음식을 섭취하고 소화하여 자신의 몸을 튼튼하게 만들었다는 의미입니다. 그러나 그 몸이 여러분의 '존재의 느낌'은 아닙니다. 몸이 비록 튼튼하다 해도 음식과 물로 매일 채워주어야 합니다. 입술과 혀가 없는 생명기운이 몸에서 음식기운들을 씹어 흡수하고, 마음은 신체 감관들을 통해 외부에서 수집된 인상들을 찬미합니다. 그러면 여러분은 마치 자신이 그 모든 행위를 하고 있는 듯이 느끼면서 그 행위들을 자기 것이라고 주장합니다.

이 존재의 느낌을 **구나**(Guna), 즉 성질이라고 합시다. 아니면 **지**知(Jnana)라고 할 수도 있는데, 그것은 "내가 있다"는 앎을 뜻합니다. 이 **구나** 혹은 **지**知는 음식 입자 속에 늘 잠재적으로 존재합니다. 따라서 어떤 음식 형상이 있을 때마다 이 잠재적인 성질이 드러납니다. 처음에는 움직임과 심장 박동으로, 나중에는 마음으로서 말입니다.

하나의 몸을 통한 그것의 표현을 우리가 **구나**라고 부르는, 이 일체에 편재한 지고의 원리를 베다에서는 **사구나 브라만**(Saguna Brahman-성질을 가진 브라만)이라고 합니다. 그 이름은 '**존재애**', '내가 있음'의 느낌, 존재성 등 몇 가지 의미를 갖습니다. 이 상태는 아무 형상이나 모양이 없고, 마음조차도 아무 모양이 없습니다. 음식-몸만 모양과 형상이 있습니다.

바로 이 원리가 썩은 인간의 몸에서 벌레와 세균들로 자신을 표현합니다. 먹고 남은 음식을 내버려서 썩게 두면 그 안팎에서 살아 있는 형상들이 기어 나오는 것을 볼 것입니다. 생명을 주는 그 역동적 **사구나 브라만**은 조건이 부합할 때는 언제든지 음식-형상들에게 생명력을 부여합니다. 그러나 그 표현은 형상에 따라 달라질 것이고, 우리는 이런 것들을 그 모양에 따라 벌레니, 곤충이니, 새니, 짐승이니 하는 식으로 인식합니다.

바로 그 **사구나 브라만**이 하나의 인간 몸을 통해 드러났을 때는, 구도자를 **지고자**에게로 이끄는 잠재력을 가지고 있습니다. 단, 그것을 올바르게 이해하고 깨달았을 때 말입니다. **사구나 브라만**은 여러분이 가진 존재의 느낌에 다름 아닌데, 그것은 모든 인간 몸 안에 거주하고 있습니다. 이 상태에 안주하면 생사를 초월하게 됩니다. 그렇게 하기 위해 어떤 의식儀式이나 영적인 수련을 할 필요는 없습니다. 오직 마음 이전이 되고, 그저 **존재하십시오**.

많은 사람들은 자신의 구원을 위해, 영적인 공부란 이름 아래 고행을 하고, 신성한 이름들을 찬미하고, 순례를 하고, 여타 수행을 하느라고 분주합니다. 자기가 하고 싶은 것은 하라고 하십시오. 아마 그들은 자신의 발현업에 따라 전생에 지은 죄들을 씻어버려야 하겠지요.

만일 여러분이 자신의 참된 성품을 깨달은 **진인**을 만나면, 여러분에게 영적 수행의 길에서 아무것도 하지 말라고 할 것입니다. 왜냐하면 그는 자신의 가르침을 통해, 여러분 앞에 거울을 하나 두어 여러분의 참된 성품이 드러나게 해줄 테니까 말입니다.

소위 진인(sages)이라고 하는 많은 사람들이 자신의 영적인 지식을 전파하면서 여기저기 옮겨 다닙니다. 그러나 제가 왜 돌아다니며, 어디를 돌아다녀야 합니까? 저의 참된 상태에서는 제가 도처에 있습니다. "내가 있다"는 앎 속에 안주하면, 여러분도 이것을 깨닫게 될 것입니다.

여러분이 삼촌이나 사촌을 찾아가는 것은 여러분의 몸을 통해 그들과 친척관계이기 때문입니다. 그러나 여러분이 도처에 있다면 왜 돌아다니겠습니까? 제가 무엇을 설명했든 그것을 모두 완전히 흡수하면, 여러분에게 더 이상 영적인 수행이 필요 없게 될 것입니다.

이것을 이해하고 있으면, 어떤 영적 활동이나 세간적 활동이 여러분을 통해서 일어나든 그것은 시간을 보내기 위한 오락에 불과하다는 것과, 그런 것들은 현현된 동적인 원리, 곧 **마야**의 작용일 뿐이라는 것을 알고 그렇게 결론지을 것입니다.

"내가 있다"는 앎에 안주하는 것이 '**스와다르마**(Svadharma)', 곧 우리의 참된 종교입니다. 그러나 여러분은 그것을 따르지 않고, 여러분이 자신을 몸이라고 믿도록 이끌었던 개념들의 지시에 굴복하여 비종교적으로 되는 쪽을 선택했습니다. 이런 잘못된 인식은 여러분 내면의 죽음에 대한 공포를 확실히 해줄 뿐입니다.

　만일 여러분의 몸에 음식이 공급되지 않으면 그것은 점점 약해져서 어느 날 생명기운이 그 몸을 떠나겠지요. 사람들은 여러분이 죽었다고 선언하겠지만 여러분은 그 정보를 갖지 못할 것입니다. 여러분이 죄를 많이 지었을 수도 있겠으나, 이는 여러분이 하나의 몸을 자기로 아는 것과 관련해서일 뿐입니다. 마찬가지로, 여러분의 죽음은 그 몸-정체성과 관계됩니다.

　부디 이것을 분명히 이해하십시오. 즉, 어떤 몸-정체성도 없게 되면 **여러분―절대자―**은 충만하고 완전한 **불생자**不生者라는 것입니다. 그러나 여러분은 과거생에 무수히 태어났다는 말을 듣습니다. 그렇다면 최소한 한 전생이라도 기억나는 것이 있다면 저에게 들려줄 수 있습니까? 남들이 하는 말에 의거하지 말고, 여러분이 직접 경험한 것만 가지고 정직하게 말해 보십시오. 사실 여러분에게는 어떤 탄생도 없었습니다. 5대 원소가 벌이는 유희의 결과로 다양한 형상들이 나타나고 사라집니다. 이 유희 속에서 여러분은 어디에 있고, 무엇입니까? 그리고 여러분이 오고 간다는 게 어디 있습니까?

　이 여러 종교와 종파들은 무엇입니까? 그것들은 내면에서 어떤 영적 개념들이 일어난 **진인**이나 예언자들이 애호하던 사상이 퍼져 나간 것에 불과하지 않습니까? 그런데 이것은 그 **진인**과 예언자들이 애초에 존재의 느낌을 인식했기 때문에 일어날 수 있었습니다. 그런 다음 그들은 명상하여 그 안에 안주했고, 마침내 그것을 초월하여 궁극의 **깨달음**을 얻었습니다. 그 후에 그들에게서 자연발생적으로 싹터 나온 모든 지식이, 그 추종자들의 깊은 정서적 참여로 인해 종교가 되고, 종파가 되었습니다.

　여러분이 이해해야 할 가장 중요한 사실은 이것뿐입니다. 즉, 존재성의 감촉이 있으면 일체가 있고, 존재성이 없으면 세계도 없고 우주도 없고, 아무 것도 없다는 것입니다.

　이제 무슨 질문 있습니까?

질문자: 당신께서는 음식-몸에 의해 지탱되는 존재성에 대해, 그리고 역동적인 현현된 **의식**에 대해 말씀하셨습니다. 그것은 같은 것입니까?

마: 둘 다 같은 의미입니다. 생명기운은 아무 형상이 없지만 활발히 움직이

며 맥동하듯이, 이 원리에는 어떤 형상이나 모양도 없습니다. 생명기운만이 몸을 움직이게 하고, 그러면 몸이 건강한 동안은 생명기운이 작동합니다.

보이고 지각되는 모든 것은 끊임없이 창조와 파괴의 상태에 있지만, **여러분**은 참된 성품에서 불생不生이고 파괴 불가능입니다. 자신의 참된 성품을 깨닫지 못하면 여러분에게 어떤 평안도 없을 것입니다.

여러분이 어떤 세속적 이득을 얻기 위해 아무리 애를 써도 그런 것들은 (언젠가) 사라지게 되어 있는데, 여러분의 개념들과 다양한 정체성도 마찬가지입니다. 설사 외부에서 뭔가 영구적인 것을 얻겠다는 희망으로 어떤 종교를 따른다 해도, 쓰라린 실망을 맛보게 될 것입니다. 참된 영적인 공부의 주된 목적은 우리의 개념과 조건화에서 우리 자신을 완전히 해방하는 것입니다. 어떤 종교나 종파 혹은 교리를 따르면 우리는 불가피하게 조건화됩니다. 왜냐하면 우리가 그 제복(승려나 신자의 복장)과 신체적·정신적 규율을 받아들여야 하기 때문입니다. 한동안 조금 평안을 얻을지 모르지만, 그런 평안은 오래가지 않을 것입니다. 여러분의 참된 성품에서는 여러분이 개념들을 '아는 자'이고, 따라서 그 개념들 이전입니다.

질: 시체 하나가 땅에 놓여 있습니다. 그런데 현현된 **브라만**은 도처에 있으므로 그것은 그 몸을 떠났을 리가 없습니다. 그러면 그 몸을 떠나서 그 몸을 죽게 만든 원리는 무엇입니까?

마: 자, 우리의 논의를 위해서 **브라만**을 허공이라고 합시다. 허공이 그 몸 안에 한정될 수 있습니까? 그러면 말해 보십시오. 일체에 편재한 허공 안에서 그 몸의 죽음은 어디서 시작되었습니까? 그것이 가능합니까?

그대는 어떤 질문을 했습니까? 그대의 질문을 사리에 맞게 재구성하는 것이 좋겠군요.

질: 살아 있는 몸 안에는 허공 아닌 뭔가가 있어야 합니다!

마: 허공 아닌?

질: 허공이 있습니다.

마: 허공 안에 한 덩이의 음식이 있었고, 이 음식에서 하나의 몸이 이루어져 나왔습니다. 우리가 허공이라고 불러 온 현현된 **브라만**(manifest Brahman)은

건강한 음식-몸을 통해 자신을 표현합니다. 그대는 그것을 아뜨만이라고 부르고 싶겠지요. 그러나 아뜨만은 몸처럼 창조되지 않습니다. 그것은 불생의 원리, 브라만입니다.

질: 오, 그것은 아뜨만이 결코 창조되지 않는다는 뜻이군요!

마: 당연하지요. 아뜨만에게는 탄생이 없습니다. 몸이 생명기운과 함께 작동하는 것은 일체에 편재한 브라만을 통해서입니다. 그러면 여러분은 그 과정을 아뜨만의 탄생이라고 해석합니다.

이런 모든 설명은 영적인 공부를 이해하려는 진정한 충동을 가진 사람들만을 위한 것입니다. 자신의 세간적 삶을 개선하는 데 신경 쓰는 사람들에게는 이런저런 신들을 숭배하라고 권합니다. 그렇지 않습니까?

건강한 몸과 생명기운, 즉 쁘라나(Prana)가 함께 작동할 때는 존재성의 느낌이 몸의 사지와 감각기관들을 움직여 그 자신을 표현합니다. 이 표현은 하나의 광고인데, 그것은 토대인 궁극적 원리, 곧 절대자·빠라브라만의 영원한 존재성을 선언하는 것입니다. 몸이 죽으면 존재성의 느낌은 사라지고, 따라서 죽은 몸을 통한 절대자의 광고도 없습니다. 그렇기는 하나, 절대자는 여느 때와 마찬가지로 계속 지배합니다.

질: 그것이 제가 알고 싶었던 것입니다.

마: 구도자는 스승에게서 "돌아보라"는 조언을 듣습니다. 단순한 마음의 구도자는 그 명령을 문자 그대로 받아들여 (자신을) 돌아봅니다. 그래서 스승은 다시 이렇게 말합니다. "이 말들의 이면에 있는 의미를 이해하라. 현재 상태 이전의 그대의 상태를 이해하라. 근원으로 들어가라. 돌아보라. 물러나라"고 말입니다.

여러분은 하나의 개념을 받아들이고 거기서 멈춥니다. 그래서 영적인 진보가 그 개념의 수준에서 정체됩니다.

여러분은 자신의 정체성을 삶의 여러 단계에서 '아이', '소년', '청년', '중년 남자' 등의 개념으로 나타냈습니다. 그러나 어떤 개념적 정체성이 여러분에게 충실하게 남아 있었습니까? 그 모든 정체성은 시간이 흐르면서 환幻이었음이 드러났습니다. 그 정체성들 이면의 원리 자체, 즉 여러분이 가진 존재성의 느낌마저도 환幻으로 드러날 것입니다. 그것은 나타났기 때문에 사라질 수밖에 없습니다. 따라서 그것은 일시적이고 시간이 한정되어 있습니다. 그러나 그 존재성을 '아는 자'는 영원한 **절대자**입니다.

여러분이 겪는 어떤 경험도 불완전합니다. 그럼에도 여러분은 어떤 영적 수행을 계속하겠지요. 마음이 여러분을 고요히 내버려두지 않을 테니까요.

지知를 얻기 위해, 그리고 **브라만**을 알기 위해, 여러분은 뭔가에 대해 명상합니다. 그러나 명상자로서의 여러분의 정체성은 무엇입니까? 여러분은 그 명상이 아니고 명상의 대상도 아닙니다. 그것이 무엇이든, 여러분은, 즉 명상이나 그 대상과 별개인 자는, 완전자이고 전체성이며 영원한 절대자입니다.

1980년 2월 2일

39
음식이 있는 곳에는 그것이 살고 있다

질문자: 저에게 의식이 나타나고 사라집니다.
마하라지: 그대는 거짓말을 하고 있습니다. 의식이 없다는 것을 그대가 어떻게 알 수 있습니까? 잠 속에서만 의식이 없습니다. 깨어나는 순간부터 잠이 드는 순간까지는 의식이 있습니다. 그대가 한 대상을 볼 때마다 그것을 해석하려면 마음이 있어야 합니다. 의식과 더불어 마음이 있어 지각합니다.
질: 보이는 것은 뭐든 관찰됩니다. 한 대상이 보일 때마다 주시하기가 일어납니다. 이 주시하기를 뭐라고 불러야 할지 모르겠습니다.
마: 마음이 없으면 어떤 주시하기도 있을 수 없습니다. 그것은 마음의 대상들이 있을 때만 일어날 수 있는데, 그것은 **의식**이 있을 때만 가능합니다. 1차적으로 주시하기는 마음의 영역 내에서, **의식**에게 일어납니다. 모든 활동은 마음과 지성에게 일어나고, 그것에 대한 주시하기는 **진아**에게 일어납니다.

의식이 몸을 자신의 정체성으로 붙들면 참된 지知는 그대에게 결코 다가오지 않을 것입니다. 진아에게 몸이라는 거짓 모습이 주어져 있고, 그래서 문제가 생깁니다.

질: 많은 스승이 있고 많은 길이 있습니다. 올바른 스승과 올바른 길을 우리는 어떻게 가려냅니까?

마: 많은 방문객들이 여기 옵니다. 그리고 그들 중 많은 사람들은 주로 몸이나 마음과 관련되는 주제들에 관심이 있지만, 저는 그런 것에 관심이 없습니다. 드물게 어떤 사람은 진아지에 관심이 있습니다. 제가 현재 다루는 주제는, 사라지는 것은 무엇이든 소멸해 없어지지 않고 다수로 현현한다는 것입니다. 의식이 몸을 떠나면 풍부해지고, 확산되고, 현현합니다.

이 현상 세계에서는 많은 화신化身들과 사회사업가들이 어떤 변화를 가져오기 위해 수천 년 동안 노력해 왔습니다. 그러나 그들의 온갖 노력에도 불구하고 전혀 어떤 진보도 없습니다. 모든 인간은 같은 유형의 마음과 지성을 가지고 있으면서, 그 안에 얽혀들고 사로잡힙니다. 그러나 그 상태에서는 어떤 진보도 불가능합니다. 저는 늘 그 배경에 있는 기본 원리를 따릅니다. 모르는 사이에, 일체가 그 원리를 배경으로 하여 일어나고 있습니다. 사람은 보통 좋거나 나쁜 어떤 활동을 하고 있는데, 그것은 그냥 마음을 어디에 몰두시키려는 것일 뿐입니다.

누구나 시간 요소, 즉 의식을 보호하려고 애씁니다. 사람은 그것을 보존하고 싶어 합니다. 시간이 있는 한 의식도 있습니다. 그리고 몸이 있는 한 의식이 있습니다. 한 평생이 끝나면 시간은 사라집니다. 시간이 사라지면 의식도 사라집니다. 존재성이 있는 한 활동들이 이루어집니다. 그러나 일단 여러분이 몸이 아니라는 것을 깨달으면 현상계는 더 이상 매력이 없습니다.

여러분이 몸이 아니라는 굳은 확신이 자리 잡으면 여러분의 행동은 5대 원소들의 그것과 같아져서, 어떤 행동도 자신이 한 것으로 주장하지 않게 됩니다. 그것은 그냥 일어날 뿐이기 때문입니다. 그런 사람에게는 어떤 욕구와 요구도 있을 수 없습니다.

영적인 태도를 걸치고 있는 많은 사람들은 몸-정체성을 포기하고 싶어 하지 않습니다. 그들은 영적인 공부라는 미명 아래 교리·신앙·규율들을 계속 추구합니다. 그들은 자신의 정체성을 포기하지 않고, 자신의 **진아**를 향해 내면으로 나아가려 하지도 않습니다. 그들이 채용하는 그런 온갖 다양한 가식들은 마음의 특징, 곧 습習이지 **진아**의 특징은 아닙니다. 많은 사람들은 자기 마음이 시키면, 마치 어떤 사람들이 자기 아내를 바꾸듯이 교리를 바꿉니다.

도살업자가 깨달은 상태를 성취하면 짐승을 도살하는 자기 직업을 계속합니다. 왜냐하면 그것은 몸의 기능일 뿐, 자신은 그 몸과 마음이 아니라는 것을 알기 때문입니다. 그에게는 신조차도 필요하지 않고 **브라만**에 대한 **지**知도 필요하지 않습니다.

여러분이 자신은 몸도 마음도 아니라는 것을 깨닫고 나면 어떠한 욕구와 요구도 없게 됩니다. 그럴 때 여러분은 현현된 **의식**과 하나입니다. 그러다가 때가 되어 **지고자** 안에 거주하게 되면 여러분이 **의식**조차도 아니고, 그리하여 **의식**을 초월합니다. 현현된 **의식**이 곧 **브라만**입니다.

일단 **브라만** 안에서 안정되면 **브라만**에 대한 **지**知, 즉 **진아지**도 더 이상 쓸모가 없습니다. **브라만**에게 **브라만**이 무슨 소용 있겠습니까? 따라서 '나', 곧 **브라만**은 이 무신無身 상태(*videhi sthiti*), 즉 몸이 없는 상태에서는 아무것도 하지 않고 아무것도 필요로 하지 않습니다. 그 상태에서는 높음도 낮음도 없고, 실재도 비실재도 없으며, 안도 밖도 없고, 전혀 어떤 크기도 없습니다.

사람들은 영적인 공부라는 미명하에 어떤 교리와 개념들을 자신의 종교로 채용하고 자부심을 키웁니다. 나중에는 그것을 다 포기하고 다른 교리를 받아들이는 식이 됩니다. 결국 그들은 자신들의 몸이 언제 시작되는지 결코 알지 못할 것입니다.

현재 여러분은 몸을 믿고 있지만, 그 믿음을 일단 포기하면 여러분이 곧 **브라만**, 즉 현현된 원리입니다. **바그완 크리슈나**(Bhagwan Krishna)는 "나를 기억하라. 나는 항상 있으니"라고 말했습니다. **크리슈나**의 그 상태가 어떤 것입니까? 그는 몸-마음 상태를 넘어서 있습니다. 그것은 그가 곧 **의식**이라는 뜻입니다. 더욱이 **절대자**로서의 **크리슈나**는 의식의 주시자이기도 합니다. 그래서 누가 그를 생각할 때마다 그것은 곧 영원을 생각하는 것이 됩니다. 그와 같이 생각하면 헌신자도 영원 안에서 살게 됩니다. 그래서 **크리슈나**는 "나를 기억하라, 나를 암송하라"고 하는 것입니다. 여러분이 가진 몸과의 동일시를 이용하지 않으면서, 얼마든지 몸을 이용하십시오.

'내가 있음'이 몸 안에 거주하고 있기는 하나, 그것은 "나는 그것이 아니다"라고 몸을 배척합니다. **크리슈나**의 상태에서 저는 힌두교에도, 기독교에도, 무슬림교에도 속하지 않습니다. 왜입니까? 저는 몸이 아니고 따라서 힌두, 기독교인, 무슬림 안에서, 모든 것 안에서 지배합니다. 몸이 없는 무슬림이나 기독교인을 데려와 보십시오. 그런 사람을 데려올 수 있습니까? 모든 종교와 교리들은 몸-마음의 수준에 있습니다. 우리가 재배해서 먹는 음식 안에 힌두, 기독교인, 무슬림 같은 어떤 내거하는 원리가 있습니까? 이처럼 음식은 그 사람의 종교를 나타내는 어떤 종교적 영양도 제공하지 않습니다.

무슬림인 음식-몸의 자식은 관습상 무슬림으로 간주됩니다. 이것은 힌두의 자식에게도 해당됩니다. 그 부모들이 자신을 힌두나 무슬림으로 불렀기 때문에, 그들의 특정한 종교를 자기 자식들에게도 부과한 것입니다. 5대 원소의 산물인 음식에 무슨 종교, 교리, 신앙이 있을 수 있습니까?

같은 식사 장소에서 서로 다른 신앙을 가진 사람들이 같은 음식을 먹습니다. 그러나 그 음식이 그들의 몸에 의해 소화되는 순간, 그것은 그 음식-몸의 종교나 신앙을 부여받습니다. 얼마나 이상한 일입니까!

음식 안에는 내재적으로 그리고 잠재적으로, '내가 있음'의 느낌이 이미 있습니다. 음식이 섭취되어 몸 안에서 소화되면, 그 '내가 있음'이 나타납니다.

하나의 몸이 나타나면 거기에 이름을 부여할 필요를 느끼게 됩니다. 우리가 그 몸을 식별하기 위해 이름을 부과하면, 바로 그 이름이 그 사람으로 간주됩니다. 몸과 함께 하나의 형상이 나타나고, 그 형상과 함께 그것을 식별하는 하나의 이름이 생겨납니다. 그러나 그 이름이 바로 그 사람으로 간주된다는 것은 얼마나 기이한 일입니까!

세상은 아이들로 가득합니다. 실은 아이들은 음식의 산물이고, 나중에 태어날 아이들은 음식기운 안에 잠재적인 상태로나마 이미 있습니다. 음식기운이 하나의 형상을 취하면 그것이 하나의 몸이고, 그 몸은 내면에 거주하는

"내가 있다"의 원리를 지탱해 줍니다. 아기가 젖병에서 우유를 빨듯이, '내가 있음'도 그 몸에서 음식기운을 섭취합니다. 그것은 '내가 있음'에 의해 하루종일 먹혀지고 소화됩니다. 우리는 이것을 이해하여 자신이 몸이 아니라는 것을 깨달아야 합니다. 이것이 **해탈**이고, 이것이 **깨달음**입니다.

여러분은 지금 모두 조용하군요. 왜입니까? 왜냐하면 자신이 하나의 몸이고 마음이라는 현재의 정체성에서 벗어나고 있기 때문입니다. 그래서 아무 질문도 하지 못하는 것입니다.

저에게는 몸-마음과 존재성에 대한 주시하기가 그냥 일어납니다. 자, 어떤 원인에 의해 어떤 통증이 느껴진다고 합시다. 그것을 누가 이해합니까? 그것은 **의식**인데, 그것은 음식기운의 몸에 의해 유지됩니다. 이 **의식**이라는 것은 현현된 **보편적 의식**만을 의미합니다. 그러나 그 **의식**의 주시자는 지고의 원리, 곧 **절대자**입니다.

음식기운의 몸이 가진 향기 혹은 달콤함이 "내가 있다"는 앎입니다. 그것은 어떤 이름도 형상도 없습니다. 그것은 "나는 사랑한다"의 상태, '나'-상태(‘I’-state)입니다. 그러나 여러분은 그 몸-마음의 상태에서 순례지를 찾아가고 여러 **구루**들을 찾아가겠지요. **의식**이 있는 한, 그런 "**구루, 구루**" 하는 웅얼거림이 계속됩니다. 그런데 그 웅얼거림을 누가 합니까? 웅얼거리는 원리, "내가 있다", 내가 있다"고 말하는 원리 자체가 여러분의 **스승**입니다.

만약 여러분이 제가 하는 말을 흡수하고 이 **스승**, 즉 **의식**을 이해하여 거기에 거주하면, **진아**를 깨달을 것입니다. 그러면 더 이상 의식儀式·규율·영적인 공부가 필요 없습니다. 이제 '**스승**'이라는 말이 무엇인지 분명히 이해됩니까? 그것은 '내가 있음'의 느낌입니다.

헌신의 길에서는 숭배를 하라고 합니다. 의식儀式에서는 쁘라사드(prasad)가 먼저 준비되는데, 이것은 숭배하는 **신**에게 올리는 음식 공양물입니다. 종을 울려서 **신**을 청하기 전에 쁘라사드를 준비해 두어야 합니다. 왜냐하면 **신**은 음식으로 유지되고, 신이란 음식에 의존하는 **의식** 외에 달리 누구도 아니기 때문입니다.

한번은, 죽은 사람을 소생시키는 법술을 배운 한 제자가 숲 속을 지나가다가 길 위에 놓인 뼈 하나를 보았습니다. 그는 그 뼈로 자신의 기량을 시험해 보고 싶었는데, 하필이면 그것은 사자의 뼈였습니다. 그는 진언을 외고 적절한 의식을 거행했습니다. 그러나 깜박 잊고 아무 공양물도 올리지 않았습니다. 그 뼈는 한 마리의 사자가 되기는 했는데 상당히 허기져 보였습니다. 그래서 사자는 먹을 것을 찾아 주위를 둘러보았으나 근처에 아무것도 없는 것을 발견하자, 사납게 포효하며 바로 그 제자를 덮쳐 잡아먹고 말았습니다.

좋은 품질과 적절한 형태의 음식을 구할 수 있고 그 안에서 생명기운이 움직이고 있을 때는 늘 '내가 있음'의 원리가 그것을 통해 현현됩니다. 이 '내가 있음'이 **바그완**, 곧 **신적인 원리**입니다.

제가 **스승님**을 만난 뒤 여기저기 방랑할 때, 한번은 **빤다르뿌르**(Pandharpur)라는 성지를 찾아갔습니다. 이곳은 **비토바**(Vithoba) **신**의 사원으로 유명한 곳입니다. 저는 지팡이를 들고 겨우 샅가리개 한 쪽으로 몸을 가린 채 다니곤 했습니다. 그곳에서 여기저기 다니다가 우연히 화장터에 가게 되었습니다. 저는 사원들을 방문하는 데는 관심이 없었고, 사원 안의 신상들보다 사원 건축을 보고 싶었습니다. 그 화장터 경내에는 비쩍 마른 사람 하나가 구석에 앉아 있었습니다. 호기심에서 그에게 다가가 물었습니다. "선생님, 왜 이 **신**이 버린 장소에 앉아 계십니까?" 그가 대답했습니다. "왜 여기 앉아 있냐고요? 모르겠는데요."

"주 비토바의 사원을 찾아오시지 않았습니까?" 제가 또 물었습니다.

"아니요, 왜 그래야 합니까?" 그가 짧게 대답했습니다.

"그렇지만 음식은 어떻게 구하십니까?" 제가 물었지요.

"뭐, 그거야 문제가 안 되지요. 저는 시신들을 위해 공양 올린 음식 덩어리들을 먹습니다. 그리고 시신들을 쌌던 천으로 몸을 가립니다." 제가 그의 천진한 대답에 놀라면서 서 있을 때 그가 계속 이렇게 말했습니다.

"저에게 필요한 것을 구하러 왜 어디로 가야 합니까? 어디든 음식이 있는 곳에는 **그것이** 살고 있는데 말입니다."

이 말에는 심오한 의미가 깃들어 있었고, 저는 그가 영적으로 상당히 진보한 영혼이라고 느꼈습니다.

우리가 왜 어디로 가야 합니까? 음식 형상이 생명기운과 함께 있는 곳에는 어디든지 '신적인 원리'가 살고 있습니다. 그래서 저는 아무데도 가지 않습니다. 이 신적인 원리는 바그완·의식·'내가 있음' 등으로도 불리고, 많은 이름과 칭호들로 찬양됩니다.

진아 깨달음을 얻은 뒤에는 진인의 몸을 통해 표현되는 어떤 행동이나 행위도 자연발로적이며, 조건 지워져 있지 않습니다. 그것은 어떤 규율에도 속박되지 않습니다. 깨달은 진인은 화장터의 재 속에 기대고 누워 있는 지저분한 사람에게서 발견될 수도 있고, 왕으로서 왕궁의 푹신한 침대에 누워 있는 사람에게서 발견될 수도 있습니다. 그는 직업이 도살업자일 수도 있고, 성공한 장사꾼일 수도 있습니다. 그렇기는 하나, 깨달은 자는 존재성의 영역을 초월했기 때문에, 항상 **영원한 절대자** 안에 안주하고 있습니다.

1980년 2월 4일

40
지고자에게는 지고자조차 쓸데없다

질문자: 제가 보기에는, 어떤 형상에 생기가 스며들 때마다 **의식**이 생겨나는데, 그것은 물질 안에서 **자각**이 반사되면서 나타나는 것 같습니다. 그 반대가 되어야 하는데 말입니다.

마하라지: 그대가 하는 말은 몸-마음의 상태에서 보자면 옳습니다. 존재의 느낌이 그 몸-마음의 상태에서 씻겨 나오면 그것은 보편적입니다. 이것이 5대 원소와 세 가지 **구나**의 창조의 근원이며, 이어서 식물계와 동물계가 나옵니다.

질: 식물에도 **쁘라나**(Prana), 곧 생명력이 있습니다. 식물에 **의식**도 있습니까?

마: 공간 내에서 보이고 지각되는 모든 것은 **의식**의 창조물이고 **의식**이 스며

들어 있습니다. 모든 형상들의 창조계는 결국 허공 속으로 합일될 것입니다. 몸의 견지에서 보자면 모든 형상들은 별개의 개체로 보입니다. 그러나 의식의 수준에서는 그것들은 의식의 현현이지 별개가 아닙니다.

여러분이 영적으로 진보함에 따라 우주의 근원은 바로 여러분의 의식일 뿐이라는 것을 깨닫게 될 것입니다. 지금은 여러분이 몸과의 동일시로 인해 지성에 장악되어 있고, 그래서 이해하지 못합니다. 지금 여러분이 어떤 지知를 수집하든 그것은 일개 몸으로서의 여러분의 정체성에서 나옵니다. 하지만 그것은 참된 지知가 아닙니다. 그러나 '여러분이 무엇인지'에 대한 지知를 얻게 되면, 세계와 우주 자체가 여러분의 의식이라는 점 안에 들어 있을 뿐임을 이해하게 될 것입니다. 그 단계에서 여러분은 몸-마음 감각(body-mind sense)을 초월해 있겠지요. 그러나 오늘 여러분이 수집하는 모든 지知는 자신이 몸-마음이라고 하는 확신을 통해 얻는 것입니다.

여러분이 내면의 세계를 외부에서 볼 때 그것을 '꿈'이라고 합니다. 그러나 내부에서 지각되는 것은 무엇입니까? 그것은 '여러분이 있다'는 의미 안에, 여러분의 의식 안에 들어 있습니다. 생시의 상태에서도 똑같은 과정이 일어납니다. 여러분의 의식, 곧 존재의 느낌은 생시 세계와 꿈 세계가 그 안에서 확산되는 바로 그 껍질입니다.

이것은 실제적인 상황입니다. 그러나 여러분은 자신의 신체 감관을 가지고 보는 일체를 받아들이는데, 여러분이 지각하는 그 무엇도 여러분 대다수가 믿는 여러분의 한정된 지성이라는 부적합한 잣대를 통해서 지각됩니다. 보이거나 지각되는 모든 것은 허공의 산물일 뿐입니다. 그 모든 것이 사라지면 다시 허공이 지배합니다. 여러분의 세계가 허공에서 나와 허공 안에서 응결되면, 여러분은 편의상 자신의 일상 활동을 영위하기 위해 그 모든 것을 다양한 이름과 칭호로 명명합니다. 실제로는 그런 어떤 이름이나 칭호도 존재하지 않습니다. 그러한 모든 창조물은 그 어떤 진정하고 유효한 형상이나 그 자체의 개별성도 갖지 않습니다.

존재하는 모든 것은 (의식의) 현현일 뿐이며, 아는 것을 넘어서 있습니다. 지각하거나 안다는 것은 한정된 몸-마음의 감각을 통해서 가능합니다. 그러나 몸-마음의 감각을 초월해 있는 현현자(세계)는 여러분이 알 수 없습니다.

이것을 깨달으려면 여러분이 지知-요가(Jnana-Yoga)를 성취해야 하는데, 그것은 자아가 진아 안에 가라앉는다는 뜻입니다. 또한 지知-요가는 이 '내가 있음'과 세계가 어떻게 생겨났는지를 탐구하고 묻는 것을 의미합니다. 그 '내가 있음'과 세계가 하나라는 것을 깨닫는 것이 지知-요가입니다. 여기서는 "내가 있다"는 앎이 그 자체 속으로 가라앉아야 합니다.

그러나 여러분은 그 몸-마음의 감각을 그대로 두고 싶어 하는데, 그것은 그렇게 되지 않을 것입니다. 그래서 '내가 있음'이 곧 현상 세계이자 우주를 의미한다는 것을 깨닫는 것이 바로 지知-요가의 성취입니다.

존재의 느낌이 나타날 때 거기에는 어떠한 몸의 느낌도 없습니다. 존재의 느낌에서부터 전 우주가 창조됩니다. 그 창조계 안에서 여러분도 하나의 형상을 갖지만, 여러분은 몸을 자신의 정체성으로 받아들인 뒤 세계 안을 돌아다니며 살아갑니다. 그 몸을 움직이고 살아 있게 하는 원리는 존재성의 느낌일 뿐, 그 몸이 아닙니다. 우주와 세계 안에서의 이 모든 유희는 의식 안에서 작동하며, 결국 이 유희는 의식 안으로 합일될 것입니다. 몸을 자신과 동일시하지 말고 이것을 숙고해 보십시오. 그러면 '의식'인 여러분은 그 형상을 정체성으로 받아들이는 것이 마야, 곧 환幻이라는 것을 알게 될 것입니다. 따라서 의식이 바로 전 우주의 씨앗 원리(seed-principle)입니다. 그것은 동적인 생명력과 구나를 포함하는데, 이 구나는 존재성과 쁘라나, 곧 생명기운의 성질입니다. 의식은 '여러분이 있다'는 앎을 줍니다. 의식이 처음 나타날 때는 '이것'이나 '저것'과의 어떠한 동일시에서도 벗어나 있습니다. 그것은 동적인, 현현된 우주적 원리이기는 하나, 몸과의 동일시로 인해 고통과 쾌락을 겪습니다. 의식은 그 자신을 통해 자신을 압니다. 극소수의 사람들만이 전 우주라는 현현물이 자신의 씨앗-의식(seed-consciousness)에서 솟아난다는 것을 깨닫습니다. 아뜨마-요가(Atma-Yoga)를 해야만 여러분이 여러분 자신과 결합될 때, 비슈와-요가(Vishwa-Yoga)—즉, 여러분과 우주의 합일—를 깨닫습니다.26) 자아

---

26) T. 여기서 아뜨마-요가란 "내가 있다"는 자각을 통해 자아를 진아에 합일시키는 과정을, 비슈와-요가는 그 과정을 통해 현상계(비슈와)와 내가 합일하는 과정을 뜻한다.

가 진아 안에 안주하는 것이, 이름 없고 형상 없는 상태인 지知-요가입니다. 그러나 나중에는 현현하는 그 어떤 것도 하나의 이름과 형상을 취하게 됩니다. 지知를 얻었다는 것만으로는 자신이 진인이라고 주장할 수 없습니다. 지知-요기(Jnani-Yogi)는 어떤 것도 알 필요가 없습니다. 왜냐하면 그가 지知 그 자체이기 때문입니다. 지知-요가는 영적인 공부의 최고 상태입니다. 이 상태에서는 어떤 개인성도 없는데, 왜냐하면 이것은 마치 큰 물 속에 있는 물이 물 자체이듯이, 일체에 편재하는 상태이기 때문입니다. 이 지점에서는 누가 질문을 할 일이 드물고, 그런 질문에 답변할 사람은 더더욱 드물 것입니다. 개인성의 느낌과 욕구는 지知-요가 이전에 느껴집니다. 그러나 지知-요가를 성취하고 나면, 여러분이 욕구와 개인적 인격을 넘어서 있습니다. 꾼달리니-요가(Kundalini-Yoga)의 전문가들은 요가를 통해서 얻은 환영幻影과 능력(초능력)을 즐기지만, 꾼달리니 에너지의 근원은 설하지 않겠지요.

질: 저희가 최고의 수준에 도달할 것이라는 데는 정말 동의합니다. 그러나 분명히 당신께서는 지고자에서 갑자기 '내가 있음'이 나온다고 말씀하셨습니다. 그래서 저희는 전적인 신비의 근저에 와 있습니다.

마: 그대가 수준에 대해 이야기하고, 최고의 수준에 도달하는 것에 대해 생각하도록 촉발하는 근원은 무엇입니까? 수준이란, 하나의 개념일 뿐입니다. 지고자에서 분리된 결과로 1차적 개념인 "내가 있다"가 일어났고, 그 뒤에 다른 개념들도 발전되어 나왔습니다. 분리는 타자성, 이원성을 의미합니다.

질: 지고의 수준에서는 전체적인 비차별성이 있다고 말씀하신 것을 제가 들었다고 생각됩니다. 그 지고의 수준에는 전체적인 '내가 있음'도 있습니까?

마: '비지각성(non-knowingness)'에서 '지각성(knowingness)'이 나타나는데, 이 지각성이 그 자신을 깨달아야 합니다. 우리가 말을 할 때는 언어가 어디서 일어나는지를 탐색해야 합니다. 그것은 '내가 있음'의 느낌에서 솟구쳐 나오지만 이 '내가 있음'의 근원은 무엇입니까?

실은 제가 이야기를 하지 않고, 이야기가 직관적으로 일어날 때 그 이야기가 스스로를 표현할 뿐입니다. 그러나 1차적으로 일어나는 것은 "내가 있다"는 상기물인데, 거기서 언어와 이야기가 솟아납니다. 그러니 이 '내가 있음'이 무엇입니까?

1차적 상기물인 "내가 있다" 안에 전 우주와 여러분의 몸이 존재한다는 것을 기억하십시오. 모든 몸들은 물질인 식물의 정수에서 창조되고 그 위에서 유지되지만, 존재의 느낌은 몸의 정수, 곧 **사뜨와 구나**입니다. 이 존재의 느낌은 누구이며 어디서 옵니까? 이것을 철저히 탐구해야 합니다. 그렇게 하면 "내가 있다"는 앎—존재성의 느낌—안에 필연적으로 안주하고 있는 동안 놀라운 사실이 드러날 것입니다. 즉, 여러분 자신의 씨앗-존재성에서, 여러분의 몸을 포함한 현현된 우주 전체가 밖으로 투사된다는 것이 여러분에게 드러날 것입니다. 이 지고하고 강력한 원리는 그 자체 형상이나 이름은 없지만, "내가 있다"를 감지하는 순간 몸을 포용하면서 이 몸을 자신의 정체성으로 잘못 받아들입니다. 그것은 몸-정체성에 너무나 빨리 달라붙기 때문에, 별개로 독립된 그것의 존재는 쉽게 지각되거나 인식되지 못합니다.

"내가 있다"는 웅얼거림인 존재의 정수는 몸의 어떤 기능을 위한 선결조건입니다. 이 존재의 느낌은 그 사람이 아플 때는 흐려집니다. 그래서 환자를 부르거나 환자에게 손짓을 해도 아무 반응이 없는 것입니다.

질: 생시의 상태에서 '내가 있음'을 체험하기 위해서는 가능한 한 많이 잠이 들어야 합니까?

마: '내가 있음'은 몸-마음의 감각으로 체험하거나 인식할 수 없습니다. 몸과 감각기관들이 기능하고 체험하게 해주는 것이 바로 '내가 있음'입니다.

그대는 상당히 많이 알고 있는데, 이제 이것을 이해하십시오. 그대가 자신이 죽어가고 있다고 생각한다면, 그것은 그대가 아직도 몸과 자신을 동일시하고 있다는 것과, "내가 있다"는 그대의 앎이 그 자체 안으로 합일되지 못했다는 것을 보여줍니다. 또 그것은 그대가 지知-요가를 성취하지 못했다는 것을 말해줍니다.

따라서 그대의 영적인 지知는 비非순수의 냄새가 납니다. 그대는 실제로는 "내가 있다"는 현현된 지知인데도, 한 몸을 그대 자신으로 붙듭니다. 이것이 비순수입니다. 우리는 죽음에 대해 이야기했는데, 그것은 삶의 뒤끝입니다. 그러나 앞끝인 탄생은 어떻습니까? 태어나기 전에 그대는 아홉 달 동안 자궁 안에 있었습니다. 그 기간 동안 그대는 훔까(humka), 즉 존재성의 웅얼거림을 가지고 있었습니까? 태어난 직후에는 저 내거하는 존재성이 ("내가 있다"를) 뚜렷이 느끼지 못했습니다. 몇 달이 지나야 인식하기 시작합니다. 더 지나면 아이는 자기 몸과 엄마와 같은 여러 가지 대상과, 소리와 말 같은 것들을 알기 시작합니다. 이 단계에서는 엄마를 통해 자기 이름, 기타 관념들을 압니다.

태아일 때, 그대는 어머니의 자궁 안에서 자기 자신을 알았습니까?

질: 그러나 그 형상 안에 **의식**이 있었습니다.

마: 그것이 자궁 안에 있던 그 아홉 달 동안 자기 자신을 알고 있었습니까?

질: 아니요, 그래도 거기 있었습니다.

마: 의식은 일체에 편재하지만 태아 속에서는 잠재적인 상태로 남아 있었습니다. 왜냐하면 그것이 충분히 자란 몸이 아니었으니까요.

질: 그래도 그것은 태아 안에 있었습니다.

마: 그런 주장이 어디 있습니까? **의식**은 도처에 있습니다. 꽃에도 있고, 그대에게, 저에게, 도처에!

질: 좋습니다, 좋습니다. 이해했습니다.

마: 무엇을 이해했습니까?

질: 의식 외에는 아무것도 없다는 것 말입니다.

마: 그런 이해가 아닙니다. 올바른 이해는 그대가 지금까지 이해한 모든 것이 무용지물이라는 것을 깨달을 때 있겠지요. 지知-**요가**를 성취하면 이해했던 모든 것이 실재하지 않게 됩니다.

자신이 얻은 능력과 그 결과로 받는 명예를 즐기는 소위 진인(즉, '자칭 진인') 들은 충분히 깨닫지 못한 것입니다. 왜냐하면 그들의 **진아안주**가 완전하지 못하기 때문입니다. 오염되지 않은 한 아이가 관념들을 받아먹습니다. 마치 텔레비전의 빈 화면이 밖에서 전송되어 온 화면들을 투사하듯이 말입니다. 그 아이 원리, 즉 **의식**은 어떤 '화학적 과정'의 산물입니다. 저는 **의식**을 '화물化物'이라고 부르기 좋아합니다. 그러나 최고 수준에서의 그대는 세계의 모든 드라마가 그 안에서 일어나는 그 화물이 아닙니다. 그대가 백 살이고 "나는 백 살이다"라는 기억을 붙들고 있다고 합시다. (그 기억을 유지시키는) 그것이 화물입니다. 예를 들어 여기 벽에 걸린 제 **스승님**의 사진을 보십시오. 지금 누가 제 **스승님**의 모습을 붙들고 있습니까? 그것은 사진의 '화학물질'입니다.

이제 몸 안의 이 '화물'이 하나의 정체성을 붙들고 그 몸을 통해 활동을 합니다. 저는 이러한 표현(몸을 통한 활동)을 '기계적'이라고 부릅니다.

질: 그러나 당신의 **스승님**이 계시지 않았다면 '화학적' 사진이 그 모습을 간직할 수 없었을 겁니다.

마: 그러나 만약 **지고자**, 즉 **절대자**가 없다면 이 스승이 누구이며, "내가 있다"는 기억이나 '화물'이 어디 있겠습니까? **절대자**의 영원한 존재만이 **의식**과 모든 세계-유희(world-play)의 출현을 가능하게 해 줍니다. 따라서 세계-유희는 **의식**이 창조한 하나의 이미지입니다.

질: **보편적 의식**이 마하라지님의 형상을 취한 것입니까?

마: **의식**의 저 작은 점이 **보편적 의식**의 형상을 취했습니다. 그것의 이미지가 전 우주입니다. 마치 깊은 잠 속에서 **의식**이 약간 자극을 받으면 꿈 세계로 발전하듯이 말입니다.

질: 그것은 당신께서 저의 꿈 세계 안에 계시다는 말씀입니까?

마: '저'를 '당신(you)'이라고 지칭하기 전에 '그대(you)'가 무엇인지를 탐색하십시오. 부메랑이 그것을 던진 사람을 치듯이, 그대 자신의 질문이 그대에게 돌아갔습니다. 그러니 '그대'라는 그것이 무엇입니까? 더욱이 저는 육신이 아니고, 저 '화물'은 더더욱 아닙니다.

이 '화물', 곧 의식을 **마하뜨-따뜨와**, **물라-마야**, **히라냐가르바**, **브라마-수뜨라** 등으로도 부르지만, 이 모든 것의 합계가 **아뜨마-쁘렘**(Atma-Prem), 곧 **자기 사랑**입니다. **마하뜨-따뜨와**를 이해하고 깨달은 사람을 '**마하트마**'라고 합니다. 그대는 주제넘게도 자신을 **진인**이라고 생각할지 모르지만, 만약 그렇게 생각한다면 그대는 무지한 사람일 뿐입니다.

질: 그러니까 **자각**이, 사용할 수 있는 최고의 용어로군요. **자각**이 '내가 있음'의 위에 있는 듯합니다.

마: 그렇지요, 단 '내가 있음'은 '내가 있음'을 느끼지 못합니다. 전 우주에 대한 앎이 그 최고의 상태 안으로 합일됩니다. 어떠한 질적인 현현이 있어도

그것은 **바가반**이라고 불립니다. 모든 칭호와 그 칭호가 뜻하는 지위들, 기타 모든 것들은 **무**無 속으로 합일되었습니다. **비슈와-비샤야**(Visva-Vishaya)—즉, 우주적 현상계—가 된 **이스와라**가, **니르비샤야**(Nirvishaya)—즉, 주관성조차도 없는 자—가 될 것입니다. 이것은 자신의 성품을 극도로 알고 싶어 하는 사람들만이 이해할 수 있습니다. 제가 드리는 모든 정보는 그 섬광, 이 현현된 우주를 현출한 **의식**의 그 작은 점에 대한 것입니다. 나아가 **절대자인 저**는 그 점도 아닙니다. 그러나 저는 **절대자인 저**에 대한 어떤 정보도 드릴 수 없습니다. 수많은 우주들의 해체가 있었고 영겁의 시간들이 오고갔지만, **절대자인 저**는 영향 받지 않고 그대로이며, 저의 왕국은 항상 고요합니다.

누가 그대에게 한 가지 질문을 한다고 합시다. '백 년 전의 그대는 무엇이 었느냐?'고. 그대는 "나는 없었다"고 대답하겠지요. 그 말은, 나는 '이것'과 같지 않았다, 즉 현재의 이 "내가 있다"와 같은 것이 아니었다는 의미입니다. 누가, 그리고 어떻게 "나는 이것과 같지 않았다"고 말할 수 있었습니까? 그렇게 말하는 그 사람이 있지 않았습니까? 백 년 전에 있었던 그 사람은 현재의 이 "내가 있다"와 같지 않았지만, 그때도 있었고 지금도 있습니다.

질: 그는 이 '나', 곧 절대자입니다.

마: 좋습니다. 그대 좋을 대로 어떤 단어나 개념이든 사용하면서 스스로 만족하십시오. 제가 어떤 사람을 '사기꾼'이라고 부를 때, 거기에 저는 만족합니다. 또 어떤 사람을 '**마하트마**'라고 부르기도 하는데, 거기에도 제가 만족하기 때문입니다. 백 년 전에 그대는 무엇이었습니까? 그것을 탐구해 보십시오.

왜 그대는 잉태되던 그 시점과 그것이 계속 발육해 나간 과정을 탐색하지 않습니까? 그러지는 않고 그대는 영적인 이익과 세간적 이익을 얻는 데 분주합니다. 그것은 도움이 되지 않을 것입니다.

야채의 정수와 음식기운 안에는 이 **스와라사**(Swarasa-'자기 느낌'), 즉 지각성의 느낌과 발현업[운명]이 잠재적인 상태로 이미 존재하고 있습니다. 그리고 음식기운의 핵심은 존재의 느낌, 곧 "내가 있다"는 앎입니다.

질: 그러나 그 원리가 생기(prana) 없이도 있을 수 있었습니까?

마: 누가 생기 없이 있겠습니까?

40. 지고자에게는 지고자조차 쓸데없다

질: 그것이 꽃 안에 있습니까?

마: 꽃 안에만 아니라 색상 안에도 있지요. 그것은 도처에 있습니다. 제가 설하는 **지**知를 귀담아듣고 나면 무슨 일이 일어나겠습니까? 그 **지**知를 이해하고 흡수한 사람은, 보이고 들리고 경험되고 습득되는 일체가 전적으로 무용지물이고 군더더기라는 결론에 도달할 것입니다. 그대의 '내가 있음'조차 군더더기가 되어 초월될 것입니다. 결국 무욕의 영원한 절대의 상태인 **니쉬까마 빠라브라만**(Nishkama Parabrahman)을 제외하고는 어느 하나도 남지 않을 것입니다. 우리는 영적인 뭔가를 얻기 위해서 어떤 **신**에 대한 숭배·고행·염송(Japa) 등의 수행을 합니다. 그런데 그 목적이 달성되면 그것은 **니쉬까마 빠라브라만**이 될 것이고, 이는 그런 것들 일체가 무용지물이라는 것을 입증합니다. **지고자**에게는 **지고자**조차도 쓸데없습니다. 이 상태를 **뿌르나브라만, 빠라마뜨만, 빠라메스와라**(Parameswara)라고도 합니다. 이제 그대가 잉태되기 하루 전으로 돌아가십시오. 그것도 **뿌르나브라만**의 상태인데, 그때는 어떤 것도 필요하지 않았습니다.

질: 저는 저의 생각과 감정을 따라가려고 노력합니다만, 그것이 늘 변하고 있다는 것을 발견합니다. 저는 이런 변화가 제 안의 불변자(the changeless) 앞에서 일어난다고 알고 있습니다. 이런 식의 생각은 유용합니까?

마: 예, 유용하겠지요, 그러나 … 지적으로는 문제가 없지만 그런 사고는 실재하지 않습니다. 불변자라고 한 것은 무슨 뜻입니까? 언제 불변자가 있을 수 있습니까? 오직 '그대가 있다'는 것을 그대가 모를 때, 존재의 느낌이 그 자체 안으로 완전히 합일될 때입니다. 그대가 잉태되기 하루 전, 그대는 그 불변의 상태에 있지 않았습니까? 그대는 몸-마음의 감각에 근거하여 일체를 분리된 개체들로, '나', '너', '우리', '그들' 등으로 관찰합니다. 그러나 그 불변의 **절대자**에게는 우주의 이 모든 유희가 존재성이라는 세포 안에서 일어납니다. 어릴 때부터 지금 나이에 이르기까지 그대의 어떤 정체성이 변치 않고 그대로 있었습니까? 세상의 어떤 정체성도 변치 않고 똑같은 상태로 결코 머무를 수 없습니다.

질: 저는 '나 원리'가 변치 않는다고 생각합니다. 그렇지 않습니까?

마: 그대의 '나 원리'는 그대가 아직 이해하지 못했습니다. 이 '나 원리'는 5대 원소의 유희의 산물인데, 그것은 늘 변화와 운동의 상태에 있습니다. 그러니 그대가 어떻게 '내가 있음'의 성질을 절대의 상태에 귀속시킬 수 있겠습니까? 그 상태에서는 5대 원소가 무슨 유희를 벌일 여지가 전혀 없지요! 그것은 어떤 속성도 없는 상태입니다.

절대자가 이 '내가 있음'의 느낌을 약간 가지고 있다고 가정하면, 그것이 자궁 속으로 들어가려고 하겠습니까?

질: 저는 명상을 하고 있으면 주의가 의식 자체 위에 머무릅니다. 저는 제가 그 순수한 의식을 자각하고 있다는 것, 그래서 저는 그것이 아니라는 것을 깨닫습니다.

마: 그대의 영적인 배경은 좋습니다. 그대는 일체에 편재한 현현물이자 작용인 순수한 의식에 대해서 이야기합니다. 그리고 이 상태 안에서 주시하기가 일어납니다. 그 명상의 성취 여부는 전적으로 현상계에 대한 기억과 비非기억을 존재의 느낌과 더불어 지워버리는 데 달려 있습니다. 구나, 곧 존재의 느낌이 있는 한, 주시하기가 일어납니다. 비非주시하기(non-witnessing)의 상태에 안주하는 것이 비이원성(advaita)의 상태, 곧 최고의 상태입니다. 따라서 원초적 경험인 존재의 느낌을 포함한 모든 경험이 삼켜져야 합니다.

질: 앞서 말씀드렸듯이 그 순수한 의식을 자각할 때, 그때는 제가 사뭇 제 몸과 주위 환경으로부터 독립해 있습니다. 저는 절대적인 "내가 있다"가 저 의식의 근원임을 느끼는데, 이 의식의 이면에는 절대적인 '나가 침묵의 휴식 속에 머무르고 있습니다.

마: 그대는 의식에 대해서 이야기하고 있는데, 지금 저에게 말해 보십시오. 이 의식의 원인은 무엇입니까? 그것은 무엇의 결과, 무엇의 산물입니까?

질: 의식은 음식의 한 산물입니다.

마: 그렇지요. 음식기운 안에, 이 성질 곧 구나 안에, '내가 있음'의 느낌이 거주하고 있습니다. 그러나 분명하게 이해하십시오. 그대나 저는 절대적 견지에서 보자면 그 구나가 아닙니다. 절대자인 우리가 '내가 있음'인 양 가장하고 있을 뿐입니다. 절대자로서의 우리는 저 화물인 "내가 있다"가 아닙니다.

40. 지고자에게는 지고자조차 쓸데없다 **301**

질: 명상을 하다 보면 나중에는 순수한 **의식**에 대한 자각에서 벗어나 신체적·정신적 존재로 외관상 도로 미끄러져 들어가는 것 같습니다. 여기 이 점에서 당신의 도움을 구합니다.

마: 아무것도 하지 마십시오. 절대 아무것도! 그저 **존재하고**(Just BE), 오로지 "내가 있다"는 앎만 되어 거기에 안주하십시오.

이것을 흡수하려면 존재성에 대해서만 명상하십시오. 명상을 하며 "내가 있다"는 앎을 붙드십시오. 이렇게 하다 보면 **절대자**인 '나'는 "내가 있다"는 **구나**가 아니라는 깨달음이 일어납니다. 따라서 명상에서는 기억 속에 아무것도 간직하지 말아야 합니다. 그럼에도 기억의 화면에 뭔가가 나타나겠지만 상관하지 말고, 그저 **존재하고**, 아무것도 하지 마십시오. 명상 중에 무엇을 붙들지 마십시오. 붙드는 순간 타자성이 시작되고, 따라서 이원성이 나옵니다. 아무것도 해서는 안 됩니다. 그러면 그대의 모든 수수께끼가 풀리고 해소될 것입니다. **물라-마야**, 즉 **원초적 환**幻은 그대에 대한 장악을 놓아버리고 꺼져버릴 것입니다.

영적인 공부에서는 이익도 손해도 없습니다. 마찬가지로, 탄생과 죽음의 문제도 없을 것입니다. 사실 그대는 탄생에 대한 어떤 직접적 경험도 가지고 있지 않습니다. 그것은 말하자면 캘커타에서 강도 사건이 일어났는데, 봄베이에 살고 있고 캘커타에는 한 번도 가보지 않은 제가 고발되는 것과 비슷합니다. 마찬가지로, 저는 (태어난 적이 없는데) 이번 생을 태어났을 뿐 아니라 수많은 전생을 태어났다고 비난받습니다. 저는 어떠한 생도 알지 못합니다. 다만 제가 결코 안 적이 없는 제 '부모님'들만 제가 태어났다고 하는 것입니다.

이런 상황에서 그대는 그대가 태어났다고 하는 '비난'을 받아들이는 것이 부끄럽지 않습니까? 저는 **참스승**을 만나고 나서 이런 모든 가짜 혐의에서 벗어났습니다. 그분은 저에게, 지혜의 횃불을 켜서 "나는 **불생자**다"로서의 저의 참된 성품을 보여주셨습니다. **불생자**의 영역에는 "내가 있다"가 들어설 여지가 없고, 해·달·별·우주 등도 들어설 여지가 없습니다.

1980년 2월 10일

41
'내가 있음'의 느낌 안에 안주하라

질문자: 저는 『아이 앰 댓』을 읽어 보았고, 여기에는 저 스스로 왔습니다.
마하라지: 그 책을 다 읽었습니까?
질: 앞부분을 통독했고 뒷부분은 부분적으로 읽었습니다.
마: 그 책을 읽고 나서는, 주시하기의 상태에서 그대의 자아에 이르렀습니까?
질: 예, 이해했지만 그것을 느끼지 못합니다. 저는 마음의 평안이 없습니다.
마: 그대의 자아와 그대가 어떻게 연결되는지에 대해서는 감을 잡았습니까? 그대의 자아와는 어떻게 관계됩니까?
질: 약간요.
마: 무슨 질문을 하고 싶습니까?
질: 많지는 않지만, 어떻게 하면 제 마음에 평안을 가져올 수 있는지 말씀해 주시면 감사하겠습니다.
마: 자아—아뜨만—때문에, 그대는 몸을 통해서 세계와 연결되어 있습니다. 자아는 '그대가 있다'는 앎 외에 다른 것이 아닙니다. 그것으로 '그대가 있다'는 것을 알게 되고, 그것 때문에 그대가 세계를 경험하게 되는 그 원리에 대해 명상하십시오. 이 '그대가 있다'는 앎, 즉 의식에 대해 명상하여, 그 안에 안주하십시오.
질: 그러나 집중이 안 됩니다.
마: 거리에서 마주치는 군중을 무시하듯이, 그 마음을 무시하십시오.
질: 해 보겠습니다.
마: 사실 마음(의식)은 하나의 보편적인 역동적 원리인데, 우리는 그것을 몸의 한계 안에 국한시킨 다음 그것에 의존합니다. 그래서 모든 문제가 생깁니다. 탄사 호수(Lake of Tansa)[27]의 물을 생각해 보십시오. 그 물은 봄베이 전체의

---

27) *T*. 뭄바이에서 100여km 떨어진 탄사댐 호수. 뭄바이 대도시권의 수원지 중 하나이다.

것입니다. 그 물 중에서 일부를 내 것이니 네 것이니 주장할 수 있습니까? 비슷한 방식으로, **자아**는 보편적(universal)이라는 것을 이해하십시오.28) 그러나 그대는 그것을 몸에 국한시킴으로써 조건 지웠습니다. 그래서 문제에 직면합니다. 이 **자아를 이스와라**[하느님], 곧 보편적 원리라고도 합니다. 그것을 꽉 붙들면 심오한 지知가 내려와서, 그대가 평안을 얻을 것입니다.

질: 그것에 대해 명상하려고 해보지만 마음이 여기저기 헤맵니다. 만일 제가 마음에 무관심한 상태로 있으려고 하면, 그것은 오랜 시간이 걸리는 과정이 될 겁니다.

마: 그러나 그대는 어떤 과정의 뿌리(바탕) 아닙니까?

질: 일체의 뿌리는 생명입니다.

마: 그렇지요. 그러나 생명력은 보편적이지 개인화되지 않습니다. 이것을 깨달으면 그대에게 더 이상 아무 문제가 없습니다.

질: 맞습니다. 그러나 마음이 헤맬 때는 저에게 문제가 생깁니다. 가끔 저는 생명이 보편적이라고 느낍니다만, 어떤 때는 그것이 개인화됩니다. 어떻게 하면 이것을 없앱니까?

마: 보통 이런 식으로 이야기하지요. 물은 보편적인데, 물을 가졌을 때는 그것을 사용하십시오. 마찬가지로, 마음을 필요에 따라 사용하고 나서, 그것이 그대의 간섭과 개입 없이 제 스스로 흐르도록 내버려 두십시오. 마치 강물이 필요할 때 물을 조금 떠내도 강은 그대로 흘러가듯이 말입니다.

제가 하는 이야기는 영리한 사람들을 위한 것입니다. (한 현지인 방문객에게) 그대는 왜 왔습니까? 그대는 이런 이야기를 이해하지 못합니다. 그대는 신을 찬양하는 **바잔**만 부르십시오.

제가 왜 이런 외국인 방문객들을 존중합니까? 그들은 **진리**를 추구하는 진지한 구도자들이지만, 그것이 어디 있는지 몰랐기 때문입니다. 저는 그들의 성실성과 이해하려는 깊은 충동을 높이 삽니다.

질: 그들은 정말 멀리 나갑니다. 어떤 주제든 택하면 그 속으로 깊이 탐색해

---

28) *T.* '보편적'이란 '도처에 편재하는', '무소부재한'의 의미이다. 자아는 곧 의식이므로 '보편적'이다.

들어갑니다.

마: 우리 둘이 여기서 이야기하고 있지만, 실제로는 그들이(두 개체가) 없습니다. 이것이 오늘의 주제입니다. 처음에는 '아무도' 없습니다. 일순간, 한 사람이 있고, 이어서 두 사람이 됩니다. 이야기 주제는 이 둘이 어떻게 하나가 되고, 결국 아무것도 없는 것으로 되느냐는 것입니다. 무無에서 자연발생적으로 일어나는 존재성의 느낌이 느껴지는데, 이것은 하나입니다. 나중에 존재성의 느낌이 "내가 있다"를 알면, 이원성이 시작됩니다. 그런 다음―이원성이 일어난 뒤에―그것이 (자신을) 형상과 동일시하는 등의 과정이 뒤따릅니다. 실제로는 존재의 느낌을 '하나'라고 지칭하는 것도 그다지 맞지 않습니다. 이 상태에서는 존재의 느낌만이 지배하는데, '하나'라는 말조차 할 필요가 어디 있겠습니까? 타자성(이원성)이 나타나면서 1번과 2번 두 가지가 동시에 나타납니다. "뭐가 있다"고 말하려면 먼저 '나'가 있어야 합니다. '나'가 없으면 "뭐가 있다"고 말할 수 없습니다. 그래서 영적인 공부에서의 근본 원리는 다른 어떤 것이 있기 전에 '나'가 있어야 한다는 것입니다. 이 '나'는 제일 먼저 있는 존재성입니다.

질: 처음에는 '하나'가 있다 하시더니 나중에는 '아무것도' 없다 하시는군요.

마: 우리가 자신의 **자아**를 들여다보면, **자아**에 안주하면, 그때는 '아무도' 없습니다.

질: 예, 우리가 합일되면 하나가 남습니다.

마: 그렇게 말하는 것은 보통의 언어상으로는 문제가 없지만, 실은 그런 게 아무것도 없습니다.

질: 그러나 당신께서 생명은 영원하고, 그래서 생명이 있다고 하셨습니다.

마: 그러나 그것은 한 개인의 생명이 아니지요. 그것은 **보편적 의식**을 초월하는 **절대자**입니다.

질: 생명이 영원하다는 것은, 생명이 영원히 있다는 뜻입니다.

마: 그렇지요. 잠재적 생명은 늘 있습니다. 그러나 몸-형상이 없으면 어떠한 감각지각도 있을 수 없습니다. 몸이 죽으면 감각기관들은 작동하지 않습니다. 따라서 그 개체에게는 세계에 대한 어떤 지각이나 앎도 일어나지 않습니다.

감각기관들이 가동되는 동안에만 세계에 대한 폭넓은 지각과 앎이 가능합니다. 그래서 어느 면에서는 감각 기능의 부재가 **해탈**입니다. 맞습니까? 현재 저는 살아 있고 저의 감각기관과 반사 신경은 상황들에 반응합니다. 죽은 사람의 감각기관과 반사신경은 반응하지 않습니다. 이 미세한 측면을 이해하십시오.

현현된 우주 안에서 지식기관(오관)과 행위기관(말하고 움직이는 등의 기관)은 하나의 몸-형상 위에서 창조되는데, 그럴 때에만 지각 가능한 우주가 존재할 수 있습니다. 이해해야 할 핵심은, 한 우주가 존재하려면 제대로 갖추어진 감각기관을 가진 관찰자가 있어야 한다는 것입니다. 마음이 감각지각을 해석하여 우주가 존재한다고 결론짓습니다. 따라서 만약 관찰자의 감각기관과 마음이 작동하지 않으면 그 관찰자의 우주는 존재하지 않습니다.

질: 그러나 보고 듣고 감촉하는 등의 감각기관은 몸에 속하지 **자아**, 곧 **아뜨만**에 속하지는 않습니다.

마: 아뜨만이 없으면 감각기관들이 작동할 수 없습니다. 그러나 그것은 몸의 정수 안에 거주합니다. 그것이 그 자체 안으로 가라앉으면 **니르구나**, 곧 비非성질의 **절대자**만 남습니다.

질: 아뜨만은 몸을 바꿀 수 있습니다.

마: 아뜨만에게는 몸이 없는데 어떻게 바꿉니까? 현재 그것(자신을 몸으로 여기는 아뜨만)은 "내가 있다"가 몸만을 뜻한다고 가정합니다.

질: 이 물질주의적인 세상에서 우리가 '우리'라고 할 때 그것은 몸만을 의미합니다. 그러나 만일 저의 두 다리가 없어지면 그것들은 저와 별개입니다. 따라서 저는 제가 그 자체로 몸은 아니라고 느낍니다.

마: 맞습니다.

질: 그래서 **아뜨만**은 몸 아닌 어떤 것입니다.

마: 아뜨만은 그 개인이 아니라는 것, 이것을 확실히 이해해야 합니다. 아뜨만은 감각기관들이 작동하는 하나의 몸을 통해서만 존재의 느낌을 갖고, 그렇지 않으면 그 자신을 느끼지 못합니다.

질: 그것을 깨달으려면 제가 명상을 해야 합니까?

마: 예, 명상은 아주 필요하지요. 지속적으로 명상을 할 수 있으면 좋지만, 매일 해야 하는 일이 있으면 그것이 늘 가능하지는 않습니다. 이른 아침 시간에 하는 명상이 도움이 되고 효과적입니다. 그러나 언제든지 틈이 날 때 해도 됩니다. 깊은 충동을 가지고 있는 구도자들은 언제 어느 때라도 명상할 수 있습니다. 처음에는 완전히 자기 마음대로 할 수 있는 여가시간에 고요한 장소에 혼자 앉아야 합니다. 명상에서 안정을 확립하면 언제 어디서든 앉을 수 있습니다. 그런 진보된 구도자가 여기서 명상에 들어 있다고 합시다. 그는 자신 속으로 전적으로 몰입하겠지요. 그의 **주의**는 '**주의**'에만 집중될 것이고, 그 결과 그는 자기 주위에서 벌어지는 일들을 의식하지 못할 것입니다. 나아가, 그런 상태에서는 그에게 어떤 일도 일어나지 않을 것입니다. 명상은 이런 수준의 것이어야 합니다. 어떤 사람이 (무슨 일로) 걱정을 심하게 한다고 가정하면, 자기 주위에서 벌어지는 일들에 신경 쓰겠습니까?

그대가 **명상**에 깊이 들어 있으면 그대의 "내가 있다"는 앎은 (보편적인) "내가 있다"는 앎하고만 완전히 융합됩니다. 그런 상태에서, 그대의 '내가 있음'의 느낌이 어떻게, 왜 일어났는지가 그대에게 직관적으로 드러날 것입니다.

질: '내가 있음'에 의해서 말입니까?

마: 의식·존재성·존재의 느낌·'내가 있음', 이 모두가 그대 안에서 동일하고, 어떤 말들이 나타나기 이전입니다.

이것이 미세한 대목이니, 그것을 명료히 이해하도록 노력하십시오. 잉태 이전에는 "내가 없었다"라고 말하면, 그 말의 의미는 실은 '나'가 지금 이 "내가 있다"와는 같지 않았다는 것입니다. 그러나 현재의 "내가 있다"가 없었다고 판단하려면 이것을 분별할 수 있는 '나'가 있어야 합니다.

잉태 이전의 그 '**나**'에게는 몸이 없었기 때문에, 어떤 '존재의 느낌'이나 '내가 있음'의 느낌도 없었습니다. 몸이 탄생하면서 '내가 있음'의 느낌이 먼저 있던 '**나**'에 부과되는 것입니다.

명상을 하면 이 '내가 있음'의 느낌이야말로 그것이 어떻게, 왜 일어났는지를 보여줄 것입니다. 그대는 이 '내가 있음'이 무엇인지를 알아내려는 생각에 사로잡혀야 합니다. 마치 어디서 무슨 냄새가 날 때 그 냄새의 근원이 어디인지를 알아낼 때까지는 쉬지 않고 찾듯이 말입니다. 예를 들어, 어디서 악취가 풍기면 그 냄새의 근원을 찾아야 하고, 그것이 죽은 쥐가 썩는 냄새라는 것을 알면 그 냄새를 없애기 위해 그것을 치워버려야겠지요. 마찬가지로, 좋은 향기가 그대 있는 쪽으로 풍겨오면 꽃이 어디 있는지 알고 싶겠지요. 이 '내가 있음'이라는 향기의 근원으로 나아가서, 그것의 '어떻게'와 '왜'를 알아내야 합니다.

질: 그것을 어떻게 추구합니까?

마: '내가 있음'의 향기를 발하는 원리를 **바가반-바수데바**(Bhagavan-Vasudeva)라고 합니다. 즉, 향기를 내는 **신**, 곧 존재성의 느낌입니다. 이 향기를 받는 사람은 무슨 수를 쓰더라도 그것을 간직하고 싶어 합니다.

질: 어떻게 하면 그 상태에 들어갈 수 있습니까?

마: 몸-마음의 수준에서는 그대가 그것을 추적해 낼 수 없습니다. 그 원리만이 그 자체를 발견해 낼 것입니다. 그대가 **바그완**이라거나 **빗탈**(Vittal-빗탈라, 곧 비슈누)이라거나 **하느님**이라고 부를 수 있는 어떤 이는, 이 향기에 너무 도취되어 그것을 영원히 유지하고 싶어 합니다.

질: 언젠가 저의 노력이 열매를 맺어 그를 자동적으로 발견하겠지요.

마: 그대에 대한 그의 의미는 그를 발견하는 순간 무효가 될 것이고, 그대는 **바수데바**에 대한 도취에서 해방될 것입니다.

질: 바꾸어 말해서, 우리가 그것을 늘 그렇게 느끼고 있을 때는 그것을 추구하지 않는다고 생각됩니다. 일단 우리가 **진아**를 깨달으면 그것이 자동적으로 우리에게 오고, 따라서 그것을 추적할 필요는 없습니다. 따라서 일단 우리가 그것을 깨달으면, 우리가 원하는 대로 그것을 사용할 수 있습니다.

마: 그 상태에서 그대는 어떠한 욕구나 바람도 넘어서게 될 것입니다. 그 무엇도 그대에게 아무 소용이 없겠지요. 아무 욕망도 남아 있지 않을 것입니다. 왜냐하면 욕망들이 모두 충족되기 때문입니다.

질: 제가 그것을 세속적 욕구를 위해 사용할 거라는 뜻은 아니었습니다. 제 말은, 제가 그것과 하나가 될 것이라는 의미였습니다.

마: 실은 그대는 그것에서 결코 분리되어 있지 않았습니다. 그러니 그것과

하나가 되고 말고가 어디 있습니까?

질: 제가 그것에서 결코 떨어지지 않았다는 것은 좋습니다만, 저의 현재 상태에서는 저 자신을 몸으로만 여깁니다.

마: 그대가 몸이라는 것은 그대의 개념인데, 그것이 그대를 미혹시키고 있습니다.

질: 그러다가 벗어나겠지요.

마: (구루 나나끄(Guru Nanak)의 시구 하나를 암송함.)

> 마음아, 무엇을 찾느냐? 안팎으로 하나일 뿐인데.
> 너에게 안과 밖을 느끼게 하는 것은 개념이구나.
> 내가 몸이라는 개념을 없애어 나나끄라는 이름을 띤
> 항아리가 부서지고 나면, 안팎이 어디 있느냐?
> 그것은 도처를 지배하는 '나'일 뿐인데.

나나끄는 나아가 이렇게 말합니다.

> 꽃의 향기처럼, 거울 속의 영상影像처럼,
> 이 '내가 있음'의 느낌은 몸 안에서 느껴지네.
> 그러니 나나끄라는 너의 이름을 포기하고
> 몸과의 동일성도 포기하라.

'내가 있음'의 느낌 안에 안주하십시오. 그러면 해탈할 것입니다.

질: 제가 자아를 추구하려고 하면 그것은 더 많은 자아를 창조하는 것 같습니다.

마: 하지만 수많은 자아들을 보는 것은 누구입니까? 한 생각이 다른 더 많은 생각을 산출합니다. 그 첫 생각을 누가 지켜봅니까?

질: 그것이 제가 알고 싶은 것입니다.

마: 오직 그대가 그 첫 생각을 지켜보는 자입니다. 바로 그 첫 생각을 아는 자가 없다면, 다른 생각들을 누가 지켜보겠습니까?

질: 만일 그 아는 자가 없다면 어떤 생각도 없겠지요.

마: 그것을 이해하면 모든 것이 끝납니다. 그대는 가도 좋습니다. 개념들을 설명하고 전파하는 것은 간단합니다. 그러나 모든 개념을 놓아버리는 것은 어렵고도 드문 일입니다.

질: 어떻게 하면 생각과 새로운 개념들을 없앱니까? 만일 모든 개념과 생각들이 없어지면 제가 그것과 하나가 됩니까?

마: 무엇이 되려고 하지 마십시오. 아무것도 하지 마십시오! 그대가 한 어떤 말도 생각하지 말고 고요히 있으십시오. 일단 한 단어가 싹트면 그것이 하나의 의미를 창조하고, 그대는 그것을 타고 갑니다. 말이 싹트기 이전의 그 상태에 대해 깨어 있으십시오. 그대는 자신이 한 말의 의미를 따라가면서 그대의 진아를 추구하고 있다고 주장합니다. 그대는 어떤 진인들과 교류해 보았습니까?

질: 이번이 처음입니다.

마: 무슨 책은 읽어본 게 있습니까?

질: 『구루 바니(Guru Bani)』29)와 라마나 마하르쉬에 대한 폴 브런튼의 책을 읽고 있습니다.

마: 그대의 영적인 토대는 준비되었습니다. 그래서 대화를 경청하고 그것을 이해하려고 노력합니다. 다른 사람들은 자신의 개념을 가지고 저와 논쟁합니다. 그들은 개념들로 넘치고, 그러다 보니 제가 하는 말을 귀담아듣지 못합니다. 많은 사람들은 여기 와서 아주 많이 아는 척하지만, 저는 그들이 무지할 뿐이라는 것을 압니다. 그래도 저는 그들을 의식으로만 여깁니다.

　몸-마음 수준에서의 그대의 모든 정체성은 끊임없이 변해왔는데, 그 중의 어느 하나도 항상적이고 그대에게 충실하지 않았습니다. 그렇다면 왜 "나는 이와 같다", "나는 저와 같다" 하면서 그런 정체성들 중 어느 것에 끌립니까?

질: 그것은 모두 마음의 문제입니다. 어떤 순간에는 제가 "이와 같다"고 생각하다가 다른 순간에는 "저와 같다"고 생각합니다.

마: 그대 말고 누가 그런 순간들을 지켜봅니까? 그대가 그런 순간들의 주시

---

29) T. 힌두 승려인 스와미 샹까르 뿌루쇼땀 띠르타(Swami Shankar Purushottam Tirtha, 1889-1958)가 지은 책. 100편의 영적인 법문을 모은 것이다.

자입니다. 그런 순간에 보이고 지각되는 모든 것, 그리고 그대가 자신의 안팎에서 보는 모든 것, 그것은 그대가 아닙니다.

질: 이해하려고 애쓰고 있습니다.

마: 명상 중에 그대는 "나는 구루 나나끄일 뿐이다"라고 스스로 확신할 수도 있습니다. 마치 어떤 사람들이 명상 중에 "나는 **바가반 스리 크리슈나**일 뿐이다"라고 확신하듯이 말입니다. 그런 모든 정체성은 안정성이 없습니다. 그러나 그 정체성들을 관찰하는 자는 안정된 자이고, 그대야말로 그 **관찰자**, 곧 영원한 자입니다. 왕의 역할을 너무 잘해서 많은 찬사를 받은 가난한 배우의 예를 들어봅시다. 그래도 그는 왕이 아닙니다. 마찬가지로, 그대는 구루 나나끄가 아닙니다. 그대는 **관찰자**입니다. 그대가 보고 지각하는 모든 것은 환幻의 원리인 **마야**의 유희입니다.

1980년 2월 19일

42
주시하기는 자연스럽게 일어난다

마하라지: 그대는 책을 한 권 쓰고 있다고 했는데, 그에 필요한 **진아지**를 가지고 있습니까? 아니면 **진아지** 없이 책을 씁니까?

질문자: 저는 **진아지**에 대한 책을 쓰는 것이 아닙니다.

마: **진아지**가 없다면 저자는 누구입니까?

질: 저는 어느 스승과 관련하여 요가의 아사나(*asanas*)에 대한 책을 쓰고 있습니다. 그것은 저 자신의 생각에서 나온 것이 아닙니다.

마: 좋습니다. 그러나 그대 자신은 어떤가요? 그대의 성품, 정체성은 어떻습니까? 그대는 신체적 활동에 대해 뭔가를 쓰고 있군요.

질: 결국은, 저 자신을 알고 싶습니다.

마: 만약 그대가 없다면 달리 무엇이 있을 수 있을까요? 그런 행법들에 대해 왜 책을 씁니까? 그대 자신을 알기 위한 것뿐이지요. 안 그렇습니까?

질: 이것은 구도자에게 배경 지식을 마련해 줄 것입니다. 진아를 탐구할 수 있게 준비시켜 주는 것입니다.

마: 그런데 그대 자신의 배경 지식은 준비되었습니까?

질: 아니요, 물론 아닙니다!

마: 그러면 그 책을 왜 썼습니까?

질: 그것은 사진들을 수록한 기술적인 책이니까요.

마: 그러나 저자가 그 자신을 모르는데, 그런 저술이 무슨 소용 있습니까?

질: 그렇다면 저는 차라리 당신 곁에 있겠습니다. 그러나 제가 말씀드렸듯이, 그 책은 기술적인 것이고 어느 선생님의 감수를 받고 있습니다.

마: 그러나 그 일에서 그대가 얻는 이익은 무엇입니까? 그 일을 하면 진아를 성취합니까? 삶에서 가장 중요한 소득은 자신의 진아를 깨닫는 것입니다.

질: 동의합니다. 어느 면에서 저는 그 책의 작업을 하는 동안 얻는 바가 있었을지 모릅니다. 제 이야기는, 체험과 연륜에서 제가 성장했다는 것입니다.

마: 그 말은, 체험과 더불어 그대가 더 많은 개념을 집적했음이 분명하다는 뜻입니다. 키가 자라고 몸집이 커지는 것이 그대입니까?

질: 아닙니다.

마: 그대가 찾아온 목적은 무엇입니까?

질: 제가 찾아올 때마다 저는 어떤 영감을 얻고 고양되는 느낌을 갖습니다.

마: 그것은 또 무슨 소용 있습니까?

질: 말씀하시려는 취지를 이해합니다.

마: 그런 모든 영감과 고양을 지켜보는 것은 누구입니까? 그것을 아는 자는 누구입니까? 그대는 자기 쪽을 보지 않고 다른 것들에 몰두해 있습니다.

질: 당신께서 하시려는 말씀은, 저 자신을 들여다보면서 저의 직업 활동도 해 나가야 한다는 뜻입니까?

마: 일단 그대가 내면을 바라보게 되면 일체가 그대에게 자연발생적으로 따라올 것입니다. 그대가 어머니를 인식하기 전에, 그대와 관계되는 모든 일은

그대도 모르는 사이에 자연발생적으로 일어나고 있었지요.

질: 예, 동의합니다.

마: 그대는 자연히 한 인간으로 발전되어 나왔습니다. 이렇게 출현하기 전에 그대가 어떤 지식을 가지고 있었습니까? 이런 측면에는 주의를 기울이지 않고 그대는 남들의 일에 관여하고 있군요!

질: 그러면 지금 제가 종사하는 직업을 그만두어야 합니까?

마: 그 직업을 계속하느냐 그만두느냐의 문제가 아닙니다. 그대 자신을 알아야지요.

질: 그렇다면 저 자신을 볼 때까지는 제가 어떻게 해야 합니까?

마: 그대는 어떤 일을 해 왔고….

질: 아까는 당신께서, 왜 제가 활동을 하고 있느냐고 말씀하셨는데….

마: 무엇을 하든 하지 않든, 거기에는 신경 쓰지 마십시오. 그대 자신을 바라보는 것이 가장 중요합니다.

다른 질문자: 그러나 최소한 그는 요가에 대한 책을 쓰는 것과 같은 유용한 일을 하고 있었습니다.

마: 요가(결합)가 무엇입니까? 그 '연결'이 무엇입니까? 누가 무엇을 만납니까?

질: 영혼이 하느님과 결합하는 것입니다.

마: 하느님은 그대가 들은 말이지만, 영혼은 자기가 존재한다는 직접적인 경험입니다.

질: 저는 방금 일반적으로 이해되는 요가의 의미를 말씀드렸습니다.

마: 그것은 그대가 진정한 요가를 이해하지 못하고 있다는 뜻입니다. 진아를 깨달은 진인들만 숭배받지 요기들은 숭배받지 못한다는 것을 압니까?

질: 제가 요가를 따르는 것은 잘못입니까?

마: 많은 리쉬들과 고행자들이 요가를 했지요. 그러나 그들이 숭배받습니까?

 (아난다 마이 마를 만나 보았다는 방문객이 새로 왔다.) 그대는 그녀를 만나러 갈 때 아난다(ananda)의 상태를 성취하고 있었습니까? 그대가 아난다 마이(ananda mayi-지복의 상태)를 깨닫고 있었다면 결코 다시 그녀를 만나러 가지 않았을 것이고 여기에도 오지 않았겠지요. 제가 하는 말을 이해한다면 그걸로

족하고도 남습니다.

질: 이해하기 어렵지 않습니다.

마: 그러면 왜 여기 앉아 있습니까?

질: 한동안 여기 앉아 있고 싶습니다.

마: 그대는 아난다 마이를 찾아갔으니, 아난다가 뭔지 우리에게 말해 주십시오. 아난다—지복—에 어떤 구체적인 형태가 있습니까?

질: 그렇다고 생각하지는 않습니다. 그러나 우리는 행복을 느낄 수 있습니다.

마: 동의합니다. 그러나 그대는 그것을 봅니까? 그것을 관찰할 수 있습니까?

질: 가끔은 아난다 마이 마에게서 방사되는 행복의 정수를 볼 수 있습니다.

마: 어떤 봄이나 느낌 이전에 '아는 자'가 존재해야 한다고 생각하지 않습니까?

질: 『아이 앰 댓』을 읽은 뒤로는, 무엇이 보이거나 느껴지거나 경험되기 전에 '아는 자'가 있어야 한다는 것을 이해하고 있습니다.

마: 주시자로서의 그대가 행복보다 먼저입니다. 그러나 궁극적인 그대, 실재하는 그대는 주시자인 그대보다 먼저입니다. 행복은 지속적이지 않지요.

질: 처음에는 명상을 하는 동안 저의 내면에서 '주시자'의 체험을 가질 때, 굉장히 겁이 났습니다. 왜냐하면 제가 둘로 분리된다고 느꼈으니까요. 지금은 더 이상 그런 것이 없습니다.

마: 그대는 그 분리를 느꼈습니다. 그러면 어느 것이 '그대'였습니까, '본다'는 개념이었습니까, 아니면 그 개념의 주시자였습니까?

질: 저는 그런 명료함은 없었습니다.

마: 그 미세함을 직접 체험하지 못했다면, 최소한 지적인 수준에서라도 이야기해 보십시오.

질: 저는 그 분리의 관찰자입니다.

마: 그 두 단계를 설명해 보십시오.

질: 저는 그 분리됨을 보게 될까 두려웠습니다.

마: 그것은 그 개념의 분리였습니까, 아니면 그대 자신의 분리였습니까?

질: 그 어느 쪽도 아니었습니다.

마: 그렇지요, **절대자**인 그대는 하나도 아니고 둘도 아닙니다. 그대는 그 둘보다 먼저입니다.

　예전에 인도에서는 국가원수가 차를 타고 다닐 때, 그 차에 번호가 없었습니다. 마찬가지로, 그대는 **지고자**이므로 어떤 숫자도 필요하지 않습니다.

　(마하라지는 이제 요가에 대한 책을 쓴 사람에게 이야기한다.) 그대는 요기이니 제가 하는 말을 이해하겠지요.

질: 예, 조금 이해하기는 하지만 저는 요기가 아닙니다.

마: 하지만 그대는 **요가** 체계를 공부했고 **요가**를 해 왔습니다. 설탕이나 소금을 물에 넣으면 그것이 물에 녹습니다. 이제 그대에게 묻겠는데, 그대는 무엇에 합일되었습니까?

질: 가끔 저는 합일됩니다.

마: 그렇지 않을 때는?

질: 신성한 이름을 염했습니다. 염송(Japa)을 했습니다.

마: 염송의 목적은 자기 자신을 보존하는 것인데, 그것은 지각성을 유지한다는 뜻입니다. 마라티어로 *japa*는 '지킨다, 보호한다'는 뜻이지요. 염송으로 그대의 존재성을 지켜야 합니다.

다른 질문자: 존재성이 무엇입니까?

마: '그대가 있다'는 것, '그대가 있다'는 앎입니다. 말을 떠난 존재함의 느낌일 뿐이지요. 아난다 마이에게 누가 갔습니까, 그 몸입니까 아니면 그 존재성입니까? 후자가 몸, 마음 그리고 어떤 말이 튀어나오는 것보다 먼저입니다. 염송을 해 보았습니까?

질: 예.

마: 염송은 그대의 존재성에게 하는 치료와 같습니다. 마치 그대의 몸이 건강하도록 하기 위해 약을 먹고 찜질을 하듯이 말입니다.

질: 그것이 바로 제가 강력히 느끼는 것입니다.

마: 이완된 느낌이군요.

질: 예, 매우 그렇습니다. 하지만 제가 주시하기에 대해 조금 알고 나니 염송을 앞으로 어떻게 하게 될지 모르겠습니다.

마: 그렇지만 그때 그대는 자신이 염송을 하고 있다는 것을 알고 있었지요.
질: 예.
마: 그러면 그것이 바로 주시하기, 혹은 주시하기가 그대에게 일어난 것 아닙니까?
질: 그렇습니다.
마: 주시하기는 자연스럽게 일어납니다. 그대의 말들이 저에게 들어오면 저는 대답을 합니다. 마찬가지로, 우리가 감각기관을 통해 무엇을 지각하면 그 지각들에 대한 주시하기가 일어납니다. 특별히 노력할 필요가 없습니다.
질: 저는 명상과 요가에 대해 여쭈어 보고 싶습니다.
  10년 전에 아난다 마이 마가 저에게 염송을 하라고 했습니다. 얼마 뒤에 저는 제 안에서 진행되는 염송을 주시하기 시작했습니다. 그때 아난다 마이 마가 그것을 계속 밀고 나가라고 하더군요. 저의 문제는, '내가 있음'과 존재성을 어떻게 성취하느냐 하는 것입니다.
마: 최초의 주시하기는 '그대가 있다'는 것입니다. 그 뒤에 다른 모든 주시하기가 일어납니다.
  '그대가 있다'에 대한 최초의 주시하기가 먼저 일어나지 않으면 다른 어떤 주시하기도 불가능합니다. 그대 안에서 말들의 흐름이 방사되면, 제가 이미 말했듯이, 그것들에 대한 주시하기가 그대 안에서 자연스럽게 일어납니다. 다시 되풀이하지요. '그대가 있다'는 느낌이 먼저 일어나야 하고, 나중에 말들의 흐름과 그에 대한 주시하기가 동시에 일어납니다.
  그러니, 그대는 말 이전 아닙니까?
질: 모르겠습니다.
마: 그것이 바로 무지인데, 그것을 인식하는 것이 지知입니다. 궁극적으로, 절대자인 그대는 이 지知가 아닙니다.
질: 질문을 하나 드려도 됩니까?
마: 아난다 마이 마를 기억하고, 질문을 하십시오. 왜냐하면 그녀가 그대의 스승이니까요.
질: 이제는 제가 홀로이고 스승이 없다고 느낍니다.

마: 그 말이 옳습니다. 그 이해 안에, 그리고 그 이해 안에서만 안정되어야 합니다. 그러나 이 결론에 이르기 전에, 그대가 무엇인지 그리고 **스승**이 무엇인지 이해했습니까?

질: 스승은 그분이 저에게 무엇을 하라고 하면 제가 시키는 대로 따라야 하는 사람입니다.

마: "내가 있다"는 앎을 스승이라고 해 볼까요?

질: 예.

마: 그러나 그 '앎'조차, 그대는 아닙니다!

질: '앎'이라고 말씀하실 때 그것은 **의식**을 뜻하시는 겁니까?

마: 물론이지요. "내가 있다"는 앎은 **의식·하느님·이스와라·스승** 등을 의미하지만, **절대자인 그대는** 그것이 아닙니다.

질: 제가 누군지 여쭈어 봐도 되겠습니까?

마: 그대는 묻기 전에 있습니까, 묻고 나서 있습니까?

질: 양쪽 다입니다.

마: 이것을 이해하고 깨달아야 합니다. 즉, "내가 있다"는, 어떤 말과 질문이 내 안에서 일어나기도 전에 있다는 것입니다. 사람들은 "내가 있다"의 상태가 말에 앞선다는 것을 가리키기 위해 늘 어떤 이름과 개념을 원합니다. 거기에 예컨대 **브라만**과 같은 이름을 부여하고 나면 그들이 만족감을 느끼지요.

질: 저는 그럴 때 행복하지 않고, 아주 두렵습니다.

마: 바로 지금도 그렇습니까, 아니면 이전에 그랬습니까?

질: 바로 지금도 두려움이 있습니다.

마: 그 두려움은 몸-마음을 자신과 동일시하기 때문입니다. 몸에 대한 어떠한 앎도 없을 때, 두려움을 가질 수 있습니까?

질: 아니요, 제 **스승님**이 제가 **브라만**이라고 말씀하셨을 때 이 두려움이 시작됐습니다.

마: 바로 그거지요. 스승의 그 말과 더불어 그대의 몸-마음은 충격을 받았습니다. 왜냐하면 그것이 해체되기 시작했으니까요! 그대가 가진 두려움은 마음 안에 있습니다.

42. 주시하기는 자연스럽게 일어난다

질: 그건 압니다만 그래도 두려움이 있습니다. 몸은 더 이상 존재하지 않게 되는 것을 두려워합니다.

마: 아난다 마이 마로 돌아가 봅시다. 아난다 마이(Ananda Mayi)가 아난다 마이(ananda mayi)[그녀의 진아] 속으로 합일될 때, 그것은 **지고자**, 곧 **절대자**일 뿐입니다. 아난다 마이는 지복스러운 상태이지만 그것은 여전히 성질(구나)이 있습니다. 그것은 **의식**입니다.

질: 아난다 마이는 이 세상에 속합니까?

마: 그 반대로, 모든 세계들이 그녀의 자궁 안에 안식하고 있습니다. 아난다 마이가 무엇입니까? 그대의 지복의 상태, 곧 '그대가 있다'는 앎일 뿐입니다. 이것이 없으면 아무것도 없지요! 그대는 아난다 마이를 하나의 인격체로 여기지만, 전혀 그런 것이 아닙니다. 아난다 마이는 **존재**의 상태입니다.

1980년 3월 13일

43
존재성과 하나가 되라

마하라지: "내가 있다"는 이 앎은 곤충이든 벌레든 인간이든, 혹은 (신의) 화신이든 동일합니다. 이 기본적 **의식**은 이들 모두에게 똑같습니다.

의식이 현현하려면 하나의 틀, 곧 그것이 나타날 수 있는 하나의 특정한 구조물이 필요합니다. 그 형상은 무엇도 될 수 있지만 하나의 형상은 필요하고, **의식**은 그 특정한 형상이 존속하는 동안만 지속됩니다. 저 **의식**이 나타나기 전까지는 어떤 종류의 어떤 지知도 있을 수 없습니다. 지知는 이 기반, 곧 "내가 있다"는 앎이 있을 때만 존재할 수 있습니다.

생각은 호흡에서 일어나고 그 생각은 말로써 자신을 표현합니다. 말이 없으면 세상에 어떤 의사소통도 있을 수 없겠지요. 세계는 단어와 이름 때문에 돌아갑니다. 사람에게 이름이 없으면 누구라고 특정할 수 없고, 그래서 이름은 매우 중요합니다. 신조차도 이름이 있어야 하고, 우리가 그 이름을 염송하면 그것이 어떤 의미를 갖습니다. 초기 단계에서는 신의 이름을 염하는 것보다 더 중요한, 혹은 더 성공하기 쉬운 방법은 없습니다.

질문자: 이 의식은 어떻게 일어났습니까?

마: 이 의식이 일어난 것은 어떤 이유도 없습니다. 그러나 일단 일어나면 그것은 가만히 있지 못합니다. 의식은 움직임과 같습니다. 그 움직임은 이 "내가 있다"는 앎 속에 내재한 세 가지 **구나**를 통해 일어납니다. 모든 움직임은 이 **구나**들을 통해 일어나며, 이 의식은 계속 웅얼거립니다. 특정한 한 형상이 특정한 한 음식을 통해서 일어났고, **구나**들의 조합을 통해, 그것이 취한 형상에 따라 행동할 것입니다. 벌레는 벌레처럼, 인간은 인간처럼, 그렇게 행동하겠지요. 그 성질들은 예정되어 있습니다. 행동과 행위는 세 가지 **구나**의 조합에 따라서 일어납니다.

사람들이 처음 여기 올 때는 자신의 지식을 과시하거나 저를 어떤 논의에 끌어들이려는 생각으로 옵니다. 저는 그것을 알고 있고, 그런 사람들이 아무것도 모른다는 것을 더 분명하게 알고 있습니다. 그들은 순전히 무지합니다. 이런 이유에서 저는 그들에게, 제 이야기를 한동안 듣고 최소한 제가 말하는 것을 어느 정도 흡수할 때까지는 질문이나 논의를 시작하지 말라고 합니다.

여러분이 아예 무지하다는 것을 저는 어떻게 압니까? 저 자신의 경험으로 압니다. 이런 것들이 다 어디서 시작되었습니까? 그것은 "내가 있다"는 앎의 일부이고, 이 앎과 그 특정한 형상, 그 전체 다발은 5대 원소에서 만들어졌는데, 5대 원소에게는 어떤 앎도 없습니다. 그래서 그 전부가 순전히 무지인 것입니다.

이렇게 말하는 사람들이 더러 있습니다. "나는 전생에 이러이러한 사람이었고, 이러이러한 사람으로 오겠다." 그들이 어떻게 압니까? 이 모든 것은 5대 원소에서만 나올 수 있고, 5대 원소가 창조되기 전에는 이전(전생)의 앎이란 있을 수 없었습니다. 그래서 그것은 다 말도 안 되는 헛소리입니다.

대단한 능력을 가진 하타 요기들(Hatha Yogis)이 많이 있는데, 그 중에서 제가 제일입니다. 하타(hatha)란 '끈기·고집'을 뜻합니다. 이 끈기가 무엇입니까? "나는 내가 태어난다는 것을 몰랐다. 나는 어떻게 이 형상을 얻었나?" 그것이 끈기 있게 추구해야 할 점입니다. 저는 이것을 알아야 했습니다. 그러다가 **사뜨와**(Satva) 이야기를 들었습니다. **사뜨와**가 무엇입니까? **사뜨와**란 5대 원소의 정수일 뿐인데, 그 안에 "내가 있다"는 앎이 들어 있습니다. 그 모두는 여전히 5대 원소로 되어 있는데, 이것("내가 있다"는 앎)이 어떻게 일어났습니까? 그때 저의 **스승님**이 말씀하셨지요. "이것이 그대의 실체다." 그게 전부였습니다. 그래서 저 자신의 경험에서 저는 그것이 다 무지라는 것을 압니다.

스승님이 저에게 말씀하셨지요. 원래 저는 이 모든 것과 아무 관계가 없고, 삶이라는 이 신비를 풀기 위해 제가 가진 거라고는 "내가 있다"는 앎이 전부이고, 그것 없이는 아무것도 없다고 말입니다. 그래서 저는 **스승님**이 일러 주신 대로 그것을 붙들었고, 그런 다음 어떻게 이 몸이 제가 모르는 사이에 나타났는지, 어떻게 그 바탕 위에서 다른 어떤 답변도 일어날 수 있는지, 그리고 또 그것이 어떻게 5대 원소들의 결과이기도 한지 알아내고 싶었습니다. 그래서 어떤 사람이 "나는 이것을 가졌다"고 생각하는 모든 것이 순전히 무지라는 것이고, 저는 저 자신의 체험으로 그것을 압니다.

만약 이것이 무지라면 저의 존재성은 어디 있습니까? 저의 존재성은 시내 아닌 시내에 있고, 장소 아닌 장소에 있습니다.

이것이 어떻게 일어났습니까? 무지인 이 "내가 있다"는 앎 때문에, **마야**가 청하지도 않았는데 홀연히 나타났습니다. 일단 일어나자 이 **마야**는 자신이 창조한 것을 좋아했고, 그 존재성이 내내 지속되기를 원했습니다. **마야**는 그것을 너무나 격렬하게 끌어안았기 때문에, 어떤 대가를 치르더라도 그 존재성을 가능한 한 오래 연장시키고 싶어 합니다.

우리가 욕망을 느낀다면 그 원인은 무엇입니까? 육신입니다. 계속 살아가고, 존재하고 싶다는 그 욕망은 5대 원소에서 나오고, 5대 원소로 된 몸이 존재하는 한 존속할 것입니다.

여러분은 저를 안다고 생각하기 때문에 여기 오지만, 저는 아무 모양이나 형상이 없습니다. 저의 참된 존재가 있는 '장소 아닌 곳' 역시 아무 형상이나 모양이 없습니다. 제가 무엇을 이야기하든 그것은 모두 5대 원소의 정수 때문에 일어난 것(존재성)이지만, 저는 그것과 무관합니다.

아주 영리한 사람들이 여기 와서 질문을 하는데, 제가 답변을 해도 그들이 저의 답변을 받아들이지 않습니다. 왜 그렇습니까? 그들은 몸-마음을 자신과 동일시하는 관점에서 이야기하는데, 저는 형상과의 동일시 없이 답변하기 때문입니다. 그러니 그들이 제 말을 어떻게 이해하겠습니까? 답변이 질문과 어떻게 부합하겠습니까?

누가 그 질문들을 하고 있습니까? 그 육신의 탄생에 기초한 시간의 상태로써 자신을 가늠해 온 사람인데, 그 탄생이란 상상의 한 허구이고, 순전히 기억과 습관과 상상의 다발입니다. 저는 그것을 알지만 그들은 모릅니다. 그대는 자신을 그 몸이라고 여겨 왔습니다. 그것은 실체가 없고 언제든 사라질 수 있는데도 말입니다. 그래도 그대는 그에 기초해 뭔가를 이루거나 얻고 싶어 합니다. 그 몸이 생겨나기 전에 존재했던 것만, 그 몸이 죽은 뒤에도 남아 있을 것입니다. 그 몸이 사라지는 순간, 그 마지막 날에는 그대가 존재했다는 기억마저 사라질 것입니다. 그대가 받아들인 모든 것은 오락이었을 뿐이고, 일체가 사라질 것입니다. 제가 말한 것에, 동의합니까?

질: 예.

마: 그것을 정말 받아들였다면, 그 몸이 남아 있든 사라지든 그대가 개의치 않게 될 것입니다.

어느 존재가 가진 모든 자부심은 전적으로 이 음식기운의 성질, 곧 존재성에 기초해 있습니다. 그것은 일시적 국면이고, 이것을 이해하게 되면 존재성이란 실재하지 않는다는 결론에 도달합니다. 그것이 실재하지 않는다는 것을 이해하는 자가 **영원자**입니다.

(삶이라는) 이 게임에서 그대는 사라지지 않을, 전적으로 그대의 것인 어떤 정체성을 붙들 수 있습니까?

질: 아니요.

통역자: 이 사람들은 어떤 마을에서 왔는데, 마하라지님을 자동차로 모셔가고 싶어 합니다. 그래서 마하라지께서 물으신 겁니다.

마: 그대의 마을에서는 이런 이야기를 누가 이해할 수 있겠습니까?

질: 아니요. 아무도 이해하지 못할 겁니다. 그들의 이해 수준을 넘을 테니까요. 그런 이야기를 들으면 화를 내면서 당신을 칠지도 모릅니다.

마: 아니, 그러지는 않겠지요. 외국인들은 제가 **그리스도**를 비난한다고 생각하고 저를 공격할지 모르지만 말입니다. 저는 그대에게 **그리스도**의 참된 지위, 실제 상태를 일러주고 있습니다. 사람들이 **그리스도**에게 한 짓을 저한테도 할지 모릅니다. **그리스도**는 사실을, 진리를 말했지만, 사람들은 격분하여 그를 십자가에 매달았습니다. 이제 그들은 성호를 긋습니다. 제 이야기는 그들의 이해 수준을 넘기 때문에 그들은 마음이 편치 않겠지요.

저는 **스승님**의 명령에 따라 이 **바잔**을 부르고 이런 이야기를 합니다. 제가 그 마을에 가면 **신**과 헌신자에 대해 이야기해야겠지요. 그들은 이해하지 못할 테니, 저는 그들의 수준에서 이야기할 것입니다. 무지한 사람들에게는 이렇게 말하면 족합니다. "신은 영원하다. 죄와 덕은 있다." 무지한 사람들에게는 이런 것들이 모두 참되지만, 그것은 다 들은 이야기입니다.

신과 세계는 아주 오래되었고 영원하다고 합니다. '나'가 없었을 때는 제가 이 영원한 세계와 **신**에 대해 몰랐습니다. '나'가 없었을 때는 그런 것들이 존재하지 않았습니다.

꿈 세계의 예를 들어봅시다. 꿈 세계 속에서 저는 오래된 성들과 태곳적 기념물들의 웅장한 광경을 보지만, 저의 꿈은 아주 신선하고 새롭습니다. 저는 이 한때만 그 꿈을 꾸는데, 어떻게 그 광경이 태곳적일 수 있습니까? 마찬가지로, 이것도 이 한때뿐입니다. 존재성이 있는 한 세계가 있습니다. '나'의 존재성이 없으면 세계도 없습니다.

저는 그대가 제 이야기를 귀담아 듣고 있고 제대로 이해한다고 믿습니다. 만약 그렇다면 왜 죽음에 대해 어떤 두려움을 가져야 합니까? 결국 죽음이 무엇입니까? 이 몸은 연료가 있는 램프와 같고, 심지는 존재성으로 타오릅니다. 연료가 다하면 불길이 사라질 것이고, '내가 있음'이 사라질 거라는 것을 그대는 압니다.

제 **스승님**은 저에게 저 존재성과 하나가 되라고 하셨는데, 그것과 하나가 되면 바로 그 원리가 그대에게 이 존재성의 모든 신비를 드러내 줄 것이고, 그 과정에서 그대가 그것을 초월할 것입니다. 그러나 아주 겸허해지고, 아주 정성스러워지십시오.

질: 이 존재성, 생각들, 인격, 심지어 제가 여기 오는 것조차 하나의 사건에 지나지 않고, 아무 이유가 없습니다. 맞습니까?

마: 그렇지요. 무슨 일이 일어나고 있다고 생각되건 간에, 모두 환幻입니다. 실제로는 어떤 일도 일어나고 있지 않습니다. 왜냐하면 그 기본 개념인 존재성 자체가 하나의 환幻이기 때문입니다.

이 몸-마음 상태를 벗어나면 그대는 현현된 존재성이지만, 그 현현된 상태에서는 그대가 존재성도 초월합니다. 그대가 곧 현현자(현상계)라는 것을 깨닫는 가운데 존재성을 벗어납니다. 그대는 거의 존재이자 비존재 안에 있고, 그 너머에 있습니다.

질: 그러면 당신께서는 무無, 곧 최종 단계이십니까?

마: 누가 있어 그 말을 하며, 누가 자기는 없다고 말하겠습니까? 그리고 무엇을 가지고?

질: 범혈梵穴(브라마란드라) 안에 있는 존재성의 불길 말입니다. 우리가 그것을 느낄 때는 어떻게 해야 합니까? 그것을 무시해야 합니까, 아니면 거기에 집중해야 합니까?

마: 그런 체험들을 그저 지켜보십시오. 그대가 보는 모든 것을 단순히 지켜보면서 자각하십시오.

존재성, 곧 "내가 있다"는 하나의 도구일 뿐 그대가 아닙니다. 그것은 지知의 한 도구이고, 저 위대한 지知의 도구를 신이라고 하는데, 그것은 음식기운의 성질입니다. 오직 그것을 통해 그대가 다른 일체를 볼 수 있습니다.

질: 존재성과 함께 흐르면서 그것을 즐기지 않아야 한다고 제가 이해했으면 맞습니까? 물러나서 지켜보라고요?

마: 설사 그것과 함께 흐른다 해도 그대는 별개입니다. 그대 자신이 즐기는 것을 그대가 볼 수도 있겠지만, 그래도 그대는 감시자이지 참여자가 아닙니다. 그런 체험들은 그대의 존재성에 기인한다는 것을 기억해야 합니다. 존재

성은 그대의 성질일 뿐 그대가 아닙니다. 그대는 심지어 자신의 몸이 죽어서 누워 있는 것을 볼지도 모르고 그것은 존재성의 일부이지만, 그대는 그것이 아닙니다. 그것을 깨닫고 지켜봐야 합니다.

그대는 지금 무엇이며, 무엇이 되고 싶습니까?

질: 저는 일체에 편재한 것을 즐기고, 그것과 하나가 되고 싶습니다.

마: 저 일체에 편재한 원리와 하나가 되고 싶어 하는 그것은 누구입니까? 무엇보다도 그 '그대'를 없애십시오. 이곳은 그대의 모든 희망과 기대와 욕망이 완전히 해소되고 절멸되는 곳입니다. 그 단계에서 그대에게 무엇이 남습니까? 그대는 많은 개념들을 건드려 봅니다. 우리가 저 존재성과 하나인 한, 늘 우리 자신에 대해 아주 고매한 어떤 개념들을 갖고 싶어 하겠지요.

1980년 3월 28일

44
명상이란 존재의 느낌이 그 자신을 붙드는 것

마하라지: 일단 몸이 끝이 나면 그것은 5대 원소에 섞이고, 생명기운은 공기와, **의식**은 **보편적 의식**과 섞입니다. 그리고 나면 몸 안의 세 가지 **구나**에 종속되었던 **의식**이 거기서 벗어나 **니르구나**(Nirguna)가 됩니다. 환생이 있다는 생각은 하나의 개념입니다. 왜냐하면 뭔가가 다시 태어나려면 뭔가가 죽어야 하기 때문입니다. 무엇이 죽었습니까? 아무것도 죽지 않았습니다. 누가 다시 태어나게 됩니까? 누구도 태어나지 않았습니다.

여러분이 받은 어떤 교육도 몸-마음의 기초 위에 있었고, 따라서 여러분이 가진 어떤 개념도 개념으로만 머무를 것입니다. 그러나 일단 몸이 5대 원소와 섞이고, 숨이 공기와 섞이고, **의식**이 **보편적 의식**이 되면 그 개념들은 설 자리도 지지물도 없을 것입니다. 그러니 그것들이 어디로 가겠습니까?

보편적 의식은 어디에서도 오지 않습니다. 그것은 두루 존재합니다. 그것은 전체 음식들 안에 잠재적인 형태로 존재합니다. 그것은 어디에서도 오지 않고, 이미 잠재해 있습니다. 그 형상이 창조되자마자 자동적으로 생명기운과 의식이 그 안에서 동시에 나타납니다.

아주 작은 씨앗 안에 나무 전체가 이미 잠재적인 형태로 존재합니다. 때가 되면 그것이 자라서 번식하겠지요.. 이 씨앗, 이 화물, 이 존재성은 여러분의 전 우주를 포함하고 있습니다. 여러분의 이 존재성으로부터 질문을 할 것이지, 듣거나 수집한 것을 가지고 질문하지 마십시오.

이 존재성은 그 자신의 잠재적 성질들이 있는데, 그것이 이 현상계로 자신을 현현합니다. 그것은 세상 속에서 어떻게 행동합니까? 기계적 속성을 통해서입니다. 그것은 세상을 어떻게 살아갈 것인가에 대해 그 나름의 기계적 방식을 가지고 있습니다. 이런 속성들은 그 화학적 원리 안에 잠재해 있습니다. 벌레나 곤충, 혹은 쥐를 보자면, 그들은 자기가 살 구멍을 팝니다. 마찬가지로, 인간은 그 나름의 방식으로 일을 합니다. 그런 본성이 어디서 솟아납니까? 그들 자신의 존재성에서 나옵니다.

질문자: 그러나 오직 하나의 존재성이 있을 뿐이지, 많은 개인적 존재들이 있는 것이 아닙니다.

마: 허공이 하나이고 공기가 하나이고 불이 하나이듯이, **의식도 하나입니다**.

이는 5대 원소들이 통합되어 조합을 이루는 결과입니다. 그래서 존재성은 5대 원소들의 흐름에서 나온 음식기운의 한 산물입니다.

잉태 시에 이 존재성 원리는—이 화물은—(그 당시 존재하는) 모든 상황의 사진을 찍습니다. 사진 필름상의 저 화학적 용액은 인상들을 받아들입니다.

저 원리는 우리도 모르게 사진을 찍습니다. 그 단계에서는 어떤 지성도 없습니다. 그런 다음 그 원리가 충분히 성숙하여 자신의 목적 자체, 곧 태아라는 목적을 성취합니다. 그 목적이 무엇입니까? 그 자신을 "내가 있다"로 아는 것입니다. 그것이 때가 되면 그 아이 안에서 나타납니다.

저는 여러분의 참된 성품에 대해서 이야기하고 있습니다. 즉, 여러분은 **주 크리슈나**와 같은 **니르구나**입니다. 주 크리슈나는 바로 여러분이 그러한 것과 마찬가지로 **불생자**, **니르구나** 원리입니다.

이 **보편적 의식**은 매순간 수많은 형상들, 즉 곤충·짐승·인간 기타 온갖 종들을 탄생시킵니다. 그런데 사람들은 우리에게 많은 전생이 있다고 합니다. 그들이 그 전생들을 다 기억합니까? 의식적으로는 제가 저의 출생에 대해 아무것도 모르는데도, 저는 태어났다는 말을 듣습니다. 실은 여러분이 그런 개념을 받아들이는 것은 죽음을 겁내기 때문입니다.

오고 감이 완전히 없어진 사람, 그리고 결국 "내가 있다"는 자기 자신의 개념마저 완전히 없어진 사람은 완전히 해탈한 것입니다.

인도에서 (보편적인) 수행법은 **신**의 신성한 이름을 염하는 것입니다. 여러분은 이름이나 호칭 없이 세상을 살아갈 수 없습니다. 여러분에게 **신**의 어떤 칭호나 이름이 주어지는데, 그 이름은 바로 여러분 자신의 이름입니다. 그 이름을 염하면 그것이 확산되어 여러분에게 모든 **지**知를 안겨줄 것입니다. 그것은 여러분 자신의 참된 성품입니다. 그 염송을 그만두면 안 됩니다. 몸이 살든 죽든, 그 이름을 끊임없이 염해야 합니다. 설사 어리석은 사람이라 해도 그 신성한 이름을 염하면 그의 영원한 성품이 열릴 것입니다. 그래서 그런 일이 일어나면 사람들이 우르르 몰려가서 그에게 복종과 존경을 바칩니다.

인도에서는 신성한 이름의 염송이 아주 중요하지만, 외국에서는 지성이 강조됩니다. 그래서 외국인들은 세간적 삶에 아주 능합니다. 신성한 **나마 만트라**(Nama Mantra) 염송은 제가 속한 **나바나트 삼쁘라다야**(Navanath Sampradaya)의 전통이기도 합니다. (이 계보의) 저 위대한 **진인**들은 별 교육을 받지 못했고, 상당히 순진한 사람들이었습니다. 그런데도 최고의 경지에 도달했습니다.

많은 사람들이 『아이 앰 댓』을 읽고 나서 저의 집을 찾아오지만, 제가 군중 속에 있을 때는 저를 찾아내지 못합니다. 저는 훌륭하고 빛나는 인격을 가지고 있지 않기 때문입니다. 결국 제가 가서 약간 높은 자리에 앉으면 그들은 이렇게 생각합니다. "오, 바로 이 양반인가 보군." 그러나 처음에는 저를 보고도 못 본 척합니다.

질: 마하라지께서 전생 관념을 부인하시니, 상습(samskaras)은 금생의 문제로 해석할 수 있습니까?

마: 그렇지요. 그러나 금생에 그대가 만난 친구들은 그것이 전생부터 그대가 가지고 온 것이라고 말하겠지요.

◆ ◆ ◆

마: 존재성은 몸의 도움이 있어야 그 자신을 알 수 있고, 세간적 활동을 해나갈 수 있습니다. 이 몸은 5대 원소들의 정수이며, 몸 기운의 정수는 "내가 있다"는 앎입니다. 몸-형상이 없으면 존재성이 그 자신을 알 수 없습니다. 따라서 저 내거內居하는 원리, 존재성만을 붙들어야 합니다. 휴면 중인 모든 활동의 잠재성은 존재성에 의존하고, 존재성은 음식-몸의 기운 안에 잠재적인 상태로 들어 있습니다. 이 기운은 5대 원소에서 방사됩니다. 그 전체 작용을 주재하는 원리는 바로 "내가 있다"는 앎인데, 이것은 5대 원소로 된 몸의 정수입니다. 이 "내가 있다"는 앎을 올바르게 이해해야 합니다. 몸이 없으면 존재성이 그 자신을 알지 못합니다. 존재성, 생명기운 그리고 마음은 형상이 없습니다. 5대 원소들의 흐름 속에서 다양한 종種들의 갖가지 몸-형상이 창조됩니다. 생명기운이 이 여러 가지 몸-형상들 안에 들어가면 존재성도 그 형상들을 통해 그 자신을 표현합니다. **사뜨와**라고 하는 채소 기운은 종種들의 다양한 몸을 만드는 데 들어갑니다. 그리고 그 몸들 안에 **사뜨와**, 곧 존재의 느낌이 거주합니다. 각 종種에는 그 몸의 모양이나 형상에 따라 하나의 이름이 붙습니다. 종種들의 표현과 행위들은 그들의 몸-형상에 따라 다릅니다.

모든 종種들 중에서 가장 나은 것은 인간이고, 따라서 인간은 **이스와라**, 곧 **하느님**이라는 칭호를 얻을 자격이 있습니다. 생명기운이 작용하면서 인간의 몸 안에서 마음의 흐름이 시작됩니다. 그리고 상습(samskaras), 즉 마음이 외부에서 수집한 인상들에 따라 행위들이 이루어집니다.

몸은 검거나 희거나, 키가 크거나 작을 수도 있지만, 내거하는 원리, 즉 "내가 있다"는 앎은 생기나 마음과 마찬가지로 색깔도 없고 크기도 없습니다. 그것은 '현존의 느낌', 광휘光輝(effulgence)의 느낌일 뿐입니다. 그리고 마음은 세간적 활동을 실행하기 위한 그것의 탈것 혹은 매개체로 기능합니다.

여러분은 명상을 하고 싶어 하고, 또 그렇게 해야 합니다. 진정한 **명상**은 이 존재의 느낌 안에 안주하는 것입니다. 사실 **명상**이란, 존재의 느낌이 그 자신을 붙드는 것입니다.

사람이 죽으면 천당이나 지옥으로 간다고 합니다. 그러나 이것은 개념이고 들은풍월일 뿐입니다. 한 몸이 죽으면 내거하는 **아뜨만**—존재의 느낌—은 자신의 존재성에 대한 기억을 잃어버려서 '자기가 있다'는 것을 모릅니다. 그 상태에서는 잠도, 생시도, 존재성도 없습니다.

이것을 분명히 이해해야 합니다. 만일 여러분 자신을 몸이라고 생각하면 여러분은 마음의 노예가 되고, 그에 따라 고통 받습니다. 따라서 여러분 안에 있는 최고의 원리와 여러분 자신을 완전히 동일시해야 하는데, 그 원리가 곧 "내가 있다"는 앎입니다. 이것이 여러분을 **브리하스빠띠**(Brihaspati)—신들의 스승—의 지위에 올려줄 것입니다.

여러분은 자신이 아무개라고 생각합니다. 그러나 여러분은 그런 어떤 것도 아닙니다. '존재의 느낌'이 몸을 통해 표현되는 것은 일체에 편재한 **절대자**의 결과입니다. 이 '존재의 느낌'은 자신에게 깊이 도취되어 있어 '**자기사랑**'이라고 불립니다. 그것을 **구나**·**시바**·**브라만**이라고도 합니다. 여러 몸들을 통해서 작용하는 것은 **자기사랑**이며, 그 자체로는 어떤 '너'도 '나'도 '그'도 없습니다.

몸이 죽으면 그것은 부패되어 5대 원소로 돌아가고, 생명기운—**쁘라나**(Prana)—은 우주의 기운에 합일됩니다. 그리고 **구나**, 즉 '존재의 느낌'은 순식간에 **니르구나**, 곧 비존재로 됩니다. 마치 불길이 꺼지면 바로 그 자리에서 순식간에 불길이 없어지듯이 말입니다. 부디 제 이야기를 귀담아 들으십시오.

생명기운이 없으면 **구나**에게는 어떤 존재의 성질도 없습니다. 구나가 존재하는 한에서만 **시바**·**브라마**·**비슈누** 같은 거창한 칭호가 존재하지, 그렇지 않으면 그런 것도 없습니다. **쁘라나**(Prana), 즉 생명기운이 없으면 몸에—심지어 **구나**에게도—어떤 움직임도, 역동성도 없습니다. 요컨대 소중한 벗이자 시자侍者였던 쁘라나가 몸을 떠나면, 주재하는 원리인 **구나**도 더 이상 없습니다. 한 무더기의 곡식 안에 **의식**이 잠재해 있는데, 좋은 조건이 갖추어지면 그 종種의 형상과 성질에 따라 그것이 나타날 것입니다. 먹다 남은 음식이 썩으면 생기로 가득 찬 세균·벌레들이 거기서 나타나겠지요. 지금 이 주제에 대해 질문이 있으면 해 보십시오.

질: 그 형상들은 아무 목적 없이 자연히 창조됩니까?

마: 그렇지요, 그러나 각각의 종種은 그 자신의 모습이라는 틀 안에서만 번식합니다. 인간이 짐승을 낳을 수 없고 그 반대도 불가능합니다. '내가 있음'의 느낌으로 돌아가자면, 그대는 그것이 가장 미세한 원리라는 것, 허공보다도 더 미세한 원리라는 것을 이해해야 합니다. 몸의 죽음과 생기의 멈춤으로 인해 그것이 꺼질 때, 그 사건을 **니르얀**(Niryan-'떠남', 해탈) 혹은 **니르반**(Nirvan-'꺼짐', 열반)이라고 합니다. 이것은 그 안에 '내가 있음'이 남긴 어떤 견본도 없는 상태─절대적으로 견본이 없는 상태입니다. 그 상태는 그 자신이 있다는 것을 모르며, 행복과 고통을 넘어서 있고, 말을 넘어서 있습니다. 그것을 **빠라브라만**이라고 하는데, 이는 비경험적(경험을 넘어선) 상태입니다.

질: 명상 도중의 지복스러운 상태는 무엇입니까?

마: 명상자가 명상 중에 자신을 잊어버리면 그것이 **비스란띠**(Visranti-안식)인데, 이것은 전적인 망각으로 끝나는 완전한 이완을 뜻합니다. 그것이 '지복스러운 상태'인데, 거기서는 말, 개념, 심지어 "내가 있다"는 느낌도 필요 없습니다.

질: 우리 안의 모든 개념들은 태아 안에 잠재해 있던 원리에서 솟아나옵니다. 그렇습니까?

마: 그렇지요.

질: 우리의 생각이 방출되는 것도 이미 정해져 있을 수 있습니까?

마: 그것들은 어느 면에서 예정되어 있지 않습니다. 그것은 그대가 지금 받는 인상들, 즉 상습의 반영입니다.

질: 하느님, 곧 **이스와라**는 전지全知하다고, 모르는 것이 없다고 합니다. 그것은 어떤 의미입니까?

마: 이스와라는 한 개인이 아닙니다. 그것은 일체 안에 잠재해 있는, 일체에 편재한 원리입니다. 그것은 5대 원소, 세 가지 **구나**, 그리고 생시·잠·지각성의 순환 속에서 나타납니다.

질: 그것은 어떤 이원성도 의미하지 않습니까?

마: 이원성은 몸-마음의 수준에서만 있습니다. 일체에 편재하는 **보편적 의식**

안에서 매일 무수한 탄생이 일어나지만, 그 바탕인 절대적 상태 안에 있는 것은 **아잔마**(Ajanma), 즉 **불생자**입니다. **보편적 의식**으로서의 그것이 다多성질 적이기는 하나, **절대적** 상태로서의 그것은 **니르구나**, 즉 무無성질입니다.

(마하라지는 작가인 한 미국 여성에게 말한다) 그대는 이 **지**知를 완전히 흡수하기 전에 얼른 집으로 가는 게 좋겠군요. 안 그러면 그대의 모든 '정체성'을 잃어버릴 것입니다.

질: 저는 뭐라고 말을···.

마: 하지만 제가 말하지요. 그대는 모든 개념들의 '오고 감'에서 해방될 거라고 말입니다. '내가 있음'의 느낌조차도 청산될 것입니다.

이 나라에서는 옛날부터 사람들이 신성한 이름을 제대로 염念하면 그것이 대단한 영험을 가지고 있다는 것을 받아들이고 있습니다. 더 이상의 것이 없지요. 세간에서는 무수한 사람들이 그들에게 붙여진 이름들로 인격화됩니다. 왜냐하면 세간사에서는 이름이 효용이 있기 때문입니다. 그대가 어떤 영적인 행법에 입문하면서 하나의 신성한 이름(나마 만트라)을 받을 때, 그 의미는 그것이 그대의 '궁극적인 참된 성품'을 나타낸다는 것입니다. 그 신성한 이름과 완전히 하나가 되십시오. 그러면 그것이 그대의 영적인 향상에 필요한 모든 신비한 지식을 그대에게 안겨줄 것입니다. 그것은 그대의 '영원한 **자각**' 속으로 그대를 일깨워줄 것입니다. 이것이 전통적인 아홉 스승들의 종파인 **나바 나트 삼쁘라다야**의 신비한 핵심어입니다. 이 스승들은 교양이 있지도 않았고 교육을 많이 받지도 않았습니다.

전해오는 이야기로는, 한 사내가 어느 나무의 가장 높은 가지 위에 앉아서 바로 자신이 앉아 있는 가지를 잘못된 방향에서 자르고 있었습니다. 한 스승이 그 길로 지나가다가 이 순진한 사내가 일념 집중하고 있는 모습을 보았습니다. 스승은 연민을 느껴 그에게 이름 하나를 내려주었고, 그는 그것을 부지런히 염했습니다. 세월이 지나 이 단순한 남자는 위대한 **진인**이 되었습니다. 집중된 마음으로 염하는 신성한 이름의 힘이 이와 같습니다.

◆ ◆ ◆

질: '내가 있음'이 음식기운의 산물이라면, 어떻게 해서 바바지(Babaji)의 '내가 있음'은 음식 없이도 계속 존재할 수 있습니까?

마: 스리 바바지의 음식기운의 성질에서 태어난 원인신原因身(causal body)이 그 자신을 지탱하고 있지만, 그것의 원인은 음식일 뿐입니다. 그것은 2천 살일 수도 있고 4천 살일 수도 있는데, 여전히 그 자신을 지탱하고 있습니다.

인도 신화에서도 수천 년 동안 '내가 있음'을 지속시켜 온 인물이 두 사람 있습니다(196쪽 참조). 그들은 지금도 어딘가에 살아 있다고 하는데, 그들도 음식기운에서 생겨난 '내가 있음'의 세포인 원인신을 가지고 있습니다. 그렇기는 하나, 그렇게 오래 살았다고 해서 그들이 5대 원소의 유희에 어떤 변화를 가져올 수 있었습니까? 그들이 이 창조·유지·파괴의 흐름을 멈출 수 있었습니까? 그것은 언제나 그렇듯이 진행되어 왔고, 그들은 그것에 간섭하지 못합니다. 그들은 원인신으로만 있으면서 일체를 관찰했습니다.

질: 우리가 죽고 나면 몸과 지성 둘 다 해체되는데, 무엇을 가지고 우리가 천당·지옥 등의 상태를 경험합니까?

마: 죽고 난 뒤에는 몸과 지성이 해체되어 버렸는데 무슨 경험이 있을 수 있습니까? 경험할 것이 뭐가 있습니까? 음식기운의 성질이 완전히 해소되어 사라졌다면 누가 거기서 더 나아갈 수 있습니까?

질: 왜 갓난아기 때부터 약 2년간은 음식-몸과 생명기운이 존재하는데도 '내가 있음'의 경험이 전혀 없습니까? 그것은 순수한 의식의 초기 상태입니까?

마: 그것은 덜 익은 망고의 경우에 단맛이 잠재적인 상태로 있고 완전히 드러나지 않은 것과 비슷합니다. 익은 망고에서는 그것이 그 자체를 경험합니다. 마찬가지로, 갓난아기 때는 저 '내가 있음'의 감촉이 잠재적 상태로 존재하지만, 그것이 충분히 발전하지 않아서 스스로를 표현하지 못합니다.

질: 마하라지께서는 개인의 환생이란 없으며, 의식이 그냥 자신을 표현할 뿐이라고 말씀하십니다. 그리고 나서 다른 사람에게는 그의 태도가 많은 환생을 야기할 거라고 이야기하십니다.

마: 환생 등의 관념에 사로잡혀 있는 무지한 사람에게는 "그대는 환생할 것이다"라고 말하지만, 이해할 수 있는 사람에게는 제가 지知만 베풀 것입니다.

질: 어떤 때는 마하라지께서 브라만은 주시자가 아니라고 하시고, 어떤 때는 브라만이 주시자라고 하십니다.

마: 그대가 이 브라만에게서 바라는 의미는 무엇입니까? 이 브라만이라는 단어를 어떻게 생각합니까? 브라만은 세계의 방출(현현)을 의미하면서, 동시에 "내가 있다"는 것을 확인해 줍니다.

이 브라만 안에서는 일체가 환幻이지만 누가 그것을 이해합니까? (그것을) 이해하고 깨닫고 주시하는 그 원리가 빠라브라만입니다. 주시하기는 빠라브라만에게 일어납니다. 이 현현된 상태에서는 일체가 부단히 변하고 있고 그 어떤 것도 영원하지 않아, 모든 것이 환幻입니다.

이제 그대는 한 스승을 받아들였고 그는 그대에게 어떤 지知를 베풀었습니다. 이 지知를 받고 나서 그대는 어디로 갑니까? 그대가 받은 가르침의 취지를 이해합니까? 그대의 진아, 그대의 참된 성품을 언제 깨달았습니까? 그대에게 은행 계좌가 하나 있는데, 그대는 거기에 천 루피가 들어 있다고 말합니다. 그렇지요, 그 돈이 있는 것은 맞지만 그대가 그것을 지니고 있지는 않습니다. 천 루피가 그대의 계좌에 있다는 정보만 가지고 있습니다. 마찬가지로, 그대는 탄생과 죽음에 대한 이야기를 들어 왔지만, 그 정보는 그대에게 머무르지 않을 것이고, '그대가 있다'는 정보마저 사라질 것입니다.

그대는 영적인 공부를 추구하고 있으니, 끝까지 가보고 완전히 끝내십시오. 그렇지 않으면 그대의 정상적인 생활방식을 따르십시오. 그대는 불생자이고, 항상 불생자로 남아 있을 거라는 결론에 도달해야 합니다. 세계와 마음 등 일체가 실재하지 않지만, 저는 그 어느 것도 아닙니다.

◆ ◆ ◆

마: 어떤 말이 방출되기 전에 '나'는 존재하며, 나중에 "내가 있다"고 마음속으로 말합니다. 말에서 벗어나고 생각에서 벗어나 있는 상태가 아뜨만입니다.

아뜨만은 그 자체로 자기 충족적입니다. 그러나 그것이 몸에 매달릴 때에만 정신적·신체적 레크리에이션이나 몰두할 일 같은 '치료'가 필요하고, 그런 것이 없으면 사람이 아뜨만을 견디지 못합니다. 아뜨만이 몸-정체성에서 분리되는 데 필요한 영적 진보를 이룰 수 있게 해주는 다양한 행법이 권장됩니다. 그 중에서도 최상은 명호기억(Nam Smaran), 곧 신의 성스러운 이름을 염하는 것입니다. 그러나 여기서 **신**은 여러분 안에 내거하는 원리, 즉 **아뜨만**을 의미합니다. 거기에 다양한 이름이 붙는데, 그 이름들은 여러분이 아무리 다른 신들의 이름을 찬송해도 그에 반응해 올 이 '**내적인 신**'(아뜨만)을 나타냅니다. 염주 알을 세는 관행은 손이 하나에 몰두하게 하기 위한 것일 뿐, 여러분이 (염송을 통해) 불러야 하는 것은 이 내적인 신입니다. 이 신은 여러분이 그의 이름을 염하면서 염주를 헤아리면 깨어납니다. "음매, 음매" 하면서 자기에게 달려오는 송아지를 보면 어미 소의 젖통에서 젖이 나오듯이, 존재성도 자신의 성스러운 이름을 부르면서 지극정성으로 염주를 헤아리는 사람에게 **은총**을 쏟아주어 그를 **적정**寂靜에 이르게 합니다. 이 **나마-요가**(Nama Yoga)가 영적인 용어로 **헌신 요가** 혹은 헌신력이 의미하는 것입니다.

염송의 전체 기조는 이 '내가 있음'이 그 자체를 벗어나지 않게 하는 것입니다. 여러분 안의 청자聽者는 그 염송을 경청하고, 몹시 기뻐합니다. 매일 염송을 하면서 염주를 헤아리는 사람들이 그것을 할 수 없게 되면 조바심을 내는 것도 그런 이유 때문입니다.

마하라슈트라의 시인-성자인 뚜까람(Tukaram)도 이 원리를 확인하면서 그의 어느 시구에서 이렇게 노래합니다.

> 나는 헌신으로써 존재성을 그 자체 안에 가두는 데 성공했네.
> 이리하여 내 영적인 탐구의 최고봉에 도달했고
> 결국 내 마음의 습習들은 모두 고갈되었네.

존재성이 그 자체 안으로 합일되는 것이 바로 **지복**의 원천입니다. 그러한 상태에 있는 많은 **진인**들은 자신의 신체적 상태를 사뭇 망각하고 그냥 땅 위에 드러눕거나 그들 자신 안에서 즐거워했습니다. 잘못 생각한 일부 구도자들은 마리화나 같은 마약의 도움을 빌려 인위적으로 망각의 상태를 야기합니다. 그러나 그것은 외적인 수단으로 감각기관을 마비시키는 것입니다. 그런 사람들은 지속적 평안을 얻지 못하고 숙취와 멍한 머리만 얻을 것입니다. 여러분이 영원한 평안을 원한다면, 몰입하는 헌신의 길, 곧 명호염송(Nama-Japa)이나 헌신 요가를 통해서 그것을 얻고, 그것이 '될' 수 있습니다.

1980년 3월 29일, 30일

45
절대자는 그 자신을 모른다

마하라지: 저는 위아래로, 좌우로, 거꾸로 이야기를 했습니다. 제 이야기를 듣고 나서 어떤 사람이 완전히 실망하고 좌절하여 돌아갔는데, 다음날 다시 와서 저에게 도전하더군요. 그래서 제가 그에게 말했습니다. "아, 예, 당신의 이야기가 아주 심오합니다. 당신이 저를 조금 일찍 만났더라면 제가 당신을 제 **스승**으로 모셨을 텐데요." 그러자 그는 아주 기뻐했습니다.

질문자: 마하라지께서는 음식이 없이는 어떤 존재성도 없다고 하셨는데, 저는 존재성과 **의식**은 늘 존재한다고 생각했습니다. 그것이 **절대자**입니다. 따라서 그것은 음식이나 물질적인 것들과는 다릅니다.

마: 일체가 이 **의식**이지만, 몸이 없으면 그대가 **의식**을 알지 못합니다. (자기가) 존재한다는 앎은 어떤 형상 없이는 일어나지 않고, 그 형상은 음식 없이는 스스로를 유지할 수 없습니다.

질: **의식**이 형상에 의존합니까?

마: **의식**은 도처에 존재하지만 그 **의식**의 앎은 그 형상에 의존합니다.

질: 그러면 형상 없는 순수한 **의식**이란 불가능합니까?

마: **의식**은 (형상 없이도) 존재하지만 그것에 대한 앎은 그렇지 않습니다. 그 앎을 누가 가지고 있겠습니까?

질: 그러나 어제 마하라지께서는 "내가 있다"는 앎을 붙들라고 말씀하셨습니다. 그것은 물질적 형상을 붙드는 것이 되겠군요.

마: 그것을 붙잡고 말고가 없지요. (붙잡지 않아도) 그것은 있고, 그대는 거기서 벗어날 수 없습니다.

질: 그러면 저는 무엇에 대해 명상해야 합니까?

마: 의식 안에 조용히 머물러 있으십시오. 이 존재성의 성질을 이해하는 사람은 그것을 초월하여 더 이상 나고 죽음에 의해 영향을 받지 않습니다.

질: 의식이 없으면 무엇이 남습니까?

마: **절대적 상태**지요. 거기서 5대 원소가 나와서 모양이나 형상을 취합니다. (형상이 사라져서) 그 움직임이 동결되어도 잠재력이 존재합니다. 그것이 **빠라브라만**입니다. (거기서는) 아무런 움직임도 없습니다.

질: 그러나 그것에 대해 의식하는 것이 아무것도 없는데요?

마: 절대자는 그 자신을 모릅니다. 음식기운의 도움이 없으면 몸-의식은 그 자신을 모릅니다. 음식기운의 몸 없이는 아무도 그 자신을 모릅니다.

질: 마하라지께서는 **절대적 상태**에 계시니까 당신 자신에 대해서는 모르시겠군요?

마: 저는 영원히 그 **상태**를 압니다.

질: 하지만 **절대적 상태**는 그 자신을 모른다고 말씀하셨지 않습니까?

마: 만약 그 상태만이 지배한다면 **그것**은 그 자신을 모르겠지만, 이 몸과 존재성이 있을 때는 그것들을 통해서 **그것**을 압니다.

질: 그러나 몸이 사라질 때는요?

마: 앎이 없지요.

질: 그러면 마하라지께서 돌아가시면 더 이상 **절대적 상태**를 모르시겠군요?

마: 이 모든 유희는 5대 원소들의 영역 내에 있습니다. 죽음이 무엇입니까? 이 몸과 존재성이 5대 원소에 합일되는 것입니다.

절대자는 5대 원소에서 나온 이 존재성과 몸의 도움을 받아 그 자신을 표현하지만, 존재성은 5대 원소라는 원료로 이루어집니다. 절대자는 그것을 통해서 그 자신을 표현할 때를 제외하면 그것과 무관합니다.

세간적이고 세속적인 문제에서는 그대가 영적인 공부에 의지하여 이것이 얼마나 비실재적인지 이해합니다. 그러나 영적인 공부의 목적을 이해하고 나면 그 영적인 공부도 실재하지 않는다는 것을 이해하게 되고, 그러는 과정에서 이 모든 세계를 (실재하지 않는 것으로) 배척하게 됩니다.

저는 평이하고 단순한 언어로 그대에게 이야기하고 있습니다. 여기 사람들이 차려내는 음식이 있습니다. 그 음식 안에 이 '내가 있음'이 잠재적인 상태로 들어 있습니다. 그것은 몸을 가질 때만 살짝 내다봅니다. 불행히도 그대는 이 음식의 산물을 자신과 동일시하려 하고, 그래서 모든 문제가 시작됩니다.

질: 만약 마하라지께서 산책을 나가셨다가 돌부리와 불구자인 거지 소년 둘 다에 걸려 넘어지신다면, 그 둘이 당신께는 동일합니까?

마: 무엇에 대해 제가 차별을 두겠습니까? 돌부리와 소년이라고 말하는 그대는 누구입니까? 저는 한 개인이 아닙니다. 그대의 질문은 무엇입니까?

질: 그러면 마하라지께서는 (걸려 넘어져도) 상관하지 않으시겠군요?

마: 그대가 이해해야 할 핵심은 개인적 인격이란 존재하지 않는다는 것입니다. 5대 원소의 정수에서 모든 형상과 존재성이 나옵니다. 마하라지에 대해서는 신경 쓰지 마십시오. 아무 차이가 없습니다.

이 몸, 혹은 존재성은 그 존재성에 대해 자연스럽게 반응하겠지요. **절대자인 저는 그것의 반응에 대해 상관하지 않습니다.** 아이가 생후 며칠밖에 되지 않을 때는 음식기운의 정수일 뿐입니다. 몇 달이 지나면 지식기관이 발달하여 인상을 받아들입니다. 그 인상들은 사진처럼 저 화물化物 안에 기록됩니다. 그리고 나면 다섯 행위기관들도 자기 맡은 바 일을 하고, (아이는) 더 많은 인상을 받아들입니다. 나중에는 그에 따른 반응들이 일어납니다.

질: 그것은 하나의 법칙입니까? 그런 식으로만 일어나게 되어 있습니까?

마: 이 모든 유희는 기계적인데, 그 화물의 일부입니다. 탄생이란 저 화물의 형성을 의미합니다. 음식-몸의 정수가 그 화물이며, **의식**이 나타나 "내가 있다"라고 느끼려면 그것이 필요합니다. 이제 이해됩니까?

질: 이제 이해됩니다. 그러나 저는 마하라지께서 농담을 하고 계신 게 분명하다고 생각합니다. 당신께서는 돌멩이와 거지 소년을 분별하지 않는다 하시면서 어리석은 사람들을 가르치시느라 많은 시간을 소비하십니다. 그리고 휴가도 없이 날이면 날마다 **바잔**을 하시면서도, 당신께서는 "그것은 그냥 일어

난다"고 하십니다. 저는 당신께서 농담하시는 게 분명하다고 생각합니다.

마: 이게 다 농담이지요.

통역자: 마하라지님 안의 "내가 있다"는 성질은 다른 사람들의 무지를 보면 괴로워합니다. 당신 존재성의 그 성질은 남들을 돕고 싶어 합니다. 무지에서 나온 고통을 차마 보지 못하시는 겁니다.

질: 왜요?

마: 그 존재성은 그 자신의 성품에 따라 행위할 것이기 때문입니다. 그것이 그 존재성의 성품입니다.

질: 상당히 묘하군요. 대부분의 사람들, 혹은 그들의 화물들은 단순히 자기 자신에게 봉사하려고 하는데, 당신의 화물들은 너무나 특별해서 남들을 돕고 싶어 하니 말입니다.

마: 그대가 자신이 있다는 것을 아는 것은 무엇에서 비롯됩니까?

질: 몸-의식, 화물들 따위입니다.

마: 그대는 주의를 저 존재성 원리에 집중하지 않고 있습니다. 그저 그곳에 있으십시오. 그 존재성 안에서 일체가 일어나지만, **절대자**인 그대는 그것이 아닙니다. 그대도 점차 이해할 것입니다.

질: 저는 제가 손가락이 아니라는 것을 알지만, 그것을 물어뜯지는 않습니다.

마: 어떤 행동도 취하지 마십시오. 이해하십시오. 그대는 또다시 개인으로 행동하려고 합니다. 제가 하는 말을 이해하려면 반드시 명상을 해야 합니다. 개념들에 정신이 팔리지 말고 그저 고요함 안에 안주하십시오.

◆ ◆ ◆

마: 제가 이야기하는 것은 전체성의 **지**知에 대한 것입니다. 그것은 하나의 정보가 아닙니다. 저는 전체로서의 현상계를 고려하는데 반해 그대는 제 이야기에서 하나의 단편, 하나의 개념만 집어들고 "저는 이런 관념이 좋습니다"라고 말한 다음, 그것을 **브라마·비슈누** 등으로 부르면서 거기에 높은 지위를 부여합니다. 그러나 전체적이고 건전한 의미를 이해하려고 들지 않습니다.

질: 당신께서는 저 무지한 아이 원리에 대해 말씀해 오셨습니다. 그에 대해

좀 더 설명해 주실 수 있습니까?

마: 아기가 태어나면 그것은 살과 뼈의 무해한 덩어리이자 천진함 그 자체일 뿐입니다. 사고 작용이라고는 없는데도 먹고 누고 우는 본능을 가지고 있습니다. 그러다가 때가 되면 이 살 덩어리가 지식기관과 행위기관들을 발전시킵니다. 점차 "내가 있다"는 지각성이 느껴지고, 나중에는 마음이 따라옵니다. 마음이 형성되기 전의 이 '내가 있음'의 느낌이, **발크리슈나**(Balkrishna-'아이 크리슈나') 상태라고 하는 무지한 아이 원리(ignorant child principle)입니다. 유아기에서 아동기·소년기·청년기 등으로 발전하면서 계속 신체적·생물학적 변화를 겪게 되는 원천 혹은 토대가 바로 이 원리입니다. 결국 모든 신체적·정신적 기능이 정점에 달하는 성인기를 이루게 됩니다. 그러나 이 모든 이룸의 뿌리는 무엇입니까? 성장과 함께 오로지 안에서 밖으로만 발전된 무지한 아이 원리일 뿐입니다. 그것은 어른이 되기까지 성장하면서, 그리고 그 이후에도 열 가지 감각기관(다섯 지식기관과 다섯 행위기관)과 마음을 통해서 모든 인상들을 받아들이고, 기록하고, 그에 반응합니다. 그러나 이 모든 일은 그것이 자신을 안 뒤에만 일어납니다. 이 "내가 있다"는 지각성이 **발크리슈나** 상태이며, 무지한 아이 원리입니다.

여러분의 그릇된 앎의 개념은, 다섯 지식 또는 지각기관을 통해 외부에서 정보와 관념을 수집하는 것입니다. 그런 다음 여러분은 그 정보를 대단한 앎이라고 남들에게 전하고, 그것에 매료됩니다. 그러나 제가 앎에 대해 이야기할 때는 그런 것을 말하는 것이 아니라, '여러분이 있다'는 앎, 여러분의 존재성, 그 아이 원리, 곧 **발크리슈나** 상태를 말합니다. 이것이 여러분이 영적으로나 세간적으로 획득하는 모든 것의 뿌리입니다. 여러분은 이 아이 원리가 무엇인지 이해하려고 노력합니까? 저는 이것만 다루지, 감각기관을 통해 외적으로 얻은 여러분의 소위 '지식'은 다루지 않습니다.

이 **발크리슈나** 원리는 대단한 잠재력을 가지고 있습니다. 그것은 사진처럼 정확한 기억으로 발전할 수 있고, 단 한 번 읽거나 들은 것이면 무엇이든 간직하고 재생할 수 있는 '화학물질'입니다. 이것이 '모름(non-knowing)', 무지한 아이 원리, 곧 **발크리슈나**의 내재된 능력입니다. 여기서 '**발**(Bal)'은 음식기운,

즉 아이-몸을 뜻하고 '크리슈나(krishna)'는 '모름', 즉 무지를 뜻합니다. 그러나 그것은 받아들이고 반응하고 행동할 수 있는 잠재력을 가지고 있습니다.

(그 과정에서) 여러분은 아무것도 하지 않습니다. 이 모든 것은 여러분 안에서 자연발생적으로 일어나고 있습니다. 그 저변의 깊은 의미를 이해하고 싶으면 바로 그 근원, 곧 여러분의 존재성으로 나아가 그것을 꽉 붙드십시오. 그리고 개념들을 수집하지 마십시오.

여기서 하는 이런 이야기는 숨쉬기처럼 자동적으로 진행됩니다. 수백 명의 사람들이 와서 이야기를 듣지만 저는 어떤 잘난 체도 하지 않는데, 왜 그렇습니까? 제가 저 자신과 다른 모든 것을 관찰할 때, 제 존재성의 작은 점 안에서 그 존재성과 함께 깨달음이 저에게 일어났습니다. 그러자 모든 일이 자연발생적으로 일어났습니다. 여기서 하는 이야기조차도 자연발생적으로 일어나는 일이고, 그래서 저는 그 '화자'가 아닙니다. 이 상태에서 저는 그 아이 원리, **발크리슈나**도 아닙니다. 저는 **절대자** 안에 안주하고 있기 때문입니다.

◆ ◆ ◆

질: 마하라지께서는 스승의 은총에 대해 말씀해주시겠습니까?
마: 무엇보다도 중요한 것은 여러분이 **스승의 말씀**에 대해 갖는 믿음의 강도입니다. 그런 강한 믿음이 있으면 **은총**은 자동적으로 흐릅니다. 스승에 대한 믿음은 내면의 **의식**에 기초해 있습니다. 즉, 자신의 **진아**에 대한 믿음입니다. 존재성에 대한 그 사랑을 저는 더 높은 수준으로 이끌려고 애쓰고 있습니다. 지속적인 것은 이 **진아**에 대한 사랑이며, 그 위에 사원들이 건립되었습니다. 이 **그리스도** 의식이 존재하고 있습니다. 그것이 한 인간에 대한 믿음입니까? 인간으로서의 **그리스도**는 십자가에 못 박혔지만, 그가 가졌던 저 **보편적 의식**은 오늘날에도 살아 있습니다.
질: 이 사랑을 해방하거나 드높이는 어떤 수단이 있습니까?
마: 그것은 하나의 상相(*vritti*)[마음의 변상]인데, 그것도 그 과정의 일부입니다. 다양한 행위, 행법 등이 있지요. 일상생활 속에도 우리가 행하는 어떤 절차들이 있습니다. 그런 것들은 이 **의식**에 대한 예공禮供(*puja*)[예배] 아닙니까?

질: 마하라지께서는 의식 그 자체를 초월하는 그런 사랑에 대해 말씀하시는 겁니까?

마: 보편적 의식에서 불어오는 미풍이 다른 종류의 사랑을 살아 있게 합니다. 대부분의 사람들은 자신의 사랑을 한 개인에게 한정합니다.

질: 어떻게 하면 우리가 보편적 사랑 속으로 확장될 수 있습니까?

마: 거짓을 거짓으로 이해하십시오. 그것이 그대가 할 수 있는 전부입니다. 이것을 저것으로 바꿀 수는 없습니다.

질: 사랑이 그 대상을 상실하면 활력을 잃지 않습니까?

마: 그대는 몸 수준에서 질문하고 있고, 그 몸이 생겨나기 이전의 그대의 상태로 돌아가지 않고 있습니다. '사랑'이라는 말이 생겨나기 전에 **그대가** 있습니다. 몸과의 그 동일시 이전인, **그것** 속으로 물러나야 합니다.

저는 저의 참되고 영원한 상태를 발견했기에 이런 어떤 것도 필요 없고, 그래서 그것(몸)이 떠나기만을 기다립니다. 그 충만함의 상태에서는 전혀 어떤 욕구도 없습니다. 저는 **스승님**을 만난 뒤 계속 이 충만함의 상태를 가지고 있는데, 만약 **스승님**을 만나지 못했으면 한 인간으로 살다가 죽었겠지요.

제 **스승님**과의 친교는 2년 반이 채 되지 않았습니다. 당신은 약 200킬로미터나 떨어져 계셨고, 넉 달에 한 번씩 이곳(봄베이)에 오셔서 보름씩 머무르셨습니다. 이것이 그 결실입니다. 당신이 저에게 해주신 말씀들은 저를 아주 깊이 건드렸습니다. 저는 오직 한 가지, **스승님**의 말씀과 **진리** 안에 안주했습니다. 당신은 이렇게 말씀하셨지요. "그대가 **빠라브라만**이다." 거기에 대해서는 더 이상 의심도 없고 더 이상 질문할 것도 없었습니다. 일단 **스승님**이 저에게 하실 말씀을 전하시고 나자, 저는 다른 것들에 전혀 신경 쓰지 않았습니다. **스승님**의 그 말씀만 꽉 붙들었습니다.

현재의 이 상황이 어떤 것인지, 그것이 얼마나 무상한지 저는 정확히 알고 있고, 저 영원한 상태도 알고 있습니다. 저에게는 이 찰나적 상태가 아무 소용없습니다. 이제 그대는 조국으로 돌아가면 **진인**의 자격을 가지고 돌아가겠지요. 어디 말해 보십시오, **진인**이란 단어에 그대는 어떤 의미를 부여하는지.

질: 여기 오래 계셨던 인도분들 중 몇 분이 더 자격이 있을 것 같은데, 그분

들이 이야기해도 될 것 같습니다.

마: 현재의 인도인들은 물질적 측면에서 크게 발전한 서양인들을 추종하고 있습니다. 영적인 공부를 추구하지 않지요. 그들은 서양의 과학적 발전을 추종하고 싶어 하고, 여러분을 모방하고 싶어 합니다. 『아이 앰 댓』은 모리스 프리드먼이 확인해 준 책이니까 그들이 읽겠지요. 진 던의 책들도 그보다 더한 중요성을 가질 것입니다. 저는 신이나 영적인 공부에 관한 어떤 지식도 부족하지 않습니다. 왜냐하면 저는 이 아이 원리가 무엇인지 완전히 알고 있기 때문입니다. 저 무지한 아이 원리, 곧 존재성을 알게 되면 그대의 영적인 혹은 세간적인 활동에서 아무것도 부족하지 않을 것입니다.

1980년 4월 2일, 4일

46
그대가 없으면 그대의 세계도 없다

질문자: 우리가 보는 이 세계는 하나의 생각입니까? 어디엔가 쓰여 있기를, 우리가 세계를 볼 때는 진아를 보지 않고, 역으로 진아를 볼 때는 현상계를 보지 않는다고 하는데요?

마하라지: 세계는 그대 자신의 '나' 의식이 그린 그림에 지나지 않습니다. 마치 '그대가 있다'고 말해주는 전화를 받은 것처럼, 즉시 세계가 나타납니다. 그대가 깊은 잠 속에서 자신이 깨어 있다고 생각할 때, 꿈 세계가 동시에 나타납니다. "내가 있다"와 더불어, 생시와 꿈의 상태에서는 세계가 나타납니다.

질: 에고의 존재 없이도 우리가 세계를 볼 수 있습니까?

마: 에고는 언제 있습니까? 에고는 그대가 어떤 반응을 할 때 있습니다. 자연발생적으로 관찰되는 일체를 그대는 인수합니다. 그대는 그것에 집착하고 그것을 기록하는데, 그럴 때만 에고가 있습니다.

그대가 노상에 어떤 건축자재가 있는 것을 봅니다. 그대는 자신이 목수라고 생각하고 그 재료를 어떻게 사용할지 구상하기 시작합니다. 사고 과정이 시작되었고, 에고가 시작됩니다. 만일 그대가 별 볼 일 없는 사람이라면 그 건축자재에 대해 신경 쓰지 않겠지요. 그냥 쳐다보고 길을 갈 것입니다. 그것이 시야를 벗어나면 마음 속에서도 사라집니다. 그러나 그것을 (자신과 관계되는 것으로) 인수하면 그것에 대해 생각하게 되고, 에고가 시작된 것입니다.

질: 그러니까 눈에 보이는 것의 효용의 문제에 이르면 에고가 생겨나는군요?

마: 그렇지요. 그것이 에고의 성품입니다.

질: 아까의 질문으로 돌아가면, 세계가 보이면 **진아**가 보이지 않고 **진아**가 보이면 세계가 보이지 않는다고 하는데, 과연 그렇습니까?

마: 그 반대입니다. 그대가 자신이 있다는 것을 알 때 세계가 있고, 그대가 없으면 그대의 세계도 없습니다.

질: '나'가 **진아**입니까? 저는 "내가 있다"와 '나는 사람이다'라는 생각—즉, 에고—의 차이에 대해서 말씀드립니다. "내가 있다"는 **의식** 안에 세계가 존재합니까? 당신께서는 그것을 보실 수 있습니까?

마: 그대가 잠에서 깨어나면 말이 없이 존재의 느낌만 있습니다. 이것이 1차적 원리이고, 전제조건입니다. 나중에 그대가 있다는 것과 세계가 있다는 것을 완전히 인식하지만, 그것은 토끼의 뿔과 같은 하나의 환幻입니다. 이 세계는 결국 꿈 세계와 같습니다. 이 점을 아주 철저히 이해하십시오. 그대는 에고를 너무 많이 상대하고 있습니다. 에고에 대해서 한 말을 이해했습니까?

질: 이해했다고 생각합니다. 제가 다른 질문을 드리면 그것을 해결할 수 있을지 모르겠습니다. 뱀과 밧줄의 비유[어두운 데서 밧줄을 뱀으로 착각하는 것]를 사용하자면, 세계를 그 비유에 대입할 때 오인된 동일성은 어디 있습니까?

마: **진아**가 세계입니다. 그대는 **진아**와 세계 간의 동일성을 없애자고 이야기합니다. 그렇지 않습니까? 무엇보다 먼저 **진아**를 처리하고, **진아**가 무엇인지를 이해하십시오. 먼저 **진아**를 알고, 그런 다음 세계가 무엇인지를 아십시오. 세계가 나타난 것은 '그대가 있다'는 것을 그대가 알게 되었기 때문입니다.

질: 어떻게 하면 우리가 생시의 상태에서 세계에 대한 감각을 완진히 잃어버

리고 그저 진아일 수 있습니까?

마: 그대는 해와 의논해 봐야 하겠군요. 해에게 "당신은 자신의 빛을 어떻게 없앱니까?"라고 물어보십시오…. 빛은 해의 현현이지요. 그 빛을 해에게서 분리하거나 해를 그 빛에서 분리할 수 있습니까? 해가 있기 때문에 빛이 있고, 그대가 있기 때문에 그대의 세계가 있습니다.

주시하기의 상태가 일어나기 때문에 그대가 있습니다. 그대가 있기 때문에 주시하기가 뚜렷이 느껴집니다. 해가 있기 때문에 빛이 있습니다. 주시하기가 전혀 없으면 주시자가 어디 있습니까? 그곳에 안주하십시오.

질: 존재가 주시자입니까?

마: 주시하기에 두 단계가 있습니다. 존재성은 이 모든 현상계를 주시합니다. 이 존재성, 의식에 대한 주시하기는 저 영원한 원리, 절대자에게 일어납니다.

◆ ◆ ◆

마: 그대가 이 현상 세계에 관심이 있는 한, 뿌리에 도달할 시간은 없습니다. 뿌리란 그대가 아이 때 나타난 이 의식입니다. 그대가 지금 하고 있는 어떤 활동도 그 뿌리는 그대가 아이였을 때의 그 순간입니다. 그 아기 안에서 가장 중요한 성질이—화물·의식이—사진을 찍었습니다. 그 순간부터 그대는 지知를 수집하기 시작했고, 그 위에서 그대의 현재 활동들이 일어납니다.

사람들은 저의 말에 워낙 관심을 가져서, 누구도 저 아이 의식이 무엇인지 알아내려고 참으로 애쓰지는 않습니다. 그대가 의식 안에 자리 잡을 때에야 저 아이 원리를 이해할 수 있을 것입니다. 그것이 유일한 방도입니다.

질: 아이 의식은 어른 의식에 비해 퇴보의 의미를 내포합니다. 그 상태에서 아이 의식이나 어른 의식에 대한 고려가 전혀 없을 때는, 그저 존재만이 있습니다. 더 이상 어떤 주어진 방향이 없습니다.

마: 아이 의식과 어른 의식 간에는 아무 차이도 없습니다.

질: 작은 항아리를 채우고 있는 공간이 큰 항아리를 채우고 있는 공간과 같은 공간이라면, 작은 항아리를 어떻게 인식합니까?

마: 우주의 씨앗은 크기가 없지만, 몸으로 인해 의식이 나타나서 몸과 자신을

동일시합니다. 그러나 실은 모든 것은 현현된, 일체에 편재한 의식입니다. 저 "나 사랑(I love-자기사랑)"이 현현되어 있습니다. 전체 우주에는 얻고 잃음이란 것이 없고, 몸과의 동일시가 있을 때만 그런 문제가 일어납니다.

그대가 음식을 먹을 때, 누가 먹고 있습니까? '내가 있음'입니다. 그 음식에도 '내가 있음'이 들어 있기에, 그것을 먹으면 그대가 '내가 있음'을 유지합니다. '내가 있음'이 음식 안에 있기는 하나 누구도 음식을 자신과 동일시하지 않습니다. 이렇게 말하지요. "이것은 내 점심이다. 나는 이것이 아니다." 그러나 그것을 먹어서 그것이 그 몸의 일부가 되면, 그들은 "나는 몸이다"라고 합니다. 그들은 그런 실수를 합니다.

질: 저는 진인의 상태에 있고 싶습니다.
마: 저 "내가 있다"는 앎을 알아야 합니다. 진인과 지知는 하나입니다
질: 우리는 그저 있음으로써 그 지知를 갖는군요?
마: 그대는 이미 그것이지만, 그대 자신을 이해하기 위해 노력해야 합니다.
질: 당신께서는 당신의 존재의 정수 자체로서 이해하시고, 따라서 (당신께는) 어떤 앎도 없습니다.
마: 지금은 그대가 몸을 자신과 동일시하고 있기 때문에 그 비결을 모릅니다. 그대가 실제로 그것이 되면 점차 알게 될 것입니다.
질: "내가 있다"에 존재의 느낌만 있다면, 개념이 들어갈 자리는 어디입니까?
마: 생명기운 때문에 마음의 흐름이 있습니다. 마음은 말을 의미하고, 그래서 생각이 있습니다. 그것들은 개념입니다. 그대의 뿌리, 그 아이 의식을 바라보고 그것을 끝내버리십시오.
질: 어려운 점은 모든 의식이 동일하다는 데 있습니다. 그러니 뿌리에 어떻게 도달합니까?
마: 이 의식은 한 그루 나무이지만 씨앗이 하나 있었습니다. 그 씨앗으로 나아가십시오. 그대가 지금 가지고 있는 의식은 아이 의식과 같습니다. 그것을 붙드십시오. 그걸로 충분합니다. 의식이 있는 한 일체가 그대에게는 너무나 중요하지만, 그것이 사라지면 이 전 세계가 그대에게 무슨 가치가 있습니까? 그 씨앗을 아는 자는 누구입니까? 이 '내가 있음'이 어떻게 나타났는가에 주

의를 기울이십시오. 그러면 알게 됩니다. 이 동일시만 받아들이십시오. 즉, 그대는 이 현현된 순수한 존재성이고, 우주의 **영靈** 그 자체이자 그대가 보는 이 삶의 **영靈**이며, 현재 그대는 이 육신이란 옷을 걸치고 있을 뿐이라는 것 말입니다. 그것을 적어두십시오. 그대는 살아오면서 그냥 재미로 그토록 많은 것을 받아 적었는데, 왜 이것도 받아 적고 어떤 일이 일어나는지 보지 않습니까? 그대가 달을 보면서 그대가 있어야 달이 있다는 것을 알 때 어떤 일이 일어나는지 보십시오. 그대가 있기 때문에 달이 있습니다. 이 크나큰 개념, 이 기쁨을 그대는 직접 경험하고 즐깁니다.

질: 이 창조를 일으킨 어떤 힘이 있을 것이 분명합니다.

마: 그 힘은 각자가 자신의 존재성 안에 가지고 있는 **진아**인데, 그것은 시간이 한정되어 있습니다. 그 존재성이 나올 때부터 그것은 자동적으로 창조를 하여 존재성이 사라질 때까지 계속합니다. 그 이전에는 아무것도 없었고 그 이후에도 아무것도 없습니다. 세계와 창조가 있는 것은 존재성이 지속되는 동안만입니다. 이 힘은 "내가 있다"는 원초적 개념에 대한 믿음이고, 그것이 창조계라는 거미줄을 짜는 개념입니다. 전체 현상계가 이 개념의 발현입니다.

◆ ◆ ◆

마: 의식이 그 자신과 섞일 때, 그것이 **삼매**입니다. 우리가 아무 대상도 모를 때—그리고 자신이 아무것도 모른다는 것조차 모를 때—그것이 **삼매**입니다.

질: (그때는) 몸이 굳어집니까?

마: 몸은 가만히 있지요. 나중에는 몸을 의식하지 못하게 됩니다. 일체가(즉, 일체의 원인이) 밝혀질 때 그것이 **본연삼매本然三昧**(Sahaja Samadhi)입니다.

질: 그 느낌은 안팎으로 빛나고 흥분되는 것입니다. 그것은 약간의 열을 발생시킵니다.

마: 그건 당연하지요. 5대 원소가 서로 섞이면 온갖 일들이 일어날 수 있습니다. 그 단계에서 5대 원소는 몸을 통해 여러 가지 방식으로 자신들을 표현합니다. 그것은 모든 사람에게 공통되지 않고, 반드시 일정하지도 않습니다. 각 몸마다 다르게 행동하고 반응하겠지요. 그래서 여러 **성자**들이 서로 다른

종류의 가르침들을 내놓은 것입니다. 모두에게 공통되는 밑천은 생시의 상태, 잠의 상태, 그리고 "내가 있다"는 의식입니다.

질: 저는 마하라지께서 말씀하시는 대로 했습니다. 아이 의식을 점검했고, 씨앗과 나무에 대해서도 성찰했고, 그 방정식을 풀었습니다.

마: 그 의문들이 풀리고 나니 무엇이 남았습니까? 거기에 대해 뭔가를 할 수 있습니까?

질: 아니요. 씨앗이 사라지고 어린 나무가 되고, 어린 나무가 큰 나무로, 그리고 마침내 그 나무가 사라집니다. 아이의 씨앗은 사라져서 십대 소년이 되고, 어른이 되는 식입니다.

마: 그것은 사라지지 않고, 변형됩니다. 이제 남는 것은 **빠라브라만**입니다.

질: 아들이 다시 아버지에게 돌아간다는 느낌이 있었습니다.

마: 그 느낌은 근원 안에서 일어났습니까, 밖에서 일어났습니까? 부모란 그대가 늘 알고 있는 그 근원에 붙여진 이름일 뿐입니다.

우리가 어떤 것을 이해한다고 할 때, 거기에 하나의 이름을 붙일 때까지는 참으로 그것을 파악한 것이 아니고, 이름을 붙이고 나서야 그것을 이해했다고 하는 것입니다. 이름은 그 사물이 아닙니다. 아버지, 어머니, 자식은 이름이 셋이지만, 이 셋 다 같은 것을 나타냅니다. 존재하는 것은 단 하나입니다. **그것**이 있고, 그 셋은 기본적으로 하나인 것에 이름과 숫자가 부여되는 것일 뿐입니다. **쁘라끄리띠**와 **뿌루샤**의 결합이 나 자신입니다. **쁘라끄리띠**와 **뿌루샤**는 이름일 뿐, 그것들은 형상이 아닙니다. 이 주제는 진지하게 관심이 있는 사람들에게만 이야기하는 것입니다.

잭프루트(jackfruit)는 껍질이 두껍고 표면에 뾰족한 가시가 나 있는 큰 과일입니다. 안쪽은 과일이고 그 내부에 씨가 있습니다. 우리는 그 과일을 이용하는데, 더 많은 열매를 생산할 수 있는 씨앗이 거기 있습니다. 사람 몸도 그와 같습니다. 바깥은 껍질일 뿐이고 우리가 사용하는 것은 내부의 존재성입니다. 씨앗은 생식하는 데 사용될 수 있고, 단맛, 즉 "내가 있다"의 맛은 그 자신을 중시하면서 어떤 대가를 치르더라도 지속되고 싶어 합니다.

이 형상을 취하기 이전에 그대는 무형상이었는데, 자연발생적으로 그 형상이 나왔습니다. 그 형상이 나왔을 때 무형상의 상태로 돌아가려는 자연적인 열망이 있었지요. 그대가 무형상, 무욕의 상태로 돌아가기를 원할 때, 비로소 그대는 이곳에 와서 그대의 실체를 추구합니다. 의식이 의식을 알아야 합니다. 그것이 그 자신을 깨달을 때에야 그대가 정상으로 돌아갑니다.

질: 여기 온 사람들 중에서 어느 한 사람이라도 진인이 되었습니까?

마: 여기 온 사람들 중 여러 명이 그 지知를 얻었지만 피상적으로밖에 얻지 못했습니다. 어느 한 사람도 그 지知가 무엇인지 정말 탐구하지는 않았고, 어느 한 사람도 그 완전한 의미를 파악하지 못했습니다. 그들은 지금 무엇을 하고 있습니까? 원하고 욕망하는 데 말려들어 있고, 이로 인해 그 지知를 잊어버렸습니다. 극소수의 사람들만이 이 지知를 올바르게 얻고 그것을 자신의 가슴 깊숙이 흡수할 것입니다. 그대가 이 움직임, 이 활동의 기원, 그리고 이 욕망의 이유와 성품을 이해해야 비로소 그대의 실체로 돌아갈 수 있습니다. 그것을 확고히 추구하지 않으면 이해하지 못합니다.

1980년 4월 8일, 14일, 15일

47
"내가 있다"는 앎을 숭배하라

마하라지: 여러분이 여기 와서 앉아 있지만, 그런다고 해서 이곳에 몇 날 며칠 24시간씩 앉아 있지는 않겠지요. 잠시 이곳에 왔다가 갈 것이고, 또 다시 오겠지요. 그와 같이 이 몸은 우리가 잠시 거주하는 곳입니다.

절대자 안에서 안정되면 존재성과 존재성 이전이 분명하게 구분됩니다.

질문자: 우파니샤드에서 말하기를, 옛날에는 어떤 제자든 1년은 입을 열지 않고 스승 가까이 있어야 하고, 그런 뒤에야 질문을 할 수 있었다고 합니다.

마: 제자가 한 스승 곁에 가까이 앉아 있으면, 이 가르침을 받아들일 수 있

는 존재성의 역량이 성숙됩니다. 이해할 수 있는 역량이 커집니다. 그것은 그의 내면에서 일어나지 바깥에서 오는 것이 아닙니다.

굳은 확신에 도달해야 합니다. 여러분이 몸이라는 생각을 잊어버리고, 오직 형상도 없고 이름도 없는 "내가 있다"는 앎만 되어야 합니다. 그저 존재하십시오(Just be). 그 존재성 안에서 안정되면 그것이 모든 지식과 비밀을 여러분에게 베풀 것입니다. 그 비밀을 받게 되면 여러분이 존재성을 초월하고, **절대자**인 여러분은 자신이 의식도 아니라는 것을 알게 될 것입니다. 이 모든 지知를 얻고 뭐가 뭔지를 이해하고 나면, 일종의 정적靜寂, 고요함이 지배합니다. 존재성은 초월되지만, 존재성을 (계속) 사용할 수 있습니다.

질: 그 상태는 어떤 것입니까?

마: 그것은 사슴이 나무 그늘에서 휴식을 취하고 있는 것과 비슷합니다. (나무) 그림자의 색깔은 빛도 아니고 아주 어두운 것도 아니며, 그 경계지입니다. 아주 깜깜한 것도 아니고 아주 밝은 것도 아니며 그 둘의 중간인 것, 그것이 그런 그늘입니다. 구름 같은 깊은 푸름, 그것이 그 상태입니다. 그것은 또한 **참스승의 은총**이기도 합니다. 일체가 그 상태에서 나와서 흐르지만, 이 원리는 아무것도 주장하지 않고, 그것에서 나오는 그 어떤 것과도 관계하지 않습니다. 그런데도 이 존재성을 사용할 수 있습니다. 저 깊고 검푸른 상태, **참스승의 은총**—그것이 진인의 상태입니다. 이것은 아주, 아주 희유하고 자연적인 **삼매** 상태이고, 가장 본래적인 상태이며, 최고의 경지입니다.

이것에 대해 굳은 확신을 가지고 있어야 합니다. 일단 결정을 하고 나면 거기서 한 발짝도 벗어나서는 안 됩니다. 여러분이 하는 수행의 결실은 여러분 자신의 참된 성품을 완전히 이해하고, 자신의 참된 정체성 안에서 안정되는 것입니다. 인내심과 꾸준히 기다릴 줄 아는 능력이 있어야 합니다.

눈을 감을 때 여러분이 보는 어둠, 그것이 스승의 은총의 그림자입니다. 그것을 잊지 말고 늘 명심하십시오. 그 스승의 은총 안에서 휴식하십시오. 스승의 말씀을 기억할 때마다 여러분은 스승의 은총의 그늘 안에 있는 것입니다.

궁극적으로, 일체가 진아 속으로 합일됩니다. 큰 어려움에 봉착할 수도 있겠지만, 여러분의 용기와, 진아 안에서의 안정이 확고해야 합니다.

◆ ◆ ◆

마: 여러분의 미분화 상태, 여러분의 **진아**와 친근해지십시오. 결코 어떤 분열도 없었지만 여러분은 자신이 그것과 하나가 아니라는 망상 속에 있습니다.

저는 저의 참된 성품을 이해했습니다. 그것은 늘 살아 있지만, 누구나 생각하는 그런 식으로는 아닙니다. 저는 주관적 세계나 그 주관적 세계에 대한 경험들을 가지고 이 삶을 살고 싶지 않습니다. 사람들은 제가 살아 있어야 한다고 말하지만 저는 그렇게 살고 싶지 않습니다. 제가 살아 있는 것은 저 자신의 성품 때문입니다. 그것이 있고, 존재(existence)가 있습니다. 제가 있는 것도 그 존재 때문입니다. 전체적이고 분화되어 있지 않은 저의 참된 상태는 탄생과 죽음을 넘어서 있습니다. 저는 제 몸과 마음에 의해 결코 속박되지 않습니다. 저는 무한합니다.

절대자인 저는 제가 살아 있다는 어떤 경험도 가지고 있지 않았는데, 지금은 제가 살아 있다는 것을 경험하고 있고, 이 "내가 살아 있다"는 경험을 통해서 경험하는 이런 온갖 문제들이 있습니다. 이 경험은 시간과 공간에 한정되지만, 제가 그 전체를 이해했을 때, 저에게는 제가 살아 있다는 어떤 경험도 없다는 것을 이해했습니다. 그것은 어떤 경험도 넘어선 상태입니다.

이것이 왜 왔습니까? 제 **스승님**이 저에게 '나' 의식이 나타나자 이런 경험들이 시작된 거라고 올바르게 설명해 주셨고, 그래서 우리는 '나' 의식의 참된 성품을 보고 근원으로 나아가, 이 '나'가 나오는 곳을 발견할 수 있습니다.

질: 만일 제가 병이 들어 의식이 없고, 마하라지께서도 병들어 의식이 없으시다면 무슨 차이가 있습니까?

마: 저는 저의 참된 성품과 제가 **그것**이라는 것을 알지만, 그대는 그 몸과 마음에 한정되어 있고, 따라서 이제 자신이 병이 났다고 느낄 수도 있습니다. 그러니 의사를 부르십시오. 의사가 무슨 조치를 하겠지요. 그런 것은 다 그대가 가질 관념이지만 저에게는 그런 것이 없습니다. 저는 저의 참된 성품 안에서 자고 있는 반면, 그대는 (관념의) 담요를 뒤집어쓴 채 자고 있습니다.

그대가 병이 들면 자기 병에 대해서만 생각한다는 것은 사실 아닙니까? 그대는 왜 이 분야에 들어왔습니까?

제가 그대에게 이야기할 때 몸-마음의 정체성을 가지고 이해하려 하지 마십시오. 그대의 참된 상태는 늘 있습니다. 어디로 가 버리지 않았습니다. 그대는 그것이 있는 줄을 몰랐지만 지금은 그것이 있다는 것을 압니다. 그대는 아무 일도 하지 않았고, 그것은 늘 있습니다.

저의 참되고 전체적이고 동질적인 상태 위에 작은 물결 단 하나가 나타나자 "내가 있다"는 소식이 왔습니다. 그 소식이 모든 차별을 만들었고, 저는 이것을 알기 시작했습니다. 그러나 이제 저는 저의 참된 상태를 알았고, 그래서 저의 참된 상태를 먼저 이해한 다음 그 물결이 저의 참된 상태 위에서 오고 간다는 것을 이해합니다. 반면에 그대의 경우, 그대는 그 물결에 관심을 갖지 그대의 참된 상태에는 관심을 갖지 않습니다.

본질로서의 저의 존재에서 이 현상계의 상태가 나왔습니다. 동질적인 것(본질)은 속성들의 유희, 곧 마음의 투사물을 이해하지만, 그 유희, 그 마음의 투사물은 동질적인 것을 이해할 수 없습니다. 그것을 이해하려고 하는 순간 그것은 그것과 하나가 됩니다. 누구나 이 모든 것의 의미를 이해하려고 애씁니다. 그대는 "나는 이것이나 저것이다"라는 온갖 배내옷을 가지고 있기 때문에 이해하지 못합니다. 그것을 없애버리십시오.

궁극적 관점은 이해해야 할 것이 아무것도 없다는 것입니다. 따라서 우리가 이해하려고 애쓸 때는 마음의 곡예술에 빠지는 것일 뿐입니다.

그대가 알고 싶어 하는 영적인 것들은 모두 이 대상 세계 안에서, 환幻 속에서 일어나고 있습니다. 물질적이거나 정신적인 그대의 모든 활동이 이 환幻 속에 있습니다. 이 모든 것은 대상 세계 안에서 일어나는데, 모든 것이 위계僞計이고, 이 사기詐欺 안에는 어떤 진리도 없습니다.

질: 어젯밤에 명상을 하고 있을 때 순수한 '나-나'의 느낌이 있었습니다. 저는 그것을 진아에 대한 인식으로 이해했습니다.

마: 그것이 그대의 진아가 갖는 참된 의미입니까? 내뱉어 버리십시오. 그대가 무엇을 이해했든, 그대는 그것이 아닙니다. 왜 개념들 속에서 길을 잃습니까? 그대는 그대가 아는 그것이 아닙니다. 그대는 아는 자입니다.

◆ ◆ ◆

마: "내가 있다"는 이 의식이 세상의 모든 기적을 창조했고 그것을 유지하고 있는데, 사람들은 그것을 자기들이 했다고 합니다. 한편 이 의식은 그 자신에 대해 아무런 통제력이 없습니다.

여러분이 솟아 나온 그 원리는 엄청난 힘을 가지고 있습니다. 주 크리슈나가 말했습니다. "그대들은 나를 숭배하고 나에게 헌신하라." 이것이 무슨 뜻입니까? 여러분 안에 거주하고 있는 "내가 있다"는 앎―그것만을 숭배하라는 것입니다. (그러면) 여러분은 주 크리슈나의 저 엄청난 성질들로 자신의 존재성을 충전합니다. 여러분의 존재성은 곧 주 크리슈나를 의미합니다. 그것에 헌신하십시오.

초기 단계에서는 여러분의 헌신이 순복의 형태입니다. 어떤 원리를 숭배하고 그 원리에 순복합니다. 최종 단계에서는 여러분이 전 우주가 됩니다.

어떤 원리에 대한 여러분의 믿음은 늘 같은 상태로 머무르지 않고, 끊임없이 변할 것입니다.

여러분은 모두 거지와 같습니다. (존재성이라는) 동냥그릇을 얻고 나니, 그 안에 신을 담고 싶어 합니다. 여러분의 이 '내가 있음'을 신성神性의 순정純正한 형태로 여기십시오. 순수한 이스와라 상태가 여러분의 존재성입니다.

여러분이 이런 이야기를 듣고 있다는 것은 매우 적절하고 칭찬할 만한 일입니다. 그렇지만 여러분은 몸-마음에 대한 집착을 없애지 않고 있습니다. 자신의 몸-마음과 연관된 관계나 친근함에 부단히 둘러싸입니다. 자신의 존재성에 대해 완전한 믿음을 갖고, 그것이 현현된 이스와라 원리(보편적 의식)로 성장할 수 있게 하십시오. 그 원리는 더없이 강력합니다. 그것에 대해 명상하십시오. 그것은 아주 간단하지만 동시에 아주 심오합니다. 그 의식이 신성神性의 씨앗입니다. 우리가 그것에 참으로 중요성을 부여하고 그것에게 기도하면, 그것이 신성으로 개화할 것입니다. 거기에 아무 중요성을 부여하지 않으면 그것이 신성으로 개화하지 않습니다.

1980년 4월 19일, 23일, 30일

48
스승의 말씀 안에 안주하라

질문자: 진인은 세계를 어떻게 봅니까?
마하라지: 진인은 의식, 곧 그에게 자연발생적으로 밝아온 이 존재성의 기원과 가치를 알고 있습니다. 바로 이 의식이 숱한 역할을 하는데, 어떤 것은 즐겁고 어떤 것은 즐겁지 않습니다. 그러나 그 역할이 무엇이든, 진인은 그것들을 바라보는 자일 뿐입니다. 그 역할들은 진인에게 아무 영향이 없습니다.

그대의 모든 문제는 몸-마음의 문제입니다. 그런데도 그대는 그 몸에 집착합니다. 그대는 그 몸-마음을 자신과 동일시하기 때문에, 이야기할 때 어떤 공손한 표현 방식을 따릅니다. 저는 그러지 않습니다. 저는 그대를 당혹하게 할지도 모르고, 그대는 제가 하는 말을 받아들일 수 없을지 모릅니다. 저는 예법 감각이 없습니다.

그대는 자신의 개념과 관념에 속박됩니다. 실은 그대는 그 '나'라는 느낌만 사랑하고, 그 때문에 온갖 일을 합니다. 누구를 위해서나 나라를 위해서가 아니라, 그대가 너무나 사랑하는 그 '나'라는 느낌을 위해서만 일하고 있습니다.
질: 하지만 저는 행위하기를 좋아합니다. 저는 일하기를 좋아합니다.
마: 그런 모든 활동이 계속되기는 하지만 그것은 오락일 뿐입니다. 생시와 잠의 상태는 자연발생적으로 오고 갑니다. '나'라는 느낌을 통해 그대는 자연발로적으로 일을 하고 싶어합니다. 그러나 이 '나'라는 느낌이 실재하는지 실재하지 않는지, 영원한지 영원하지 않은지를 알아내십시오.

나타나는 '나'는 실재하지 않습니다. 그것이 얼마나 실재하지 않는지는 제가 증명했습니다. 그 '나'가 실재하지 않는 것으로 밝혀지는 순간, 그 '나'가 실재하지 않는다고 아는 것은 누구입니까? '나'가 실재하지 않는다는 것을 아는 그대 내면의 이 앎, 변화를 아는 그 앎 자체는 불변이고 영원합니다.

그대는 하나의 환幻[마야]이고, 상상물입니다. 그대가 실재하지 않는다는 것을 제가 아는 것은, 제가 실재하지 않는다는 것을 알기 때문일 뿐입니다. "내가 실재하니까 너는 실재하지 않는다"는 것이 아닙니다. "내가 실재하지 않으니까 일체가 실재하지 않는다"는 것입니다.

의식은 몸에 의존하고, 몸은 음식기운에 의존하고 있습니다. 지금 말을 하는 것은 **의식**입니다. 음식기운이 없으면 몸은 존재할 수 없습니다. 몸이 없는데 제가 말을 할 수 있겠습니까?

그 '나'라는 느낌을 보유하기 위해 그대가 뭔가를 할 수 있습니까? 그것은 자연발생적으로 왔듯이, 그렇게 갈 것입니다. "나는 내일 간다"고 선언하면서 그대에게 미리 경고하지 않을 것입니다.

그대는 한 가지 의문이 일어났고, 그 해답을 발견하려고 애쓰고 있습니다. 그런데 그 의문을 가진 것은 누구입니까? 그대 스스로 알아내십시오.

◆ ◆ ◆

마: 여러분은 자신을 몸-마음으로 이해합니다. 그래서 제가 안고 있는 문제는, 여러분을 어떻게 이해시키느냐 하는 것입니다.

주 크리슈나가 말했습니다. "모든 것은 나의 표현이다." 산이 금산金山이면 그 산의 부스러기 하나도 금입니다. 제가 그런 산이고, 모든 부스러기가 바로 **저**입니다. 현현된 존재성 전체가 **저 자신**이고, 각각의 존재는 **저 자신**의 한 견본입니다. 각 종種의 "내가 있다"는 앎이 **저 자신**입니다. 생명력 그 자체, 즉 빛나고 밝고 눈부신, 내거하는 원리가 곧 **저 자신**입니다.

만일 누군가가 **저**를 전체적으로, 완전히, 더없이 적절하게 이해한다면, 그 사람은 저의 자비로운 존재의 그늘 안에서 피난처를 얻을 것입니다.

진인의 상태, 곧 최고의 경지는 존재성을 초월했지만, 그 존재성이 아직도 존재하고 있습니다. 그래서 그 존재성과 함께 **절대자**가 있습니다. 눈이 없는, 저 깊고 푸른, 자비로운 상태 말입니다.

그 깊고 푸른, 고요하고, 평화롭고, 자비로운 그늘에서 **지**知가 휴식을 취합니다. 그 그늘이 옆으로 옮겨가면 그는 우주와 세계들의 형태로 다양한 현현물(현상계)을 봅니다. 그러나 그 그늘이 있을 때는 그것이 깊고 검푸른 상태로서, 완전히 이완되어 있습니다.

질: 마하라지께서는 이야기를 그만하시려고 합니까?

마: 진지한 사람이 있어서 질문을 하면 이야기는 저절로 흘러나오겠지요. 저의 시간이 끝날 때가 가까워지고 있습니다. 어떤 질문이든 솟아나면 질문하십시오.

질: 저는 가능한 한 오래 마하라지님과 함께 있고 싶습니다.

마: 그대가 집으로 돌아간다 해도, 그대에게 심어진 것, 그대가 받은 것이 무엇이든, 그것이 그대를 변화시킬 것입니다. 그대는 그것에 완전히 장악되어 있습니다.

질: 그렇게 느낍니다. 제 인생 끝머리에 여기 오게 된 것을 감사히 여깁니다.

마: 그대가 여기 온 것도 자연발생적이었습니다. 누구든 여기 오는 행운을 갖는 것은 아주 희유한 일입니다. 여기 와서 씨앗이 심어지면 분명히 발아가 일어나겠지요. 시간은 걸릴지 몰라도 그런 일이 분명히 일어날 것입니다.

존재성이 자연발생적으로 나타났듯이, 미리 알 수야 없지요―제가 어떻게 될지. 그것은 생겨났고, 마찬가지로 이야기도 자연발생적으로 나옵니다.

이 '내가 있음'의 감촉은 각 존재에게 있습니다. 이 존재성은 **절대자**에 대한 저 사랑의 감촉을 가지고 있고, 그것은 **절대자**의 한 표현이기도 합니다. 여러분이 이 "내가 있다"는 정체성을 가지고 **절대자**로부터 분리되자, 조각나고 고립된 느낌이 들었고, 그래서 여러분의 요구가 시작되었습니다. **절대자** 안에서는 필요한 것이 없습니다. **절대자**만이 지배합니다.

진리란 전체적인 **브라만**일 뿐이며, **브라만** 외에 아무것도 아닙니다. 전체적인 **브라만**의 상태에서 "내가 있다"는 존재성의 감촉이 일어나면서 그와 함께 분리가 시작되었고, 타자성(otherness)이 나왔습니다. 그러나 이 '내가 있음'은 하나의 작은 원리일 뿐 아니라, 그 자체가 **물라-마야**, 즉 **원초적 환**幻입니다. 제가 설명하는 것은 보통 사람들이 들으라고 하는 말이 아닙니다. 그들은 제가 하는 말을 이해할 수준에 이르지 못했기 때문입니다. 그래서 그런 이들에게는 **바잔·염송·명상** 등을 이야기해 줍니다. 그런 것을 하여 (마음의) 정화가 이루어진 뒤에는 제 이야기를 받아들일 만큼의 근기가 되겠지요.

질: **미현현자**에서 **현현자**가 일어납니까?

마: 그것을 묻는 것은 누구며, 왜 묻습니까?

질: 제가 알고 싶습니다.

마: 그대 외에는 그 어떤 것도 지배하지 않으며, 일체가 그대입니다. 제가 무슨 대답을 할 수 있습니까?

만일 그대가 이번 방문을 기억하고 싶다면, 만일 그대가 저에 대한 사랑을 가지고 있다면, 이 "내가 있다"의 원리를 기억하십시오. 그리고 이 원리의 명령이나 지시 없이는 아무것도 하지 마십시오.

오늘날 세계에는 수많은 사람이 살고 있는데, 자기 일에 너무 바빠서 밥 먹을 시간이 없습니다. 그래서 서서 먹습니다. 이런 것이 마야의 특징입니다. 저 위대한 마야 원리가 그대에게 자신의 온갖 책략을 따라하게 하는 바람에, 그대도 그녀(마야)가 말하는 것 속에 안주하고 있습니다. 그러다 결국 그대의 빛, 저 존재성이 꺼집니다. 그럴 때 그대는 어디로 가겠습니까?

질: 다른 몸을 찾겠지요!

마: 그것은 다 개념입니다. 그대는 이 세상에 나오기 전 그대의 전사前史를 기억합니까? 뭐 하나라도 기억하는 게 있습니까?

질: 아니요, 하지만 제가 읽은 바로는⋯⋯.

마: 남들이 쓴 이야기는 듣고 싶지 않습니다. 저는 직접 확인하고 싶습니다. 그대에게서 말입니다. 그대가 없다면 남들이 있을 수 있습니까? 이거면 그대에게 충분하지 않습니까?

질: 그러나 저는 제가 없었던 어떤 상태를 생각할 수 없습니다.

마: 그것은 비非주의 빠라브라만 상태였습니다. 저 주의의 "내가 있다"는 없었지요.

질: 우리는 그 빠라브라만 상태에서 나왔다가 존재성이 사라지면 돌아갑니까?

마: 절대자에서 이 세상으로 내려오는 것은 꿈이 나타나는 것과 비슷합니다. 꿈 속에서 그대는 어디로 갑니까? 최초의 무지는 자신을 몸으로 아는 것입니다. 그대가 현현자임을 아는 것이 지知인데, 그 지知는 비지非知(no-knowledge), 곧 빠라브라만 속으로 합일됩니다.

질: 그러나 제가 『기타』에서 읽은 바로는⋯⋯.

마: 그것을 던져 버리십시오! 그대가 이해하는 그 무엇도 진리가 아니며, 그것을 내던져 버려야 합니다. 그대는 뭔가를 붙잡아 거기에 매달리려고 합니다. 제가 해드리는 이야기를 있는 그대로 받아들이십시오. 개념들에 정신을 팔지 마십시오. 무슨 단어들을 사용하려 하지 말고, 있는 그대로의 그대 자신을 바라보십시오. 제가 말하려는 것을 이해하는 사람들은 아주 드뭅니다.

그대는 제대로 주의를 기울이지 않고 있고, 그 존재성이 나타난 뒤에야 이야기를 합니다. 그 존재성이 있기 이전, 그것을 바라보고 그 상태에 있으십시오. 그대가 감히 저를 무신론자라고 부르고 싶다면, 제가 하루에 네 번씩 **바잔**을 한다는 것을 기억하십시오.

저 **마야**는 워낙 강력하여 그대를 그 속에 완전히 감싸 버립니다. **마야**란 "내가 있다", "나는 존재하고 싶다"를 의미합니다. 그것은 사랑 외에 어떠한 정체성도 가지고 있지 않습니다. "내가 있다"는 저 앎이 최대의 적이자 최대의 벗입니다. 그것은 그대에게 최대의 적일지 모르지만, 적절히 기분 좋게 해주면 그것이 전향하여 그대를 최고의 경지로 이끌어줄 것입니다.

◆ ◆ ◆

마: 어머니가 여러분에게 "너는 남자아이다, 여자아이다"라는 정보를 준 뒤로 여러분의 모든 지식 획득은 들은 말을 통해서 이루어집니다. 여러분의 1차적 밑천은 지각성, 생시 상태와 깊은 잠입니다.

이것만 기억하십시오. 진정한 제자는 이것을 이루기 위해 자신의 몸과 생명기운까지 포기할 준비가 되어 있습니다. 스승의 말씀 안에 안주하십시오. 오직 '내가 있음' 안에서 안정되십시오.

5대 원소와 세 가지 **구나**가 여러분의 몸과 존재성을 이룹니다. 여러분이 **참스승** 안에 안주할 때, **참스승**은 여러분이 자신의 존재성에 대한 주시자이기도 하다는 것을 일러줍니다. **참스승**에 대한 믿음을 가지면 여러분이 곧 **그것**입니다. 그런 **참스승**은 어떤 영향도 받지 않고 어떤 오명도 없이 존재해 왔습니다. 존재하는 것은 뭐든 영원히 있지만, 우리는 개념들에 압도됩니다. 존재성의 세계에서는 의식이 모든 벌레·새·인간과, 모든 종種을 보살핍니다.

그것이 존재성의 문제입니다. 모든 종種은 살아가는 요령을 알고 있습니다.

이제 제가 병에 걸렸다고 합니다. 그래서 사람들이 저를 여러 명의 저명한 의사들에게 데려갔고, 그들은 무슨 치료법들을 처방해 주었습니다. 저는 어떤 치료도 거부했습니다. 왜냐하면 그런 치료는 몸을 위한 것이지 거기에는 영원한 삶에 대한 보장이 없기 때문입니다. 그들이 보증한 것은 제가 한동안 괜찮을 거라는 거지만, 저는 그런 보증에 관심이 없습니다. 저는 **영원자** 안에 자리 잡고 있고, 이런 유형의 삶, 이런 짐 덩어리(육신)에 혹하지 않습니다. 가능한 한 빨리 그것을 없애고 싶습니다. 저는 관심이 없습니다.

질: 당신께서는 (저희들의) **보호자**이십니다.

마: 저는 **보호자**가 아니고, 그 보호는 자동적으로 일어나고 있습니다.

질: 당신의 보호를 받을 가치가 충분한 사람들이 있습니다. 최소한 그들을 위해서라도 그들의 조언을 듣고, 그들을 만족시켜 주지 않으시겠습니까?

마: 그것은 만족을 얻는 방법이 아닙니다. 만족을 얻으려면 그들이 내면으로 들어가야 합니다. 저는 그대가 그런 세간적 방식으로 이 수행을 하려고 하는 것이 상당히 유감입니다. 소위 죽음이 저에게 일어난다고 가정할 때, 실제로 무슨 일이 일어납니까? 5대 원소는 스러지지만 저는 항상 편재할 것입니다. 저는 이 존재성과 세계 이전에 자리 잡고 있습니다. 세계에 무슨 일이 일어나든, 저에게는 아무 일도 일어나지 않습니다.

제가 태어났다는 것을 받아들이던 마음은 이제 죽었습니다. 저는 탄생이나 마음에 의해 가늠될 수 없습니다.

소위 **진인**이라는 수많은 사람들이 있지만, 그들은 세간적 지식에 목말라 합니다. 제가 무엇을 말하려고 하는지 이해합니까? 여러분에게는 세간적 지식에 대한 갈망이 있습니다.

여러분은 **의식**을 가지고 있고, 이 삶 속의 모든 것을 이해하려 합니다. 그 **의식**을 제어할 수 있습니까? 그것을 늘 여러분에게 묶어둘 수 있습니까? 아니지요, 그것은 언제든 사라질 수 있고, 여러분은 "이것이 내 **의식**이다, 나는 이러이러한 시간 동안 그것을 붙들 수 있다"라고 말할 수 있는 어떤 권한도 가지고 있지 않습니다.

여러분은 이 세상 속에 있는 자신의 거처, 곧 그 몸을 아주 좋아합니다. 그것을 넘어선 상태, 그것 이전의 상태로 나아가고 싶어 하지 않습니다. 그 존재성의 상태에 매료되어 있습니다.

1980년 5월 1일, 4일, 8일

49
참스승-빠라브라만

마하라지: 제가 영구적으로 편재한다는 **진리**에 저는 어떻게 도달했습니까? 명상하는 자에 대해 명상해서이고, '내가 있음'이 '내가 있음' 안에 합일되어서입니다. 그러고서야 저의 참된 성품이 무엇인지 이해했습니다. 위대한 **진인**들도 같은 방식으로 명상했습니다. 아무도 그것을 하는 법을 저에게 말해주지 않았습니다. 저는 이 **지**知를 외적으로 추구하지 않았고, 그것은 저의 내면에서 솟아났습니다.

저는 **진인**들처럼 명상하여 어떤 환영을 보았습니다. 처음에는 허공이 있었는데, 그 허공 속에서 원리들이 육신화하는 것을 보았지요. 실은 그것들은 몸이 없지만, 저의 환영 속에서는 몸이 있었습니다. 저는 그것들을 **쁘라끄리띠**와 **뿌루샤**, 즉 우주적 **의식**의 여성적 측면과 남성적 측면이라고 불렀습니다.

쁘라끄리띠와 **뿌루샤**가 결합할 때까지는, 동적이며 일체에 편재한 **의식**이 잠재적인 상태로 있었습니다. 남성적 측면과 여성적 측면의 결합 속에서 이 인물들 중 여성 안에 사출물이 심어졌습니다. 이 사출물들이 자궁 안에서 합일되자 그것들은 형상을 취하기 시작했습니다. 잉태 후 아홉 달이 지나서 아기 하나가 태어났습니다.

자궁 안에 심어진 그 **의식**은 원인신(causal body)인 '**링가-몸**(Lingadeha)'이었습니다. 그 **링가-몸** 안에서 "내가 있다"는 앎은 잠재적인 상태로 있었습니다.

이것이 제가 명상 중에 본 것입니다.

질문자: 어떻게 해서 우리는 이 순수한 의식의 상태를 상실했습니까?

마: 모든 존재는 직접적으로든 잠재적으로든 **이스와라** 상태를 체험하지만, 이 대상 세계에 너무나 감싸여 있어 그의 정체성을 상실합니다. 이 "내가 있다" 원리가 뭔지를 알아야 합니다. 그것은 자연발생적으로 나타나고, 그것이 나타나면서 개념적 삶이라는 수수께끼가 시작됩니다.

질: 저의 **진아**에 대한 탐구는 어떻게 시작합니까?

마: 바로 처음부터 시작하십시오. 이 거친 세계에서 저는 부모님과 함께 시작했는데, 왜냐하면 그들의 신체적 요소의 집결체―제가 거기서 나왔지만― 안에 저의 원리가 이미 거주하고 있다는 것을 잘 알고 있었기 때문입니다. 그러나 제가 어머니 몸에서 나온 그 원리일 수 없다는 결론에 도달했습니다.

여기에 백 살 된 사람은 없습니다. 그렇다고 해서 백 년 전에는 여러분이 존재하지 않았습니까?

질: 모르겠습니다.

마: "모른다"고 말한 그 사람이 있었을 것이 분명합니다. 요컨대 그대는 지금 이와 같지는 않아도 분명히 어떤 무엇이었을 것입니다. 이것을 올바르게 이해해야 합니다. '백 년 전에는 내가 이렇지 않았다.' 그래서 이것을 지적하는 자가 있었음이 분명합니다. 그대는 영원 위에 존재했고, 존재하고 있습니다.

제가 설명하는 것은 세간적 지식과 무관합니다. 그대는 세간적 지식이나 소위 영적인 지식을 포기하고 싶지 않고, 그런 세간적 개념들을 통해 자기 존재의 수수께끼를 풀고 싶어 하는데, 바로 그 때문에 이해하지 못합니다.

실은 그대의 상태는 **절대적 지복**의 상태이지 이 현상적 상태가 아닙니다. 저 비현상적 상태에서 그대는 지복으로 충만해 있지만, 그것이 있다는 체험이 없습니다. 그 상태에서는 고통이나 불행은 자취도 없고 오직 오롯한 지복뿐입니다. 제가 무슨 이야기를 하고 있습니까?

질: 아난다(*ananda*)[지복]입니다.

마: 그대는 자신의 개념들에 따라 어떤 만족을 얻고 싶어 하기 때문에, 오롯한 지복을 한정하려고 합니다. '아난다'라는 말은 그것을 경험할 신체적 존재

성이 있다는 뜻일 때만 의미가 있습니다. 그대가 깊은 잠에 들었을 때 형상들을 보기 시작하면, 실은 꿈을 꾸고 있는 것입니다. 그 꿈의 형상들은 그대 자신의 존재성에서 나오지 않습니까? 생시 상태에서도 그대가 보는 모든 것은 그 몸 안에 살고 있는 그대 자신의 존재성에서 나오지 않습니까?

깊은 잠 속에서 의식은 잠재적인 상태로 있었습니다. 몸도 없었고, 개념도, 장애도 없었습니다. 이 외관상 깨어 있는 상태가 도래하자―즉 "내가 있다"는 개념이 나오자―"내가 있다"에 대한 사랑(자기사랑)이 깨어났습니다. 그것 자체가 마야, 곧 환幻입니다.

질: 마하라지님의 말씀은 그 세 가지 상태를 경험하는 자가 곧 진아라는 뜻입니까?

마: 그것이 사구나 브라만(Saguna Brahman)의 상태입니다. 그대의 존재성 때문에 여타의 상태들이 있습니다. 꿈 세계는 아주 오래되었고, 새롭지 않습니다. 그대는 꿈에서 오래된 기념물들을 봅니다. 그대의 존재성은 아주 강력합니다.

이 존재성의 출현 그 자체가 시간을 구성합니다. 일체가 존재성이지만, 절대자인 저는 그것이 아닙니다. 명상 중에 허공이 있었는데 홀연히 무형상 속에서 쁘라끄리띠와 뿌루샤라는 두 형상이 나타났고, 이 형상들의 정수가 "내가 있다"는 앎이었습니다. 아무 형상이 없었는데, 마치 꿈 세계에서처럼 홀연히 형상들이 나타났지요.

꿈꾸는 자인 그대는 침대에서 자고 있지만, 꿈 세계에서는 그대가 하나의 몸을 보면서, 그것이 그대이고, 그대가 그 꿈 몸을 통해 일체를 하고 있다고 생각합니다. 바로 그런 방식으로, 소위 생시의 상태에서 몸들이 창조됩니다.

쁘라끄리띠와 뿌루샤의 상태는 아무 형상이 없고 영원하며, 시작도 끝도 없습니다. 그러나 거기서 5대 원소가 나오고, 그와 함께 동시에, 시간이 처음 경험되는 그 순간에, 몸이 형성됩니다. 이 과정은 늘 계속되며, 몸-형상이란 단지 시간을 경험할 기회를 가리킬 뿐입니다. 이 설명은 누구에게나 와 닿지는 않겠지요.

이른바 죽음의 순간에, 그대는 어떤 정체성을 가지고 떠나고 싶습니까?

질: 빠라브라만으로서입니다.

마: 제가 **빠라브라만**이라고 하는 **절대자**, 그것은 어떤 것입니까? 그대가 하고 있는 일은 말로써 말을 더 늘어나게 하는 것이고, 개념으로써 개념을 더 늘어나게 하는 것입니다.

질: 마하라지께서 저를 여기서 꺼내 주셔야 합니다.

마: 그대가 무엇인지 규정할 수 있습니까?

질: 제가 무엇인지 이해하려면 당신의 축복을 얻어야 합니다.

마: 그대는 언어 게임에 아주 능하군요. 저는 이 현상계를 넘어선 **지**知에 대해서 이야기하고 있는데, 그대는 세간적 개념과 말을 통해 이해하려 하고 있습니다. 그런 모든 개념을 포기하고 그대의 존재성의 성품을 탐구하십시오. 그대는 어떻게 해서 존재하게 되었습니까? 숙고해 보십시오! 스승의 진정한 축복은 그대의 **지**知 자체가 그대의 내면에서 솟아날 때 옵니다.

◆ ◆ ◆

마: 몸 안에서 **의식**은 주시하기를 하고, 행동은 세 가지 **구나**가 합니다. 의식은 일체에 편재하고, 허공 같고, 형상이 없습니다.

만약 여러분에게 어떤 질병이나 고통이 있으면 그것에 어떤 형상이 있습니까? 그것은 **의식** 내에서의 움직임일 뿐입니다. **의식**을 아는 자는 고통을 느낄 수 없는데, 몸이 고통을 느끼는 것은 **의식**이 몸을 자신과 동일시했기 때문입니다. **의식**이 없을 때는 몸이 칼에 베어도 아무 고통이 없습니다. 고통을 느끼는 것은 몸이 아닙니다. 5대 원소의 균형에 교란이 있으면 질병이 찾아오고, **의식** 안에서 그 질병이나 고통이 느껴집니다.

겨울에는 열기가 점점 적어지듯이, 몸과의 이 동일시가 점점 적어지면 느껴지는 고통도 점점 적어집니다. 몸과의 동일시가 완전히 끊어지는 정도에 이르면 불에 손을 넣어도 고통을 느끼지 않습니다. 불의 효과는 존재하겠지만 고통은 느끼지 않을 것입니다.

자, 제가 어느 특정한 순간에 어떤 고통을 느끼고 있는데, 어떤 일이 일어나서 마음이 거기로 쏠립니다. 이 새로운 일에 주의가 옮겨가면 앞서 느끼던 고통을 느끼지 못하겠지요. 저는 온 몸이 가려워 긁고 싶을 때가 많은데, 대

중 앞에 앉아 있을 때는 긁고 싶지 않고, 그래서 그것을 그냥 감내합니다. 그런 감내 속에서 그것은 사라집니다. 그러지 않고 이따금 우리가 그것을 긁기 시작하면, 피부가 긁혀서 피가 나기 시작해도 가려움이 멈추지 않을 것입니다. 마라티어로 이런 속담이 있습니다. "긁어서 가려움을 자극하지 말라." 대부분의 통증과 고통이 이와 같은데, 주의를 기울이면 그것이 자극을 받고, 그러면 그것의 비위를 맞춰줘야 합니다. 주의를 기울이지 말고 그 증상들을 무시하십시오. 그러면 사라집니다. 통증을 감내하는 역량이 있어야 합니다.

몸 안의 **의식**에는 전혀 어떤 오점도 있을 수 없습니다. 그것이 그 성질입니다. 그러나 여러분이 몸을 자신과 동일시할 때는 개념적으로 그것을 오염시킬 수 있지만, 그것은 성품상 아주 순수합니다. 생명기운은 아주 순수하고, 이 존재성은 그보다 더 순수합니다. 저는 **아뜨만**, 곧 **진아**에 대해 이야기하고 있습니다. 이 **지**知는 올바른 관점을 갖지 못한 사람에게는 크나큰 좌절감을 야기할 것 같군요. 이런 이야기의 취지는 사물의 상태를 올바른 관점에서 보기 위한 것입니다. 그것을 보았으면, 세상 속에서 자신의 능력을 최대한 발휘하면서 삶을 살아가십시오.

불멸성(절대자)은 시간과 공간을 넘어서 있습니다. 그 무시간·무공간의 존재 안에는 5대 원소가 들어갈 수 없고, 빛이나 어둠, 해와 달이 들어갈 수 없습니다. 무시간·무공간의 존재는 자신이 존재한다는 것을 모릅니다. 그것이 **실재**요, 그것이 **진리**입니다.

명상 같은 것을 아무리 많이 해도 여러분의 진정한 상태 안에 머무르지는 못합니다. 여러분이 **궁극자** 안에 자리 잡는 것은, 자신이 **지고자**라는 굳은 확신에 의해서입니다.

일반적으로 보통의 구도자는 제가 말하고자 하는 것을 이해하지 못할 것입니다. 왜냐하면 그 사람은 자신이 즐길 수 있는 어떤 것을 추구하고 있기 때문입니다. 구도자가 된 여러분의 포부는 무엇입니까? 여러분은 자신의 일상생활을 돌보기 위해 세간에서의 이익을 구하고 있습니다. 그것이 여러분이 영적인 공부에서 기대하는 최대치입니다. 영적인 길을 따르고 있는 소위 진인들은 자신의 일상생활이 안락하게 진행되도록 보살피는 데 그들의 포부를 집중합니다. 도대체 왜 내가 존재하게 되었나? 그에 대해서는 아무도 묻지 않습니다.

덕과 죄가 막바지에 이른 사람만이 이곳을 찾을 것입니다. 여러분에게 자신이 몸-마음이라는 기억의 오점이 남아 있는 한, 이해하지 못할 것입니다.

이 모든 이야기의 총합은 **참스승-빠라브라만**(Sat-Guru-Parabrahman)으로 알려져 있습니다. 그 상태에서는 필요한 것이 아무것도 없습니다. 저의 상태는 우주의 창조와 해체를 한 번도 느껴보지 못한 것입니다. 저는 이 부분을 설한 적이 없습니다. 저는 우주의 창조와 해체가 일어나는 내내 영향 받지 않고 남습니다.

◆ ◆ ◆

마: 의사들은 이 몸에 암이 있다고 진단했습니다. 그런 심각한 진단이 나왔는데도 저만큼 즐거워하는 사람이 누가 있겠습니까? 세계는 여러분이 직접 경험하는 것이고 여러분 자신이 관찰하는 것입니다. 일어나는 모든 일은 이 수준에서 일어나지만, 저는 이 수준에 있지 않습니다. 저는 **사뜨와 구나**, 곧 존재성에서 저 자신을 분리시켰습니다.

영적인 공부에서 궁극적 상태는 어느 때에도 전혀 욕구를 느끼지 않는 상태이며, 그 어떤 것도 그 무엇에 소용되지 않는 상태입니다. 그 상태를 **열반**(Nirvana), **니르구나**(Nirguna)라고 하는데, 곧 영원하고 궁극적인 **진리**입니다. 이 모든 이야기의 핵심이자 결론을 **참스승-빠라브라만**이라고 하며, 그 상태에서는 필요한 것이 아무것도 없습니다.

우주가 해체된 뒤, 창조의 흔적이 더 이상 남아 있지 않을 때, 그때 남은 것이 저의 완전한 상태입니다. 우주의 창조와 해체가 이루어지는 동안에도 저는 항상 영향 받지 않고 남습니다. 저는 이 부분을 설한 적이 없는데, 저의 상태는 우주의 창조와 해체를 결코 느껴보지 않았다는 것입니다.30) 저는 모든 창조와 모든 해체에도 살아남는 원리입니다. 이것이 저의 상태이고, 여러

---

30) *T.* 이 문단의 여기까지와 그 앞 문단의 마지막 문장은 맨 위의 세 번째 문단과 내용이 대동소이하다. 마하라지는 며칠 차이로 같은 내용의 말씀을 한 번 더 반복하기도 하였다.

분의 상태이기도 하지만 여러분은 그것을 깨닫지 못하는데, 왜냐하면 여러분은 자신의 존재성을 끌어안고 있기 때문입니다. 그것을 깨닫는 것은 여러분이 무적의 믿음에서, 저 영원한 **참스승-빠라브라만**에게서 지지를 얻을 때만 가능합니다. 이 상태, 이 **빠라브라만** 원리는 영원하며, 또한 **참스승**입니다. 그것은 스승의 어떤 헌신자도 가지고 있는 영원한 속성입니다.

1980년 5월 10일, 11일, 14일

50
현상계 내에서는 '내가 있음'이 최고의 신이다

마하라지: 생시와 잠의 상태, 그리고 "내가 있다"는 의식—이 세 가지는 여러분의 속성이 아니라 저 화물의 속성입니다. '탄생'이라는 말은 무엇을 두고 하는 말입니까? 그것은 몸 안에 있으면서 몸을 의식하는 존재로 만드는 것의 탄생 아닙니까? 그 화물은 **진아**가 **그 자신**에 대해 가지고 있는, 그리고 그것이 지속되기를 바라는 사랑(자기사랑)을 의미합니다.

우리가 자신의 실체를 깨닫지 못하면 모든 경험들은 괴로움의 수단이 될 것입니다. 모든 경험들은 기억으로 인한 것이고, 의식 내에서의 움직임에 지나지 않습니다. 따라서 그것은 지속될 수 없습니다. 행복과 불행은 오고 갑니다. 만일 여러분이 올바른 관점을 가지고 있다면, 세계는 어떤 고요함의 느낌과 함께 여전히 돌아가고 있습니다.

자연은 죽음이라는 제도를 가지고 있습니다. 죽음이 없다면 견딜 수 없는 기억의 축적이 있게 될 것입니다. 사람들이 오고 가면서 기억들이 지워지고, 그래서 어떤 균형이 잡힌다는 느낌이 있습니다.

질문자: 그러나 찰나적이라고 하는 것도 우리가 그것을 즐길 때에는 마치 그것이 영원히 계속될 것같이 보입니다. 어떻게 해야 합니까?

마: 그대가 무엇을 하든 그것은 재난으로 끝날 것인데도 그대는 그것을 멈추지 않습니다. 왜냐하면 그것이 몸-의식의 성품이니까요.

　죽음은 고통스러운 경험으로 여겨지지만, (실제로) 어떤 일이 일어나는지를 이해하십시오. 태어난 것, 즉 "내가 있다"는 앎은 끝나겠지요. 이 몸에 의해 한정되었던 그 앎이 그때는 무한한 것이 되는데, 무엇을 두려워합니까?

질: 제 두려움은, 사랑할 수 없거나 사랑 받을 수 없다는 것입니다.

마: 의식적으로 그리고 의도적으로 남들에 대해 사랑을 느끼려고 해도 그렇게 되지 않는다는 것을 부디 이해하십시오. 저 사랑의 느낌을 이해해야 합니다. 그러면 사랑이 저절로 우러날 것입니다. **자기**에 대한 사랑, "내가 있다"는 이 **의식**, 이것을 참된 사랑으로 이해한 사람은 그들 자신이 **사랑**이 되었습니다. 일체가 그들 안에 합일된 것입니다.

　몸을 살아 움직이게 하는 이 화물은 작은 것 중에서도 극미極微이고, 큰 것 중에서도 극대極大입니다. 그 안에 전 우주가 들어 있고, 그것 자체가 사랑이요 신입니다. 저 화물, 곧 **의식**은 세계가 돌아갈 수 있게 하는 빛을 제공합니다. 그 **사랑**은 개인적 사랑이 아닙니다. 모든 존재들의 안에 거주하는 원리가 그 **사랑**, 곧 생명력입니다. 이 정서적인 사랑으로 시작하여, 그대의 존재성 안에 거주하십시오. 일어나는 모든 일은 시간과 공간 속에 대상화되어 있는 것에서 일어납니다. 아무것도 없는 데서 다수의 것이 나왔습니다. 몸이 태어나서 자기 공간을 점하고, 그런 다음 사라지지만, **절대자**는 영향을 받지 않습니다. 저 영원한 상태는 모든 사건과 무관하게 지배합니다. 존재하는 어떤 구체적이고 가시적인 세계도 무無 안에 합일됩니다. 그러나 그 무無도 하나의 상태입니다. 그래서 그 무無도 **절대자**의 상태 속으로 들어갑니다.

질: 저는 어떻게 해서 몸을 저 자신과 동일시하게 되었습니까?

마: 몸 안에 말려들어 있다고 그대가 지칭하면서 그 답을 알고 싶어 하는, 그 '나'가 무엇입니까?

질: 모르겠습니다. 왜 저는 제가 누군지를 알 수 없는 것입니까?

마: '나'는 '나'와 다른 것만 알 수 있습니다. 비교할 대상이 아무것도 없다면 어떻게 무엇이 그 자신을 알 수 있습니까? 그것은 홀로이고, 정체성(즉, 무엇과

의 동일시)이 없고, 속성이 없습니다. 우리는 현상적인 단계에서 그것에 대해 이야기할 수 있을 뿐입니다.

저는 이런 병(목암)이 생겼습니다. 그 병이 무엇이며, 어디에 그것이 생겨났습니까? 그 병은 몸, 숨, 그리고 "내가 있다"는 앎으로서 존재하는 것(존재성)과 별개가 아닙니다. 이것(존재성)은 창조된 한 개 다발이며, 일어나는 모든 일은 그 다발 속에 들어 있습니다. 저는 잉태되기 전에 그것과 별개였고, 창조된 그것과 계속 별개입니다. 그것은 일어났고, 한동안 지속되다가 사라지겠지요. 시간이 이것을 발생시켰고, 시간이 그것을 종식시킬 것입니다. 잉태되어 태어난 것은 지금도 동일하지 않습니까? 그 '나'는 잉태된 때부터 지금 이 순간까지 변하지 않았습니다. 그것은 특정한 시간 동안 와 있는 것입니다.

잉태되었던 것이 신체적으로 자랐고, 이 "내가 있다"는 앎의 표현 중 어떤 것들은 엄청난 것을 성취했습니다. 어떤 이들은 **화신**이 되었고, 어떤 이들은 여러 분야에서 성공을 거두었습니다. 그 시간대가 끝나면서 그 대단한 인물들과 그들이 이룬 모든 것이 공히 사라졌습니다. 그것은 오랜 세월이었을 수도 있습니다. 즉, 이 '내가 있음'은 어떤 경우에는 수백 년간 존재했을 수도 있습니다. 하지만 아무리 오랜 시간이라 해도 거기에는 끝이 있습니다.

그런 **화신**과 **진인**들 중 어떤 이들은 '내가 있음'이 무엇인지를 이해했습니다. 즉, 그것이 자신을 현현할 수 있으려면 하나의 몸이 필요하다는 것, 그리고 그 몸은 성교를 통해서만 나온다는 것을 말입니다. 그것을 이해한 다음 그들은 현상계와 떨어져 그저 현상계를 관찰하기만 하면서, 그 지(知) 안에 머물러 있지 않고 개념적일 뿐인 것(개인들)에게 조언을 해주기 시작했습니다. 모든 현현물은 개념적입니다. 그들은 말했습니다. "성관계를 갖지 않도록 하라." 그런 많은 **화신**과 **진인**들이 이런 조언을 했습니다. 그렇게 되었습니까? 비가 그쳤습니까? 인구 생산이 멈추었습니까? 아니지요. **자연**은 자신의 길을 갈 것입니다. 그것을 이해할 수 있을 뿐, 그것을 어떻게 하지는 못합니다.

단 한 가지만 기억하십시오. 언제나 변치 않고 있었던 것, 전 우주에 편재하는 것은 이 '내가 있음'이라는 것입니다. 이 현상계에 관한 한, 그것이 최고의 **신**입니다.

궁극적으로는 이마저도 일시적인 것이고, 저의 실체는 감각기관들 이전이고, 무공간·무시간이며, 속성이 없습니다. 그러나 현상계 내에서는 이 '내가 있음'이 최고의 신이며 그대는 그것과 하나가 되어야 합니다.

질: 몸이 죽을 때, 만일 제가 여전히 몸과의 동일시를 가지고 있으면 환생의 문제가 있습니까?

마: 그대가 몸을 자신과 동일시하는 한, 경전에 쓰여 있는 모든 것을 따라야지요. 몸과의 동일시를 잃으면 그대 하고 싶은 대로 뭐든 할 수 있습니다.

◆ ◆ ◆

마: 그대가 자신에 대해 가진 모든 개념은 참될 수 없습니다. '내가 있음'이 으뜸 개념인데, 그것이 세상에서 정상적인 일을 하게 하여 그것을 만족시켜야 합니다. 중요한 것은 그것이 하나의 개념이라는 것을 깨닫는 것입니다.

질: 세상에서는 이 개념이 늘 꼭대기에 있으려고 애씁니다. 우리는 아이들한테도 "시험에서 1등 해야 한다"고 말합니다. 자신의 인격과 개인성을 남들에게 강요하는 것은 잘못입니까?

마: 잘못인 것은 그대가 자신을 그 몸과 모습에 한정되어 있다고 여기는 것입니다. 제가 드리려고 하는 지知는 여러분 각자에게 똑같이 있는 "내가 있다"는 앎에게 주어집니다. 만일 그대가 한 개인으로서 그 지知를 얻으려고 하면 결코 얻지 못할 것입니다.

질: "내가 있다"가 하나의 개념이고 그것이 (언젠가) 사라진다면, 그 개념이 사라졌다는 것을 어떻게 알 수 있습니까?

마: "내가 있다"는 것이 하나의 개념이라는 것을 그 개념이 있는 동안에 이해해야 합니다. 그것이 일단 원래의 상태로 합일되면, 알고 싶어 할 누가 있겠습니까? 그 환적인 개체가 사라진 것입니다.

질: 저는 이 "내가 있다"가 하나의 개념이고 그것이 (언젠가) 끝날 거라는 것을 확신합니다만, 왜 제가 그것을 하나의 거짓 개념으로 여겨야 합니까?

마: 바로 그 생각은 언제 어떻게 일어났습니까? 그 생각은 그 개념 자체 내의 한 움직임으로서 나온 것에 불과하지 않습니까? 의식이 없다면 그런 생각

도 없겠지요.

의식은, 전체적이고 무시간·무공간이며 불변인 상태 위에 나타난 하나의 일시적 상태입니다. 그것은 왔다가 사라질 하나의 사건입니다.

태어나는 이 정신-신체적 다발은 자신에게 할당된 시간 동안 고통을 받거나 쾌락을 즐길 것입니다. '나'는 경험하는 자가 아니라 '아는 자'라는 것을 제가 아는데, 어떻게 제가 신경을 쓰겠습니까?

그것은 더할 나위 없이 명백합니다. 저는 몸·마음을 지켜볼 뿐인데, 의식은 웃거나 괴로워합니다. 괴로우면 그것이 울 수도 있는데, 좋습니다, 울라고 하지요. 즐기고 있을 때는 그것이 웃을 수도 있습니다. 저는 그것이 일시적인 거라는 것을 알고 있고, 그것이 가고 싶어 하면 보내줍니다. 제가 지知를 전하면서 여러분에게 이야기를 하는 동안, 동시에 참을 수 없는 통증을 느끼고 있습니다. 조금 더 참을 수 없게 되면 아픈 소리를 낼지 모릅니다. 그것은 자기 하고 싶은 대로 뭐든 할 수 있겠지만 저는 상관하지 않습니다. 이 의식이 뭔지 알지 못하는 한, 그대는 죽음이 두려울 것입니다. 그러나 이 의식이 뭔지 정말 이해하면 그 두려움이 떠나고, 죽는다는 생각도 사라질 것입니다.

이 의식은 시간이 한정되어 있지만 의식을 아는 자는 영원한 절대자입니다.

1980년 6월 27일, 29일

51
브라만은 그대의 존재성에서 창조된다

마하라지: 일단 몸이 사라지자 자신을 그리스도·크리슈나·붓다 등으로 경험한 저 의식은 가라앉았고, 전체와 하나가 되었습니다. 설사 그대가 그들에게 욕을 한다 해도 그들이 와서 왜 욕을 하느냐고 따지지 않을 것입니다. 왜냐하면 그 자신을 그런 이들로 경험한 그 앎이 전체성 속으로 가라앉아 버렸기

때문입니다. 마찬가지로, 지금 그대가 아주 위대한 어떤 인물일 수도 있겠지만, 잠이 들면 별개의 개체로서의 그대 자신을 잊어버립니다.

그대 자신을 개인이라고 말하지 말고, 그저 존재성 안에 머물러 있으십시오. 모든 문제는 (자신이) 별개의 한 개체라는 느낌입니다. 일단 그것이 가라앉으면 그것이 참된 지복입니다. "내가 있다"가 일어나면서 전체 현상계가 일어납니다. 어떤 활동에서나 주시하는 자는 "내가 있다"이며, 이 모든 것을 하고 있는 것은 **마야**이고, **습**習이고, 속성입니다. 제가 여러분에게 이야기하고 싶은 것이 이것이지만, 여러분은 다른 어떤 것—현상계 내에 있는 어떤 것을 원합니다. 여러분은 지식을 원합니다.

"내가 있다"는 저 얇은 새로운 것입니다. 그것은 **실재**가 아닙니다. **실재**는 제가 여러분에게 말하지 않겠습니다. 단어들은 **그것**을 부인합니다. (실재에 대해) 제가 무슨 말을 하든, 그것은 **진리**가 아닙니다. 왜냐하면 그것은 이 "내가 있다"에서 나왔기 때문입니다. 진리는 표현을 넘어서 있습니다.

여러분은 온 데를 다니면서 한 개인을 위한 지식을 축적합니다. 그런 지식의 축적은 도움이 되지 않을 것입니다. 그것은 하나의 꿈속에 있으니까요.

질문자: 마하라지께서는 여기 오는 모든 사람들에 대해 어떻게 느끼십니까?

마: 저는 상관하지 않습니다. 여러분이 와서 제 이야기를 듣고 돌아갑니다. (그 이야기를) 받아들이고 싶으면 받아들이고 그렇지 않으면 돌아가십시오. 이 방의 공간은 저 방의 공간에 대해 찬성하지도 반대하지도 않고, 그것을 사랑하지도 않습니다. 그것은 '하나'입니다.

강물이 흐르고 있을 때 그대가 그것을 이용하고 싶으면 물을 떠 마시고 소화하십시오. 그렇지 않으면 흘러 지나가게 하십시오. 저는 여러분에게 돈을 받지 않습니다. 마치 강물이 돈을 요구하지 않듯이 말입니다. 그대는 매일 많은 돈을 쓰고 있는데, 자, 돈은 관두고 제 물을 떠가십시오.

그 이야기를 하면서 저는 그대를 샘의 원천으로 데려갑니다. 거기서는 물이 방울방울 떨어져 나옵니다. 이 물이 나중에는 강물이 되고, 하구河口가 되고, 바다가 됩니다. 저는 그대를 거듭거듭 그 근원으로 데려갑니다. 일단 근원에 도달하면 실제로는 물이 없다는 것을 알게 될 것입니다. 물이란 "내가 있다"는 소식입니다.

단 하나의 원리가 있으니, "내가 있다"는 원리입니다. 그대가 있기 때문에 일체가 있습니다. 그것을 꽉 붙드십시오. 그대는 들었으니, 이제 그에 따라서 사십시오.

질: 의사로서 일하다 보면 늘 바쁜데, 어떻게 마하라지께서 말씀하시는 대로 제가 할 수 있겠습니까?

마: 그대는 매일 세간적 활동을 하고 있지만, 밤에 잠자리에 들기 전에는 그것을 다 잊어버리고 제가 그대에게 이야기해준 것을 생각하십시오. 제가 그대에게 해준 말 중에서 한 문장을 잡아 그것을 붙드십시오. 그러면 그것이 그대를 그대의 근원으로 이끌어 줄 것입니다.

(마하라지는 이야기를 하나 들려준다.) 어떤 사람이 한 남자를 만났는데, 그 남자가 그에게 마실 것을 하나 주고 나서 이렇게 말했습니다. "그 음료에 내가 독을 넣었는데, 당신은 6개월 안에 죽을 것이오." 그 사람은 너무 기겁을 하고, 자신이 6개월 안에 죽을 거라고 믿습니다. 나중에 그는 친구를 만나 그 이야기를 하고, 자신은 6개월 안에 죽을 거라고 말합니다. 친구는 그에게 걱정 말라고 하면서 말합니다. "자, 이걸 마셔. 이걸 마시면 자네에게 죽음은 없을 거야." 그래서 이 사람은 기뻐하면서 그것을 마십니다.

첫 개념으로는 그가 공포에 사로잡히고, 자신이 죽을 거라고 확신합니다. 나중에 친구가 그 첫 번째 개념을 부정하는 다른 개념을 줍니다. 거듭거듭 개념, 관념, 창조물을 얻는 이것이 생명기운의 한 속성입니다. 그대가 자신의 **진아**를 탐구할 때에만 이것을 알게 됩니다.

모든 행복의 근원은 바로 그대의 존재성이니, 거기에 있으십시오. **마야**의 흐름에 개입하면 불행이 있습니다. 그대는 **마야**의 활동에서 즐거움을 얻어 보려고 하지만, 이것(마야)은 존재성의 산물입니다. 그대의 존재성 안에 고요히 머무르십시오.

제가 그대에게 해준 말을 기억하고, 되씹고, 회상하십시오. 그것이 그대를 고요함으로 이끌어 줄 것입니다. 그 **지**知 안에 자리 잡으십시오.

질: 그러면 어떤 일이 일어납니까?

마: 그것이 그대에게 분명해집니다. 마치 그대 손의 다섯 손가락을 보듯이 분명하게 말입니다. 자, 보세요. 그 몸은 5대 원소로 만들어졌고, 5대 원소로 된 몸이 있기 때문에 그대의 존재성, 곧 **의식**이 나타났습니다. 그대의 존재성이 있는 것은 그 음식-몸과 생명기운이 있기 때문이고, 그대는 그 모든 요소 —몸, 그대의 생명기운, 그대의 존재성—를 지켜볼 수 있을 것입니다. 그러나 그 **지**知에 자리 잡아야 합니다. 요컨대 그대의 정체성이었던 몸-마음이라는 잣대를 청산하는 것입니다. 그렇게 하고 나면 그대가 **이스와라**요, 그대가 **브라만**입니다.

질: 그러면 어떻게 해야 제가 그것을 더 높은 수준으로 올립니까?

마: 내버려 두십시오! 더 높은 수준으로 올리고 말고가 없습니다. 여기서 그것은 이해의 문제일 뿐입니다.

이스와라는 5대 원소와 우주, 곧 '내가 있음'의 현현입니다. **절대자**에게 저 '내가 있음'에 대한 주시하기가 일어납니다. 이것이 **절대자**의 관점이고, (이것을 이해한 사람이) **싯다**(Siddha)입니다. 수행자인 그대는 이런 이해를 가졌다고 주장하면 안 됩니다. 수행자(sadhaka)란 **이스와라** 원리, 즉 **의식** 안에 자리 잡는 과정을 의미합니다.

질: 어젯밤에 몸에서 아주 큰 진동이 일어나는 것을 경험했습니다. 사실 몸은 없고 진동만 있었습니다. 아무 형상이 없는 아주 강렬한 진동 말입니다.

마: 그 진동이 무엇이었든, 그것은 5대 원소의 산물입니다.

질: 그것은 '내가 있음'의 맛 아닙니까?

마: 그것을 그렇게 표현하고 싶으면 그렇게 하십시오. 그런 것들은 5대 원소, 세 가지 **구나**, **쁘라끄리띠**와 **뿌루샤** 등 열 가지 요소(의 산물)입니다. 그런 것들은 그대의 존재성의 표현입니다.

질: 그러면 마하라지께서, 몸-마음으로 있지 말고 **의식** 안에 확고히 안주하라고 말씀하실 때, 그것은 그 열 가지 요소와 어떻게 관계됩니까?

마: 그런 이야기, 즉 몸-마음을 초월하여 그대의 존재성에 자리 잡는다는 것은 유치원 수준의 구도자, 최하급 수준에게 해당됩니다. 그러나 지금 저는 존재성 안에 자리 잡고 있는 수행자에게 이야기하고 있습니다. 그런 제1과는

이제 끝났습니다.

질: 오!

마: 그대의 세계, 그대의 우주는 그대의 존재성이 표현된 것입니다. 두 번째 단계는 수행자가 존재성, 곧 **이스와라** 원리, 현상계 안에 자리 잡는 것입니다. 수행자가 곧 현상계입니다.

　(회중을 향해) 이제 이런 모든 이야기를 듣고 나면 그는 이곳을 떠날 것이고, 사람들을 만나면 이렇게 말하겠지요. "내가 마하라지를 만나 이야기를 들었더니 혼란만 더 심해졌다"고 말입니다.

질: 마하라지님의 가르침은 아주 명료합니다. 단 한 가지만 말씀드린다면, 그것이 너무 빨리 일어나고 있다는 것입니다. 명료하면서도 너무 빠릅니다.

마: 이 현상계는 **스스로** 빛나고 **스스로** 창조하지만 그대는 아직도 뭔가를 수정하고 싶어 합니다. 그대는 이것을 다 끝내지 못했습니다.

질: 제 말이 그 말입니다. 의식은 (자신이) 일체인 것을 자각하고, 자신이 **이스와라**임을 알지만, 그러다가 몸-마음 상태의 어떤 확고한 습習 때문에 갑자기, 자연발생적으로, 일체를 수정하거나 조정하려는 욕망이 나옵니다. 그리고 그 순간 다른 어떤 것이 일어나서 "너는 조정하지 못해. 그것은 있는 그대로야"라고 말합니다. 그것이 최근에 일어나고 있는 일입니다.

마: 거기에 개입하지 않도록 유념하십시오.

질: 그래서 제가 여기 있는 것이 아주 도움이 됩니다.

마: **절대자**는 초연합니다. 잠의 상태에서는 '내가 있음'이 망각에 빠져 그 사람이 자신을 잊어버립니다. '내가 있음'은 생시와 깊은 잠의 상태에 좌우되지만 **절대자**도 또한 그것입니다. 무슨 말인지 그대는 정확히 이해하지 못하겠지만, 존재성 안에 자리 잡아 그것을 초월하면 그대가 어떻게 깊은 잠과 생시를 넘어서 있는지 이해하게 될 것입니다. 왜냐하면 그것들은 존재성의 특징에 지나지 않으니까요.

질: 그 **절대자** 말입니다. 그는 저 '내가 있음'이 잠이 들 때 무슨 일이 일어나는지 압니까?

마: '내가 있음'은 일종의 도구여서, 그는 '내가 있음'만 가지고 관찰합니다.

그대는 제 이야기를 들을 때 어떤 개념들을 생각합니다. 그대의 개념과 부합하는 이야기를 들으면 아주 기분 좋아하지만―그대는 그것을 지知라고 하지요―저는 그것을 완전히 박살냅니다. 저는 모든 개념을 박살내어 그대를 무無개념 상태에 자리 잡도록 하고 싶습니다.

그대의 존재성은 극히 미세한 것이면서 동시에 그 안에 잠재된 거친 성질들을 가지고 있습니다. 반얀나무의 씨앗을 보십시오. 아주 작고 아주 미세하지만, 온갖 거친 물질이 이미 그 안에 들어 있습니다. 그대의 존재성은 극히 미세하지만 그러면서도 그 안에 전 우주가 들어 있습니다. 그것은 하나의 연속적인 과정입니다. 그 씨앗은 일체를 포함하고, 반복, 반복, 반복됩니다. 소위 구도자는 브라만을 원하지만, 어떻게 원합니까? 자기가 명령하면 브라만이 그와 같이 일어나야 합니다. 그대는 자신의 개념에 따라 브라만을 창조하고 싶어 합니다.

질: 그것은 우리를 진리에서 멀어지게 할 뿐입니다.

마: 일체가 진리요, 절대자입니다. 브라만은 그대의 존재성에서 창조됩니다. 이 모든 브라만은 환幻이요 무지입니다. 그대의 존재성이란, 절대자의 견지에서 보자면 무지일 뿐입니다.

진아를 이해하는 이 영적인 길을 추구하면 그대의 모든 욕망은 그냥 떨어져 나갑니다―존재하려는 1차적 욕망까지도 말입니다. 그 존재성 안에 한동안 그대로 머물러 있으면 그 욕망도 떨어져 나갈 것이고, 그대는 절대자 안에 있게 됩니다.

질: 그것이 바로 오늘 일어난 일인데, 그것을 깨달으니 어떤 슬픔 같은 것이 있으면서도 절대자에 대한 큰 이해가 있습니다.

마: 그것은 저 의식이 절대자에게서 물러나면서 부단히 되풀이되는 것일 뿐, 그대에게는 어떤 움직임도 없습니다. 그것이 그 연극을 보살피고 있습니다.

그대가 의식 안에 있을 때, 그대는 의식의 성품을 이해합니다. 그 의식은 소멸되고 있고 지각성은 사라지고 있으나, 그 어떤 것도 절대자인 그대에게 영향을 주지 않습니다. 그것이 바로 죽음의 순간이지만 무슨 상관 있습니까? 생명기운이 몸을 떠나고 '내가 있음'이 물러나지만, 그 '내가 있음'은 절대자로 돌아가는 것입니다. 그것은 가장 위대한 순간, 곧 가장 위대한 불멸의 순간입니다. '내가 있음'이 있었고 그 움직임이 있었으나, '나'는 지켜보고, 그것은 소멸됩니다. 무지한 사람은 죽음의 순간에 몹시 겁을 먹겠지만—몸부림을 치지요—**진인**에게는 그것이 더없이 행복한 순간입니다.

1980년 7월 1일

52
고요히 머물러 있으라

마하라지: 세상에서 벌어지는 모든 일은 생명력(*prana shakti*)에 기초해 있지만 **아뜨만**, 곧 주시자는 전적으로 별개이며, 어떤 행위도 **아뜨만**에 귀속될 수 없습니다. 생명력, 곧 생명기운을 이해하지 못하는 한—그것의 언어는 생명기운을 통해서 흐르는 네 가지 유형의 말인데—마음이 그대에게 일러주는 모든 것을 그대는 확실한 것으로 받아들일 수밖에 없습니다. 마음이 그대에게 제공하는 그 개념들이 그대에게는 최종적인 것이 되겠지요.

질문자: 네 가지 유형의 말이란 어떤 것입니까?

마: 그것은 빠라(*para*)[근원-의식], 이어서 빠시얀띠(*pashyanti*)[생각들의 방출], 이어서 마디야마(*madhyama*)[마음속 언어 형성], 그리고 바이카리(*vaikhari*)[언어의 발화]입니다. 보통의 무지한 사람은 그 전 과정을 시발하는 빠라와 빠시얀띠를 의식하지 못합니다. 그것들은 너무 미세합니다. 그래서 마음과 동일시되기도 하는 마디야마에서 작업을 시작하여, 말(*vaikhari*)과 함께 밖으로 나옵니다.

마음이 말과 생각을 방출하고, 그것을 통해 우리는 자신의 정체성을 '나'나 '내 것'으로 오인하지만, 일어나는 모든 일은 주시하는 자와 독립해 있고 전적으로 생명력에 기초해 있습니다. 이 **의식**이 몸을, 그리고 생각이나 말을 자신과 잘못 동일시해 왔습니다. 그래서 자신이 어떤 일에 대해 죄책임을 느낀다거나, 자신이 어떤 행위를 하여 공덕을 지었다고 생각하지만, 모든 일은 단지 생명력의 활동을 통해서 일어날 뿐입니다.

이 생명기운, 생명력을 이해하는 사람은 모든 심적 개념을 넘어서 있습니다. 그것을 이해하지 못한 사람은 자기 생각의 노예입니다.

질: 만트라를 오래 하고 나면 그것이 해소되겠습니까?

마: 만트라와 그 만트라에 대한 믿음 둘 다 해소되겠지요. 만트라는 어떤 목적이 있습니다. 인도에서 만트라는 큰 영험이 있습니다. 만트라에 집중하면 그 만트라 이면의 형상이 허공에 나타나겠지만, 그런 것은 다 시간이 한정되어 있습니다. 인간은 그 자신의 보존, 의식의 보존을 위해 온갖 것을 발전시켰지요.

저는 몸이나 생명기운 그 어느 것도 지속시키는 데 더 이상 관심이 없고, 더 이상 그런 것을 원치도 않습니다.

세 가지 상태와 세 가지 속성의 저 다발(몸)이 태어난 이상, 일어나는 모든 일은 저 다발에게 일어나는 것이고 저는 거기에 상관하지 않습니다. 그래서 전혀 두려움이 없고, 남들에게는 고통이 되었을 질병에도 전혀 반응하지 않습니다.

제가 태어난 자가 아니라는 것을 알아 버렸지만, 오랫동안 제가 관계를 맺어 온 것(육신)에 대한 약간의 애착은 있습니다. 그것은 84년 동안이나 관계를 맺었기 때문에 생긴 티끌만 한 애착입니다. 가령 제가 오래 전부터 알던 고향 사람을 만났다고 하면, 그가 오고 갈 때 잘 가라고 작별인사를 하는데, 그런 티끌만 한 애착이 있는 것은 그를 오랫동안 알고 지냈기 때문입니다.

태어나는 의식은 자기가 그 몸이고 세 가지 구나를 통해서 작용한다고 생각하지만, 저는 그것과 무관합니다. 그 전체가 하나의 환幻입니다.

질: 죽고 난 뒤에는 기억의 연속이 전혀 없겠습니까?

마: 사탕수수나 설탕이 있어야 단맛이 있겠지요. 몸이 없다면 기억이 어떻게 있을 수 있겠습니까? 존재성 자체가 사라졌는데 말입니다.

질: 그러면 무엇이 남아 있는지 어떻게 압니까?

마: 이 방에 20명이 있는데, 20명이 다 떠나면 남은 것이 있어도 떠나 버린

사람은 그게 뭔지 알 수 없습니다. 그러니 속성이 없고, 동일시가 없고, 조건 지워지지 않은 저 **빠라브라만** 안에, 질문할 사람이 누가 있겠습니까?

　이것을 이해해야 하지만, 어떤 사람이 이해하는 것은 아닙니다. 그 체험과 체험자가 하나여야 합니다. 그대가 그 체험이 되어야 합니다. 이 **빠라브라만**은 어떤 모습입니까? 그 답은, '봄베이(뭄바이)는 무엇이냐?' 하는 것입니다. 지리적으로 어떻고 봄베이의 분위기가 어떻다고 말하지 말고, 봄베이의 일부만 내놓아 보십시오. 봄베이가 무엇입니까? 말할 수 없지요. **빠라브라만**도 마찬가지입니다. **빠라브라만**은 주거나 받을 수 없고, 그대가 **그것**이 될 수 있을 뿐입니다.

질: 저희는 마하라지께서 즐기시는 그 상태를 원합니다.

마: 영원한 **진리**가 있지만, 주시하기에게는 그것이 아무 소용없습니다. 종교니 영적인 공부니 하는 이름의 그런 공부나, 그밖에 그대가 공부하려고 하는 모든 것을 놓아 버리십시오. 오직 한 가지만 하십시오. 저 '내가 있음' 혹은 **의식**은 가장 신적인 원리인데, 생명기운이 존재하는 동안만 있습니다. 그것이 현재 그대의 성품입니다. 그것만 숭배하십시오. 저 '내가 있음'은 사탕수수의 단맛과 같은 것입니다. 그대의 존재성이라는 그 단맛 안에 머무르십시오. 그래야만 영원한 평안에 도달하여 거기에 안주할 것입니다.

질: 저는 마하라지님의 친존親存에서 제 몸 안의 생명력 에너지가 양극화되고 강렬해지는 것을 느낍니다.

마: 명상을 하면 생명력이 정화되고 그것이 정화되면 **진아**의 빛이 나옵니다. 그러나 이때 작용하는 원리는 생명력입니다. 이 정화된 생명력과 **아뜨만**의 빛이 합일되면 개념·마음·상상 등 일체가 사라집니다. 생명력은 행위하는 원리이고 그 사람에게 지각력을 부여하는 것은 **의식**입니다.

질: 그것이 바로 **시바**(Shiva)와 **샥띠**(Shakti)의 전통이 의미하는 것입니까?

마: **시바**는 **의식**을 뜻하고 **샥띠**는 생명력입니다. 사람들은 얻어들은 온갖 이름들은 기억하면서 기본 원리는 망각해 버립니다.

　그저 앉아서 내관하여 의식이 스스로 펼쳐지게 하십시오. 그대는 무엇을 이해했습니까?

질: 이 의식이 그 자신에 대해 더 큰 느낌을 갖기 시작하고, 생기(prana)와 몸의 에너지가 강렬해지고 양극화되는데, 정화 과정의 일부인 것 같습니다.

마: 그 의식과 생명력이 합일되면 브라마란드라 속으로 들어가서 안정되는 경향이 있습니다. 그러면 모든 생각이 그칩니다. 그것이 **삼매**의 시작입니다. 그런 다음 그대는 다시 돌아오고, 생명력은 정상적 활동을 시작합니다.

❖ ❖ ❖

마: 개인이 의식을 가지고 있는 것이 아니라, 의식이 무수한 형상들을 취한다는 것을 이해하십시오. 태어나거나 죽게 될 저 어떤 것은 순전히 상상적인 것입니다. 그것은 석녀의 자식(존재할 수 없는 것)입니다.

"내가 있다"는 이 기본 개념이 없으면 아무 생각도 없고 의식도 없습니다.

질: 마라하지께서는, 만약 우리가 의식, 곧 존재성 안에 머무르게 되면 그것이 자동적으로 일어날 것이고, 우리는 의식을 초월하게 될 거라고 말씀하셨습니다. 더 이상 아무 할 일이 없다, 그것이 사실입니까?

마: 제가 여기 앉아 있는데 그대가 온다고 합시다. 저는 그대가 있다는 것을 알게 되고, 그 주시하기는 자동적으로 일어납니다. 제가 무엇을 했습니까? 아니지요. 그것도 그와 같고, 간단합니다. 그대가 이해해야 합니다. 설익은 망고가 익은 망고가 되듯이, 그 일은 일어납니다. 많은 사람들은 의식의 상태에서 만족하지요.

질: 저는 마하라지님의 상태에 있게 되기 전에는 만족하지 않겠습니다.

마: 그대가 현재 그대 자신을 무엇이라고 이해하든, 그것을 제거하면 그대의 참된 성품이—그게 무엇이든—자연발로적으로 작용합니다. **스승**의 말씀에 안주하십시오.

질: 마하라지님의 가르침을 읽어 보면 당신과 함께 있기를 무척 원하게 됩니다. 거기에는 뭔가 아주 생동감 있는 것이 있습니다. 그것은 중요하거나 본질적인 것입니까?

마: 그대의 모든 의문을 없애는 것은 아주 이로운 일이지요. 그래서 질문과 답변이 필요합니다. 여기는 그대가 모든 개념을 없애는 곳입니다. 백단향나무

가까이 있는 나무들은, 가까이 있기 때문에 같은 향기가 납니다.

진아가 무엇입니까? 만약 그대가 확장되고 싶다면 전 우주가 그 현현물입니다. 동시에 그것―그 씨앗-존재성(seed-beingness)―은 아주 작아서 하나의 원자, '내가 있음'의 작은 찌름과 같습니다.

그것이 바로 **사랑**의 근원입니다. 그것(진아)은 그런 잠재력이 있기에, 전 세계에 그 **사랑**을 베풀고 나면 그것(사랑)이 저 씨앗인 "내가 있다" 안에 남아 있게 됩니다. 그 잔존물이 저 "내가 있다"입니다. '내가 있음'의 저 작은 찌름 혹은 감촉이 모든 기운의 정수입니다.

그대는 **스승**의 말씀 안에 확고히 안주하거나 그것에 대한 확고한 믿음을 가지고 있어야 합니다. 여기서 저는 다른 **진인**들이 하는 것을 되풀이하거나 모방하지 않습니다. 저는 어떤 종교도 주창하지 않습니다. 저는 그 어떤 것에 대해서도 어떤 태도나 입장을 가지고 있지 않고, 심지어 제가 남자라거나 여자라고 말하지도 않습니다. 그대가 어떤 태도나 입장을 받아들이는 순간, 그 태도와 관련된 일정한 규율을 따르면서 그것을 돌봐야 합니다. 저는 **진아** 안에만 안주합니다.

저는 저보다 먼저 어느 누가 존재했다고 믿지 않습니다. 저의 존재성이 나타나자 일체가 나타났습니다. 저의 존재성 이전에는 아무것도 없었습니다. 원래 저는 어떤 오점도 없고, 그 어떤 것에 의해서도 덮여 있지 않습니다.

빠라마뜨만이 핵심적 **진아**요, 최고의 **진아**입니다. 그것의 정체성은 어떤 오점도 없고, 허공보다도 더 미세합니다.

그대는 왜 죽습니까? 그대가 있다는 것을 이해한 그 첫 순간을 이해하십시오. 무엇 때문에 있습니까? 어떻게 있습니까?

일단 이것을 이해하면 그대는 **신**들 중에서도 최고입니다. 즉, 일체가 거기서 일어나는 바로 그 지점입니다. 근원과 종말은 같은 지점입니다. 그 지점을 일단 이해하면 그대는 그 지점에서 해방됩니다. 누구도 이 '내가 있음'의 일어남을 이해하려 들지 않습니다. **절대자인** 저는 이 '내가 있음'이 아닙니다.

명상 속에서 그대의 존재성이 그 자체 속에 합일되어 비이원적 상태가 되어야 합니다. 고요히 머물러 있으십시오. 그대의 개념이라는 진흙에서 나오려고 애쓰지 마십시오. 그러면 더 깊이 들어가기만 할 것입니다. 고요히 머물러 있으십시오.

1980년 7월 6일, 9일

53
그대가 아는 모든 것은 불완전하다

마하라지: 제가 그대에게 해준 이야기의 효과는 어떤 것입니까?
질문자: 마하라지께서 하시는 어떤 말씀도 진리입니다만, 저에게 하나의 길을 보여달라는 청도 드립니다. 마하라지께서는 사다나(sadhana-수행)는 그 길이 아니라고 하시지만 제가 의식이라고 결단하는 것은 아주 어려운 일입니다. 저는 수행을 하고 있습니다.
마: 누가 수행하고 있습니까? 그것은 아무 형상 없이 그 몸 안에 거주하고 있습니다. 그것이 얼마나 오래가겠으며, 얻는 것이 무엇입니까? **진아** 안에만 머무르십시오. 그러기 전까지는 그것이 사다나를 계속하겠지요. 그러나 일단 **진아** 안에 자리 잡고 나면 그 대상, 수행하는 사람, 수행의 과정은 사라집니다. 산깔빠(sankalpa-의욕)란 어떤 필요, 어떤 목적이 있다는 것을 가리킵니다.
질: 산깔빠가 무엇입니까?
마: 그대가 의학 학위를 얻기를 원하면 그것이 산깔빠입니다. 사다나는 공부·수행·숙제입니다. 그대는 오늘 저를 만나고 싶어 했는데, 그것이 산깔빠입니다. 여기까지 걸어 와서 계단을 올라왔는데, 그것이 사다나입니다. 저 산깔빠는 형상이 없고, 산깔빠를 짓는 사람도 형상이 없습니다. 그대가 그 형상과 자신을 동일시하는 한 그 수행이 계속되겠지요. 일단 그대가 목표에—즉, 그대는 그 몸-마음이 아니라는 것에—도달하면, 어떤 수행도 없습니다.

그대는 『바가바드 기타』에 큰 믿음을 가지고 있는 것 같은데, 맞습니까?

질: 예.

마: 『기타』는 주 크리슈나가 부른 노래입니다('기타'=노래). 제가 지금 그대에게 이 이야기를 노래하고 있듯이, 그는 그 노래를 불렀습니다. 그것은 '리그 기타(Rg Gita)'입니다. 그대는 『바가바드 기타』를 읽었고, 그것을 암송했고, 기억했습니다. 그러나 중요한 것은 무엇입니까? 그 『기타』를 부른 저 크리슈나를 알아야 합니다. 그의 지知, 그의 실체를 알아야 합니다.

그것은 하나의 화현 아닙니까? 요컨대 무無에서 형상이 나오고, 그 무無가 형상 속으로 하강하는데, 그것이 화신(Avatar)입니다. 보통 우리는 무無에서 한 사람이 나온다고 말하지만, 이런 위대한 인물들, 위대한 진인들에 대해서는 화신이라고 이야기하겠지요. 그대는 저 크리슈나를 이해하려고 노력합니까? 아니지요, 그대는 어떤 개념들을 만들어내어 그를 이해하려고 합니다. 그것은 맞지 않습니다. 그는 무無에서 나왔는데, 그것이 어떻게 일어났습니까? 이 화현을 그대가 이해해야 합니다. 화신 속으로, 형상 속으로 하강하는 것, 이것이 무엇입니까? 화현 이전에 그 인물에게는 그 자신에 대한 어떠한 앎도 없었고, 이 화신 속으로 하강하고 나서 그 자신에 대해 알기 시작했습니다. 그대는 뭐라고 논평하겠습니까?

질: 화신이 되기 전에는 그에게 자신에 대한 앎이 없었다고요?

마: 이 화신 속으로 하강하기 전에는 이 앎의 성질이 없었습니다.

질: 그러나 빠라브라만은····.

마: 그런 것은 다 개념적 칭호이고, 이름입니다. 그것들은 그대를 구속하는 족쇄입니다. 그대의 핵심적 진아 안에서는 어떤 칭호나 이름도 부과되지 않지만, 그대가 외적으로 그런 것들을 받아들였습니다.

"내가 있다"는 앎을 가지고 몸을 받은 어떤 사람도 그 이름만 가지고 세상 속에서 자기가 할 일을 합니다. 저 내적 핵심, 즉 "내가 있다"에는 어떠한 족쇄도 없습니다. '나'는 저 "내가 있다"일 뿐 이 족쇄에 묶인 형상이 아니라는 것이 일단 이해되면, 어떤 해탈도 필요 없습니다. 그것 자체가 해탈이니까요.

그대는 스리 크리슈나에 대한 역사적 사실들을 외우고 있지만, 이 화현이 무엇인지를 알아야 합니다. 이름들은 수갑이고 속박입니다. 사람들은 누구나 몸을 자신과 동일시하기 때문에 속박됩니다. 부디 저 이름과 형상 없이 이야기하고 질문하십시오.

질: 제가 가진 말들은 다분히 이름과 형상을 가진 것뿐입니다. 그것은 감사의 말입니다. 제가 여기 온 이후로 마하라지께서 저를 축복해 주신 데 대한 감사 말입니다. 평생에 **진인**을 한 번 뵙기만 해도 비할 바 없는 **은총**일 텐데, 당신에게서 가르침이라는 형태로 수많은 **은총**을 받아 왔다는 것이 그냥 저를 압도합니다. 그래서 도저히 당신께 감사를 드릴 길이 없습니다.

마: 은총이라고 이야기한 것은 무슨 뜻입니까? 은총이란 그대가 저에게 왔다는 것을 뜻합니다. 저와 그 그대는 하나일 뿐입니다. 우리가 하나라는 것을 그대가 이해한다는 그것이 **은총**입니다.

질: 지금과 같은 때에는, 그것이 가장 이해하기 힘든 것입니다.

마: 은총은 전체성, 전일성全一性(wholeness)을 뜻하고, 어떤 파편화도 없습니다.

다른 질문자: 저는 왜 소외됩니까? 왜 저는 **진리**를 보지 못합니까?

마: 그대가 소외되는 까닭은, 그대가 그 몸-마음과 '그대가 그 몸이라는 기억'을 자신과 동일시하고 있기 때문입니다. 그 동일성, 그 기억을 포기하십시오. 그러면 그대가 무엇을 보든 모두 **진리**일 것입니다.

이것은 그대가 몸, 생명기운, '내가 있음'의 감촉이라는 세 개체의 합류점에 이르는 아주 희유한, 매우 소중한 기회인데, 이것을 가지고서만 그대가 바로 **절대자**에까지 도달할 수 있습니다. 그대가 **절대자** 안에 안주할 수 있지요.

사람들은 영적인 공부라는 이름 아래 염송, 고행 등 여러 가지 유형의 행위를 하고 있습니다. 일단 그런 행위자 태도를 받아들이면 그 수행들을 해야 하고, 따라서 그것과 관계되는 온갖 괴로운 일을 겪어야 합니다. 그렇게 해서는 그대가 **궁극자·절대자**에 이르지 못할 것입니다.

그대가 할 수 있는 제1단계는 저 생명기운을 숭배하는 것입니다. 여기서는 생명기운의 맥동에 주의를 집중해야 합니다. 그리고 그와 함께 명호염송을 하십시오.31) 그렇게 하면 생명기운이 정화될 것이고, 그 정화 과정 속에서

---

31) *T.* 여기서 '생명기운의 맥동'은 호흡이나 맥박, '명호염송'은 나마 만트라(Nama Mantra) 염송을 의미한다. 이런 만트라는 흔히 들숨과 날숨의 리듬에 맞추어서 할 것이 권장된다.

이 존재성이 열릴 것입니다. 신의 이름을 염하기만 해도 생명기운이 집중됩니다. 그 **만트라**의 의미는 그대가 그 이름이나 형상이 아니라는 것입니다.

24시간 내내 이 생명기운, 혹은 생명력은 여러 가지 지각을 통해 그대의 모든 경험의 사진을 기록하고 그와 관계되는 모든 것을 기억합니다. 그대의 지성으로 그대가 그렇게 할 수 있습니까?

질: (새로 온 사람.) 저는 「마운틴패스」에 실린 마하라지님에 대한 글을 읽고 당신의 축복을 청하러 왔습니다.

마: 그대가 영적으로 얻은 모든 것은 아주 좋지만, 최종적으로 그대 자신을 깨달으면 모두 쓸데없고, 군더더기고, 불필요하다는 결론에 도달할 것입니다.

질: 그래서 마하라지님의 축복을 청합니다. 그 체험을 얻기 위해서요.

마: 그 최고의 상태에서는 어떤 체험도 없습니다. 체험, 체험하기, 체험자— 일체가 하나일 뿐입니다.

질: 그 상태에 도달할 수 있도록 마하라지께서 밀어주실 수 있습니까?

마: 어떤 사람이 이미 밀어주었기 때문에 그대가 여기 온 것입니다. 그대는 앞에서 뒤로 밀려갑니다. 근원 속으로 물러나십시오. (다른 사람에게.) 그대의 말하는 기계는 고장 났습니까?

질: 제가 이 몸을 얻기 전에는 일체를 알고 있었습니까?

마: 그대는 완전하고 전체적이었지요.

질: 바로 제가 이 몸에 싸여 있기 때문에 고통을 받는군요.

마: 그대는 부모님에게 어떻게 갔습니까? 그것을 잘 생각해 보십시오.

질: 저에게 그런 욕망이 있었습니까?

마: 일단 그대에게 그런 욕망이 있었다고 가정합시다. 하지만 말해 보십시오, 그대는 부모님에게 어떻게 갔습니까?

질: 모르겠습니다.

마: 그대가 알지 못하는 그 무엇도 완전합니다. 그대가 아는 그 무엇도 불완전하고 기만적입니다.

질: 바로 제가 이 몸에 싸여 있기 때문에 완전해지려고 고뇌하지만, 아직 완전하지 못합니다.

마: 왜 몸에 싸여 있는 데 대해 걱정합니까?

질: 누가 걱정합니까? 그것은 저일 수 없습니다.

마: 걱정하는 자는 그대가 아니고, 그것은 그 지성의 일입니다. (마하라지는 영어로 'You … No!'라고 말함.) 이제 저는 영어로 이야기하고 있습니다.

질: 영어가 축복받는군요.

마: 저의 가르침이 영어를 통해 모든 외국인들 사이에 퍼집니다. 그들 중에서도 아주 영리하고 아주 진보된 수천 명의 사람들 말입니다. 아름다운 점은 저의 지知가 외국에서 활활 타오르고 있다는 사실입니다. 그것은 미국에 퍼질 것이고, 거기서 다시 인도인들에게 퍼지겠지요. 인도인들이 그것을 받으면 이렇게 말할 것입니다. "이것은 외국인들의 인정을 받았으니 우리가 받아들여야겠다." 그것이 인도인들의 성품입니다. 인도인들이 그와 같습니다. 어떤 사람이 미국이나 영국에 가서 일하면, 비록 설거지 일을 해도 그가 귀국할 때 많은 사람들이 찾아가서 꽃다발을 안겨줍니다. 그것이 우리의 성품입니다.

질: 라마나 마하르쉬는 큰 진인이었지만 인도에서는 잘 모르고 있었습니다. 폴 브런튼이 영어로 그분에 대한 책을 쓰자 모두가 그분을 찾아갔고, 그래서 그분이 유명해졌습니다.

마: 그 말이 맞습니다. 라마나 마하르쉬는 폴 브런튼이 발견했고, 저는 모리스 프리드먼이 발견했지요.

◆ ◆ ◆

마: 가장 거친 것부터 가장 미세한 것까지의 이 영적인 위계구조에서, 그대가 가장 미세합니다. 그것을 어떻게 깨달을 수 있습니까? 그 바로 기초는 그대가 자신이 있다는 것을 모르는데 홀연히 '내가 있음'의 느낌이 나타난다는 것입니다. 그것이 나타나는 순간 그대는 공간, 즉 마음의 공간을 봅니다. 그 미세하고 허공 같은 공간, 거기에 그대 자신을 안정시키십시오. 그대가 그것입니다. 그 상태 안에서 안정될 수 있으면 그대는 그 허공일 뿐입니다.

이 허공 같은 "내가 있다"는 정체성이 사라지면 그 허공도 사라질 것이고, 아무 허공도 없습니다.

그 허공 같은 "내가 있다"가 망각 속으로 들어가면 그것이 곧 영원한 상태요, **니르구나**며, 형상 없음이요, 존재성 없음입니다. 실은 거기서 무슨 일이 일어났습니까? 이 "내가 있다"는 메시지는 아무 메시지도 아니었습니다. 이런 측면을 다룰 때는 제가 말을 많이 할 수 없는데, 왜냐하면 그것을 말로 표현할 여지가 없기 때문입니다.

질: 마하라지께서는 삼매에 들어가십니까?

마: 저는 **지고자** 안에 안정되어 있습니다. 삼매에 들어감도 없고 삼매에서 나옴도 없습니다. 그것은 끝났습니다.

질: 저희는 명상을 계속해야 합니까?

마: 그렇다고 해서 그대가 명상을 그만둘 핑계는 되지 않습니다. 아무 명상도 없다고 느끼는 단계에 도달할 때까지는 명상을 계속해야 합니다. 명상의 목적이 달성되면 그것은 자연히 떨어져 나갈 것입니다.

질: 지고의 상태에 이르는 길은 무엇입니까?

마: 그 상태에는 들어가고 말고가 없습니다. 그대가 곧 **지고의 상태**입니다. 그러나 그대가 가지고 있는 어떤 무지도 떨어져 나갈 것입니다.

　의사들은 저에게 말을 하지 말라고 합니다. 그래서 말을 하지 않습니다.

질: 죽어서 몸을 잃지는 말아야겠다는 욕망이 있으십니까?

마: 진인은 그런 것에 상관하지 않습니다.

질: 진아에 대한 욕망이 아니라 몸에 대한 욕망이 있으십니까?

마: 그대는 그런 식으로 말할지 모르지만, (말을 줄이는) 이것은 저 존재성의 관리 행위입니다.

　그것은 매우 복잡한 수수께끼입니다. 그대가 아는 모든 것, 그대가 읽은 모든 것을 내버리고, 그 누구도 그에 대해서는 아무것도 모르는 **그것**에 대한 굳은 확신을 가져야 합니다. **그것**에 대해서는 그대가 어떤 정보도 얻을 수 없지만, **그것**에 대한 굳은 확신을 가져야 합니다. 그것이 얼마나 어렵습니까!

　대부분의 사람들은 존재**하는** 상태에는 도달하지만, 존재하지 **않는** 상태에는 아무도 도달하지 못합니다. 그 상태에 도달할 수 있는 사람은 아주 드뭅니다. 그것은 모든 지식을 초월합니다.

더없이 본질적인 것은 "내가 있다"는 앎입니다. 그것을 주장하고, 그것을 그대 자신의 것으로 만드십시오. 그것이 없으면 아무것도 없습니다. 모든 단계들에 대한 앎은 이 "내가 있다"는 앎의 도움을 받아서만 얻어질 것입니다.

절대적인 모름의 상태에서 이 "내가 있다"는 의식이 자연발생적으로 나타났는데, 아무 이유도 아무 원인도 없습니다. 그것은 자연발생적으로 생시 상태, 깊은 잠, 5대 원소의 유희, 세 가지 **구나**, **쁘라끄리띠**, **뿌루샤**와 함께 왔습니다. 그런 다음 그것은 몸을 그 자신으로 받아들이고, 그래서 자신을 한 남자나 여자로 인식합니다. 이 '내가 있음'은 그 자신의 **존재애**를 가지고 있습니다. 즉, 그대로 남아 있고 싶어 하고, 그 자신을 영구히 존속시키고 싶어 하지만, 그것은 영원하지 않습니다.

이 지나가는 연극은 다음과 같은 상황에 비유될지 모릅니다. 제가 내내 건강하다가 갑자기 병이 들었고, 의사가 약을 주었다고 합시다. 사흘 뒤 열이 사라졌습니다. 그래서 사흘간 열이 있는 이 단계가 "내가 있다"는 의식입니다. 꼭 그와 같지요—지나가는 연극이고 시간이 한정되어 있는 상태입니다. 이 원리는 존재하기를 좋아하는데, 그것을 얕잡아 보면 안 됩니다. 그것은 매우 **신적인** 원리이니까요. 이 '내가 있음' 안에 온 우주가 들어 있습니다.

이 모든 것은 실재하지 않는다고 이야기됩니다. 그것이 실재하지 않는다는 것이 언제 확인됩니까? 우리가 이 일시적인 국면을 이해할 때뿐입니다. 그리고 그 이해 과정에서 우리는 **절대자** 안에 있고, 거기서부터 이것을 하나의 일시적이고 실재하지 않는 상태로 인식합니다.

현재 저의 상태로는 이야기를 많이 할 수 없습니다. 어려운 점은 여러분이 이것을 실재하는 것으로 받아들여 왔고, 저는 그것이 틀렸음을 보여주어야 한다는 것입니다. 그래서 제가 이야기를 많이 해야 하는데, 이제는 그럴 수 없는 처지입니다. 그러니 여러분은 이제 가시고, **바잔**을 하십시오.

1980년 7월 15일, 19일

54
마음은 필요한 정도만 사용하라

마하라지: 그대는 몸과 마음을 가지고 세상에서 경험을 얻고 있지만, 그대의 정체성에 대해서는 무엇을 압니까? 그대는 자기 자신에 대한 어떤 이미지를 가지고 있으나, 그 정체성은 일시적인 것에 지나지 않습니다.

질문자: 마음이란 무엇입니까?

마: 마음은 생명기운의 언어입니다. 그 마음-언어는 자신이 수집한 인상들에 대해서만 이야기할 것입니다. "내가 있다"는 앎은 하나의 생각이 아니라 생각들을 지켜봅니다.

쁘라나(Prana)에서 소리의 시초인 쁘라나바(Pranava-'옴' 소리)가 나오는데, 그 소리 안에 존재애가 있습니다. 그 가장 내밀하고 미세한 원리는 말없이 "내가 있다, 내가 있다"라고 앎는 원리인데, 그것으로 그대는 자신이 존재함을 압니다. 그것은 아무 형상이나 이미지가 없고, 단지 존재성, **존재애**일 뿐입니다.

빠라샥띠(*parashakti*)가 존재성 혹은 존재애입니다. 빠라샥띠의 다음 단계는 빠시얀띠(*pashyanti*), 즉 형성이지만 아직 지각되지는 않습니다. 그 다음 단계는 마음의 형성(마디야마)입니다. 언어는 마음 안에서 형성됩니다. 그 다음은 언어의 터져 나옴(바이카리), 즉 발성 언어입니다. 여기서 그대는 어디 있습니까? 이것은 하나의 과정이 일어나는 것입니다.

저는 그대를 위해 그대의 존재성에 관한 아주 비밀스러운 지식을 설하고 있습니다. 그것이 어떻게 생겨났는가—그것이 제가 이야기하는 내용입니다.

이 유희가 방금 일어나고 있는데, 그대가 어떤 역을 하고 있지는 않습니다. 그대가 무지할 때는 자신이 이 현상계에서 어떤 역을 하고 있다고 생각합니다. 일부러 일을 하는 자는 아무도 없고, 그것은 자연발생적으로 일어납니다. 이 과정에서 그대는 아무것도 주장할 수 없습니다. 그대가 철저히 알게 되면 이 존재성 또한 하나의 환幻이라는 결론에 이르게 될 것입니다.

질: 그것이 환幻 또는 무지라는 것을 누가 인식합니까?

마: 그 모두를 무지로 인식하는, 혹은 주시하는 그 사람일 뿐입니다. 그 사람은 저 하나를 이해할 수는 없고, 무지만 주시하거나 이해할 수 있습니다. 이 모든 것을 무지로 인식하는 자, 그 사람은 많이 아는 자입니다. 그대는 왜 저를 진인이라고 부르면서 제 이야기를 듣습니까? 왜냐하면 저는 그 아이 무지, 곧 '내가 있음'을 인식하고 이해했고, 그것을 초월했기 때문입니다.

결국, 그대가 말을 하고, 돌아다니고, 이 세상에서 살아가기 위해 사용하고 있는 그 원리(존재성)는 그대가 아니라는 것을 이해해야 합니다.

질: 저는 과거의 여러 진인과 인물들에 대해 아주 많은 이야기를 읽고 들었는데, 모두 서로 다르고, 서로 다른 종파 등을 창설했습니다. 왜 그렇습니까?

마: 그들은 시대와 상황에 따라 자신들의 개념을 가르쳤고, 그것은 그 시기, 그 상황에만 해당되는 개념입니다. 그런데도 그들의 개념이 종교들로 발전했습니다.

여러분은 모두 자신이 영적으로 아는 것이 무척 많다고 생각합니다. 여러분이 무엇에서 어떤 이익을 얻는다고 생각하기 전에, 무엇보다 여러분의 정체성이 무엇인지를 알아내십시오.

◆ ◆ ◆

질: 저는 왜 이 형상을 취했습니까?

마: 그대가 바보였기 때문입니다. 그에 대해 뭔가를 알고 있었다면 이 세상에 오지 않았겠지요.

질: 처음에는 저에게 아무 형상이 없었습니다. 그렇지 않습니까?

마: 그렇지요, 바로 지금도 그대에게는 어떤 형상도 없습니다. 그것은 그대의 모습이 아니라 ('나라는) 그 씨앗의 모습입니다.

질: 마치 나무가 씨앗에서 자라나듯, 자라는 것이 그 씨앗의 성품 아닙니까?

마: 그것이 그 성품이지요.

질: 그러니까 저는 책임이 없군요. 그 씨앗이 어리석은 것이 분명합니다.

마: 그 씨앗이 어리석기 때문에 이렇게 나온 거지요. 그 씨앗은 어리석은 상태에서 나오지만, 그래도 그 씨앗에 얼마나 큰 칭호들이 주어집니까! 그 씨앗

은 찰나적인데, 전 세계가 그 씨앗들로 가득 차 있습니다. 5대 원소 전부, 대상 세계 전부가 그 씨앗 안에 있습니다. 그대는 그 씨앗이 아닙니다. 그대는 그 씨앗을 지켜보는 자입니다.

수백 년 동안 서양 사람들은 영적인 문제에 관심이 없었는데, 이제는 자신들이 그 많은 부富를 가졌음에도 불구하고 진정한 평안을 얻지 못했다는 것을 깨달았고, 지금 진리를 찾고 있습니다. 진리에 가까이 갈수록 세간사에는 더 흥미를 잃습니다. 그런 사람은 세상에 어떤 특별한 관심도 없겠지만, 보통 사람처럼 행동할 것입니다.

영적인 공부의 핵심 사항은 자아, 신 그리고 세계에 대해, 그것이 무엇이냐 하는 것을 결정하고, 판단하는 것에 불과합니다. 그대는 먼저 이 문제를 처리해야 합니다.

이 세계는 그대가 가진 몸과의 연관성에서 비롯된 이기심으로 가득 차 있습니다. 그대가 일단 이 원리들이 무엇인지 알게 되면 인격을 해체하게 되고, 그 과정에서 이기심은 사라집니다. 왜냐하면 그대가 더 이상 한 개인이 아니기 때문입니다.

질: 어떻게 하면 저의 참된 상태에 있으면서 두려움을 불식할 수 있습니까?
마: 그대는 이미 그대의 참된 상태에 있습니다. 마음 때문에 이원성이 들어오고 그래서 두려운 것입니다. 몸·마음과의 연관은 몸-마음에 대한 사랑 때문인데, 그것이 언젠가 사라질 것이기에 누구나 죽음을 두려워합니다.
질: 세계는 저의 감각기관에 의해 저에게 주어집니다. 당신께서는 저 '내가 있음'의 상태를 넘어가실 때 세계를 경험하십니까?
마: 넘어가고 말고가 없습니다. 저는 결코 태어나지 않았고, 결코 죽지 않을 것입니다. 존재하는 것은 뭐든 다 시간입니다. 넘어간다는 것은 그대가 축적한 다른 모든 관념들을 제거하기 위한 하나의 관념일 뿐입니다. 그대는 탄생에 대해서 생각하는데, 그대의 탄생에 대해 아는 것이 있습니까?
질: 아니요, 저는 제가 태어난다는 것을 모릅니다. 제가 실제로는 태어나지 않는다고 느끼지만, 그래도 세계는 아주 실재하는 것으로 보입니다.
마: 세계는 걱정하지 마십시오. 먼저 "내가 있다"는 것, 여기서 출발하고, 그

런 다음 세계가 무엇인지를 알아내십시오. 이 '나'의 성품을 알아내십시오.

질: 왜 실재하지 않는 '나'에 대해서 알아냅니까?

마: 그것은 일체가 거기서 나오는 씨앗입니다. 그 씨앗이 없으면 우주도 없습니다. 그대는 어떻게 해서 이 소위 대상 세계 속에 들어왔습니까? 여기서는 일체가 씻겨 나갈 것입니다. 저는 그대 자신의 이익을 위해, 그대에게 집으로 돌아가라고 합니다.

◆ ◆ ◆

마: 이런 모든 논의는 시간을 보내기 위해서 하는 관념과 정신적 오락의 주고받기입니다.

질: 뭔가 어떤 노력을 하지 않으면 우리는 아무것도 얻지 못합니다.

마: 무슨 진보를 해야 한다고 생각하지 마십시오. (그렇게 생각하면) 그대가 계속 뭔가를 하게 됩니다. 설사 그것이 개념적인 것이라 해도 말입니다. 그러나 자기가 이미 존재한다는 것을 이해하는 사람이라면, 무엇을 하겠습니까?

질: 좋습니다, 하지만 여기에는 엄청난 자기기만의 여지가 있지 않습니까?

마: 자기 스스로 기만 당하려고 하는 그 사람은 누구입니까?

질: 경험적 에고입니다.

마: 어떤 개체도 없습니다. 현상적 대상이 무엇을 성취한다는 것은 불가능한데, 그것(개체인 경험적 에고)은 하나의 현상적 대상일 뿐입니다.

질: 물러서 있으려면 그런 노력을 해야 하지 않습니까?

마: 아무것도 하지 않는 것은 어떤 종류의 행위를 의미합니까?

질: 우리의 정상적인 생활 방식은 '동일시하기'입니다. 만일 우리가 물러서 있으면 어떤 질적인 차이가 있습니까?

마: 그대가 하던 오락을 계속하십시오. 그러나 자신이 무엇을 하고 있다는 착각은 하지 마십시오.

질: 제가 '나는 신이다'라고 말하면, 어째서 사람들이 제게 와서 엎드려 절을 하지 않습니까?

마: 그대가 참으로 자신이 신임을 이해했다면, 그 확신이 오기 이전에 그대

가 정체성을 상실했을 것이고, 전체 현상계와 합일되었겠지요. 그러니 누가 와서 절을 할 거라고 누가 기대하겠습니까?

질: 무엇을 하기 위해 우리의 의지를 행사한다는 그런 것이 있습니까? 만일 어떤 사람이 깨어 있기 위해 **만트라**를 염하거나 명상을 하면서, 계속 잠에 빠지지 않으려고 애쓰고 있다면, 그는 뭔가를 하고 있는 것 아닙니까?

마: 구도자의 단계에서는 그 사람이 하는 것이 올바를지 모르지만, 이내 그 추구 과정 속에서 그 추구자가 사라진다는 것을 알게 될 것입니다. 구도자가 사라지면 무엇을 하고 말고가 없습니다. 나중에 그 구도자는 이 모든 것을 한 것은 자신의 참된 성품이 아니라, '태어났다'는 딱지가 붙은 것(존재성)이었다는 것—즉, 그 자신을 몸이나 생시와 잠의 상태들과 동일시한 의식이었다는 것을 이해할 것입니다. 그 전체 다발이 행위하는 자였지, 그는 그것이 아닙니다. 이 몸은 지각 가능하지만 저의 참된 성품은 몸과 의식이 생겨나기 이전에 있던 것입니다. 감각에 의해 보이고 마음에 의해 해석되는 그 무엇도 의식 안에서의 한 현상이며, 참되지 않습니다. 저는 제 경험에 낯선 어떤 것도 그대에게 이야기하지 않습니다. 제가 이해했고 경험한 것을 이야기하고 있습니다. 아주 단순하지요. 이것은 시간이 한정되어 있고, 시간이 한정된 그 어떤 것도 참되지 않습니다. 왜냐하면 시간 자체가 개념이기 때문입니다.

제가 그대에게 해주는 이야기는 이 단순한 사실에 기초해 있는데, 왜냐하면 그것이 제 경험에 기초해 있기 때문입니다. 만약 그것이 지금 하나의 개념으로서 와 닿는다면 받아들이고, 그렇지 않으면 관두십시오.

만일 꼭 무엇을 하고 싶다면, 그대가 전혀 할 수 없는 것을 하십시오. 그것이 바로 비존재의 상태입니다.

질: 마음에 늘 뭔가를 깨닫고 싶다는 조바심이 있는데, 그것 자체가 하나의 장애인 것 같습니다.

마: 그대는 마음 이전입니까, 이후입니까?

질: 마음 이전입니다.

마: 그러니 마음에 대해서는 걱정하지 마십시오. 그대가 정상적인 일상 업무를 해나가는 데 필요한 정도만 마음을 사용하고, 그 이상 사용하지 마십시오.

뭘 아는 사람은 마음을 통해 얻을 수 있는 모든 경험을 아무 실체가 없는 것으로 그저 지켜보거나 지워 버립니다. 이 모든 세계 유희는 마음의 영역 안에 있습니다. 일단 그대가 마음이 아니라는 것을 이해하면, 어떻게 거기에 상관하겠습니까? 그것은 불완전하고 불충분한 하나의 일시적 국면입니다.

질: 존재성조차도 불완전한 일시적 국면입니까?

마: 저 의식은 음식기운으로 된 몸의 한 산물이고, 몸은 그 위에서 '내가 있음'이 유지되는 연료입니다. 그대는 몸이 뭔지 모르겠습니까? 그것은 한 줌의 음식과 물 아닙니까? 현재 그대는 그 '내가 있음' 안에 말려들어 있지만, **절대자인 그대는** 그 '내가 있음'이 아닙니다.

질: 당신께서 하시는 말씀은, '내가 있음'조차도, 우리가 그것을 마음속으로 인식하는 방식은 그것이 실제로 그러한 방식이 아니라는 거군요?

마: 이런 식으로 보십시오. 이것은 복통이나 목이 아픈 증세가 있을 때 우리가 경험하는 것 정도로 좋거나 나쁘다고 말입니다. 저의 완전한 상태에서는 저에게 전혀 통증이 없었지만, '내가 있음'이 있을 때는 갑자기 통증을 느꼈습니다. 그 '내가 있음'은 합일될 것이고 사라지겠지만, 저는 '내가 있음'이 없었던 완전한 상태입니다. 저는 '내가 있음'이 없었다는 것을 분명히 압니다. 저는 어떤 만성 질환을 앓아야 하듯이 이 존재성을 앓습니다. 제가 어떤 수준에서 이야기하는지, 어떤 수준으로 그대를 이끌고 있는지만 이해하십시오.

이 영적인 담화가 날아간 비행거리를 상상해 보십시오. 도처에서 행해지는 보통의 영적 접근법은 온갖 명칭으로 이 의식을 숭배하는 것이지만, 저에게는 그것이 하나의 통증이고, 저는 그것을 없애고 싶습니다.

◆ ◆ ◆

질: 마하라지께서는, 필요한 것은 자각하는 것이 전부라고 말씀하십니다. 마음은 계속 의문을 던지고, 특히 수행을 더 많이 해야 한다거나 무엇을 해야 한다고 계속 말합니다.

마: 모든 활동은 의식·마음·생명력의 장場 내에 있습니다. 마음을 아는 자는 하나의 주시자일 뿐입니다. 그것은 어떤 것에도 관여하지 않습니다.

54. 마음은 필요한 정도만 사용하라

스승의 은총은 '그대가 있다'는 앎을 뜻합니다. 그대가 그 확신 안에 자리 잡으면 그것이 열려 그대에게 모든 지(知)를 베풀 것입니다. 그것이 은총입니다.

그대가 있으면 일체가 헤아릴 수 없이 있습니다. 그대는 '그대가 있다'는 사실에 아무 중요성을 두지 않고, 그대의 존재성이 표현된 결과인 온갖 현상에 정신이 팔려 있습니다.

질: 저의 습習은 내면을 보는 것이 아니라 바깥을 보는 것입니다.

마: 그것은 절대자인 그대의 성질이 아니라 그대의 '내가 있음'의 성질입니다. 그대는 몸을 그대 자신으로 받아들이고 있습니다. 그것도 피상적인데, 그대는 몸 안에서 무슨 일이 일어나는지도 모릅니다.

질: 맞습니다. 저는 제 몸의 기관들에서 무슨 일이 일어나며, 그것들이 어떻게 작용하는지 모릅니다.

마: 이 넓은 세계에서 일어나는 모든 행위들, 그 모두의 견본들도 그 몸 안에서 일어나고 있습니다.

질: '존재하는 것'(실재)은 그 자신을 모릅니까?

마: 그 상태에서 그대는 '그대가 있다'는 것을 모릅니다. 존재성이라는 도구, 혹은 보조 수단을 가져야 '그대가 있다'는 것을 압니다.

질: 그 도구를 가지고 우리가 넘어서려 한다고요?

마: 의식을 넘어서려 하지 말고, 존재성이 무엇인지를 인식하고 이해하려고만 하십시오. 그러면 됩니다. 의식이 없었다는 증거는 오직 그대에게 달렸습니다. 절대자인 그대가 그 증거입니다. 자연발생적으로, 청하지 않았는데도 이 존재성이 왔는데, 이 존재성이 절대자인 그대에 의해서 주시됩니다. 질문을 하십시오. 다시는 이런 기회가 오지 않습니다.

질: 저는 질문을 하기보다 그냥 마하라지님과 함께 있고 싶은 충동을 가지고 있습니다.

마: 아주 적절한 말입니다. 그냥 여기에 가만히 앉아서 이야기를 듣기만 해도 그대의 마음이 절멸될 것입니다. 마음이 다시 싹틀 경우에는 질문을 하여 그것을 차단하십시오.

마음은 싹이 트고 있고, 다양한 개념들로 자신을 표현하고 있습니다. 그것을 자신과 동일시하지 말고 놓아버리십시오. 그대의 마음의 개념들을 사주는 고객이 되지 마십시오.

질: 음식을 얻고, 정시에 식사를 하고, 돈을 벌고 하는 이런 모든 일들은 마음의 개념이고, 마음에 의해 반응을 얻습니다. 만일 그런 일에 반응하지 않으면 우리가 어떻게 살겠습니까?

마: 얼마든지 마음을 사용하십시오. 그러나 마음 속에 매몰되지는 마십시오. 마음을 지켜보고, 그 마음 흐름에 대한 주시자가 되십시오.

1980년 7월 20일, 21일, 22일, 23일

55
존재성의 뿌리로 나아가라

질문자: 저는 마하라지께서 제가 이 추구를 끝내는 것을 도와주실 수 있을지 모른다는 생각으로 당신을 찾아뵈었습니다.

마하라지: 그대가 이해한 것을 저한테 이야기해 줄 수 있습니까?

질: 그것은 다 개념이고, 다 환상입니다.

마: 그렇지요.

질: 저는 시간이 걸리고 규율이 필요한 절차들을 믿지 않습니다. 그런 건 다 해봤으니까요. 저는 그것을 끝내고 싶습니다.

마: 기본적 사실—즉, 그대는 그 몸이 아니라는 것—을 지금쯤은 분명히 이해하고 있어야지요. 그대는 세상에서 일을 하고 있는데, 자신이 그 일을 하고 있다고 생각합니다. 그러나 실제로 일어나는 일은 이렇습니다. 생명력(생기)이 생각과 말이 되어 나오면 마음이고, 그래서 그것을 생기 마음(prana mind)이라고 하는데, 이것이 작용 원리입니다. 존재성, 곧 의식은 그 생기와 마음이 움직이는 것을 지켜보는 신입니다. 그것은 간섭하지 않고 그저 지켜보기만 합

니다. 그대가 불행한 이유는 일하는 것이 그대라고 생각하기 때문입니다.

질: 제가 말하는 모든 것은 저의 의식에서 일어나는 하나의 개념이라는 것을 실감하겠습니다.

마: 그대가 있다는 것과 세계가 있다는 것, 둘 다 개념입니다. 그것을 알아야 합니다.

질: 이 앎은 어떻게 작용합니까? 제 말은, 당신께서 말씀을 해주시면 어떤 이해의 느낌이 따라옵니다. 그것은 하나의 심적인 과정입니까? 그래도 이 모든 것을 주시하는 어떤 기능이 있습니까?

마: 마음은 의식이 있기 때문에 이해합니다.

질: 그러면 그것은 모두 자동적으로 일어나는 일이군요?

마: 맞습니다. 마음은 어떤 개념이든 다 해석하는데, 그 기초는 그 순간 그 개념이 일어나는 토대인 의식입니다.

질: 그러면 우리가 이 의식을 변화시킬 수 없고, 그것에 접촉할 수 없고, 언어로 (그것에) 도달하지도 못한다면, 실제로 우리가 성취할 수 있는 것은 무엇입니까? 그것은 항상, 바로 지금 있습니다. 그러면 우리는 무엇 때문에 여기 있습니까? 행위는 마음에 속하고—그것은 분명합니다—마음은 하나의 자동인형처럼 움직입니다. 이제 분명히 알겠습니다. 저는 이 마음을 의식에 복종시키고 싶어 합니다. 이해되십니까?

마: 그런 모든 개념화, 그런 모든 설명은 '그대가 있다'는 원초적 개념이 일어난 뒤에야 일어나고 있습니다. 그 개념이 일어나기 전의 입장은 무엇이었습니까? 그때에도 어떤 개념, 어떤 욕구를 가지고 있었습니까?

질: 깊은 잠과 같은 때 말입니까?

마: 그것이 깊은 잠과 같다는 그 개념은 맞지 않지만, 그것도 여전히 하나의 개념입니다. 원래의 상태는 개념들을 넘어서 있습니다.

질: 지금 (제가 알아야 할) 사실은 무엇입니까?

마: 그대가 깨어 있다는 것 자체가 지금 이 순간 하나의 개념입니다. 그것이 가라앉도록 하십시오.

질: 하나의 영화로군요.

마: 근원으로 돌아가십시오. "내가 있다"는 이 존재성의 개념이 일어나기 전에 그대의 상태는 무엇이었습니까?

질: 모르겠습니다.

마: 그대가 모르는 것, 그것이 올바른 상태입니다. 이 의식 뒤에 나오는 모든 것은 그대가 이룰 수는 있지만, 한 줌의 소금 같은 것입니다. 아무 쓸모없습니다. 의식은 쓸모가 없습니다.

질: 그러니까 탐색은, 그것의 모든 측면은, 그 의식에 속하는군요?

마: 이 의식이 나온 뒤에 일어나는 모든 생각, 모든 경험 등 일체를 던져 버리십시오. 그것을 쓸데없는 것으로 던져 버리는 것 말고는, 그대가 그 속에 점점 더 많이 흡수되는 이런 굳은 확신 이상으로 해야 할 일은 아무것도 없습니다.

◆ ◆ ◆

질: 영적인 공부(실제적 수행)와 분별의 차이는 무엇입니까?

마: 분별은 우리에게 가치 있는 말과 의미를 고르는 것을 의미합니다. 그렇기는 하나, 우리의 참된 성품에게 가치 있고 우리의 궁극적 상태를 묘사하는 말은 (분별로써) 결코 얻을 수 없습니다. 밀을 쌓아 둔 무더기에서 그대는 좋은 밀을 자신이 먹으려고 골라내는 한편, 돌과 나쁜 밀을 배제합니다. 그와 마찬가지로, 분별을 사용해야 합니다.

현재 그대는 몸과 마음을 그대 자신과 동일시합니다. 따라서 그대의 수행 초기 단계에서는, "내가 있다"는 것은 생기이고 의식일 뿐 몸과 마음이 아니라는 원리를 흡수하여 그 정체성을 배제해야 합니다. 그 이후의 단계에서는 생기와 의식, 즉 "내가 있다"는 앎이 그대의 **궁극적** 성품 안에 합일됩니다. 마치 교수나 빤디뜨(pandit-인도의 전통 학자)가 잠이 들면 그의 생각들이 내면으로 가라앉듯이 말입니다. 깊은 잠이 든 사람은 그 자신을 모릅니다. 왜냐하면 그의 존재성의 느낌조차도 그 자신 속에 합일되기 때문입니다.

수행 과정에서 그대가 몸도 아니고 마음도 아니라는 것을 깨달으면, 어떤 마음의 변상變相(mental modifications)에도 영향을 받지 않게 될 것입니다. 그 상태에서 그대는 동적인 **보편적 의식**입니다. 그 상태에 안주해야 합니다.

몸·마음과의 동일시가 유지되는 한 쾌락·고통·불행을 느끼게 됩니다. 수천 명의 승객을 태운 선박이 바다 한가운데서 침몰했다고 합시다. 그들의 몸과 마음이 없어지면 그들의 정체성이 살아남겠습니까? 나아가 그들의 몸이 완전히 사라진 그런 비극이 있은 뒤에, 그 희생자들이 그들 자신에 대한 무슨 관념을 가질 수 있겠습니까? 그런 상황에서는 그들의 유가족조차도 그 불운한 승객들의 재난 이후 상태를 그려볼 수 없습니다. 왜입니까? 이런 사실들에 주목하여 그대 스스로 이해해 보십시오. 어떤 정체성을 확정하려면 몸, 생기 그리고 존재성이 필수조건입니다.

질: 자비·용서·평화·애착은 인간적 삶의 영역과 관계됩니다. 제가 이렇게 말하면 맞습니까?

마: 그런 성질들은, 하나의 몸과 생기가 기능하고 있는 결과로 그 존재성이 있는 동안은 의미가 있지요. 이 세 가지 원리(몸·생기·존재성)이 일관성 있게 기능할 때는 일체가 있고, 그렇지 않으면 아무것도 없습니다.

영적인 공부는 **진아**에 안주함을 의미합니다. 그대는 분별이나 영적인 공부와 같은 어떤 주제를 논하거나 생각할 때, 그것을 객관적으로, 파편적으로 연구합니다. 그러나 저는 일체를 포용하는 원리, 곧 **진아**를 가리켜 보이면서 주관적으로, 전체적으로 그렇게 합니다. **진아**를 이해하고, **진아**가 되십시오.

그대의 몸·생기·존재성이 있는 한, 그대는 '그대가 있다'는 것을 압니다. 생기가 사라지면 몸이 떨어져 나가고 존재성도 소멸됩니다. 그 과정을 '죽음'이라고 합니다. 죽은 사람은 아무것도 알 수 없습니다. 죽은 사람은 '자기가 있다'거나 '자기가 있었다'는 것을 모릅니다. 그래서 그런 '죽은' 사람의 존재는 우리에게나 그 사람에게나 기억에 남지 않습니다.

그대의 존재성의 뿌리로 나아가십시오. 그 과정에서 존재성이 초월될 것이고, '그대가 있다'는 앎이 없는 **궁극적 '그대'**만 남게 됩니다.

그 **궁극적** 상태는 **비슈란띠**(Vishranti)로 알려져 있는데, 그것은 전적인 안식, 완전한 이완, 오롯한 적정寂靜 등을 의미합니다.

그 단어를 나누어 보면 다른 의미로 '비샤라-안띠(Vishara-anti)'가 되는데,

결국 그대 자신을 잊는다는 것입니다. 그것은 **궁극적** 상태에서 '그대가 있음'이 완전히 잊힌다는 뜻입니다. "내가 있다"든 '내가 없다'든, 둘 다 잊힙니다. 이것이 최고 형태의 안식, **빠라마-비슈란띠**(Parama-Vishranti)입니다. 제가 하는 말을 순순히 받아들이지 마십시오. 의문이 있으면 얼마든지 질문을 하고, 저에게 도전하십시오. 누가 질문을 하려고 하면 그 질문들은 몸-마음 수준에서 나올 텐데, 마음은 그가 바깥에서 수집한 모든 것을 의미합니다. 그 사람 자신의 것이 아닙니다.

질: 그 최고의 상태를 어떻게 체험합니까?

마: 체험하고 말고가 없습니다. 그대가 **그것**일 뿐입니다.

질: 모든 체험은 감각기관을 통해서 나옵니다.

마: 그렇지요. 그러나 체험자인 '그대'는 그 체험들이 아닙니다. 그 '그대'가 그대 자신에게만 한정될 때, 그것이 곧 **진아**가 **진아**에만 안주하는 것입니다. 그대가 잠에서 깨어나면 '그대가 있다'는 것을 압니다. 이것이 그대의 지각성입니다. 이 지각성 이전에 그대가 무엇이었든, 그것은 그 지각성이 아닙니다.

질: 이것은 **궁극자**와 어떤 관계를 가지고 있습니까?

마: 많은 칭호와 속성들이 있지만, 모든 속성 이전에 '그대'가 있습니다.

질: 저희가 깨달음을 얻습니까?

마: 그런 것은 모두 개념입니다. 한 개념이 다른 개념을 위해 있고 또 그것은 다른 개념을 위해 있는 식이어서, 많은 개념들이 수집됩니다. 궁극적 상태는 말로 포착할 수 있는 범위를 넘어서 있습니다. 한 개념에서 여러 개념이 태어나고, 일체가 이런 개념들과 더불어 진행됩니다. 그래서 (마음이라는) 창고가 개념들로 가득 차 있습니다. 그러나 1차적 개념 자체가 폐기되면, 다른 개념들이라는 문제가 어디 있겠습니까?

질: 이 '나'는 부풀려집니까, 그렇지 않습니까?

마: 그대는 연치(나이)가 얼마나 됩니까?

질: 예순 하나입니다.

마: 그 61년의 기간 하루 전에, 그대가 태어나려 한다는 것을 알았습니까?

질: 당연히 몰랐지요. 태어나기 전에는 제가 태어나려고 한다는 어떤 생각도

없었습니다.

마: 그러면 태어나고서 한 번이라도 그대가 대체 왜 태어났는지 자문해 보았습니까? 이전에, 태어나기 전에는 이 '내가 있음'의 앎이 없었습니다.

질: 저는 제가 언제 태어났는지 모르고, 언제 죽을지도 모릅니다.

마: 하지만 그 많은 세월 동안 왜 그런 물음을 던져보지 않았습니까? 지금 그대는 "내가 있다"는 앎을 가지고 있는데, 어떻게 거기에 이르렀습니까? 그대가 자기도 모르게 태어났다고 합시다. 그러나 잠들어 있다가 깨어나 보니 자기에게 큰 종기가 있는 것을 발견하는 사람처럼, "이 큰 종기가 언제 생겼지?" 하고 묻게 되지 않겠습니까?

질: 물어 보기는 했습니다.

마: 누구에게 물었습니까? 어떤 대답을 들었습니까?

질: 하지만 어떤 대답도 얻지 못했습니다.

마: 이 "내가 있다"는 앎은 어떻게, 왜 있습니까? 그것을 알아야 합니다. 어떻게 해서 이 "내가 있다"는 앎이 '비지각'의 상태에서 나타났습니까?

질: 모르겠습니다.

마: 그것을 알아야 합니다. 온갖 정보가 무슨 소용 있습니까? 수천 명의 사람들이 한 배 안에서 익사했습니다. 그들의 현재 상태에 대해 그대는 어떤 정보를 가질 수 있습니까?

질: 죽었다는 것입니다.

마: 당연히 아무 정보도 없지요. 죽음이나 탄생에 대해 모르던 사람이 자신의 죽음에 대해 알 수 있습니까?

질: 죽은 사람에게 물어봐야 할 것입니다.

마: 죽은 사람에게 물어보겠다고요?

모르는 결에 이 지각성이 나타났습니다. 어떻게 말입니까? '무無'에서 이 '내가 있음'이 나타났습니다. 어떻게요? 그대가 태어나기 이전에 한 번이라도 '내가 있음'을 경험한 적이 있습니까?

질: 아마 없겠지요.

마: 왜 '아마'입니까?

질: 분명히 없습니다. '비지각'의 상태에 관한 어떤 정보의 수집도 안이한 물음에 불과합니다.

마: 그대는 분명히 죽음을 맞이할 텐데, 그 지각성을 왜 지금 붙듭니까? 그대는 태어나기 전에 '그대가 있다'는 것을 몰랐습니다. 그대는 죽을 것인데, 왜 천당·지옥·덕·죄와 같은 그런 모든 개념들에 매달립니까? 이제 이런 이야기를 들었으니, 돌아서서 (그대의 삶을) 살펴보고 싶습니까?

질: 가끔은 그렇게 합니다.

마: 그것이 무슨 소용 있습니까? 결국 그대는 '나'와 '내 것' 같은 그런 것은 없다는 결론에 도달할 수밖에 없습니다. 최소한 그대의 시작을 보십시오.

질: 아마 우리는 시작의 권리는 있어도 종결의 권리는 없나 봅니다.

마: 저는 그대의 시작에만 관심이 있습니다. 그대는 어쩌다가 존재하게 되었습니까? 그것이 더없이 중요합니다.

질: 저는 저에게, 저 자신에게 관심이 있습니다.

마: 하지만 그대가 무엇인지 알게 되었습니까?

질: 당신께서 저를 축복해 주십시오.

마: 제 앞에 그대의 정체성을 놓아 보십시오. 그러면 그것에게 축복해 드리겠습니다. 어떤 이가 자신의 시작도 모르는데, 어떻게 누구를 위해 변호할 수 있습니까? 그대는 자신이 모른다는 것을 훤히 알면서, 왜 아직도 그 모든 것을 끌어안습니까?

질: 그것은 본능입니다. 저희는 당연히 이런 것들을 다 끌어안습니다.

마: 그 본능적 반란이 무엇입니까? 태어나는 것은 무엇입니까? 그대는 거기에 신경 쓰지 않습니다. 그대에게 그 지知가 없는 것은, (그것을 알려는) 그런 충동이 없기 때문입니다. 깊은 충동을 가지고 있을 때, 그럴 때만 깨침이 있을 것입니다. 그때까지는 그대가 온갖 노력을 다 하겠지만, 다른 누군가가 그 이익을 취할 것입니다. 마치 장님이 맷돌을 갈고 있으면 개가 밀가루를 다 먹어 버리듯이 말입니다.

질: 이 장님 상태를 어떻게 없애야 합니까?

마: 꾸준함을 통해 진아에 안주하면 됩니다. 진아에 대해 명상하십시오. 진아

에 대해 완벽한 앎을 얻으려면 꾸준함과 끈기라는 하타 요가를 해야 합니다.
질: 그런 앎을 가지고 있는 사람이 있기는 합니까?
마: 예, 아주 드물게 천만 명에 하나 정도지요. 그대는 이런 수학적 계산을 하고 나서 탐구를 포기했습니까?
질: 포기하고 싶지 않습니다.
마: 귀를 꼬집어 보고 나서(이성적인 판단으로) 그런 결론에 도달했습니까?
질: 계속 노력하는 것이 무슨 소용 있습니까?
마: 그대의 어떤 개념이 무슨 소용이 있을까요? 진인은 어떤 개념도 넘어서 있습니다. 그는 어떤 개념도 전혀 중시하지 않습니다.
질: 그는 우리가 지금 얼마나 노력하고 있고 과거에 얼마나 노력했는지 모를 수도 있습니다. 전혀 모릅니다. 라마크리슈나 빠라마한사는 어머니(깔리 여신)에게 이렇게 호소했습니다. "오 어머니, 저를 생각과 앎 너머로 데려다 주십시오. 그것들이 있어 미치겠습니다."라고 말입니다.
마: 그대 자신도 생각과 앎을 넘어서려고 시도해 보았습니까? 그렇지 않다면 남을 왜 들먹입니까?
질: 해 보지 않았습니다.
마: 그 방법을 자신에게 시도해 보지 않았다면 그런 이야기를 왜 합니까? 왜 다른 사람의 판단을 끌어옵니까? 말이 없이 그대가 살아 있을 수 있습니까? 말이 없이, 어떻게 그대의 일상 활동을 영위할 수 있습니까?

  저는 그대의 탄생 역사를 압니다. 그대가 왜 어떤 사람을 '아버지'나 '어머니'라고 부르는지 저는 잘 알고 있습니다. 왜 그대 자신의 자아에 신경 쓰지 않고 라마크리슈나 빠라마한사 같은 남들에 대해 신경 씁니까? 그대가 무지하다면 남들에 대해 물어도 무방하겠지요. 그러나 그대 자신에 대해 신경 쓰고 있다면, 그대 자신에 대해서만 물으십시오. 저는 '내가 있음'을 이해하기 위해 그것을 기쁘게 해주었을 때('내가 있음'을 부단히 붙들었을 때) 비로소 이 '내가 있음'을 알게 되었고, 그 과정에서 절대자인 나는 그 "내가 있다"가 아니라는 것도 알았습니다. 한 곳에 머물러 있으십시오. 모든 지知를 수집했으면 은거하면서 그것을 숙고하십시오.

질: 마하라지께서 축복해 주시면 제가 깨달음을 얻을 것입니다.

마: 그게 그렇게 간단하지 않습니다. 그것은 누군가가 축복해 주기만 하면 어떤 부부가 자식을 얻게 될 거라고 말하는 것과 같습니다.

질: "내가 있다"는 앎은 하나의 저주입니다.

마: 그것은 우발적이고 자연발생적입니다. "내가 있다"의 시작은 "내가 있다"는 전화 메시지를 내가 받을 때입니다. 그리고 "내가 있다"는 정보를 내가 가질 때, 그것이 가네샤(Ganesha) 상태입니다.

질: 왜 가네샤는 태초음太初音 쁘라나바, 즉 '옴'과 동등한 것으로 간주됩니까?

마: 가네샤는 쁘라나(Prana), 곧 생기의 앎을 대표하기 때문입니다. 쁘라나의 산물인 쁘라나바에서부터 음성 언어가 네 단계—즉, 빠라, 빠시얀띠, 마디야마, 바이카리—를 거쳐 발전합니다. 빠라는 근원이자 가장 미세한 단계인 반면, 바이카리는 가장 거친 단계로서 음성 언어가 발화發話되는 것을 대표합니다. 빠라 이전의 상태는 '존재애', 사랑의 느낌인데, 그것이 모든 활동을 일으킵니다. 그 상태가 가네샤입니다.

1980년 7월 26일

56
그대는 무한하고 영원하다

질문자: 여기를 다녀간 한 스페인 신사는 명상을 많이 했는데도 집착을 떨쳐 버리지 못했습니다.

마하라지: 몸에 대해 집착하고 있는 한, 많은 사람과 사물들에 대한 집착을 초월할 수 없겠지요.

질: 제가 저 자신을 붙들어 보려고 할 때마다, 저의 가족 친지들에 대한 사

랑은 없다고(이기적이라고) 느낍니다.

마: 다른 사람들에게 신경 쓰지 말고 그대 자신에게 신경 쓰십시오.

질: 명상을 하고 나서, 저는 남들에 대한 사랑을 잃어버렸습니다.

마: 그대의 사랑이 적어진 것이 아닙니다. 그 사랑이 이제는 그대 자신의 진아 속으로 합일됩니다. 그대 자신의 존재성이 곧 사랑이고 지복입니다. 그대는 자신의 사랑을 객관화하고 있었습니다. 그대의 성품 자체가 **사랑**입니다. 그대가 존재성 안에서 안정되면, 밖으로 분산되고 퍼져 있던 모든 사랑을 거두어들이게 됩니다. "내가 있다"는 앎 안에 안주하십시오. 몸 안의 '그대가 있다'가 무엇이든, 그것은 **사랑**만을 대표합니다. 이 **사랑**이 일을 하고, 음식을 구하고, 먹고 소화하고, 지식을 습득합니다. '그대가 있다'는 **사랑**이고, 생명기운을 통해 그 자체를 표현합니다. 즉, 활동이 계속되는 것은 생명기운 때문입니다. 몸에는 세간적 활동을 위한 몇 개의 수족이 있듯이, '그대가 있다'는 앎도 활동을 위해 수족으로서 생명기운을 가지고 있습니다. 그것은 남들을 사랑한다는 문제가 아니라, 그대가 무엇인지를 직접 아는 것입니다. 그 **사랑**이 그대를 돌보고 있습니다. 그것은 그대의 자양분이고 그대의 동기이자 활력입니다. 주의를 거기에 집중하십시오. 그것의 움직임은 생명기운으로 드러납니다. 그것이 생명력입니다. 이 **사랑**은 **보편적 사랑**입니다. 그것이 나타난다는 것을 구체적으로 알 수 있게 해주는 것이 "내가 있다"는 앎입니다. 그것은 어떤 특정한 사람이나 사물을 가리키지 않으며, 허공과 아주 흡사합니다. 허공은 "나는 배타적으로 아무개를 위한다"고 말하지 않습니다. 그것은 누구를 사적私的으로 사랑하지 않습니다. 그 사랑은 현현되어 있고 보편적입니다. 그대가 몸을 자신과 동일시하기 때문에 모든 문제가 시작됩니다. 원초적 사랑은 '**존재애**'입니다. 그것이 있은 뒤에야 남들을 사랑하는 것을 생각할 수 있습니다. 그대는 왜 '존재하려고' 노력합니까? 단지 '존재하기를 사랑하기' 때문입니다. 최대의 걸림돌은 몸-마음과의 동일시입니다. 그것은 그대가 **신**이 될 수 있다는 것이 아니라, 그대가 곧 **신이라는** 것을 의미합니다. 그대는 원래 신적이지만, 그대 아닌 어떤 것이 됩니다. 그대의 목적지는 그대 자신의 **진아**, 곧 "내가 있다"임을 이해해야 합니다. 그것이 바로 일체의 근원입니다.

그 "내가 있다"를 깨달아야 합니다.

질: 그것이 목적지이지만 거기에 어떻게 도달합니까?

마: 그대는 몸 때문에 그 탐색에서 빗나갑니다. 몸을 붙드는 바람에 신의 유리한 지위에서 거꾸러집니다. '그대가 있기' 때문에 의식이 있습니다. "내가 있다"고 말하기 전에 그대는 이미 있습니다.

질: 동의합니다.

마: 그대는 지금 '그대가 있다'는 것을 압니다. 그것이 되십시오. 여기서 저는 경전에 쓰여 있는 것을 그대에게 말하지 않겠습니다. 그것이 아무리 정교하다 해도 말입니다. 저는 그저 '그대가 있다'는 것을 이야기하겠습니다. 제 이야기가 마음에 들면 와도 좋지만, 마음에 안 들면 오지 마십시오. 현재 그대는 자신을 근기와 지성이 부족한 하찮은 사람이라고 여길지 모릅니다. 그러나 실은 그렇지 않습니다. 그대는 아주 태곳적입니다. 그대는 무한하고 영원합니다. 이 '내가 있음'의 느낌은 하나의 광고와 같아서, 그 영원한 상태를 가리켜 보입니다. "내가 있다"—그 말 혹은 그대가 내면에 가지고 있는 "내가 있다"는 느낌—는 영원하지 않습니다. 그러나 그대는 영원하고 태곳적입니다.

질: 어떻게 하면 제가 영원하다는 것을 이해합니까?

마: 그것은 보통의 지적인 방법으로는 이해할 수 없습니다. 그 상태는 자연발생적으로 깨달아집니다. 그대가 '내가 있음'의 상태에 있으면 그 영원한 상태에 합일됩니다. 지금 그대는 그대가 있다는 것과 그대가 앉아 있다는 것을 압니다. 그런 확신을 어떻게 키우게 되었습니까?

질: 저는 제가 여기 앉아 있다는 것을 압니다.

마: 마찬가지로, 그대가 곧 **절대자**라는 확신을 계발해야 합니다. 이것이 더없이 중요합니다. 주의를 거기에만 집중해야 합니다. 존재성이나 지각성이 나타나기 전에 **절대자인 나는** 이미 있습니다, 영원히. 누가 주의를 집중하겠습니까? 이것이 주의의 집중이라는 것을 누가 압니까? 주의를 집중하는 '그것'은 주의 이전입니다.

마음 안에서 그대는 어떻게 명상할 수 있습니까? 소위 '명상'에서는 어떤 대상이 필요합니다. 누가 그 명상을 지켜봅니까? 누가 그 명상을 닦습니까?

그 과정은 어떤 '대상'은 물론 '어떤 사람'의 존재를 필요로 합니다. 그렇지 않습니까? 그러나 다른 무엇 이전에 그 **명상자**가 있어야 합니다. 이제 아무 대상 없이 그를 혼자 있게 하십시오. 참된 **명상**에서는 명상할 어떤 대상도 없이 **명상자**만 '홀로' 있습니다.

생시의 상태 이전에 나, 곧 **절대자**가 늘 있습니다. 잠에서 깨어나면 "내가 있다"는 느낌이 나에게 다가옵니다. 그런 뒤에야 다른 모든 사건과 사물이 마음에 다가옵니다. 또한 **절대자**인 **나**는 생시 상태 이전에 있을 수밖에 없습니다. 여기에 그대로 머무르십시오. 그 안에 안주하십시오. 현재 그대의 참된 성품, "내가 있다" 안에서 안정되십시오. 기타 모든 2차적이고 군더더기인 대상들은 치워버리십시오. 그런 어떤 것에도 주의를 집중하지 마십시오. 그 전 과정이 그대의 근원 속에 있어야 합니다. 현재 그대의 근원은 무엇입니까? "내가 있다"입니다. 그 '내가 있음'을 붙들고 그 안에 머무르십시오.

그대 자신의 **진아**를 깨달아야 합니다. "내가 있다"와 '비非-내가 있다'의 경계선 상에 있어야 합니다. '그대가 있다'는 느낌이 그대에게 떠오르지 않는다고 해봅시다. 그렇다고 그대가 없습니까? 설사 저 '내가 있음'이 없다 해도, **절대자인 그대는 있습니다**. **절대자**로서 **그대**는 생시 상태 이전과, 그 동안과, 그 이후를 지배합니다. 생시 상태 동안에는 그대의 '내가 있음'의 느낌이 세계를 지각합니다. 그리고 **절대자**인 **그대**의 견지에서는 그대의 '내가 있음'과 그것의 지각들에 대한, 주시하기가 있습니다.

질: 저는 뭔가 영적인 것(수행)을 하고 싶습니다.

마: 그대는 **진아**지를 원합니까, 원하지 않습니까? 그대는 뭔가 영적인 것을 하고 싶어 하지만, 뭔가를 하기 위해서는 그대가 있어야 합니다. '그대'를 알아야 합니다. 영적인 수행을 하는 자는 누구입니까? "내가 있다"가 행위자입니다. 그대가 집이나 거리 또는 사무실에서 일상 활동에 종사하고 있을 때, 공통인자는 '누구'입니까? 그것은 그대의 '내가 있음'입니다. 이 그대의 '내가 있음'이 모든 일을 하고 있습니다.

아침부터 밤까지 제가 많은 일을 해 왔다고 합시다. 저의 활동의 총합은 무엇입니까? 이 모든 많은 활동은 저의 존재성의 상태(생시 상태)에서 일어났습니다. 깊은 잠 속에서는 "내가 있다"가 망각 속으로 들어가 자신을 완전히 잊어버렸습니다. 그렇다면 제가 한 모든 일이 무슨 소용 있습니까? 존재성은 영원한 상태가 아닙니다. 그것은 일시적 국면, 즉 하나의 지나가는 연극에 불과합니다. 의식은 5대 원소와 그 상호작용의 산물입니다. 5대 원소들의 결과는 일시적이고 시간이 한정되어 있습니다. 그대의 존재성과 그대가 축적하는 모든 것은 늘 그 존재성에 뒤따라옵니다. 그대가 무엇을 아는 것은 존재성이 '그것이 있다'는 것을 알 때뿐입니다. 의식의 영역 내에 있는 뭔가를 '그대 자신'과 동일시하려고 할 때, 그대의 타락이 일어납니다. 그대의 의식이 세계를 현출합니다. 몸을 그대 자신과 동등하게 보려고 할 때 타락이 시작됩니다.

질: 제가 의식이라고 누가 생각합니까?

마: 그대지요! 존재성 없이는 생각하기도 없습니다. 존재성은 생각하기와 생각하지 않기의 기본적 전제조건입니다. 그대의 몸에 통증이 있다고 합시다. 그 통증을 누가 주시합니까? 그대의 존재성이 그것을 주시할 뿐입니다. 존재성이 없으면 주시하는 일이 도무지 가능하겠습니까? 진정한 주시자는 영원한 **진아**일 뿐입니다. 존재성이 있는 한 그대가 그 존재성입니다. 존재성이 없으면 그대는 **절대자**입니다. 여기 오는 사람은 누구나 가야 합니다. 마찬가지로, 온 존재성은 가야 합니다.

◆ ◆ ◆

질: 이 의식은 왜 일어났습니까?

마: 그대가 곧 질문이자 답변입니다. 그대의 모든 질문은 몸과의 동일시에서 나옵니다. 몸과 의식 이전에 존재한 것에 관한 무슨 질문인들 어떻게 답변할 수 있습니까? 그 질문의 답을 찾아서 수많은 세월 동안 명상에 들어 앉아 있는 요기들이 있지만, 그들도 그것은 이해하지 못했습니다. 그런데도 그대는 불평을 하고 있군요.

질: 그것은 크나큰 신비입니다.

마: 무지한 자들에게만 신비지요. 몸과 자신을 동일시하지 않는 자에게는 그것이 더 이상 신비가 아닙니다.

질: 마하라지께서는 그것을 저희들에게 전달해 주실 수 없습니까?

마: 저는 늘 말해주고 있지만 여러분이 귀담아듣지 않지요.

질: 마하라지께서는 저희를 개인들로 보십니까?

마: 어떤 개인도 없고, "내가 있다"는 앎을 가진 음식-몸들만 있습니다. 개미와 인간과 이스와라 사이에는 아무 차이가 없고, 그들은 모두 같은 성질을 가지고 있습니다. 개미의 몸은 작고 코끼리의 몸은 큽니다. 덩치 때문에 힘은 서로 다르지만 생명력은 동일합니다. 앎을 위해서는 몸이 필요하지요.

질: 마하라지께서는 어떻게 해서 니사르가닷따라는 이름을 얻으셨습니까?

마: 한때 시를 좀 지었습니다. 시들이 저에게서 곧잘 흘러나왔고, 그 흐름 속에서 제가 그냥 니사르가닷따를 덧붙였지요. 제가 시 짓기를 즐기고 있을 때 스승님이 경고하셨습니다. "자네는 시 짓는 것을 너무 즐기는군. 그만 두게!"

무슨 말씀을 하시려고 한 것입니까? 그분의 목적은 제가 저의 존재성 안에서 즐기지 않고 절대자 안에 합일되게 하려는 것이었습니다.

제가 지知를 깨달은 것은 이런 방식이었지, 심적인 조작을 통해서가 아니었습니다. 제 스승님이 "이것은 이렇다"고 말씀하시면 저로서는 그걸로 끝난 것이었지요! 만일 그대가 지성의 영역 안에서 계속 그러고 있으면 개념들에 말려들고, 점점 더 많은 개념들 속에서 헤매게 될 것입니다.

의식은 끊임없이 흐르는 시간입니다. 그러나 절대자인 나는 영원히 그것과 함께 하지는 않을 것입니다. 의식은 시간이 한정되어 있기 때문입니다. 이 존재성이 사라지면 절대자는 "내가 있다"를 모를 것입니다. 나타남과 사라짐, 탄생과 죽음, 이런 것들은 존재성의 성질이지 그대의 성질이 아닙니다. 그대가 소변을 보면 냄새가 나는데, 그대가 그 냄새입니까?

질: 아니요, 그렇지 않습니다.

마: 이 존재성은 그 소변과 같습니다. 그대가 그 존재성일 수 있습니까?

질: 절대 아닙니다!

마: 그대는 수행이 더는 필요 없습니다. 스승의 말씀이면 그걸로 끝납니다.

1980년 7월 28일, 29일

57
의식을 초월하는 것은 아주 어렵다

마하라지: 여러분의 모든 세간적·비세간적 활동은 개인적 동일시에 기초해 있습니다. 여러분은 한 개인으로서 해탈을 얻고 싶어 합니다. 한 개인으로 머물러 있고, 그것이 어려운 점입니다.

여러분이 아무리 이 **지**知를 이해했다고 생각할지라도, 한 개인으로서의 여러분이 **지**知를 얻었다고 생각하는 한, 개인적 정체성이 아직 있습니다.

자신에게 어떤 구체적 성과를 안겨주는 일정한 진보를 이룬 이가 요기이지만, 자아 정체성이 남아 있기 때문에 그는 한 개인으로서 자신이 성취한 것에 만족합니다.

여러분은 이 존재성의 두 측면, 즉 그것이 유래한 저급한 물질적 본질과, 그와 동시에 이 **의식**이 할 수 있는 일에는 끝이 없다는 것을 이해해야 합니다. 비록 이 상태가 본질상 한계가 있기는 하지만 말입니다. 자신의 참된 성품과 전체적 잠재력을 자각하고 있는 사람이, 어떻게 이 유한한 상태가 그에게 안겨줄 수 있는 어떤 것에 만족하겠습니까?

더욱이 **절대자** 안에 안주하는 그의 잠재력이 너무나 커서 사람들은 그것이 어떻게 **절대자** 안에 있을 수 있는지, 그것이 어떤 것인지 상상할 수 없습니다. 그래서 그들은 **의식**의 상태에 있는 그를 생각할 수 있을 뿐입니다.

질문자: 우리가 **의식** 안에 안주한다는 것은 어떻게 알 수 있습니까?

마: 바로 지금 그대는 그 상태에 있지만, 그대는 늘 몸-마음을 통해 판단하려고 합니다. 여전히 그 몸-마음에 집착되어 있습니다. 설사 그대가 백 년을 산다 해도, 여전히 5년을 더 살고 싶겠지요. **절대자** 안에서는 그런 어떤 것도 필요 없고, 자기 자신을 알 필요조차 없습니다.

질: 이 일시적 상태가 **절대자**에서 일어나려면 어떤 원인이 있어야 하겠군요?

마: 5대 원소들의 마찰 혹은 상호작용 때문에 이 일시적 국면이 발생했습니다. 예를 들어, 친한 친구 두 사람이 있었는데, 그들의 우정은 오래 지속된

것이었습니다. 그러나 갑자기 어떤 마찰, 어떤 불화가 생겼고, 곧바로 그들은 싸웠습니다.

질: 죽음의 순간에는 우리가 매우 고통스러운 신체적·정신적 경험을 하게 될지도 모릅니다.

마: 항상 그렇지는 않지요. 마음에서 모든 개념을 정화시킨 사람이라면, 그런 사람에게는 죽음이 아주 지복스러울 것입니다.

그대는 많은 학식과 영적인 지혜를 가졌고 아직도 그것을 다 가지고 있는데, 죽음의 순간에는 그대의 친척들을 다 적어 둔 일기장을 펼치겠지요.

질: 당신의 축복이 있으면 저는 평화로운 죽음을 맞이할 것이고, 제가 아무도 기억하지 않을 것입니다.

마: 그 높은 상태에 안주하십시오. 아무것도 할 필요가 없고, (제 이야기를) 듣기만 하면 됩니다. 올바르게 들으면 모든 일이 (자연발생적으로) 일어날 것입니다. 저는 지금 그대에게 이 존재성이 무엇인지를 이야기했습니다. 그것은 5대 원소가 벌이는 유희의 결과이고 지각성은 이 음식-몸의 결과이지만, 그대는 그것이 아닙니다. 그런데 그 지각성이 떠나는 것을 왜 걱정합니까?

그대는 그대에게 나타나는 **의식**에 대한 주시자라는 것을 이해했습니까? 그대는 그 **의식**이 아니고, 그 앎이 아니고, **참스승**이 그대의 참된 성품입니다.

의식은 세계나 우주와 분리될 수 없고, 그것과 동일합니다. 이것은 나의 **마야**이고, 나에게서 나왔고, 나는 내가 그 **마야**가 아님을 압니다. 나는 이것의 주시자이고, 그것은 나의 유희일 뿐인데, 나는 그 유희가 아닙니다.

이 모든 수행(sadhana)의 최종적 의미는 그대입니다. 존재하는 모든 것이 그대입니다. 이런 이야기는 아직까지 누구도 책으로 써 놓지 않았는데, 앞으로는 어떤 사람들이 쓸지도 모릅니다. 이 문제에 대해서 책을 쓸 사람은 과학적 안목을 가지고 있어야 합니다.

저에게 나타난 그 **지**知를 저는 굉장히 애지중지했는데, 그런 **지**知의 최종적 결실은 무엇입니까? 그 **지**知에게 이제 이런 딱지가 붙습니다. "당신은 병이 있고, 이제 돌아가실 겁니다." 그래서 저는 저에게 나타난 이 **지**知의 성품을 압니다. 그대는 스스로 알아내십시오. 저는 그 **지**知를 얻고 춤을 추었고, 그것을 신이라고 불렀는데, 이제 이 지知가 병이 들었다는 딱지가 붙었습니다. 그러나 저는 제가 무엇인지를 알고 있고, 저는 이것 이전입니다. 제가 저 자신의 성품에게 불평했더니, 저 자신의 성품이 그것은 모두 유희(lila)라고, "너는 그것과 무관하다"고 말합니다. 의식 자체가 정직하지 않은데, 제가 그것과 무슨 관계 있습니까? 저는 그 지지물입니다. 사람들은 제가 원인이라고 생각하지만, 저는 원인이 아니라 지지물입니다.

질: 진인에게서는 존재성이 비존재성의 상태에 도달해 있는데, 그래도 (말하고 행동하는) 겉모습들은 일어날 것입니다. 그는 어떻게 행위하겠습니까?

마: 그것은 꿈 세계에서 행위하는 것과 같습니다. 꿈 세계에서 온갖 일이 일어나지만, 그대는 아무것도 하지 않습니다. 그 최고의 경지에서는, 존재성과 그 존재성의 활동에 대한 주시하기만 일어납니다.

◆ ◆ ◆

질: 우리는 의식을 넘어선 어떤 상태가 있다는 굳은 확신을 가져야 합니까?

마: 여하튼 절대자는 있으니, 그대가 믿음을 가지고 말고 할 것도 없습니다. 그것은 있습니다.

질: 굳은 확신이 의식을 절대자로 변화시키게 되겠습니까?

마: 단 하나의 상태가 있을 뿐, 둘이 있지 않습니다. '내가 있음'이 있을 때는 그 의식 안에서 그대가 많은 경험을 하게 되겠지만, "내가 있다"와 절대자는 둘이 아닙니다. 절대자 안에 '내가 있음'이 들어오고, 그런 다음 경험이 일어납니다.

절대자 안에는 개인성이 없고, '나는 이것이다 또는 저것이다'라는 기억이 없지만, 지속적인 요동(stirring-의식의 일어남)이 있습니다.

저는 전해들은 말이라고 할 수 있는 것이나, 책에서 읽은 것, 혹은 경전에 전거를 둔 것은 아무것도 할 말이 없습니다. 제가 하는 말은 저 자신의 진아에서 나오고 있습니다.

일어나는 모든 일은, "내가 있다"는 앎이 없는 절대자의 견지에서 보자면, 대단히 심오하고 무한하며 광대합니다.

존재성의 영역에서 파편화가 시작됩니다. 그것은 유한하고 조건 지워져 있습니다. 왜냐하면 이 존재성 안에서 우리는 모든 행위를 우리의 것으로 주장하려 하기 때문입니다.

절대자 안에서 저는 제가 존재한다고 말할 이유가 없습니다. 그것은 영원 속에 있기 때문입니다. 저는 저의 존재에 대해 무슨 말도 할 필요가 없습니다. **절대적 빠라브라만** 상태가 존재하기 때문에 많은 화현들이 오고 갔지만, **절대자**는 그 모든 화현들의 움직임에 의해 오염되지 않고 남아 있습니다.

질: 창조계의 목적은 무엇입니까?

마: 그것은 성실한 구도자의 말이지 **진리**에 자리 잡은 사람의 말은 아닙니다. 극미한 씨앗에서 장대한 나무 한 그루가 자랐는데, 그 씨앗이 나무나 가지나 잎 등을 배척하면서 "그것은 내가 아니다, 내 것이 아니다"라고 주장하겠습니까? 그것은 자연발생적으로 진행됩니다. 계속 진행되라 하십시오.

질: 이 '내가 있음'은 저 **절대적** 상태를 얻기 위해 넘어야 할 문턱입니까?

마: **절대적** 상태를 얻을 수는 없습니다. 그것은 곧 그대의 상태입니다. 그 **절대적** 상태에게 의식에 대한 주시하기가 일어납니다.

질: 우리는 얼마나 오랫동안 수행을 해야 합니까?

마: 그대는 여자가 되기 위해 얼마나 오래 수행했습니까?

첫째 단계는 이 몸-마음 느낌을 초월하는 것인데 그것은 쉽습니다. 그러나 의식을 초월하는 것은 아주 어렵습니다. 존재성은 그것 때문에 그대가 다른 모든 지知를 얻는 매우 강력한 잠재적 지知이고, 따라서 이 지知는 없애기가 어렵습니다.

질: 그것은 **미현현자**와 별개입니까?

마: 그대의 견지에서는 별개이지만, 저의 견지에서는 별개가 아닙니다. 스리 크리슈나는 "존재하는 모든 것은 나 자신일 뿐이다"라고 했습니다. **사구나**(현현자)와 **니르구나**(미현현자), 둘 다 저 자신일 뿐입니다. 이 존재성의 감촉은 하나의 일시적 국면입니다. 그 지점에서 탐구하십시오. "이 존재성이 어떻게 해서 있게 되었나?"라고.

◆ ◆ ◆

마: 저는 사람들이 8일에서 10일 이상 머무르는 것을 별로 좋아하지 않습니다. 그들이 무엇을 이해했든, 그것을 소화해야 합니다. 그 이상의 어떤 이야기도 그들에게 도달하지 않을 것입니다.

어떤 사람이 아는 것이 많은데, 여기를 떠나 다른 데로 갔다고 가정하면, 홀로 있지 못할 것입니다. 자신이 영적인 공부의 이점을 전해줄 수 있는 누군가와 함께 있기를 열망하겠지요. 영적인 공부를 함께 논할 수 있는 남들과 어울리고 싶어 할 것이고, 그렇지 않으면 몹시 시무룩할 것입니다. 그대는 다른 수행자들을 만나지 않아도 즐겁고 만족하다고 느끼겠습니까?

질: 아, 그럼요. 그것은 진지한 구도자에게 필요한 하나의 문턱입니까? 자신의 知지를 남들과 함께 나누고 싶어 하는 단계를 통과하는 것 말입니다.

마: 그것의 일부이지만, 그것도 끝이 나야 합니다. 최고의 상태는 마음의 경험이 전혀 없는 **불생**不生의 상태입니다. "내가 있다"는 개념을 탐구하십시오. 그대의 참된 정체성을 발견하려고 애쓰는 과정에서 **자아**조차 놓아버릴지 모르는데, **자아**를 놓아버리는 가운데서 그대가 **그것**입니다.

(마하라지는 창문턱에 앉은 참새 몇 마리를 바라본다.) 참새 안에 살고 있는 **의식**과 이 몸 안에 살고 있는 **의식**은 동일합니다. 여기서는 그 도구(몸)가 크고 저기서는 그것이 작습니다. 그들은 먹이를 얻으려고 계획하고 있는데, 배가 차지 않았습니다. 모든 종種이 고통 받고 있고, 창조계 자체가 고통 받고 있습니다. 환생이니 뭐니 하는 그런 모든 개념에 비의 환생, 불의 환생, 공기의 환생이 있습니까? 요컨대 그것은 5대 원소의 변형에 불과합니다. 그것을 환생이라고 해도 무방하겠지요.

이 영적인 추구의 과정에서는 모든 일이 이 **의식**의 영역 안에서 일어납니다. 그대는 결국 **절대적 빠라브라만**의 상태를 우연히 만나든지 아니면 거기서 정점에 도달하는데, 그 상태는 무욕입니다.

저는 존재성을 이해하고 초월했습니다. 제가 백 년을 더 산다고 하면, 생시 상태·잠·'내가 있음'—그것이 무슨 소용 있습니까? 저는 그런 것에 신물이 났습니다.

저는 저 자신을 위한 어떤 배타적 정체성도 가지고 있지 않습니다. 제가 가지고 있는 정체성이라고 해 봐야 5대 원소의 유희인데, 그것은 보편적입니다. 저의 상태에서는 말할 수 있는 것이 별로 없기 때문에, 사람들을 오래 붙잡아 두지 않겠습니다. 저는 그냥 지知를 좀 나눠드리고 그들에게 돌아가라고 할 것입니다. 이 수준의 이 심오한 지식을, 그들은 이해하지 못합니다. 그들이 무슨 이익을 얻을 수 있습니까?

1980년 8월 1일, 8일, 21일

58
그대는 "내가 있다"는 관념 이전이다

마하라지: 어떤 사람들에게는 제가 더 있으라고 말하겠지만 그 이유는 설명할 수 없고, 어떤 사람들은 더 있고 싶어도 제가 "당신은 가시오" 합니다. 여러 유형의 구도자들이 있습니다. 어떤 사람들은 전적으로 지知를 얻기 위해 오는데, 그것을 전해 주는 사람에게는 관심이 없고, 아마 그에게 거의 관심이 없겠지요. 어떤 사람들은 지知를 원하지만, 그들에게는 선결조건이 **구루박띠**(Gurubhakti), 즉 **스승**에 대한 헌신이 먼저이고, 그 다음에 지知를 수집합니다. 어떤 위대한 **진인**들은 구도의 단계에서 **신**에게 헌신하거나 **신**을 숭배하곤 했지만 그것은 명목상으로만 그랬던 반면, **스승**은 대한 헌신은 강렬했는데, 그 강렬한 **구루박띠**로 인해 그들은 그런 높은 경지에 도달했습니다.

자, 이 여사는 스승에 대한 헌신이 지배적인데, 뜻하지 않게 지知를 얻습니다. 그러나 **구루박띠**로 시작하면, 그런 사람에게는 신조차도 헌신합니다.

여러분이 어떤 자연스러운 체험을 만나든 그냥 그것을 받아들이십시오. 그것을 바꾸려 하지 말고, 오는 대로 그냥 받아들이십시오.

이 모든 것의 총합은 환幻이고, 누구도 창조계를 만들어내지 않았습니다. 그것은 자연발생적으로 왔고, 그 안에서는 향상이라는 문제가 없습니다. 그것은 그 나름의 길을 갈 것입니다.

저는 세계가 아무 씨앗(원인) 없이 자연발생적으로 존재한다는 것, 창조는 씨앗이 없지만 세계는 씨앗들로 가득 차 있고, 매일같이 생식이 진행되고 있다는 결론에 도달했습니다.

질문자: 당신께서는 지知를 가지고 계신데, 어떻게 해서 이 온갖 사람들을 상대하실 수 있었습니까?

마: 누가 상대합니까? 저는 어떤 태도나 입장도 없고, 저 자신의 어떤 정해진 형상도 없습니다. 저에게 정해진 형상이 있다면 누구를 받아들이거나 누구와 한 덩어리가 되기 어려웠겠지만, 저의 무無는 더없이 미세한 것이어서 저는 어떤 것, 어떤 상황에도 들어맞을 수 있습니다.

어떤 부자가 값비싼 많은 장신구를 걸치고 거리를 다닌다고 합시다. 그는 두려울 것이고 위험에 처하겠지요. 그러나 나체의 고행승(fakir)은 잃을 것이 없기 때문에 아무 두려움 없이 거리를 다닙니다.

그래서 일체를 잃어버린 저는 더 이상 잃을 것이 없어, 어떤 상황을 만나도 거기에 들어맞을 수 있습니다. 그대가 하나의 이름과 형상을 걸치고 있는 한, 그런 모든 문제가 존재하겠지요. 이 영적인 추구에서 그대는 점차 자신의 형상을 잃게 되고, 형상이 벗겨져 나가면서 이름도 사라집니다.

영적인 지知라는 미명 아래 무엇을 얻고 소유하는 고객들이 많이 있습니다. 그러나 진정한, 참된 진아지를 찾는 고객은 아무도 없습니다.

여러 해 동안 열심히 일해서 재산을 모은 사람이 있었는데, 이제 자기 마을의 집에서 임종을 눈앞에 두고 있었습니다. 임종의 자리에 누운 그는 (자기집의) 우사牛舍를 살펴보고 있었습니다. 고상한 생각을 하지는 않고, 빗자루를 씹고 있던 송아지를 보다가 그 빗자루가 상하는 것을 걱정했습니다. 그래서 죽어가면서도 "빗자루, 빗자루!" 하고 소리를 질렀습니다.

질: 구도자의 진보를 가늠하는 척도는 무엇입니까?

마: 몸이 아주 약해서 걷지 못하는 사람이 있었습니다. 점차 힘이 생긴 그는 걷기 시작했고, 그래서 자신에게 힘이 있다는 것을 압니다. 그렇지 않습니까? 그대가 진보했다는 것은 보통 사람들과 교류하고 싶어 하지 않는 성향으로

알 수 있습니다. 그리고 욕망과 기대가 점점 적어집니다. **진아지**에 대한 강렬한 허기에서 (그 지知의) 문이—혹은 수문이—열리면, 그대는 일체를 배체하기 시작합니다. 거친 상태에서부터 **이스와라**의 상태, 즉 그대 자신의 **의식**에 이르기까지 일체를 배체합니다.

세간적인 삶에서는 돈의 힘으로 뭐든지 살 수 있습니다. 돈을 주면 뭐든지 얻습니다. 마찬가지로, **자아**를 기부하면 **브라만**을 얻고, **브라만**을 기부하면 **빠라브라만**을 얻습니다. **진아지**에 대한 깊고 강렬한 욕망을 가져야 합니다.

◆ ◆ ◆

질: **의식**(Chaitanya)은 일체에 편재하고 이 모든 갖가지 능력들로 이루어져 있지만 개인적 **의식**은 몸과 연관되어 있다면, 이 **보편적 의식**에게 하나의 몸이 있습니까? **보편적 의식**에게는 보편적 몸이 있습니까, 아니면 몸들의 한 결합체가 있습니까?

마: **보편적 의식**에게는 몸이 없습니다. **보편적 의식**은 한 몸이 등장할 때마다 현현합니다. 5대 원소의 정수가 **보편적 의식**의 자양분이 됩니다.

질: **보편적 의식**과 몸 안의 **의식** 사이에는 어떤 연관이 있습니까?

마: 그것은 친밀한 연관입니다. 그것은 개인적 **의식**에서부터 현현된 **의식**에 이르기까지 하나의 연속체입니다. 예를 들어, 그대에게 생명기운이 있습니다. 바깥에서는 그것이 보편적 기운으로 불리고, 그것을 들이마시면 그대의 생기입니다.

질: **빠라마뜨만**(지고아)과 **지바뜨만**(Jivatman-개인아)의 차이는 무엇입니까?

마: 부분들의 면에서 생각할 때는 그대가 개아(Jiva)를 생각하고, 전체를 **빠라마뜨만**으로 생각하지만, 아무 차이가 없습니다. 그것이 몸 안에 자리 잡고 있을 때는 어떤 일시성과 하나의 시간 단위, 개아를 취하지만, 그 시간 범위가 다하면 **빠라마뜨만**에 합일됩니다.

질: 전체인 **빠라마뜨만**은 왜 하나의 부분이 몸에 그 자신을 한정합니까?

마: 거기에는 아무 이유가 없고 그것은 그냥 일어납니다. 그러나 **빠라마뜨만** 안에는 어떤 존재의 **자각**도 없고 **자각**에 대한 **자각**만 있습니다. 존재의 **자각**

이 나오자마자 이원성이 있고, 현상계가 나옵니다.

질: 전에 어떤 분은 인간만이 깨달을 수 있다고 했습니다. 저는 살아 있는 세포 하나하나가 신의 화현이며, 따라서 그것은 잘못된 관념이라고 느낍니다.

마: 의식은 동일하지만, 마음은 그것이 알고 있는 것에 따라서만 움직일 수 있습니다. 저급한 생물들이 아는 것은 기본적인 신체적 욕구뿐입니다. 어릴 때부터 신체적 측면에 불과한 것이 아닌 더 높은 관념들을 생각하고, 그것을 주입 받은 것은 인간뿐입니다. 인간은 달까지 날아갈 수 있습니다. 다른 어떤 종種도 그렇게 하지 못하지요. 낮은 종種들의 마음은 한계가 있습니다.

8억 4천만의 서로 다른 종種이 있는데, 이들 종種의 어느 하나 안에서 어떤 잉태가 일어날 때는 일종의 원인신이 있어서, 그것이 잉태되자마자 그 형상의 성품과 작용이 그 원인신에서 복사됩니다. 누구도 새에게 날라고 하거나, 물고기에게 헤엄치라고 하거나, 벌레에게 꿈틀거리라고 말하지 않습니다. 그것은 잉태 자체 안에 다 들어 있습니다. 죽을 수 없는 것이 (형상을 받고 나면) 이제 자신이 죽게 될 거라고 굳게 확신합니다. 이 죽음에 대한 두려움이 어떻게 기어들어 왔습니까? 그것은 우리가 태어난다는 개념, 곧 말에 지나지 않는 것에 기초해 있습니다. 이것이 속박입니다.

그대가 해야 할 일은 그대의 근원을 알아내어 그곳을 본거지로 삼는 것뿐입니다.

◆ ◆ ◆

질: 자기가 존재성이 아니라는 것을 안 뒤에도 존재성은 여전히 존재하고 싶어 합니다. 자신을 보호합니다. 그것은 그 단위 안에 내장되어 있습니까?

마: 예, 그것이 존재성의 성품이지요.

질: 이 존재성의 단위들은 그림 하나 이상의 가치는 없고, TV 스크린 상의 화면 하나와 같을 뿐입니까? 그게 맞습니까?

마: 예, 그것들은 그림일 뿐이라고 봐도 됩니다. 그렇기는 하나 그것은 더없이 놀라운 도구입니다. 왜냐하면 그 안에 우주를 포함하는 어떤 원리를 보유하고 있으니까요. 그것을 하나의 그림이라고 그냥 무시하지 마십시오.

진아는 몸의 도움 없이 자신의 지각성을 체험할 수 없습니다. 몸은 필요한 도구입니다. 시큼한 음식과 맥동[생명기운]— 이것 없이는 성장이 없고, 존재성도 없을 것입니다.

이 몸은 영양분의 자루이지만, "내가 있다"는 저 앎은 개인주의적이지 않고 보편적입니다.

질: 그것은 의식이 이 모든 존재성의 단위들을 통해 그 자신을 즐기는 것입니까?

마: 그렇지요. 이 존재성이 개인성 속으로 들어가는 것은 음식 덩어리인 형상, 즉 몸 때문입니다. 제가 보는 견지에서 그것은 동적인 현현된 존재성일 뿐, 어떤 개인성도 아닙니다.

일단 이러한 이해에 익숙해지면, 한 개인으로서 그대 자신을 즐기고 말고가 없습니다. 그대는 더 이상 개인이 아니고, 그 개인은 해체됩니다. 이렇게 하는 사람은 아주 드물겠지요.

5대 원소들 전부와 그것들의 유희를 이해한 사람은 이 5대 원소의 정수인 존재성에 대해 걱정하지 않습니다. 이 상태 역시 초월됩니다. 그런 사람은 인간성의 향기를 가지고 있습니다. 그는 인간성을 기억하지만 자신이 인간성과 무관하다는 것을 압니다.

이것을 이해하여 초월하고 나면 말은 아무 소용없습니다.

존재성은 자신이 죽으면 안 된다고 느끼지만, 이른바 죽음이 일어나도 그것에게는 아무 손해가 없습니다.

저의 견지에서는, 이제까지 인간 형상을 했던 어떤 존재성도 다 사라졌습니다. 그렇게 해체되었기 때문에 그것이 (다른 형상으로 다시) 나타난 것입니다.

◆ ◆ ◆

질: 의식은 영원히 남습니까?

마: 아닙니다. 의식은 몸이 있는 동안만 존재합니다.

질: 우리가 이해할 때도, 몸들이 생겨나고 죽겠습니까?

마: 예. 5대 원소, 세 가지 **구나**, **쁘라끄리띠**와 **뿌루샤**가 합쳐져서 '내가 있음'

을 드러내는 수단이 됩니다.

원래의 상태에서는 아무 의식의 느낌도 없고 존재의 자각도 없지만, '내가 있음'이 나오자마자 전체 현상계가 단박에 보이는데, 이것이 의식의 표현입니다. 절대자 안에서는 '내가 있음'이 전일적소—的이지만 그 표현은 다수 속에 있습니다. 저는 다수 속에서 저 자신을 현현합니다. 인간들은 형상의 한 유형이고, 각 형상의 유형마다 자신의 성품에 따라, 즉 세 가지 구나의 조합에 따라 행위하겠지요. 한 개인이 (여기에) 어떻게 들어올 수 있습니까?

이 신비를 이해하는 유일한 방도는 전체 공간 속에서 표현되는 보편적 의식('내가 있음')을 가지고 그대의 정체성을 깨닫는 것입니다. 그대가 그 인간 형상을 자신과 동일시하는 한, 그 신비가 풀리기는 불가능합니다.

그대는 왜 여기 와서 한 시간 이상을 허비합니까? 두 시간만 신체적 노동이나 정신적 노동을 해도 그에 대해 뭔가를 보여줄 수 있을 텐데요.

질: 여기 있는 시간들은 유용하지만 다른 시간들은 쓸데없습니다.

마: 그것이 어떻게 유용할 수 있겠습니까? 저는 그대가 이 두 시간을 유용하다고 말하는 근거를 파괴합니다. 저는 그 정체성을 파괴하고 있습니다.

개인을 파괴하는 그 가르침이 바로 그 개인이 원하는 가르침이라는 것이 재미있지 않습니까? 그 답은, 개인이란 결코 존재하지 않았다는 것입니다. 그 개인이 결코 존재하지 않았다는 앎이 옵니다.

질: 그 깨달음은 어떤 것입니까?

마: "내가 있다"는 관념이 싹트기 전에 그대가 있지만, (그때의) 그대는 자신이 있다는 것을 모릅니다. 그것에 뒤이어 많은 일들이 일어났고, 그대는 그 사건들로 자신을 장식하기 시작했습니다. 그대는 뒤이은 말들, 사건들, 그리고 말들의 의미 등에서 그대 자신의 의미를 끌어내려고 하지만… 그것은 그대가 아닙니다. 그것을 포기하십시오. 그대는 "내가 있다"는 관념 이전입니다. "내가 있다"는 말 이전인 그곳에 진을 치십시오.

1980년 8월 23일, 24일, 29일, 30일

59
의식과 하나가 되라

마하라지: 진인이든 무지인이든 사람의 신체적 영양공급·유지·관리 등은 그의 마음에서 나오는 말들의 의미를 통해 이루어집니다. 그의 생각들도 그가 어릴 때부터 받아들여 온 인상들에 따라서 흐를 것입니다. 그 활동들은 생명기운, 말, 그리고 "내가 있다"는 지각성(앎)에서 나왔습니다.

만일 여러분이 자신의 **신**(Deity-개별적 신)을 불러내고 싶다면 생명기운을 숭배해야 할 것입니다. 생명기운을 통해 여러분은 자신의 **신**에게 다가갑니다. 어떤 신이든 그 모습은 생명기운을 통해 나옵니다. 생명기운의 언어가 곧 말입니다. 생명기운의 모든 측면이 정화되면 욕망이 존재할 여지가 없고, 신체적·정신적 괴로움도 없습니다. 스승의 명령대로 '내가 있음'을, 곧 **자기사랑**(Atma-Prem)—"나는 사랑한다"—을 붙드십시오. 신체적이거나 정신적인 우리의 모든 활동은 감정에 기초해 있습니다. 이런 모든 세부사항들을 제가 받아들이지만, 저는 그 합계가 영(zero)이라는 것을 알고 있습니다.

제가 전에 한 이야기들은 누구나 어느 정도 이해할 수 있었지만, 요즘 하는 이야기는 이해하기 아주 어렵습니다. 이해할 자격을 갖추려면 여러분의 탄생의 근원에 머물러 있으십시오.

이런 이야기가 자연발로적으로 흘러나오고 있습니다. 제가 그것을 구성하지 않습니다. 저 자신도 왜 이런 심오한 표현들이 나오고 있나 하고 놀랄 때가 많은데, 이야기를 듣는 사람들도 제 이야기에 기초하여 무슨 질문을 하지 못하기 때문에 어찌할 바를 모릅니다. 일체가 자연발생적이며, 주시자의 단계도 자연발생적으로 다가왔습니다. 저의 모든 활동은 자연발로적으로 나오고, 생각을 할 여지가 없습니다.

저는 탄생 이전의 저의 상태를 알기 때문에, 그 탄생 시점도 알고, 탄생 이후에 제가 무엇이었는지도—저의 존재성도—압니다. 그래서 제가 이런 이야기를 하는 것입니다. 경험자와 경험들, 둘 다 해소되어야 합니다. 통역자들이 오고 제가 이야기를 하기 위해 자리에 앉는 순간, 힘이 나고 저의 배터리는 충전됩니다. 그렇지 않으면 기운이 없어 이 지팡이를 사용해야 합니다. 저는 어떤 등급의 어떤 구도자들도 끌어 모으고 싶은 마음이 없습니다.

질문자: 저희들은 마음을 가지고 이해할 수 있지만, 마음 너머는 이해하지 못합니다.

마: 깊은 잠에서 생시의 상태까지, 그것이 무엇입니까? 그것은 말이 없는 "내가 있다"의 상태인데, 나중에 말이 흐르기 시작하고 그대는 그 말의 의미와 관계하면서 그 말들의 의미를 가지고 세간적 삶을 영위합니다. 그것이 마음입니다. 그러나 이 "내가 있다"와 생시의 상태 이전, 저 경계선, 거기에 그대가 있어야 합니다.

제가 말하려는 것을 이해하는 사람은 극소수입니다. 보통의 영적인 사람에게는 "당신은 이러저러한 것을 하시오. 그러면 이러한 이익이 있을 것이오"라고 말해 주어야 합니다. 그러면 그는 한동안 즐거워하고 안도하지만 그것은 최종적인 것이 아닙니다. 그래서 그는 다시 같은 반복 과정으로 돌아옵니다. 그러나 우리가 도와줄 수 없습니다. 왜냐하면 이 영적인 공부의 더없이 미세한 측면을 이해할 능력이 없기 때문입니다.

기껏해야 저는 이렇게 말하겠지요. "그대는 그대가 있다는 것을 압니다. 그 '내가 있다' 원리를 숭배하십시오. 그것을 숭배하고 오직 그것과 하나가 되십시오. 그러면 그 '내가 있음'이 모든 지知를 드러내 줄 것입니다." 그것이 제가 하는 말의 전부이겠지만, 가장 미세한 부분은 이것, 곧 '깊은 잠에서 생시 상태로'입니다. 그 안에 안주하려면 강렬하게 평화로운 상태를 가져야 합니다. 그 상태에서 생시 상태에 대한 주시하기가 일어납니다. 그것의 한계까지 가야 하지만, 그것은 아주 어렵습니다. 보통의 사람에게는 "내가 있다"가 나오면서 말이 흐르고, 그는 그 말의 흐름과 함께 가게 될 것입니다. 분별력이 있는 사람, 영리하고 강렬하게 영적인 사람은, 우리가 저 '내가 있음'의 이전인 여기까지 데려와야겠지요.

만일 그대가 저에 대한 존경심이 있다면 제 말을 기억하십시오. "내가 있다"는 앎이 최고의 신이요 스승입니다. 그것과 하나가 되고, 그것과 친숙해지십시오. 그것 자체가 그대와 관계되는 모든 지知로써 그대를 축복해 줄 것이고, 그 지知의 확산 속에서 그대를 영원한 상태로 데려다 줄 것입니다.

그대는 저 **니르구나** 상태의 영역에 들 때까지 충분히 성숙될 것입니다. 덜 익은 망고를 하룻밤 사이에 과즙이 풍부한 익은 망고로 만들 수는 없습니다. 성숙하기까지는 시간의 흐름을 통과해야 합니다. 이해가 됩니까, 안 됩니까?

◆ ◆ ◆

질: 명상에서 제가 마음 너머의 지점에서 안정되려고 노력할 때, 어둠·무無·공백이 있습니다. 저는 그 상태가 싫습니다.
마: 모르겠습니까? 그대가 아직 있습니다. **진아** 안에서 안정되기 이전에는 여전히 마음의 흔적들이 있습니다.

이 기계는 하나의 자가발전기입니다. 그 속으로 들어가면 그 돌아가는 힘이 그대의 마음에서 모든 의심이 없어지는 것을 도와줍니다. 이것은 오롯이 그대의 지知여서 그대는 그것을 더없이 즐길 것이고, 그런 다음 마음의 모든 흔적이 완전히 뿌리 뽑힙니다. 이것이 그대가 있기도 하고 없기도 한 단계, 즉 경계선입니다. 그대가 있다는 것을 아는 순간에는 이원성이 있고, 그대가 있다는 것을 모를 때는 그대가 완전합니다. 그러나 이 과정을 겪어야 합니다. 깊은 잠 속에서는 그대가 있다는 것을 모르지만, 그것은 더 거친(조야한) 상태입니다. 이 살아 있는 상태에서 비지각성의 상태 속으로 물러나야 합니다.

이 지각성이 무엇입니까? 그것은 "내가 있다"고 예약하는 도장 혹은 등록입니다. 그대는 건축 중인 아파트를 예약하고 있지만, 그 아파트는 어디 있습니까? 그것은 예약일 뿐입니다. 마찬가지로, 이 "내가 있다"는 예약일 뿐인데, 그것이 그대의 **절대적** 상태를 나타냅니다.

질: 우리가 그것이 있다는 것을 아는 무無 속에서, 초월하는 용기를 우리에게 주는 것은 무엇입니까?
마: **진아**를 이해하려는 깊은 충동이지요. 물러남이란 내면으로 들어간다는 것을 의미할 뿐입니다. 그대의 보통의 성향은 다섯 감각기관을 통해 밖으로 나와 세계를 보는 것입니다. 이제 뒤집으십시오. "나는 몸이 아니다, 나는 마음

이 아니다, 나는 감각기관이 아니다"라고 말입니다. 그러면 의식 속에서 안정됩니다. 의식 속에서 안정되고 나면 그 이후의 모든 일은 자동적으로 일어납니다. 그대가 현현자(현상계) 속으로 확장됩니다.

저는 '내가 있음'이 오기 전의 원래 상태 안에 있었고, (지금도) 있고, (앞으로도) 있을 것입니다.

왜 이 병의 (암이라는) 끔찍한 이름이 저에게 아무 영향이 없습니까? 그 이유는 간단한데, 저의 실체는 이 병이 그것의 한 이름에 지나지 않는 것(죽음)과 무관하기 때문입니다.

질: 마하라지께서는 서로 다른 온갖 종교들에 대해 어떻게 생각하십니까?

마: 제가 보는 한에서, 모든 종교는 개념과 감정에 기초해 있습니다. 그 감정들은 워낙 과격하고 흡인력이 강해 사람들이 분신焚身을 할 정도입니다.

다른 어떤 인격과 정서적으로 하나가 되는 것은 너무나 효과적이어서, **예수 그리스도**와 자신을 동일시한 사람들은 자기 몸에 십자가 자국이 나타나기도 했습니다. 이런 모든 체험들은 전혀 쓸모없습니다. 한 개인이 다른 한 개인을 자신과 동일시한 것이지만, 개인성이 포기되지 않으면 **실재**가 결코 드러날 수 없습니다. 제가 가진 그런 확신으로 그대가 그것을 알지 못하는 한, 그대가 들은 말을 앵무새처럼 되풀이하지 마십시오.

저는 몸과 의식이 오기 전의 저의 상태를 압니다. 저는 그에 대한 **지**知를 가지고 있고, 그에 대한 **자각**을 가지고 있습니다.

이런 말을 듣는 것만으로는 되지 않습니다. 그대가 의식과 하나가 되어야 합니다. "내가 있다"는 앎을 대수롭지 않은 것으로 취급하지 마십시오. 왜냐하면 그것은 그대의 전 우주를 자극하는 힘이니까요.

의식의 표현들은 무한합니다. 그 표현 속으로 들어가면 그대가 사라질 것입니다. 그대의 의식에게 순복하고 그것과 하나가 되십시오. 그러면 그 의식만이 그것이 어떻게 해소될 수 있는지 그 과정을 그대에게 보여줄 것입니다.

◆ ◆ ◆

마: 사람이 하는 모든 일은 의식을 지속시키기 위한 것입니다. 그러나 저에게

는 제가 지속시키고 싶은 것이 전혀 아무것도 없습니다.

여러분은 저에게서 뭔가 얻기를 기대하고 개인들로서 여기 오는데, 바로 거기서 잘못이 생겨납니다. 개인이라고는 없는데, 어떻게 제가 존재하지 않는 개인에게 무엇을 해줄 수 있습니까? 여러분의 참된 성품은 저의 그것과 결코 다르지 않습니다. 이런 사건은 그냥 왔다가 갈 사건일 뿐입니다.

누가 소변을 보고 싶으면 그냥 소변을 보면 됩니다. 그것은 각자에 따라 다른 것이 아니고, 누구에게나 일어나는 소변보기의 과정입니다. 그러나 여러분은 매사를 한 개인으로서의 자기에게 일어나는 일로 생각합니다.

질: 마하라지께서 말씀하시는 것을 어떻게 하면 제가 이해할 수 있습니까?

마: 제가 말하는 것을 이해하려면 분별력이 아주 필요합니다. 우리가 우리 자신을 이해하려고 하는 것은 의식이 나오고 난 뒤입니다. 의식이 이른바 탄생인데, 탄생은 세 가지 측면, 즉 생시 상태, 깊은 잠, 그리고 "내가 있다"는 앎을 의미합니다. 일단 이 탄생이 무엇인지를 이해하면 전체 신비가 풀립니다. 저는 이 탄생 원리를 철저히 알아 버렸기 때문에, 소위 죽음이라고 하는 사건이 닥쳐도 그것을 아주 잘 알 것이고, 생명기운과 언어, 그리고 '내가 있음'이 떠나는 것을 지켜볼 것입니다. (저에게) 죽음이란 것은 없습니다.

만일 바로 지금 저의 생명기운이 떠나고 있다는 것을 안다면 저는 그것을 막지 않을 것입니다. "너 지금은 멈추고, 잠시 기다려라"고 말하지 않을 것입니다. 왜냐하면 저는 이 생명기운과 생명력을 유지하는 것이 아무 소용없다는 것을 너무나 잘 알기 때문입니다.

무수한 해체가 오고 갔지만, 저의 참되고 영원한 상태에서는 제가 그것들에 영향을 받지 않습니다. 이 경험적 상태 이전에 저는 모든 면에서 완전했는데, 이 존재성이 나오면서 이 불완전한 상태가 시작되었습니다. 이제는 그것에 신물이 났습니다.

그대가 정말 영원한 **평안**을 원한다면 다른 누구에게도 신경 쓰지 말고 그대 자신의 **진아**에 대해서만 걱정하고, 그대 자신의 **진아**만 탐구하십시오.

누가 그대에게 영원한 **평안**을 주겠습니까? 저 (진아라는) 태양, 저 "내가 있다"뿐입니다. 저 스스로 광채를 발하는 태양을 그대가 품으면, 다른 모든 것은 떠나고 그대가 영원히 지배할 것입니다.

온전히 탐구하십시오. 그대는 무슨 권한으로 그대 자신을 먹여 살릴 수 있습니까? 어느 정도까지 그대의 수명을 연장할 수 있습니까? 존재성은 독립적이지 않다는 것―그것은 뭔가에 의존하고 있다는 것을 깨달아야 합니다. 그것을 탐구해 보면 **절대자인** 그대는 저 존재성에 의존하고 있지 않다는 결론에 도달할 것입니다.

질: 만일 아뜨만이 **사뜨-찌뜨-아난다**(*sat-chit-ananda*)[존재-의식-지복]라면 빠라마뜨만은 무엇입니까?

마: 사뜨-찌뜨-아난다가 때가 되면 빠라마뜨만이 됩니다. 사뜨-찌뜨-아난다는 '내가 있음'(존재)이고, 그 자체 **지복**의 상태이자 **사랑**의 상태이지만, **의식**이 존재하는 한 그것은 하나의 경험적 상태입니다. 의식은 몸이 있는 한 존재하고, 따라서 그것은 시간이 한정되어 있는 상태입니다. 사뜨-찌뜨-아난다 상태를 초월해야 합니다.

질: 저는 존재성 안에 안정되어야 합니까, 아니면 생각들과 함께 흘러야 합니까?

마: 존재성 안에 확고히 머무르면 생각이 점점 적어질 것입니다. 만일 생각들과 함께 뒤섞이게 되면 생각들이 몇 배로 늘어나겠지요. 존재성 안에만 확고히 머무르십시오.

1980년 9월 11일, 15일, 21일

60
빠라브라만에게는 세계가 존재하지 않는다

마하라지: 그대는 그 **만트라**를 저에게서 몇 년 전에 받았습니까?
질문자: 3년 전입니다.

마: '그대가 있다'는 앎이 신입니다. 그것을 숭배하면 언젠가 그대가 한 개인이 아니라는 것을 깨달을 것입니다. 그대는 고통을 겪을 수 없는 **보편적 의식**이라는 것을 깨달을 것입니다. 그 의식에게는 고통도 없고 쾌락도 없습니다. 지성을 통해서가 아니라 강렬한 명상을 통해서 그것을 알게 될 것입니다.

명상은 저 의식 자체에 의해서 이루어질 것입니다. 무엇에 대해서 명상한다는 것은 '그것이 되는 것'입니다.

저는 저 **불생**不生의 상태에 완전히 자리 잡고 있으면서도 이 다수성의 상태를 경험하고 있지만, 그것은 저에게 아무 영향이 없습니다.

질: 마하라지님과 함께 있는 효과는 무엇입니까?

마: 지금은 구도자에 대한 효과가 더 큽니다. 그대가 순수하면 그 효과가 빠르고, 순수하지 못하고 아둔하면 그것이 느립니다.

저는 제가 있다는 것을 몰랐지만 지금은 제가 있다는 것을 아는데, 그것은 지각성의 외투가 덮여 있던 '나'와 같은 '나'입니다. 이것이 **절대자**가 이 거친 의식의 상태, 겉모습의 상태로 그 **자신**을 변형시킨 방식입니다. 제가 신이고, 제가 헌신자이고, 제가 그 숭배입니다. 모두 같은, 하나의 공통 원리입니다.

질: 우리가 이야기하던 그 아주 성급한 성자는 진인입니까?

마: 예. 진인(Jnani)이란 지知를 아는 자라는 뜻이지요.

질: 진인이라면 그분은 왜 그렇게 성급합니까?

마: 현현된 의식 안에서 소위 좋거나 나쁜 모든 활동이 일어납니다. 현현된 의식 안에서 그 성질이 표현되었습니다. 진인에게는 그런 따마스적 성질을 귀속시킬 수 없습니다. 왜냐하면 그는 개인적 의식을 초월했기 때문입니다.

질: 비非채식 음식을 먹어도 괜찮습니까?

마: 그대가 자신을 한 개인이라고 생각하는 한, 그대가 받은 행위규범을 지켜야 합니다. 그대가 현현된 의식이 되고 나면, '하라'거나 '말라'고 할 것도 없습니다.

보편적인 현현된 의식 안에 좋고 나쁜 게 뭐가 있습니까? 그런 것이 아무것도 없습니다. 꽃들의 향기도 있을 것이고, 쓰레기도 있겠지요. 그것은 모두 이 의식의 유희입니다. 의식의 주시자는 의식의 영역에 들어오지 않습니다.

질: 주시하기가 멈춘다고 하면, 그것이 삼매입니까?

마: 여러분이 다 가 버린다고 하면, 더 이상 주시하기는 없습니다. 저는 여전히 여기 있지만 주시할 것이 아무것도 없습니다. 저 존재성 안에 타자성이 있고, 주시하기도 일어납니다. 의식이 없으면 절대자는 그 자신을 알 수 없습니다. 왜냐하면 절대자밖에 없으니까요. 따라서 주시하기도 없습니다.

질: 모든 행위는 저를 통해서 일어나는데 저는 아무것도 하지 않는다는 것을 제가 그저 지켜보기만 하고 있다면, 명상이 필요합니까?

마: 그것도 일종의 명상이지만, 올바른 **명상**은 그대의 **진아**에 대해서 명상할 때입니다. 아침에 일어났을 때 그 상태가 되면 그대는 의식을 지켜봅니다. 그것이 그대의 진아에 대해서 명상할 때의 상태입니다.

현재 그대는 의식이 의식을 지켜보고 있다고 생각하지만, 의식은 절대자의 자리에서 지켜봐지고 있을 뿐입니다.

❖ ❖ ❖

마: 이 모든 영적인 공부는 여러분의 참된 성품을 이해하기 위한 것일 뿐입니다. 이것을 성취하려면 '살아 있음'이 관건입니다. 일단 여러분이 자신의 참된 성품을 알게 되면, 살아 있음은 한 개인으로서가 아니라 저 자연발생적 현현물(창조계)의 일부로서 살아 있음일 뿐입니다. (달리) 추구해야 할 것은 아무것도 없고, 그 추구자가 곧 여러분이 보아야 할 그것입니다. 그저 그 그림을 있는 그대로 보십시오.

여러분은 모두 추구자입니다. 여러분이 추구하고 있는 것은 무엇인지 알려 주십시오.

질: 명상뿐 아니라 세간에서 남들과 함께 사는 것으로도 거기에 도달할 수 있습니까?

마: 그대가 그 현현물의 일부가 아니라면 살아갈 수 있습니까? 이것을 아십시오! 그대가 의식하지 않고 있을 때는 그대의 세계가 존재하지 않습니다. 그대는 자신의 존재와 바깥 세계를 의식하는데, 그 둘은 별개가 아닙니다. 이것을 이해하십시오. 세계는 이 정신-신체적 장치가 존재할 때에만 존재할

수 있습니다. 이 장치를 그대 자신이라고 여기면 그대는 죽음을 받아들이고 죽습니다. **진인**은 그것이 하나의 장치에 불과하다는 것을 알고 있고, 그것과는 별개입니다.

　이것을 이해했으면 그대가 할 일을 즐거이 하십시오. 일어나는 일들은 자연발생적이며, 모든 활동은 전체적 현현의 일부입니다.

질: 현현이 자연발생적이라면 모든 행위에 무슨 이유나 원인이 있습니까?

마: 꿈속에서 그대가 백 년을 살아도, 깨어나면 그 꿈은 5분밖에 지속되지 않았습니다. 어떻게 그런 일이 일어났습니까?

질: 마하라지께서는 무원인의 사건을 그런 꿈과 관련시키십니까?

마: 이 모든 큰 원인이 있는 근본 이유는 그대가 존재한다는 것입니다. 따라서 그것의 성품을 발견하십시오. 이 모든 행위들은 석녀의 자식이 하는 것입니다. 이 모두는 **의식**의 문제들입니다. **의식**의 뿌리를 알아내십시오.

질: 어떻게 말입니까?

마: 저 **의식**의 목을 거머쥐십시오. 개념적 목을 가진 개념적 **의식** 말입니다. 이 기본적 **의식**을 어르고 달래십시오. 그것만이 그대의 탐구를 만족시켜 줄 수 있지, 그대의 지성은 그러지 못합니다. 저 **지**知(**의식**)가 즐겁지 않으면 그대가 **지**知를 얻을 수 없습니다.

　저는 전혀 몰랐습니다. 저에게 조금의 지식이라도 있었더라면 어머니의 자궁이라는 감옥 속으로 떨어졌겠습니까? 일어나는 모든 일은 제 스스로 일어납니다. 잉태 이전에 존재한 것에 대한 **지**知를 누가 가질 수 있겠습니까?

　얻어야 할 것은 아무것도 없습니다. 그대가 **그것**입니다.

◆ ◆ ◆

질: '내가 있음'은 몸에 대해 왜 그렇게 많이 끌립니까?

마: 그것이 '내가 있다'로서 그 자신을 표현할 때는 이미 **존재애**로 충만해 있습니다. 곤충·벌레·동물 혹은 인간에게는 왜 그 자신을 계속 살아 있게 하려는 그런 본능이 있습니까? 생명력의 싹틈과 더불어 '내가 있음'이 있기 때문인데, 이 '내가 있음' 그 자체가 바로 살고자 하는 본능이요, 살기를 좋아하

는 본능입니다. 저 **존재애**가 모든 생명의 활동을 가져오는 원동력입니다.

그대가 현현된 **의식**일 때, 그대야말로 다수성이라는 것을 발견할 것입니다. 그대는 이 모든 방대한 현상계에서 그대 자신을 표현합니다. 이 상태 자체가 초월될 것이고, 그대는 **니르구나** 상태에 있게 될 것입니다. 그러나 이것들은 모두 그대의 표현이고, '내가 있음'으로서의 그대일 뿐입니다.

제가 지금 하는 이야기는 (전에 한 이야기들보다) 더 미세하고 더 심오하고 이해하기 아주 어렵지만, 만일 그대가 이해한다면 일은 끝난 것입니다.

의식은 앎의 한 보조 수단입니다. 지금은 그 **의식**이 자신을 몸으로 알고 있는데, 그래서는 안 됩니다. **의식**이 '몸 느낌(body sense)' 없는 **의식**을 알아야 합니다.

제가 그대에게 거듭 거듭 들려주는 이야기를 논리적으로 이해하십시오. 이 '내가 있음'은 내가 먹는 음식의 결과입니다. 내가 그 음식입니까? 아니, 그렇지 않지요. 나는 그 음식의 결과도 아닙니다.

모두가 이 **지**知를 깨닫게 되겠지만, 지금은 그대가 몸과의 그 친밀함에 사로잡혀 있습니다.

'내가 있음'은 그 자신의 어떤 권한도 가지고 있지 않습니다. 그것은 5대 원소가 벌이는 유희의 한 꼭두각시요, 5대 원소의 한 결과물입니다.

"나는 없었다"고 표현하는 자, **그것**의 입장은 확고하고, 안정되어 있고, 영원합니다.

그대가 지켜보는 모든 것은 그대와 함께 머무르지 않을 것입니다. 그것은 불완전합니다. 불완전한 것을 인식하는 자는 완전합니다. **그것**은 전체적이며, 그 자신을 위해 아무것도 할 필요가 없습니다. 왜냐하면 **그것**은 그 자체로 완전하고 완성되어 있기 때문입니다.

왜 **빠라브라만**은 이 현상계의 이러한 사치 혹은 고통을 가질 여유가 있습니까? **빠라브라만**에게는 그것이 존재하지 않기 때문입니다.

◆ ◆ ◆

질: 오, 마하라지께서 저희들에게 말씀해 주시는 것을 제가 언제 어느 때 깨

닫겠습니까?

마: 그것은 점차로 오겠지요. (그대의) 온갖 개념들이 있으니 말입니다. 그 개념들을 제거해야 하는데 그것은 시간이 걸립니다.

어떤 사람들은 자기 마음과 지성이 받아들일 수 있는 **지**知를 추구하지만, 마음과 지성의 영역은 이 **지**知를 받아들이는 데는 아무 소용없습니다. 그대의 모든 체험과 환영幻影들은 "내가 있다"는 그대의 앎에 의존해 있는데, 이것 자체가 언젠가는 해소됩니다.

이 **지**知에는 어떤 고객도, 어떤 헌신자도 없습니다. 왜냐하면 그들은 자기 손에 뭔가 구체적인 것을 쥐고 싶어 하니까 말입니다. 그러나 그대의 지각성 자체가 해소될 텐데, 무엇을 붙든다는 것이 가능하겠습니까?

그대의 스승은 그대가 참된 정체성을 가지고 있다고 말하지만, 그것은 이런 것이 아닙니다. 그것은 무형상이고 **빠라브라만**입니다. 저 **빠라브라만**에게는 아무런 의심도 없습니다. 그것은 **마야**에 의해 조건 지워지지 않습니다. 왜냐하면 **빠라브라만**과 관련해서는 **마야**가 존재하지 않기 때문입니다.

이런 이야기를 들을 때 그대는 만족감을 느끼는데, 대부분의 사람들에게는 그것으로 그 문제가 끝나 버립니다. 이 문제에 대해 계속 반복해서 명상하여 일체의 이면에 있는 그 원리를 알아내려고 하지 않습니다.

저는 언제 죽었다는 판정을 받겠습니까? **아뜨만**(영으로서의 자아)이 몸을 떠났을 때이겠지만, 저는 그 **아뜨만**이 아닌데 거기에 저의 죽음이 어디 있습니까? 저는 암癌에 영향을 받지 않습니다. 왜냐하면 무슨 일이 일어나든, 그 경험이 무엇이든, 저는 그 모든 것을 **아뜨만**에게 내맡겨 버리니까요. 모든 행위와 그 행위의 열매(과보)들은 **절대자인 빠라브라만**에 의해 **아뜨만**에게 내맡겨집니다.

우리는 자신의 **진아**에 대한 지식을 결코 얻을 수 없습니다. 왜냐하면 **빠라브라만**은 주시될(이원적 지知의 대상이 될) 수 없기 때문입니다. 그대가 무엇이 아닌지는 알겠지만, 그대가 무엇인지는 알 수 없습니다.

1980년 9월 24일, 27일, 28일, 30일

61
몸과의 동일시를 포기하라

마하라지: 진아는 허공보다 더 미세합니다. 진아에게는 탄생이나 죽음이 없습니다.

제가 이야기하는 것을 맹목적으로 받아들이지 말고, 저에게 질문을 하십시오. 제가 설하는 지知를 철저히 살피고 점검하십시오. 그런 다음에야 그것을 받아들이십시오.

여러분은 집에서 살지만 그 집은 여러분 자신이 아닙니다. 마찬가지로, "내가 있다"는 앎은 몸 안에 있지만, 그것은 그 몸이 아닙니다.

질문자: 그것이 완전하게는 이해가 안 됩니다.

마: 마음을 가지고는 결코 이해하지 못할 것입니다. 그대는 마음이 아니고, 말도 아니고, 그 말의 의미도 아닙니다. 저는 진아에 대한 지知를 진아에게 설하지만, 그대는 그것을 자기 몸에 대한 지식으로 받아들입니다.

저는 몸과 그 몸 안에 있는 의식에서 완전히 초연합니다. 그렇기는 하나 이 병 때문에, 몸의 견딜 수 없는 고통이 의식을 통해 경험됩니다. 그 고통은 견딜 수 없지만, 저는 몸과 의식 둘 다에서 초연하기 때문에 그대에게 말을 할 수 있습니다. 그것은 선풍기 같은 것입니다. 선풍기는 바람도 나오고 소리도 납니다. 그와 마찬가지로, 생명기운도 있고 소리도 나옵니다. 그러나 이 모든 일들은 견딜 수 없는… 이 고통은 참아야 하는 거지요.

"내가 있다"는 앎이 없을 때 그대가 뭔가를 지각하거나 관찰합니까? 지각성은 앎이고 비지각성도 앎이지만, 그것은 형상이 없습니다. 그것을 몸과 동등시할 때, 그럴 때만 그대가 자신을 남자나 여자라고 말합니다.

앎(지각성)이 없을 때는 '내가 안다'거나 '나는 모른다'는 문제가 일어나지 않습니다. 앎에 대해서 제가 한 말을 이해하면, 그것을 그대와 완전히 동일시하게 될 것입니다.

저는 자연발생적으로, 제가 의식이라는 책에서 지워진다는 것을 깨달았습니다. 그대는 몸을 통해서 그것을 직접 맛보기 전에는 행복을 느끼지 못하겠지요. 몸이 중요성을 갖는 것은 오직 '내가 있음', 곧 의식이 그 안에 살고 있기 때문입니다. 만약 '내가 있음'이나 의식이 없으면, 몸은 폐기물로 처리될 것입니다.

"내가 있다"는 저 앎을 그대의 진아라고 부르고, 몸을 앎이라고 부르지는 마십시오.

통상 스승들은 여러분을 진아 속으로 그다지 깊이 인도하지 않을 것입니다. 여러분에게 온갖 의식儀式들만 소개해 줄 것입니다.

"내가 있다"는 앎이 1차적 신입니다. 그것에 대해서만 명상하십시오.

지금 혹자는 왜 인간이 신을 창조했느냐고 물을지 모릅니다. 신이라는 개념은, 만일 우리가 그런 신에게 기도를 올리면 그 신이 우리가 원하는 모든 것을 우리에게 들어줄 거라는 것입니다. 그런 신은 대단하지요. 우리는 만약 우리가 신에게 어떤 것을 달라고 하면 그가 그것을 안겨줄 거라는 관념을 가지고 있습니다.

◆ ◆ ◆

질: 저는 이 에고를 포기하고 싶지만 어떻게 해야 하는지 모르겠습니다.

마: 그대가 포기하고 싶어 하는 그 에고는 어떤 치수와 색깔을 가지고 있습니까? 그 에고에 대해 무엇을 이해했습니까?

질: 그것은 마음의 한 거짓된 확신입니다.

마: 이 '내가 있음'이란 것은 내 손가락으로 한 번 꼬집는 것이지만, 모든 경전, 곧 16종 경전(Sastras)과 18종 뿌라나(Puranas)와 네 가지 베다는 이 브라만을 묘사하려고 애쓰면서 비명을 지르고 고함을 질러 왔습니다. (신에 대한) 저 모든 찬가들은 "내가 있다"는 저 작은 꼬집음을 위한 것일 뿐입니다. 그대가 저 '내가 있음'을 설계하기 시작하는 순간, 그대는 곤경에 처합니다.

이 향꽂이는 은인데, 그대는 그것이 은이라는 앎을 가지고 있습니다. 그 앎의 모양, 색깔 혹은 무늬는 무엇입니까? 만일 모든 앎이 무형상이라면, "내가 있다"는 앎에 어떤 모양, 무늬 혹은 색깔이 있을 수 있겠습니까? 그것이 죄나 공덕을 지을 수 있겠습니까?

　이 무시간의 허공 속에는 '내가 있음'의 감촉이 존재하지 않습니다.

질: 진인은 무지한 사람들에 대한 자비심에서 **지**知를 설한다는 것은 사실 아닙니까?

마: 그대가 하고 싶은 무슨 말이든 할 수 있겠지요. 그 상태에서는 자비심 같은 것이 없습니다. 저는 그대를, 그대가 곧 일체를 비추는 자임을 알아야 하는 그 상태로 올려 놓았는데, 그 안에는 **존재애**도 있습니다. 거기로 그대를 인도하는데, 왜 그런 질문을 합니까? 그대는 뭔가를 어떻게 압니까?

질: 마음을 통해서입니다.

마: 아니지요. 지각성은 마음을 인식해도, 마음은 **의식**을 인식하지 못합니다.

　그대가 잠에 압도되었다가 깨어납니다. 누가 그것을 인식합니까? 마음 이전에 지각성(의식)의 원리가 있습니다. 지각성 이전에, **의식**을 아는 가장 앞선 원리가 있습니다.

　결국 **지**知의 부재에서 **지**知가 태어났고, **지**知가 세계와 모든 존재들과 모든 사물을 가져왔습니다.

　영적인 공부에 들어오는 사람은 불 위에 올려놓은 찬물과 같습니다. 그것을 불 위에 올려두면 거품이 일어나기 시작하고, 시간이 지나면 끓기 시작합니다. 그 끓는 단계는 수행자가 영적인 공부의 최고 등급에 들어가는 것과 비슷합니다. 그 비등점에서 그는 말을 많이 하고 싶고, 질문을 많이 하고 싶어집니다. 그러나 불을 계속 때면 끓기가 그치고 졸아들기가 일어납니다. 그 때는 그대가 영적인 공부에서 **지**知를 얻는 단계입니다. 그대는 이런 이야기를 듣고 나면 고요함 속으로 들어갈 수 있습니까? 저는 그것을 의심하는데, 왜냐하면 그대는 아직도 제 잘난 줄 아는 그 마음을 기쁘게 해주고 싶어 하기 때문입니다. 그대가 진정으로 제가 하는 말을 이해했다면, 그대의 마음이 즐거워하든 않든 상관있겠습니까?

　저는 그대에게, 지금 그대는 몸 안의 저 온기와 같다고 말했습니다. **빠라브라만**은 어떻게 생겼습니까? **빠라브라만**은 그 '내가 있음'의 온기를 전혀 경험하지 않습니다. 만약 이해하면, 그대에게는 이 수수께끼가 풀리겠지요.

이것을 이해한 뒤에 누가 **진인**이 된다면 저 **의식** 원리와 몸을 사용할 수 있는데, 그것들은 감정적 영역과도 관계될 것입니다. 그것은 실컷 울기도 하고, 어떤 상황에서든 그것을 즐기기도 할 것입니다. 그런 **진인**은 이 **의식**과 몸이라는 장치에서 자연발로적으로 나오는 어떤 감정 표현도 억압하지 않습니다.

사람들은 보통, **진인**이 모든 감정의 분출을 억압할 거라고 생각합니다. 그것은 맞지 않습니다. 우리의 관점이 **절대자** 안에 있으면, 감정과 그 장치의 본능적 분출에 상관하지 않습니다.

진인은 의지를 가지고 참여하지 않으며, 그것은 자연발로적으로 일어납니다. 반면에 무지한 사람은 거기에 깊이 관여하고, 일체가 실재한다고 여깁니다. **진인**에게는 그 온기 역시 실재하지 않고, 따라서 온기의 영역 안에서 일어나는 모든 일이 실재하지 않습니다.

진인에게는 모든 헌신·애호·사랑이 해소됩니다. 그러나 그가 하는 어떤 일도 다 남들을 위한 것입니다.

◆ ◆ ◆

질: 저의 상태와 마하라지님의 상태 간의 차이는 무엇입니까?
마: **진인**에게는 아무 차이가 없습니다. 그 차이는 무지한 사람의 경우에 일어나는데, 왜냐하면 그는 여전히 몸을 자신과 동일시하기 때문입니다. 몸과의 동일시를 포기하고 나서 어떤 일이 일어나는지 보십시오.
질: 어떻게 말입니까?
마: 저는 "이게 그거다"라고 말할 수밖에 없습니다. 그것을 어떻게 받아들이느냐는 제 소관이 아니고, 저는 그에 대해 어떤 치유책도 가지고 있지 않습니다. 저는 그대에게 말해주지만, 그대가 그것을 이해해야 합니다.
질: 단 하나만 여쭤겠습니다. 만약 저희가 당신의 말씀을 액면 그대로 받아들이기만 하면 다 되겠습니까?
마: 예. 그것이 그대가 붙잡아야 할 것입니다. 그러나 그것을 붙잡을 도구는 무엇입니까? 그것은 몸도 마음도 지성도 아닙니다.

질: 의지입니까?

마: 그대가 하는 어떤 노력도 그대를 더 많은 문제에 빠트릴 것입니다. 따라서 그대가 존재하는 것은 이 지$_知$를 위한 것입니다. 사이비 정체성이 아니라 이 지$_知$를 받아들이기 위해서지요. 그저 저에게서 들은 말을 참된 것으로 명심하고, 그런 다음 자연발생적으로 일어나는 어떤 방식으로든 행위하십시오.

저의 **스승님**은 제가 무시간·무공간이며, 속성이 없다고 말씀하셨지요. 그때 저는 "만약 그렇다면 내가 더 무슨 두려움을 가져야 하나?"라고 판단했습니다. 두려움을 가진 것은 누구입니까? 그대가 호랑이를 만난다고 생각해 봅시다. 호랑이는 여하튼 그대를 잡아먹으려고 할 것입니다. 따라서 그대가 호랑이를 공격하면 그것이 도망갈 가능성이 좀 있는데, 왜 그 가능성에 도전하지 않겠습니까? 왜 몸과의 동일시를 해소하려고 하지 않겠습니까? 그대가 가진 어떤 불행, 그대가 가진 어떤 두려움도, 전적으로 몸과의 동일시에 기초해 있습니다. 몸을 그대 자신과 동일시하던 것을 해소하는 노력을 점진적으로 하십시오.

그것은 간단한 것입니다. 죽음은 피할 수 없는데, 왜 **스승**이 그대에게 "죽음은 그대의 실체인 **그것**에 영향을 줄 수 없다"고 말한 것을 받아들이지 않습니까? 몸과의 이 동일시는 시간이 한정되어 있습니다. 왜 지금 자신을 거기서 분리하지 않습니까?

여러분 중에서 얼마나 많은 사람이 제가 해드리는 말을 기억하고 이해하겠습니까? 여러분이 가지고 있는 그 어떤 두려움도 기억, 개념, 그리고 들은 말에 기초해 있을 뿐입니다. 여러분이 어떤 개념이나 기억에 매달리는 한, 이 두려움이 여러분을 떠나지 않을 것입니다. 이 두려움을 보호하지 마십시오. 그것을 포기하고 놓아버리십시오. 그렇게 할 수 있습니까?

여러분은 저에게서 들은 것을 축적해 왔지만, 궁극적으로 축적된 모든 것을 포기해야 합니다. 그것을 이해하고 사용했으면 그것을 포기해야 합니다.

질: 마하라지께서는 일체가 자연발생적으로 일어나고 있다고 말씀하시지만, 저희는 누군가가 뭔가를 시작해야 모든 일이 일어나고, 누군가가 그것을 통제해야 한다고 생각하는 데 익숙합니다. 이 통제하는 권위가 없으면 어떤 것

이 작동하리라고 생각하기 어렵습니다.

마: 이원성의 상태에서는 그런 관념이 있을 수밖에 없지요. 그렇지 않으면 어떤 개념이나 어떤 작용도 있을 수 없는데, 그것(이원성)이 현현(현상계 출현)의 기초입니다. 궁극적으로 지知가 지知에 합일되면, 그 구도자는 사라지고 질문하는 자가 아무도 없습니다.

제가 말하는 내용과 그대가 듣고 있는 내용은 시간이 한정되어 있습니다. 어느 특정한 시점부터 오늘까지 말입니다. 그러나 우리의 실체인 **그것**은 시간이 한정되어 있는 것과 전혀 별개입니다.

저는 이 시간의 지속을 이해하고 가늠할 수 있고, 따라서 이 지속과는 분명히 별개일 수밖에 없습니다.

◆ ◆ ◆

마: 저에게는 개인성이 없습니다. 저는 한 사람으로서의 어떤 태도도 취해 오지 않았습니다. 현현된 **의식** 안에서 일어나는 모든 일은, 일어납니다.

사람들은 그들의 개념을 가지고 저를 인식하고, 그들의 개념이 시키는 것을 합니다. 현현된 것은 곧 **의식**이며 달리 아무것도 아닙니다. 누가 이야기하고 있고, 누가 걷고 있고, 누가 앉아 있습니까? 이런 것들은 저 화물化物인 "내가 있다"의 표현입니다. 여러분이 그 화물입니까? 여러분은 천당과 지옥에 대해 이야기하고 이런저런 **마하트마**를 이야기하지만, 여러분 자신은 어떻습니까? 여러분은 누구입니까?

명상 속에서 우리는 많은 환영을 봅니다. 그것은 화물, 곧 여러분의 **의식**의 영역 내에 있습니다. 그렇지 않습니까? 그런 모든 것들은 저 탄생 화물化物과 관련되어 있습니다. 여러분은 이 "내가 있다"는 화물이 아닙니다!

영적인 지知를 공부해서는 안 됩니다. 그것은 청문에서 나오는 지知입니다. 청문자가 그것을 듣고 받아들이면 내면에서 뭔가가 딱 들어맞습니다.

이 '내가 있음'은 타자성입니다. 그것은 이원성의 한 표현입니다.

1980년 10월 1일, 2일, 4일, 5일

62
그대의 의식을 신으로 보라

마하라지: 모든 앎은 몸을 통해 얻어지지만, '그대가 있다'는 이 앎, 음식-몸의 한 결과인 이 앎은 그대가 아닙니다.

이 존재성 자체가 사랑입니다. 그것은 더없이 자연스럽고, 따라서 저는 모든 남들을 사랑합니다. 왜냐하면 저는 저 자신을 사랑하기 때문입니다. 남들에 대한 저의 사랑의 샘은 **존재애**에서 샘솟습니다.

미현현자는 저 깨어 있고 역동적인 현현된 **영**靈을 통해서 드러나 있는데, 그것이 **존재애**의 상태입니다. 아내는 남편에게 헌신하는 것이 아니라 저 **존재애**에 헌신하는 것입니다.

여러분은 몸 안에서 살아 있으려는 진지한 욕망을 가지고 있지만, (언젠가) 그 몸을 처분해야 합니다. 맛난 것을 먹고 나면 다음날 그것을 똥으로 배설해야 하듯이 그 몸을 처분해야 합니다. 저 자신의 상태는 완전한, 현현된 의식이며, 이 몸이라는 표현물은 생명기운, 생명기운의 언어[말], 그리고 **진아**에 대한 사랑의 핵심 요소입니다.

"나는 사랑한다" 외에는 달리 그 무엇도 **빠라마뜨만**과 같은 것이 없습니다. 그 황홀경 속에서 누가 몸을 바라보겠습니까? 몸은 별 볼 일 없게 됩니다. 그것에 얼마나 많은 칭호가 부여되었습니까? 그러나 그게 뭔고 하니… 저 진아에 대한 사랑일 뿐입니다.

항상, 늘, 여러분의 지각성이 여러분 주위를 돌아다니고 있지만, 여러분이 그것을 자기 몸에 국한시켰고, 그래서 여러분이 그것을 죽이고 있습니다. **빠라마뜨만**은 **마야**가 아니라 여러분의 진정한 성품입니다.

질문자: 우리의 일상적 임무는 어떻게 해야 합니까?

마: 그대의 임무를 잘 보살펴야지요. 그 임무는 개인적인 것이 아니라 현현된 의식이며, 모두에게 속한 것입니다.

그대 자신을 현현된 의식으로서의 **무한성**에까지 확장하도록 노력하십시오.

그대 외에 달리 어떤 신도 없습니다.

언젠가 이 몸뚱이는 죽어 넘어질 것입니다. 사람들은 죽음이 아예 드러나 있지 않음을 의미한다고 생각하지만 그렇지 않고, 그것은 그런 것이 아닙니다. 어떤 것이 소모되거나 소진되면 그것은 더 많아지고, 드러나게 됩니다.

스리 크리슈나는 "나는 매 유가(Yuga-우주의 큰 주기)마다 다시 화현한다"고 했지만, 저는 제가 매순간 확장되고, 항상 더 많이 창조되며, 매 순간 더욱 더 많이 확산된다고 말합니다.

저는 달리 누구에게서도 결코 아무것도 구하지 않습니다. 뭐든 제가 얻고 싶은 것이 있다면, 저 자신의 존재로부터 얻습니다. 저는 "내가 있다"는 바로 저 원리를 숭배하며, 제가 원하는 것은 그것에게 달라고 합니다. 그것 때문에 이 모든 것들이 나오고 있습니다.

황제 폐하가 잠자리에 들었습니다. 그렇다고 해서 그가 죽은 것은 아닙니다. 여러분이 이 지知를 깨닫지 못하고 있는 것은 그 몸에 집착하기 때문입니다. 진아를 깨달은 스승만이 여러분을 인도해 줄 수 있습니다.

이 몸의 느낌이 없으면 저는 완전하고, 전체이며, 다 갖추어져 있습니다. (그럴 때는) 여러분이 제 이야기를 이해할 수 없겠지요.

◆ ◆ ◆

마: 생시 상태·잠·'내가 있음'의 원인은 무엇입니까?
질: 화물化物입니다.
마: 그 단어—'화물'—를 말할 때, 그대 자신이 그것이라고 여깁니까?
질: 저는 저 화물을 철저히 연구했는데, 저는 그것이 아닙니다. 일체가 그 안에 들어 있지만 그것은 제가 아닙니다.
마: (라이터의) 이 불길이 가스 연소의 성질을 가졌듯이, 이 화물 때문에 생시 상태, 깊은 잠 그리고 지각성의 경험이 있습니다. 그것들은 그대의 성질이 아닙니다.

화물에는 **물라-마야**, **수뜨라 빠담**(Sutra Padam) 등 여러 이름이 붙습니다. 그것은 모두 **환**幻입니다. 신도 없고, 개인의 영혼도 없고, 아무것도 없습니다.

원초적 환幻은 **자기사랑**, 곧 존재성에 대한 사랑을 통해 자신을 표현합니다. 깊은 잠에서 그대가 깨어나듯이, 스승의 말씀을 최종적인 것으로 간주하고 그 말씀을 따르며 그에 따라 행동하는 제자는 그와 같은 상태로 머무릅니다. 궁극적으로 그는 **진아지**를 얻습니다. 그대가 깊은 잠에서 깨어나듯이, "나는 사랑한다"는 저 앎을 얻습니다. **자기사랑**, 그것은 모르는 사이에 **빠라브라만** 속으로 합일됩니다. 그대가 명상을 할 때는 그대와 저 **자기사랑**이 하나가 되어야 합니다. 어떤 이원성도 없어야 합니다.

이 **지**知를 지적으로 가지고 있는 **지**知 수행자들의 주된 문제는 그들의 관계와 소유물에 대한 집착입니다.

그 누구도 죽지 않으며, 죽음이란 (단순히) **끝났음**을 의미합니다. 예를 들어 물 한 방울이 증발하면 무한으로 됩니다. 어떤 것에게도 죽음이란 없으며, 일체가 끝나면 무한으로 됩니다.

뿌루샤는 거기서 일체가, 곧 현상계 전체가 흘러나오는 저 원리입니다. 그것이 일체의 지지물입니다. 그대가 무엇을 알 때는 그것이 되어야 합니다. **신**을 알기 위해서는 그대가 **신**이 되어야 합니다. 저 **뿌루샤**를 알기 위해서는 그대가 그것이 되어야 합니다.

질: 마하라지께서는 그전에 집착에 대해서 말씀하셨는데, 스승에 대한 집착은 어떻습니까? 저는 다른 모든 집착은 사라졌는데 이것은 남아 있습니다.

마: 스승에 대한 집착이라고 한 것은 무슨 뜻입니까? 그대와 스승은 하나이지 둘이 아닙니다.

질: 가족 등 제가 돌봐야 할 것이 너무 많은데, 제가 마하라지님이 말씀하시는 것들을 어떻게 따를 수 있습니까?

마: 그대의 **의식** 하나가 일체를 돌보고 있습니다. 그대의 **의식**을 **신**으로 보십시오. 그대가 깨어나면 제일 먼저 해야 할 일은 저 **의식**, 저 '내가 있음'에 대해 명상하는 것입니다. 한동안 저 **의식**을 숭배하고 나서 그대의 일상 활동을 하십시오. 밤에 잠들기 전에는 다시 저 **의식**, '내가 있음' 안에 안주하십시오. 그것에 헌신한 다음, 그런 분위기에서 잠자리에 드십시오.

진아에 대해 명상하는 저 **의식**, 저 **진아**가 그대에게 드러날 것입니다.

사람들은 수많은 신을 숭배하지만, 그런 신들은 마음에게 일어난 개념일 뿐입니다.

사람들은 자기 자신을 구원하고 싶다고 말하지만 무엇을 구원합니까? 여러분은 무엇을 구원하려고 합니까?

여러분의 모든 지식은 여기서 해소되고, 따라서 여러분이 이곳을 떠날 때는 진인이 된다는 것에 대해 어떤 자부심도 가질 수 없습니다.

◆ ◆ ◆

질: 마하라지님의 친존親存에서 저는 더 이상 질문이 없다는 것을 느낍니다.
마: 그대는 의심들이 사라졌다고 느끼지만, 낮 시간이 아직 한참 남았으니 그냥 기다려 보십시오.
질: 스와미님께서는 저희가 영원한 지복을 즐길 수 있도록 한 가지를 제시해 주시겠습니까?
마: 저는 아주 간단한 요법을 가지고 있는데, 그것은 제가 몸이 아니라는 것입니다. 세계가 만약 실재했다면 어떤 치료법이 있을 수 있었겠지만, 세계는 실재하지 않습니다. 그대가 무엇을 해도 아무 소용이 없습니다. 아무리 노력해도 도처에서 우리는 이 모든 혼란을 봅니다. 그것을 멈출 수가 없습니다. 그것은 하나의 연속적인 변천의 상태인데, 그 모두 실재하지 않습니다.

제 이야기를 듣고 나서 그대는 지식을 얻어서 저장합니까, 아니면 그대가 가진 어떤 지식이 해소됩니까?
질: 해소되고 있습니다. 제가 마하라지님을 제 집으로 모셔도 됩니까?
마: 저는 그냥 봄베이 시와 같습니다. 봄베이를 집으로 데려갈 수 있습니까? 세계에 대한 이 경험은 그대가 노력해서가 아니라 그대에게 자연발생적으로 일어나고 있습니다. 스승에 대한 이해조차도 자연발생적으로 와야 합니다. 그 어떤 것도 멈추지 않을 것이고―모든 과정이 그대의 노력 없이 진행되고 있지만―수많은 몸들이 창조되고 죽어갑니다. 세계를 운영하기 위한 모든 행위들이 이미 일어나고 있습니다. 수백만의 몸들이 창조되는 과정이 이미 공간 안에서 진행되고 있습니다. 잡초들 가운데서 곡식들이 나왔고, 그 곡식들

안에 '내가 있음'이 잠재적으로 존재하고 있습니다. "안녕하세요, 제가 있어요, 안녕하세요, 제가 있어요" 하는 저 전화 메시지는 저 음식 알갱이 안에 이미 들어 있습니다. 그대가 자신의 노력으로 무엇을 창조한다면 그대가 그것을 파괴할 수 있겠지요. 그러나 이 창조계는 그대가 노력한 것이 아닙니다.

◆ ◆ ◆

질: 제 삶에서는 그 상황이 제 마음에 들지 않아서 그것을 바꾸고 싶은 순간들이 많습니다.
마: 그대는 그 상황과 싸울지 모르지만, 그대가 그 상황은 아닙니다.
질: 우리가 마음을 지켜보기 시작하면 우리가 마음과 별개라는 것을 알게 되어 마음의 싸움에 개입하고 싶지 않을 것이고, 그래서 자연히 갈등이 줄어들 것입니다.
마: 그 과정에서 한 개인으로서의 그대는 전혀 남지 않습니다. "내가 있다"는 **사뜨**와 **구나**의 산물, 곧 음식기운의 산물이라는 것을 이해하십시오.

그 갈등은 저 조용한 **주시자**와 세계 간의 싸움입니다. 그 싸움은 말이 의식에서 방사되기 시작할 때부터 시작되었습니다. 말이 그대에게서 나오면 그대는 그 말들을 끌어안습니다. 그대는 자신에게서 나온 그 말들의 의미에 대한 옹호자가 됩니다.

그대는 산더미 같은 개념과 말들을 가지고 있는데, 그것을 없애려고 다른 개념들을 사용합니다. 그대의 1차적 개념을 포함한 모든 개념들을 내던져 버렸을 때, 그때 존재하는 것이 무엇이든, 그것은 존재합니다. 고요함 속에 머물러 있으십시오.

질: 말이 필요합니까, 아니면 그냥 마하라지님의 친존이면 됩니까?
마: 진인과의 교류가 깨달음에 도움이 된다는 것은 의심할 바 없지요. 그렇기는 하나, 그에 이어 질문과 답변이 있어야 합니다. 마음에서 일어나는 어떤 의심들이 늘 있기 마련이고, 그래서 마음의 모든 자취가 사라질 때까지는 말로써 그 의심을 해소해야 합니다.
질: 요즘은 생각들이 다가오면 제가 그냥 돌아서는데, 이제는 제가 생각을

멈춘다고 느낍니다.

마: 그렇게 할 수 있으면 좋지만, 생각들이 흐르면 흐르게 내버려 두십시오.

질: 자신의 생각들에 개입하지 않는 것—그걸로 족합니까?

마: 예, 그것이 유일한 방법입니다. 일어나야 하는 모든 일은 일어나겠지요. (그것은 그대가) 무엇을 한다는 것 자체를 포기한 것입니다.

질: 그러니까 더 이상 우리 자신을 변화시키려고 하거나 일을 더 잘 하려고 할 필요가 없군요?

마: 생각들에 집착하지 않을 때, 그대는 더 이상 한 사람이 아닙니다.

질: 그 말씀을 들으니 겁이 좀 납니다. 어떤 일도 일어날 수 있군요—제가 미친 짓을 할 수도 있고.

마: 그것은 공통의 단계이고, 모든 사람이 그 단계를 통과합니다. 두려움은 마음의 한 성질인데, 마음은 그 자신을 잃고 싶어 하지 않지요.

　　나마-만트라(Nama-Mantra)를 염하고, 그 **만트라**를 꽉 붙드십시오. 이것은 마음이 모든 지지물을 상실하는 단계이기 때문에, 마음에게 **만트라**라는 지지물을 제공하는 것입니다.

질: 저 자신 안의 제가 좋아하지 않는 것들, 그것도 한 생각에서 나옵니다. 그러니까 그런 것들도 놓아버릴 수 있군요?

마: 그렇지요. '저 자신'이라고 말하지 마십시오. 그것도 한 생각입니다.

질: 그러니까 결국 이렇게 간단한 거로군요—그것은 그냥 생각을 없애는 것이라는. 그게 맞습니다.

마: 그것은 작은 성취가 아닙니다. 그대는 자신이 무념이라고 느낄지 모르지만, 어느 단계에서는 생각이 느닷없이 그대를 두들겨 팰 것입니다. 소위 현자라고 하는 많은 사람들이 그런 무념의 상태에 도달하고서도 여전히 거기서 전락했습니다.

1980년 10월 8일(오전/오후), 14일, 15일

63
진리 안에서는 어떤 변화도 생길 수 없다

마하라지: 그저 그대가 있는 그대로 존재하고, (무엇을) 상상하거나 그리지 마십시오. 그대의 몸과 모습은 평생 동안 변해왔고, 그런 모습들 중 어느 것도 변함없이 남아 있지 않습니다.

25년 뒤에는 그대의 몸이 그 모습을 버리고 노인의 모습을 가질 것이고, 나중에는 그 모습도 사라지겠지요. 그런 모습들이 실재했다면 계속 남아 있었겠지만 그것들은 실재하지 않습니다. "내가 있다"는 원리는 형상도 색깔도 무늬도 없습니다. 이런 무늬들을 통해 우리는 즐기거나 고통 받지만, 그 어떤 것도 실재하지 않습니다. 그대가 얻는 어떤 체험도 실재하지 않습니다. 그대가 울든 웃든, 그것은 그 순간의 모습일 뿐입니다. 그 다음 순간에는 변하고 있겠지요. 어떤 사람들은 그 순간에만 울고 통곡하고 한탄하는 데 아주 능숙합니다.

몸이 있는 한, 한때 지나가는 이 연극이 있겠지요. 그것은 끊임없이 변하고, 마침내 그대가 그것을 통해 세계를 보는 그 의식 자체가 사라질 것입니다. (저의) 이 몸뚱이와 의식은 살날이 얼마 남지 않았습니다.

질문자: 제가 죽을 때 충분히 성취하지 못했으면 다음 생을 받게 됩니까?

마: 그런 개념을 가지고 가면 그 개념이 다른 생을 받을 것입니다. 그 개념이 어떤 형상을 취하게 될지는 모르지요.

운명이 완전히 소진되고 있는 사람만이 저를 찾아올 것입니다. 그의 운명 중에서 남는 것은 아무것도 없을 것입니다.

그대는 먼 나라에서 온 여성인데, 왜 이곳을 찾아왔습니까? 그대의 운명이 절멸되고 있기 때문입니다.

◆ ◆ ◆

질: 마하라지께서는 사띠야 사이 바바(Satya Sai Baba)가 보여주는 그런 물리

적 대상들의 나타남과 사라짐32)에 대해서 어떻게 생각하십니까? 그러나 저는 이 현상을 사띠야 사이 바바에게 한정하고 싶지 않습니다.

마: 그것은 오락일 뿐입니다. 내버려 두십시오. '너는 무엇'이고 '나는 무엇'이라는 것도 개념일 뿐입니다.

질: 개념이 없으면 세상이 돌아갈 수 없습니다.

마: 세상은 돌아가고 있지요. 그렇기는 하나, 세간적 삶 속에서 나타난 모든 것은 환幻일 뿐입니다. 이미 일어난 사건, 혹은 사라진 어떤 것이 다시 돌아옵니까?

질: 아무도 모릅니다.

마: 비슷한 일들이 일어날지는 모르지만 결코 똑같지는 않겠지요.

질: 환생에 대해서 말씀해 주실 수 있습니까?

마: 그 사람의 확신에 따라, 죽는 사람은 또 다른 꿈을 꿀 것이고, 그 꿈 속에서 그는 환생하겠지요.33)

질: 환생의 외관상 이유는 무엇입니까? 과거의 업(karma) 때문입니까? 그리고 업 같은 것이 과연 있습니까?

마: 그런 것들은 그대가 생각하는 그대의 행위나 활동들입니다. 그러나 실은 그것들은 세 가지 **구나**인 **사뜨와·라자스·따마스** 때문에 일어나고 있습니다. 그것은 각기 존재성, 활동성, 그리고 자신을 행위자라고 주장하는 것을 의미하지요.

질: 어떻게 하면 자기 자신으로부터 벗어날 수 있습니까? 대부분의 사람들은 개념들의 족쇄인 어떤 패턴에 집착되어 있습니다.

마: 그 말을 누가 합니까?

질: 제 의견입니다.

마: '그대가 있다'는 것을 아는 한, 그것은 늘 그대와 함께 하며, 결코 그대를 떠나지 않습니다.

---

32) T. 쉬르디 사이 바바(Shirdi Sai Baba)의 후신을 자처한 구루(1926~2011). 그는 손 안에서 여러 가지 물건을 만들어내는 '기적'을 보였다고 한다.
33) T. 마하라지의 관점에서, 생시의 삶은 의식의 현현이며 본질적으로 하나의 꿈과 같다. 따라서 죽음과 그 이후의 환생도 계속되는 또 다른 형태의 꿈일 뿐이다.

질: 어떻게 해야 제가 개념들에서 해방되겠습니까?
마: 먼저 '그대가 무엇인지'를 알아야 합니다.
질: 어떤 기법을 말씀해 주실 수 있습니까?
마: 탄트라·만트라·얀트라 등이지요. 탄트라(tantra)는 하나의 기법이고, 만트라는 신성한 말들의 정해진 순서이며, 얀트라(yantra)는 영적인 진보를 위한 하나의 기구입니다. 그대는 제가 옹호하고 설하는 것을 이해하고 소화해야 합니다. 그런 다음 그대 자신이 되십시오.
질: 저는 당신께서 말씀하시는 어떤 것도 쉽게 저로 변환시키지 못합니다.
마: 그대 자신을 (어떤 것으로) 변모시켜야 한다는 것은 아닙니다. 실은 그대는 스스로를 그대 자신 아닌 어떤 것으로 변환시켜 왔습니다. 이제는 그대의 본래적 자아(진아)로 그대 자신을 다시 변환시켜야 합니다. 그대 자신 안에서 안정되십시오.

그대는 '존재하고' 싶어 하기 때문에 이야기와 기타 모든 일에 몰두합니다. 이 '그대가 있다'를 유지하기 위해 그대는 다양한 활동을 수행합니다. 그렇게 해서 그대의 마음을 계속 분주하게 합니다. 그러나 깨달은 사람에게 마음의 흐름이란, 밑으로 유독한 가스(방귀)를 방출하는 것과 같습니다. 진아 안에 안정되어 있는 사람은 '마음의 잡담'을 위장 속의 저 더럽고 원치 않는 가스처럼 경멸합니다.

그대가 무지한 상태에 있을 때는 선과 악에 대한 의문이나, 무엇을 받아들이고 무엇을 거부할 것인지 선택하는 것에 대한 의문이 일어납니다. 그러나 지知의 상태에서는 일들이 자연발생적으로 일어나며, 어떤 선택과 버림도 없습니다. 깨달은 사람이 외관상 벌이는 의식儀式 행위, 예컨대 신들을 찬양하는 노래를 부르는 바잔 같은 것들은 자연발로적 표현입니다. 그런 것은 미리 계획하지 않고 그냥 일어납니다. 깨달은 사람에게는 세상에서 돌아가는 일 전체가 하나의 바잔입니다. 모든 사건들은 그 원동력인 '그대'의 결과입니다. 활동들이 자연발생적으로 일어나기는 하지만, 그대는 자신이 그 행위자라고 주장하고 싶어 합니다. 그러나 그런 주장은 그대가 몸-마음을 자신과 동일시하는 데서 일어납니다.

그대는 영적인 지知를 얻고 나면 세상 사람들의 이익을 위해 무엇을 하겠습니까?

질: 그저 존재하겠습니다.

마: 사회사업을 좋아하는 사람들은 뭔가 선행을 하고 싶어 합니다. 그들은 다른 사람들의 지성의 질을 변모시켜 서로 조화롭게 살게 하고 싶어 하지요.

질: 세계는 진리의 표현이고, 사람들이 이것을 이해하게 도와주어야 합니다.

마: 그런 일이 일어나야 한다면 저절로 일어나겠지요. 지속적으로 변하고 있는 것은 비실재입니다. 변화는 비실재에서만 일어나게 할 수 있습니다. 진리 안에서는 어떤 변화도 일으킬 수 없습니다. 세계 안에서는 그대가 개념들의 향상을 가져올 수 있겠지요. 그러나 개념들을 감히 진리라고 부르지는 마십시오.

진리는 비진리를 이해할 수 있지만, 비진리가 진리를 이해할 수 있습니까? 그대는 옷을 갈아입듯이 자기 개념들을 바꾼 다음 행복을 느낍니다. 진리를 보거나 지각할 수는 없습니다. 그러나 진리는 비진리를 지켜볼 수 있지요.

질: 개념들을 가지고 제가 행복하지는 않을 것입니다. 맞습니까?

마: 그대는 개념들을 가지고 자신이 행복할 수 있다고 생각합니다. '비개념'의 상태에서 드러나는 행복이나 지복은 (개념을 가지고) 지각할 수 없습니다.

질: 살다 보면 우리가 진리를 언뜻 엿보는 그런 평안의 순간들이 있는데, 그 결과로 계발되는 믿음은 우리의 삶에 영향을 주고 그것을 인도합니다.

마: 그런 것은 말일 뿐이고 말에는 진리가 담겨 있지 않습니다. 진리는 말의 도움을 필요로 하지 않습니다. 그대가 무슨 말을 하든 그것은 경험입니다. 그러나 그대는 경험자이고, 경험 없이도 '그대는 있습니다'. 경험들은 오고 가지만 경험자는 남습니다. 그대는 세계를 경험하지만, 그대는 세계 이전입니다. 세계는 경험적입니다. 그러나 절대자인 그대는 비경험적입니다.

현재 '그대가 있음'의 느낌이 느껴진다 해도 그것은 하나의 일시적 상태이고, 사라질 것입니다. 백 년 전, 즉 이 '그대가 있음'의 탄생 이전은 절대자인 그대와 연관되지 않았습니다. 이 '그대가 있다'는 경험은 하나의 열병으로 왔습니다. 이 열병이 어떻게 왜 왔느냐, 여기에 대해서는 어떤 설명이나 이유도 없습니다.

질: 당신께서는 한 순간에 '내가 있다'의 병病에서 나오셨습니다. 저에게도 그런 드높은 순간을 체험할 어떤 희망이 있습니까?

마: 있지요. 단, 그대가 이런 이야기를 이해하고 소화한다면 말입니다. 지금 있는 것이 무엇이든, 그것은 우리 모두에게 있는 '존재의 느낌'입니다. 먼저 그대는 그 안에 안주해야 하고, 결국에는 그것을 초월해야 합니다.

질: 오늘 아침 명상을 하다가 저는 제가 몸-마음 안에 있는 것이 아니라 존재성 안에만 있다는 것을 느꼈습니다.

마: 그것이 의식입니다. 그것은 현현된 상태로서, 그 안에는 어떤 개인성도, 어떤 남자나 여자도 없습니다. 그것은 '그대가 있다'는 앎입니다.

질: 한동안은 존재성의 느낌도 없었습니다.

마: 그것은 고요함의 상태였고, 그때는 의식만이 있었던 거지요.

질: 어떤 분들은 "내가 있다"의 느낌은 가슴 오른쪽, 중앙에서 손가락 네 개 폭의 거리에 있다고 합니다.

마: 그것은 개인적 체험 여하에 달렸습니다. 그 위치는 사람에 따라 다를 수도 있습니다. 그러나 그것을 몸과 관련하여 이해하거나 몸의 어디에 위치 지우지 마십시오.

 (한 인도인 구도자가 마하라지의 처소를 찾아 동네를 한참 돌다가 이곳으로 왔다.) 그대는 이 동네를 압니까? 찾느라고 많이 돌아다녔습니까?

질: 예, 선생님. 저는 몇 년 전에 어느 성자 같은 고행승을 만나러 이 지역을 와 보곤 했습니다.

마: 그분이 뭔가를 가르쳤습니까?

질: 아니요. 하지만 몇 가지 능력이 있었습니다. 몇 년 전에 봄베이 항에 정박해 있던 한 배에서 폭발이 있었습니다. 그 폭발이 일어나기 훨씬 전에 이 지역 가까이에 와 있던 이 고행승은 예지력豫知力이 있었기에, 주위에 있던 사람들에게 소리를 질러 이곳을 얼른 떠나라고 명령했습니다.

 한번은 그분이 제 머리를 두드리면서 축복을 해주었는데, 꾼달리니가 올라오는 것같이 느껴졌습니다.

63. 진리 안에서는 어떤 변화도 생길 수 없다

마: 그 말을 들으니 대단한 능력을 성취했던 티쿠 바바(Tikku Baba)라는 다른 고행승이 생각나는군요. 그는 꼴라바(Colaba-뭄바이 시내의 남쪽) 지역에 살았습니다. 개인적으로 그를 본 적은 없지만, 우리는 저의 담뱃가게로 곧잘 찾아오던 한 연락 고행승을 통해 서로 교류하곤 했습니다. 티쿠 바바는 기적을 행하는 대단한 능력을 가지고 있었습니다. 어느 날 연락 고행승이 밤늦게 티쿠 바바를 보러 갔다가, 티쿠 바바의 몸이 해체되어 그의 사지가 한데 포개져 있는 것을 보고 기겁을 했습니다. 누가 살인을 했나보다고 겁을 먹은 그는 그곳에서 도망을 갔습니다. 다음날 아침 호기심에서 그곳에 갔다가 티쿠 바바가 건강하게 살아 있는 것을 본 그는 크게 놀랐지요.

하루는 이 고행승이 티쿠 바바의 전갈을 가지고 저의 가게에 왔는데, 그가 자신의 임종이 얼마 남지 않았으니 저에게 최대한 빨리 와서 자신을 만나 달라고 했습니다. 또 말하기를, 자기가 몸을 떠나기 전에 자신의 모든 능력을 저에게 전해주고 싶다는 것이었습니다. 대답으로 저는 고맙다고 하면서 그 고행승에게 이렇게 말했습니다. "부디 티쿠 바바께, 거래는 단 한 번만 성사된다고 전해 주십시오." 그 말은, 참된 제자는 한 스승을 단 한 번 받아들이고 그에게 계속 헌신하지, 다른 스승들을 찾아 달려가지 않는다는 뜻이었습니다. 이 전갈을 받자 티쿠 바바가 말했습니다. "오, 그는 목적지에 도달했고, 이제 어떤 필요도 넘어서 있군."

1980년 10월 17일, 22일

64
그대 자신을 탐구하라

질문자: 의식은 시간이 한정되어 있으니, 저의 실체가 무엇이든 그 역시 시간이 한정되어 있습니까? 아니면 영원한 어떤 것이 있습니까?

마하라지: 몸이 있는 한 그대는 그 **의식**이지만, 일단 그 몸과 **의식**이 사라지면 그대는 이 모든 것이 그 위에 하나의 일시적 상태로서 다가온 저 본래적 상태입니다. 그대의 본래적 상태는 불변이고 영구적입니다.

어려움은 **그것**이 바로 여러분의 실체라는 것을 망각하고 여러분이 모두 그것을 찾고 있기 때문에 생깁니다. 주체인 여러분이 한 대상으로서의 여러분을 추구하고 있습니다. 여러분이 바로 여러분이 추구하는 그것입니다.

어떤 태도가 있는 순간 두려움이 있습니다. 구도자의 태도를 취한 사람은 누구나 구도자의 전통적 관행과 그 한계를 따르지 않을 수 없을 것입니다.

제가 말하고 있는 이 모든 이야기의 목적은 무엇입니까? 그것은 몸-마음과의 동일시에 대한 직접적인 공격입니다. 그런 동일시가 있는 한 저의 직접적인 공격은 계속될 것입니다.

일단 몸-마음과의 탈脫동일시가 일어나면, **브라마**가 여러분의 발 앞에 합장을 하고 나타날 것입니다.

질: 이 탈동일시는 갑자기 일어납니까, 점진적으로 일어납니까?

마: 그것은 그대가 그것을 어떻게 보느냐에 달렸습니다. 그대가 그것을 기다리고 있으면 그것은 점진적이겠지요. 마지막 걸음을 밟을 때는 단박입니다. 그것이 일어날 때 그대는 **미현현자**와 현현자가 동일하다는 것을 깨달을 것입니다. 그 둘은 하나이고 아무 차이가 없습니다.

참된 **지**知는 가능한 모든 개념들이 포기되었을 때야 올 수 있고, 내면으로부터만 올 수 있습니다.

빠라브라만에게는 시작도 없고 끝도 없습니다. 그것은 영원한 반면, 이 의식은 시간이 한정되어 있습니다. 즉, 시작과 끝이 있습니다.

그대가 아침에 깨어나면 그대가 있다는 것을 알게 되듯이, 이 일도 (그대가 있기에) 일어났습니다. 내가 있기 때문에 내가 깨어났지, 만약 내가 없었다면 어떻게 깨어날 수 있었겠습니까?

빠라브라만은 그것이 있다는 것을 알게 되는데, 의식은 **빠라브라만**이 그것이 있다는 것을 아는 방식입니다. **빠라브라만**은 그대의 영원한 상태이지만, 그대가 그것을 기억하지 못하는 것은 그것을 잊어버리지 않았기 때문입니다.

그것은 그대가 매일 경험하는 것이고, 그대는 그것을 알고 있습니다. 의식이 있고, '나'에 대해서는 아무 의심도 없습니다. 그것은 있습니다.

생명력은 곡식 속에 잠재적 형태로 있습니다. 저 생명력을 이해하고, 어떤 형상에 조건 지우지 마십시오. 이 존재성은 그대가 한 움큼 붙잡을 수 있는 것이 아닙니다. 그것은 현현되어 있습니다—마치 허공처럼, 도처에 있지요.

이 모든 심오한 이야기는 정신적 오락에 지나지 않습니다. 그대가 영적인 공부 속으로 더 깊이 들어가면 "내가 있다"가 곧 신 자체라는 것, 즉 무수한 우주들의 영혼이라는 것을 깨달을 것입니다. 그러나 저 "내가 있다"는 여전히 오락입니다. 저의 모든 이야기는 개념적인 오락입니다.

◆ ◆ ◆

질: 왜 우리는 우리 자신을 당연히 별개의 개인들로 생각하는 것처럼 보입니까?

마: 개인성에 대한 그대의 생각들은 실은 그대 자신의 생각이 아닙니다. 그것은 모두 집단적인 생각입니다. 그대는 자신이 그런 생각을 하는 자라고 생각하지만, 사실 생각들은 의식 속에서 일어납니다.

우리의 영적인 지식이 성장할수록 한 개인으로서의 몸-마음과 우리 자신의 동일시는 감소하고, 우리의 의식은 **보편적 의식** 속으로 확장됩니다. 생명력은 계속 작용하지만, 그것의 생각과 행위들은 더 이상 한 개인에 국한되지 않습니다. 그것들은 전체 현상계가 됩니다. 그것은 바람의 작용과 같습니다. 바람은 어느 특정한 개인을 위해 불지 않고 전체 현상계를 위해서 붑니다.

질: 한 개인으로서 우리가 그 근원으로 돌아갈 수 있습니까?

마: 한 개인으로서가 아니지요. "내가 있다"는 앎이 그 자신의 근원으로 돌아가야 합니다.

지금, 의식이 하나의 형상을 자신과 동일시하고 있습니다. 나중에는 자신이 그 형상이 아니라는 것을 이해하고 더 나아갑니다. 소수의 경우에는 그것이 허공에 도달할 수도 있는데, 거기서 멈추는 경우가 많습니다. 극소수의 경우에는 그것이 그 너머의 진정한 근원에 도달하기도 하지요.

몸을 자기와 동일시하는 그 성향을 포기하기란 어렵습니다. 저는 한 개인에게 이야기하는 것이 아니라, 그 의식에게 이야기하고 있습니다. 자신의 근원을 찾아야 하는 것은 의식입니다.

비존재의 상태에서 존재성이 나옵니다. 그것은 "내가 있다"는 느낌만 가지고 황혼처럼 조용히 다가오는데, 그러면 홀연히 허공이 있습니다. 그 허공 안에서 공기·불·물·흙과 함께 움직임이 시작됩니다. 이 5대 원소 모두가 그대일 뿐입니다. 그대의 의식으로부터 이 모든 일이 일어났습니다. 어떤 개인도 없습니다. 오직 그대만이 있고, 전체 작용(total functioning)이 곧 그대이며, 의식이 곧 그대입니다.

그대는 의식이며, 신들의 온갖 호칭은 다 그대의 이름입니다. 그러나 그대는 몸에 집착함으로써 그대 자신을 시간과 죽음에 넘겨줍니다. 그대가 그대 자신에게 그것을 부과하고 있습니다.

저는 전체적 우주입니다. 제가 전체적 우주일 때 저는 아무것도 필요로 하지 않습니다. 왜냐하면 제가 만물이니까요. 그러나 (예전에는) 제가 작은 물건, 즉 몸 안에 저 자신을 쑤셔 넣었습니다. 저 자신을 하나의 파편으로 만들고 나자 많은 것이 필요해졌습니다. 한 몸으로서의 저는 너무나 많은 것을 필요로 합니다.

몸이 없을 때 그대는 존재합니까? 존재했습니까? 그대는 있습니까, 없습니까? 있었습니까, 없었습니까? 몸 이전이고, 이전이었던 그 상태에 도달하십시오. 그대의 참된 성품은 열려 있고 자유롭지만, 그대가 그것을 은폐하고 그것에 다양한 모습을 부여합니다.

❖ ❖ ❖

질: 마하라지께서 저희에게 가르치시는 형태의 무욕을 아이들에게도 가르쳐야 합니까?
마 아닙니다. 그렇게 하면 아이들은 더 성장해야겠다는 야망을 갖지 않겠지요. 아이들은 적절히 성장하기 위해 어떤 야망, 어떤 욕망을 가지고 있어야 합니다.

그 자신을 충분히 탐구한 사람, 이해하게 된 사람은 **의식**의 유희에 결코 개입하려 들지 않을 것입니다. 방대한 지성을 가진 창조주라고 할 만한 것은 없습니다. 이 모든 유희는 자연발생적으로 진행되고 있고, 그 이면에는 어떤 지성도 없습니다. 그러니 그대의 지성을 행사해 어떤 변화를 가져오려고 하지 말고, 내버려두십시오. 그대의 지성은 이 과정에서 나온 하나의 산물인데, 어떻게 그대의 지성이 전체 창조계를 책임지며, 하물며 그것을 평가할 수 있습니까? 그대 자신을 탐구하십시오. 그것이 그대가 존재하는 목적입니다.

영적인 공부는 이 **의식**의 유희를 이해하는 일에 지나지 않습니다. 그것의 근원을 추구하여 이 사기詐欺의 실체가 무엇인지 알아내도록 노력하십시오.

◆ ◆ ◆

마: 제 기억은 과거의 어느 지점까지 갈 수 있습니까? 제가 아주 어린아이일 때 어떤 사람, 어느 나이든 분의 어깨 위에 목말을 탔던 것을 기억합니다. 그분은 저를 태우고 어느 언덕 위로 올라가고 있었고, 저는 해가 뜨는 것을 볼 수 있었습니다. 그것이 제가 기억하는 첫 인상입니다.

여러분은 이런 것을 한번이라도 생각해 보았습니까? 여러분은 몇 살 때 자신의 몸을 알게 되었습니까? 네 살 때 자신을 알기 시작했다고 합시다. 네 살 이전에 일어난 모든 행위는 여러분이 모르는 가운데 일어났고, 여러분의 기억 속에 그에 대한 기억이 없습니다. 다른 사람들에게서 무슨 일이 있었다는 이야기를 듣기는 했으나, 여러분이 직접 알지는 못합니다. (저에게) 흉터가 하나 있는데, 제가 누군가에게 물렸다는 것입니다. 그러나 그에 대한 기억은 없습니다. 수많은 일들이 아이가 그 자신을 알기 전에 일어났습니다.

생후 몇 년 동안 "내가 있다"는 원초적 개념이 있기는 했으나, 잠재적인 상태로 있었습니다. 나중에 아이는 그 자신을 알기 시작합니다.

진인의 상태는 아이가 그 자신을 모르던 상태와 같습니다. 지각성이 자신을 표현하는 장치는 이제 상당히 다르지만, 원리는 동일합니다.

진인들은 서로 다른 표현 방식들을 가지고 있겠지요. 라마나 마하르쉬는 샅가리개 하나만 착용하곤 했는데, 세탁만 하고 다림질은 하지 않았습니다.

그러나 여기서 저는 주름살 하나 없이 아주 깔끔한 것을 보고 싶습니다.

자신의 몸을 의식하지 못한 또 한 분의 위대한 **진인**이 있었는데, 그는 벌거벗고 돌아다니곤 했습니다. **주 크리슈나**도 저처럼 최신식이었고, 옷을 아주 잘 차려 입었습니다. 사람들은 **진인**의 외부적 표현들에 매몰되어, 지배적인 원리로 나아가지는 않고 **진인**의 표현 방식을 모방하려고 합니다.

이제 저는 바로 그 첫 순간을 철저히 알고 있고, 탄생이 무엇인지를 알며, 일체를 압니다. 그럼에도 불구하고 제가 자진해서 그 탄생 속으로 들어갈 수 있겠습니까? 제가 무슨 행위자나 저자의 신분이 있어 어디에 들어가거나 들어가지 않겠으며, 무엇을 결정하겠습니까? 제가 저의 탄생에 대한 **지**知를 얻었다고 말할 때, 제가 그 순간에 일어난 일을 정말 직접 아는 것입니까? 그것은 다 개념적 지식입니다. 또 그때 이후의 모든 지식도 개념적입니다.

◆ ◆ ◆

마: 도처에 **진인**과 **성자**들이 있지만, 그들은 여전히 무엇이 되고 싶어 하고, 그들의 존재성을 지속시키고 싶어 합니다.

언제까지 제가 이 생시 상태와 깊은 잠, 생시 상태, 깊은 잠을 계속해야 합니까? 이 되풀이가 계속되는 한 거기서는 지각성도 지배하겠지요. 이 생시 상태와 깊은 잠의 상태에 지쳐 버린 사람을 만나본 적이 있습니까? 여러분은 생시의 상태에서 많은 활동을 하는데, 지치면 잠에 떨어집니다. 이 연속적인 되풀이에서 이로운 점이 무엇입니까?

질: "신의 솜씨를 알아보는 사람은 드물다"고 합니다. 그 신의 솜씨란 무엇입니까?

마: 그 신이 어디 있습니까? 어떤 솜씨에 대해 묻고 싶다면, (그대를 낳은) 그대의 부모님의 솜씨를 대해 물어 보십시오.

그대가 하나의 **신**을 창조했습니다. 왜냐하면 누군가에게 구걸하고 싶었기 때문입니다. 그것이 소위 영적 행법(spirituality-예배·기도 등)이라는 것입니다.

질: 저는 그런 종류의 **신**은 믿지 않습니다. 저는 그 **신**이 마하라지께서 말씀하시는 저 '내가 있음'의 감촉이라고 믿습니다.

마: 그대가 제가 한 말을 진정으로 이해하여 소화했다면 이곳에 발을 들여놓지 않았겠지요.

질: 제가 당신께서 말씀하신 것을 이해했다면 올 필요가 없다고요. 좋습니다. 그러나 이것은 여쭤 보고 싶습니다. 사실 면에서 그것은⋯.

마: 사실이라고 한 것은 무슨 뜻입니까?

질: 그것을 이해하기 위해서라도 제가 무엇을 해야 합니까?

마: 그대가 할 수 없는 그런 일을 하십시오.

이 **마야**의 세계는 개념들로만 건립되었습니다. 세계가 나에게 고통을 준다고 세계를 비난할 수는 없습니다. 고통의 모든 원인은 이 "내가 있다"는 지각성입니다. 이 지각성이 없었을 때 무슨 고통이나 쾌락이 있었습니까?

만약 신을 만나고 싶다면, 그대 자신의 **진아** 속으로 깊이 잠수하십시오. 그것이 바로 만물의 창고입니다.

질: 꿈의 상태는 어떻게 일어납니까?

마: 깊은 잠 속에 외관상의 한 생시 상태가 있는데, 거기서 '내가 있음'이 스스로 깨어난다고 느끼면서 하나의 꿈 세계를 창조합니다.

그대가 이 혼란 속에 어떻게 해서 들어왔는지는 그대가 너무나 잘 알고 있습니다. 이것을 탐구하고 침묵을 지키십시오.

저의 거칠고 신랄한 이야기들을 듣고 나면 내일은 그대가 오지 않을 수도 있지만 그것은 상관없습니다. 거듭 거듭 그대에게 말하지만, 그대가 세상을 아무리 돌고 돌아도 아무도 그대에게 그 **지**知를 말해주지 않을 것입니다. 그대 자신의 **진아** 속으로 물러나십시오. 그대 자신의 존재성에게 순복하면 그 존재성이야말로 그대가 필요로 하는 모든 **지**知를 그대에게 전해줄 것이고, 다른 누구도 그렇게 하지 않을 것입니다. 그대는 이것을 탐구하지는 않고 영적인 행법의 의식儀式들을 맹목적으로 추종합니다.

그대가 어디에 있어도 좋지만, 정직하고, 그대의 존재에게만 헌신하십시오.

1980년 11월 7일, 8일, 9일, 10일, 11일

65
'내가 있음'이 시작되는 근원으로 나아가라

마하라지: '내가 있음', 현현된 브라만, 그리고 이스와라는 모두 하나일 뿐입니다. 이것을 깊이 탐구하여 그것을 깨달으십시오. 이것은 모든 것이 아주 상세히 설명되고 있는 드문 기회이니, 이 기회를 최대한 이용하십시오.

여러분은 현현된 브라만입니다. 저는 여러분의 참된 상태가 무엇인지 누차 이야기했지만, 여러분은 습習의 힘을 통해 몸-동일시 속으로 다시 떨어집니다. 이제 그 몸-동일시를 포기해야 할 단계에 왔습니다. 신체적 활동은 몸이 떨어져 나갈 때까지 계속되겠지만 그 활동을 자신과 동일시하면 안 됩니다.

질문자: 어떻게 하면 우리가 그럴 수 있습니까?

마: 그대는 몸을 지켜볼 수 있으니, 그대는 몸이 아닙니다. 그대는 호흡을 지켜볼 수 있으니, 그대는 생명기운이 아닙니다. 마찬가지로, 그대는 의식이 아닙니다. 그러나 의식과 하나가 되어야 합니다. 그대가 의식 안에서 안정되면 몸에 대한, 그리고 몸을 통한 표현들에 대한 무욕(dispassion)이 자연발생적으로 일어납니다. 그것은 자연스러운 포기이지, 의도적인 것이 아닙니다.

그것은 그대의 세간적 임무를 등한시해야 한다는 뜻이 아닙니다. 세간적 임무들은 온 열의를 다해서 해내십시오.

질: 몸에서 벗어난 갓난아이의 자유를 우리가 재발견해야 하지 않습니까?

마: 아이의 근원을 이해하십시오. 아이는 아버지의 정자와 어머니의 난자가 만든 산물입니다. 부모 안에 의식이 있듯이 아이 안에도 의식이 있고, 그것은 아이에게나 어른에게나 늘 똑같은 의식입니다. 단 하나의 의식이 있을 뿐입니다. 그 의식과 하나가 되어 그 안에서 안정되어야 합니다. 그런 다음 그것을 초월하십시오. 그 의식이 그대의 유일한 밑천입니다. 그것을 이해하십시오.

그대는 어느 정도까지 그대 자신을 알고 있습니까?

질: 저는 참스승의 두 발을 붙들었습니다. 그 이상은 아무것도 모릅니다.

마: 그렇게 해야 하지만, '참스승의 두 발'이 의미하는 바를 이해해야 합니다.

움직임이 발과 더불어 시작되듯이, 움직임은 비지각성에서 시작하여 지각성으로 나아간다는 것을 이해하십시오. 그 지각성이 일어날 때, 그것이 **참스승**의 움직임입니다. '내가 있음'이 시작되는 그 움직임의 근원으로 나아가십시오. 그 움직임을 멈춘 사람의 노력은 허비되지 않을 것입니다. **참스승**의 발을 붙드는 것은 지각성과 비지각성의 경계선입니다.

◆ ◆ ◆

마: 보편적 의식은 일체에 편재하고, 5대 원소의 유희에서 나오는 반작용의 결과로 어떠한 손실이나 이득도 보지 않습니다. 하지만 이 반작용의 과정 속에서 그것은 구체적으로 드러납니다.

　(마하라지는 금속제 화병 하나를 집어 들었다가 방바닥에 떨어뜨린다. 화병은 쨍그랑 소리를 낸다.) 한 대상이 다른 대상과 접촉하면 잠재되어 있던 소리가 나타납니다. (마하라지는 수건 하나를 집어 들고 그 천 속에 불이 잠재되어 있다는 것을 지적한다.) 불은 수건에 작용이 가해질 때[즉, 불을 붙일 때]만 나타나는데, 그러면 그 반작용으로 불이 나타나고 수건은 탑니다. 의식은 항상 존재합니다. **생명**은 항상 존재하고, 어떤 형상이 있으면 **생명**이 그 모습을 드러낼 것입니다. 의식은 마치 소리가 일어나듯이 그렇게 일어납니다. 소리 자체에는 어떤 동일시도 없는 것처럼, 의식도 마찬가지입니다. 의식은 보편적이고 몸을 통해서 작용할 뿐인데도, 여러분은 무지해서, 그리고 몸과의 동일시로 인해 쾌락과 고통을 경험합니다. 수많은 사람이 죽었고 수많은 사람이 살해당했지만, 의식은 똑같은 상태로 남아 있습니다. 그것은 전혀 고통을 겪지 않았습니다. (마하라지는 다시 화병을 탕 치고, 소리는 그냥 일어난다는 점을 지적한다.) 소리에게는 고통도 없고 쾌락도 없습니다. 소리가 그냥 나타나듯이 의식도 마찬가지여서, 의식에게는 고통도 없고 쾌락도 없습니다. 5대 원소에게는 손실이나 이득이 없습니다. (인간들이 겪는) 이 모든 재난들은, 5대 원소에게 뿐만 아니라 감각기관이 지각하는 다양한 성질들[구나]에게도 쾌락이나 고통을 안겨주지 않을 것입니다. 그 다섯 가지 성질은 접촉·형상·냄새·맛·소리입니다.

자, 그러면 여러분에게 그 '그대'의 의미는 무엇입니까? 여러분의 욕구에 말려들지 마십시오. 여러분은 어디로 나아가고 있습니까? 이런 식으로 생각해 보십시오. 즉, 5대 원소가 유희를 벌이고 있고 그 유희의 결과로 형상들이 창조되는데, 이 형상들은 다섯 가지 감각기관을 갖추고 있다고 말입니다. 5대 원소로 이루어진 대상들―즉, 식물과 음식―을 가지고 그 형상이 모습을 취합니다. 그런 다음 이 형상을 통해 **의식**이 다시 5대 원소의 성질[구나]들을 나타냅니다. 이 점을 탐구해 보고, 여러분이 과연 무엇인지, 여러분은 어디로 나아가고 있는지 살펴보십시오.

이제까지 수천 건의 전쟁이 벌어졌는데, 그 모든 전쟁이 5대 원소에 미친 효과는 무엇이었습니까? 이 5대 원소는 오관에 의해 지각됩니다. 5대 원소가 **지고자**로부터 이탈했기 때문에 이 **구나**가―**의식**이―나타난 것입니다.

어떤 사람이 살해되었다고 할 때, 실제로는 어떤 일이 일어났습니까? 살해된 그 몸 안에 거주하던 **의식**은 망각 속으로 들어가고 오관도 정지됩니다. 무수한 사람들이 살해되어 사라지지만, 그들의 오관과 그들의 **의식**이 여러분에게 와서 무슨 시비를 일으켰습니까? 몸이 있으면 다섯 지각기관과 다섯 행위기관이 나옵니다. 나이가 들어 이 몸이 낡아지면 감각기관과 행위기관들이 효과적으로 작동하지 않습니다. 이처럼 몸의 노화로 인해 감각기관과 행위기관이 점차 말을 듣지 않게 되면, **구나**, 즉 **의식**도 점차 줄어듭니다. 몸, 감각기관, 행위기관 그리고 **의식**의 이 모든 기능들 안에 여러분이라고 할 만한 것은 어디에 있습니까? 그리고 여러분은 어디로 나아갑니까? 이 모든 작용들은 음식-몸과 생기로 인한 것인데, 그 속에서 여러분의 위치는 어디입니까?

질: 의식은 몸에서 독립해 있습니까?

마: 어떻게 그럴 수 있습니까? 의식은 음식기운인 몸의 결과이고 **사뜨와 구나**라고 불립니다. 마찬가지로, 자식도 그 부모의 몸들의 정수입니다. 만일 자식의 몸이 기형이면 그것은 물질적인 음식-몸의 좋지 않은 성질에 기인합니다.

세간적 활동은 물론이고 마음을 가지고 하는 영적인 활동도 무지의 상태에서 하는 오락에 불과합니다. 그 활동들은 존재의 느낌이 생시와 잠의 되풀이하면서 작동을 개시할 때 시작되었습니다.

만일 어떤 사람이 영적인 공부를 하면 뭔가 얻을 수 있을 거라고 생각한다면, 저는 그런 사람의 의도와 정체성을 알고 싶습니다. 구도자들이 그들의 성품 자체, 곧 그들의 **의식**을 탐구하지는 않고, 지식을 얻으려고 영적인 책들을 파고듭니다.

질: 저희가 이제까지 수집한 모든 개념과 관념들을 포기해야 합니까?

마: 그런 어떤 것도 하지 마십시오. '그대가 있다'는 것을 아는 한, 그저 그 존재의 느낌을 붙들고, 그 상태 안에만 있으십시오. 그것이 사라져도 걱정하지 마십시오.

질: 존재의 느낌을 저희가 기억해야 합니까? 그러나 그것은 노력을 의미합니다.

마: 그대가 노력하고 말고가 어디 있습니까? 의식은 자연발생적으로 생겨났습니다. 의식 그 자체가 주의注意의 성질을 갖습니다. 거기서 존재하고, 어떤 것도 바꾸거나 수정하려고 하지 마십시오. '있는' 것이 무엇이든 그것은 존재하는데, 그것이 곧 **자기사랑**입니다. 만일 전통적인, 소위 영적인 길과 행법들에 대해 책을 읽거나 그것을 따라서 만족을 얻을 수 있다면, 얼마든지 그렇게 하십시오.

질: 그러나 마하라지께서는 저희가 어떤 목적지에 도달해야 한다고 말씀하십니다.

마: 어떤 목적지를 향해 나아가고 말고가 어디 있으며, 누가 나아가야 합니까? (마하라지는 금속품 하나를 두드린다.) 이 소리를 예로 들면, 이것은 어디로 갑니까? 진인은 모든 개념에서 전적으로 벗어나 있습니다. 그 지점에는 아무것도 없습니다.

질: 어제 당신께서는 **스승**(Guru)과 **사뜨-구루-짜란**(Sat-Guru-Charan), 즉 **참스승**의 두 발에 대해서 말씀하셨습니다.

마: 예, 그랬지요. **사뜨-구루-짜란**은 그대가 '그대가 있다'를 알 때 **의식**이 자연발생적으로 나타나는 것을 뜻합니다. 이 '그대가 있다'는 앎 안에 일체가 거주하고 있는데, 그것은 무한하고 일체에 편재합니다. 이 상태는 곧 **참스승**의 신성한 두 발을 대표합니다.

질: 제가 시시한 질문을 드리는 것은 당신을 언짢게 하려는 것은 아닙니다만, 저 벽에 왜 저렇게 많은 사진들이 있습니까? 이것은 당신의 가르침과는 상반되는 것 같습니다.

마: 그것은 무지했던 시기의 유물들이지요. 무지를 몰아내기 위해서는 그런 보조 도구들이 필요합니다. 그 목적이 달성되면 그런 것들이 더 이상 필요치 않지요. 제가 사용하고 있는 이 몸도 무지한 단계의 소산이지만, 제가 무지의 단계를 초월했는데도 아직 사용되고 있습니다. 그러니 사진들도 벽을 장식하게 내버려두십시오. 아무 해로울 것은 없으니까요. 외부의 사물들을 바꾸려고 하느니, 그대의 그릇된 동일성을 제거하여 내면의 변화를 일으키십시오.

그대는 마치 지혜를 가지고 있는 것처럼 말하지만, 그대가 무슨 지知를 가지고 있습니까? 그대가 현재 가지고 있는 밑천은 생시, 깊은 잠, 그리고 "내가 있다"는 앎이 되풀이되는 것입니다. 달리 무엇을 가지고 있습니까? 이 되풀이는 그대가 청하지 않았는데도 저절로 나타났습니다. 그 외의 모든 것은 그대가 나중에 배우고 익힌 것들입니다. 여기 오는 사람은 누구나 무지한 어린아이와 같습니다. 밖에서 소위 지식이라는 것으로 무엇을 얻었다 해도 말입니다.

◆ ◆ ◆

질: 우리는 모든 지식을 내버려야 하지 않습니까?

마: 이 **의식**에 대해 철저히 알아야 하는데, **의식**에 대해 모든 것을 알고 나면 그것은 모두 실재하지 않는다는 결론에 이르고, 그런 다음 그것이 떨어져 나가야 합니다. 이런 이야기를 들었으면 앉아서 명상하십시오. "내가 들은 것은 참된가 참되지 않은가?"라고 말입니다. 그러면 이 또한 내버려야 한다는 것을 이해할 것입니다.

세계가 있는지 여부에 대해 판단을 내릴 수 있는 원리, 그 원리는 세계보다 오래되었습니다. 그것으로써 일체를 알게 되는 것, 그것이 있는지 없는지를 아는 것—누가 이것을 압니까?

제가 **빠라브라만**을 이야기하면 여러분은 이해한다고 말합니다. 이름들은 의사소통의 한 수단일 뿐입니다. 제가 말하고자 하는 바가 이해됩니까?

질: 진인은 이것이 모두 하나의 환幻이며 어떤 길도 없다는 것을 알지만, 만약 그 환幻의 내부에서부터 하나의 길이 있고 어딘가 갈 곳이 있다는 것을 우리가 확신하지 못한다면, 그보다 더한 환幻에 도달하는 기법들을 사용한다는 것이 말이 됩니까?

마: 환幻이라—그것은 하나의 단어입니까, 아닙니까?

질: 그것은 하나의 개념과 관계되는 하나의 단어입니다.

마: 그 역시 하나의 이름일 뿐이지요. 그렇지 않습니까?

질: 그렇습니다.

마: 그러면 어떤 환적인 단어가 그대를 만족시켜 주기를 바랍니까?

◆ ◆ ◆

마: 저의 현재 소견은 한계가 없고 완전한 자유입니다.

궁극적으로 우리는 지知를 넘어서야 하지만 (먼저) 지知가 와야 하고, 지知는 부단한 명상에 의해서 올 수 있습니다. 명상을 함으로써 "내가 있다"는 앎이 점차 자리를 잡아 **보편적 지知**에 합일되고, 그럼으로써 하늘처럼 혹은 허공처럼 완전히 자유로워집니다.

지知를, 심지어는 영적인 지知를 얻겠다는 생각으로 여기 오는 사람들은 무엇을 얻겠다고 열망하는 개인들로서 오는데, 그것이 정말 어려운 점입니다. 그 구하는 자가 사라져야 합니다.

여러분의 진정한 성품을 알면 "내가 있다"는 앎은 남지만, 그 앎은 한계가 없습니다. 그대가 지知를 얻는다는 것은 가능하지 않으며, 그대가 곧 지知입니다. 그대가 바로 그대가 구하는 그것입니다.

여러분의 참된 존재는 어떤 개념이 일어나기 이전에 존재합니다. 한 대상으로서의 여러분이 한 개념이 일어나기 이전에 존재한 어떤 것을 이해할 수 있습니까? 의식이 없을 때, 뭔가가 존재한다는 어떤 증거가 있습니까? 의식 그 자체가 마음이고 생각이며, 모든 현상이고 모든 현현물입니다. 이것을 이해한다는 것은, 살아 있는 동안 '나는 몸이다'에 대해 죽는 것입니다. 이런 종류의 지知는 드문 경우에만 찾아오며, 어떤 노력도 필요치 않은, 좀처럼 붙들기 어려운 지知입니다. 사실 노력 자체가 (그런 지知를 얻는 데) 하나의 장애물입니다. 그것은 직관적 이해입니다.

질: 그러면 모든 영적인 행법을 그만두어야 합니까?

마: 최고의 수준에서는 그렇지만, 초기 수준에서는 해야 할 것을 해야지요.

이것을 직관적으로 파악할 수 있는 사람들은 세간사에 대해 흥미를 잃습니다. 그것을 잃어 버렸는데 그들이 무엇을 얻겠습니까? 그들이 무엇을 잃었든, 한 사람의 범부로서 잃은 것일 터이고, 그 대가로 얻는 것은 왕에게나 어울릴 그런 종류일 것입니다. 이해한 다음 어떤 단계에 도달한 사람들은 아무것도 요구하지 않겠지만, 일체가 자연발생적으로 그들에게 다가올 것입니다. 그런 것에 대한 어떤 바람도 없겠지요. 그런데도 그것이 찾아올 것입니다.

이런 일은 한 개인에게 일어나지 않습니다. 그것은 보편적 현현물(universal manifestation-보편적 의식)에게, 곧 자신의 참된 성품과 하나가 되어 버린 사람에게 일어납니다. 진인에게는 지켜보기만 일어나고 있습니다.

1980년 11월 12일, 13일, 17일, 18일

66
창조는 자연발생적으로 일어난다

마하라지: 저도 개인성을 느끼지만, 그 개인성을 가지고 있지는 않습니다. 그 개인성의 느낌은 보편적 현현의 상태로 변환되었습니다.

질문자: 이제까지 그것이 그와 같이 일어났습니까?

마: 이 질병의 이름이 등장하는 순간, 개인성의 느낌이 일어났습니다. 이제 그 개인성의 느낌은 사라졌고, **보편적 의식의 느낌**이 남아 있습니다.

질: 그것이 (당신과 저희들 간의) 차이점이군요.

마: 그 개인성은 몸-형상의 정체성과 함께 사라졌습니다. 몸은 제가 고안한 것이 아니고, 저는 남자도 여자도 아닙니다. 일체가 자연발생적으로 일어납니다. 날이 밝았고 해가 빛나는 것을 누가 봅니까? 낮이라는 앎이 그 개인의 것일 수 있습니까? 그대가 깨어나는 순간 존재의 느낌을 갖고, 나중에는 몸의 느낌도 있습니다. 이 존재성의 느낌은 일체에 편재하는데, 그것은 아무 이름도 형상도 없습니다.

질: 그러면 몸에 그 병이 났을 때는 "내가 있다"는 앎이 없었군요.

마: 아니지요, 지금은 아닙니다.

질: 몸에 통증이 있을 때는 어떤 일이 일어납니까?

마: '내가 있음'은 존재성의 느낌을 의미할 뿐입니다. 그것은 존재입니다.

질: 몸이 아프실 때는 실제로 어떤 일이 일어납니까? **미현현자**와 몸의 관계는 무엇입니까?

마: 그것들은 친밀히 관련되어 있습니다. 각 원자의 소양과 감정이 서로 다르듯이, 각 개인도 이 세상 속에서 서로 다릅니다.

원자와 아원자亞原子(소립자)들 속의 표현 방식에는 다양성이 있습니다.

질: **진리**는 현현해 있습니까, 미현현 상태입니까? 만일 **진리**가 몸을 통해서 현현한다면, 몸의 모든 질병들은 **미현현자** 안에 있습니다.

마: **미현현자**가 현현하면 그것을 **사구나 브라만**이라고 합니다. 이 **브라만**은 광대하고 무수하며, 현현되어 있고, 5대 원소, 세 가지 **구나**와 **쁘라끄리띠-뿌루샤**를 포괄합니다. 해와 허공을 인식하는 그 원리는 허공보다도 더 편만遍滿하고 더 미세합니다.

질: 이 모든 유희가 왜 있습니까? **미현현자**의 소산인 이 현현된 우주 안에서 한 몸이 병으로 아픕니다—마하라지님의 몸 말입니다. 그리고 그 결과로 그 병을 지켜보고 나면 저희도 아픕니다. 왜 이런 온갖 번거로움이 있습니까?

마: 만일 그대의 '내가 있음'이 없다면, 해가 뜨는 것은 누가 보겠습니까?

질: 당신께서 그것을 수천 번 설명하셨는데도, 저는 이해하지 못했습니다.

마: '누구'와 '무엇'이라는 것 자체는, 최고의 수준에서는 아무것도 아닙니다. '존재하는 것'이 무엇이든 그것은 아주 분명하고 명백합니다. 그러나 그런 단

순한 사실이 하나의 수수께끼가 되어 버렸습니다. 왜냐하면 그 원리가 하나의 형상을 자신과 그릇되게 동일시해 왔고, 거기에 자부심을 가지고 있기 때문입니다. 그것은 몸을 자신의 정체로 받아들였습니다.

질: 그러나 이런 일이 왜 당신께 일어납니까? 당신의 몸을 통해서 **미현현자**가 현현하는데 말입니다.

마: 이 질문에 대한 답을 얻으려면 그대 자신 속으로 물러나야 합니다.

　이 원자적 접촉, 이 **의식**의 점에서부터 이 모든 장엄한 우주가 구현되었습니다. 그대는 이런 질문에 어떻게, 뭐라고 대답하겠습니까? 그것이 그 자신을 창조했습니까, 아니면 창조를 위해 준비해 주었습니까? 그대의 답변은 단순한 추측이고 짐작일 뿐이겠지요. 그대는 자신에게 탄생과 죽음이 있다는 어떤 증거를 가지고 있습니까? 환생에 대해 어떤 증거를 가지고 있습니까?

질: 저희는 **의식**이 출현하는 그 지점에 머물러 있어야 한다는 말씀이시군요? 그럴 때는 우리가 그것을 이해하게 됩니까?

마: 그렇지요, 저는 사람들에게 바로 그것을 이야기해 왔습니다.

질: 그렇다면 만일 제가 **의식**의 일어남에서 멈추지 않으면 이 **미현현자**의 유희, 현현한 몸, 괴로움 등을 이해하지 못할 것이고, 저의 모든 이야기는 첫째로 요설饒舌이고, 귀찮은 짓일 뿐이라는 말씀이시군요.

마: 그렇지요, 그것은 시간을 보내기 위한 오락일 뿐입니다.

질: 그렇다면 저희가 찾아와서 당신 가까이 앉는 것도 실은 당신을 번거롭게 해 드리는 것이군요.

마: 저는 저의 창조물인 5대 원소조차도 번거롭게 여기지 않습니다. 그러니 그대가 어떻게 저에게 귀찮은 존재일 수 있습니까? 만일 제가 저 자신을 몸과 동일시한다면, 그럴 때는 그에 수반되는 모든 번거로움과 괴로움을 겪어야 하지요.

질: 다른 질문을 드려도 되겠습니까? 당신께서는 어떤 높은 수준에 도달한 **의식**을 가지고 계십니다. 저희가 아무 이야기도 하지 않고 당신의 친존에 가만히 있기만 해도 그것이 저희에게 이로운 효과를 안겨줄 수 있습니까?

마: 그대뿐만 아니라 세균들, 개미들, 벌레들조차도 이익을 얻습니다.

질: 그것은 당신의 감화력이 미물들을 포함하여 저희들에게 지속적으로 작용하고 있다는 의미로군요?

마: 이야기를 나누기 위해서는 그것도 맞는 말이지만, 실제로는 누구도 누구에게 영향을 주지 않습니다. 저의 탄생 원리가 싹트던 그 순간에, 그것이 무슨 지성을 가지고 있었습니까? 이 탄생 원리는 자연발생적으로 성장하여 마음과 지성을 발전시키는데, 때가 되면 한 사람의 **마하트마**나 심지어 큰 **진인**이 될지도 모릅니다. 그러나 그 **진인**의 뿌리는 그 아이 원리가 발아한 것일 뿐입니다. 그렇지 않습니까? 지금 그대는 영적인 공부라는 명분으로 많은 지식을 수집하고 있지만, 그것은 오락에 불과합니다.

질: 일개 아이 원리가 어떻게 **진인**의 지위를 성취할 수 있습니까?

마: 그것을 이해하려면, 발아하는(ankur) 그 지점에 머물러 있으면서 그 안꾸르(ankur)[옴꾸루(Omkuru)]가 되십시오. ('옴'은 말의 시초인데, 마하라지는 방문객에게 그의 마음속에서 말이 형성되기 이전의 상태에 있으라고 말한다.)

질: 좋습니다. 저는 그 **옴꾸루**(Omkuru-'옴까르(omkar)', 즉 '옴'소리)의 상태에 머무르기로 하겠습니다. 그러면 이란·미국·러시아 등 밖에서 일어나는 폭력은 어떻습니까? (우리는 그런 것과) 아무 관련이 없고, 저는 그 **옴꾸루** 상태에 수동적으로 앉아 있어야 합니까?

마: 그 두 가지는 친밀히 연관되어 있습니다.

질: 그러나 폭력, 고통, 착취를 피하려면····.

마: 그대의 모든 이야기는 그대의 개인성을 방어하기 위한 것입니다. 사실 알고 보면 그대는 (밖에서) 일어나는 모든 일에 대해 책임이 있다는 비난을 받아야 합니다. 그대 말고 누구를 비난할 수 있겠습니까? 그런 것을 다 이야기하려면 그대, 그러니까 그대의 "내가 있다"는 느낌 말고 누가 있습니까? '뭐가 있다'고 말하려면 (그렇게 말하는) 어떤 사람이 있어야 합니다.

그대의 존재성 안에서 무수한 범죄들이 저질러지는데, 지금 그대는 개인성에 집착하여 책임을 회피하고 싶어 합니다. 그런 모든 사건들은 그대가 창조한 것일 뿐입니다.

질: 그러나 당신 또한 당신의 존재성 안에서는 그 모든 것입니다.

마: 그대 자신을 포함한 일체가 전적으로 저의 존재성 안에 있습니다. 그러나 저에게나 그대에게나, 사태를 바로잡을 어떤 권한도 주어지지 않습니다.

질: 그러나 문제들을 바로잡는 데 **옴까르**가 무슨 소용이 있기는 합니까?

마: **옴까르**는 모든 것에 유용하고, 괴로움을 포함한 모든 것이 **옴까르**입니다. **옴까르**의 영역 없이 쾌락이나 고통이 달리 어떻게 있을 수 있습니까? 싹이 튼 것은 무엇이든 탄생이라고 불리는데, 탄생과 더불어 존재성은 그 자신을 하나의 인격으로 그릇되게 인식하고, 이것이 쾌락과 고통을 가져옵니다.

질: **옴까르**를 가지고 안꾸루(ankuru)[싹틈]를 어떻게 막을 수 있습니까?

마: 그것이 싹튼 것과 같은 방식으로 하면 됩니다.

질: **옴까르**가 안꾸루를 멈출 수 있습니까, 아니면 안꾸루는 **옴까르**의 한 유희입니까?

마: **옴까르**와 안꾸루 둘 다 경험적 상태입니다. 그 둘이 별개일 수 있습니까? **옴까르** 없이 무엇이 있을 수 있습니까?

질: 저는 안꾸루, 즉 싹틈을 저지할 수 있는 어떤 과정이 있는지 알고 싶습니다. 가령 신성한 만트라 **옴까르**를 염한다든가 하는 식으로 말입니다. 아니면 저희는 일어나는 모든 일을 수동적으로 지켜보아야 합니까?

마: 모든 **만트라**는 어떤 목적이 있습니다. 목적 없는 **만트라**는 있을 수 없습니다.

질: 그러면 **만트라**를 염하면 일체가 재창조되겠군요.

마: 그렇지요.

질: 그렇다면 우리가 애당초 왜 **만트라**를 염해야 합니까?

마: 하지만 이 **만트라**에는 어떤 언어, 어떤 말도 없습니다. 그 뿌리로 들어가서 그대가 죽기 전에 실상을 보고 그대의 참된 성품에 안주하십시오. 그러나 그대는 그렇게 하지 않고 그대가 자신의 정체성이라고 생각하는 그 몸을 돌보기 바쁩니다. 사람들은 세간적인 어떤 것을 얻기 위해서만 **신**에게 헌신합니다.

질: 그것은 **신**에 대한 우리의 헌신이, 뭔가를 사러 시장에 들어가는 것과 마찬가지라는 의미로군요.

마: 그것이 보통의 인간 삶이 진행되는 방식이지요. 그들의 모든 행위를 일으키는 보통의 원동력은 이득입니다.

질: 이득을 얻을 목적으로 신을 숭배하는 한, 그 숭배는 효과가 없겠습니다. 그렇습니까?

마: 1차적인 동기는 '존재애', 즉 자신이 살아 있게 하는 것입니다.

질: '존재애'가 상실되면 어떻게 됩니까?

마: 대답할 자가 누가 있습니까? '존재애'가 가라앉고 나면 그것이 가라앉았다고 말할 사람이 누가 있습니까? 샥띠(Shakti)[잠재적 힘], 아난다(Ananda)[지복], 사뜨-찌뜨-아난다(Sat-Chit-Ananda)[존재-의식-지복]를 체험하는 것이 가능하겠습니까? 아니면 그런 것이 아무것도 없습니까?

질: 저희는 지금까지 사뜨-찌뜨-아난다에 대한 이야기를 계속 들어왔습니다. 만일 그런 것들이 실재한다면 저희가 그것을 향해 나아가야 하지 않습니까? 그리고 만약 그것들이 명실상부하게 존재하지 않는다면 왜 저희가 그것을 얻기 위해 노력해야 합니까?

마: 우리의 근원, 뿌리는 우리의 존재성의 느낌, 곧 '아이 원리'입니다. 그것이 의식적으로 어떤 활동을 했습니까? 그것이 그 단계에서 어떤 지성을 가지고 있기는 했습니까? 이 1차적인 '아이 원리' 외에 달리 무엇이 있습니까?

질: 이제 누군가에게 질문을 하라고 하시지요.

마: 그들이 어떻게 진정한 질문을 할 수 있겠습니까? 그들은 어떤 정체성을 붙들고 나서 질문을 할 텐데, 그런 정체성들은 누구의 책을 읽거나 말을 듣고 나서 구축됩니다. 이것은 모두 외부에서 수집된 정보성 지식이지, 자연발로적인 지知, 참된 지知가 아닙니다. '자기가 있다'는 것과 '자기가 있다'라는 것이 무엇인지에 대한 지知를 가진 사람이 있습니까? 이 시바(Shiva)의 원리가 무엇입니까? 마라티어로 쉬브(shiv)는 '촉감'을 뜻합니다. 존재성의 촉감을 저에게 보여주십시오. 철저히 관찰하고 탐색하십시오. 이 원리, 곧 존재성의 촉감이 어떻게 존재하게 되었습니까? 이 모든 우주적 표현은 그 존재성의 촉감이 확산된 것입니다. 이 원리가 5대 원소, 세 가지 구나, 쁘라끄리띠-뿌루샤를 포괄합니다.

질: 이 장대한 창조계는 모두 **옴까르**, 곧 존재성의 촉감에서 나옵니다. 그것은 하나의 에너지, 힘입니까, 아니면 하나의 관념에 불과합니까?

마: 어떤 말이나 칭호 혹은 관념들이 그대에게 일어나든, 그것은 다 그대의 목적에 부합합니다.

질: 이 원리에는 **자가담바**(Jagadamba)[우주의 어머니]라든가 **마히샤수라 마르디니**(Mahishasura Mardini)[악마 마히샤의 살해자]와 같은 칭호가 부여됩니다.

마: 그대가 **자가담바**라고 하는 것은 무슨 뜻입니까? 새벽, 곧 생시의 상태를 인식하는 원리가 저 **자가담바**입니다.

질: 그러나 이 원리는 하나의 에너지입니까, 하나의 개념일 뿐입니까, 아니면 하나의 환幻입니까?

마: 그것에게 지성이 있습니까?

질: 그것이 일종의 지성입니까?

마: 그렇다고 봐도 되겠지요.

질: 제가 알고 싶은 것은 이것입니다. 저에게서 나온 이 현상계로 말하자면, 제가 그 일부입니까, 아니면 저는 그것과 별개입니까?

마: 그대는 그것과 별개가 아닙니다. 그것은 그대의 **빛**일 뿐입니다.

질: 여러 종교와 **탄트라**(Tantras-탄트라 경전), **뿌라나**(Puranas) 등을 통해 "그것은 하나의 잠재적 에너지다, 그것은 **아난다**다, 그것은 **샥띠**다, 그것은 사랑으로 충만되어 있다"는 등으로 거듭거듭 선언되었습니다. 이런 것들이 우리의 뿌리 깊은 인상인데, 일단 그것을 포기하면, 그것을 내맡겨 버리면, 우리는 어떻게 해야 합니까?

마: 그런 것을 내맡길 필요가 어디 있습니까?

질: 당신께서는 저에게 두 가지 수준을 베푸셨습니다. 한 수준에서는 제가 저의 현상계와 저 사이의 관계를 보고, 다른 한 수준은 '내가 있음'의 느낌이 싹트거나 일어나는 것입니다. 저는 어떻게 해야 합니까?

마: 그대가 수준들에 관심이 있다면, 수백만 가지 수준이 있으니 그것을 헤아려 봐도 되겠지요. 그러나 그 원리는 그런 헤아림을 위한 하나의 견본으로 대상화될 수 없습니다. 그대는 무엇입니까? 그대는 자신이 무엇이라고 느끼

며, 그대의 견본은 무엇입니까?

사회사업 등등을 하느라고 여기저기 쫓아다녀 본들 무슨 소용 있습니까? 이 대상적 세계에 영구적인 어떤 것이 있습니까? 그대는 사람들을 행복하게 해주기 위해 사회사업 같은 수많은 일들을 하려고 합니다.

그대가 오늘 면도를 하는데, 수염은 자라니 내일도 면도해야 합니다. 마찬가지로 그대는 오늘 사람들을 행복하게 하는데, 내일도 그들이 불행하니 다시 가서 그들을 행복하게 해주어야 하고, 그와 같이 그런 반복이 계속되면서 그대가 거기에 매입니다. 처음에 제가 영적인 공부를 추구하고자 했을 때, 저는 세간적 삶(prapancha)을 포기했습니다. 나중에 영적인 공부의 의미를 이해하자, 그것이 개숫물 버리듯이 내버려야 하는 거라는 결론을 내렸습니다. 따라서 현재, 저는 영적인 공부에 결코 신경 쓰지 않습니다. 왜냐하면 그것을 초월했기 때문입니다. 일반 대중 앞에서는 제가 이 주제를 이런 식으로 논할 수 없습니다. 그들이 저에게 돌을 던질 테니 말입니다. 그대는 무엇입니까? 그대의 정체성은 무엇입니까? 그대는 자신을 올바르게 본 적이 있습니까? 몸-마음이 없는 그대의 참된 정체성의 사진을 찍을 수 있습니까? 이런 식의 이야기를 듣고도 다시 저를 보러 오겠습니까?

질: 마하라지님, 제가 찾아와서 당신과—니사르가닷따 마하라지라고 알려진 인물과—교류하는 큰 특권을 갖고 나면, 저의 영적인 추구에서 그것이 저를 어느 정도 밀어주었다는 느낌을 갖습니다. 그렇게 찾아뵌 뒤 서너 달 동안 지속되는 이런 느낌은 어쩌면 일종의 당혹스런 환희의 상태일 것입니다. 그것은 저에게 우리가 안꾸라—'내가 있음'의 발아—의 지점에서 멈출 수 있다는 확신을 줍니다. 이 느낌 자체가 지혜와 직관적 통찰의 한 표지입니다.

당신을 찾아뵌 지난 3, 4년 동안 저는 이런 인상을 가지고 돌아갔고, 어떤 평안, 일종의 고요함을 얻곤 했습니다.

마: 예, 하지만 그것은 마음의 번뇌가 가라앉은 거지요. 그 이상은 아무것도 아닙니다.

질: 그러나 마하라지님, 그것이 나쁩니까? 저희는 이렇게 찾아뵙고 나면 고요함과 행복의 느낌을 얻습니다. 왜 그것을 폄하하십니까?

마: 그러나 그것은 하나의 일시적 상태일 뿐입니다. 얼마 지나면 사라지지요. 탄생과 함께 세 가지 상태가—깊은 잠, 생시, 지각성이—작동합니다. 그대가 체험한 것은 지각성의 영역에 있는데, 그것은 시간이 한정되어 있는 상태입니다. (그대가 있는 곳이) 탄생 이전이라면, 무엇을 얻을 필요가 있습니까?

존재성의 상태는 무지의 상태입니다. 따라서 그대가 무엇을 하든, 평안 기타 무엇을 성취하든, 그것은 불완전한 것일 뿐입니다. 여기서 이런 이야기를 듣는 분들은 대단히 복이 있습니다. 수많은 **화신**들, **성자**들, **진인**들이 시시때때로 오고가면서 세계를 향상시키려고 최선을 다했습니다. 그들이 그런 향상을 위한 어떤 지속적인 변화를 야기할 수 있었던가요?

사람들은 **신**이 이 세계를 창조했다고 하는데, 만약 그렇다면 왜 불행이 있어야 합니까? 창조는 자연발생적으로 일어납니다. 따라서 창조주, 즉 그 자발성은 어떤 지성도 가지고 있지 않습니다.

질: 이런 이야기는 아주 정확히 말씀하신 대로, 일반 대중 앞에서는 하실 수 없습니다.

마: 이런 이야기들은 모든 개념을 제거하기 위한 것이지만, 사람들은 어떤 **신**, 어떤 **브라만**, 혹은 여타의 **신**-개념을 원합니다. 그러니 이런 이야기를 어떻게 이해할 수 있겠습니까?

◆ ◆ ◆

마: 그 자신을 알 수 있는 원리는 그 유기체 안에 있습니다. 기어 다니는 벌레 안에도 그것이 있습니다. 왜냐하면 벌레는 본능적으로 그 자신을 알기 때문입니다.

제 이야기를 들음으로써 여러분은 변모하여 다시 여러분의 본래 상태로, 탄생 이전으로 돌아가게 될 것입니다. 바로 지금 여러분의 현재 삶이 어떠하든, 그런 일이 일어날 것입니다. 제가 요즘 하는 이야기는 (예전과는) 사뭇 다르고, 더 높은 수준입니다. 그래서 제가 요즘 하는 이야기는 아무나 와서 들으라고 하지 않습니다. 아무도 와서 듣지 말라고 권하겠습니다. 왜냐하면 가정생활이나 일상생활에 대한 욕망이 없어질 테니까 말입니다.

언어 에너지와 생명기운 에너지가 합일되어 안정되어야 합니다. 그렇지 않고 그것이 밖으로 나가게 내버려 두면, 그 에너지들이 흩어지고 맙니다.

여러분이 평안을 원한다면, 여러분이 존재하기 시작한 그 지점에서 안정되고, 거기에 머물러 있어야 합니다. 옴(Om)은 부딪치지 않은 소리, 발음되지 않은 단어입니다.

여러분은 제 이야기에 반응하지 않는군요. 여러분은 자신의 **의식**의 성품을 지각하지 못했습니다. **의식**은 연극의 대본, 연기演技와 같은 것입니다. 여러분은 의지할 것이 없고, 전혀 어떤 지지물도 없습니다. 탄생, 부모, 이 모두가 환幻입니다. 몸을 자기 자신으로 여기는 것이 사고事故이지, 몸을 자신의 정체성으로 붙들지 않으면 아무 문제가 없습니다.

존재성이 그 자신을 잊어버릴 때, 그 상태가 **빠라브라만**입니다. 이 지각성은 여러분의 참된 상태가 아니고, 음식기운으로 된 몸의 결과물입니다. 그런데 **절대자**인 여러분은 그것이 아닙니다.

1980년 11월 20일

67
그저 존재하라

마하라지: 제가 그전에 생각했던 모든 것이 이제는 변했습니다. 지금 일어나는 일은 털끝만큼의 개인성도 완전히 사라졌고, (사물현상을) 자연발생적으로 경험하고 있는 것은 **의식** 그 자체라는 것입니다. 그 결과는 전적인 자유입니다. 경험하는 것은 **의식**이라는 완전한 확신이 늘 있었지만, **의식**이 경험하고 있던 그 '나'가 있었습니다. 이제는 그것이 완전히 사라졌습니다. 그래서 **의식**의 영역 내에서 무슨 일이 일어나든, **의식** 이전에 존재하는 저는 전혀 상관하지 않습니다. 그 경험은 **의식**이 그 자체를 경험하는 것입니다.

그렇기는 하나, **의식**이 무엇인지를 이해하십시오. **의식**이 한 개인은 아니지만 말입니다. **의식**의 토대이자 근원은 물질 안에 있습니다. 제가 말하는 것은 아직 개념적 세계 안에 있으니, 여러분이 그것을 **진리**로 받아들일 필요는 없습니다. 개념적 세계 안의 그 무엇도 참되지 않습니다.

일단 그 병을 진단받고 나니 그 병의 이름('암') 자체가 온갖 생각과 개념을 일으켰습니다. 그런 생각과 개념들을 지켜보면서 저는 일어나는 모든 일은 **의식** 안에 있다는 결론에 이르렀습니다. 저는 **의식**에게 말했습니다. "고통 받는 것은 너지 내가 아니다." 만약 **의식**이 계속 고통을 받고 싶으면 몸 안에 머물러 있으라고 하십시오. 만일 몸을 떠나고 싶다면 그러라고 하지요. 어느 쪽이든 저는 상관하지 않습니다.

별별 것들이—생각과 경험들이—다 일어났고 그것들이 저의 회계장부에 기재되었지만, 일단 그것이 무엇인지를 보고 나니 그 모든 회계장부가 다 불태워져, 저는 더 이상 계산할 것이 없습니다.

자신을 한 개인으로 여기는 사람, 자신을 행위자나 성취자로 생각하는 사람을 보고 있으면 얼마나 재미있는지 모릅니다. 일어나는 모든 일, 그리고 그 일을 경험하기는, "내가 있다"가 일어날 때 이 **의식** 안에서 일어납니다.

◆ ◆ ◆

질: 주시하기는 **의식** 이전인 **그것**이 하는 것입니까, 아니면 **의식**이 그 자신을 주시하는 것입니까?
마: 그 상황에 닥쳐 그 문제를 해결하십시오. **의식** 이전의 원리에 대해서는 걱정하지 말고, 그냥 그 **의식**이 되십시오.
질: 신들은 개념에 불과합니까?
마: 신들은 **의식**을 의미할 뿐입니다. **의식**이 없을 때 그대가 수집할 수 있는 것은 뭐든 다 수집하십시오.
질: 저희는 **진인**의 상태를 이해할 수 없습니다. 만약 **진인**이 **절대자**와 하나가 되었다면 **의식**을 드러낼 여지가 어디 있습니까? 저희는 **진인**이 어떻게 **빠라브라만**이면서 여기에도 계실 수 있는지 모르겠습니다.

통역자: 진인은 의식을 초월하면서도 누가 요구하면 절대자일 수 있습니다. 그는 그 특정한 몸이 살아 있기 때문에 의식 속으로 들어갈 수 있습니다. 그 몸을 통해서 의식 속의 존재들과 주고받는 의사소통이 일어납니다.

우리의 경전들에 나오는 비유는 이렇습니다. 바다가 있고 바닷물이 든 항아리가 있습니다. 이제 그 항아리를 바다에 담그면 항아리는 그대로 있지만 항아리 안의 물은 바닷물에 합일됩니다. 그래서 그 물은 어떤 차이도 느끼지 않습니다. 그러나 항아리 안의 물은 그 항아리도 지켜볼 수 있습니다. 그것은 절대자와 하나이면서 그 몸도 사용할 수 있는 이점이 있습니다. 이 비유로써 저는 진인의 상태가 어떨 수 있는지 이해할 수 있습니다.

마: 존재성을 이해하십시오. 그러면 모든 것이 해결됩니다. 그것은 모두 더 거친 상태에서 저 절대자 상태에 대해 그대가 추측해 보는 것일 뿐입니다. 현재 그것은 빠라브라만을 가리켜 보이는 하나의 표지판과 같습니다. 빠라브라만이라는 단어가 빠라브라만은 아닙니다.

그대의 습관은 질문하는 거로군요. 몇 마디 말이 그대에게 던져지고 몇 가지 개념이 그대에게 주어지면, 그대는 이해한다고 말합니다.

제 이야기의 유일한 주제는 그대인데, 그대는 그대가 있다는 것을 압니다. 그대는 어떻게, 왜 그대가 있다는 것을 압니까? 제가 이야기하는 것은 오로지 그것에 대한 것입니다.

그대는 이 의식에 대해 아무 권한도 없습니다. 그것은 제 스스로 왔고 제 스스로 갈 것입니다. 그것에 대해 그대는 아무것도 할 수 없습니다.

질: 그러면 (의식을) 제어한다는 생각은 다 무의미한 것입니까?

마: 그렇지요. 그대는 그것에 대해 전혀 어떤 권한도 없습니다.

질: 토대 자체가 저희들의 발밑에서 박탈당하는군요.

마: 그대의 모든 영적인 공부의 순간들은 '나는 몸이다'라는 관념에 기초해 있습니다. 이 "내가 있다"는 앎은 짧은 기간 동안만 머무를 것입니다.

질: 자신이 이런저런 사람의 화신이라고 말하는 사람들은 어떻습니까? 그것들도 관념일 뿐입니까?

마: 그대가 자신의 진정한 위치에 머무르게 되면 그것이 아주 분명하게 이해

될 것입니다. 그때까지는, 만일 마음에 들면 그것을 받아들이십시오. 그대의 참된 상태를 알기 전까지는 그런 모든 견해들은 말들을 받아들이게 되겠지요. 그대가 진실을 모르니 말입니다.

저 이전 상태(의식 이전의 상태)로 나아갈 필요는 없습니다. 현재 그대가 무엇이냐 하는 이 1차적 개념을 철저히 검토해 보십시오. 그것을 철저히 검토하면 그 개념 이전에 그대가 무엇인지가 열립니다. 보통, 진인은 구도자에게 그렇게 상세히 설명해 주지 않겠지요.

그대는 라마나 마하르쉬의 가르침을 철저히 연구해 보았습니다. 그의 가르침에서 이런 측면을 만나 보았습니까?

질: 마하라지님의 말씀을 들으면 들을수록 라마나 마하르쉬님의 가르침을 더 많이 이해하게 됩니다.

마: 라마나 마하르쉬를 이해했습니까?

질: 저는 결코 이해할 수 없습니다. 왜냐하면 그분은 **절대자**이시고 이해할 수 있는 대상이 아니니까요. 저도 하나의 대상은 아닙니다.

마 그렇지요. 라마나 마하르쉬는 **절대자**이고, 그대도 **그것**입니다. 절대자는 그대의 경험 영역 안에 포착될 수 없습니다. 납득합니까?

질: 예.

마: "나의 이 존재성은 왜 일어났나? 그 원인은 무엇인가?" 이것이 무엇인지를 철저히 알아내야 합니다.

질: 그런 질문들에 대한 답을 알아내려고 하는 것이 무슨 소용 있습니까? 제가 있다는 것, 저의 존재성이 나타났고 언젠가 사라질 것이라는 것을 알면 저로서는 충분하지 않습니까? 왜 제가 그런 것을 다 알아야 합니까?

마: 알아야지요! 그 지각성은 무엇의 결과입니까? 무엇의 성질이지요?

질: 음식의 성질입니다.

마: 오, 그렇지요, 그러나 그것을 그대는 언제 알게 됩니까?

질: 그것은 제가 체험하는 것이 아닙니다.

◆ ◆ ◆

질: 탄생 이전인 것과 죽음 이후인 것 사이에 아무 차이가 없다면, 지금 우리가 누군지 알려고 해야 할 어떤 이유가 있습니까? 다 같은 것 아닙니까?

마: 해에서 나오는 빛과 해 자체 사이에는 무슨 차이가 있습니까?

질: 유일한 차이는 그 중간에서 일어나는 일입니까?

마: 탄생과 죽음 사이에서 일어나는 모든 일 또한 의식의 한 표현일 뿐입니다. 의식의 영역 내에서조차 그대는 다양한 개념들을 즐기는 데 시간을 보냅니다. 달리 그대가 무엇을 합니까?

질: 마하라지께서는 다양한 개념들을 가지고 노십니까?

마: 아니지요. 그것은 의식입니다. 의식이 저 혼자 놉니다.

질: 마하라지님의 의식은 당신께서 그것에서 초연하신데도 유희를 합니까?

마: 의식은 사유재산이 아니고 보편적인 것입니다.

질: 저희가 그것을 이해하기는 하나, 때로는 그것이 한 몸 안에 한정되어 있는 것 같습니다.

마: 그대는 지성으로써 이해하려고 합니다. 그저 존재하십시오(Just be). 그대가 저 역동적인 현현된 지知라고 제가 말할 때는, 그대가 일체라는 것입니다. 달리 무엇을 원합니까?

질: 제가 여기 온 것은 마하라지께서 저에게 그 거울을 주시기 때문이라는 것을 압니다만, 이번에는 제가 저 자신의 거울이라는 것을 보여주시는군요.

마: 그래서 그대는 오래 머무르면 안 됩니다.

질: 저희가 여기를 떠난 뒤에는 무엇을 해야 합니까?

마: 그것은 그대에게 달렸지요. 의식 안에 안주하면 일체가 자연발생적으로 일어날 것입니다. 만일 그대가 여전히 몸-마음 수준에 있다면, 자신이 뭔가를 한다고 생각하겠지요. 제가 말하는 것 안에 그대가 정말 안주하면, 그대의 진아와 하나가 될 것입니다. 그러면 사람들이 그대를 섬길 것이고, 그대의 발 앞에 엎드리겠지요. 그대에게 필요한 모든 일이 일어날 것입니다. 활동들은 일어나게 되어 있습니다. 의식은 움직임 없이 가만히 있지 못하고 늘 바쁩니다. 그것이 의식의 성품입니다. 그대가 여기에 올 때는 어떤 기대, 어떤 열망을 가지고 오지만, 제 이야기를 듣고 나면 그 모두를 상실합니다.

질: 제가 그에 대한 직관적 이해를 가지고 있을 때에도, '제가 아닌 것'을 포기하는 데 왜 그렇게 주저하게 됩니까?

마: 그대는 그 이해 안에 확고히 안정되지 않았습니다. 그대의 확신이 앞으로 그에 대해 전혀 의문이 일어나지 않을 정도가 되어야 합니다. 예를 들어 어떤 사람이 죽어서 화장되었으면 모두 끝난 것입니다. 거기에 대해 무슨 의문이 있습니까? 그와 같이, (확고한 이해가 있으면) 모두 끝나 버릴 것입니다.

질: 그 방향으로 가려면 제가 어떤 노력을 해야 합니까?

마: 애씀 없이, 그저 존재하십시오.

의식이 의식을 충분히 이해하면 몸을 그 자신이라고 끌어안겠습니까? 그것은 전체성 안에 있습니다. 현상계의 조각 하나를 골라내어 "나는 이것이다"라고 말하지 않겠지요.

의식은 어떤 빛이 그렇게 하듯이 그 자신을 표현합니다. 이 5대 원소의 유희는 의식의 현현이며, 의식의 광휘일 뿐입니다. 5대 원소의 유희는 결국 의식 속으로 합일될 것입니다. 왜냐하면 그것은 의식의 한 결과물이니까요.

1980년 11월 21일, 23일, 24일

68
'내가 있음'이 되라

마하라지: 사람들은 여기 와서 며칠, 몇 주일, 심지어 몇 달씩 머무릅니다. 처음 며칠 동안 그들이 들은 것이 뿌리를 내리면 그때는 떠나야 합니다. 그래야 뿌리 내린 것이 자라서 꽃을 피울 시간이 있겠지요. 씨앗이 뿌리를 내리자마자 가야 합니다. 뿌리를 내린 것은 꽃을 피워야 하고, 각자의 심장 속에서 스스로를 표현해야 합니다.

질문자: 마하라지께서는 이 점에 대해, 그 가르침은 당신의 스승님들이 주신

것이지만 이해는 당신이 하신 것이라고 말씀하셨습니다.

마: 제 스승님은 의식이야말로 스승이라고 저에게 말씀하셨고, 다른 모든 발전은 저의 내면에서 싹텄습니다. 열매는 그대 자신의 나무에서 자라야 합니다. 저는 그대 안에 저의 이해를 파종해서는 안 됩니다.

저에게는 전통이나 전통적 지식이 아무 소용없습니다. 전통에 대해 조금이라도 탐색해 보면, 그것이 모두 하나의 개념이라는 것을 알게 될 것입니다. 저는 단 한 가지 사실에만 관심을 둡니다. '여기서 나는 나의 자각조차도 자각하지 못하는 내 전체성 안에 있었는데, 홀연히 이 의식이 솟아올랐다. 그것이 어떻게 생겨났는가?' 그것이 바로 탐구해 봐야 할 문제입니다.

이 **마야**詐欺가 얼마나 영리한 것인지 알아야 합니다. 먼저 그것은 우리에게 우리의 몸을 보여주어 우리가 그 몸이라고 믿게 만듭니다. 그러나 몸이란 수정된 정자의 한 점에 지나지 않고, 그 정자 안에는 의식이 잠재해 있습니다. 그것이 얼마나 기막힌 사기인지 알겠습니까?

몸의 정수는 음식물의 정수이며, 이 의식은 바로 처음부터 음식물 안에 잠재해 있었습니다. 그 의식의 상태 안에 전 우주가 들어 있습니다. 이것을 보고 나서 이해한 사람은 누구나, 이것이 찰나적인 사건에 지나지 않는다는 것을 알기에 침묵할 수밖에 없습니다. 우리가 지식으로서 배우는 엄청난 개념들의 구조가 이 의식의 단순한 출현에 기초해 있습니다.

◆ ◆ ◆

질: "내가 있다"고 하는 이것과, 시간이 한정되어 있는 의식 사이의 관계는 무엇입니까?

마: 그대가 그것과의 관계를 발견하려고 하는 '나'의 개념은 무엇입니까? 정확히 그곳이 오해가 일어나는 곳입니다.

이 공간과 시간의 개념 안에 전체 현상계가 있는데, 그 안에서 그대는 자신이 별개의 무엇이라고 생각합니다. 별개인 것은 아무것도 없고, 그대는 그 전체 현상계의 작용 중 일부입니다.

절대자로서 저는 무시간적이고 무한하며, **자각**을 자각하지 못하는 **자각**입니다. 저는 **무한성**으로서 저 자신을 공간으로서 표현하고, **무無시간**으로서 저 자신을 시간으로서 표현합니다. 공간과 지속(시간성)이 없다면 저 자신을 의식할 수 없습니다. 공간과 시간이 존재할 때는 **의식**이 있고, 그 안에서 전체 현상계가 일어나고 다양한 현상들이 생겨납니다.

저는 **자각**으로서, **저 스스로** 이 **의식** 속으로 내려오고, 이 **의식** 속에서 다양한 방식으로, 무수한 형상들 안에서, 저 자신을 표현합니다. 이것이 현상계의 정점이자 틀입니다. 어떤 개인성이란 문제는 전혀 없습니다.

(사과 한 봉지를 들어 올리며) 이것이 무엇입니까? 이 과일과 염소, 혹은 인간 사이에 아무 차이가 없습니다. 모두 음식의 산물이며, 셋 다 음식입니다.

모든 창조계, 모든 피조물은 5대 원소로 만들어지고, 각 피조물의 행동은 세 가지 **구나**인 **사뜨와·라자스·따마스**의 조합에 의존하고 있습니다. 세계 안에서 일어나는 어떤 일에 대해 (어느 피조물이) 책임이 있다는 그런 것은 없습니다. 그대가 고통 받는 것은 오로지 책임을 떠맡기 때문입니다.

(그대가) 현존하고 있다는 **의식**, 5대 원소, 세 가지 **구나**, 그것이 우주적 현현 전체입니다.

그대의 본래 상태에서는 **자각**에 대한 어떠한 **자각**도 없습니다. 따라서 앎이란 것도 없습니다. 앎은 몸과 **의식**이 출현하면서 나옵니다. 이 앎은 실은 무지이며, 그 위에 기초한 모든 지식 또한 무지입니다.

그대는 다년간 영적인 공부를 닦아 왔는데, 수중에 가진 것이 무엇입니까?

질: 저는 **의식**입니다. 그것이 제가 얻은 이익입니다.

마: 그 이익은 영구적입니까? 그것이 그대의 참된 성품입니까?

질: 저는 전체 현상계를 저 자신과 동일시합니다.

마: 그 모두는 그대가 **의식**을 얻고 난 뒤에만 그런 것 아닙니까? 이 **의식**이 그대에게 다가오기 이전 그대의 상태로 돌아가십시오.

처음에는 그대가 몸을 자신과 동일시하고 그 다음에는 **의식**을 자신과 동일시하며, 얼마 뒤에는 계속 그 **의식**이겠지만, 거기에 도사린 함정은 그대가 자신을 **진인**이 되었다고 생각할 거라는 것입니다. **의식** 안에 존재하는 것도 시간이 한정되어 있습니다. 원래의 상태는 **의식**이 그대에게 다가오기 이전입니다. 어떤 경우에는 그 지知를 베풀었을 때 그 사람이 이해하고 하루 만에 그것이 되었습니다. 어떤 경우에는 천 년이 걸려서 역시 그 상태에 도달했습니다. 무슨 차이가 있습니까?

예전에 제가 좋아하던 것도 이제는 제가 더 이상 그것을 원치 않습니다. 저는 저의 참된 성품을 자각하기 때문입니다. 저는 이 의식이 더 이상 필요하지 않습니다. 단 5분도 말입니다.

그대의 생이 다할 때는 단 5분만 목숨을 연장해 준다 해도 5십만 루피를 지불할 용의가 있을 것입니다. 저는 단 1루피도 줄 생각이 없습니다. 저는 이 현상 세계에 대한 사랑을 모두 상실했습니다.

그대는 이 "내가 있다"는 앎을 제대로 질서 있게 유지해야 합니다. 저는 헌신자들이 이 집기들을 제대로 깔끔하게 유지하지 않으면 나무랍니다. 이 수건을 세탁하지 않은 채로 두었다고 합시다. 그러면 저는 그 소임자가 누구든 호되게 야단을 칩니다. 수건이 아닌 모든 때는 제거되어야 합니다. 마찬가지로, "내가 있다"는 그대가 그것을 통해서 모든 지知를 얻을 수 있는 연장입니다. 그 "내가 있다"를 숭배하고, 모든 오염, 즉 때를 제거하십시오.

질: '내가 있음'을 어떻게 숭배합니까?

마: 그 지각성이야말로 그 위에 덧씌워진 모든 때를 지적해 냅니다. 공간조차도 "내가 있다"는 앎만큼 순수하지는 않습니다. 본시 세계는 아주 순수한데, 그대가 몸을 자신과 동일시하기 때문에 더러워집니다. 그대는 자신의 '내가 있음'을 그 순수한 형태로 인식하지 않기 때문에, 어떤 정체성을 얻기 위해 다양한 책과 진인들을 이야기합니다.

다른 질문자: 저는 저의 존재성을, 저의 존재를 잃는 것이 두렵습니다.

마: 걱정할 일이 뭐가 있습니까? 빠라브라만조차도 그 자신을 모릅니다. 그대가 없고 제가 없다는 결론에 우리가 도달할 때, 남는 것을 빠라브라만이라고 합니다. 그러나 빠라브라만이 무엇입니까? 그대는 그것을 묘사할 수 없고, 그래서 침묵합니다. 저도 침묵합니다. 빠라브라만은 어떤 것과도 비교될 수 없습니다.

질: 명호염송(Nama-Japa)은 쓸모가 있습니까?

마: 얼마든지 그것을 하십시오. 때가 되면 그것의 가치가 증명될 것입니다. 그 염송 안에 안주해야 합니다. 거기서 그대가 무슨 이익을 얻을 것인가 하는 생각을 해 봐야 아무 소용없습니다. 그 염송을 하면서 그 이익을 깨달으십시오. **명호염송**을 하는 사람이 당나귀나 멍청이 같다 해도 그 사람은 위대한 **진인**이 될 것입니다. 그런 힘이 염송 가운데 들어 있습니다. 그런 사람이 **참스승**을 만나게 되면 그 **진인**이 이렇게 말합니다. "그대 자신을 돌볼 필요가 없다. 왜냐하면 그대는 "내가 있다"라는 내재적 원리니까." 아무것도 돌볼 필요가 없습니다. 그저 존재하십시오. 그러면 모든 일이 그대를 위해 돌봐질 것입니다.

전해들은 말에 그렇게 의지하면서 그대 자신을 탐구하지 않는다는 것은 딱한 일입니다. 그대의 지知는 그대의 몸과 빌려온 지식에 국한되어 있습니다.

세상의 모든 활동은 이 '내가 있음' 때문에 진행되고 있습니다. 그것이 세계를 창조하는 **근원**입니다. 그 '내가 있음'을 먼저 이해하십시오. 그래야 그것을 초월할 수 있습니다. 무엇보다 저 '내가 있음'이 되십시오.

❖ ❖ ❖

마: 이 '내가 있음'은 자연의 한 작용이고, 5대 원소로 된 음식-몸의 한 산물입니다. 그것은 그 자신을 알며, 존재를 사랑합니다. 이 지각성의 도움으로 그대의 **진아**를 알도록 하십시오.

영겁의 시간이 오고 갔지만 어떤 사람도 자신의 정체성이나 자신의 기억을 영구히 보존하지 못했습니다. 그 몸이 떠나면서 그것도 사라졌습니다. 5대 원소의 정수들에 세 가지 **구나**가 더해진 것이 사람입니다. 그와 함께 이 지각성이 오고, "내가 있다"는 기억이 있습니다. 이 인격은 5대 원소가 공급하는 음식물에 의해 유지됩니다. 그 음식물들이 적절히 공급되는 동안은 몸과 '내가 있음'도 존재하겠지요. 그 공급이 멈추고 나면 '내가 있음'의 감촉은 사라집니다.

마하라지를 보러 온 그것, 그것을 그대는 인식합니까? 그것은 몸입니까, 아니면 몸 바깥의 어떤 것입니까?

질: 안인지 밖인지 모르겠습니다.
마: 아주 좋은 답변입니다. 몸은 젖혀두고 그것을 묘사해 보십시오.
질: 묘사할 수가 없습니다.
마: 그대가 그것을 묘사할 수 없는데, 그것이 무슨 소용 있습니까?
질: 아무 소용없습니다.
마: 그것을 이해하고 나면 **진리**를 얻을 것입니다. 이야기를 듣는 자, 그대가 모르는 그것이 그대이며, 그대가 그대라고 아는 자는 그대가 아닙니다.

　영적인 공부의 최고 목적은 **빠라마뜨만**입니다. 몸 안에 거주하는 저 "내가 있다"는 앎 말입니다. 그런데 그것은 묘사할 수 없습니다. 이 말이 옳다는 데 그대가 확고히 동의한다면, 그것은 그대가 영적인 지혜를 가졌다는 것 아니겠습니까?

질: 영적인 지혜를 누가 얻을 수 있습니까?
마: 그대 말고 누구일 수 있습니까? 그대이고, 오직 그대뿐입니다. 그대 말고 누가 "나는 누구인가?"라고 물을 수 있겠습니까? 그 질문자인 '나'가 없다면 누가 질문을 하겠습니까? 이것은 그대에게 영적인 **지**知의 정점입니다. 그대는 다시 올 필요가 없습니다.
질: 저는 마하라지님과 함께 있고 싶습니다.
마: 여기 앉아 있어도 됩니다. 그런데 그대가 1년을 살든 천 년을 살든, 결과는 이것뿐일 것입니다.
질: 마하라지께서는 제가 여쭈기도 전에 제 질문에 답변하십니다.
마: 처음에 그대는 다른 사람들이 말하는 것을 받아들이지만, 때가 되면 받아들인 것 모두를 내버려야 합니다.
질: 저는 존재성이 어떻게 해서 생겨났는지 전혀 체험할 수 없습니다. 왜냐하면 존재 이전에 무엇이 존재했는지 알지 못하니까요.
마: 이 앎은 아주 간단하고 그러면서도 아주 심오합니다. 이 모든 과정, 지각성이 출현했다가 결국 그것이 사라지는 것을 누가 알게 되겠습니까? 이것을 이해하는 사람은 **참스승**의 상태에 도달하지만, 보통 사람은 이것을 이해하지 못합니다. **참스승**은 인간인 부모의 자식이 아닙니다.

이 비밀을 알려면, 이 비밀을 이해하려면, 바로 "내가 있다"는 원리에 그대 자신을 내맡기십시오. 그러면 그 의식이 그대를 여기로 이끌어 줄 것입니다. 지금 그 의식 안에서 안정되십시오. 그러지 않으면 그대의 개념들 자체가 그대에게 아주 위험해질 것입니다. 그것들이 그대를 목 졸라 죽일 테니 말입니다. '그대가 있다'는 앎이 모든 에너지의 근원이고, 모든 신들의 근원이자 온갖 지식의 근원입니다.

이런 이야기를 들었으니 그대는 다시 올 필요가 없습니다. '그대가 있다'는 그 의식, 그것 때문에 일체가 있는 바로 그 동적인 원리 안에 안주하기만 하면 됩니다. 그 안에 그대 자신을 안정시키십시오. 거기서 그대가 안정되었음을 확인하십시오. 그대는 그것일 뿐입니다. 이것은 더없이 간단한 방법입니다. 그대는 '그대가 있다'는 것을 압니다. 그냥 그곳에 있으십시오.

1980년 11월 25일, 29일, 30일

69
의식이 요동하면 이원성이 일어난다

마하라지: (저의) 이 병은 어떤 인격, 어떤 개인도 없다는 것을 확인시켜 주었습니다. 병이 누구에게 있지요? 병은 전체적인, 현현된 동적 의식(*Chaitanya*)이 작동하는 일면입니다. 그것은 의식의 유희입니다. 저의 참된 상태는 이 의식 이전입니다. 그 상태는 의식에 의존하지 않습니다.

바잔(Bhajans)을 할 때 우리가 짜끄라빠니(Chakrapani)에게 부르는 2행시가 하나 있습니다. 짜끄라빠니는 '내가 있음', 즉 생명 원리, 현현된 원리를 의미합니다. 그것은 이 담배 라이터와 같습니다. 가스 자체에는 빛이 없지만 그것이 현현된 것은 불길입니다. 그것은 빛·생기·에너지로 가득 차 있습니다. 원자와 아원자 속에도 그 에너지가 있습니다.

의식의 작용은 자연발생적으로 일어나는데, 무슨 일이 일어날지는 우리가 모릅니다. 예를 들어 제가 무슨 말을 하면 이 사람은 이렇게 통역하고 저 사람은 저렇게 통역하는데, 어느 쪽이든 그들이 이해한 대로 통역하겠지요. 이런 식으로 그 과정은 진행될 것입니다. 이 **짜끄라빠니**는 "모든 존재들을 회전시키는 플라이휠과 같다"고 주 **크리슈나**는 말했습니다. 생시의 상태에서 모든 존재를 움직이는 그 에너지는 깊은 잠 속에서는 잠재되어 있습니다. 우리는 **자각**을 얼마나 오래 자각하지 못합니까? 우리는 모르지만, 홀연히 **의식**이 일어납니다. 누가 이런 식으로 생각합니까? 얼마든지 오래 잠재되어 있을 수 있는 그 의식이 홀연히 자연발생적으로 일어난다는 것이 놀랍지 않습니까?

질문자: 보편적 의식은 그 자신을 **보편적 의식**으로 한번이라도 자각합니까, 아니면 어떤 형상이 있을 때만 그것이 자각하게 됩니까?

마: **자각**은 자신의 **자각**을 알지 못합니다. 제가 말하고 있는 것에 그대가 너무 몰두하면, 그대가 쓰고 있는 책과 일체를 내던져 버리게 될 것입니다.

질: 그 책들은 끝내겠습니다. 그러면 저는 끝납니다.

마: (진 던에게) 그대는 그 책들을 완성하겠다고 저에게 약속했습니다. **보편적 의식**은 그런 책을 쓰지 않겠지요. 그 책들을 어떻게 쓰려고 합니까?

질: 그 일이 자연발생적으로 일어나겠지요.

◆ ◆ ◆

질: 저는 궁극자에 대한 직접 체험을 원합니다.

마: 절대자는 그대가 체험할 수 없습니다. 그것은 대상적인 것이 아닙니다. 내가 단일성일 때, 그것은 자신의 **자각**을 모르는 순수한 **자각**이고, 어떤 주체나 대상도 있을 수 없습니다. 따라서 어떤 주시하기도 있을 수 없습니다. 어떤 현현, 어떤 작용, 어떤 주시하기도 이원성 안에서만 일어날 수 있습니다. 주체와 대상이 있어야 하고 그것이 둘이어야 하지만, 그것은 둘이 아닙니다. 그것은 같은 것의 두 끝입니다. **의식**이 요동하면 이원성이 일어납니다. 무수한 대상이 있지만, 각 대상은 다른 대상을 보면 자신이 하나의 대상인데도 불구하고 **절대자**의 주관성을 취합니다. 한 대상인 내가 다른 모든 대상들을

지각하고 해석하는 것입니다. 그리고 내가 주체라고 생각합니다. 그러면서 주시하기가 일어납니다.

질: 의식은 왜 요동합니까? 그 원인은 무엇입니까?

마: 아무 원인 없이, 자연발생적으로 요동이 일어납니다. 이유가 없습니다. 저 의식은 보편적이며, 어떤 개인성도 없습니다. 그러나 역시 자연발생적으로 일어난 특정한 형상 안에서 의식이 요동하고 그 형상 안에서 작용하기 시작하면, 그 형상은 자신이 한 개인이라고 생각합니다. 무한한 것이 특정한 형상으로 자신을 한정하게 되고, 문제가 시작됩니다.

어떤 사람이 진인이 되었다 합시다. 그러나 애초에 그것은 무엇이었습니까? 그것은 저 시큼하고 쓴 원리, 저 분비물, 그것 때문에 의식이 일어나게 된 그것입니다. 바로 그 원리, "내가 있다"는 앎이 발전하고 자라서 달콤해졌고, 그것이 성숙하여 드러난 진인의 상태가 되었지만 그것이 무엇입니까? 그것은 5대 원소로 된 음식기운의 산물입니다. 그것이 사라지면 무엇이 남습니까? 그 자신을 알지 못하는 절대자입니다.

질: 해탈에 대한 욕망도 하나의 욕망입니다. 그렇지 않습니까?

마: 해탈에 대해서 말하지 말고 그대 자신에 대해서, 그대가 무엇인지를 말하십시오. 그것을 이해하면 지知와 무지 둘 다 사라집니다. 지知는 무지가 있는 한에서 필요할 뿐입니다.

많이 아는 사람은 무지한 사람의 무지를 없애주기 위해 어떤 이야기도 해줄 수 있습니다. 그러기 위해 이른바 세간적 지식, 개념들의 도움을 받습니다. 그리고 세간적인 개념적 지知와 무지가 동시에 사라집니다. 진인은 그대의 무지를 없애주기 위해 어떤 개념도 그대에게 베풀 수 있습니다. 이 '내가 있음'이 그 지知이고, 그대는 그것을 받아들이고 있습니다. 그것을 (다시) 없애주기 위해 그는 이런 모든 개념을 그대에게 베풉니다. 그대는 음식기운의 산물인 이 '내가 있음'이 아니라는 것을 이해하도록 말입니다. 일단 그것을 깨닫게 되면, 진인이 베푼 모든 개념을 이 '내가 있음'과 함께 내버려야 합니다. 그리고 남는 것은 절대자입니다.

이것이 실제로 일어나는 상황입니다. 그대는 "나는 이와 같다, 저와 같다"

라고 결코 말할 수 없습니다. 그대는 지知 없이 존재합니다. 이것을 이해하고 의식의 영역을 초월하는 사람은 드물 것입니다.

제 이야기를 듣고 나면 그대는 그것이 모두 아주 간단하다고 생각하지만, 그건 그렇게 쉬운 것이 아닙니다.

◆ ◆ ◆

마: 저는 현재 이 몸을 통해서 작용하는 **의식**에 대해 이야기하고 있지만, 그것은 눈에 보이지 않습니다. 이 **의식**은 몸에 한정되어 있지 않은 **보편적 의식**입니다. 지금은 다른 어떤 이야기도 할 수 없습니다. 이미 죽은 사람은 아무 것도 걱정하지 않습니다. 사람들이 그것을 좋아하든 않든 상관없습니다. 어쩌면 그대는 제 이야기를 들음으로써 무슨 축복, 무슨 이익을 얻을지 모르지만, 저는 모릅니다.

저의 모든 행위는 이 몸을 통해서 작용하기 위해 나타나는 **보편적 의식**의 행위들입니다. 저는 과거의 어떤 것을 기억하고 행위하지 않습니다. 그것은 모두 지금 안에서의 행위입니다.

질: 의식은 어디서 옵니까?

마: 그것은 결코 오거나 가지 않습니다. 온 것처럼 보일 뿐이지요.

질: 왜 마하라지께서는 그것을 아시는데 저희들은 모릅니까?

마: 그대도 알기가 어렵지 않지만, 그대는 어떤 정체성으로 묻고 있습니까?

질: 그것은 카르마적(*karmic*)입니까? 카르마(업業)가 바뀔 수도 있습니까?

마: 그것은 다 **의식**이 작용하는 것이지, 이것이나 저것이 작용하는 것이 아닙니다. 모두 **의식**입니다.

질: 마하라지께서는 자비심을 내셔서, 저를 **보편적 의식**의 상태로 한 번 밀어 주실 수 있습니까?

마: 예, 물론 그렇게 할 수 있지요. 그러나 그대가 제 말을 귀담아들어야 하고, 제가 그대 자신에 대해 무슨 말을 하든 완전한 믿음을 가져야 하며, 그에 따라 행동해야 합니다.

성품상 저는 **미현현**이지만 그러면서도 현현해 있습니다. 그러나 실제로는 현현되지 않습니다. 그대도 그와 같이 **미현현자**로서 살 수 있습니까?

속성이 있는 한 그 속성의 성질, 곧 "내가 있다"가 있습니다. 그래서 저는 이와 같이 말을 할 수 있습니다. 만약 그것이 사라지면 어떻게 됩니까? '나'라는 느낌이 왔다가 갔다, 그게 전부이고, 저는 죽지 않을 것입니다. 이 정체성을 물리친 사람은 이해할 것입니다.

질: 마하라지께서는 당신께서 죽지 않을 거라고 말씀하셨습니까?

마: 태어나지 않는 자가 어떻게 죽습니까?

사람들이 처음 이 병에 대해 알았을 때, 저에게 애착이 있는 사람들은 저를 찾아와 이야기를 하거나, 편지를 보내어 조언해 주거나, 약을 주었습니다. 일어날 일은 일어날 테니까 저는 아무 관심이 없습니다. 저는 두려움이 없고, 그래서 (병을 치료하기 위해) 아무것도 할 필요가 없습니다. 저에게 애착을 가진 사람들이 저에게 편지를 보내거나 직접 와서 저와 이런저런 의논을 하는 것은 아주 당연합니다. 저는 그들의 말을 귀담아듣지 않는데 그 역시 아주 당연합니다. 왜냐하면 저는 아무것도 두려워하지 않기 때문입니다.

그대는 "나는 누구인가?" 하고 묻는데, 그 답은 얻지 못할 것입니다. 왜냐하면 그 답을 얻을 사람이 거짓이기 때문입니다. 그대가 어떤 관념, 어떤 개념을 가질 수도 있는데, 그러면 그대 자신을 발견했다고 생각하겠지요. 그러나 그것은 하나의 개념일 뿐, 그대의 **진아**는 결코 보지 못할 것입니다.

질: **사뜨-찌뜨-아난다**란 무엇입니까?

마: 그것은 말입니다. **사뜨-찌뜨-아난다**는 묘사할 수 없는 그 상태를 그대의 마음이 묘사할 수 있는 한계라고 이해하면 됩니다. 그대의 **참된 상태**는 미현현입니다. (그러다가) 현현물(현상계)이 오고, 말이 옵니다. **사뜨-찌뜨-아난다**를 체험하는 사람은 그 체험 이전에 있습니다.

◆ ◆ ◆

마: 여기서 그대는 그대가 들을 것으로 예상하는 것이 아니라, '존재하는 것'을 알게 될 것입니다. 의식이 일어날 때 이원성이 일어납니다. 나는 존재하고 있고, 내가 존재하고 있다는 것을 안다—그것이 이원성입니다. 내가 있는데

나는 내가 있다는 것을 의식하지 못한다―그것이 단일성입니다. 오직 **하나**가 있지만, 이 의식하는 존재가 있을 때는 이원성의 느낌이 있습니다.

질: 깨달은 사람은 일체를 자각합니까?

마: 실은 누구도 깨닫지 않고, 오직 **순수한 지**知가 있습니다. 우리가 어떤 사람이 깨달았다고 말하는 것은 의사소통을 위해서일 뿐입니다. **지**知가 자신이 **지**知임을 깨달은 것입니다. 일어난 일은 그것이 전부입니다. "나는 몸이 아니다, 나는 말이 아니다", **지**知가 이것을 인식할 때 그것을 **진아 깨달음**이라고 합니다.

질: 마하라지께서 전해주시는 **지**知는 **지**知 수행자들을 위한 것입니다. 그것을 이해할 수 없는 아주 단순한 사람들은 어떻게 됩니까?

마: (그들이 할 수 있는 것은) **바잔과 명상**이지요. 명상에 의해 미성숙한 **지**知가 점차 자라나서 성숙합니다.

질: 천 년 전의 사람들은 원시적이었습니다. 그들은 이것을 이해하지 못했을 겁니다. 이것은 발전된 마음들만을 위한 것입니다.

마: 원시적이든 개화되었든, 사람들은 이것을 이해할 수 있습니다. 그 시절에도 이 **지**知가 나타난 사람들이 더러 있었을 것이 분명하고, 그들은 그것을 본능적으로 이해했을 것입니다.

이 **지**知는 새로운 것이 아니고 늘 존재해 온 것입니다. 사람들은 본능적으로 그것을 알게 되었지요.

질: 왜 인도가 이 **지**知의 요람처럼 보입니까? 다른 어떤 나라도 이 **지**知를 가지고 있지 않은 것 같습니다.

마: 그렇지 않지요. 이 현현은 **절대자**의 표현이고, 그 현현은 여러 나라에서 다양한 형태를 취할 수 있습니다. 어디서 그것이 어떤 형태를 취하느냐는 중요하지 않습니다. 근본적으로 일체가 **절대자**의 현현입니다. 어떤 원인과 결과도 없고, 왜 어느 것은 이곳에 있고 다른 어떤 것은 다른 곳에 있어야 하는지의 이유도 없습니다. 우리가 혼자서 알아내야 하는 것은, 자기가 무엇인가 하는 것입니다.

질: 스승이 그 **지**知 쪽으로 밀어줄 수 있습니까?

마: 그대는 자신이 한 개인이고 **스승**도 한 개인이라고 생각하지만, 그것은 그렇지 않습니다. 스승은 일시적인 이 **의식**을 아는 자입니다.

이 기묘한 상황을 이해하십시오. 제가 그대에게 이야기를 하고 있는 동안 몸 안에는 참을 수 없는 통증이 있습니다.

저는 서로 별개인 어떤 개인도 없고, 세간적 지식과 영적인 지식으로 나누어진 어떤 지식도 없다는 것을 확고히 이해했습니다. 스승도 없고 제자도 없고, 신도 없고 헌신자도 없습니다. 어떤 상대물(opposites)도 없습니다. 상대물들은 양극적 이원성인데, 별개의 두 부분이 아니라 같은 하나의 두 부분입니다. 저는 그것을 확신하지만 그래도 그대에게 이야기를 하고 있습니다. 그대는 그것을 **지**知로서 받아들이고, 저는 그것을 **지**知로서 베풉니다. 이 재미있는 요소를 이해하십시오.

이런 이야기는 저에게서 자연발로적으로 방사됩니다. 말의 이 방사 이전에 내면에서 어떤 의미도 조작되지 않습니다. 마음이 하는 역할이 없습니다. 그것은 직접적인 자연발로성입니다.

질: 마하라지께서 사용하시는 **의식**의 정의는 무엇입니까?

마: 여기서 사용되는 **의식**이란, 살아 있다, 살아서 존재한다는 이 느낌, 존재감입니다. 그것은 **존재애**이고, 모든 욕망의 근원이자 원인입니다.

1980년 12월 5일, 7일, 8일, 9일

70
의식은 환幻이다

마하라지: 절대자는 그 자체로 단일성이지만, 다양한 방식과 형상으로 표현됩니다. 저는 **절대자**로서, 저 자신에 대한 어떤 경험도 가지고 있지 않습니다. 타자他者가 없는 헌신은 **진아**에 대한 헌신인데, 거기에는 어떤 이원성도 없습

니다. 일단 이원성이 나오면 그 헌신은 주체와 대상 사이에서 분리됩니다. 태어나기 전에는 우리가 자신을 의식하지 못했습니다. 어떤 낯선 요소, 즉 탄생이 도입되고서야 우리 자신을 의식하기 시작했습니다.

이것을 이해하는 것이 깨침(awakening)이며, 여기에는 어떤 길도 어떤 기법도 따로 없습니다. 이것은 워낙 미묘해서 저는 그에 대해 더 이야기하고 싶지만, 몇 마디 이상 이야기하는 것이 신체적으로 불가능합니다.

제가 공개적으로 이야기하는 것을 남들은 이야기하지 않겠지요. 각자가 가진 수용량은 그 자신의 행운에 달렸습니다. 또 여러분은 저에게서 듣는 것을 이용할 수 없다는 것도 이해하십시오. 여러분이 무엇을 듣든, 그것이 (여러분의 내면에서) 자기 하고 싶은 일을 자연발로적으로 할 것입니다.

질문자: 여기 앉아서 마하라지님의 말씀을 듣는 것은 순수한 기쁨입니다. 그것은 이원성을 이룬 것처럼 보이기는 해도, 내면 깊은 곳의 뭔가를 칩니다.

마: 여러분에게 그런 이원성의 느낌이 있는 한, 제가 하는 이야기가 표적에 도달하지 못합니다.

제가 말하고 있는 바를 이해하십시오. 의식은 자연발생적으로 일어납니다. 일단 내가 나 자신을 의식하면 나는 내가 존재한다는 것을 알고, 이 존재성을 사랑합니다. 나는 이 존재성이 나를 떠나는 것을 원치 않는데, 바로 이 존재성이 나로 하여금 존재성에 대한 이 사랑을 만족시키기 위해, 잠이 나를 압도할 때까지 하루 종일 분투하게 만듭니다.

그때 **스승**이 나에게 사태의 진상을 말해줍니다. 내가 그렇게 사랑하는 이 **의식**은 하나의 환幻에 불과하다고 말입니다. 그것이 모든 불행의 근본 원인이며, 나의 참된 상태는 이 **의식**이 일어나기 전입니다. 그것은 모든 개념을 넘어서 있고, 그에 붙여진 어떤 이름도 하나의 개념입니다.

그것을 철저히, 직관적으로, 언어를 넘어서 이해하되, 그 이해가 여러분에게 아무 소용이 없을 수 있다는 것도 이해하십시오. 왜냐하면 그것은 **의식**의 수준에 있고, **의식**은 환幻이기 때문입니다.

여기서 녹음되고 글로 옮겨지는 것은 훗날 이해의 기반이 확장되어 사람들이 사태의 진상을 알고 싶어 할 때가 되면 상상할 수 없는 가치가 있을 것입니다. 이것이 더 확장된 범위에서 드러나게 될 때는 사람들이 경탄하겠지요. 이런 말들은 몇 마디 안 되겠지만, 어느 때인가 사람들이 이 말 몇 마디를 듣고 자신의 지知가 홀연히 사라지면 놀라움을 금치 못할 것이고, 자신의 성취를 자랑스럽게 여길 것입니다.

질: 여기서 의식이란 단어가 사용되는 방식이 잘 이해되지 않습니다. 저는 의식이 순수한 **자각**, **궁극적 실재**라고 생각하고 있었습니다.

마: 태어나는 음식-몸에 의존하는 이 의식은 시간이 한정되어 있습니다. 의식 이전인 것이 **절대자**이고, 의식이 형상이 없어 그 자신을 자각하지 못할 때 그것이 **절대자**입니다. 우리는 이 의식에 지나지 않습니다.

여러분이 여기 오면 제가 여러분에게 이야기를 하는데, 저는 여러분이 오든 가든 상관하지 않습니다. 저는 전적으로 독립해 있습니다. 저는 **절대자**로서 의식을 필요로 하지 않습니다. 전적인 독립이란, 그저 파악하고 이해하는 것입니다. 외관상으로는 "내가 있다"고 말하는 이 의식에 제가 의존하고 있는 것처럼 보입니다. 제가 여러분을 지각할 수 있게 하는 것이 이 지각성입니다. ("내가 있다"는) 이 개념은 제가 가지고 있지 않았지만, 그럴 때에도 **저는** 존재했습니다. **저는** 이 의식이 나타나기 전에 있었습니다.

여러분이 원하거나 욕망하거나 숭배하는 모든 것은 개념일 수밖에 없습니다. 무엇이 개념적 존재이고 무엇이 개념 이전의 존재인지 들어본 적이 있습니까? 많은 사람들은 순전히 영적인 목적을 위해 여기 와서, 저에 대한 크나큰 사랑을 토로했습니다. 나중에는 그들에게 어떤 행운이 찾아오고 그들이 하는 일이 잘 됩니다. 그러면 잘 사느라고 여기 올 시간이 없습니다. 예전의 그 사랑은 다 어디 있습니까? 이것은 **마야**의 영역입니다. 어떤 사람은 영적인 추구를 하겠다는 진지한 의도를 가지고 왔다가, 이 **마야**가 약간의 유혹을 보여주면 그만 가 버립니다.

이 **마야**는 독립적으로 작용하지 않습니다. 우리가 협력자들입니다. (왔다가 가 버리는) 그 사람이 감히 자신을 이 **마야**에서 분리하겠습니까? 아니, 저 **마야**를 받아들이겠지요. 저 에고['나는 아무개다'라는 것]는 없애기가 아주 어렵지만, 에고는 제가 말하는 것을 진정으로 이해하는 사람을 건드릴 수 없습니다.

개념들이 남아 있는 한 여러분은 계속 여기 오겠지요. 개념들을 넘어서면 여기 올 필요가 없습니다.
언제부터, 그리고 무엇 때문에, 여러분이 있다고 생각합니까?

◆ ◆ ◆

마: 제가 말하는 것을 이해할 수 있다면, 여러분이 도달한 지위를 생각해 보십시오. 그런데 만약 이해했다면 어떤 지위도 없겠지요. (그러한) 여러분의 가치는 가늠할 수 없습니다. 여러분이 해야 할 공부를 다 한 것이고, 이제 여러분의 수행(sadhana)은 열매를 맺고 있습니다. 지금 여러분은 여기에 있습니다. 그 열매가 여러분 안에서 자라게 하십시오. 이곳을 떠난 뒤에는 달리 누구도 찾아갈 필요가 없습니다. 그런 일은 다 했기 때문입니다. 여러분은 저 깨달음의 상태를 얻을 만하기 때문에 오늘 여기에 있습니다.

아침에 (잠에서 깰 때) 일어나는 말없는 "내가 있다"를 알도록 하십시오. 진아를 알고 진아지 안에 안주하는 것은 단순한 지적인 앎이 아닙니다. 여러분이 그것이 되어야 하고, 거기서 벗어나면 안 됩니다. 확고히 머무르십시오.

제가 남들에게 해준 조언에 대해 그들과 의논하지 마십시오. 제가 여러분에게 말해준 것에만 안주하십시오. 남들이 들은 말이 뭘까 하는 호기심을 죽이십시오. 각 구도자마다 그에게 적합한 조언이 주어집니다. 여러분 자신의 참된 성품에 안주하지 않으면 남의 성품의 깊이를 가늠하지 못할 것입니다. 여러분이 남들을 이해하려 할 때는 자기 진아의 스스로 빛나는 성품이 완전히 열려야 합니다. 그 과정에서 자기 자신을 알게 될 것입니다. 여기서 설하는 지知는 어느 책에서도 발견하지 못할 것입니다. 자, 여러분에게 그렇게 많이 드렸으니, 내일 저를 보러 와도 좋고 오지 않아도 좋습니다. 그것은 중요하지 않지만, 여러분의 진아에 대해 제가 말해준 것을 잊지 마십시오.

◆ ◆ ◆

질: 이 의식은 하나의 스크린과 같은데, 제가 그 스크린입니다.
마: 제가 말하는 것을 개념들 없이 이해하십시오. 그대는 새로운 개념들을

부가하고 있습니다. 이제 제로(zero) 개념으로 가십시오. 천상계, 즉 바이꾼타(Vaikuntha)와 같은 곳에 가기 위해 복을 쌓는 것이 목표인 구도자들이 많이 있습니다. 저는 (저 자신을) 알아내려는 것 외에는 어떤 목표도 없었습니다. "나는 내 **자각**을 알지 못했는데, 홀연히 '내가 있다'는 것을 의식하게 되었다. 이 **의식**이 어디서 어떻게 해서 나에게 일어났나?" 그것이 제가 한 탐구입니다. 현상들의 존재가 없을 때의 그 상태로 돌아가는 것 말입니다. 즉, 본래적 **진아**에 대한 본래적 **지**知입니다. 그래서 저는 이 본래적 **진아**를 추적하면서 (근원으로) 돌아가 어떤 단계에 이르렀는데, 그것은 이 **의식**이 일어나기 전에 저의 상태가 무엇이었는지 알고 싶어 했던 그 단계였습니다. 그것이 제가 도달한 목적지였습니다. 브라만·이스와라·하느님, 이 모두가 그 자신을 의식하지 못할 때의 **의식**에게 붙여진 이름입니다. 만약 그대가 이 **지**知를 제대로 이해했다면, 소위 죽음의 순간에 그대의 위치는 어디겠습니까? 그것은 일어나는 일을 지켜보고 있을 것입니다. 이 **의식**은 점차 모든 것을 상실하여 마침내 더 이상 그 자신을 의식하지 못하게 됩니다. 그 상태는 묘사할 수 없습니다. 그것을 빠라브라만, 곧 지고의 **절대자**라고 부르지만, 그것은 의사소통의 목적상 붙여진 이름일 뿐입니다.

이런 식의 탐구는 잠에서 깨어난 순간부터 잠들 때까지 우리가 종일 뭔가를 하느라고 바쁘다는 것을 알아차렸을 때 시작되었습니다. "우리에게 이런 일을 하게 하는 것은 무엇인가? 무엇 때문에 이런 일이 진행되는가?" 그때 저는 하루 종일 일을 하는 것은 저의 존재성―즉, 제가 존재한다는 것을 의식하고 있다는 사실―이라는 결론에 도달했습니다. 저의 탐구는 그렇게 시작되었습니다.

몸 안에 거주하고 있는 그 원리가 **의식**입니다. 그 **의식** 안에 안주했더니 그것이 모든 현상계가 되었습니다. 이어서 **의식**의 초월도 일어났습니다. **의식**이 출현하면서 **절대자**가 자기가 있다는 것, 곧 "내가 있다"를 압니다. 이것이 그 경험입니다. 지금 이 시간 요소 안에는 다른 경험들도 있지만, 경험들은 ―"내가 있다"는 1차적인 경험을 포함하여―점차 떨어져 나갑니다. 사라지게 되는 것은 **의식**뿐이며, **절대자**는 늘 있습니다.

(그런데) 이 무슨 타락입니까! 그 완전한 상태가 이런 경험들 안에 사로잡혀 그 경험에서 뭔가 이익을 얻어 보려고 애쓰고 있으니 말입니다.

질: 그것은 자연발생적입니까?

마: 그렇지요. 모든 경험은 이 지각성의 장場 안에서 일어나고 있었고, 궁극적 원리가 그 안에 사로잡혔습니다. 그것이 어떤 경험을 그 자신으로 받아들였습니다. 경험들을 진리로 받아들이면 그것은 점점 더 말려들게 됩니다.

1980년 12월 13일, 15일, 18일

71
보편적 의식이 신이다

마하라지: 바로 지금 저는 생시의 상태에서 드러누워 있었지만, 어떤 말도 지각하거나 받아들인 것이 없습니다. 언어 이전의 상태 같다고 할까요.

이제는 인격이나 개인성의 마지막 자취도 저를 떠났습니다. 작년에는 제가 어떤 애정을 가지고 사람들에게 이야기를 하곤 했지만, 지금은 그것이 없습니다. 거친 세계 안에서의 저의 거처는 이제 사라졌습니다. 현재 그것은 허공 같이 미세한 세계 안에 있습니다.

이런 이야기들의 효과는, 말들이 솟아나는 바로 그 근원 안에 여러분이 자리 잡게 될 거라는 것입니다. 그 역동적인, 현현된 **의식** 안에 안주하는 것이 스승의 말씀 안에 안주하는 것입니다. 제가 여러분에게 드린 **만트라**의 의미는 여러분이 그 몸이 아니라 현현된, 역동적 원리라는 것입니다. 그 안에 안주하면 그것이 됩니다.

사람들은 자신의 의지로 여기 온다고 생각하지만, 그들을 여기로 데려오는 것은 **의식**입니다. 왜냐하면 의식이 이 지知를 원하기 때문입니다.

제가 하는 이야기는 그 **의식**에게 하는 것입니다. "너는 그 몸과 자신을 동일시해왔다. 그러나 너는 그 몸이 아니다"라고 말입니다. 지知가 그 자신의 성품을 알고 자신의 근원인 지知와 합일해야 합니다.

사람들은 여기 와서 축복을 청하지만, 자신이 그 몸이 아니라 내면의 의식이라는 지知가 곧 축복이라는 것을 이해하지 못합니다.

❖ ❖ ❖

질문자: 우리가 하나의 문제를, 인간 마음 속의 어떤 문제를 아주 강력하고 순수하게 관찰하면, 그 문제가 해소되고 관찰만 남습니다. 그 관찰은 무엇이고, 그 관찰은 누구이며, 그 관찰의 핵심은 무엇입니까? 거기서 어떻게 나아가야 합니까?

마: 그것은 전통적인 이해 방식입니다. 그것은 세계를 관찰하는 전통적 분위기이고 그 이상 아무것도 아닙니다. 그냥 하나의 분위기, 그뿐입니다. 그 관찰 과정은 언제 시작되었습니까? 그것은 생시 상태, 깊은 잠의 상태, 그리고 "내가 있다"는 앎이 나타나 모두 하나의 "내가 있다"로 합쳐지면서 시작되었습니다. 이것이 탄생이라는 것입니다. 이른바 탄생과 함께 이 3요소가 나왔고, 그것이 나오면서 관찰이 시작되었습니다. 그 과정은 매일 진행됩니다. '내가 있음'이 나오는 순간 그것은 경험하고 관찰하는 등에 사용됩니다. 이 탄생이 일어나기 이전에 그 '내가 있음'이 어디 있었습니까? 없었습니다.

질: 더 나아가다 보면 제가 관찰 안에 있고, 저는 그냥 지켜보기만 합니다. 이때 (해결할) 더 이상의 문제가 있습니까? (있다면) 그것은 어떤 문제입니까?

마: 그 관찰은 언제 일어나며 무엇에 대한 관찰입니까? 그대는 심오한 어휘들을 수집했지만, **진아**지는 아직 밝아오지 않았습니다.

질: 그러니까, 그게 제가 관찰하던 것입니다. 그것을 어떻게 탐구합니까?

마: 그대는 '그대가 있다'는 것을 압니다. '그대가 있다'는 것을 그대가 알기 때문에 모든 일이 일어나고 있습니다. "내가 있다"는 저 앎을 알도록 하십시오. 저 "내가 있다"가 무엇인지를 이해하면 그 신비의 껍질은 깨집니다.

질: 거기에 도달하는 절차는 무엇입니까?

마: 그 질문이 일어난 바로 그 근원으로 나아가십시오. 그 근원이 그 문제를

해결해 줄 것입니다.

질: 그 안에 어떤 탐구가 있습니까?

마: 물론이지요. 누구든 어떤 원리든, 그 문제를 제기하고 싶으면 몸을 그 자신으로 끌어안으면 안 됩니다. 그대가 "내가 있다"는 앎일 뿐이라고 하는 관점에서 그 문제를 제기하십시오.

질: 모르니까 문제를 제기하는 것입니다.

마: 그렇지요. 그러나 1차적 무지는 우리의 '내가 있음'에 대한 것입니다. 우리는 그것을 **궁극자**로 받아들여 왔는데, 그것은 무지입니다. 우리는 이 **의식**이 **영원자**이고 **궁극자**라고 생각하지만, 그것은 잘못입니다. 이 "내가 있다" 원리는 생시의 상태와 깊은 잠의 상태가 있어야만 존재합니다. 저는 생시의 상태가 아니고, 깊은 잠의 상태도 아닙니다. 따라서 **절대자**인 저는 그 "내가 있다"가 아닙니다. 이 3요소는 내버려두십시오. 그대는 무엇입니까?

마: 그것은 다시 "나는 누구인가?"라는 물음으로 돌아옵니다.

마: 분명하게 이해하십시오. 탐구의 도구 자체를 젖혀두면 그 물음이 어디 있습니까?

질: 만일 묻지 않으면(If you don't question…).

마: 어느 그대(you)입니까? 그대가 그 '그대'를 없애 버렸습니다.

질: 모르겠습니다. 어떻게 답변할 수 있습니까?

마: 이 3요소 없이 그대가 어떤 물음을 가질 수 있습니까? 그대가 쉰 살이라고 칩시다. 그대는 3요소와 50년이나 연관을 맺었습니다. 이제 뒤로 돌아가서, 5년 전에 그대가 경험한 것은 무엇입니까? 그대는 어떤 사람이었습니까?

질: 모르겠습니다.

마: 맞습니다. 그것은 모름(no-knowing)의 상태였습니다. 그 모름의 상태에서 홀연히 지각성이 나타났습니다. 그것이 이 모든 말썽을 일으켰습니다. 그대는 언제부터 존재했고, 얼마나 오래 계속 존재하려고 합니까?

질: 글쎄요, 제가 경험을 해 왔으니까, 경험을 하는 동안이라고 해야겠지요.

마: 맞습니다. 이제 '내가 있음'의 경험 없이 그에 대해 무슨 말을 해보십시오.

질: 할 수 없습니다.

마: 이 3요소 상태와의 연관, 이 말썽의 다발은 무엇에 기인합니까?

예를 들어 어떤 건물에 불이 났는데, 전기 누전 때문이라고 합니다. 이 3요소의 등장은 무슨 누전에 기인합니까? 어떤 마찰이 있었습니다.

여기서 담배 라이터를 켜면 불길이 생깁니다. 마찰 혹은 누전 때문에, 세 가지 상태 전부가 불타오르고 있습니다.

질: 그러면 그 불길은요?

마: "내가 있다"지요.

질: 저는 그 속으로 태어났습니다.

마: 저 3요소 때문에 그대는 삶을 경험하고 있고, 수행도 하고 있습니다.

질: 결국에는 전혀 어떤 문제도 없고 "나는 누구인가"나 "나는 무엇인가"도 없으니, 이 3요소를 치워버리면 침묵할 수밖에 없군요.

마: 침묵이나 평안은 혼란이나 번뇌와 연관되어 있습니다.

질: 그것은 평안이나 번뇌와는 상관없습니다. 제 말은, 만약 우리가 이 세 가지 상태를 젖혀두고 '나는 나 자신에 대해 아무것도 모른다'는 것을 알고 자신의 진아 안에 가만히 앉아 있기만 하면, 침묵할 수밖에 없다는 것입니다.

마: 그대가 말하는 그런 것은 불가능합니다. 생시의 상태와 깊은 잠이 있다면 지각성이 있을 것입니다. 그것이 없다면 그대가 그런 형상으로 여기 와 있지 않았겠지요.

그대가 태어나기 전에 자신이 태어난다는 것을 아는 능력이 있었다면 이 탄생의 구덩이 속으로 뛰어들고 싶지 않았을 것입니다.

◆ ◆ ◆

마: 저의 현재 상태에는 큰 차이가 있습니다. 그전에는 바잔을 듣고 있으면 그 말과 그 말의 더 깊은 의미를 의식했고 바잔에 전적으로 개입했습니다. 지금은 제 의식이, 바잔이 진행되고 있다는 것을 아는 정도로만 반응하고 전혀 개입하지 않습니다.

저는 더 이상 '나'나 '내 것'과 아무 관계가 없습니다. 이 '나와 '내 것'이라는 느낌은 워낙 강해서, 별 가치도 없는 천 조각 하나에 지나지 않는 것을 두고도 단지 '내 것'과의 동일시 때문에 싸움이 일어날 수 있습니다.

이 의식은 에너지에 지나지 않습니다. 몸의 기운이 약해지면 의식도 약해져서 결국은 떠나겠지만, 아무것도 죽지 않습니다.

음식은 이 에너지를 정상적으로 유지시키는 한 가지 항목입니다. 저는 거의 어떤 치료도 받지 않고 마사지만 받습니다. 이 마사지는 몸 안의 온기[즉, 에너지]를 되살려주고, 그래서 늘어지고 차가와지기 쉬운 몸 안의 에너지가 마사지에 의해 다시 데워집니다.

태어나는 것은 생시와 잠의 상태이고, 시간의 개념과 의식입니다. 이 의식이 일단 그 자신을 의식하면, 조건화 때문에 어떤 사물들을 자기 것으로 삼고 다른 것은 자기 것이 아니라고 하게 됩니다. 그리고 자기 것이라고 생각하는 것을 위해 혹은 그것을 지키기 위해 싸우게 됩니다. 의식이 자신의 잠재력, 곧 자신의 보편성을 깨달으면, '나'와 '내 것'이라는 개념도 사라집니다.

이 **보편적 의식**이 신이라고 하는 것입니다. 즉, **무소불능자**요 **전지전능자**요 **무소부재자**이자 모든 속성입니다. 이런 속성들은 의식 속에서 신에게 주어지지만 **절대자**에게는 주어지지 않습니다. **절대자**는 속성이 없습니다.

◆ ◆ ◆

질: 저희들이 세간적 업무에 바쁠 때는 무엇을 명심해야 합니까?
마: "내가 있다"는 원리가 있기 때문에 그것이 사방을 돌아다니는 것입니다. 그것을 인식하기 위해, 즉 거기에 하나의 정체성을 부여하기 위해 여러분은 여러 가지 제복[몸]을 입지만, 그 원리는 이미 존재하고 있습니다. 그리고 그 원리 때문에 여러분이 다양한 활동을 하고 있습니다. 그 제복을 입지 않으면 어떤 활동도 할 수 없을 것입니다.

이 지知는 그 이스와라 원리를 위한 것인데, 그 원리가 지금 자신은 몸-마음이라는 환상에 사로잡혀 있습니다. 여러분은 그 제복의 정체성을 받아들였고 그 정체성이 여러분의 에고가 됩니다.

이스와라는 그것에 의해 (존재들의) 모든 활동이 이루어지는, 현현된 원리입니다. 그것은 (본래) 아무 형상이 없는데, 5대 원소들의 유희 때문에 형상들이 주어집니다. 지금 그 원리가 제복 속에서 완전히 상실되어 제복에 의해서만 인식됩니다. 여러분이 죽음을 두려워하는 것은 자신의 정체성인 그 몸을 잃을까 두려워하기 때문입니다.

그 제복이 여러분에게 있으니 얼마든지 그것을 사용하십시오. 그러나 여러분은 그 제복이 아니라는 것을 이해하십시오.

질: 그 제복에 문제가 생기면 어떻게 해야 합니까?

마: 그대 자신의 **진아** 속으로 물러나 그대의 **참된 자아**와 하나가 되십시오.

이 '내가 있음'은 다양한 경험을 즐깁니다. 거지도 되고 왕도 됩니다.

그 몸이 영원합니까? 그 몸은 그대의 평생 동안 변해 왔는데, 어느 정체성이 그대의 것입니까?

질: 저는 제 몸을 저 자신과 동일시하는데, 제가 그것을 압니다.

마: 누가요?

질: 제가 압니다.

마: 그 '나'라는 말의 의미를 사진 찍어서 줘 보십시오. 그렇게 못하지요. 그 원리에는 어떤 이름이나 형상이나 모습도 없습니다. 저의 확고한 결론은, 그 제복을 통해서 이루어지는 모든 것은 사멸하게 되어 있고, 존속하지 않을 거라는 것입니다. 어느 제복에 영구성이 있습니까? 그대는 그 제복의 형상이나 이름이 아니라는 것을 알게 되면 다 끝난 것입니다. 그대가 몇 천 루피의 지폐를 간직하고 있는데 갑자기 그것이 다 무효가 되었다는 정부의 포고령이 나온다고 생각해 보십시오.

일단 그 '내가 있음'이라는 제복을 버리면, 남는 것이 **빠라브라만**입니다. 영원히 현존하는 것은 **빠라브라만**입니다.

질: 마하라지께서는 제가 제복을 벗는 것을 도와주시겠습니까?

마: 무슨 필요가 있지요? 그것은 영원하지 않고, 결코 존재한 적이 없습니다.

질: 저희들은 제복을 벗지 못했으니 그것이 문제입니다.

마: 자, 말해 보십시오. 그 존재성이 없었을 때 그대는 어떤 경험을 가졌습니까? '내가 있음'이라는 저 작은 감촉이 있자 그대가 자신과 세계의 존재를 느

겼습니다.

질: 어떻게 하면 이 존재성을 포기합니까?

마: 그럴 필요가 어디 있습니까? 그 제복을 그대 자신으로 받아들인다면 그것을 포기한다는 문제도 있겠지요. 몸과의 동일시를 포기하고 그대 자신을 알려고 노력하십시오. 그것은 지각성일 뿐이고 그대는 그 상태를 지각할 수 없습니다. 그대는 무지하기 때문에 여기 오는 것이지, 많이 알기 때문에 오지는 않습니다. 제가 드리는 이 지知는 무지를 없애기 위한 것일 뿐입니다.

1980년 12월 22일, 23일, 24일, 25일

72
그대는 마음 이전에 있다

마하라지: 몸은 무엇으로부터 창조됩니까?
질문자: 그것은 의식의 한 표현입니다.
마: 이 몸은 5대 원소로 구성되어 있지 않습니까? 그대는 그대가 존재한다는 것을 압니다. 그 앎은 5대 원소에 의존해 있지 않습니까? 몸이 없으면 의식을 알 수 없습니다. 그것은 형상에 의존합니다.
질: 몸이 없으면 제가 있다는 것을 제가 모른다는 말씀이십니까?
마: 맞습니다. 들었거나 읽은 것 말고 그대 자신의 경험으로 말할 때, 몸 없이도 그대가 존재한다는 것을 그대는 알 수 있습니까?
질: 저는 이 몸 없이도 존재합니다.
마: 책에서 읽은 것은 잊어버리십시오. 그 몸에 대한 경험이 없을 때, 그대가 존재한다는 것을 경험해 보았습니까?
질: 제 영어가 별로여서 표현은 못하겠지만, 저는 "내가 있다"는 것을 압니다.

마: 그대가 태어나기 전에도 그대가 존재한다는 것을 느끼거나 감지하거나 알 수 있었습니까? 진인은 몸이 5대 원소로 만들어져 있고 이 원소들의 성품에 따라 작동한다는 것을 보기 때문에, 자유롭습니다. 저는 그 몸을 보지만 그 몸이 무엇을 하든 상관하지 않습니다. 그 안에는 제가 자신과 동일시할 수 있는 것이 아무것도 없습니다. 5대 원소가 조합된 것의 정수는 존재의 느낌, 즉 존재하고 있다는 느낌입니다. 그것은 모두 동시에 오며, 저는 거기서 아무 역할도 하지 않습니다. 제가 현존한다는 느낌은 하나의 몸을 가지고 있다는 데 의존합니다. 저는 그 몸도 아니고 의식하는 존재도 아닙니다.

이 몸 안에 "내가 있다"는 미세한 원리가 있는데, 그 원리가 이 모든 것을 지켜봅니다. 그대는 말이 아닙니다. 말은 공간의 표현이지, 그대의 것이 아닙니다. 더욱이 그대는 그 "내가 있다"가 아닙니다.

질: 그러면 '나'라는 것은 무엇입니까?

마: 누가 묻고 있습니까?

질: 여기에 아무것도 없고, 어떤 '나'도 없습니까?

마: 누가 그렇게 묻고 있습니까?

질: 뭔가의 느낌이 있기는 한데, 그것이 뭔지 모르겠습니다.

마: 그 뭔가의 느낌이 있다면 그것이 진리일 수 있을까요? 이 의식이 망각 속으로 들어가면 그 상태가 무엇이라고 말할 사람이 누가 있습니까?

질: 모르겠습니다.

마: 그대의 '내가 있음'이 없기 때문에, 그대는 그대 자신을 모릅니다. 그대가 있다는 것을 알기 시작했을 때 그대는 장난을 많이 쳤지만, "내가 있다"가 없을 때는 장난이란 것도 없습니다.

질: 제 몸이 있는 한, 언제나 "내가 있다"가 있습니까?

마: "내가 있다"가 없는 것은, 자아가 진아 안에 합일되는 삼매의 상태에서일 뿐입니다. 그렇지 않으면 그것이 있겠지요. 깨달은 사람의 상태에서도 "내가 있다"가 있지만, 그는 거기에 별 중요성을 부여하지 않습니다. 진인은 개념을 따라가지 않습니다.

질: 제가 여기에 당신과 함께 있어야겠다고 생각할 때, 마하라지님, 우리가

어떤 관계를 갖습니까?

마: 그 생각 자체가 그 관계입니다.

질: 여기 있고 싶은 열망이 너무 강해서, 저는 마하라지님께서 당신의 제자들을 생각하시는 건지 궁금했습니다.

마: 저는 여러분이 아는 것보다 더 많이 그들을 생각합니다.

◆ ◆ ◆

마: 문제는, 누구나 몸과의 동일시를 포기하지 않으면서 **진아**지를 갖고 싶어 한다는 것인데, 그것은 자가당착입니다. 그 동일시를 포기하십시오. 그러면 일체가 단순해집니다. 저는 어떤 일이 일어나기도 전에 있습니다. 만일 누군가에게 하늘이 언제 생겼는지 아느냐고 물으면 모른다고 하겠지요. 모르는 이유는 자신의 존재를 몸이 있을 때의 한 현상으로만 여기기 때문입니다.

하늘이 없었다는 것을 저는 아는데, 이것은 누구입니까? 그것은 모든 것 이전에 있는 **자**입니다. 저의 참된 성품은 시간과 공간의 개념에 의해 제한되지 않습니다.

이런 이야기를 들으면 여러분은 금방 헷갈려 하면서 말합니다. "그렇다면 저는 어떻게 일상적 업무를 해나갈 수 있습니까?" 여러분의 참된 성품을 이해하고, 그런 다음 여러분이 좋아하는 아무리 많은 업무라도 하십시오.

이런 이야기는 다 제가 아주 진지하고 아주 절박하게 하는 것입니다. 사람들은 이런 이야기를 들어도 몸과의 동일시를 포기하지 않습니다. 대단한 결의로 거기에 집착합니다.

하늘이 존재하기 이전에 여러분이 존재했다는 말조차 여러분은 받아들이지 못합니다.

아이가 작은 동전을 가지고 놀고 있는데, 그것을 가져가 버리면 몹시 흥분하겠지요. 여러분도 그와 같은 결의, 그와 같은 걱정으로 몸과의 동일시를 받아들입니다. 여러분에게 그 지知를 드렸는데도 말입니다. 그 아이에게 금으로 만든 장난감을 주어도, 아이는 그 작은 동전에 마음이 가 있기 때문에 그것을 거절할 것입니다. 제가 여러분에게 이 값을 따질 수 없는 지知를 드린다 해도 여러분은 받을 수 없겠지요. 존재의 의미를 나타내기 위해 처음 나오는 소리('옴')는 제가 아닙니다. 저는 그 존재도 아니고 그 존재를 의미하는 그 소리도 아닙니다. 우리가 무엇을 보거나 지각하든, 그 사람은 보이거나 지각되는 것보다 먼저 있을 수밖에 없습니다. 간단하지요.

이 진아에 대한 지知가 점점 더 확고해지면, 우리는 이전에 그렇게 우리의 마음을 끌었던 것들에 더 이상 끌리지 않습니다. 여러분이 보기에는 제가 외관상 편안하게 이야기하는 것 같겠지만, 끊임없는 고통이 있습니다. 특히 오후 2시에서 4시 사이가 그러한데, 이 의식의 존재 자체가 견디기 힘들어집니다. 이것은 다른 누구의 경험도 아니고, 저 자신이 경험하는 것입니다.

지금 녹음되고 있는 것이 타자되어 책으로 만들어져 누군가가 그것을 읽으면 그것을 무엇이라고 이해하겠습니까? 예전에 살았던 어떤 사람이 이런 말을 했으리라고는 상상이 안 된다고 말할 것입니다. 지금 실제적 사실은, 누군가가 그 원리를 한 번 보려고만 해도 복이 많은 사람이어야 할 그런 단계에 제가 도달해 있다는 것입니다. 이 말들은 아주 심오하고 그 이면에는 더 깊은 의미가 있습니다. 지금은 복이 있는 사람들만 제 이야기를 들을 것입니다.

여러분에게 되풀이 이야기하는 것은, 이 의식, 곧 "내가 있다"는 앎 외에는 아무것도 없다는 것입니다. 만일 여러분이 무엇을 숭배하고 싶으면 그것을 숭배하십시오. 저는 축복을 드리고 있습니다. 축복이란 무엇을 뜻합니까? 제가 자신감과 용기를 드리는 것입니다.

◆ ◆ ◆

마: 여러분의 개념들 중 어느 것이 **전체인 것, 궁극자**를 파악할 수 있습니까? 지知 자체가 무지라는 것을 이해했습니까? 만약 그것이 실재한다면 영원히 존재했겠지요. 그것은 시작과 끝이 없었을 것입니다.

지금 "내가 있다"는 경험이 느껴지는데, 그전에는 그 경험이 없었습니다. 그것이 없을 때는 어떤 증거도 필요 없었지만, 일단 그것이 있으면 많은 증거가 필요합니다.

여러분은 아침에 어떻게 깨어났습니까? 대체 왜 깨어났습니까? 아는 자는 마음이 아닙니다. 누군가가 마음 때문에 아는 것입니다. 지금 제 손이 들려졌는데, 누가 압니까? 제 손을 든 자가 그것이 들려졌다는 것을 압니다. 여러분은 마음 이전입니다. 여러분이 있기 때문에 마음이 작용하고 있습니다.

여러분은 언제 깨어나겠습니까? 여러분이 있는 한, 여러분은 깨어납니다.

남들의 개념을 통해 여러분이 자기 주위에 수많은 것을 구축한 탓에, 여러분이 실종됩니다. '여러분'은 남들의 개념에 의해 장식되고 꾸며집니다. 바깥에서 전해들은 말을 받아들이기 전에, 어느 누가 그 자신에 대한 무슨 정보를 가지고 있습니까?

참스승의 목적은, 남들의 그 모든 개념을 구축하기 전에 여러분이 무엇이었는지를 말해주는 것입니다. 현재 여러분의 영적인 창고는 남들의 말로 가득 차 있습니다. 그 개념들을 파괴해 버리십시오. **참스승**이란 결코 변하지 않을 영원한 상태, 곧 여러분의 실체를 뜻합니다. 여러분은 그 불변의, 영원하고 변치 않는 **절대자**입니다. **참스승**은 여러분에게, 남들의 개념과 남에게서 들은 말로 여러분 주위에 건립한 그런 모든 벽들을 없애라고 말해줍니다.

여러분은 어떤 형상도 어떤 모습도 없습니다. 여러분이 보는 이름과 형상들은 여러분의 **의식**일 뿐입니다. **진아**는 색깔이 없지만, 색깔 등을 판단할 수 있습니다.

참스승의 지도를 받는 사람에게는 더 이상 탄생이 없습니다. 여러분의 수행이 끝났기에, 여러분이 이곳에 왔습니다.

진아를 찾는 여러분에게 저는 이런 유형의 **지**知를 설명하고, 어떤 배고픔도 어떤 욕망도 없는 상태로 여러분을 인도합니다.

여러분에게 **지**知가 있으면, **의식**이 존재하는 한 '나'를 일체에 편재한 것으로 보지만, 그 **의식**을 지켜보는 자에게는 "내가 있다"가 없습니다. 그것이 여러분의 참된 영원한 성품입니다.

몸을 버리는 것이 저에게는 큰 잔치입니다.

1980년 12월 26일, 27일, 28일

73
의식의 근원

마하라지: 좌선 명상은 의식이 만개하는 데 도움이 됩니다. 그것은 더 깊은 이해와 자연발로적 행동 변화를 유발합니다. 그런 변화는 의식 자체 내에서 일어나며, 사이비-인격(개인적 인격)에서 일어나지 않습니다. (반면에) 억지 변화들은 마음의 수준에서 일어납니다. 심적·지적 변화들은 전적으로 부자연스럽고, 탄생 원리에서 일어나는 변화들과는 다릅니다. 후자의 변화들은 명상으로 인해 자연스럽게, 자동적으로, 제 스스로 일어납니다.

대부분의 사람들은 지知의 나무(풍부한 지知, 혹은 지知가 풍부한 사람)를 보면 그것을 찬탄하지만, 우리가 이해해야 할 것은 그 근원입니다. 그것이 싹터 나온 씨앗, 잠재력 말입니다. 많은 사람들이 그에 대해 이야기하지만 지적으로 이야기할 뿐입니다. 저는 직접지를 가지고 이야기합니다.

하나의 씨앗 같은 의식의 작은 점이 그 안에 모든 세계들을 포함하고 있습니다. 그것이 그 자신을 현현하려면 신체적 형상이 필요합니다.

모든 야망·희망·욕망들은 하나의 정체성과 연관되어 있는데, 정체성이 있는 한 어떤 진리도 통찰할 수 없습니다.

질문자: 전체 현상계, 즉 하나의 전체로서의 현상들에 어떤 운명이 있습니까?

마: 단 하나의 정체성도 없는데 그것이 어디로 가겠습니까? 연료가 불길의 운명이듯이, 음식기운으로 된 몸이 (개인적) 의식의 운명입니다. 의식이야말로 운명을 제공하며, 운명은 괴로움을 제공합니다. 우리는 잘못된 동일시 때문에 개인화된 의식을 생각하지만, 실은 그것은 방대하고 무한합니다.

의식의 근원은 시간과 공간 이전입니다. 현현은 시간과 공간을 필요로 하지만 의식의 근원은 현현이 일어나기 전에 있었습니다. 현상계는 5대 원소, 세 가지 **구나**, 그리고 무엇보다도 의식—'내가 있음'—을 가지고 있습니다. 그런데 의식하는 저의 현존 없이 어떤 것이 있을 수 있습니까? 원소들조차 저 없이는 존재할 수 없습니다. 저는 아무것도 하지 않고 아무것도 창조하지 않지만, 그것들은 의식하는 저의 현존 때문에 발생합니다. 저의 현존은 도처에 있고, 저는 확신을 가지고 이 말을 합니다.

어떤 사람은 이런 말들을 어디서 읽을 수 있고, 어떤 사람은 누군가에게서 들었을 수도 있겠지요. 어떤 사람은 녹음테이프를 들을지 모르고, 또 어떤 사람들은 듣고 싶어도 여건상 테이프에서 너무 멀리 떨어져 있어 듣지 못할 수도 있습니다. 전체 현상계 안에는 헤아릴 수 없이 많은 형상들이 있지만, 모두의 **근원**은 **의식**입니다. 이 **의식**이 무엇입니까? 누가 이런 식으로 생각이나 합니까?

꿈 속에서 우리는 달과 별 등을 보지만 동일시는 없습니다. 생시의 상태에 있는 동안 **의식**을 이해해야 합니다. 사람들이 오고 가고, 장면들이 오고 가고, 원소들이 오고 가지만, '나'는 그대로 있습니다. '나'는 내 **의식**을 의식합니다. 그럴 때에만 전체 구경거리(show)가 있습니다.

아주 중요한 사람이 두 달 안에 (이 도시를) 방문한다고 합시다. 집들을 장식하고 대臺를 세우며, 거리를 장식하는 등 많은 구경거리가 있습니다. 왜입니까? VIP가 오기 때문입니다.

어떤 사람들은 한 달 간 단식을 하고, 많은 고생을 사서 합니다. 그러나 자신이 포기한 것보다 더 많은 것을 얻을 거라고 기대합니다.

사람들은 도처를 바라보지만 근원을 바라보지 않습니다. 이 탄생 에너지를 배제하고 누가 무엇을 할 수 있는지 살펴보십시오. 우리는 이 유한한 에너지를 하나의 몸이라는 단순한 현상에 한정합니다. 이런 말을 유심히 점검해 보십시오. "만일 의식하는 나의 현존이 없으면 나는 무엇일까?" 저는 자연발로적으로 떠오르는 말들을 즐기면서 그 말들이 얼마나 참되며 무조건적인가 하는 것을 지켜봅니다.

살인자 한 사람이 도주 중입니다. 그는 많은 살인을 저질렀고 국제 경찰이 그를 뒤쫓고 있지만 잡지 못하고 있습니다. 전통적 경전들이 **절대자**를 포착하거나 발견하지 못하는 것도 그와 같습니다. 그것은 **베다나 뿌라나** 등의 파악 범위를 넘어서 있습니다. 왜냐하면 그것은 개념적이지 않기 때문입니다. 이 살인자는 경찰들의 온갖 노력을 따돌려 온 것을 아주 자랑스럽게 생각합니다. 그는 워낙 겁이 없어서 자신을 잡기 위한 계획을 논의하는 곳에 앉아 있습니다. 그래서 잡힐 수가 없습니다.

누구나 죽게 마련입니다. 그러니 그대의 참된 성품으로서 죽으십시오. 왜 하나의 몸뚱이로 죽습니까? 그대의 참된 성품을 결코 잊지 마십시오. 많은 사람들은 이것을 받아들이지 못할지 모르지만, 그것은 하나의 사실입니다. 그대가 어떤 야망을 가져야 한다면, 적어도 죽을 때에는 절대자가 될 수 있도록 최고의 야망을 가지십시오. 그것을 지금, 확고히, 분명한 확신을 가지고 결단하십시오.

호랑이 한 마리가 다가옵니다. 그대는 호랑이가 그대를 덮치면 죽을 것이 확실하다는 것을 압니다. 그런데 왜 겁쟁이처럼 죽습니까? 호랑이를 공격하면 호랑이가 도망갈지도 모릅니다. 그러나 호랑이가 그냥 지나가면 불필요하게 공격하지 마십시오! 절대적으로 필요할 때만 호랑이에게 덤벼드십시오.

신은 위대하고 마야는 방대하지만, 결국 그대는 무엇입니까? 마음의 변상變相들이 그대를 진아에서 멀어지게 합니다. 누구도 깊이 그리고 철저히 진아를 탐구하고 싶어 하지 않습니다. 다들 피상적인 수준에서 탐구합니다.

질: 제 마음은 고요히 머물러 있지 못하고 여기저기 돌아다닙니다.

마: 그렇게 배회하면 기분은 좋겠지만 지知를 얻지는 못합니다. 그것은 다 영적인 오락입니다. 왜냐하면 실제적 상황은, 그대의 실체가 바로 변상이 없는 그대라는 것이기 때문입니다.

질: 욕망들이 있습니다. 그것들이 계속 요구하겠지요.

마: 결국 그대는 무엇입니까?

질: 저는 아무것도 아닙니다. 마음 등은 계속 살아 움직이겠지요.

마: 그러면 왜 이런 것을 배우고 있습니까?

질: 사람들에게 봉사하려고요.

마: 수많은 위대한 사람들이 수많은 위대한 봉사들을 했지만, 지금 그들은 어디 있습니까?

질: 수많은 파도들이 오고 갑니다. 저는 아무 욕망 없이 남들에게 봉사하면서 시간을 보내고 싶습니다.

마: 좋을 대로 하십시오. 비가 내리면 (땅 위의 모든) 존재들에게 봉사를 합니다. 비는 봉사를 하면서 괴로워하지 않습니다. 생겨나는 모든 존재들이 비로 인해 생명을 유지하는데, 그들이 행복합니까?

질: 그들은 모두 고통 받고 있습니다. 저도 평안이 없습니다. 마하라지께서는 저희들을 어떻게 보십니까?

마: 저는 모두를 저라고 봅니다. 이 존재는 부모님의 결합입니다. 모두가 개념들에 몰두해 있고, 그것을 즐깁니다.

질: 제가 음악 등과 하나가 될 때는 모든 게 기쁨이지만, 갈등하고 있을 때는 모든 게 불행입니다. 어떤 때는 화도 납니다. 왜 그렇습니까?

마: 마음과 몸, 그들의 작용과 반작용은 저의 주제가 아닙니다. 저는 그런 문제를 다루지 않습니다. 그런 문제를 다룰 수 있는 사람들이 무수히 있지요.

질: 그러나 거의 모든 사람들은 몸-마음의 편에 있습니다. 백만 명 중의 하나가 당신에게 열려 있습니다.

마: 그대 자신에 대해 물으십시오. 남들에 대해서는 신경 쓰지 말고.

질: 저는 한편으로는 침묵 쪽으로 끌리지만, 수백만의 사람들이 고통을 받고 있는데 진인들은 그들에 대해 아무것도 하지 않고 있다는 느낌이 듭니다.

마: 그들의 고통이 환幻이기 때문입니다.

질: 생시·꿈·깊은 잠과 그 셋 모두를 넘어선 어떤 상태의 네 가지 상태가 있다는 것을 압니다. 지적으로는 이해되지만 그래도 고통이 있습니다.

마: 그 네 가지 상태를 다 없애 버리고 사람들의 고통도 없애 버리십시오. 환幻의 세계는 알아서 하게 내버려두고, 그대가 누구인지를 알아내야 합니다.

질: 저는 자연요법을 시술하고 남들을 가르치고 싶고, 저 자신도 지혜를 배우고 싶습니다.

마: 그런 개념들을 개발하면 거기서 전혀 나오지 못하게 될 것입니다. 먼저 무엇이 주변적이고 무엇이 진짜인지를 아십시오. 그대는 부모님들이 가졌던 개념의 산물입니다. 그렇지 않습니까?

질: 예, 개념적 수준에서는요.

마: 마음과 모든 개념들은 "내가 있다"는 그대의 1차적 개념에서 비롯됩니다.

그대의 부모님과 그대는 동시적인 개념입니다. 지금 경험하려고 애쓰지 않을 때, 그대는 어떤 경험을 가지고 있습니까?

질: 제가 있습니다.

마: 그것은 하나의 개념 아닙니까? 개념들에서 형성된 개념들이 있고, 그것은 개념들의 한 방대한 세계입니다.

질: 저는 거기서 벗어나고 싶습니다.

마: 그것은 그대 자신이 깨달아야 합니다. 입으로 하는 말로써 전해줄 수 없습니다. 누가 **진아**지를 직접 얻고 있습니까? '나는 언제 존재하게 되었는가?' 그것을 남들에게 들어서가 아니라, 나 자신이 직접 알아야 합니다.

그대가 있고, 그대는 그대가 있다는 것을 압니다. 이것이 위대한 **주님**이고, 돌연한 폭발적 광휘입니다. 그것에 순복하면 모든 것을 알게 될 것입니다. 그것은 형상이나 이름이 없습니다. 굳은 확신으로 그 안에 안주해야 합니다.

그대 자신이 빛이 아니면 빛의 성질을 보거나 판단할 수 없습니다. 그대가 바로 그 미세한 **지**知인데, 그것이 있어야 다른 모든 것이 가능합니다.

◆ ◆ ◆

질: 전체 현상계 안에는 아름다움이 있어야 한다고 생각합니다.

마: 나타난 것에 몰두해서는 안 됩니다. 나무를 예로 들어 봅시다. 껍질·나뭇잎·꽃·열매 등은 모두 서로 다른 성품을 가지고 있습니다. 그것들의 겉모습에 몰두하면 그 근원인 나무를 보지 못합니다.

지적으로는 그대가 이해했지만, 그대가 그것과 하나가 되어야 하고, 그대가 이해한 것을 자신과 동일시해야 합니다. 이 몸의 씨앗은 아버지의 정자와 어머니의 난자라는 것을 이해하십시오. 그것이 현상들의 현현을 야기한 씨앗입니다. 그러나 저는 그 씨앗이 아니고, 그 현상들이 아니며, 시간이 한정되어 있는 **의식**도 아닙니다.

그대가 보는 이름과 형상들은 **의식**일 뿐입니다. 그대의 **의식**은 매우 순수하고, 그래서 그대가 판단을 할 수 있습니다. **아뜨만**은 색깔이 없지만 색깔 따위를 판단할 수 있지요.

73. 의식의 근원 **505**

그대의 수행(sadhana)은 끝났습니다. 그래서 이곳에 온 것입니다.

이 지知는 아무 욕망이 없는 사람들을 위한 것입니다. 진아지가 가장 귀중한 지知입니다.

진아를 찾는 그대에게 저는 이런 유형의 지知를 설명합니다. 저는 그대를 배고픔도 욕망도 없는 상태로 인도합니다. 그래서 자신의 소유물과 관계들을 걱정하는 사람에게는 제 이야기를 들으러 오라고 할 마음이 없습니다.

그대가 지知를 가지면, 의식이 존재하는 한 '나'라는 의식이 일체에 편재해 있음을 봅니다. 그러나 의식의 주시자(절대자)에게는 어떤 "내가 있다"도 없는데, 그것이 그대의 참되고 영원한 성품입니다.

"나는 사랑한다"는 큰 기쁨을 주지만 동시에 "나는 사랑한다"만큼 비참한 것도 없습니다.

몸을 버리는 것이 저에게는 큰 잔치입니다.

인간들의 모든 활동은 어떤 가치가 있습니까? 그것은 모두 시간을 보내기 위한 오락일 뿐입니다. 우리는 자신을 잊을 때 즐거움을 얻습니다. 깊은 잠 속에서 우리는 자신을 잊어버리는데, 그것 자체가 기쁨이지요.

영적인 공부에 끌리는 것은 그 인격이 아니라 아뜨만입니다.

앞으로는 지知를 자세히 설명하지 않겠습니다. 여기저기서 몇 마디 하면 그게 전부일 것입니다.

◆ ◆ ◆

질: 우리가 모든 사람의 의식과 하나가 될 때에는 그들의 슬픔 등 일체를 느끼기 때문에 어떤 정서적 고갈이 있습니다. 그것은 우리가 있어야 할 올바른 상태입니까?
마: 그것은 예비 단계의 하나이지만 탁월한 것입니다. 여전히 분리됨이 있지만, 점차 그것이 성숙하여 완전한 하나됨(oneness)이 됩니다.
질: 저는 더 이상 세상에서 무엇을 추구하고 싶다는 어떤 욕망도 느끼지 못합니다.
마: 거기에는 아무 잘못된 것이 없습니다. 지복이나 기쁨에 대한 그대의 배

고픔과 목마름이 완전히 충족되고, 그래서 더 이상 사물들을 추구하지 않는 것입니다.

질: 우리의 임무를 계속하기 위해 얼마간의 개인성이 여전히 있습니까?

마: 그 개인성은 어떤 불만이나 두려움도 만들어내지 않습니다. 저 개인적인 '나'에 대한 어떤 기억도 없게 되고, 그것은 계속 그 자신의 에너지로 활동합니다. 이것이 전체 현상계라는 기억은 있으나, 어떤 개인적 행위에 대한 기억은 없습니다.

질: 저는 제가 의식과 하나라는 것을 느끼지만 그것이 흔들립니다.

마: 그대는 아직 의식 안에서 안정되지 않았고, 얼마간의 일별一瞥을 얻고 있습니다. 의식과 하나가 된다는 것은 생시와 잠이라는 이런 상태들을 넘어서는 것입니다. 그대는 하늘을 알고 공간을 알지만, 그 공간과 하나가 될 수 있습니까? 아직은 아니고, 그렇게 될 수 없지요. 그대가 의식과 하나가 되면 공간과 하나가 됩니다.

질: 제가 성장하고 진보하는 데 도움 될, 제가 할 만한 어떤 것이 있습니까?

마: 의식은 어떤 진보도 하지 않습니다. 공간조차도 아무 진보를 하지 않는데, 공간은 세 번째입니다.

첫 번째는 절대자, 두 번째는 의식, 세 번째가 공간입니다. "내가 있다"는 앎이 없는 곳, 그것이 첫 번째입니다. 나중에 "내가 있다"는 느낌이 있는데, 그것이 두 번째입니다. 그런 다음 공간이 세 번째입니다. **우파니샤드** 시험에 합격하면 그대가 **진아지**를 얻습니까?

질: 아닙니다. 그러나 그것도 뭔가를 합니다.

마: 저의 경우에는 모든 것이 자연발로적입니다. 그것이 저의 다르마(*dharma*-본분)입니다. 많이 아는 사람들이 와서 제가 어리석다고 말하면, 제가 말하겠지요. "이 어리석음이 저의 부유함이고, 저의 자유입니다. 저를 덮고 있던 그 지각성, 그것 자체가 어리석음입니다"라고 말입니다.

그대는 아주 점잖은 여성인데, 만일 누가 와서 그대를 남자로 생각하고 욕을 하면 그대는 그런 오해에 몹시 화가 나겠지요. 어떤 것을 자신과 동일시하면서 "나는 이런 사람이야"라고 하는 것은 그대의 성품에 대한 욕입니다.

질: 어떻게 하면 몸과의 이 동일시를 잃어버릴 수 있습니까?
마: 그대는 무형의 **의식**이라는 확신을 키우십시오. 그대가 전체 현상계이고, **보편적 의식**이라는 굳은 확신을 계발하십시오. 진리, 곧 **영원자**에 대한 지知를 가질 수 있는 사람은 아무도 없습니다. 그것은 그대의 영원한 참된 상태이지만, 알 수 있는 상태가 아닙니다—그것을 알 수는 없습니다. 속성들의 상태, 곧 "내가 있다" 안에서는 소위 지知가 무한하고 다양하지요.

이 몸 안에 "내가 있다"는 앎이 있습니다. 몸이 떨어져 나갈 때는 "내가 있다"는 앎이 거기서 가라앉을 뿐입니다. 그리고 남는 것은 **절대자**입니다.

1980년 12월 29일, 30일, 31일

74
진정한 해탈은 그대가 무無임을 아는 것이다

질문자: 우주는 저 없이 존재합니까?
마하라지: 그대에게 **의식**이 없을 때, 세계에 대해 신경을 썼습니까? **의식**이 있는 한 세계는 존재하겠지요.

너무 많은 질문과 답변에 몰두하지 마십시오. (그대의 의식에 대해) 명상하십시오. 주의를 거기에 집중하십시오. 그러면 일체가 그대에게 드러날 것입니다. 한 개체로서 그대가 이 주제에 대한 지적인 연구를 하고 싶으면 저를 찾아오지 마십시오. 여기서 주제는 그대뿐입니다. 시험관 안으로 들어가십시오.

왜 가지와 잎들에 말려듭니까? 왜 씨앗으로 나아가지 않습니까? 씨앗 없이는 나무가 없겠지요. 그 씨앗이 어디서 나오는지 알아내십시오. 이것이 제가 그대를 거듭거듭 다시 데려가는 곳입니다. 신체적으로든 무엇으로든 내가 고통 받는 모든 것은 무엇 때문입니까? 그것은 **자기사랑**, 즉 존재하려는 욕구에서 비롯됩니다. 이 **의식**이 모든 고통의 원인입니다. 이 **존재애**, **자기사랑**,

의식애意識愛는 무엇의 성품입니까? 그것은 씨앗, 곧 정자의 성품입니다. 의식은 그 안에 잠재해 있었고, 그것에게 탄생이라는 이름이 붙습니다. 이것을 이해하는 사람이 어디 있습니까?

그 영적인 지知를 얻었는데 왜 그것을 펜과 종이로 축소하고 싶어 합니까?

사람들은 제가 말하는 것을 듣기는 하겠지만 거의 누구도 그것을 실천에 옮기지 않겠지요. 저는 제 **스승님**과 오래 교류하지 않았습니다. 제 **스승님**은 그저 "그대는 이것이 아니다. 그대는 **이것이다**"라고만 하셨습니다. 그게 전부입니다. 제가 워낙 확신을 가지고 그것을 받아들였기에, 그 **지**知가 꽃피어 오늘에 이르렀습니다.

음식기운에서 "내가 있다"는 맛이 나옵니다. **절대자**에게는 어떤 맛, 어떤 색깔, 어떤 무늬도 없습니다. 그대는 그대가 주시할 수 없습니다. 그대 아닌 것만 그대가 주시할 수 있습니다.

◆ ◆ ◆

마: 존재성은 여러분이 생각하는 무엇이나 되는 성질을 가지고 있습니다. 여러분이 **의식**에 어떤 개념을 입력하든 **의식**은 그것을 여러분에게 제공해 줄 것입니다. 여러분이 무엇에 강렬히 집착하든, 여러분은 그것이 될 수밖에 없는데, 그것이 **의식**의 성질입니다. 여러분이 그 몸이라는 생각은 결코 해서는 안 됩니다.

의식은 몸이 아닙니다. 몸이 있는 결과로 존재성이 느껴지지만, 존재성은 일체에 편재합니다.

의식만이 **의식**의 무변제無邊際를 느끼지만 **절대자**인 저는 그것이 아닙니다.

알려지는 모든 것은 **의식**에 의해 알려지고, **의식**의 장場 안에 있습니다. 음식-몸이 죽으면 **의식**과 그 앎은 가라앉을 것입니다. **절대자**는 늘 남아 있습니다. **지**知의 씨앗이 이런 이야기에 의해 여러분에게 뿌려집니다. 이제 여러분이 후속 작업을 해야 합니다. 그것을 배양하고, 그에 대해 숙고해서, **지**知의 나무가 자라게 해야 합니다.

◆ ◆ ◆

질: 저는 마하라지께서 모든 의식은 동일하다고 말씀하신 데 대해 숙고해 보았는데, 불과 몇 초 동안 마치 일체가 하나이고, 저는 그 뒤에 있는 것 같았습니다. 그것이 목표입니까?

마: 그것은 목표가 아니고, 원래 그런 것입니다. 그것이 있는데, 존재하는 것이 마치 그렇지 않은 듯이 보이는 것은 단지 몸과의 동일시 때문입니다.

이해해야 할 것은 단 한 가지라는 것, 그것은 그대가 무형상이고 무시간이며 불생不生이라는 것을 이해하십시오. 보편적 의식인 그대의 의식이 자기는 죽을 것이라고 생각하는 것은 그대가 그 몸을 자신과 동일시하기 때문입니다. 누구도 죽지 않습니다. 왜냐하면 누구도 태어나지 않았으니까요.

무수한 형상들은 의식의 현현입니다. 창조되고 파괴되는 것은 무수한 형상이지, 보편적 의식 그 자체는 태어나지 않고 죽지도 않습니다. 창조된 그 무수한 형상들이 모두 여기에 아직 살아 있다고 생각해 보십시오. 다른 형상들이 어떻게 창조될 수 있겠습니까? 무수한 형상들이 창조되고 파괴되는 것은 의식이 태어나지 않고 죽지 않기 때문입니다. 그것은 하나의 연속적 과정입니다. 그대의 실체는 이 무한한 보편적 의식이라는 것을 이해하십시오. 그 안에서 의식이 스스로를 현현하는 그것(몸)만이 유한하며, 창조되고 파괴됩니다. 의식의 전체적인 잠재력은 남아 있습니다. 그것은 무한합니다.

그대는 몸과의 동일시라는 관점에서 지식을 구하고 있고, 마음이 파악할 수 있는 모든 것을 추구합니다. 이 몸이라는 기계가 있을 때는 그것을 사용하는 기술이 있는데, 그것이 바로 그대가 지금 그대 자신이라고 인식하는 것입니다. 그러나 그것은 그대의 참된 정체성이 아닙니다. 그대는 그것을 통제할 수 없습니다. 그것은 나타났고 언젠가 사라질 것입니다.

저는 보편적 의식의 견지에서 그대에게 이야기하고, 모든 몸이 음식기운이라는 것과 그것이 사라질 거라는 것을 알고 있습니다.

◆ ◆ ◆

질: 제가 죽은 뒤 다른 사람들이 빛에 도달하게 도와줄 수 있습니까?

마: 그대가 죽은 뒤에는 '그대가 있다'는 것을 기억하지 못할 것입니다. 죽음

이 무엇인지 알아야 합니다. 그대는 이 생이 끝난 뒤의 존재에 대해서 이야기하는데, 어느 과거생이라도 그대가 기억하는 것이 있습니까?

질: 저는 바로 전생에 어느 섬에서 다른 사람들을 돕고 있었습니다.

마: 그대의 부모님을 기억합니까?

질: 아니요.

마: 그대가 그곳에 태어났다는 증거는 무엇입니까?

질: 모르겠습니다.

마: 그것은 그대에게 일어나는 하나의 상상이고 공상이며 개념일 뿐입니다. 만약 죽을 때 그 의식이 아주 강한 어떤 개념을 붙들고 있으면 의식이 그 특정한 개념을 창조할 수 있습니다. 죽을 때 그 사람이 어디선가 어떤 생을 가져야겠다고 생각한다 합시다. 그러면 그 의식은 그와 비슷한 상황을 창조할 것입니다. 의식의 영역은 영원하지 않습니다. 의식은 하나의 사기입니다. 그런 모든 것은 의식의 영역 내에서 일어나는 환상입니다.

질: 의식은 늘 현현됩니다. 그렇지 않습니까?

마: 티끌만 한 공간이라도 있으면 의식이 존재할 것입니다.

질: 그것을 깨닫기 위해 은둔에 들어가는 것은 도움이 됩니까?

마: 예.

질: 일상생활에서 벗어나는 것은요?

마: 그런 것이 아니지요. 가정생활을 벗어날 필요는 없습니다.

질: 그러면 어떤 은둔 말씀이십니까?

마: 이런 군중 속에 있어도 홀로 있으면서 그대 자신의 진아에 안주하십시오. 주의를 그대의 진아에 집중하십시오.

질: 지적으로 이해하지는 못하고 그저 헌신만 가지고 있으면 문제가 됩니까?

마: 그런 헌신이 있으면 거기서 지知가 확산되어 나올 것입니다. 헌신으로 인해 어떤 사람이 신을 만난다고 할 때, 그것은 하나의 인격신이 아니라 헌신자 자신이 그 지知로, 그 심오함으로 확산되는 것—즉, 그가 신적으로 되는 것입니다. 헌신자가 그 자신을 아는 한 그 신은 존재할 것입니다. 그 헌신자가 무無 속으로 가라앉으면 그 신도 무無 속으로 가라앉습니다. 결국 상쇄되

고 나면 영(zero)이라는 결론에 이를 수밖에 없습니다.

몸 안의 소화된 음식기운에서 '내가 있음'이 나옵니다. 현재 그대의 실체는 그 음식 물질의 결과물입니다. 만약 음식이 없다면 그대가 어디 있습니까? 그대가 수집한 그 모든 심오한 지식은 어떻게 됩니까?

그대 자신을 어떤 일의 행위자로 사칭하지 마십시오. 그것은 다 그냥 일어납니다. 그대가 없다면, 신을 포함한 모든 (개념과) 행법들이 무슨 필요 있습니까? 그대가 그런 것을 완전히 확신한다 해도, (죽으면) 그대는 무無가 됩니다. 그렇기는 하나, 임종 때는 살아남을 마지막 한 방울의 약을 받게 되겠지요.

이런 것이 진정한 해탈입니다. 즉, 그대가 아무것도 아님을 아는 것입니다. 그대 자신을 포함한 그대의 모든 앎이 청산됩니다―그럴 때 해탈합니다.

그대가 무슨 대단한 일을 했다고 생각한다면 천상 세계에 갈 계획을 세우겠지만, 그것은 개념에 사로잡힌 것이고 그대는 해탈하지 못합니다. (제가 이야기하는) 이런 지知는 스승에 대한 헌신을 가지고 있는 사람에게 어울리는 것입니다. 그런 사람만이 이런 지知를 받을 자격이 있습니다.

질: 이런 말씀을 다년간 들어 왔지만, 저희는 결코 피로를 느끼지 않습니다.
마: 이것을 거듭거듭 듣고 싶은 그런 열망이 있는 거지요. 말들을 수집하여 저장하는 것이 아니라, 그 말의 임팩트를 얻고 나서 놓아버리는 것입니다.

◆ ◆ ◆

질: 지금 어떤 일이 일어날 때마다 저는 거기에 몰두하지 않고 일체가 저 '내가 있음'이라는 것을 보고 있습니다. 저는 그것을 경험하고 있습니다.
마: 주시하기가 일어나고, 할 일이 아무것도 없습니다. 그것이 몸과 자신을 동일시하지 않는 사람이 누리는 전적인 자유입니다.
질: 일체가 제 스스로 일어나고 있고, 저는 거기에 전혀 신경 쓰지 않습니다.
마: 만약 그렇다면 그것은 그대가 일체를 이해했고, 여기서 더 이상 어정거리고 있을 필요가 없다는 의미지요.
다른 질문자: 저는 좀 다릅니다. 저는 명상을 할 때 생각들에 몰두하지 않기 위해 노력을 해야 합니다.

마: 생각과 말을 통해 그 자신을 표현하는 것이 생명력의 성품이니, 그것들은 계속 나오겠지요. 처음에는 관여하지 않기 위한 노력을 해야 한다면, 그것이 노력 없이도 될 때까지 노력을 하십시오.

질: 진인도 마음과 생각들을 가지고 있습니까?

마: 생각들이 오고 가기는 해도 **진인**은 상관하지 않습니다. 생각들이 의식 안으로 들어올 것이고, 그러면 **의식** 안에서 주시하기도 일어납니다. 그대가 곧 **의식**이라는 확신을 가지고 있어야 합니다. 그러고 나면 그대가 할 일이 없습니다. 해야 할 일을 하는 것은 **의식**에게 맡겨두십시오. 일어나는 무슨 일이든 자연발생적으로 일어납니다.

질: 의식이 있는 자리는 어디입니까?

마: 몸의 즙(juice)의 입자 하나하나에 다 있지요. 경전에서는 보통 여러 개의 차크라가 있다고 합니다. 그와 같이 그것들의 위치를 정하고 싶다면 그런 것들도 있습니다. 그러나 저의 견해로는, 그것이 온 몸에 다 있습니다.

질: 몸과 의식의 차이는 무엇입니까?

마: 설탕과 단맛의 차이는 무엇입니까? 사탕수수 즙 안에 단맛이 있습니다. 몸 안에서 그 단맛은 그대가 있다는 앎, 곧 **의식**입니다. 이 지각성은 무엇에서 비롯됩니까? 의식의 선결조건은 무엇입니까?

질: 몸입니까?

마: 의식을 유지하기 위해서는 몸이 필요합니다. 몸이 있기 위해서는 음식이 필요합니다. 그렇지 않습니까?

질: 그렇습니다.

마: 몸이 남아 있지 않으면 의식도 남아 있지 않을 것입니다. 몸과 의식이 없으면 그대는 무엇입니까?

질: 모르겠습니다.

마: 지금 그대는 자신을 위한 어떤 혜택, 어떤 이익을 원합니다. 그 혜택이 누구에게 있습니까?

질: 의식에게 있습니다.

마: 만약 그대가 몸이나 의식이 아니라면, 그대는 무엇입니까? 그대가 **진아지**

를 깨달으면 자아가 (속박에서) 벗어나 해탈합니다.

질: 그럴 때 뭐가 있습니까?

마: 그럴 때, 분명하게, 그대가 누구인지를 압니다. 그대가 무엇을 아는 도구 (의식), 그것도 알게 됩니다.

질: 그것이 해탈입니까?

마: 해탈이 무엇을 의미합니까? 더 이상 그런 것이 없습니다. (담배 라이터를 켰다 끄면서) 이 담배 라이터는 몸이고 의식은 불길입니다. 이제 더 이상 불길이 없습니다. 해방된 거지요. 의식이 없는데 거기에 (해탈이라는) 이름을 붙일 필요가 어디 있습니까?

1981년 1월 1일, 3일, 4일, 6일, 7일

75
신의 존재와 본질은 의식 안에 있다

마하라지: 겉모습으로 여러분이 진인을 모방할 수 있겠지만, 진인에게는 어떤 두려움도 없습니다.

질문자: 그는 궁극자입니까?

마: 궁극의 상태는 이 몸과 이름과 형상이 완전히 종식되는 그런 상태입니다. 형상, 모습, 색깔이나 이름이 없을 때, 무엇을 질문할 누가 있습니까? 어떤 일이 일어나든 그대는 몸과의 동일시에 기초해 그것을 받아들이는데, 그 몸은 시간이 한정되어 있습니다.

질: 저는 그것이 존재가 아니라는 것을 체험했습니다.

마: 그대는 체험이라는 것을 어떻게 이해합니까? 체험의 의미는 무엇입니까?

질: 그것은 어떤 사람의 한 체험이 아닙니다.

마: 모든 체험은 어떤 변화가 있는 곳에서 일어납니다. 아무 변화가 없으면 어떤 체험도 있을 수 없습니다.

질: 그것은 하나의 체험이 아니라, 존재이자 비존재인 어떤 상태입니다.

마: 있기도 하고 없기도 하다고 그대가 말하는 그것은 말에 따른 것입니까, 하나의 체험입니까? 저는 말을 가지고 숨바꼭질하지 않겠습니다. 그대가 묘사하는 것은 하나의 경험입니까, 아니면 그냥 말입니까?

그대는 책에서 읽거나 남에게서 들은 말에 영향을 받았고, 그래서 그대가 하는 말은 들은 내용에 불과할 것 같군요. 맞습니까, 아니면 그대가 실제로 체험한 것을 말하고 있습니까?

질: 앞서 말씀드렸지만, 그것은 어떤 사람의 체험이 아닙니다.

마: 처음에 저는 제가 몸이라고 생각했고, 그러다가 몸이 아니라 의식이라는 것을 체험했습니다. 그런 다음 이 의식도 실은 내가 아니고, 어떤 형상도, 어떤 개인성도, 어떤 무엇도 없다는 체험을 얻었습니다. 그대의 체험도 그렇습니까?

질: 그 체험은 어떤 몸도, 아무것도 없고, 제가 있기도 하고 없기도 하다는 것입니다.

마: 더 이상 없는 것이 무엇입니까?

질: 몸에 대한 의식입니다. 이제 더 이상 중심이 없고, 생각들은 몸으로서의 중심에서 나오지 않습니다.

마: 생각들이 한 개별적 몸으로서의 그대의 중심에서 나오지 않는다면 그 생각들이 어떻게 나옵니까? 이제는 그 생각들을 자신과 동일시합니까? 그 생각들의 의미와 그대가 똑같은 하나라고 생각합니까?

질: 아닙니다.

마: 실제로 일어난 일은 무엇입니까? 그 변화가 어떤 것입니까?

질: 그 변화는 존재하던 의식 안의 중심이 사라졌다는 것입니다. "내가 있다"는 중심이 사라졌습니다.

마: 그 중심에 대해서 이야기를 좀 해 보십시오.

질: 처음에는 몸 안에 동일시의 어떤 중심이 있었는데 지금은 그것을 느끼지

못합니다. 이제는 어떤 경계선도 없고, 이제는 어떤 특정한 몸도 없습니다.
마: "내가 있다"는 것은 그대가 있다는 앎을 뜻합니다.
질: 그것이 지금은 무한합니다.
마: "내가 있다"는 앎에 전혀 어떤 한계도 없다는 말인가요?
질: 맞습니다. 감사합니다. 이제 저는 가 봐야겠습니다.
마: (그 사람이 떠난 뒤에 말함) 그가 "나는 이것을 하고 있다, 나는 저것을 하고 있다"고 이야기할 때 그가 말하고자 한 것은, '나는 저 "내가 있다"는 앎이다', 즉 의식이라는 것입니다. 왜냐하면 의식이 없으면 몸이 없기 때문입니다. 깊은 잠 속에서 우리는 몸을 자각하지 못하고, 우리가 몸을 자각하는 것은 깨어 있고 의식이 있을 때뿐입니다. 그래서 제가 이 이야기를 할 때 그 의미는, '나'인 것은 이 의식이지, 나중에 오는 몸이 아니라는 것입니다.

이 병은 의식의 한 측면인데, 저는 의식이 아닙니다. 저는 '내가 있음'이 아닙니다. 존재하는 어떤 병도 의식의 영역 내에 있습니다. 의식의 도움으로 우리가 병을 경험합니다. 제가 전적으로 저의 **궁극적** 상태에 있게 될 때, 이 의식이 최종적으로 소멸될 때, 그것이 저의 전체적이고 완전한 상태입니다.

언제 제가 이런 병을 전혀 경험하지 않게 되겠습니까? 해가 지듯이 이 의식이 질 때라야 완전한 건강, 곧 이 병에 대한 경험 없음이 있겠지요. 의식이 있는 한, 병을 경험할 수밖에 없습니다. '나'의 즐거움이나 행복이 무엇입니까? "내가 있다"는 이 앎, 곧 이 의식 외에 아무것도 아닙니다.

여러분이 생각하는 지知는 여러분이 붙잡을 수 있는 것, 만져볼 수 있고 호주머니에 넣을 수 있는 어떤 것입니다. 이 지知는 그런 종류가 아닙니다. 내가 지知 자체라는 것을 알 때, 내가 무엇을 얻기를 바랄 수 있겠습니까?

◆ ◆ ◆

질: 생각이란 무엇입니까?
마: 그것은 마음이 이전에 가지고 있던 조건화의 결과입니다.
질: 진인의 생각과 무지한 사람의 생각은 서로 다릅니까?
마: 그 차이는, 진인은 몸-마음에서 자신을 분리했기 때문에 몸-마음의 생각

들이 오고 가도 상관하지 않는 반면, 무지한 사람은 그 생각들에 개입하고, 자신을 하나의 이름과 하나의 형상으로 여긴다는 것입니다.

질: 저는 의식일 뿐이라는 것을 부단히 유념해야 합니까?

마: 그대가 의식이고 의식이 그대이면 그걸로 됐습니다. 그 사실에 늘 주의를 기울이고 있을 필요는 없습니다. 그 손가락이 그대의 손가락이라는 것을 아는데, 계속 그것이 그대의 손가락이라고 중얼거릴 필요가 있습니까? 해야 할 것이 뭐가 있습니까?

질: 어떤 행위를 해야 하거나 선택을 할 때, 그 선택을 어떻게 해야 합니까?

마: 그것이 그대의 개인적 행위나 선택이 아니라는 것만 이해하십시오. 행위자로서 개입하지 마십시오.

왜 그런 온갖 개념들에 개입합니까? 먼저 그대가 자기 자신이라고 여기는 것이 무엇인지를 알아내십시오. 그대가 하나의 개체입니까? 온갖 개념들에 개입하니, 그 문제를 푸십시오. 그대는 무엇입니까? 그대의 지성으로는 이해하지 못합니다. 그것은 지성의 범위를 벗어나 있습니다.

◆ ◆ ◆

질: 의식은 마음을 통해서 작용합니까?

마: 일체가 의식 안에서 일어납니다. 저는 오래 전에 저의 독립된 정체성을 포기했기 때문에, 어떤 독립된 개체이고 말고가 없고, 일체가 의식 안에서의 한 겉모습일 뿐입니다.

어떤 천에서든 주된 요소는 실이듯이, 어떤 겉모습에서도 그 본질은 의식입니다. 이것을 깊이 통찰해야 하는데, 몸과의 동일시가 있는 한 그런 통찰이 일어날 수 없습니다. 동일시가 있는 한 여러분은 그 사이비-인격에 이로운 일만 생각할 것입니다.

전 우주는 여러분이 이 의식을 가지고 있는 동안 살아 있으나, 의식이 여러분을 떠나면 아무것도 없습니다. 책에서 배운 것으로 말하는 사람과 체험으로 말하는 사람 간에는 차이가 있다는 것을 이해하십시오.

진인은 보편적 의식과 자신을 동일시하고, 그래서 어디에서나 모든 것에 완벽히 적응합니다. (진인에게는) 오직 주시하기만 일어납니다. 이 정신·신체적인 장치(몸)는 진인과 무지인에게 공히 있지만, 몸을 자신과 동일시하는 무지한 사람은 상황이 변함에 따라 행복하기도 하고 불행하기도 합니다. 진인은 주시하기만 할 뿐 어떤 일이 일어나든 개인적으로 상관하지 않습니다.

거듭 되풀이해서 이야기하니 잘 들으십시오. 그것 때문에 우리가 살아 있다고 느끼는 그것이 무엇인지를 이해하고, 그것의 성품을 이해하고, 그것의 맛을 이해하십시오. 그러면 몸과의 동일시가 사라질 것입니다.

이 **자기사랑**, 이 존재성은 여러분이 어떤 노력도 하지 않았는데 생겨났습니다. 그것의 성품은 무엇이고, 맛은 무엇입니까? 그것을 알아내야 합니다.

여러분의 정체성을 이 존재성 안에 확고히 고정하고, 거기에 팔다리나 어떤 모양이나 형상을 부여하지 마십시오. 왜냐하면 일단 거기에 형상을 부여하면 여러분이 그것을 한정해 버린 것이 되기 때문입니다.

우주라는 이 전체 현현물 이면에 있는 이 에너지를 이해하십시오.

여러분은 많은 질문을 하고, 직관적 체험에서가 아니라 책이나 남의 말에서 답변을 찾습니다. 그것은 지_知가 아닙니다. 지_知는 애씀 없이 의식에서 저절로 솟아납니다.

모든 현현물의 근원인 이 에너지에는 다양한 이름이 붙어 있습니다. 사람들은 그런 이름과 형상들에게 기도하면서, 그 이름들이 나타내는 저 존재성, 저 본체에게는 기도하지 않습니다. 저 존재성에게만 기도하십시오.

진정한 친구 두 사람 사이에는 어떤 분리도 없기 때문에, 한 친구는 다른 친구가 무슨 말을 하지 않아도 그에게 무엇이 필요한지 알고 보살펴 주며, 그것도 자연발로적으로 그렇게 합니다. 따라서 저 본체와의 깊은 우정을 계발해야 합니다. 어떤 혜택을 달라고 기도하는 태도가 아니라 친구를 찾는 친구로서 말입니다. "내가 있다"는 앎, 지각의 근원, 존재성 그 자체와 하나가 되십시오.

사람들은 다른 모든 것을 생각하고 이야기하면서도, 제가 그들에게 말해준 이 기본적인 것에 대해서는 그러지 않습니다. 과학적인 기적에 관심을 갖고 과학을 하나의 신으로 만들면서, 이미 현현되어 있는 이런 모양들에 신경을 씁니다. 본래적인 기적, 곧 이 몸과 그 생명력에 대해서는 관심이 없습니다.

우리는 이 기적을 대수롭지 않게 여깁니다. **의식**이 없으면 **신**도 없습니다. 신의 존재와 본질은 공히 이 **의식** 안에 있고, 따라서 이 몸 안에 있습니다.

저 사원과 교회들이 어떻게 생겨났습니까? 몸 안의 **의식**이 가진 영감 때문입니다. **의식**이 **브라만·신**의 씨앗이요, 일체의 씨앗입니다. 사건들은 **의식**이 있을 때만 일어나고 현현되는데, 몸 안에 그 **의식**이 있습니다.

제가 하는 어떤 이야기도 여러분에게 이 세간에서 이익을 주지 않을 것입니다. 저는 여러분이 무엇인가만 말해드립니다. 만일 여러분이 값을 따질 수 없는 그런 평안을 추구하고 있다면, 그것은 견고한 확신으로 **의식** 안에 여러분 자신을 확립하는 데서만 올 수 있습니다. 제가 확신이라고 할 때 그것은, 결코 의심하지 않고, 확고부동하며, 흔들릴 수 없다는 의미입니다. 자신의 존재성에 대해 그런 확신을 가지십시오. 달리 아무것도 생각하지 말고, 달리 어떤 것에게도 기도하지 마십시오. **자기사랑**—그것 때문에 일체가 있습니다.

소위 죽음이 닥쳐온 순간에는 어떤 일이 일어납니까? 죽음이 의미하는 것은 **의식**의 한 점이 포기된다는 것뿐입니다. 그 점을 여러분이 시간이라고 받아들였던 하나의 개념에게 내주는데, 여러분은 마지못해 그것을 시간에게 넘겨줍니다. **진인**은 그것을 자신의 참된 성품에게 넘겨줍니다.

이 **자기사랑**, 우리가 수많은 세월 동안 보호해 온 이 존재성을 우리는 누구에게 넘겨주겠습니까? 무지한 사람이라면 우리의 시간 개념에게 넘겨줍니다. 무지한 헌신가라면 신이라는 개념에게 넘겨줍니다. **진인**이라면, 자신의 참된 성품에게 넘겨줍니다.

여러분이 하나의 정체성으로서 무엇을 얻었다고 생각하든, 그것을 얻은 것은 노력이나 의도에 의해서입니까? 실제로 얻은 뭐가 있습니까? 없지요. 이 몸, 이 **의식**은 자연발생적으로 왔습니다. 그래서 잠은 저 좋은 시간에 찾아오고, 생시와 잠조차도 여러분이 통제하지 못합니다. 여러분의 것이 무엇입니까? 그 자신의 노력으로 이 **진아지**를 가진 사람이 누구입니까?

이 사이비 개체는, 활동하고 행위하는 자가 자기라고 생각합니다. 저는 지금 **의식**으로서 여러분에게 이야기하고 있습니다. 여러분 중에서 누구라도 저

지知, 여러분 자신인 저 존재성을 가리켜 보일 수 있습니까?

질: 의식이 의식에게 몇 번이고 감사드립니다.

마: 그에 대해 아무 말도 할 수 없는 그것에 대해 제가 이야기했습니다. 그 한 방울을 받아들이고, 그것을 맛보고, 그것을 삼키십시오.

이 이야기를 들어 보십시오. 신은 인간의 심장 속에서만 존재할 수 있지 달리 어디에도 존재할 수 없습니다. 여러분은 몸과 자신을 동일시하여 자기 자신을 제한하지만, 그 몸을 소홀히 하지 않도록 유념하십시오. 그것은 신의 집이니, 잘 보살피십시오. 그 몸 안에서만 신을 깨달을 수 있습니다.

신, 여러분의 몸, 여러분의 **진아**로 나눠진 것은 분석적 이해를 얻기 위해서 일 뿐, 그것은 각자가 친숙하게 관계하고 있는 것은 하나의 **진아**입니다.

◆ ◆ ◆

질: 제가 하는 영적 체험들 말입니다. 그것은 있어서는 안 되는 어떤 것입니까? 그것은 무엇입니까?

마: 그것은 다 오락입니다. 그대가 여기 존재하고 있지만, 그대의 몸은 누군가의 오락의 결과 아닙니까? 그 체험들은 **의식** 안에서의 겉모습일 뿐이라는 것을 알면 상관없습니다.

이해는 시간의 문제가 아닙니다. 그대가 참으로 **진리**를 통찰한다면, 그것은 단순하고 순식간에 파악되는 것입니다.

의식하는 현존은 몸에 의존하는데, 몸은 정자와 난자에 지나지 않습니다. 그러니 이 '그대'가 어디 있습니까? 이 몸은 마치 무엇을 알리는 사람처럼 "내가 있다"고 말하는 하나의 도구와 같습니다. 현재 그대는 자신이 몸-마음이라고 생각하는데, 그대가 수집한 어떤 개념도 (거기서) 흘러나옵니다. 그러나 수행을 시작하면 "나는 그것이 아니다"라면서 몸-마음을 배척합니다. 그러면 말없이, "내가 있다"에만 이르게 됩니다. 그때는 그대가 모든 것이고, 그 몸에 국한되지 않습니다.

몸이라는 도구 때문에 저 **의식**의 느낌이 있지만, **절대자**인 '나'는 그것이 아닙니다.

의식 안에서 안정되고 나면 다음 단계는, 의식과 그 의식 안에서 일어나는 모든 유희를 관찰하는 위치에 있으면서 그냥 이해하는 것입니다. 몸과 의식에 대한 집착은 아주 강해서 그것을 없애기가 무척 어렵습니다.

탄생 원리, 곧 그 주위에서 몸의 형성이 일어나는 화물化物은 어떤 형상도 무늬도 없고, 실제로 존재하지 않았습니다. 그 존재하지 않는 것이 홀연히 생겨났습니다. 그것의 존재는 어떤 효용이 있습니까? 그것은 하나의 유령일 뿐, 진리일 수 없습니다. 그래서 제가 감히 이렇게 말합니다. 그것은 무無에서 창조된 큰 속임수, 큰 사기라고. 무無에서 우리가 무엇을 창조할 수 있습니까?

제가 말한 모든 것은 그대의 저 탄생 원리에 단단히 뿌리박혀 있어서 그대는 그것을 빼낼 수 없습니다. 때가 되면 그것이 확산되어 지知가 되겠지요.

저는 단 한 순간도 삶을 원치 않지만, 저 찰나적인 삶 속에 수많은 생명들이 있습니다.

저는 죽음을 겁내지 않습니다. 죽음과 함께 불완전이 제거됩니다. 의식, 곧 불완전의 오점이 사라집니다. 그리고 남는 것은 전적인 완전함입니다.

제가 여러분을 내일 만난다는 보장이 없습니다. 그러나 실제로는 여러분과 저 사이에 어떤 분리도 없습니다. 우리는 하나이기 때문입니다. 어떤 분리도 상상하지 마십시오.

1981년 1월 8일, 9일, 10일, 11일

76
속박도 없고 해탈도 없다

마하라지: (당신의 라이터를 지칭하여) 연료가 있는 한 불길이 지속되겠지요. 그 불길에게 무슨 해탈이니 깨침이니 하는 문제가 있겠습니까? 5대 원소 때문에 생겨나는 몸과 의식에게 무슨 해탈이 있을 수 있습니까? 원소들의 출현

이전에 있는 자는 늘 있습니다.

여러분이 하고 있는 일은 마음과 지성을 사용하는 것이지만, 제가 말하는 것은 지성知性에 기초해 있지 않고 오히려 의식 안에서 자연발생적으로 일어나는 모든 것에 기초해 있습니다. 여러분은 의식에서 자연발생적으로 솟아나는 그 지知를, 마음과 지성으로 건립한 개념들의 구조물 속에 고정하려고 합니다. 그것은 결코 그렇게 될 수 없습니다.

질문자: 저는 왜 여기 마하라지님 친존에 있으면 그렇게 만족감을 느낍니까?

마: 의식 안에서 일어나 그대를 여기로 데려오는 그 욕구가 충족되기 때문입니다.

어떤 사람들은 지知를 얻기 위해 여기 옵니다. 제가 말을 하는 것은 말이 자연히 나오기 때문입니다. 제 이야기의 이면에는 여러분이 지知를 얻어야 한다는 어떤 의도도 없습니다. 어떤 분들은 어려움이 있기 때문에 여기 옵니다. 저는 그 어려움들이 사라져야 한다는 어떤 의지도 발동하지 않지만, 많은 경우에 그것이 사라진다는 것도 사실입니다. 저는 여기 그냥 앉아 있고, 사람들이 오고가도 저는 신경 쓰지 않습니다. 그들은 먼 거리에서 옵니다. 왜냐하면 의식이 여기 올 필요를 느끼기 때문입니다. 여기 오겠다는 지적인 결정 때문에 그 개인이 여기 오는 것이 아닙니다. 의식이 그의 귀를 잡아당겨 여기 데려오는 것입니다. 저의 이웃집 사람들은 오지 않는데, 세계 각지의 사람들은 절박한 마음으로 여기 옵니다. 왜입니까?

질: 제가 여기 처음 왔을 때 마하라지께서 저에게 말씀하시기를, 저의 '내가 있음'은 음식의 산물이라고 하시면서 주 크리슈나의 의식은 당나귀의 의식과 동일하다고 하셨습니다. 저는 그날 봄베이 바깥에서 숙소를 예약하려 했지만 1주일간이나 그럴 수가 없어 할 수 없이 시내에 머물러야 했습니다.

마: 재능 있고 유명한 사람들이 여기 많이 왔지만 아주 겸허하게 옵니다. 그들 중에서 누구라도 자기 자신에 대한 지知를 가진 사람이 있습니까?

질: 저는 명호염송을 하고 있는데 그래도 괜찮습니까?

마: 그 신성한 이름을 염하십시오. 괜찮습니다. 그러나 그대가 그것에 의해 '그대가 있다'는 것을 알고, 그것에 의해 다른 일체를 아는 그 지배 원리(의식)

가 무엇인지를 인식하고 이해하는 것이 중요합니다. 그대 자신을 바라보고 그대 자신을 알아야 합니다. 영적인 공부의 수수께끼는 그대의 지성知性으로는 풀지 못합니다. 기껏해야 지성은 그대의 생계를 해결해 줄 수 있을 뿐이지요.

그대가 무엇이 되려고 노력하든, 그것은 그대가 아닙니다. 말이 나오기 이전, 그대가 "내가 있다"라고 말하기 이전, 그것이 그대입니다. 그대 자신에게만 신경을 써야 합니다. 달리 누구에 대해서도 걱정하지 마십시오. 그대는 무엇입니까?

◆ ◆ ◆

마: 궁극의 상태는 아무것도 존재하지 않는, 나도 없고 너도 없고 현현물도 없는 그 상태입니다.

질: 마하라지께서는 그 **궁극의 상태**를 묘사하실 수 있습니까?

마: 제가 저의 잠을 잘라서 그것으로 디자인을 할 수 있습니까? 그대의 몸에서 그대 자신을 떼어낸 다음 그에 대해 무슨 말을 해 보십시오. 그것을 그대가 묘사할 수 있습니까? 제 이야기는 보통의 인간들이 들으라고 하는 말이 아닙니다. 보통 사람의 이해 범위는 그 자신의 몸을 넘어서지 못합니다.

몸과 자신을 동일시하는 자는 **의식** 그 자체입니다. 그것이 자신을 몸으로 잘못 간주하고, 마치 그것의 무한한 잠재력이 이 단 하나의 현상(몸)에 의해 제한되는 것처럼 행동합니다. 따라서 이 동일시가 있으면 그 **의식**이 하는 어떤 행동도 그 몸에 의해 제한되겠지요.

삶의 이 궁극적 의미를 이해하는 자는 몸에서 자신을 떼어내는데, 그러면 어떤 변모가 일어납니다. 의식은 보편적입니다. 낮처럼 보편적이고, 밤처럼 보편적입니다. 그 원리에는 어떤 이름이나 칭호를 붙일 수 없습니다. 낮도 밤도 없었고 **의식**도 없었다는 것을 아는 것은 누구입니까? 낮과 밤, 기억과 망각, 생시 상태와 깊은 잠의 상태, 이것들은 똑같은 하나입니까, 별개입니까?

의식의 능력은 매우 놀라운 것입니다. 저는 제가 있다는 것을 몰랐는데, 홀연히 "내가 있다"를 알았습니다. 이 '내가 있음'은 **마야**의 힘입니다.

질: 자유로워지려는 욕망은 잘못된 것입니까?
마: 아무 일도 일어나지 않습니다. 누구도 속박되어 있지 않습니다. 따라서 해탈이라는 문제는 없습니다. 사람이 자신을 한 개인으로 생각할 때만 속박과 해탈에 대해서 생각합니다.

　이 세상에서 그대가 어떤 개념들을 수집했든, 전적으로 쓸모가 없습니다. 전체 현상계는 석녀石女의 자식이라는 것을 이해하십시오. 그러나 이것을 이해했으면 그대가 하는 일에 오롯한 주의를 기울이고 그 일이 가능한 한 효율적으로 이루어지게 하십시오. 그대가 세간에서 하는 그 일을 잘 보살피십시오. 왜냐하면 그것은 하나의 고아이니까요!

◆　◆　◆

질: 의식 안에 행위자 관념이 있고 주시하기도 있습니까?
마: 일체가 의식의 영역 안에 있습니다.
질: 세상의 모든 행위들이 의식을 통해 이루어지고 있습니까? 5대 원소들의 움직임도요?
마: 5대 원소의 총합이 의식입니다.
질: 의식으로 이 의식을 찬양하는 것은 아름답습니다. 그렇지 않습니까?
마: 그야 물론이지요. 그대가 무엇이든, 그것은 그대만 압니다. 몸 안에는 앎이 있을 뿐 사람은 없습니다. 우리는 현실적 필요에서 여러 가지 이름을 사용하지요.
질: 몸 안에서 이 의식은 왜 '나', '너' 등의 말을 합니까?
마: 의식은 하나이지만 그것이 다수로 현현합니다. 그래서 현실적 필요에서 '나', '너', 등의 말을 합니다.
질: 제 의식은 이 몸에서 비롯되고, 이 몸에 의해 지탱되지 다른 몸들에 의해 지탱되지는 않습니다.
마: 그대의 의식 안에 그 모든 몸들이 있습니다.
질: 마하라지께서는 제가 몸 안에 있는 것이 아니라 몸이 제 안에 있다고 말씀하셨습니다.

마: 만일 그대가 작가라면 그대의 펜 속에 몇 권의 책이 잠재되어 있습니다. 언제부터 그대는 '그대가 있다'는 것을 깨달았습니까?

질: 몸과 의식이 나타났을 때입니다.

마: 저의 영적인 공부(spirituality)의 합계는 이제 무無입니다. '무'라는 단어조차 없고, 그래서 어떤 영적인 공부도 남아 있지 않습니다.

제가 제 몸을 좋아하지 않고, 심지어 생명기운도 좋아하지 않는다고 하면 제가 무엇을 할 수 있습니까? 몸이 있고, 생명기운이 있고, 따라서 이 '내가 있음'이 있습니다. 그것들은 제 스스로 작용하는데 제가 왜 걱정합니까? 그것은 자기가 할 유희를 하고 있으니 내버려두어야지요. '내가 있음'이라는 저 지각성이 있는 한, 남들에 대한 끌림도 있겠지요. 지각성은 음식-몸의 산물입니다. 이 몸이 소진되면 그 '내가 있음'이 어디 있습니까?

영적인 공부 같은 그런 것은 없습니다. 존재하는 것은 5대 원소들의 유희 속에 있는 이 세간적 삶뿐입니다. 그대는 식물들보다 나을 것이 없습니다. 풀이 자라듯이 인간들도 자라고 있습니다. 누가 이것을 받아들이겠습니까? 탄생은 하나의 물질적 측면입니다. 그대가 그대 혼자라면 그 상태가 느껴지지 않겠지요. 그러나 낯선 요소가 하나 있으면, 비로소 고통이 시작됩니다. 본래적 존재인 그대에게 이 낯선 요소가 부과되고, 그래서 그것이 고통 받는 것입니다.

그대는 그대가 무엇인지를 탐구하지 않겠지요. 그대는 지식인이기 때문에 그대의 지성에서 맛난 것들을 만들어내어 계속 그것을 먹을 것입니다. 영적인 공부에서조차도 그대는 지성을 사용하고, 그대의 개념들에서 수많은 맛난 음식들을 조리하여 그것을 즐깁니다.

제가 말한 것에서 힌트를 얻어 보십시오. 그대가 세계를 경험한다는 것 자체가 누군가의 즐김의 결과입니다. 이제 그것이 불행의 원천이 되었습니다.

질: 무언의 상태에 있는 것이 가능합니까?

마: 그대는 말없이 살 수 있습니까? 말은 아주 필요합니다.

질: 저희는 저희들 자신이 가진 개념들의 포로입니다.

마: 그저 저 탄생 원리를 탐구해 보십시오. 그대가 있고, 그대가 있기 때문에

아버지와 어머니가 있습니다. 그것은 동시에 일어나는 일입니다. 그들의 행위 때문에 그대가 있고, (동시에) 그대에게 부모가 있습니다. 그들의 몸이 없다면 그들이 무엇입니까? 몸이 없을 때 그들이 무엇일 수 있겠는지 이해하려고 노력하십시오. 그대를 있게 한 그 행위를 무시하고, 부모가 무엇인지 인식하도록 노력하십시오. 이 두 분이 현존한 결과로 세 번째 현존인 "내가 있다"가 있습니다. 이제 부모에 대한 그대의 개념들을 치워버리겠습니까?

◆ ◆ ◆

마: 이 존재의 느낌, 이것은 여러분의 입장에서는 가장 기꺼운 것 아닙니까? 여러분은 그것을 가장 사랑하지 않습니까?

여러분은 여기 왜 앉아 있습니까? 여러분 자신을 위해 뭔가를 원하기 때문에 스스로 여기 앉아 있습니다. 여러분이 있다는 것은 무엇입니까? 그 속으로 들어가십시오. 여러분은 자기가 존재한다는 데 대해 아무 의심이 없습니다. 그러면 여러분이 계속 존속하기를 원하게 하는 그것은 무엇입니까?

영겁의 시간이 오고 갔습니다. 그 시간 동안 무수한 형상들이 창조되고 파괴되었습니다. 그들이 (지금) 존재한다는 느낌을 가지고 있습니까? 그들이 자기 자신을 걱정하고 있습니까? 이 존재의 느낌 없이 여러분이 할 수 있는 것은 아무것도 없고, 그것을 지속시키기 위해 할 수 있는 것도 아무것도 없습니다.

질: 그것은 왜 지속되기를 좋아합니까?

마: 그것이 그것의 성품입니다. 의식과 사랑은 같은 것입니다. 그대 자신에게 물어 보십시오. 그대가 원하는 것은 무엇이며, 그대는 무엇을 추구하는지. 그대는 자신을 한 개체로 여기고 무엇을 원합니다. 만일 의식이 없다면 그대에게 무엇이 필요하겠습니까?

그대가 듣는 이야기는, 들으리라고 기대했던 것과 전적으로 다릅니다.

질: 의식을 저 자신과 동일시해야 합니까?

마: 이 '그대'가 의식 아니고 무엇입니까? 그것이 둘입니까? 이 세상에서 무엇을 할 수 있는 어떤 개체도 없습니다. 어떤 영적인 추구를 할 수 있는 어

떤 개체도 없습니다. 어떤 개체도 없다면 속박도 없고 해탈도 없습니다. 그저 이것만 이해하십시오. 해야 할 것은 아무것도 없다는 것 말입니다. 제가 그대에게 무슨 이야기를 해주든, 듣고 내버리십시오. 그대가 그 몸과 그 존재의 느낌을 얻기 전에는 무엇을 했는지 말해주겠습니까? 그 존재의 느낌, "내가 있다"는 앎이 있고 난 뒤, 그대는 일종의 TV 영화를 관람해 왔습니다. "이것이 너의 가족이다, 이분들이 너의 부모님이다"라고 말하는 영화 말입니다. 그대는 이 중의 어느 것을 개인적으로 체험해 본 적이 있습니까?

무엇이 창조되었고 파괴되겠는지 이해하십시오. 어떤 괴로움도 겪을 수 없는 그대의 실체를 이해하십시오.

저는 의식과 그 의식 안에서 나타나는 그 무엇도 하나의 거대한 사기詐欺에 지나지 않는다는 결론에 도달했습니다. 이 사기를 저지른 어떤 자도 없습니다. 그것은 자연발생적으로 일어나는 사건입니다. 이 사기는 어떤 범행자도 없습니다.

이 의식의 작은 점이 진흙과 흙으로 된 신들을 창조하는데, 그 신들이 받아들여지고 나면 그들이 우리가 기도하는 무엇이든 들어줍니다. 이 사기를 이해하고 나면, 그에 대해 할 수 있는 것이 아무것도 없다는 것도 이해하십시오. 따라서 일어날 수 있는 모든 일은 그 이해가 일어나도록 하기 위한 것입니다.

이 몸과 이 몸의 맛—그것이 그 이해입니다. 몸은 음식기운이고, 의식은 음식기운의 성품 아닙니까? 우리가 명심해야 할 아주 단순한 물음 하나가 있습니다. 즉, "나는 나 자신의 존재에 대해 어떤 권한이나 통제권을 가지고 있는가?"라는 것입니다. 그러니 우리가 우리 자신의 노력으로 무엇을 할 수 있습니까?

1981년 1월 12일, 14일, 17일, 19일

77
그대는 그 존재의 느낌이다

마하라지: 절대자는 · · · 여러분이 감을 잡게 해보자면, 인도에 여러분이 한 번도 가보지 않은 곳이 있는 것과 같습니다. 설사 거기가 어떻다고 묘사해도 여러분에게는 그것이 여전히 하나의 묘사로 남겠지요. **보편적 의식**, 곧 존재성은 눈에 보이는 모든 것입니다. **보편적 의식**이 하나의 현상으로 그 자신을 현현할 때, 그 현상은 자신이 독립해 있다고 생각하지만 실은 그렇지 않은 저 유한한 형상(몸)입니다. 그 현상은 의식의 현현입니다. 그것이 현현되지 않을 때는 일체의 안에 내재해 있습니다. 만일 여러분이 이해했다고 생각한다면, 그것은 그렇지 않습니다. 여러분이 아는 그 어떤 것도 **진리**가 아닙니다.

몸은 5대 원소로 이루어져 있는데 각 몸은 그 5대 원소의 조합 비율에 따라 행동합니다. 우리가 5대 원소의 기운을 자신과 동일시하는 한, 이해하는 것이 불가능합니다. 왜냐하면 이해하려고 하는 그것이 하나의 사이비 개체이기 때문입니다. 이해에서 가장 큰 결함은 "내가 하나의 개체다"라는 개념이고, 둘째로는 "내가 가지고 있는 어떤 개념도 **진리**다"라는 것입니다.

"어떤 개체도 없으며, 일어나는 일은 그저 예정되어 있는 **의식**의 작용이다. 그저 그 작용만 있지, 그것을 야기하는 어떤 개체도 없고, 고통 받는 어떤 개체도 없다"는 최대의 확신을 가지고 그것을 이해했을 때, 오직 그럴 때에만 탈동일시가 일어날 수 있습니다. 그렇지 않으면 온갖 오해가 일어납니다.

자기가 이해했다고 생각하는 그 사람이라는 수수께끼를 풀기 전에는 이해한 것이 아닙니다.

제가 코에서 풀어 버리는 노폐물을 저 자신과 동일시합니까? 이 몸뚱이를 만들어낸 그 물질도 그와 다를 게 뭐가 있습니까? 저는 이 몸을 만들어낸 그 물질도 아니고, 그 물질에 내재된 **의식**도 아닙니다.

◆ ◆ ◆

마: 예전에는 지(知)가 저를 압도하여 제가 사람들에게 이야기를 들으러 오라고도 했지만, 이제 그런 때는 지났습니다. 이제 사람들에게 권하지 않고, 사람들을 여기 오래 붙잡아두지 않습니다. 얼마큼씩 지(知)를 주어 돌려보냅니다.

저 작은 소위 탄생이라는 것을 가장하여 일체가 일어났다는 것은 정말 믿을 수 없을 정도입니다. '내가 있음'뿐만 아니라 전체 현상 세계도 나타났습니다. 그것을 믿을 수 있습니까? 실은 저는 없지만, 저 탄생이라는 사건 때문에 제가 있다는 느낌이 듭니다.

여러분이 이 지(知)를 얻으면 이 세계와 의식에 대한 지식은 침 한 방울의 가치도 없다는 것을 깨달을 것입니다. 침은 우리가 뱉어 버릴 수 있는데, 그러면 침은 가치가 없겠지요. 제가 합장하고 여러분에게 호소하지만, 이 영적인 공부(전통적 행법들)에 들어가지 마십시오. 여러분이 어떤 지식과 개념을 가지고 있든 저 마지막 불꽃('내가 있다'는 자각)만 사용해야 합니다. 여러분은 일체를 가지고 있고, 원료는 이미 여러분에게 있습니다.

실제적 상황은 열려 있고 아주 분명한데도, 아무도 그것을 바라보고 싶어 하지 않습니다.

통역자: 마하라지께서는 신에 대한 단순한 헌신을 선호하십니다. 헌신을 가진 사람들은 설사 지성에 한계가 있다 해도, 그 지성은 말썽을 피우지 않습니다. 여기서처럼 말입니다.

마: 이곳은 지성이 절멸되는 곳입니다.

저는 5대 원소라는 귀신에 의해 창조되고 그것에 씌어 있었지만, **빠라브라만** 안에서 안정되자 그것이 무엇인지를 알고 거기서 벗어났습니다.

자, 제가 이 원소들의 기운에 어떻게 씌어 있는지 보십시오. 저는 담배를 씹는 데 중독되어 있습니다. 의사들이 그러지 말라고 충고하는데도 여전히 그러고 있습니다. 그것은 제가 이 원소들의 기운에 씌어 있기 때문입니다.

공간은 세계를 나타내는데, 그 공간 안에 세계가 있습니다. 공간은 초기 단계의 세계와 같습니다. 세계는 없지만 세계의 물질은 있습니다. 거기서부터 나는 "내가 있다"를 느끼기 시작합니다. 공기와 함께 움직임이 있고, 불과 함께 열이, 물과 함께 모든 씨앗 기타 일체가 있고, 물 때문에 맛이 있습니다.

그러나 여러분은 **참스승** 때문에 이런 원소들이 박탈됩니다. **참스승**[빠라브라만]은 온통 비지각성에 대한 사랑입니다. 이 **참스승**과 여러분이 교류하기 때문에, 그것이 여러분에게는 깨침을 의미합니다.34)

저는 전혀 말을 하고 싶지 않고, 일종의 침묵 속으로 들어가고 싶습니다. 제가 지금 하는 이야기가 정말 이해된다면, 더 이상 어떤 행법(sadhana)도 필요 없습니다. 바로 그 자리에서 딱 계합契合해야 합니다.

질: 한때는 최고 반열의 많은 성자들이 있었습니다. 왜 그 시기에는 갑자기 수많은 성자들이 있었습니까?

마: 그때는 헌신(신심)이 워낙 강해서 명상의 대상 자체가 그 명상자 앞에 완전한 모습을 드러내곤 했지요. 그런 헌신의 상태 때문에 온 대기가 그 헌신으로 물들어 있었는데, 지금은 지성으로만 물들어 있습니다. (지금은) 사람들이 무엇을 맹목적으로 받아들이려고 하지 않습니다. 그들의 지성이 허공처럼 더 미세해졌기 때문입니다. 모든 것을 이리저리 고르고 분석하려고 합니다.

◆ ◆ ◆

마: 제가 이야기하는 것을 잘 듣되, 여러분이 듣는 내용에서 결코 이익을 얻으리라고 기대하지 마십시오. 이익을 얻으려면 한 개체가 있어야 하는데, 어떤 개체도 없기 때문입니다.

이 병을 얻은 뒤로 제가 사물을 보는 방식에 약간의 변화가 있었습니다. 전에는 이 **보편적 의식**이 하나의 특정한 형상을 통해 작용하고 있다고 느끼는 정도의, 약간의 개인성의 감촉이 있다고 느꼈습니다. 이제는 어떤 개인적 형상이나 작용의 느낌도 전혀 없습니다. 지금은 전체적 작용 그 자체에 대한 인식이 있지만, 그마저도 이 몸이 존속하는 동안만 지속되겠지요. 그 몸 안에 의식이 있는데, 둘 다 물질적입니다. 이 모든 과정에서 어떤 개체가 별개의 무엇을 인식한다는 그런 것은 없습니다. 대신, 다양하고 무수한 형상들을 통해 이루어지는 전체적 작용이 있습니다. 저는 이 병을 그 **전체적 의식**과 동

---

34) T. 참스승의 비이원적 사랑, 곧 깨달음 에너지의 장 안에서는 원소들의 영향력이 제어된다. 따라서 참스승과 교류하면 그들의 에너지에 힘입어 '깨침'을 쉽게 얻을 수 있다.

일시하고 있습니다.

질: 의식이 사라지면 무엇이 남습니까?

마: 현상적인 어떤 것도 남지 않습니다. 지금 우리가 하는 이야기는 영적인 이해가 정점에 이르고 끝이 난다는 이야기입니다. 신체적 고통이 더 많이 관찰될수록 일체가 환幻이라는 것을 더욱 더 깨닫게 됩니다.

질: 마하라지께서는 종착점에 도달하셨지만 저희들은 그렇지 못합니다.

마: 어떤 집이 있었는데, 그 안에 한 사람이 있었습니다. 이제 그 사람은 사라지고 집은 부서집니다. 그 총합은, 여러분이 무슨 체험을 하든, 그것이 하루를 가든 여러 해를 가든, 그것은 다 환幻이라는 것입니다. 그 체험들은 지각성(의식)과 함께 시작됩니다.

여러분이 가지고 있는 가장 고질적 습관이 무엇입니까? 그것은 "내가 있다"고 말하는 것입니다. 그것이 뿌리 습관입니다. 말과 체험들은 여러분에게 별 가치가 없습니다. 이 체험하기의 습관은 여러분이 5대 원소의 모든 영역을 깨닫기 전에는 사라지지 않을 것인데, 5대 원소 안에서의 그 체험들은 실재하지 않습니다. 이 '내가 있음' 자체가 실재하지 않습니다.

◆ ◆ ◆

마: 그대는 어디서 왔고 누가 여기 가 보라고 했습니까?

질: 저는 태국의 한 절에서 공부했는데, 주지 스님이 마하라지님의 가르침을 담은 책을 읽어 보라고 권했습니다. 제가 인도에 오기로 결심하자 마하라지님을 찾아뵌 적이 있는 친구들 몇 명이 여기 가 보라고 권했습니다.

마: 질문할 것이 있습니까?

질: 마하라지께서는 당신께서 권하시는 수행법을 설명해 주시겠습니까?

마: 따라야 할 어떤 수행이나 규율도 없습니다. 그저 제 이야기를 듣고 제가 그대에게 해주는 이야기를 굳은 확신으로 받아들이면 됩니다.

질: 명상의 중요성에 대해서는 어떻게 보십니까?

마: 누구나 가지고 있는 단 한 가지는 자신이 존재한다는 확신, 즉 의식하는 **현존**(conscious presence)입니다. **명상**은 그 존재의 느낌에 대해서 하는 것일 뿐

달리 무엇에 대한 것도 아닙니다.

질: 명상 시간 중에는 그저 앉아서 자신의 현존을 생각하는 거로군요.

마: 한 개인으로서 앉는 것이 아니라, 말 없는 존재의 느낌으로 앉는 것입니다. 그대가 여기 앉아 있다는 것을 아는 그것에 대해 명상하십시오. 그대의 몸이 여기 있다는 느낌은 몸과의 동일시이지만, 그 몸이 여기 앉아 있다는 것을 아는 그것은 절대자의 표현입니다.

질: 그것은 마음으로 아는 것입니까?

마: 마음은 물질의 성품이지요. 그대는 물질이 아니고 그 물질을 이해하는 그것입니다. 그 존재의 느낌이 그대가 이해할 필요가 있는 어떤 것도 설명해 줄 것입니다. 그대의 노력으로 되는 것이 아니고, 그대가 그것과 하나가 되는 그 존재의 느낌이 그렇게 해줄 것입니다.

질: 하루 종일, 저의 모든 활동 속에서 이 존재의 느낌을 계발해야 합니까?

마: 그것에 집중할 필요는 없고, 그것은 늘 있습니다. 그대가 무슨 일을 하든 그 핵심은 몸-마음입니다. 그 몸-마음이 자기 일을 하게 하되, 그 일을 하는 것은 그대가 아니며, 그대는 존재의 느낌이라는 것을 이해하십시오.

신체적으로든 지적으로든, 그대가 하는 어떤 노력도 본질적으로 몸-마음의 노력이겠지요. 그대가 할 일은 아무것도 없습니다. 일어나는 어떤 일도 제 스스로 일어날 것입니다. 그대가 몸·마음과 전적으로 별개라는 확신과 함께 말입니다.

질: 쉬운 일로 들립니다만, 분명히 아주 어려울 것입니다.

마: 쉽든 어렵든, 그대가 어떻게 생각하든, 그대는 그 존재의 느낌이지 몸-마음이 아니라는 한 가지 확신을 고수하십시오. 그대의 실체는 아무 모양도 색깔도 없습니다.

질: 그 존재의 느낌은 몸과 마음이 사라진 뒤에도 지속됩니까?

마: 몸이 사라지면 그 현존재의 느낌은 사라질 것이고, 의식은 더 이상 그 자신을 의식하지 못할 것입니다.

질: 몸이 사라지면 일체가 사라집니까?

마: 맞습니다. 행복이나 불행을 전혀 경험하지 못하게 되고, 경험할 필요도

없지요.

질: 지속되는 것은 아무것도 없습니까? 아무것도요?

마: 그대는 개념적 수준에서 생각하고 있습니다. 저 수준에서는 알고 싶어 하는 누가 있겠습니까? 그것의 상태에 대해서는 잊어버리십시오.

질: 저는 그것을 이해하고 싶습니다.

마: 이해되거나 지각될 수 있는 그 어떤 것도 결코 영원한 진리일 수 없습니다. **알려지지 않는 것**(the Unknown)이 진리입니다.

저는 어떤 경험도 필요 없고, 따라서 저는 누구와도 다툴 필요가 없습니다. 몸과 마음이 자연스럽게 존속하는 동안은 그것들이 자기 하고 싶은 무슨 일이든지 계속하겠지요.

질: 다른 일보다 어떤 한 가지 일을 하는 것이 더 낫습니까? 예컨대 이 마음과 몸을 가지고 저는 그저 앉아서 아무것도 하지 않을 수 있고, 또 아니면 돌아다니면서 사람들을 돕고 선행을 할 수도 있습니다. 어느 쪽을 하는 것이 더 낫겠습니까?

마: 몸과 마음은 그 조합에 자연스러운 무슨 일이든 하겠지요.

질: 우리는 사물을 통제할 수 있습니다. 예를 들어, 과식이나 과음 같은 것을 할 수도 있고, 좋은 일을 하고 사람들을 돕는 일 등을 할 수도 있습니다.

마: 그런 것은 몸-마음에 관한 '하라'와 '마라'인데, 그대는 그것이 아닙니다. 그것이 그대가 출발한 전제입니다. 몸이 없을 때는 의식이 그 자신을 의식하지 못한다는 것을 이해하십시오. 몸이 있는 한 그 몸은 자신의 자연적 기능을 할 수밖에 없습니다.

질: 그러면 저는 그냥 그것이 자연스러운 것을 하게 내버려둡니까?

마: 그대가 그것이 일어나게 허용하고 말고가 없고, 그것은 그냥 일어날 것입니다. 그대는 그에 대해 통제권이 없습니다.

질: 그러나 어떤 일들은 제가 통제할 수 있습니다. 제가 여기 오거나 아니면 바깥에 있거나—그것은 제가 통제할 수 있습니다.

마: 그것은 하나의 착각입니다. 일어나는 모든 일은 제 스스로 일어납니다. 이 모든 것은 의식의 연극, 혹은 표현인데, 그것의 성품은 변화입니다. 그것

은 의식하는 현존의 춤입니다. 의식이 그 자신을 즐겁게 하는 방법은 아주 많고, 서로 다른 많은 형상·능력·역량들이 작용하고 있지만, 그 작용은 그냥 자신을 즐겁게 하기 위한 것일 뿐입니다. 그러다 지치면 잠이 들어 휴식하는데, 깨어 있을 때는 모종의 오락, 어떤 움직임, 어떤 행위가 필요합니다.

그런 것들은 모두 의식 안의 겉모습입니다. 각기 자신의 존속기간에 따라 지속되겠지만, 기본적으로는 일어나는 그 어떤 일도 아무 효용이나 중요성이 없습니다. 깨침, 혹은 이해를 얻기까지는 그대가 자신을 행위자라고 생각하지만, 일단 그 통찰이 일어나면 일을 하는 어떤 개체도 없다는 것을 압니다.

질: 저는 나쁜 일을 하기보다 좋은 일을 하는 것이 최선일 거라고 생각할 뿐입니다.

마: 좋은 일과 나쁜 일이라고 한 것은 무슨 뜻입니까? 어느 상황에서 좋은 일이 다른 상황에서는 나쁜 일일 수 있습니다. 그대가 좋다고 생각하는 일들도 그 몸이 존속하는 한에서 그럴 수 있습니다. 할 일이 아무것도 없다고 생각하는 사람은 극소수인데, 그런 사람은 이미 그것입니다.

질: 마하라지께서는 저희들을 돕고 계신데, 그것은 의지에 의한 상태입니까?

마: 그것은 전체 작용의 일부입니다. (현실에서) 일어나는 일들은 다소 꿈같은 상태인데, 일어나는 어떤 일도 그 꿈의 일부입니다. 영적이든 세간적이든, 저에게서 일어나는 모든 일은 마음의 변상들을 가지 치지 않을 것입니다. 왜냐하면 (저의) 어떤 행위도 보편적이고 영적이기 때문입니다. 알려지지 않는 것 안에 안정되어 있기 때문에, 그 영적 성품(spirituality)은 완전합니다.

신체적 통증에 대한 주시하기가 여러 번 저에게 일어나는데, 그것은 쾌락과 고통을 지각하는 몸과 의식이 아직 있기 때문입니다. 제가 건강하기 때문에 그 고통이 더 많이 지각됩니다. 아까는 그 고통을 주시했는데, 그대가 오고 나서 사라졌습니다. 그대가 의식 안에 자리 잡으면 그것은 기쁨으로 충만합니다. 저는 의식 안에 자리 잡고 있었고 기쁨에 충만해 있었는데, 갑자기 그 병이 나타났고 통증이 찾아왔습니다. 우리가 의식 안에 자리 잡고 있고 어떤 신체적 장애도 없는 한, 어떤 고통도 경험하지 않겠지요. 그것은 저 의식 자체의 성질입니다.

그대는 의식 이전입니다. 그 상태에서는 어떤 쾌락도 어떤 고통도 없습니다.

몸과 의식의 교류는 어떻게 보면 이것과 같습니다. 즉, 그대는 독신인데 행복하고 자유로운 삶을 살고 있습니다. 그런데 아내가 있으면 쾌락과 고통이라는 결과가 시작됩니다. 이것도 그와 같습니다.

질: 그 상태를 제가 어떻게 얻을 수 있습니까?

마: 그것은 항상 지배하지만, 그것은 앎을 넘어서 있습니다. 그 상태는 설명할 수 없고, 이런 것들은 "저기 그것 있다"고 가리켜 주는 지시물에 불과합니다. 말은 그 상태 속으로 들어갈 수 없습니다.

1981년 1월 20일, 24일, 27일

78
소모되고 소진되는 모든 것은 실재하지 않는다

마하라지: 몸과의 동일시를 포기해야 합니다. 몸-마음을 자신과 동일시하지 않는 "내가 있다"는 저 앎 안에 안주하는 것이 영적인 빛입니다. 자기사랑과 말이 없는 "내가 있다"는 같은 것입니다. 질병은 오고 갈 수 있으나, 자기사랑은 가지 않습니다.

질문자: 진아 깨달음이 오지 않습니다.

마: 누가 그 말을 합니까? 지각성 없이 누가 무슨 말을 할 수 있습니까?

질: 지각성은 알아야 할 것이 있기 때문에 존재하는 것이 분명합니다.

마: 그대는 자신이 지知로 가득 차 있고, 지혜로 가득 차 있다는 생각을 가지고 여기 왔습니다. 그래서 지知가 무엇이라고 생각합니까? 그대는 세상을 안 다녀본 데가 없어 아주 노련합니다.

질: 저는 제가 지知로 가득 차 있지 않다는 것을 압니다.

마: 왜 거짓말을 합니까?

질: 책들은 지知의 결과인 궁극적 기쁨과 완성에 대해 말하고 있습니다.

마: 그대는 그것을 만나지 못할 것입니다. 그대가 곧 그것이니까요. 그대의 진아를 만나러 나가겠습니까?

질: 아니요, 저는 여기 옵니다.

마: 그대가 있다는 것을 알기 전에 지知나 무지를 가지고 있었습니까? 의식이 없는데 누가 "내가 있다"고 말할 수 있겠습니까? (긴 침묵).

여러분은 다 침묵에 잠겼군요.

질: 의식 안의 모든 생각, 모든 느낌은 계속 변하고 있습니다. 그러나 저는 변할 수 없습니다. 저는 생각들이 지나갈 수 있게 하는 불변의 의식입니다. 저는 그렇게 이해합니다. 맞습니까?

마: 정말 미혹되어 있군요!

질: 제가 하려고 하는 것은 생각과 느낌들과의 동일시를 멈추어 그것들에 장악되지 않는 것입니다. 저는 그것들을 최고의 의식을 가리키는 지시물로 사용하기 때문입니다.

마: 그러면 왜 이야기를 합니까? 그대의 느낌과 생각이라는 지시물들은 그대의 자아이고, 곧 의식입니다. 따라서 의식과 그대의 자아는 하나입니다.

질: 저는 고통에서 벗어나고 싶습니다.

마: 마음이 그대를 미혹시키고, 그대를 속이고 있습니다.

질: 그러니까 저는 그 고통인데, 제가 고통인 것을 즐거워해야 하는군요?

마: 그대의 주의를 '그대가 곧 행복'이라는 것에 집중하십시오. 그러면 그 고통이 줄어들 것입니다. 그대는 자신이 지知를 가지고 있다고 생각합니다. 자신이 지知를 가지고 있다는 자만심이 생겼고, 그래서 자신을 시험해 보기 위해 여기 왔습니다.

질: "나는 행복이다"라고 되뇌는 걸로는 제 고통을 줄일 수 없습니다. 마하라지께서는 당신의 수준에서 말씀하십니다. 저는 고통을 줄여줄 그런 최고의 행복을 얻지 못했습니다.

마: 그것은 그대가 그 몸을 그대 자신으로 보듬고 있기 때문입니다.

질: 맞습니다. 그래서 제가 거기서 벗어나기 위해 책략을 쓰고 있습니다.

마: 아주 좋습니다. 나중에는 그 의식 자체가 고통입니다. "내가 있다"는 앎을 인식하고 그것을 그대 자신과 완전히 동일시할 때까지는, 그대가 몸을 자신과 동일시하겠지요. "내가 있다"는 그 앎, 그녀를 그대는 모릅니다. 여기 있는 어떤 사람들은 자신이 많이 안다는 자부심이 전혀 없는데, 그대만 모든 지식과 자부심을 주장하고 있습니다. 그런데 그대는 며칠이나 더 이곳을 찾아오려고 합니까?

질: 7일까지입니다.

마: 그대의 질문에 대한 답변을 그대는 들었습니다. 왜 다시 와야 합니까?

질: 그러면 여기 계신 분들은 지知가 없고, 그래서 다시 올 수 있습니까?

마: 그대 자신을 위해 이야기하십시오! 다른 사람들은 그대보다 더 많이 알지도 모르는데, 왜 그들을 그대와 같이 봅니까? 그대는 이 사람들을 그대의 지혜 수준과 같이 보는 중대한 과오를 범했습니다. 그대 자신을 잘 돌보고 남들에 대해서는 걱정하지 마십시오. 어떻게 그대 자신도 온전히 모르면서 감히 남들에 대해 신경 씁니까?

질: 우리를 한데 묶는 어떤 인연이 있습니다.

마: 절대로 남들을 비난하지 마십시오.

◆ ◆ ◆

마: 월급을 받고 싶어서 매일 계속해 출근하는 사람처럼, 여러분은 지知를 얻고 싶어서 계속 여기 옵니다. 그 지知를 얻고 나면 더 이상 여기에 있을 필요가 없습니다. 그 지知를 얻을 때까지는 여러분이 여기를 떠나고 싶어 하지 않지만, 여기 있어야 할 사람들은 알아야 한다는 큰 절박감을 느끼는 사람들뿐입니다. (마하라지는 몇 사람을 더 내보낸다.)

저는 그냥 와 보는 구도자들은 더 이상 여기에 머무르지 않기를 바랍니다. 지금 여기 있어야 할 사람들은 정말 간절히 영적으로 진보하고 싶은 사람들, 진지한 구도자들입니다.

만일 여러분이 진지한 구도자라면 제 말을 진리로 받아들여야 하고, 그렇지 않으면 떠나야 합니다. 왜냐하면 저는 마냥 여러분을 즐겁게 해주고 싶지는 않기 때문입니다. 그리고 제가 무슨 이야기를 해 드리고 있습니까? '여러분은 그 몸이 아니다, 여러분은 의식하는 현존이다'라는 것이지요. 그것을 받아들이고 나서는 잊어버려도 좋습니다.

앞으로는 여러분 각자의 문제에까지는 제가 들어가지 못할 것입니다. 그냥 이렇게만 말하겠습니다. "이것은 거짓이다" 또는 "이것은 진리다"라고 말입니다. 여러분은 제가 말하는 것을 받아들여도 되고, 떠나도 됩니다.

질: 저는 마하라지께서 저에게 주신 가르침을 받아들일 그릇이 못 됩니다.

마: 그릇이 안 된다고 생각하면 다른 데로 가도 됩니다. 저는 일시적인 어떤 상태에도 신경 쓰지 않습니다. 이 의식하는 상태는 '내'가 선택하는 것이 아닙니다. 그것이 빨리 사라질수록 좋습니다. 무엇이 일시적인지, 자신의 본래 상태가 무엇인지 알고 나면 더 이상의 지知는 필요하지 않습니다.

의식이 동요하자마자 공간과 시간이 나왔습니다. 그것은 어떤 시간적 한계가 있습니다. 이 시공간 안에서 모두가 고통을 겪는데, 제가 왜 이 고통을 저만의 것으로 받아들여야 합니까? 저는 늘 저 지복스럽고 완전하며 전체적인 상태 안에 있었습니다. 그러다가 홀연히 이 불완전한 상태에 있습니다. 저의 지知를 통찰한 사람들은 남들이 말하는 논리나 행법에 떨어지지 않을 것입니다. 스스로 지혜로 충만해 있다고 여기는 어떤 학자에게도 감히 말합니다. 그가 태어나고 있을 때 저는 한쪽 구석에서 지켜보고 있었노라고 말입니다. 그대는 이런 말을 받아들이겠습니까?

질: 예. 그런데 의식은 도대체 왜 일어났습니까?

마: 그대에게 온 그 의식을 꽉 붙드십시오. 그러면 그것이 왜 원인 없이 일어났는지 설명해 줄 것입니다. 달리 누구도 그것이 왜, 어떻게 일어났는지를 그대에게 설명해 줄 수 없습니다.

계속 이야기를 하는 것은 그 현현된 의식이지, 제가 이야기하는 것이 아닙니다. 언어가 어떻게 나타납니까? 그대의 노력 때문입니까?

제가 해 드리고 있는 이 이야기의 핵심을 파악하면, 그대가 세계를 비추게 될 것입니다. 여기저기 정처 없이 쫓아다니는 사람들은 아무것도 얻지 못할 것입니다. 그대가 추구하는 것은 무엇입니까?

훌륭한 시들을 지었던 시골 진인 에끄나트(Eknath)는 "나는 전갈에 쏘인다!"고 말했습니다. 그 쏘임이 무엇입니까? 그것은 **의식**입니다. 이 지각성은 저에게 다양한 경험과 개념들의 형태로 모든 고통을 안겨주는 전갈입니다.

진인의 권위를 가지고 그대에게 말하지만, 일체가 실재하지 않습니다. 이것은 모두 그대의 **의식**에서 비롯된 유희이고, 그대의 **의식**은 음식기운의 몸에서 비롯됩니다.

질: 저를 여기로 데려온 제 몸에게 저는 감사하고 있습니다.

마: 그대는 자살을 하러 여기 온 것뿐입니다.

◆ ◆ ◆

마: 진정한 구도자는 이런 것을 늘 숙고합니다. "나에게 몸이 없을 때 나는 무엇인가? 궁극적 실재는 무엇인가?"

절대적 상태는 말로 설명할 수 없습니다. 말은 지시물일 뿐입니다. 여러분이 그 절대적이고 변치 않는 것입니다. **의식**, 곧 지각성은 같은 근원에서 나온 것이고, 하나일 뿐입니다. 그대가 그 **의식**의 상태에 있을 때, 그것은 모두 하나이고 모두 동일하며, 그 표현들만 다릅니다.

소모되고 소진되는 모든 것은 실재하지 않습니다. 여러분의 지각성은 때가 되면 소모될 것이고, 사라질 것입니다. 따라서 그것은 실재하지 않습니다. 그러나 그것을 그냥 무시해서는 안 되고, 그것을 온전히 이해해야 합니다.

현재 여러분이 이 세계와 맺고 있는 연관 속에는 무수한 항목들이 있는데, 그것은 여러분이 생명기운과 연관을 맺고 있기 때문입니다. 생명기운이 사라진다고 합시다. 그러면 세계와 맺고 있는 여러분의 모든 연관은 어떻게 되겠습니까?

제가 지금까지 설해 온 이 지(知)는 허사가 되지 않을 것입니다. 많은 사람들이 그것을 활용해 왔습니다. 그들도 깨달아서 그 지(知)를 설할 때가 올 것입니다.

진인의 상태는 몸이 있든 없든 똑같습니다.

여러분은 명상을 해야 하며, 자신이 배운 것을 잃어버리면 안 됩니다.

우리가 몸과의 동일시에서 벗어나면, 몸뿐만 아니라 의식도 초월합니다. 왜냐하면 의식은 몸의 한 산물이기 때문입니다. (그때는) 의식이 더 이상 "내가 있다", 내가 있다"고 말하지 않습니다.

◆ ◆ ◆

마: 저는 두 가지만 다룹니다. 여러분의 정체성은 무엇이냐 하는 것과, 여러분의 실체에 대한 여러분의 확신은 무엇이냐 하는 것입니다. 이런 문제를 모든 사람과 논의할 수는 없습니다. 여러분 중에서 진지한 사람들하고만 그에 대해 이야기할 수 있습니다. 많은 지혜를 가지고 있지만 '내가 있음'이라는 수수께끼를 풀지 못한 사람들이 많이 있습니다.

질: 과학자들은 지난 10년간 소립자를 연구한 끝에, 만일 그들이 소립자의 반응을 관찰하지 않으면 그 반응이 그대로 있고, 그것들의 반응을 관찰하면 어떤 변화가 있다는 것을 발견했습니다. 관찰하는 행위 자체가 관찰 대상에 어떤 변화를 야기합니다.

마: 관찰자도 변하고 있습니다. 관찰되고 있는 것이 관찰하는 자에게 변화를 야기하는데, 만약 관찰자에게 변화가 일어나지 않는다면 관찰자가 그 대상을 관찰할 수 없습니다. 따라서 우리는 (우리 자신이 변하지 않으면서) 영적인 공부의 깊은 곳에 결코 이를 수 없습니다.

그대가 무엇을 한 개인으로 인식하고 있을 때, 그대 자신을 어디에 둡니까? 의식은 인식하는 자이고, 그 인식이며, 인식되고 있는 것이기도 합니다.

그대는 거죽만 긁고 있습니다. 그래 봐야 그대에게 전혀 어떤 도움도 될 수 없습니다. 그대가 듣는 말이 화살처럼 그대 속으로 날아들어 그대 내면 깊은 곳의 뭔가를 맞혀야 합니다. 그리고 내면의 어떤 반응이 있어야 합니다. 그런 반응이 없으면 그대가 듣는 말이 그대에게 어떤 이익도 없을 것입니다. 그 화살이 표적에 닿을 때, 그것을 알아야 합니다.

◆ ◆ ◆

질: 마하라지께서는 의식이 제 안에서 일어날 때에만 세계가 존재한다고 말씀하십니다. 그것은 저에 관한 한, 의식이 존재할 때만 세계가 존재한다는 뜻입니까?

마: 세계는 이 존재의 느낌이 있는 동안만 존재합니다. 존재의 느낌은 의식 안에 있습니다―저의 의식이나 그대의 의식이 아니라 보편적 의식 말입니다. 우주라는 전체 현현물은 이 존재의 느낌, 일반적인 존재감에 의존해 있습니다. 이 존재의 느낌이 사라지면 그대의 우주가 어디 있습니까?

생시·잠·'내가 있음'이라는 세 가지 상태 말고는 저에게 어떤 경험도 없지만, 제가 이 세 가지 상태를 포기할 수도 없습니다. 저는 그것들을 짊어지고 있고, 없애버릴 수 없습니다. 그것들은 저도 모르게 왔습니다. 누구도 제가 이 세 가지 상태를 원하는지 저에게 질문한 적이 없지요.

저는 여러분 중의 누구도 저와 다르다고 보지 않습니다. 그런 한편 저로 말하면, 저는 존재 전체를 쓸어내 버렸고, 따라서 어떤 개인성도 없기 때문에 저에게서 나오는 말에 대한 어떤 구속도 없습니다. 개인성의 포기와 함께 모든 포즈(티내기)가 사라집니다. 그런 사람이 (진정한) 산야시요, 진인이요, 다른 무엇입니다. 어떤 포즈와 함께 "나는 아무개다, 나는 이러이러한 것을 말하면 안 된다"라는 제한이 생깁니다. 일체가 환幻이며, 오락에 지나지 않습니다.

그대 자신의 경험에 비추어 생각해 보십시오. 항상적인 어떤 것이 있습니까? 그대 자신에 대한 그대의 이미지조차 늘 변하고 있습니다.

저 자신의 경험은, 이 세상에서 어떤 일도 실제로는 일어난 적이 없다는 것입니다. 추구하는 자, 추구, 추구의 대상―이 셋 중 어느 것도 참되지 않습니다. 아무 일도 일어나지 않고 있고, 세상에서 일어나는 모든 일은 하나의 사기입니다. 언제 그대는 어떤 이해나 평안에 이르겠습니까? 오직 이 사실을 이해하고 영적인 진리를 이해할 때, 그럴 때라야 평안이 내려올 것입니다.

질: 궁극적 진리는 무엇입니까?

마: 그대입니다. 그대는 그대 좋을 대로 좌절할 수도 있고 화를 낼 수도 있겠지만, 그렇다 해도 저는 전혀 동요하지 않습니다. 저의 상태는 불변입니다.

질: 제가 명상 중에 체험하는 것들은 진리입니까?

마: 모든 체험들은 시간 안에 있고, 시간이 한정되어 있습니다. 진리는 시간이 한정되어 있지 않습니다.

1981년 1월 29일, 30일(오전/오후), 31일 / 2월 1일

79
의식의 시작은 바퀴의 중심과 같다

질문자: 어떻게 하면 스승에 대한 순복을 영구적으로 만들 수 있습니까?
마하라지: 그대는 이 세상에 영구적인 것은 하나도 없다는 말을 듣지 않았습니까? 그것이 바로 탐색 그 자체입니다. "이 일시적 상태가 사라졌을 때와 그것이 나오기 전에, 나는 무엇인가?"라는.

그대에게 백 년이 가도록 만들어진 시계가 하나 있습니다. 그 백 년이 다했을 때 시계는 멈춥니다. 그 용도를 다한 것입니다. 몸이라는 시계가 멈출 때도 같은 일이 일어납니다. 그 몸은 의식의 목적에 이바지한 것입니다.

질: 전적인 순복은 뭔가 결합되는 두 가지, 즉 하나가 다른 하나에게 순복하는 것을 의미합니다.

마: 의식 안의 저 일시적 상태가 계속되는 동안은 모든 것이 올바릅니다. 이야기의 줄거리가 어떻든 그것은 올바릅니다. 그러나 그 이야기는 허구지요.

제가 그대에게 하는 이야기는 절대적으로 열려 있습니다. 하나의 공개적인 비밀이지요. 그대에게 숨기는 것은 아무것도 없습니다. 이해하도록 노력하십시오. 그것은 이해의 문제에 지나지 않습니다.

질: 스승의 은총은 늘 있습니다.

마: 스승은 한 개인이 아닙니다. 그대는 형상의 견지에서 생각하고 있습니다. 의식은 일체에 편재합니다. 은총을 구하는 그 '그대'가 뭔지를 알아내십시오. 그 몸 안에 "내가 있다"가 똑딱거리고 있는데, 그것이 스승입니다. 그 "내가

있다" 원리를 숭배하고, 그 스승에게 순복하십시오. 그러면 그 스승이 그대에게 모든 **은총**을 내려줄 것입니다.

의식 안에서는 어떤 것도 그와 서로 관련되는 상대물 없이 존재할 수 없습니다. 지知를 말하는 순간 지知는 무지 안에서만 있을 수 있고, 그래서 **스승**에 대해 그대가 가진 지知도 무지입니다. 그 지知가 언제 **스승**이 되겠습니까? 언제 그 지知와 무지 둘 다 비냐나(vijnana-순수한 지성) 속으로 사라지겠습니까? 냐나(jnana)는 지知이고 아냐나(ajnana)는 무지인데, 둘 다 비냐나(vijnana) 속으로 사라집니다.

질: 저는 몸-마음을 지켜보는 그 과정에 붙들려 있습니다.
마: 꿈은 객관적이고 물질적 현현 속에서, 곧 **의식** 속에서 일어납니다. 그것은 그대가 아닙니다. 그것은 다른 어떤 것—객관적이고 물질적인 것입니다. 이른바 "내가 있다"와 탄생이라는 것은 그대가 아니고, 그것은 물질적입니다. 제가 입양한 어떤 무슬림 소년이 있다고 합시다. 저는 그 소년을 낳지 않았지만 이제 그를 '내' 아이라고 주장합니다. 그와 같이 이 '내가 있음'은 직접적으로 제가 아니고, 다른 어떤 것, 물질적인 어떤 것, 무슬림 같은 어떤 것이며, 저는 그것이 아닙니다. **절대자**인 저는 그것과 무관합니다.

사람들은 가끔 개념에 입각한 답변을 기대하는 탓에 혼란에 빠집니다. 어떤 사람에게 숟가락을 하나 갖다 달라고 부탁했는데, 그 사람은 그 대신 바늘을 가져옵니다. 둘 다 말이고 둘 다 지식이지만, 그것은 그대가 원하는 것이 아닙니다. 그대가 받게 될 것은 참된 **지知**입니다. 설사 그대가 참된 **지知**를 달라고 하지 않는다 해도 말입니다.

질: 그것을 이해하려면 제가 그 수준에 도달해야겠습니다.
마: 무수한 곡식들이 (요리되어) 무수한 형상들로 만들어지지만, 그 씨앗은 하나뿐입니다. 이 무수한 형상들 모두는 어떤 특정한 씨앗 때문에 있으나, 저는 그 씨앗이 아닙니다.

궁극적 지知는 어떤 앎도 가지고 있지 않습니다. "내가 있다"는 이 앎은 몸의 한 결과로 자연발생적으로 나타났습니다. 그것을 있는 그대로 보고, 있는 그대로 이해하십시오.

생시 상태가 사라지면 잠이 시작되고, 잠이 사라지면 생시 상태가 시작됩니다. 둘 다 사라졌을 때, 나는 집에 있습니다. 그것들이 왜 나를 떠났습니까? 그것은 다 낯선 것들이었고, 내가 아니었기 때문입니다.

이 조언을 받아들이십시오. 영적인 지식 일에 걸려들지 않는 것이 낫습니다. 좋은 시간을 보내고, 잘 살고, 남들에게 도움이 되십시오. 때가 되어 시간이 무르익으면 그대가('내가 있음'이) 죽겠지요.

질: 당신의 조언 없이도 이미 무수한 사람들이 당신의 조언을 따르고 있습니다.

◆ ◆ ◆

마: 제가 설하는 지知는 한 인격체로서의 여러분의 정체성을 해소하고, 여러분을 변모시켜 현현된 지知 속으로 들어가게 해줄 것입니다. 현현된 지知, 곧 의식은 자유롭고, 조건 지워져 있지 않습니다. 그 지知를 붙잡거나 포기한다는 것은 불가능합니다. 왜냐하면 여러분이 바로 허공보다도 더 미세한 그 지知이기 때문입니다.

여러분이 곧 현현자라는 이 지知는 명상을 통해 열려야 합니다. 말을 듣는 것으로써 얻는 것이 아닙니다.

이 의식이 다른 어떤 경험보다도 먼저 아닙니까? 그리고 이 의식이 일어난 어떤 바탕이 있지 않습니까? 저 생시 상태, 깊은 잠 그리고 존재의 느낌으로 말하면, 그런 경험들보다 먼저인 그것 말고 누가 그런 경험을 합니까?

여러분에게 이야기를 하고 있는 이것은 시간이 한정되어 있는, 저의 본래적 상태 위에 일시적으로 나타난 상태입니다. 따라서 여러분과 저에게는 어떤 두려움의 느낌도 있을 수 없습니다. 두려움을 가진 것은 몸과 자신을 동일시해 온 이 변화하는 상태일 뿐입니다.

죽음에 대한 공포는 전체적 작용 안에서 별개의 한 개체로서의 몸을 (자신의) 정체성으로 받아들이는 데 대한 벌금입니다. 죽음을 두려워하는 것은 탄생뿐입니다.

존재와 부재는 서로 연관된 이원성인데, 이것은 존재의 느낌이 일어난 뒤에야 이해된 것이고, 그 전에는 부재의 느낌도 존재의 느낌도 없었습니다.

질: 만일 저희가 지적으로만 이해하고 아직 깨닫지 못했으면 어떻게 합니까?

마: 지적으로만 이해해도 그대가 죽음의 공포에 의해 속박되지 않을 거라는 큰 이익이 있습니다. 탄생은 그대에게 아무것도 주지 않았고, 죽음은 그대에게서 아무것도 빼앗을 수 없습니다.

세상 사람들에 따르면 제가 이 끔찍한 병을 가지고 있지만, 저는 예전에 이야기하던 것과 똑같이 계속 이야기를 하고 있고, 그것은 저에게 아무 영향이 없습니다. 탄생한 것만 사라지겠지요. 제가 어떻게 영향을 받겠습니까?

그대는 제가 하는 이야기를 듣는 복이 있군요. 잘 듣되, 이해하려고 애쓰지는 마십시오. 왜냐하면 그대의 지성은 이해하려고 애쓸 수 있겠지만, 지성은 그것에 도달하지 못하기 때문입니다. 그대가 들은 내용은 그 나름의 결과를 가져올 것입니다. (거기에) 간섭하지 마십시오.

설사 그대가 어떤 두려움의 감정 등을 가지고 있다 하더라도, 그것은 몸과 마음을 만들어 낸 그 화물化物의 것이라는 것을 이해하십시오. 그대는 그 일시적 상태와 무관합니다.

많은 사람들은 영적인 공부란 미명 하에 몸에 대해 많은 잔혹행위를 저지르면서, 그렇게 하면 수승殊勝한 지知를 얻을 거라고 생각합니다. 어디서 무엇을 얻습니까? 그들이 무엇을 얻겠습니까?

이 지知는 있습니다 — 내가 있는 한.

◆ ◆ ◆

질: 신체적 정체성에 대한 이 끌림은 포기하기가 아주 어렵습니다.

마: 그 몸이 무엇인지를 알아내야 합니다. 그러면 일은 끝납니다. 처음에는 몸이 아주 미세합니다. 그 몸 안에서 의식이 나타나는데, 그러면 그 작은 몸이 큰 몸으로 변합니다.

아주 미세한 저 원인신原因身을 알 필요가 있습니다. 명상을 하면 그것을 알 수 있습니다. 저 원인신의 성질은 의식과 형상이라는 겉모습을 취합니다. 이 세상에는 온갖 크기의 많은 종種들이 있는데, 처음에 각 종의 크기는 어떠했습니까?

그대가 처음 지각성을 느끼는 그 지점에서는 의식이 정적靜的이지 않습니다. 그것은 돌아가는 바퀴같이 연속적인 상태입니다. 바퀴의 중심, 곧 축은 움직이지 않습니다. 그 축의 중심에서 바깥쪽으로 나갈수록 움직임이 많아집니다. 그렇지 않습니까? 마찬가지로, 의식의 시작은 바퀴의 중심과 같습니다. 그 지점은 안정되어 있고 항상적입니다. 한 인간에게서 그것은 가장 항상적인 원리입니다. 내가 태어나서 죽을 때까지 저 의식 원리는 그 중심에 있습니다. 우리가 세상 속에 합일될수록 그 움직임은 더 많아집니다. 그 중심점을 지켜보고, 의식의 그 움직임을 지켜보십시오. 짜이따니야(Chaitanya)와 쩨따나(Chetana),35) 그 바퀴의 그 중심에 정지해 있는 점(짜이따니야)이 의식의 움직임(쩨따나)을 지켜봅니다. 그 움직임을 지켜보는 사람은 거의 정지해 있습니다.

세간의 행위들―움직임―을 일으키려면 의식이 하강해야 합니다. 아무 의식이 없으면 어떤 세간적 움직임도 없습니다.

마찬가지로, 그대는 더 정지된 위치에서, 중심 가까이에서 안정되어야 합니다. 그 중심점을 떠나면 움직임이 시작됩니다.

◆ ◆ ◆

질: 저는 음식-몸의 한 산물로서의 '내가 있음'을 더 많이 자각해 가고 있습니다.

마: '나'라는 말이 방출되기 이전의 그 원리가 되어야 합니다. 제가 여기를 찌른다고 합시다. 말들이 나오기 이전의 그 원리가 찌름이 있었다는 것을 압니다. 말과 감정 이전에 그대가 있습니다.

질: 그 절대자를 알고 느끼는 것이 어떻게 가능합니까?

마: 이 지각성 혹은 이해력은 의식의 영역 안에 있습니다. 그대가 알고 느낀다고 말하는 그 무엇도 의식일 뿐입니다. 절대자는 그것을 넘어서 있습니다.

---

35) T. Chaitanya와 Chetana는 공히 '의식'으로 번역된다. 그러나 엄밀히 구분하면 전자는 그 자신을 자각하는 진아로서의 의식이고, 후자는 그 의식의 빛살에 해당한다. 본문의 문맥에서, 전자는 '중심점으로서의 의식', 후자는 '움직이는 의식'이다. 달리 말하면, 의식의 '체'와 '용'이다.

질: 실제 수행에서 어떻게 하면 저희가 더 나아갈 수 있습니까?

마: 의식만 상대하고 그것을 철저히 알도록 하십시오. 그것이 그대가 할 수 있는 전부입니다. 나중에는 일체가 자연발생적으로 일어나고, 행위자 관념이 사라집니다.

의식을 속속들이 알고 나서 그것이 쓸모없다는 것을 아십시오. 그것은 하나의 사기입니다. 그것을 초월하면 그대는 이렇게 말할 것입니다. "나는 이것 없이도 해나갈 수 있다. 이것은 불완전하다!" 따라서 의식을 알기 위해 명상을 하십시오.

질: 저는 전혀 명상을 할 수 없었습니다.

마: "내가 있다"는 이 메시지를 자각하지 못할 때는 그대가 어떻게 활동했습니까? 제가 던지는 질문에는 아무도 답변하지 못합니다. 대단한 학자들, 많은 지식을 갖춘 사람들 등 여러분 모두가 정적에 빠졌습니다.

질: 저의 질문들이 답변되고 있습니다.

마: 그대의 문제들이 풀릴 때 그대도 풀립니다. 의식과 무의식의 그 경계선에 대해 숙고해 보기 바랍니다.

◆ ◆ ◆

질: 가끔 저는 마음이 없다는 느낌이 들고, 단지 제가 존재할 뿐이라고 느낍니다. 세상에는 단 한 가지밖에 없습니다. 저는 어떤 일도 할 필요가 없습니다. 저는 그냥 존재합니다.

마: 그런 존재의 상태는 모두에게 공통됩니다. 그것이 말이 없는 "내가 있다"의 메시지입니다.

질: 안정되게 머무르는 것이 가능합니까?

마: 변화는 마음의 흐름(mind-flow) 속에 있을 뿐입니다. 그대가 하고 있는 모든 공부는 마음 흐름의 영역 내에 있습니다. "내가 있다"는 느낌이 존재하는 것은 그대의 탄생 때문인데, 그 느낌을 통해서 그대는 많은 생각, 개념들과 만나고, 늘 변하고 있습니다. 현재 그 "내가 있다"는 메시지는 항상적입니다.

질: 어떻게 하면 제가 그 무심(no-mind)의 상태에 있을 수 있습니까?

79. 의식의 시작은 바퀴의 중심과 같다

마: 그대가 태어나서 "내가 있다"는 메시지를 받기 전에, 그대는 무엇이었습니까?

질: 그것이 신비입니다.

마: 그것은 열려 있고 아주 분명하지만, 그래도 하나의 신비입니다. 저 "내가 있다"와 몸-마음에 이어, 마음의 영역 안에서 이른바 영적인 추구 혹은 영적인 지知가 일어납니다. 이것은 난센스지요.36) 때가 되면(몸이 죽으면) 이 "내가 있다"는 메시지는 사라질 것입니다.

질: 어떻게 그렇게 말씀하실 수 있습니까? 그럼 환생은 어떻게 됩니까?

마: 환생이란 없습니다. 진인의 경우에 "내가 있다"가 사라지는 것은 **니루따**(Niruta)라고 불리겠지만, 이는 "내가 있다"에서 벗어났다는 뜻입니다. 마음과 관계하고 있는 보통 사람의 경우에는, "내가 있다"는 메시지가 사라진다는 것은 '그 사람은 죽었고 다른 몸을 받았다'로 표현되겠지요. 저 메시지 없는 상태에 대해서는 결코 공부를 할 수 없습니다. 그대는 마음의 영역 안에서 공부하고 있습니다.

질: 그러니까 주시하기는 마음의 변상變相이 있을 때만 가능하군요.

마: 주시하기는 일어납니다. 한 가지를 기억하십시오. 저는 "내가 있다"는 그 메시지에게 제 이야기를 들려주고 있습니다.

질: "내가 있다"와 어떻게 의사소통을 할 수 있고, 제가 어떻게 듣습니까?

마: 듣기는 자연발생적으로 나오겠지요. 마치 그대가 자연발생적으로 깨어나고 자연발생적으로 잠이 들듯이 말입니다. 어떤 노력도 하지 마십시오.

저는 제 존재성을 '저기'서 끄집어내어 '여기'에 집어넣지 않았습니다. 그것은 자연발생적으로 일어나고 있고, 그래서 제가 그것을 경험하고 있습니다. 이 이야기를 하고 있는 동안 그대는 몹시 화가 났습니다. 이것은 마음의 변상들 영역 안에 있고, 그대의 **의식**이 반영된 것은 아닙니다. 그 화를 이해하는 자가 "내가 있다"는 메시지입니다. 그대의 모든 영적인 공부는 몸-마음과의 동일시와 함께 이루어지고 있습니다.

---

36) T. 의식의 한 반사광인 마음은 결코 의식의 전모를 알 수 없다. 따라서 마음이 의식을 하나의 대상으로 삼아 추구한다는 것은 난센스이다. 그 마음 자체가 가라앉아야 한다.

질: 저도 그렇게 생각합니다. 맞습니다.

마: 그대가 누구인지를 올바르게 인식하지 못하면 남들을 어떻게 올바르게 인식하겠습니까? 그대의 진아를 깨달으십시오.

질: 어떻게 시작할까요?

마: 신에 대한 믿음은 수행법(sahdanas) 중의 하나입니다. 진아에 대한 확고한 믿음은 하나의 수행법이 아니라 머무름(abidance-진아안주)입니다.

질: 저는 신을 믿거나 아니면 신을 믿지 않거나인데, 이런 믿음들은 같은 것입니까?

마: 누가 그 말을 합니까? 그대가 하는 말은 그대와 신이 하나라는 확신을 가지고 있을 때만 맞을 것이고, 그럴 때는 그대 없이는 신도 있을 수 없다는 것을 인식하겠지요. 그대 자신을 아는 것이 진정한 앎이지만 그대 자신을 볼 수는 없습니다. 그대 자신 안에 머무를 수 있을 뿐입니다. 마음의 변상들에 대한 집착을 포기하십시오.

질: 가끔은 그렇게 됩니다. 마음을 어떻게 초월할 수 있습니까?

마: 그대는 이 마음 흐름과 아무 연관이 없다는 것을 이해하십시오. 그대는 그것과 별개입니다. 예리하게 지켜보며 깨어 있으십시오. 백 년 전에 그대가 그런 마음의 변상들에 사로잡혀 있었습니까?

질: 아닙니다.

마: 바로 그와 같이 머물러 있으십시오.

질: "내가 있다" 안에 어떻게 머무를 수 있습니까?

마: 그것은 어리석은 질문입니다. 그대는 이미 그것입니다. 그대는 이미 '내가 있음' 아닙니까?

질: 제가 거기서 벗어날 수 없습니까?

마: 진인은 '내가 있음'을 초월했고, 그것을 지켜보기만 합니다.

질: 사람이 삶 속에서 잘 처신하려면 어떤 종류의 규칙을 지켜야 합니까?

마: 그 질문은 그대의 개념에서 나옵니다. 그 개념들을 내버리십시오. 영적인 분야를 공부하는 과정에서 그대는 소위 저 지(知)라고 하는 많은 개념들을 획득했습니다. 그대는 제가 그대의 개념들에 말려들기를 바랍니까?

그 생각의 흐름은 깊은 잠이 들었을 때를 제외하고는 늘 있습니다. 진인에게도 생각의 흐름이 존재하지만 그 생각은 바뀌어 있습니다.

대다수 사람들은 그 생각의 흐름에 떠밀려 가지만, 돌아서서 그 근원으로 나아가 그 원래의 생각 흐름의 궤도를 떠나는 사람은 드뭅니다. "이것은 내 것이 아니고, 내 일이 아니다. 이 '내가 있음'은 대상적 물질의 산물이지 내가 아니다. 나는 거기서 벗어나 있다"고 하면서 말입니다.

여기서 나오는 이야기들은 그대에게 달라붙을 것이고, 그 달라붙음과 함께 그대의 영적 작업이 이루어질 것입니다. 그대가 어떤 일을 할 때 그것은 '나'를 위한 것이지만, 그것이 갈 수 있는 데는 한계가 있지요. 그렇지 않습니까?

질: 욕구는 한이 없습니다.

마: 제가 만나 보는 많은 사람들은 행복을 추구하면서도 늘 불행합니다. "저는 만족합니다"라고 말하는 사람을 좀처럼 만나기 어렵습니다.

1981년 2월 2일, 3일, 5일, 7일, 8일

80
만물은 실재하지 않는다

마하라지: 저의 현재 상태는 이 의식과 이 모든 신체적 고통이 참을 수 없을 정도라는 것입니다. 저는 지금이라도 그것을 놓아버릴 준비가 되어 있습니다. 이것이 현 상황입니다. 그런데도 사람들은 여기 오고, 이런 이야기들이 의식에서 방출됩니다. 저는 의식으로서의 여러분에게 이야기하고 있습니다. 여러분은 신적인 의식입니다. 저는 여러분의 신체적 일에는 상관하지 않습니다. 그러나 여러분은 몸-마음의 관점에서 듣습니다. 아주 당연한 일이지요.

저는 여러분에게 의식에 대해 말하고 있습니다. 저의 참된 상태에서 만일 제가 몸의 형성이 일어나던 순간에 의식을 자각하고 있었다면, 그것을 물리

쳤겠지요. 그러나 그 최고의 상태에서는 그런 앎이 없고, 이 몸의 형성과 의식은 공히 자연발생적입니다.

질문자: 마하라지님, 어떻게 하면 저희가 그 **의식** 속으로 더 깊이 잠수할 수 있는지 부디 설명해 주시겠습니까?

마: 그대는 수행을 얼마나 오래 해 왔습니까?

질: 지난 10년 동안 했습니다.

마: 그대의 인도자나 스승은 누구였습니까?

질: 주로 책을 읽었고, 델리에 **스승님**이 한 분 계십니다.

마: 그 몸과 그 몸에 붙여진 이름을 사용하는 것은 누구입니까?

질: 그것이 제가 발견하고 싶은 것입니다.

마: 그것을 찾으러 갈 필요는 없습니다. 그것은 자연발생적이겠지만, 그것을 기다려야 합니다. 저는 그대를 만나려고 오랜 시간 기다려야 했습니다.

질: 기다리겠습니다.

마: 자, 그대의 실체와 그대가 자신이라고 이해하는 것 간의 미세한 차이를 이해하십시오. 그 몸은 그대가 아니고 그 이름도 그대가 아닙니다. 몸은 그대가 섭취한 음식인데, 그것의 맛이 "내가 있다"는 앎입니다. 그것이 **자아**, 곧 "내가 있다"는 느낌이고, 그것이 **존재애**입니다.

얼마나 놀랍고 얼마나 믿기 어려운지, 그것은 아무 이름도 없지만, 그대는 거기에 많은 이름을 붙입니다. 그것이 **자아**이고 **존재애**입니다. 저 **존재애**는 일체에 편재합니다.

천국·지옥·나라·집, 이런 것들은 다 개념입니다. 바위와 흙이 있었는데, 한 개념이 도입되자 건물들이 지어졌습니다. 무엇을 개념화하기 전에 **그대가** 있고, 지각성조차 있기 전에 **그대가** 있습니다. 이 지각성, **존재애**, **자아**를 통찰하기만 하면 됩니다.

이런 대화를 누가 귀담아듣겠습니까? 몸 안의 **자아**만이 이해하려는 충동을 갖습니다. 사람들은 먼 나라에서부터 이곳까지, 한동안 가족을 떠나서 급히 달려오는데, 그것은 **자아**가 그 자신을 알고 싶어 하기 때문입니다.

◆ ◆ ◆

마: 저는 다섯 개의 보석이 있는 장식품을 살펴보고 나서 이해했습니다. 그것은 아주 귀중한 보석이었고, 그 궁극적 산물은 저 왕관이었습니다. 저는 그 가치를 이해했지만 저는 그것이 아닙니다.

그 다섯 가지 보석은 5대 원소로 된 몸과 의식인데, 저는 그것을 저 자신이라고 여깁니다. 그것은 아주 귀중합니다. 왜냐하면 그것이 우주의 가치를 가지고 있기 때문입니다. 저는 그것을 인식하며, 그 인식 과정 속에서 제가 그것이 아니라는 것을 압니다.

이제 저는 이야기를 좀처럼 하지 않는데, 이야기를 하면 이해하는 사람이 좀처럼 없습니다. 그대는 많은 말들을 수집할 수 있겠지만 그 말들이 그대에게 남아 있겠습니까? 그대에게서 말과 그 말들의 의미가 사라지면 그대는 한 인격체가 아닙니다. 의식을 일으키는 저 탄생 원리는 조건 지워져 있지 않습니다. 그것은 자연발생적으로 나왔고 의식으로서 현현합니다.

그대는 세상에 얼마나 사로잡혀 있습니까! 어제까지도 그대는 자신의 존재에 대한 앎이 없었는데, 오늘은 말이 많습니다. 그대는 너무 큰 소리로 이야기하고 있고, 자신이 **브라만**이라고 주장합니다.

질: 저는 제가 의식의 이 모든 유희를 이해해야 하고, 이것은 석녀의 자식과 같다는 결론을 내려야 한다는 것을 압니다.

마: 그 석녀의 자식을 어떻게 붙잡으려고 합니까? 그저 그대의 존재성 안에 있으십시오.

◆ ◆ ◆

마: 이 세상의 어떤 것도 저에게는 아무 쓸데없습니다. 여러분이 그것을 가지고 만물을 이해하려고 하는 그 정체성은 실재하지 않습니다. 여러분은 매일 여러분 자신에 대해서 자신을 납득시켜야 합니다. 무엇보다 먼저 여러분이 있다는 것을 스스로 확인한 다음, 여러분의 삶을 영위해야 합니다. 그 지각성 외에는, 곧 여러분의 타고난 비지각성의 성품을 배경으로 하는 지각성의 작은 찌름일 뿐인 것("내가 있다"는 앎의 감촉) 외에는 어떤 일도 일어난 적이 없는데, 그것(지각성의 찌름)은 (저에게) 전혀 어떤 도움도 되지 않습니다.

저에게는 의식에서 일어나는 어떤 정체성도 없습니다.

현재 이 몸은 많은 고통을 겪고 있습니다. 어지러움, 통증, 이런 모든 것이 신체적 수준에서 일어나고 있습니다. 이런 상태임에도 불구하고, 이야기는 신명나게 나옵니다. 무엇이 그것을 허용합니까? 그것은 **구나**, 곧 존재성입니다. 그 존재성은 여러분이 이곳을 찾아온 것을 경험할 뿐 아니라, 이 몸과 세상 속의 다양한 변화와 변모들을 경험합니다.

어떤 때는 제가 어떤 쓰레기 속에 누워 있는 상태를 경험하고, 또 어떤 때는 사람들이 저를 숭배하는 것을 경험합니다. 그러나 그것은 모두 **의식**의 영역 내에 있습니다. 저는 그것이 모두 "내가 있다"는 탄생 원리의 결과라는 것을 압니다.

허공과 별들이 세상의 때(더러움)에 대해 언짢아하겠습니까? 그것은 저 보편적 허공 안에서 벌어지는 게임의 일부입니다. **의식**은 허공보다 더 미세합니다. 여러분은 가장 세간적인 수준에서 지식을 얻는 데 열중해 있지만, 여러분이 수집하는 어떤 지식도 (언젠가) 사라지게 되어 있습니다.

세상에는 단 한 가지 **진리**가 있는데, 그것은 일체가 실재하지 않는다는 것입니다. 저는 **현현자**를 통해서 이야기하는 **미현현자**입니다. 몸·마음·생명기운이 떨어져 나가면 어떤 일도 일어나지 않습니다. **절대자인 나만이** 늘 지배합니다. 이 **진리**를 이해하는 데는 어떤 지식도 요구되지 않습니다. 왜냐하면 그 **지**知는 타고나는 것이기 때문입니다.

여기서 배운 것이 여러분의 안내자가 될 것입니다. 그것이 (언젠가) 싹이 트겠지요.

◆ ◆ ◆

질: 저는 드릴 질문이 워낙 많아서 혼란스럽습니다.
마: 그대의 질문들은 남들의 개념에 대한 것입니다. 그대 자신에 대한 질문만 하십시오.
질: 저는 저의 **진아**를 모릅니다. 어떻게 하면 그 지점에 도달하며, 어떻게 하면 그것에 이를 수 있습니까?

마: 그대가 자신의 **진아**를 모른다는 사실은 아주 적절합니다. 그대는 그 몸이 아니고 그 몸의 이름도 아닙니다. 그러니 그대의 **진아**를 어떻게 알겠습니까?

질: 어떻게 하면 저의 **진아**를 체험할 수 있습니까?

마: 그대가 자신의 **진아**를 보지 못하는 것이 그 몸 때문입니까?

질: 아마 "내가 있다" 때문이겠지요.

마: 저는 그 방향으로 그대를 이끌어 드리고 있습니다. 그대는 있습니다. 그대가 있기 때문에 그대의 세계가 있습니다. 그대는 그 세계에 새겨진 이름과 명칭들에 빠져 있습니다. 그대가 무엇이라는 이름붙이기의 습관을 버리십시오. 이름이나 명칭 이전이었던 그대의 실체가 되고, 그것이 되십시오.

질: 그것은 마음으로 하는 것이 아니라 직관적인 것입니까?

마: 마음을 사용하지 말고, 아무것도 하지 마십시오.

질: 자각하고 있기는 해야 하지 않습니까?

마: 그 자각은 그대가 있는 한에서 있겠지요. 그대가 읽거나 들은 모든 것을 버리고, 그저 **존재해야** 합니다. 개념들에 정신이 팔리지 마십시오. **진리**는 영원합니다. 그대가 파악하는 모든 것은 실재하지 않습니다. 그대가 있다는 경험조차도 그대의 참된 성품은 아닙니다. **절대자**로서의 **그대**는 그 '내가 있음'이 아니지만, 지금은 그대의 '내가 있음'에 안주해야 합니다.

질: 두렵습니다.

마: 실은 그대가 아닌 어떤 것을 그대가 "내가 있다"로 여겨왔기 때문이고, 그래서 두려운 것입니다. 그대가 길에서 다이아몬드 반지 하나를 발견하여 호주머니에 집어넣는다고 합시다. 그것은 그대의 것이 아니기에, 어떤 두려움이 그대를 엄습합니다. 그대의 것이 아닌 어떤 정체성을 걸칠 때는 두렵습니다. 그대가 순수한 '내가 있음'일 뿐일 때는 두려움이 없습니다. 지금은 그대가 그 "내가 있다"이지만, 그 "내가 있다"는 **진리**가 아닙니다. "내가 있다"가 출현하기 이전에 그대가 무엇이든, 그것이 그대의 참된 성품입니다.

◆ ◆ ◆

마: 저는 **스승**도 아니고 제자도 아닙니다. 이것은 모두 5대 원소의 유희입니

다. 몸은 하나의 생물학적 발전체이고 식물이 성장한 것인데도, 우리는 "내가 아무개다"라고 주장하면서 그것을 자랑스럽게 여깁니다. 그러나 이것은 식물들과 마찬가지로 하나의 자연적 성장물일 뿐입니다.

질: 경험자는 영원합니까?

마: 만약 경험자가 영원했다면 "이것은 무엇인가, 저것은 무엇인가" 하고 묻지 않았겠지요. 그가 영원했다면, 이 대상적 세계에 대한 모든 지知를 이미 얻었을 것입니다.

질: 어떻게 하면 저희가 가야 할 길을 발견할 수 있습니까?

마: 진아를 깨닫겠다는 충동이 아주 강렬하면, 그대들의 충동과 의식이 그대들을 바른 길로 인도해 줄 것입니다.

질: 가끔 제가 이해할 때는 무슨 일이 저에게 일어납니다. 긴장이 되거나 아니면 머리나 목이 흔들리기 시작하고, 어떤 때는 머릿속에서 소음이 계속되기도 합니다. 그게 이해가 안 됩니다. 그것을 무시해야 합니까, 아니면 어떻게 해야 합니까?

마: 그냥 무시해 버리십시오. 그런 것들은 좋은 징표입니다.

질: 어떤 때는 신체적 병도 있습니다.

마: 그것은 병이 아니라, 5대 원소로 된 몸의 한 표현입니다.

질: 나마 만트라(Nama Mantra)를 통해서도 우리가 깨달을 수 있습니까?

마: 수많은 진인들이 나마 만트라만을 통해 최고의 경지에 이르렀습니다. 그대가 무엇을 염하든, 그것은 마음 이전의 그대 속으로 합일될 것입니다.

질: 어떤 사람들은 스승들이 힘과 에너지를 준다고 이야기합니다.

마: 가능하지요. 저는 저의 진아에 대해서만 숙고했습니다.

질: 황홀경, 환영, 삼매—마하라지께서는 그런 체험들도 다 해 보셨습니까?

마: 수도 없이 했지요. 저는 그런 모든 체험을 인수하지 않았습니다.

질: 왜 어떤 사람들은 그런 것을 체험하고, 어떤 사람들은 그렇지 않습니까?

마: 구도자마다 무늬(design-타고난 성품이나 인격의 특성)가 다릅니다. 그 구도자의 자질에 따라 체험들을 만나겠지요. 진아를 깨달은 수많은 진인들이 있지만 각자의 체험은 달랐습니다. 왜냐하면 그들의 자질이 서로 달랐기 때문입니다.

라마의 체험과 크리슈나의 체험은 달랐습니다. 어떤 진인도 체험들을 내버립니다. 진인은 체험들과 연관되지 않습니다. 그런 것에 집착하거나, 그것을 다시 일으키려고 하지 않습니다.

◆ ◆ ◆

질: 한 개체로서의 몸과의 이 동일시가 현존합니다. 누가 어느 단계에서, 이 동일시를 막을 수 있는 어떤 일을 할 수 있겠습니까?
마: 한 형상과 자신을 연관시키는 것이 이 존재성의 성품입니다. 상상된 개체가 어떻게 자신을 분리할 수 있습니까?
질: 분리되고 싶은 그 욕망도 자연스러운 것이고, 자연의 일부입니까?
마: 그렇지요. 그것은 모두 자연적 기능의 일부요, 연극의 일부입니다. 전체가 하나의 개념입니다. 그대가 할 수 있는 것은 이해하는 것이 전부입니다.

그 외관상의 모순을 보십시오. 저 자신의 형상은 고통 받고 있는데, 그것이 알려지면 더 많은 사람들이 찾아오고, 더 많은 사람들이 이익을 얻습니다. 그런 이익들은 자동적으로, 자연발생적으로 일어나며, 제가 여러분이 얻는 그 이익들을 위해 작업하지는 않습니다.

제가 이야기를 하고 그대가 듣는 것은 전체 작용(total functioning) 중의 일부입니다. 그대는 한 개인이 다른 개인의 이야기를 듣는다고 생각하지만 그것은 그렇지 않습니다. 그대가 듣는 것은 **보편적 의식**입니다. 이 앎은 아직 영적으로 유아幼兒인 인간에게는 전달될 수 없습니다. 그 인간은 한 개인을 위한 이익을 끌어 모으려고 합니다. 이 동일시를 포기하고 나면 이야기를 수용할 수 있는 그릇이 만들어집니다. 엄청나게 큰 물탱크에서 그대는 작은 컵 하나 가득 물을 떠서는 "이것이 나다"라고 합니다.

그대가 성취한 모든 지위와 업적은 그 이름과 형상이 존속하는 동안만 존재할 것입니다. 그 이름과 형상이 사라지면, 자신이 무엇을 성취했다고 생각하는 그 개체가 어디 있습니까? 이것을 깊이 통찰한다면, 세간의 그 무엇이 어떻게 그대를 번거롭게 할 수 있겠습니까?

제가 이야기하고 있는 것은 그 이전에는 아무것도 없었던 이 원초적 개념,

곧 의식에 대해서입니다. 이 원초적 개념 안에 있는 모든 것은 의식이 존재하는 동안만 존속할 것이고, 그런 다음 우리는 우리의 본래 성품으로 돌아갑니다. 의식이 그대에게 그 자신을 드러내고 그대의 참된 성품을 보여줄 때, 그럴 때 그대에게는 어떤 형상도 없을 것입니다. 형상 없이 어떤 이미지가 있을 수 있습니까?

전체 현상계는 하나의 환각인데, 그것의 성품은 일정하지 않다는 것입니다.

1981년 2월 9일, 11일, 12일, 13일, 17일, 18일

81
존재하는 모든 것은 의식이다

질문자: 낮 동안에는 제가 무엇을 해야 합니까? 저의 참된 성품을 발견하고 마음의 평안을 얻기 위해서는 어떤 생각을 하고 어떤 행위를 해야 합니까?

마하라지: 어떤 생각이나 행위도 몸-마음과의 동일시에 기초할 것이고, 그대의 참된 성품을 보기 위해서는 그 현상적 중심과의 이 동일시를 버려야 합니다. 그것은 어떤 의지적 행위에 의해 얻어질 수 없습니다. 그것은 어떤 특별한 노력 없이도 일어납니다. 무엇을 하고 말고가 없습니다. 왜냐하면 무엇을 하는 사람이 아무도 없기 때문입니다.

마음은 어떤 이름이나 형상이나 이미지가 있어야 일을 할 수 있습니다. 그것을 포기하면 마음은 무력합니다. 그대의 참된 성품에 대해서 제가 하는 이야기는 워낙 단순해서 마음이 그것을 파악할 수 없습니다.

존재하는 것은 늘 존재해 왔습니다. 개념화를 포기하십시오. 그러면 **존재하는 것**이 남습니다. 사람들은 **현현자**를 보는 데서 그치겠지요. 누가 **현현자의 이면**으로 가서 **현현자**와 **미현현자**가 둘이 아니고, 그것들이 하나라는 것을 보겠습니까?

현현자는 밝게 보이고 **미현현자**는 어둡게 보이지만, **존재하는** 것은 똑같습니다. 즉, 그 두 가지 모두를 지각하는 **그것**입니다.

　동일시를 포기한 사람에게는 그것이 단순한 문제입니다. 말은 뭔가를 가리켜 보일 수 있을 뿐입니다. 존재하는 것은 저와 같지도 않고 그대와 같지도 않으며, 자신이 무엇인지조차 모릅니다. 의식이 그 자신을 의식할 때에만 무엇에 대한 지知가 있을 수 있습니다. 그것은 어떤 지식보다도 먼저입니다. 그것은 아주 단순합니다. 학식이 대단히 많다고 생각되는 사람들이 여기 오는데, 제가 그들을 어떻게 봅니까? 완전한 무지 속에 있는 사람들로 봅니다.

질: 왜 어둠에 대한 두려움이 있습니까?

마: 그대의 질문은 (이 논의와) 전혀 관련성이 없습니다. 그것 없이는 밝음도 어둠도 인식할 수 없는 근원으로 나아가십시오. 제가 여러분에게 주체로 나아가라고 말했는데, 대상적인 것에 대해 이야기하는 게 무슨 소용 있습니까?

질: 저는 때에 따라서 저 자신을 좋게도 생각하고 나쁘게도 생각합니다.

마: 그것은 몸과의 동일시가 있을 때만 있을 수 있지요. 그것을 내버리십시오. 지금부터는 제 입장이 무엇인지만 말하겠고, 이후로는 여러분이 지각해야 합니다. 저에게는 대화를 위한 어떤 물리적 자원도 없습니다. 여러분이 무슨 말을 듣든, 모두 헛되이 될 수 없고 헛되이 되지도 않을 것입니다.

◆ ◆ ◆

마: 만일 그대가 문제의 핵심을 정말 이해했다면 어떤 의문도 일어날 수 없습니다. 의문은 어느 개체에게만 일어납니다. 그 의문은 보통 "나는 무엇을 할 수 있나?"라는 것인데, '나' 자체가 없다면 누가 무엇을 알고 싶어 하겠습니까? 모든 현현물은 의식 안에서, 의식에 의해 지각되고 인식된 하나의 겉모습입니다. 작용하고 지각하는 현현물만 있습니다.

질: 제 마음은 너무 요동하여 의식이 의식 안에 있을 수 없습니다.

마: 제가 한 말을 귀담아듣지 않았군요. 그 말들이 그대에게 도달하지 못했습니다. 저는 여러분에게, 의식은 늘 있고, 일어나는 어떤 일도 의식 안에 있다고, 따라서 의식을 의식 안에 머무르게 하라고 말했습니다.

그대는 왜 자신을 별개의 한 개체로 여기고 거기에 간섭하려고 합니까? 존재하는 모든 것은 의식입니다.

질: 괴로움의 의미에 대해서 여쭈어 봐도 되겠습니까?

마: 이제 그대는 새로운 개념을 개발하고 있군요. 괴로움 이면에는 의미 있거나 심오한 뭔가가 있다고 하는 개념 말입니다. 그 개념 자체가 그대를 목조를 것입니다. 그대에게서 터져 나오는 어떤 개념이 그대에게 지知를 안겨줄 수 있겠습니까? 모든 개념을 없애야 합니다. 그대가 바로 개념들이 분출하는 기초이고 토대입니다. 그대는 그 개념들이 아니고, 그대가 개념들보다 먼저입니다. 이것을 굳게 확신해야 합니다.

질: 제가 개념들을 억압합니까?

마: 개념들은 내버려두십시오. 개념들이 분출하고 사라지는 것을 지켜보십시오. 그대는 개념들과 별개이니 그것들을 자신과 동일시하지 마십시오.

질: 저는 그럴 능력이 없습니다.

마: 그대가 없으면 개념이 어디 있습니까? 그대가 없다면 무지나 지知라는 것이 어디 있습니까? "내가 있다"는 저 1차적 개념은 몸을 자신의 정체로 알고 거기에 집착합니다. 그래서 모든 문제가 생깁니다. 그대는 자신이 개념이 아니라는 결론에 언제나 도달하겠습니까?

◆ ◆ ◆

마: 각자가 어떤 선입 개념에 따라 세상을 살아갑니다. 자신이 어떤 영적인 지식을 얻었다고 생각하든, 그 개념들에 따라 계속 살아갑니다.

질: 아무 개념 없이 산다는 것은 어떤 것입니까?

마: 그대에게 해주는 어떤 답변도 하나의 개념이 될 것입니다.

질: 자신이 개념들을 넘어서 있다는 것은 어떻게 알 수 있습니까?

마: 조금도 의심 없이, 큰 확신을 가지고, 그저 이 의식이 일어나기 이전의 상태가 있다는 것을 이해하는 것입니다. 그것 자체만으로도 충분합니다.

질: 그 생각을 가지고만 있는 것과 그것을 살아내는 것을 어떻게 구분할 수 있습니까?

마: 그대는 어떤 사물을 어떻게 이해합니까? 그대가 가지고 있다고 생각하는 어떤 종류의 지식이든 그것은 의식 안에서만 있을 수 있습니다. 나중에 나온 그 의식이 어떻게, 자기가 나오기 전에 존재하는 상태에 대한 무슨 지식을 그대에게 제공할 수 있습니까?

그대가 그 상태에 도달했다거나 도달할 것이라는 어떤 생각도 가짜입니다. 의식 안에서 일어나는 어떤 일도 순전히 상상이며 환각입니다. 따라서 의식 안에서 일체가 일어나고 있다는 지知를 마음에 새기십시오. 그 지知를 가지고 고요히 있으면서, 의식 안에서 일어나는 다른 어떤 생각도 추구하지 마십시오. 모든 것은 일시적이며 그대의 참된 상태를 반영하지 않는다는 것을, 확신을 가지고 이해할 필요가 있습니다.

◆ ◆ ◆

질: 마하라지께서는 몸과 정신의 관계에 대해 말씀해 주실 수 있습니까?
마: 그대 자신의 진아를 알아야 합니다. 그 몸은 그대의 참된 성품이 아닙니다. 그대가 그것에 의해 "내가 있다"를 아는 원리가 그대의 참된 성품입니다.
질: 다른 사람들에 대해 저는 어떤 책임을 지고 있습니까?
마: 그대는 세상에서 얻어낸 가르침들 주위에 그대의 책임을 구축해 왔습니다. 그러나 그 모든 책임을 받아들이는 그 '그대'는 무엇입니까? 먼저 그것을 이해해야 합니다. 그대는 자신을 하나의 몸으로 인식하고 있습니다. 그것은 진아지가 아닙니다.
질: 제가 늘 저는 몸이라고 느끼는 것은 아닙니다. 제가 고요해져서 집중할 때는 그저 거기 있는 살과 피 이상의 것이 있다는 것을 깨닫습니다. 그것은 저에게 하나의 새로운 깨달음입니다.
마: 여러 부류의 사람들 간에 아무 차이가 없다는 결론에 도달했습니까?
질: 어떤 사람은 더 욕심이 많고 야심적이라는 것을 제외하면요. 저는 외국들을 방문해 다른 관습을 가진 다양한 부류의 사람들을 만나보고 싶습니다.
마: 돌아다니지 말고, 여기 오지도 마십시오. 고요·평안·안정 속에 안주하십시오. 여기서 우리는 어떤 사고팔기도 하지 않습니다. 개념들이 없는 저

"내가 있다"는 앎이 이곳에서 방사되는 **의식**과 **평안**에 의해 환기되거나 자극받습니다.

질: 그래서 마하라지님과 함께 있을 가치가 있는 것입니다.

마: 저는 많은 말을 할 수 없습니다. 질문을 하지 마십시오. 다른 데로 가고 싶으면 가도 좋습니다.

질: 전에도 마하라지님과 함께 있었는데, 그때 찾아뵙고 어떤 심오한 영향을 느꼈습니다. 더 많이 이해했고요.

마: 그 경험자가 느끼고 생각하는 그 무엇도 모두 **의식** 안에 있고, 실재하지 않습니다.

질: 저로서는 그것을 표현하기 어렵습니다.

마: 다른 개인을 바라보는 어떤 개인도 없습니다. 존재의 느낌이 인식하고 있습니다. 그것 말고는 어떤 것도 없습니다. **의식** 안에 나타나는 것을 인식하는 이 **의식**의 상태는 하나의 일시적 상태로서 주시되고 있습니다. 생시, 잠, 존재의 느낌(존재성)이라는 세 가지 번갈아드는 상태는 모두 나에게 다가온 일시적 상태들이고, 나는 그 상태가 아닙니다. 그것들은 모두 자연발생적으로 왔고 자연발생적으로 갈 것입니다. 누구도 그것들을 통제할 수 없습니다. 그 상태들 중의 어느 것이 그대의 참된 성품입니까?

질: 그 존재의 느낌은 '제가 있다'고 느끼는 것입니다.

마: 그것이 영구적으로 머물러 있겠습니까? **진리**는 가변적이지 않다는 것을 이해해야 합니다. **진리**는 항상적이고 영원한 반면, 이 세 가지 상태의 조합은 그대에게 다가온 것이고 그전에는 없었습니다. 일시적이고 시한부인 그 어떤 것도 **진리**일 수 없습니다.

그대가 그 존재의 느낌을 자신과 동일시하는 것은 그 자체로서는 좋지만, 그것조차도 일시적인 것이고 그대의 참된 성품이 아니라는 것을 아십시오.

그대에게 가장 중요한 것은 "내가 있다"입니다. 그저 그것이 되십시오. 그러면 그대에게 필요한 인도(진보를 이끄는 힘이나 지혜)가 다가올 것입니다.

◆ ◆ ◆

마: 몸이 형성될 때 그대는 어떠한 정보도 가져오지 않았습니다. 나중에 외부에서 정보를 수집했고, 그것을 토대로 자만심에 가득 차서 그대의 일들을 처리합니다. 애당초 무슨 정보를 가지고 왔습니까?

질: 아니요, 저는 어떤 정보도 없었습니다.

마: 아무 정보도 없었다면 지금 이 모든 것을 하는 그 사람은 누구입니까? 그대는 내면에서 자연발생적으로 솟아나온 '그대가 있다'는 정보를 가지고 있는데, 그것이 그대의 1차적 밑천이었고, 그 이후의 이 모든 장난은 그 1차적 정보 때문에 있습니다. 그렇지 않습니까?

질: 예, 맞습니다.

마: 그대 자신의 존재를 갖는다는 것, 존재한다는 것, 그게 뭔지 이해합니까?

질: 분명하게 이해하지 못합니다.

마: 그것은 말을 통해서 이해될 수 있는 것이 아닙니다. 말에서 끌어내는 모든 지知는 무지일 뿐입니다. 존재한다는 것은 이해할 수 있는 것이 아니고, 그것은 있습니다.

질: 그것은 하나의 느낌일 뿐입니다.

마: 의식을 아는 것은 누구입니까?

질: 의식이 그 자신을 압니다.

마: 의식이 의식을 이해하기라—그 방법으로는 해탈을 얻지 못할 것입니다. "이 존재성을 아는 것은 누구인가?" 하고 그대 자신에게 물어야 합니다. 어느 특정한 시점에서 내가 있다는 것을 내가 안다면, 그것은 그 시점 이전에는 내가 있다는 것을 몰랐다는 뜻입니다. 자신의 존재를 몰랐던 그것이 의식이 나오자 자신의 존재를 알게 되었는데, 이 의식은 육신의 성품일 뿐입니다. 그것은 물질로 이루어져 있고, 따라서 일시적입니다.

질: 절대자 안에는 어떤 지知도 없습니까?

마: 모든 지知는 다섯 가지 감각기관과 말의 수중에 있을 뿐입니다. 생시 상태, 깊은 잠, 그리고 "내가 있다"는 앎, 이 세 가지가 없다고 생각해 봅시다—그대는 무엇입니까?

질: 그저 지각성, 의식입니까?

마: 그 지각성, 의식은 그대와의 연관 속에 계속적으로, 영원히 있습니까?

질: 아닙니다.

마: 그러면 그것을 포기하십시오. 왜 그대와의 연관 속에 영원히 있지 않을 것에 의지합니까?

우리의 모든 경전들은 빠라브라만만이 진리요, 다른 어떤 것도 진리가 아니며, 그대가 영원히 그것이라고 말합니다.

질: 저는 왜 그것에서 분리되었습니까?

마: 다른 아무것도 없고 그것만이 지배하는데, 어떻게 그대가 그것과 별개일 수 있습니까?

질: 냐네스와르(Jnaneswar)가 1,400살인 현자에게 써준 시가 하나 있는데,[37] 한 구절은 이렇습니다. "지知의 소견은 점점 더 약해진다네." 그 의미가 무엇입니까?

마: 의식의 소견도 결국은 떨어져 나갈 것입니다. 왜냐하면 지知와 무지는 의식의 영역 내에 있으니까요.

질: 저는 당신이 말씀하시는 한 단어도 놓아버리고 싶지 않습니다.

마: 말과 그 말의 의미를 얼마나 언제까지 붙들고 있으려 합니까? 언제까지?

질: "내가 있다"가 있는 한 그것이 쓸모가 있습니다.

마: 그 "내가 있다"도 하나의 개념입니다. 그렇지 않습니까? 그리고 그대는 (한 단어도 놓아버리고 싶지 않다는) 그 개념도 붙들고 있고 싶어 합니다. 그 '내가 있음'은 그대와의 연관 속에 머물러 있지 않을 것이고, 그것이 사라질 때는 그 '내가 있음'과 관계되는 일체가 사라집니다. 사정이 이럴진대, 지知를 얻거나 소화하려고 애쓰는 것이 무슨 소용 있습니까?

말은 꼭 그대로 적용될 수 없습니다. 저는 정확히 어떻게 제가 없는지를 보았습니다. "내가 있다"가 없을 때 그것이 어떤 상태인지를 보았고, 보고 있습니다. 따라서 저는 아무것도 잃어버리지 않습니다. 그 상태에서는 보거나 경험한다는 것이 없지만, 의사소통의 목적상 그런 말들을 빌려와야 하지요.

---

37) T. 1,400살의 요기 짱가데바(Changadeva)가 성자 냐네스와르(1275~1296)를 찾아왔을 때, 냐네스와르는 65연으로 된 시 *Changdev Pasashti*로 가르침을 베풀어 그를 깨우쳤다.

(냐네스와르 같은) 그런 분들은 심오한 지혜로 충만한 위대한 분들이지만, 저는 그분들을 어떻게 봅니까? 그분들도 그냥 저와 같습니다. (질문자를 가리키며) 이분은 저명한 법률가이고 산스크리트 학자입니다. 그 두 분야가 결합된 결과로 그는 **빠라브라만**을 그의 말 속에 포착하려고 합니다. 그는 그런 일에 아주 능하지만, 그래서 얻는 것이 무엇입니까?

질: 저의 상태는 개념이 없다는 것을 깨닫는 것, 그것 자체가 얻는 것입니다.

마: 그대는 "내가 있다"는 개념 위에 서 있으면서 다른 개념으로 그것을 그림 그리려 합니다.

질: 여기는 좀 다른 법정이어서, 법률가가 피고인석에 끌려나오는군요.

1981년 2월 22일, 23일, 25일, 27일, 28일

82
"내가 있다"를 초월하라

질문자: 누구나 가지고 있는 이 '내가 있음'은 **의식**과 동일한 것입니까?

마하라지: 이 **의식**과 '내가 있음' 말고, "내가 있다"고 주장할 수 있는 것이 뭐가 있습니까?

(존재의) 수준들이 달라도 이 '나'는 다르지 않다는 것을 이해하십시오. **절대자**로서 그것은 '나'인데, 현현될 때는 하나의 형상을 필요로 합니다. 같은 **절대자** '나'가 현현된 '나'가 되고, 그 현현된 '나' 안에서는 **의식**이 일체의 근원입니다. 현현된 상태에서는 그것이 **의식**을 가진 **절대자**입니다.

여러분은 자신이 스스로를 **의식**이라고 여긴다고 생각할지 모르지만, 일반적으로는 한 개체로서 뭔가를 계속 원합니다. 설사 그것이 영적인 지知라 해도 말입니다. 몸은 **의식**이 스스로를 현현하는 하나의 도구에 불과하며, 별개의 자율적인 어떤 정체성도 가지고 있지 않습니다.

여러분이 그토록 사랑하는 그 몸은 시한부이고, 그 물질적 몸에 의지해 있는 이 의식도 시한부입니다.

생명기운은 몸을 계속 활동하게 하는 능동적 요소입니다. 의식은 수동적 요소입니다. 생명기운은 일정 시간이 지난 뒤에는 떠나면서 죽은 물질을 남겨두겠지요. 의식도 몸을 떠나서 **보편적 의식**에 합일될 것입니다. 이것은 정상적인 과정인데, 이 속에서 여러분이 자신이라고 여기는 것은 무엇입니까? 이것은 하나의 작용에 지나지 않고, 별개의 어떤 개체도 없습니다. 실은 우리의 참된 정체성은 누구나 아는 것이고, 거기에는 아무 의심도 없습니다. 그러나 한 개체로서의 몸과의 동일시 때문에, 우리가 분명히 아는 것("내가 있다"는 존재성)이 망각되고 있습니다.

제가 하는 말을 귀담아들으면 여러분이 어떤 일시적 평안과 즐거움의 느낌을 얻을지 모르지만, 여러분 자신을 영적인 구원을 바라는 별개의 한 개체로 여기는 한, 이 모든 것이 아무 소용없습니다.

그냥 일어나는 들음(청문)에서 이익을 얻을 수 있는 어떤 개체도 없습니다. 결국 탄생이 무엇입니까? 탄생이란 생시 상태, 깊은 잠 그리고 섹스일 뿐입니다. 섹스를 없애 버린다고 합시다. 그러면 (자식을 낳는 데) 아무 흥미가 없겠지요. 섹스는 여러분의 배를 채워줄 수 없고 어떤 음식도 여러분에게 안겨주지 못하지만, 그래도 그것은 필요합니다. 전체 현상계가 꿈 혹은 신기루의 성품을 가지고 있다는 것을 이해하기는 쉽지만, 여러분은 나머지 현상계는 신기루로 해석하면서 그 현상을 보는 자(개인적 자아)는 놓아버리려 하지 않습니다. '보는 자'도 그 신기루의 일부입니다.

◆ ◆ ◆

질: 마하라지께서는 당신 자신을 한 개인으로 생각하시곤 했지만, 지금은 그러지 않는다고 말씀하셨습니다. 왜냐하면 그것은 몸과의 동일시가 될 테니까요. 몸이 나중에도 존속한다는 것을 알겠습니다. 제 말은, 몸은 워낙 강력해서 우리가 자신이 몸이 아니라는 것을 깨닫고 난 뒤에도 일정 기간 지속될 수 있다는 것입니다. 마하라지께서는 그 병이 시작되었을 때 개인성의 마지

막 자취가 사라졌다고 말씀하셨습니다.

마: 질문은 무엇입니까?

질: 몸과의 동일성이 그렇게 강합니까? 제 말은, 그것은 저 너머의 것을 알고 난 뒤에도 우리가 몸을 자신과 동일시할 정도의 그런 습_習입니까?

마: 그것은 그대가 생각하듯이 한 사람과의 동일시가 아닙니다. 몸은 **의식**의 현현, 경험을 위한 하나의 보조수단입니다. 이 **의식**이 존재하는 한, 그것은 하나의 도구를 필요로 합니다. 몸이 없으면 **의식**이 그 형상 안에 존재할 수 없습니다. (깨달았을 때) 상실되는 것은 별개의 한 개체라는 느낌입니다.

진인은 태어나지 않은 아이와 같습니다. 아이가 태어날 때 **의식**이 바로 그 아이이고, 그 아이가 병들어 있습니다. 이 물질적이고 객관적인 몸이 병들어 있습니다. **진인**은 병들 수 없습니다. 이 몸[당신을 가리키며]이라는 도구는 교란이 일어나서 불균형이 왔습니다. 그래서 저는 이야기를 제대로 할 수 없고, 제대로 걷지도 못합니다.

그대에게 몸이 있는 한, 그대는 그대가 있다는 것을 압니다. 이것은 다른 모든 동물들에게도 해당됩니다. 몸이 있으면 "내가 있다"는 앎도 있습니다.

질: 저는 **궁극자**로서, 저의 존재를 자각하지 않습니까?

마: **절대자**에게, 이 '내가 있음'의 주시하기가 일어납니다.

◆ ◆ ◆

마: 그대는 그 '내가 있음'을 어떻게 해서 얻었습니까? 그것이 자연발생적으로 왔습니까, 아니면 그대가 그것을 얻으려고 했습니까? **절대자**로서 그대는 "내가 있다"는 1차적 개념을 포함한 모든 개념에서 벗어나 있었습니다. 그러다가 홀연히 그 '내가 있음'에 사로잡혔습니다. 누가 그렇게 했습니까? 그것은 자연발생적으로 일어나지 않았습니까?

질: 예, 맞습니다.

마: 그대는 자궁 안에 있던 아홉 달 동안 이 "내가 있다"는 개념을 가지고 있지 않았습니다. 이 상황을 이해하십시오. "내가 있다"는 개념은 자연발생적으로 오고, 자연발생적으로 간다는 것 말입니다. 놀랍게도, 그것이 나타나면

실재하는 것으로 받아들여집니다. 그 이후의 모든 착각은 '내가 있음' 안의 실재성의 느낌에서 일어납니다. "내가 있다"는 그 1차적 개념 안에 안정되도록 노력하십시오. 그래야 그 개념을 잃고, 그와 함께 다른 모든 개념을 잃어버릴 수 있습니다. 저는 왜 전적으로 자유롭습니까? 저 "내가 있다"의 비실재성을 이해했기 때문입니다.

저는 모든 예언자들과, 교리, 종교들 등에 경의를 표합니다. 저는 그것들이 실재하지 않고 이 의식의 유희에 지나지 않는다는 것을 압니다. **진리, 영원자**는 그대가 관찰할 수 없습니다. 그것은 항상 지배합니다.

그대의 참된 상태에서는 아무 말이 없지만, 그대는 자신을 중요하다고 생각하고, 많은 말들을 받아들입니다. 가여운 인간들은 세간적 삶과 영적인 삶 사이에 걸려 있습니다. 백만 명 중 한 명이 의식의 이 모든 유희를 이해하고 그것을 초월합니다.

질: 죽음이란 무엇입니까?

마: '죽음'도 전해들은 말이지요. 죽음을 경험해 보았습니까? 그대는 영적인 공부의 길을 따른 끝에 인격의 종착점에 이르렀고, 더 이상 인간은 없습니다. 비인격적 의식이 있을 뿐입니다. 이 의식의 영역 내에서 일어나는 모든 일은 역동적 유희이며, 하나의 작용 과정입니다. 이 과정 속에서는 한 사람, 한 개체, 한 공동체, 한 교리, 한 종교에 관한 어떤 분별도 없습니다.

그대의 의식의 섬광 속에서 이 모든 유희가 진행되고 있습니다. 그 연극은 끝이 날 것입니다.

◆ ◆ ◆

마: 여러분에게 무슨 질문이 있으면 제가 대답해 보도록 하겠습니다. 지금 이 순간, 이 특정한 상황은 아주 독특한 것입니다. 말하고 싶지 않으면 말을 하지 않아도 되고, 그냥 앉아 있어도 됩니다. 이 특정한 시간에 그냥 여기 앉아 있는 것만도 큰 이익이 될 것입니다. ··· 이 순간 자체, '내가 있음'의 이 감촉은 그냥 하나의 핀 찌름이고, 그냥 하나의 감촉입니다.

여러분이 제가 말한 것을 통찰한다면, 저를 다시 찾아올 필요가 없습니다.

제가 여러분에게 한 이야기는 놀라워하거나 일정 기간에 걸쳐 숙고해야 할 어떤 것이 아닙니다. 그것은 즉시 통찰해야 할 문제입니다.

　고요함 속에서 이렇게 지知를 설하는 방식을 다른 데서 본 적이 있습니까?
질: 라마나스라맘에서요. 거기서도 다들 조용합니다.
마: 그대는 라마나와 얼마나 오래 함께했습니까?
질: 단기간이었을 뿐입니다. 저는 어떻게 해서 지금 마하라지님을 발견하는 행운을 가지게 되었습니까?
마: 그대가 전생에 한 어떤 선행 때문입니다. 해야 할 공부를 하지 않았다면 그대가 이곳을 찾아오지 않았겠지요. 드물게 복이 있는 사람들은 이곳을 찾아와서 이야기를 들을 것입니다.
질: 저는 몸이 따뜻해지고, 빛을 보는 등 여러 가지 체험을 하고 있는데, 두렵습니다.
마: 어떤 체험에 대해서도 걱정하지 말고 그 체험자 안에 안주하도록 노력하십시오. 그 체험들은 그대의 발전을 보여주는 좋은 징표이지만, 그 체험 수준에서 정체되지 마십시오.
질: 저는 보통 "나는 이것이나 저것이다"라고 느끼지만, 그것을 잃고 있습니다. 더 초연하고, 세상에 관심이 없다고 느끼고 있습니다. 그런데 이런 개념들을 벗어버리는 체험을 하는 동안, 죽음과 공포의 느낌이 다가옵니다.
마: 예, 그같이 진행되겠지요. 그대가 있는 한 그런 것들이 일어나게 되어 있습니다. "내가 있다"를 초월해야 합니다. "내가 있다"는 하나의 연속적 순간인데, 깨어 있으면서 주의를 그 순간에 집중하면 "내가 있다"를 초월합니다.

◆ ◆ ◆

질: 마하라지께서 말씀하신 것을 추구하면 그 결과는 세간에서 특이하게 여겨질 그런 행동이 될지 모릅니다.
마: 누구의 행동입니까? 그리고 누가 특이하게 여깁니까? **존재하는 모든 것은 5대 원소의 기운입니다. 이것을 통찰해도 5대 원소의 성품이 변하지는 않겠지요. 5대 원소의 기운은 영원에 비하면 일시적인 존재의 느낌입니다.**

여러분은 저에 대한 사랑과 존경의 느낌을 가지고 여기 오는데, 여러분이 저를 지각하는 정도만큼 이익을 얻게 될 것입니다. 저를 계속 한 개인으로 보면 여러분이 얻는 이익이 그 한도에서 그칠 것이고, 제가 저 자신을 보고 제가 여러분을 보듯이 그렇게 저를 본다면 여러분의 이익은 그만큼 더 크게 가늠될 것입니다. (여러분의) 진정한 상태는 **의식**이 나오기 이전의 상태입니다. 그 상태에 도달한 사람은 매우 드물겠지요. 여러분의 대다수는 한 개체 혹은 한 몸과의 동일시를 넘어서고 싶지 않을 것입니다.

갓난아이 때부터 여러분의 현재 상태에 이르기까지 변해 온, 그리고 시간이 가면서 계속 변해 갈 그 동일시는 순전히 시절적인 것입니다.

여러분은 들은 말에 힘입어 몸을 자신과 동일시합니다. 부모님이 여러분은 어느 날짜에 태어났다고 하면서, 그 몸이 여러분이라고 말해 주었습니다. 그래서 여러분은 들은 말에 기초해 어떤 이미지를 가지고 자신의 정체성을 형성했습니다. 여러분은 지금 자기가 **진인**이 되었다고 생각하면서 자신의 정체성을 아주 잘 안다고 생각할지 모르지만, 그것은 대개 감각의 기만에 속하는 경우입니다. 자기 자신에 대한 여러분의 이미지가 어떠하든, 그것은 하나의 개념에 불과합니다.

그저 여러분이 무엇인지를 이해하고, 능력껏 여러분의 일상생활을 영위해 나가십시오.

질: 여기서는 매일 뿌자(*puja*)[예공]를 올리고 있습니까?
마: 예. 여기서 그 예공자는 **의식**이고, 예공의 대상도 **의식**입니다.

◆ ◆ ◆

질: 의식을 통해서 우리의 진정한 성품을 이해할 수 있습니까? 그것을 파악할 수 있습니까?
마: 그대의 참된 성품을 이해할 수 있는 다른 어떤 도구가 있습니까? '존재하는 것'이 무엇이든 그것은 모두에 의해 지각될 수 있고, 모두에 의해 **과연** 지각됩니다. 누가 그것을 파악하고 싶어 합니까? 별개의 한 개체로서의 그대가 **절대자**로서의 '존재하는 **그것**'을 알고 싶어 하지만, 그렇게 될 수가 없습니다.

왜냐하면 그대가 곧 **절대자**이기 때문입니다.

삼매를 성취한 사람은 어디로 갑니까? 구도자 자신이 사라져 버렸지요.

질: 만약 구도자가 하나의 개념이라면 스승 또한 하나의 개념입니다.

마: 그렇지요, 그러나 **스승**은 모든 추구의 지지물입니다. 말이 있는 한 구도자가 있고, 말이 사라지면 아무것도 없습니다.

저는 네 가지 종류의 말 전부를 체험했고 그것을 초월했습니다. 이 단계 구조를 따라가서 **의식** 안에 안정되고 의식을 초월한 사람은 드물 것입니다. 우리는 보통 바이카리(*vaikhari*)[단어]에서 시작하여 말을 듣습니다. 바이카리에서 마디야마(*madhyama*)[마음-생각]로 가고, 마음을 지켜보는 가운데 우리는 개념 형성이 일어나는 빠시얀띠(*pasyanti*)에 있게 되며, 거기서 빠라(*para*)[말이 없는 "내가 있다"]로 이행하고, 마지막으로 빠라에서 **의식** 이전으로 갑니다. 이것이 우리가 따라가야 하는 길이지만, 극소수의 사람만 그것을 따라가겠지요— 물러나고 역행하면서 말입니다.

질: 깊은 잠과 "내가 있다" 이전의 상태는 같은 것입니까?

마: 하나의 개념으로서는 같지만 그대가 **그것**이 되기 전까지 그렇고, 되고 나면 아는 자가 아무도 없을 것입니다. 그뿐만 아니라, 이루어지는 어떤 행위든 —그것이 그대를 통해 이루어지든 저를 통해 이루어지든—그것은 원래 저 깊은 잠의 상태 안에서 이루어집니다. 잠 속에서 그대는 꿈을 꾸는데, 이 생시의 상태가 1차적인 꿈이고 잠자는 상태에서의 꿈은 2차적인 꿈입니다. 1차적인 꿈의 변형이지요. 이 **의식**의 상태에서, 곧 1차적인 꿈의 상태에서 전 우주가 창조되지만, 그것이 하나의 꿈이라는 것을 깨달을 때—그럴 때 그대는 깨어납니다. 두 가지 꿈 모두 **의식**입니다.

질: 그러면 행위자는 자신이 꿈을 꾸고 있다는 것을 알 수 없군요?

마: 바로 그것이 **마야**의 묘미이자 그것의 전체 핵심입니다. 그것이 어떤 꿈이건, 모든 꿈의 토대는 **의식**이라는 것을 이해하십시오.

1981년 3월 1일, 2일, 4일, 6일, 7일, 8일

83
깊고 검푸른 상태

마하라지: 그대가 가진 그 개체의 느낌은 마음이 창조한 것인데, 의식 그 자체가 사라지면 그 개체의 느낌은 어떻게 됩니까? 자신이 죽었다는 것을 아는 사람이 있습니까? 그가 죽었다고 말하는 것은 다른 사람들입니다.

만약 의식과 마음이 궁극적 진리라면, 창조되고 파괴된 저 무수한 형상들 전부가 자신의 존재에 대한 앎을 가지고 있겠지요.

이 나라에서—금생에—그대가 무엇을 얻지만, 나라의 원칙은 이 나라에서 얻은 어떤 것도 나라 밖으로 가져나갈 수 없다는 것입니다. 그대가 (이번 생에) 얻는 그 무엇도 의식으로 인한 것이지만, 금생이라는 나라의 법은 우리가 아무것도 가져갈 수 없고, 의식이 사라지고 나면 일체가 사라진다는 것입니다.

인간은 세상에서 어떻게 행동합니까? 참으로 작용하고 있는 것이 무엇인지를 잊어버립니다. 형상들은 의식의 작용을 위한 도구에 불과하다는 사실을 잊어버립니다. 그러면서 자신을 하나의 개체로 여기고, 뭔가를 성취하기 위해 열심히 일하느라고 평생을 보냅니다. 이 모든 것의 동기는 '나'와 '내 것'이라는 느낌입니다. (세계 안에서는) 온갖 형상들이 끊임없이 창조되고 파괴되는데, 그것은 그 작용의 일부입니다.

질문자: 어떤 개체가 성취할 수 있는 것이 아무것도 없다면, 이 영적인 추구의 목적은 무엇입니까?

마: 그대가 이해해야 할 것은, 작용하고 있는 모든 것은 의식이고 어떤 개체도 그와 무관하다는 것입니다.

질: 그러면 이해는 무슨 소용 있습니까?

마: 가정된 어떤 개체에게도 아무 이익이 없습니다. 이 이해에서는 무슨 이익이라는 느낌조차도 없어야 합니다. 그대가 그 이해입니다. 누가 이익을 얻을 수 있습니까? 이것을 이해하는 자에게는 어떤 모양도 형상도 없습니다.

형상들은 5대 원소에서 만들어지는데, 그들의 기간이 다하면 파괴됩니다.

그대가 설사 수백 년을 산다고 해도 그대에게 아무 이익이 없을 것입니다.

저는 이 모든 것을 분명히 이해했지만, 저의 새 아파트를 짓기 위해 (여러 생에 걸쳐) 준비를 충분히 했습니다. 모순처럼 보일 수도 있는 그것을 이해하십시오. 그러나 그대가 이 모든 것을 전체적 작용의 일부로 보는 한 어떤 모순도 없습니다. 보통 사람에게 이것이 사리에 합당한 것으로 보이겠습니까?

질: 마하라지께서는 여러 가지 함정들을 어떻게 구분해서 피할 수 있는지 말씀해 주시겠습니까?

마: 건장한 사람들 몇 명에게 5대 원소를 잘게 썰라고 하는 게 더 낫겠군요. 그러면 구분하게 되겠지요. 그것은 단 하나입니다. **의식** 자체가 함정입니다.

그대의 다른 모든 질문은 잊어버리고, 그것 때문에 다른 모든 것이 존재하는 그 의식의 근원에 대해서만 집중하십시오. 이 몸은 어떻게 나왔고, 그 안에 잠재해 있던 이 의식은 어떻게 나왔습니까? 그것의 근원을 알아내십시오.

질: 마하라지께서는 저희를 그 뿌리로 도로 데려가셨습니다.

마: 제가 여러분을 그 뿌리로 집어던져 묻었는데, 여러분을 묻어 버린 그 상태에서는 제가 알아야 할 것이 아무것도 없습니다. 그 상태에서는 의식이 없기 때문입니다. 이것을 분명히 통찰한 뒤에도 몸이 존재하는 한 삶은 계속될 수밖에 없지만, 그 삶은 그저 일련의 오락으로만 보일 것입니다.

제가 어떤 관점에서 이야기하고 있는지 여러분이 이해해야 합니다. 만약 이해하면 그것을 받아들이고, 그렇지 않으면 내버려두십시오. 세상의 그 누구도 이렇게 대놓고 말하지 않겠지요. 제가 뜻하는 바를 참으로, 직관적으로, 이해할 때 여러분은 영적인 공부의 종착점에 이르게 될 것입니다.

◆ ◆ ◆

질: 동일시는 왜 부단히 변하는 것처럼 보입니까?

마: 의식 안에서 한 개인과의 동일시는 계속 변해가겠지만, 그 동일성이 상실되고 나면 전체 현상계 안에 머무르는 것이 가능합니다.

질: 의식이 있는 동안 절대자에 도달할 수 있습니까?

마: 그 상태에서는 의식할 자가 아무도 없고, 따라서 **의식**이 존재하는 동안에

그 상태에 도달하고 말고가 없습니다.

질: 그러나 저는 마하라지께서‥‥.

마: 그 상태는 지知가 지知에 흡수되고, 지知가 그 자신을 모르는 상태입니다. (지知가 자신을 알리면) 도구가 있어야 하는데 의식이 그 도구입니다. 의식 안에서 의식은 그 자신을 의식하지만, 의식이 일어나기 이전의 상태에서라면 누가 있으며, 어떤 도구를 가지고 의식할 수 있겠습니까?

어떤 것에 의해서도 오염되지 않은 그 상태에서는 어떤 조건화도 없습니다. 공간을 예로 들어 봅시다. 공간 안에는 어둠과 밝음이 있는데, 어둠이나 밝음이 있든 없든 공간은 있습니다. 마찬가지로, 의식 이전의 상태는 늘 있습니다. 바로 지금 그것이 있습니다. 그것이 일체의 바탕입니다. 진인은 몸과 마음이 있음에도 불구하고 그 공간의 상태에 거주하는 사람입니다.

질: 그 수행법은 무엇입니까? 명상뿐입니까?

마: 그대가 형상이 없고 무늬(인격 특성)가 없다는 확신을 가져야 합니다. 명상에만 의지하지 마십시오. 그대는 무형상이고, 자유롭고, 조건 지워져 있지 않다고 늘 주장하십시오. 그것을 부단히 역설해야 합니다. 그것이 그 수행법입니다.

질: 저는 몸-마음과의 연관에서 벗어나는 시간이 더 길어졌습니다. 몸이 행위하는 것을 보면서 제가 그 바깥에 있다고 느낄 때, 저에게 어떤 일이 일어나는지 모르겠습니다.

마: 그것이 뭐가 잘못입니까? 강한 확신을 가져야 하는데, 그 확신이 곧 닦음을 의미합니다. 그 확신은 "내가 있다"를 의미할 뿐만 아니라, 나는 "내가 있다"로부터 벗어나 있다는 것도 의미합니다.

그대는 그대가 있다는 것을, 말없이 압니다. 그저 그것이 되십시오. 어떤 것도 생각하거나 상상하면 안 됩니다. 뭔가 있다는 생각이 일어나기 전에 그대가 **있어야** 합니다. 명상을 하기 위해서는 그대가 있어야 합니다. 아침에 깨어나면서 깊은 잠에서 생시 상태로 넘어올 때, 그 순간 그대는 '그대가 있다'는 것만 압니다. 나중에야 "나는 아무개다" 따위를 생각합니다.

질: 명상 도중에 무슨 소리도 들리고 환영들도 보입니다.

마: 무엇을 들으려면 그대가 있어야 합니다. 그 상태는 더없이 **신적인** 상태이지만, 그대의 **진아**가 되는 것이 더 중요합니다.

질: 늘 두려움이 있습니다.

마: 그 두려움은 무지 때문입니다. 그것은 외부의 소리가 아니라 그대의 의식의 현현입니다. 그 **신적인** 비춤(환영)은 자기광휘(Self-effulgence-진아의 눈부신 빛)가 있는 한에서 있습니다. **신**을 보려면 그대가 있어야 합니다. 아는 자를 알기는 어렵습니다. 그것은 한 마을을 아는 것과 같습니다. 그것은 개인적인 것이 아니고, (의식의) 현현입니다.

그대가 그 현현된 **의식**의 상태일 때, 그것은 말하자면… 어떤 깊고 검푸른 상태입니다. 그대는 그 동질적인, 깊고 검푸른 상태에 있습니다. 그것이 존재성의 첫 단계입니다. 그 깊고 검푸른, <u>스스로 빛나는</u> 동질적 상태로부터 비지각성(모름)의 상태로 들어가는데, 그것이 그대의 참된 정체성입니다. 그것은 어떤 비지각성의 상태이며, 전체적이고 온전하고 완전한 상태입니다. 저 지각성 상태에서는 일체가 불완전하고, 결코 온전하지 않습니다. 그래서 그대가 점점 더 많은 것을 원하는 것입니다. 풍부함에도 불구하고 지각성의 상태는 불완전합니다.

질: 임종 때 그 효과는 무엇입니까?

마: 그 효과는 그 사람이 죽고 없다는 것을 아는 사람들에게 있습니다. 죽고 없는 사람에게는 아무 효과가 없습니다. 그는 자신이 죽고 없다는 것을 모릅니다. 몸은 음식으로 만들어지는데, 참된 그대는 그 몸 안에 있지 않습니다.

많은 이야기를 할 수 있지만, 그대는 제가 말하는 것을 받아들일 수 없을 것입니다. 그대가 없으면 **브라만**도 없다고 말하면, 이해하겠습니까? 그대는 몸과의 동일시 때문에 죽음에 너무 많이 사로잡혀 있습니다. 그대가 죽음에 대해 생각하고 있기 때문에, 그대에게는 확실히 죽음이 있습니다. 그러나 그대가 **진아**라면 그대에게 죽음이란 문제는 없습니다.

◆ ◆ ◆

질: 마하라지님의 말씀에 대한 책을 읽으면 저는 큰 자유와 기쁨을 느끼고,

제가 살아 있는 말씀을 경험하고 있다는 생각이 듭니다.

마: 그것을 경험한 것은 무엇입니까? 그것은 존재의 느낌입니다.

질: 저는 수많은 책을 읽었지만 이 말씀은 하나의 새로운 가르침, 새로운 경험입니다. 왜 다른 책에서는 같은 경험을 하지 못합니까?

마: 저는 그대의 어떤 칭찬도 받아들이지 않겠습니다. 그대의 질문들은 몸-마음의 수준에서 나오는데, 답변도 그대는 같은 수준에서 받아들이겠지요. 그대는 몸-동일시라는 말을 타고 달리고 있습니다.

질: 저는 왜 당신의 책을 읽고는 그런 경험을 했는데 다른 책을 읽고는 그렇지 않았는지 알고 싶었습니다.

마: 저는 그대의 경험에는 관심이 없고, 그대에게만 관심이 있습니다. 말하는 자와 듣는 자는 하나입니다. 여기 오는 다른 사람들은 대부분, 진수성찬을 먹고 난 사람과 비슷한 상태에 있다고 말할 수 있을지 모릅니다. 배불리 먹은데다가 이제는 소처럼 되새김질을 하고 있습니다. 다른 음식에는 관심이 없습니다. 그래서 아무 질문이 없는 것입니다. 그대와 같은 사람이 와서 질문하지 않으면 아무 질문도 없을 것입니다. 그대는 지知를 구하러 왔지만, 그대가 곧 지知입니다.

질: 다끄쉬나무르띠는 침묵 속에서 제자들을 가르쳤습니다.

마: 무슨 놈의 다끄쉬나무르띠는! 그것은 전해들은 말입니다—그대가 책에서 읽었거나 남에게서 들은. 그대가 체험한 것은 무엇입니까? 제가 여기 있고 그대도 여기 있으니 질문을 하십시오.

질: 왜 어떤 사람들은 요절하고 어떤 사람들은 장수합니까?

마: 의식이나 자아 없이 탄생이나 죽음이 있겠습니까? 그대는 사람들이 요절하거나 장수한다고 말하지만, 태어나는 그 사람들, 실제로 (그들의) **진아**가 어떤 논리를 압니까? 해가 자신이 뜨거나 지는 것을 압니까? 먼저 태어나는 것이 무엇인지를 이해하십시오. 그러면 그 신비가 풀릴 것입니다.

질: 몸이 태어나지 **진아**는 태어나지 않습니다.

마: 만약 **진아**가 없다면 몸이 태어날 수 있습니까? 그대는 탄생이라는 단어를 어떻게 이해합니까? 그대는 태어납니까?

83. 깊고 검푸른 상태

질: 몸을 자신과 동일시하는 한 우리는 태어납니다.
마: 저는 의식에 대해서 오로지 의식에게 이야기합니다. 보통 사람은 이해하지 못하겠지요.
질: 이해할 방도는 무엇입니까? 해야 할 것은 무엇입니까? 가장 빠른 길은요?
마: 이해하고 그 참된 상태 안에 존재하는 것이 그 과제입니다. 이 존재의 느낌 말고 달리 어떤 신도 없으며, '나'는 이 존재의 느낌입니다. 확신을 가지고 이것을 이해하는 것이 가장 빠른 길입니다. 다른 아무것도 없던 그 본래적 상태를 이해하십시오. 그것이 참된 지知이며, 저의 참된 성품입니다. 많은 화신들이 왔다 갔지만 저 허공은 늘 그대로 있습니다.
질: 근본 무지는 어떻게 극복합니까?
마: 무지 같은 것이 있다는 것을 이해하는 그것은 무엇입니까?
질: 지知가 이해합니다.
마: 그대가 그 지知라는 것을 이해하고 무지는 잊어버리십시오. 어떤 아름다운 음악이 들리고 어떤 무희가 춤을 출 때—이 모든 것에도 전혀 동요되지 않는다면 그는 진인이거나 아니면 당나귀입니다. 여기 한 방 가득, 어떤 것의 아름다움에도 동요되지 않을 그런 사람들이 있습니다. 저는 존재나 부재의 어떤 개념도 전혀 없는 그런 상태에 있습니다. 그대 역시 그 상태에 있지만 그것을 모릅니다. 저의 의식은 별 효력이 없습니다. 지금은 한 개인, 한 사람으로서의 누구에 대한 아무 인식이 없습니다. 만약 그대가 앉아 있고 싶다면 그대를 환영하고, 가고 싶으면 가도 좋습니다.

◆ ◆ ◆

질: 무엇이 먼저 일어났습니까, '내가 있음'입니까, 욕망입니까?
마: '내가 있음'이 없다면 달리 무엇이 있을 수 있습니까? 이 의식은 변천의 상태에 있지 정지해 있지 않습니다. 자신을 현현하는 힘과 저 지각성['내가 있음']이 나타나지 않았다면 어떤 동일시도 일어날 수 없습니다. 저 '내가 있음'이 나타나서 실재하는 것으로 받아들여질 때 그것은 조건 지워집니다. 곧, 어떤 정체성에 국한됩니다.

질: 저는 제 정체성을 놓아 버렸습니다.

마: 누가 놓아 버렸습니까?

질: 아무도 놓지 않았습니다. 그것이 스스로 떨어졌습니다. 두뇌의 능력이 아무것도 기록하지 않는 것을 관찰하는 것이 가능했습니다.

마: 그런 무반응의 상태가 가능했다면 의식은 일어나지 않겠지요.

질: 의식이 의식의 내용에 불과하다면, 그 앎도 떨어집니다.

마: 그것이 떨어질 필요가 어디 있습니까? 없었던 것은 (앞으로도) 없을 것입니다. 그 앎은 그전에는 없었고, (언젠가) 사라질 것입니다.

나타났다 사라진 여러 성자들이 베푼 수많은 가르침이 있습니다. 여기서 하는 이런 대담에서, 그리스도·라마·크리슈나 혹은 다른 사람들을 어디 언급합니까? 우리의 대화에서 그들을 거론합니까?

수많은 **성자·현자·진인**들이 존재했는데, 그들은 각자 자신이 매혹되었던 어떤 특정한 관념이 있었고, 그것을 세상 사람들에게 알리고 싶어 했습니다. 궁극적으로 여러 종교들은 특정한 시대에 특정한 한 개인의 의식에게 호소력을 가졌던 개인적인 개념들일 뿐이었습니다.

질: 그래서 저희들이 여기 와 있습니다.

마: 여러분이 올 때, 그것은 여러분의 몸-마음 때문 아니었습니까? 그 몸-마음이 실재하지 않을 뿐 아니라 이 현현된 의식, 이 우주도 실재하지 않습니다. '내가 있음'은 꿈과 같고 찰나적입니다.

이해했다는 느낌조차도 사람을 어떤 환(幻)의 느낌 속으로 이끌기 십상입니다. 왜냐하면 그 개인은 자신이 남들에게 나눠줄 뭔가를 발견했다고 생각하지만, 어떤 개인도 존재하지 않기 때문입니다.

단어들을 가지고 놀 때는 그것을 너무 중시한 나머지 거기에 전적으로 매몰되기 쉽습니다. **현현자**의 전체 작용은 5대 원소의 마찰을 통해 일어나며, 이 이야기도 그 전체 작용의 일부로서 일어난다는 것만 기억하십시오. 누가 개별 스승으로서 자신을 위해 특정한 이익을 추구하고 말고가 없습니다.

인간은 거친 형상(몸)을 자신과 동일시하는데, 현현된 의식에 대해서는 그것을 인식하지 못하고 그것을 자신과 동일시하지도 못합니다. 모든 활동은 의식으로 인해 진행되지만 누구도 그것을 실제로 이해하지는 못합니다.

　사람들이 여기 오면 많은 질문을 하는데, 얼마 지나면 자신이 뭔가를 안다고 생각합니다. 그러나 최종적으로 알 때는 할 질문이 없을 것입니다.

◆ ◆ ◆

마: 일체가 우리 자신의 **진아**에서 일어납니다. 이 **의식**은 **진아** 안에서만 자연발로적으로 느껴집니다. 이 '나'는 한 개인이 아닙니다. 존재하는 것은 **궁극의 미현현자**입니다. 마치 꿈속에서처럼 나타나는 것은 **현현자**, 곧 상대적 세계이고, 이 꿈 같은 상태에 대한 경험은 누구에게나 똑같은, 동일한 상태입니다.

　그것이 현현되는 이 작용 과정에서, 여러분이 어떤 것을 하나의 개별적 사건으로 받아들이면 그것이 한 개인으로서의 여러분에게 영향을 줍니다. 한 개인으로서 (그것을) 수용하지 않고 전체 작용으로서 수용하면, 일어나는 어떤 일에서도 자유롭습니다. **진아**에 대한 **지**知란 이 꿈 같은 '내가 있음'의 느낌입니다. 우리가 별개의 정체성을 취하면 오염되지 않은 것을 오염시키는데, 그것이 바로 원죄입니다.

　바로 뿌리로 들어가십시오. 여러분은 누구이며, 무엇입니까? 여러분은 5대 원소의 산물이고, 5대 원소의 지지를 얻었습니다. '내가 있음'이라는 느낌은 5대 원소에서 방출됩니다. 그 (느낌의) 점에 주의를 집중하십시오. 여러분 안에서 어떤 변화가 일어나야 여러분이 **진아**를 깨닫습니까? 어떤 변화가 여러분에게 일어날 수 있습니까? 여러분이 여기 올 때는 뭔가 일어나기를 기대하고 있을 것이 분명합니다. 자기 자신 안에서 어떤 변화를 기대하기에 "이제 내가 추구하던 것을 이루었으니, 나는 더 이상 마하라지를 찾아갈 필요가 없다"고 말하려고 합니까? 여러분은 어떤 상태에 관해서 이야기하고 있습니까? 그 상태는 어떤 것입니까? 그 꿈과 같은 상태에서, 저는 여기 오는 누구도, 그리고 우리들 사이의 어떤 대화도 기록해 두지 않습니다.

1981년 3월 9일, 10일, 11일, 12일, 13일

84
의식을 알 수는 없다

질문자: 마하라지님의 **은총**으로 이제 제 눈은 볼 수 있고 제 귀는 들을 수 있게 되었습니다.

마하라지: 눈이 보고 귀가 듣는 것들은 거짓된 것뿐입니다. 두 가지 다 사라질 것입니다. 그대는 주시하는 **그것**입니다.

보통의 힌두인이 영적인 공부로서 이해하고 행하는 것은 강물을 항아리로 길어 와서 어떤 신상神像에 들이붓는 것입니다. 이런 신상들 중 어떤 것은 500계단을 올라가야 하는 곳에 안치되었습니다. 이것은 큰 공덕을 짓는 일로 간주됩니다. 그들은 베나레스에서 갠지스 강물을 놋쇠 항아리에 길어 담습니다. 그 물을 가지고 남인도의 라메스와라(Rameshwara)까지 줄곧 걸어가서 신상 위에 붓고 나면, 라메스와라에서 바닷물을 길어 베나레스로 돌아가 그곳에 있는 신상의 머리에 부을 것입니다. 이것이 그들이 가진 해탈의 개념입니다. 물이 한 곳에서 다른 곳으로 옮겨지는 것—얼마나 힘든 개념입니까!

질: 저희가 마하라지님의 발 앞에서 듣는 말씀은 한층 새로운 것입니다.

마: 제가 여러분에게 말하고 있는 것은 결코 새롭거나 낡은 것일 수 없습니다. 그것은 불변이고 영원합니다.

개념들이 그 안에서 일어나는 이 **의식** 자체가 하나의 개념인데, **의식**이 남아 있는 한 다른 모든 개념들도 계속 일어날 것입니다. **절대적 미현현자**는 '있는 것'입니다. 의식이 끝이 나서 우리가 저 **절대적 상태**에 있게 될 때까지는, 그 **절대적 상태**에 대해 우리가 무엇을 생각하든 그것은 하나의 개념일 수밖에 없습니다.

우리는 뭔가를 성취하여 그것을 지키지만, 언제까지 그것을 지킬 수 있습니까? 깊은 잠이 들 때까지만입니다. 그대가 좋아하는 개념이 있고 그것을 종일 붙들고 있지만, 깊은 잠 속에서 그 개념은 어디 있습니까?

질: 마하라지께서 개인성을 받아들이지 않으신다면 어떻게 저희들에게 이야

기를 하십니까?

마: 해는 개인들을 위해 빛나지 않습니다. 말은 전체 작용의 일부로서, 의식에서 자연발생적으로 나옵니다. 무수한 경험들이 있는데, 그 중의 어떤 것들은 여러분이 좋아하여 기억에 담아두고 그것을 애지중지합니다. 그것 자체가 괴로움입니다. 여러분의 모든 경험은 자연발생적으로 일어나는 전체 작용의 일부일 뿐입니다.

◆ ◆ ◆

질: 저희는 일체가 의식 안에서 일어난다는 것을 이해합니다. 그것은 이해했지만, 의식이 저희가 가진 유일한 밑천입니다. 저희는 어떻게 나아가야 합니까? 이 의식을 가지고 어떻게 해야 합니까?

마: 아무것도 할 것이 없고, 그저 그 이치를 있는 그대로 이해하기만 하십시오. 해야 할 일은 그것뿐입니다. 무엇을 한다는 문제는 일어나지 않습니다. 지성을 발휘하려 하지 말고 이 답변을 이해하고, 그 말들의 내적인 의미를 통찰하십시오. 그것을 지적으로 이해하려 들지 말고 그것을 통찰하십시오. 제가 요구하는 것이 어렵게 느껴져도 그대가 이곳에 오지 않을 수 없다면, 좋습니다, 조용히 앉아 있다가 가십시오. 지성을 사용해 봐야 아무것도 이루지 못합니다. 왜냐하면 이 주제는 지성의 범위를 넘어서 있기 때문입니다.

저는 더 이상 이전같이 말을 할 기력이 없습니다. 지금은 질문이 있으면 답변을 할 것이고, 질문이 없으면 이야기를 하지 않습니다.

질: 의식 안에서 일어나는 모든 것은 실재합니까, 아니면 꿈 같은 것입니까?

마: 그것이 꿈 같은 것이라는 것을 깨달을 때까지는 (그것이) 실재합니다.

제가 사람을 모으고 지知를 설명하는 데 왜 관심이 없습니까? 저는 여러분이 수집하고, 저장하고, 보존할 수 있는 어떤 구체적인 것으로 저 자신을 전달할 수 없기 때문입니다. 그런 것은 제가 드리지 못합니다! 크리슈나무르티(Krishnamurti)도 이야기를 하고 저도 이야기를 하고 있지만, 거기에는 아무 실체가 없습니다. 여러분은 그 이야기를 녹음하고 받아 적는데, 결국에는 거기에 아무 실체가 없습니다.

그것이 현현된 의식의 전체 작용일 뿐이고, 어떤 개인적 개체도 없다는 것을 깨닫고 나면, 해탈이나 탄생과 죽음, 혹은 어떤 행위자가 무엇을 하고 말고가 없을 것입니다.

보통, 영적인 공부의 이름으로 지知가 설해집니다. 지知는 5대 원소의 영역 안에 있는데, "내가 있다"는 앎이 있는 한에서 그것이 참되다거나 참되지 않다고 이야기합니다. 그것은 "내가 있다"는 앎의 한 산물입니다.

질: 진정한 헌신이란 무엇입니까?

마: 헌신이란 "내가 있다"는 앎이 "내가 있다"는 앎을 보유하고 싶어 하는 것입니다. 이 '내가 있음'은 '내가 있음'을 사랑합니다. 존재성은 존재성이 '있는' 것을 사랑합니다. 그것은 소멸되고 싶어 하지 않는데, 이 존재애가 헌신의 시작입니다. 그것은 '내가 있음'의 영역 안에 있습니다.

질: 외적인 사물들에 대한 헌신은 없습니까?

마: 헌신은 '내가 있음'의 영역 안에 있습니다. 그러니 '내가 있음'을 뒤로했을 때, 헌신이 어디 있습니까?

공간·시간·자기앎(자아의식)·"내가 있다"·존재성·의식은 그대가 있는 한에서 있습니다. 생각이 끝이 날 때 "내가 있다"·존재성·의식·시간이 끝이 납니다. 생각이 삶의 원천입니다. 아까쉬(Akash-공간)가 곧 시간입니다. 아까쉬는 '그 자리에 있다, 누군가를 기다린다'는 뜻도 있지요.

질: 제가 방금 또 이해한 것은, 마하라지께서 "생각이 끝이 나면 시간도 끝이 난다, 생각이 삶의 원천이다"라고 말씀하셨다는 것입니다.

통: 제가 마하라지의 말씀을 올바르게 이해했는지 모르겠습니다. 이렇게 말씀하셨지요. "그대가 그 자리에 있을 때 그것은 무념의 상태를 의미하는데, 그때는 시간이 존재하지 않지만 공간 비슷한 것은 존재합니다. 시간은 한 사건이 다른 사건으로 이어짐을 가리키고, 생각은 움직임을 가리킵니다."

제가 이해한 바를 다시 말씀드리겠습니다. 먼저 생각들, 여러 가지 생각이 있습니다. 생각은 시간을 보여주는 다양한 말들을 의미합니다. 지금 아무 생각도 없다고 합시다. 그러면 시간은 정지하지만 공간은 있을 것입니다. 무념의 상태는 공간(허공) 같은 어떤 것입니다. 그것이 공간 같기는 하지만 아직 주시자, 즉 무념의 상태에 대한 주시자가 있는데, 그것이 **진아지**(Atma-jnana)요, **진아**요, **존재**(being)입니다. 존재가 있기 때문에, 생각을 포함한 모든 오염을 없애고 나면 시간도 사라집니다. 공간과 존재성은 있습니다. 그것들도 끝이 나면 그것은 **절대자** 같은 **상태**, 마치 잠의 상태와 같은 것인데, 그것은 움직임을 가리킵니다.

마: 우리는 그냥 말과 그 말들의 의미를 가지고 놀고 있군요. 그대는 그 말들이 분출하는 뿌리로 나아가지 않습니다. 그 단일성과 다양성 안에서 저는 하나입니다. 그대의 정체성은 어떤 색깔입니까? 그대는 구체적으로 무엇입니까? 아무도 뿌리로 나아가지 않습니다. 몸-마음이라는 지지물이 없을 때, 그대는 어떻게 있고, 어떤 사람이겠습니까? 그대의 정체성은 무엇입니까?

질: 모르겠습니다.

마: 제가 과연 존재한다는 근거는 무엇입니까? 저는 자연발로성 속에, 고통과 쾌락을 넘어선 상태에 있습니다.

질: 지知를 추구하는 사람은 헌신적으로 되어야 합니까?

마: 영적인 전통으로 보자면 그렇게 말합니다. **지**知가 사라졌어도, **지**知를 깨달았어도, 헌신은 지속됩니다. 그러나 실은 어떤 개인성도 전혀 없습니다. 보통 그대는 무엇엔가 헌신해야 합니다. 그 이원성은 (나중에) 사라지지만, 사실 헌신이라는 것도 없습니다. 누구에 대한 헌신입니까? 그런데도 헌신이 있다고들 말하는데, 그것은 구도자들을 이끌어 주기 위해 그렇게 말하는 것일 수 있겠지요. 신체적 인격과 **의식**이 소멸되고, 불길처럼 뚝 끊어지면, 그것은 다수(일체에 편재하는 것)가 된 것입니다. 우리가 무엇이 끝이 나거나 소진되거나 소모된다고 말할 때, 그게 무엇이든 그것은 다수가 된 것입니다.

질: 미현현자는 어떻습니까? 그것도 같습니까?

마: 누가 묻고 있습니까? 그 상태에서는 아무도 남아 있지 않습니다. **현현자**나 **미현현자**가 그 질문을 합니까? 그대는 자기 자신에 대해 무슨 **지**知를 가지고 있습니까?

질: 미현현자는 **현현자**에 대한 질문을 할 수 없군요?

마: 누가 그 말을 했습니까?

질: 저는 **진아**에 관한 정보는 얼마든지 가지고 있습니다만, 평안이 없고 명상을 하지 못합니다. 그러나 **진아**에 대한 정보는 좋아합니다.

마: 책에서 빌려온 정보지요! 그대는 (그 정보를 얻기 전에) 그대가 있다는 앎을 가지고 있었습니까? 만약 그렇지 않다면, 그대가 수집한 이른바 지식은 다 내버리십시오.

◆ ◆ ◆

마: 우리가 알고 있거나 산출하는 모든 말은 **의식** 안에 있습니다. 각 개인이 소유하고 있고 권리를 가진 전 재산 혹은 밑천은 존재의 느낌, 이 **의식**뿐입니다. 최고 수준의 성자들에게도 "나는 무엇인가?"의 분명함에 대해 여전히 얼마간 의심이 있는데, "나는 무엇인가?"라는 이 탐색은 모든 수준에서 이루어져야 합니다. 이 탐색의 가장 중요한 의미는, 본인 외에는 누구도 답을 줄 수 없다는 것입니다. 각자가 '나'로서, 이 '나'가 무엇인지를 스스로 판정해야 합니다.

앞에서 말했듯이, 이 **의식**, 이 존재의 느낌이 유일한 밑천 혹은 재산이고, 이 탐색 속으로 뚫고 들어갈 때 우리가 쓸 수 있는 유일한 도구입니다. 그에 대해 우리가 할 수 있는 가장 가까운 묘사는, 그것이 허공처럼 미묘하고 미세하다는 것입니다. 마음과 지성의 수준에서 "내가 있다"가 무엇인지 알기는 불가능합니다. 그럼에도 불구하고 우리는 **의식**을 사용하는데, 그에 대해 어떤 감만 잡을 뿐입니다. 각자 자기 나름의 감을 잡게 되고, 결국 "내가 있다"가 무엇이라는 판정에 이릅니다. 그러나 그런 단 하나의 개념도 맞지 않습니다.

교육을 받았든 별로 받지 못했든, 각 개인들 간의 최소 공통분모는 무엇입니까? 존재의 느낌입니다. 종교라고 불리는 각 구조물은 그것이 어떤 이름으로 불리든, 각기 '개념들의 한 다발'이고, 개념들의 한 집합체에 지나지 않습니다. 이 **의식**이 성숙에 도달하면, 이는 그 **의식**이 **현현자**, 곧 **신**이라는 것을 의미합니다. 따라서 여러분의 **의식**은 반쯤 자란 **신**입니다.

의식 이전의 본래 상태는 아무도 묘사할 수 없고, 우리는 오직 그 상태가 될 수 있을 뿐입니다. 그 상태에 대한 개념이나 이미지는 각기 하나의 개념일 수밖에 없고, **의식**이 있는 한에서만 일어날 수 있습니다. 결국 (그에 대해) 우리가 듣는 이야기들은 아무 의미가 없습니다. "내가 있다"가 무엇이든 그것은 **의식**이 있는 한에서 있는데, 그것이 정확히 여러분의 실체입니다. 일어나는 모든 행위, 우리가 하는 행위는 우리가 자신에 대해 가지고 있는 어떤 이미지에 의존해 있고, 우리는 이 이미지에 따라 세간에서 행동합니다. 그러나 그 이미지나 관념은 **의식**이 있는 한에서 존재합니다. 이것이 분명히 이해됩니까? 어떤 종류의 지식이든 모두 **의식**이 그 자신을 의식하는 한에서만 존재할 수 있습니다.

사람들은 어떤 한 개념이나 한 묶음의 개념들을 가지고 여기 옵니다. 그들이 제 이야기를 들을 때 무슨 일이 일어납니까? 제가 무엇을 합니까? 저는 그들 앞에, 지각 가능한 겉모습으로서의 그들을 비추는 거울을 들어 보입니다. 현상계의 일부인 그들의 모습을 보여주는 것입니다. 결국 그들은 자신들이 아무것도 아니라는 것을 이해합니다. 그리고 **의식**이 사라질 때 그들은 자신의 본래 상태에 도달할 것입니다. 이 몸과 **의식**이 거기서 나온 그 상태 말입니다. **의식** 안의 이 존재(existence)라는 것조차도 하나의 개념이지 실재물은 아닙니다.

의식 이전의 저 상태에서는 어떤 실재물(reality)도 없었습니다. 그 상태에서는 "나는 누구인가?" 하는 물음도 없었습니다. 왜냐하면 어떤 답을 원하는 사람이 아무도 없었기 때문입니다. 일단 그 물음이 일어난다면, 그것은 **의식** 안에서만 일어납니다. 이때 우리가 이해한다고 생각하는 것은 이 **의식** 안의 한 개념일 뿐이고, 따라서 그것은 그릇된 것입니다. **의식**이 **의식** 안에서 이 탐구를 할 때만 사람들이 이곳에 오게 되는데, 이 **의식**을 깨닫는 행운을 갖는 사람은 이런 이들뿐입니다. 그래서 여기 오는 사람이 그렇게 적은 것입니다.

소위 **진인**들은 자신이 **진인**임을 보여주기 위해 어떤 주제에 대해서나 이야기를 하겠지요. 그러나 이 주제는 그들이 감히 이야기하지 못합니다. 자신이 하나의 몸을 가진 존재라는 그릇된 인상을 포기하기가 어렵습니다. 아무리 완벽한 **진인**이라 해도 "나는 누구인가?"라는 물음에 답변을 주지는 못합니다. 왜입니까? 진인이 주는 답변이라 해도 모두 **의식**의 수준에 있기 때문입니다.

질: "내가 있다"는 느낌, 그것은 하나의 개념입니까, 실재물입니까?

마: 그것이 두 개의 단어인 것 말고 달리 무엇입니까? 많은 사람들이 『아이 앰 댓』 책을 읽고 나서 자기가 진인(眞人)이 되었다고 생각합니다. 그러나 제가 하는 일은 '내가 있음'을 파괴하는 것입니다. 이 '내가 있음'을 호주머니 속의 물건처럼 영원히 가지고 있는 사람을 만나본다는 것이 가능합니까?

질: 우리는 말 없는 "내가 있다"일 뿐입니까?

마: 예, 말이 없지요. 만일 이 "내가 있다"를 느끼는 사람이 지(知)를 가지고 있었다면, 누가 (탄생을 통해서) 이 "내가 있다"가 되고 싶어 했겠습니까? 아니지요, 그는 이렇게 말했을 것입니다. "나는 이 의식을 원치 않는다"라고.

질: 이해됩니다.

마: 그대는 실재하지 않습니다. 그대는 그대가 있다는 것을 아는데, 그 또한 실재하지 않습니다. 왜냐하면 존재의 느낌이 일어나면서 모든 불행이 시작되었기 때문입니다. 존재의 느낌조차도 실재하지 않습니다. 이 존재의 느낌은 하나의 비진리이고, 꿈과 같은 것입니다.

질: 어떻게 '내가 있음'이 모든 불행의 원천이 될 수 있습니까?

마: 그대는 이 지(知)를 듣기 위해서 여기 왔고, 저는 "내가 있다"는 앎 위에 자리 잡고 이 지(知)를 그대에게 베풉니다. 그 앎에 기초하여 제가 베푸는 이 지(知) 자체가 산더미 같은 고통과 불행입니다. (마하라지는 자신의 병 때문에 이야기를 하는 것이 매우 어렵고 고통스럽지만, 그래도 이야기를 계속한다는 뜻으로 말한 것이다.)

누구나 존재의 느낌을 사랑하고 그것이 영원하기를 바라지만, 그것이 누구의 황홀함 때문에 일어났는지 알려고 하지 않습니다. (부모가 즐긴) 겨우 한 순간의 신체적 황홀함 때문에 이 의식의 점이 생겨났는데, 그 안에 전 우주가 들어 있습니다.

질: '내가 있음'의 불행에 대해 말씀하시는 것을 들었습니다. 그 말씀을 들을 때 저는 모든 것이 고요하다는 느낌이 있습니다. 그것은 제가 그것을 받아들이지 않고, 바라보지 않아서입니까?

마: 그대는 아무것도 할 수 없고, 존재하는 것을 향유할 수밖에 없습니다. 그

렇지 않습니까? 고통을 겪든 쾌락을 즐기든, 그대에게 선택권이 없습니다.

의식이 있는 한 경험들이 있습니다. 그대는 그 경험들에 관여하지 않을 수도 있지만, '내가 있음'이 있고 의식이 있는 한, 경험들도 있을 것이 분명합니다. 어쨌든 이 전체 현상계의 근원은 의식이고, 의식이 없으면 현상계도 없습니다. 이 의식의 마법은, 그것이 모든 불행의 근원일 뿐 아니라 외관상의 모든 행복의 근원이 되었다는 것입니다.

이 원리가 왜, 어떻게 해서 우리에게 일어났습니까? 마음은 몸의 표현인데, 그대는 몸이 아니고, 따라서 그대는 마음이 아닙니다. 마음에 매달리거나 그것을 그대 자신과 동일시할 이유가 전혀 없습니다.

질: 우리의 원래 본질은 무엇입니까?

마: 지고의 원리지요.

질: 의식을 어떻게 알 수 있습니까?

마: 의식을 알 수는 없습니다. 의식만이 일체를 압니다. 그것은 일체를 아는 마음의 능력이자 성품입니다. 그대가 아는 것이 아닙니다.

질: 그러니까 우리는 그것이 우리에게 내려올 때까지 기다려야 하는군요?

마: 그것이 어디 산꼭대기에서 우리에게 내려오겠습니까? 의식이 있기 때문에 산과 계곡들이 창조되며, 의식이 없으면 산이 있을 수 없습니다. 그대의 분출, 그대의 창조, 그것은 누군가의 어리석음에서 방출되지 않습니까? 몸을 그대 자신으로 받아들이지 마십시오.

질: 당신께서는 의식이 지고의 원리라고 말씀하셨습니다만, **지고자**는 사실 원리가 없고 본질이 없지 않습니까?

마: 그러면 그 **지고자**의 영역으로 들어가서 이해하려고 해보십시오. 그런 것은 말장난에 지나지 않습니다. 그대를 지탱하기 위해 하나의 몸이 필요하고, 음식과 약도 필요합니다. 그대가 먹는 음식이나 약 중에서 그대가 지금 취하는 정체성은 무엇입니까? 그대는 어떤 정체성으로 살아갑니까? 저는 몸-마음과 전혀 연결되어 있지 않고, 의식과도 연결되어 있지 않습니다.

1981년 3월 14일, 15일, 16일

85
링가-몸

마하라지: 세상에는 많은 계급이 있습니다. 계급 제도는 늘 존재합니다. 소위 상위계급의 어떤 사람이 하위계급의 어떤 사람을 자신과 동급으로 대우하면 하위계급인은 기분이 좋습니다. 저로 말하면 단 하나의 계급밖에 없는데, 그것은 의식입니다. (모든 사람의) 최소 공분모는 의식입니다. 저 자신의 상태를 이해했기에, 저는 모든 사람을 같은 수준에서 대우합니다. 이것을 이해한 사람은 또한, 추구하는 자도 없고 추구도 없다는 것을 이해합니다. 존재하는 모든 것은 전체 현상계이며, 추구자인 개인은 없다는 것이 저의 이해입니다.

의식에게 저는 의식에 관한 정보를 줍니다. 말하기와 듣기는 공히 의식 안에서의 전체 작용의 일부입니다. 한 개인이 이것을 한 개인의 말로 이해하고 들으면, 한 개인으로서 그가 얻을 수 있는 것은 아무것도 없습니다. 그러나 그 들음이, 말하기가 일어나는 것과 같이 그 작용의 일부로서 일어난다면, 그 경우에는 일체가 그 작용의 일부가 되고, 추구자도 없고 추구도 없습니다. 그러나 이런 경우는 드뭅니다.

한 개별적 형상을 자신과 동일시하는 '한 개인'으로서 듣는 모든 사람은 그 자신을 하나의 개체로 여기는 반면, 실제로 말을 하는 존재와 실제로 그 말을 듣는 존재는 모습도 형상도 없고, 말하는 자도 없습니다. 만일 추구자가 여전히 자신은 한 개체로서 (말하는 자와) 거리가 있다고 믿는다면, (여기서) 이루어지는 모든 일은 그 현상적 중심(개체)과의 동일시에서 나오는 것입니다. 그는 자신이 한 사람의 추구자라고 생각할지 모르나, 그가 얻는 것은 지知일 수 없습니다.

탁발로 살아가기 좋아하면서, 자신이 세속을 떠났다고 믿고 남들도 그렇게 믿어주기를 바라는 사람이라 해도, 만약 그가 자신을 한 개체로 여긴다면 그는 만개한 에고의 소유자입니다. 왜입니까? 자신이 계속 어떤 모습이나 형상을 가지고 있다고 믿기 때문입니다. 그 믿음이 남아 있는 한 에고도 남아 있을 수밖에 없습니다.

제가 여러분에게 하는 이야기를 진정으로 통찰하면 이 에고, 한 몸과의 동일시, 한 개체로서의 형상은 저절로 떨어져 나갑니다. 자신을 한 개체로 믿는 개인이 할 수 있는 일은 아무것도 없습니다. 자신이 무엇을 한다고 생각하는 한, 그 개체와 '한 개인과의 동일시'는 지속될 수밖에 없습니다. 직접적인 직관적 통찰이 일어날 때만 이 에고가 저절로 떨어져 나갑니다. 이런 이야기를 들으면, 어떤 사람들은 제가 하는 말을 정확히 통찰하고 몸-마음의 정체성을 제거합니다.

여러분이 듣고 있는 지知가 무엇이든, 그것으로 여러분이 실제로 하고 있는 일은 여러분의 몸-정체성 위에 한 겹 두 겹 계속 쌓아나가는 것입니다. 여러분은 이 정체성을 꽉 붙들고 그것을 포기하려 들지 않습니다. 그 들음이 (전체 작용의 일부인) 들음으로서 일어나지 않고 개인적 들음으로서 일어난다면, 그것은 자기는 몸을 가진 한 개인이라는, 그 사람이 이미 가지고 있는 확신에 덧붙는 한 개념으로서 일어납니다. 그래서 몸과의 동일시는 점점 더 강해지고, 그 사람은 자신이 한 개인으로서 죽을 것이라고 확신합니다.

우리가 보는 것은 현상 세계인데, 이것은 저 의식의 점 안에서 일어납니다. 그 의식의 점으로 말하면 잉태된 저 한 방울의 성품인데, 그것은 단맛이 설탕의 성품인 것과 같습니다. 저는 (부모의) 잠시 지속된 신체적 황홀함에 의해 이 의식의 점이 생겨났다는 이야기를 했습니다. 극소수만이 잉태되는 이것, 그것의 성품이 의식인 이것의 중요성과 의미를 압니다. 구도자로 자처하는 사람들은 진정으로 그 근원을 추구하지 않습니다. 그들은 외관상의 것을 받아들이고 개념에 만족합니다.

질문자: 어떻게 나아갑니까?

마: 어떤 사람들은 말을 붙들고 말에 집착하지, 그 말대로 살지 않습니다. 그 말을 들을 때, 그대가 아는 어휘로 그 말들을 듣지 마십시오. 그 말의 의미를 이해하고 그것이 되려고 애쓰십시오. 개념을 수집하고는 자신이 지혜를 가진 사람이라고 말하지 마십시오.

◆ ◆ ◆

마: 저는 "내가 있다"는 앎에 대해서만 이야기하지, 마음과 관계되는 것은 일절 이야기하지 않습니다. 여러분은 자기가 있다는 것을 알고, 자기가 있다는 것을 믿습니다. 저는 여러분이 바로 그 믿음이라는 이야기만 합니다. 여러분이 있다는 그 원리가 없으면 여러분에게 아무것도 없습니다. 『아이 앰 댓』을 읽어보고 거기서 찾아보십시오.

질문하는 자는 "내가 있다"는 앎이고, 답변하는 자는 "내가 있다"는 앎을 아는 자입니다. 이것을 분명히 이해하면 아무 일도 할 것 없이 끝나버립니다. 몸과 마음의 특징에 대해서는 묻지 마십시오. 여러분이 설사 수백 년을 산다 해도, 그 몸은 떨어져 나갈 것이고 결국 그 의식도 떠나갈 것입니다. 그래서 현재 여러분은 그 의식인데, (몸과 의식의) 그 조합은 무엇이며, 여러분은 무엇입니까? 이해하도록 노력하십시오.

여러분이 하루를 살든 수백 년을 살든, 결국 여러분이 얻는 것이 무엇이고, 여러분의 이익이 뭐겠습니까? 영(0)이지요! 왜냐하면 이익을 거두는 자에게 아무 모습이 없기 때문입니다. 여러분은 욕망과 열망을 가지고 그 몸에 매달리면서 "나는 몸이다"라고 해 왔지만, 그 몸의 정체성이 변함없이 여러분과 함께해 왔습니까? 어릴 때의 몸이 변하여 중년이 되고 다시 노인이 되는데, 무엇이 여러분입니까? 이 정체성들의 흐름 속에서 여러분은 여러 정체성을 가졌지만, 어느 하나도 변함없이 충실하게 여러분과 함께하지 않았습니다. 그러니 이 거래에서 변함없는 여러분의 정체성은 무엇입니까?

이 주제에 대해 질문하십시오. 여러분은 계속 철학적 질문만 하는데, 더 이상 그럴 시간이 없습니다. 저의 시간 대부분은 이미 사라졌고 조금밖에 남지 않았습니다.

질: 저는 경전(Shastras) 등을 공부해서 약간의 지식을 가지고 있습니다. 저는 당신에 대한 이야기를 듣고 몇 가지 의문을 풀기 위해 여기 왔습니다.

마: 아주 잘 하셨지만 여기서는 그것이 아무 소용없습니다. 사람들은 제가 이야기하는 것을 소화하지 못합니다. 대신 개념을 수집하고 그것으로 자신을 감싸지요.

(두 번째 방문자가 어떤 뿌리에 대해 질문하지만, 다 통역되지 않는다.)

마: 그 뿌리는 부모들이 다정하게 만나는 지점의 결과 혹은 산물입니다. 즉 부모가 서로 사랑한 결과이고, 그 뿌리인 자식이 태어납니다. 부모의 서로에 대한 사랑에서 자식이 태어나지만 자식은 그 순간 그 자신을 모릅니다. 하지만 자기 자신을 모르는 그 원리가 이 현상 세계를 창조하고 그 안에서 유희하는데, 그것이 그 뿌리의 창조입니다. 뿌리는 (마라티어로) '물(mul)'이고 자식도 '물(mul)'인데, '뿌리'인 '물'과 '자식'인 '물'— 이 네 단어를 탐구하여 이해하면 그대가 탄생에서 해방될 것입니다. 저 뿌리와 자식의 의미를 손바닥에 놓고 바라보면서 그것을 탐구하십시오.

영적인 공부는 진지한 구도자에게는 활짝 열려 있고 단순한 것입니다. 그렇지 않다면 아무리 많은 생을 나고 죽어도 문제를 해결하지 못할 것입니다.

우리가 남들이 한 말을 흉내 낸다는 것은 우리가 뭘 모르고 있다는 것을 뜻합니다. 여러분이 남들을 비난하는 입장은 어떤 것입니까?

한 전과자가 하급법원에서 30년 형을 선고받고 고등법원에서는 교수형을 선고받았는데, 최종 상고심에서 변호사의 변론 덕분에 석방되었습니다. 모두 말의 장난이지요! 그 말을 하는 것이 누구입니까? 말이란 개념일 뿐인데, 최초의 개념, 최초의 말이 없다면 달리 누가 무슨 말을 하겠습니까? 그 최초의 개념이 어떤 종교에 매달려 이런저런 이야기를 하기 시작합니다.

질: 저희가 영적인 삶에 대한 습(習)을 가지고 있을 때는 어떻게 해야 합니까?

마: 지금 영적인 삶으로 기우는 그 원리를 붙드십시오. 그 원리인 그대를 붙드십시오. 그대가 그 원리입니다. 그대 자신이 되십시오. 그렇게 기우는 것을 붙들면 그대의 노력이나 성향의 최종 결과 자체를 붙든 것입니다. '쩨라나(Cherana)'의 원리를 붙드십시오. 그것은 발을 뜻하는데 움직임을 나타냅니다. 즉, 의식의 움직임이지요. 그래서 발은 움직임의 과정 자체를 의미합니다. 이 과정을 제어함으로써 마음이 움직이는 과정 차제를 제어하게 되고, 그대는 마음 혹은 의식을 초월합니다. 발을 붙들면 의식의 머리를 넘어서게 됩니다.

질: 마하라지께서 링가-몸(Linga-deha)이라고 하시는 것은 무슨 의미입니까?

마: 그것은 씨앗이고, 화물(化物)이며, 5대 원소의 정수의 산물인데, 그것이 "내가 있다"라는 의식을 발생시키고 그것을 유지합니다. 나무의 씨앗처럼, 그 씨

앗은 거기서 싹틀 미래의 모든 현현과 표현을 잠재적으로 포함하고 있습니다. 그대가 만년필을 들어 종이 위에 잉크 한 방울을 떨어뜨리면 그 방울이 **링가-몸**입니다. 그 방울이 잉태의 순간인데, 그 표현은 지각성의 상태 안에 있는 허공과 같은 무념의 상태입니다. 그것이 허공과 같은 지각성의 성질입니다. 거기에는 아무 개념이 없지만, 그 표현은 물질적이고 구체적입니다. 그것은 그냥 극미하다고 생각하십시오. 그러나 그 표현은 현현된 무한성입니다.

외국인들은 이해합니다. 그러나 인도사람들이 오면, 이야기는 귀담아듣지만 자신의 모든 육친들에게 여전히 집착하고 있습니다.

링가-몸의 수준에서 그대가 **스승**을 숭배하면, 수많은 방식으로 **스승**을 표현하게 됩니다. 그런 수준에서는 수많은 것을 경험하겠지만, 그 모든 것은 그대에게서, 즉 **스승**에 대한 그대의 사랑과 헌신에서 나온 것일 뿐입니다. 최종적으로 그대가 진화하면서 그 모든 표현은 그대 속으로 합일됩니다. 이것은 아주 중요한데, 이것이 바로 헌신의 정점, 즉 **사구나 박띠**(Saguna Bhakti)입니다.

저 **링가-몸**, 저 작은 방울, 그리고 "내가 있다"는 얇은 것입니다. 우리가 보는 것은 저 **의식**의 점 안에서 나타나는 현상 세계입니다. 단맛이 설탕의 성품이듯이, 이 **의식**의 점은 저 **링가-몸** 방울의 성품입니다. **링가-몸**의 근원인 부모는 잉태된 것을 준비해 주기 위한 하나의 구실에 지나지 않습니다. 그대의 참된 상태는 그 몸과 **의식**이 일어나기 전에 존재했고, 지금도 존재하고, 그 몸과 **의식**이 사라진 뒤에도 존재할 것입니다. 어떤 사람은 제가 말하는 것에 대해 도전할지 모르겠군요.

저는 그대가 무엇인지 혹은 누구인지에 대해 어떤 의심도 없습니다. 저는 저의 참된 상태를, 제가 누구인지를 이해했기 때문에, 그대를 압니다.

어떤 사람들은 이 깨침을 퍼뜨리겠지만, 그것은 외국인들이지 인도인들은 아닐 것입니다. 훗날 사람들은 "**지**知를 이런 식으로 설명한 사람이 정말 있었단 말인가?" 하고 묻겠지요.

1981년 3월 17일(오전/오후)

86
원래의 상태에서는 어떤 개념도 없다

마하라지: 스승과 헌신자(Bhakta) 사이에는 어떤 이원성도 없습니다. 존재하는 그것 안에는 이원성이 없고, 어떤 이원성도 있었던 적이 없습니다. 헌신자라는 말은 헌신을 의미하지만, 실제로는 함께함, 단 하나, **단일성**을 가리킵니다.
질문자: 헌신의 불길이 저의 길을 밝혀줍니다.
마: 누가 그 불길에 대해 이야기합니까? 우리가 한 사람에 대해서 이야기할 때, 우리는 그 사람에 대해 말하는 것이 아니라 그 내면의 불길, "내가 있다"라는 저 역동적인 현현된 불길에 대해서 이야기합니다. 저는 그것에 대해 이야기합니다.
질: 그것은 끌 수가 없고, 계속 그렇게 갈 수밖에 없습니다.
마: 그 말을 누가 합니까?
질: 저는 그것을 믿습니다.
마: 단지 그것이 그대의 믿음이기 때문이다, 그게 전부입니까?
질: 아무 증거는 없습니다.
마: 너무 앞서가는군요. 누가 증거에 대해서 이야기합니까? 그대에게 믿음이 있으면, 그대가 무엇을 숭배하고 무엇에 헌신하든 그것을 얻겠지요.

몸을 가진 인간이 그것을 통해 행동하고 움직이게 인도하는 저 원리가 무엇입니까? 우리는 여기서 그 원리에 대해 이야기할 뿐, 한 인간, 한 개체에 대해 이야기하지 않습니다. 인도하는 원리 그 자체를 이야기하고 있습니다.

우리의 영적인 공부에서 문제는, 한 개체로서의 우리의 신체적 자아에게 편리하게 유용한 **이스와라**나 **신성神性** 혹은 **지고자**에 대한 지식에만 귀를 기울이고, 그런 지식만 수집하는 것입니다. 누가 한 인간으로서의 우리의 신체적 정체성을 잊고, 더 높은 원리, 저 "내가 있다"를 숭배하고 있습니까?

한 인간, 한 개체로서 그것(그대의 믿음)은 그대의 감정 혹은 정서의 일시적 믿음입니다. 어떤 사람도 자신의 성격이나 정체성을 영원히 보존할 수 없을 것입니다. (새로운 방문객이 왔고, 마하라지는 그에게 어디서 왔는지 묻는다.)
질: 미국에서 왔습니다. 캘리포니아에서요.
통역자: 질문하실 게 있습니까?
질: 아니요, 저는 여기 앉아 있는 게 그냥 즐겁습니다.
마: 참된 정체성을 얻는 것과 관련되는 어떤 질문이 있으면 하고, 그 밖의 질문은 하지 마십시오. **진아획득**(Self-acquisition)이나 **진아안주**(Self-abidance)에 대해 그대가 구성하는 어떤 질문도 몸-마음의 측면에서 하고 싶어 하면 안 됩니다.

요즘 저는 영적인 공부의 어떤 주제에 대해서도 설하지 않고, 거의 이야기를 하지 않는데, 사람들이 왜 저에게 옵니까? 딸린 식구가 늘어납니다. 이 딸린 식구들 외에는 이 거래에서 제가 얻는 것이 아무것도 없습니다.

인도에서는 여러 가지 맛난 음식에 여러 가지 커리를 씁니다. 그대는 그 인격체를 만든 양념이 무엇인지 알아야 합니다. 하나의 전체 인격을 만드는 데 들어간 원료가 뭔지를 이해해야 합니다. 이 사람을 만드는 데 들어간 재료가 무엇이냐는 것입니다. 이 점을 추적하기만 하면 그대가 목적지에 도달할 것인데, 그대가 그 목적지입니다! 다른 어떤 행법도 닦을 필요가 없습니다. 여기서 묘미는, 이 인격체 모두를 구성하는 데 들어간 원료 혹은 양념들을 추구하고 탐색하다 보면, 그 모든 양념과 재료가 해소될 거라는 것입니다. 모든 원료가 해소되어 잊혀지면, 남는 것은 **절대자**입니다. 이 추구에서는, 내가 누구와 관계되고 누가 내 친척이다, 이렇다 저렇다 등 전혀 어떤 관계라는 것이 없습니다. 나와 내 것뿐입니다.

그대는 이 인격체의 재료들을 압니까?
질: 아니요.
마: 그것을 완전히 알지 못하면, 넘어서서 그대 자신 속으로 들지 못합니다.
질: 그것을 알아내기 위해서 저의 욕망을 따를까요?
마: 그대가 가장 필요로 하는 것은 그대 자신이지요! 욕망이 무슨 필요 있습니까? 욕망들은 그대에게 필요한 게 아닙니다. 그대가 바로 그대에게 1차적으로 필요한 거지요! 그대가 무엇을 욕망할 필요가 어디 있습니까?

질: 제 인격을 구성하는 원료는 저의 욕망들과는 무관하군요. 맞습니까?
마: 그 원료와 많은 관련이 있지요. 5대 원소들 간의 상호작용과 그 원소들의 유희에서 음식-몸이 나옵니다. 5대 원소들의 유희에서 식물이 나오고, (그 식물에서) 음식이 나오고, 그 음식을 먹고 이 몸이 있습니다. 이 음식-몸의 맛 혹은 향기가 바로 "내가 있다"는 앎, 즉 그대가 있다는 앎입니다.

"내가 있다"는 이 앎은 그대가 먹는 음식 안에 잠재되어 있습니다. 그것은 음식 안에 이미 들어 있습니다. 그것이 음식-몸을 통해 그 자신을 표현하지만, 그것은 그대가 먹는 음식의 알갱이 속에 이미 있습니다. 이제 그대가 이 음식-몸, 음식기운 안에 있다는 저 징표('내가 있음')가 무엇인지 알아내십시오.

질: 단식을 하면 저 자신을 발견하는 데 도움이 되겠습니까? 그 맛이 저 자신이라는 것을 발견하는 데 그게 도움이 될 것 같은데요.
마: 전혀 그렇지 않지요. 저 '내가 있음'은 바로 그대가 섭취하는 음식의 표현입니다. 그대가 설탕의 표현이자 성질인 단맛을 알아내고 싶다고 합시다. 그런데 설탕을 배제한다면, 그 단맛이 어디 있겠습니까? 단맛을 알아내려면 설탕을 맛보아야 합니다. 그렇지 않습니까?
질: 그러나 당신께서 그 맛이 저 자신 안에 있다고 말씀하셨습니다.
마: 설탕의 단맛처럼, 그 맛은 음식기운으로 된 몸의 한 결과인 표현입니다.
질: 그럼 제가 이 맛을 보려면 저 자신의 바깥에 있는 음식을 구하러 가야겠군요.
마: 물론이지요! 안에서 음식을 공급할 수 있습니까? '내가 있음'을 유지하려면 밖에서 음식이 공급되어야 합니다. 제가 음식을 안에서 안으로 가져갑니까, 아니면 밖에서 안으로 가져갑니까?
질: 밖에서 가져갑니다.
마: 존재의 느낌이 제가 방금 말한 이 육신의 '맛' 혹은 성품입니다. 마치 설탕의 성품이 단맛이듯이 말입니다. 그래서 일단 존재의 느낌이 확립되면, 그것은 몸에 의존하고, 몸은 음식 섭취에 의존합니다. 음식을 먹지 않으면 몸이 존재할 수 없고, 몸이 존재하지 않으면 존재의 느낌이 존재할 수 없습니다. 따라서 궁극적으로 이 존재의 느낌, 곧 의식은 음식에 의존하고 있습니다.

질: 모든 영적 스승들은 존재의 느낌이 몸에 의존하지 않는다고 가르칩니다. 그런데 당신께서는 그 반대로 말씀하고 계시군요!

마: 이 신비 자체를 이해하십시오. 이 우주는 의식의 한 점 안에 존재하는데, 만약 그대가 의식하지 않는다면 세계와 우주가 어디 있습니까? 그것들은 의식의 이 점 안에 들어 있을 뿐이고, 이 의식은 음식이 적절히 공급되어 몸이 살아 있을 때만 존재할 수 있습니다. 따라서 그 근원을 이해해야 하며, 그것을 이해하지 못하면 전혀 어떤 이해도 없습니다.

질: 제 질문은 답변이 되지 않은 것 같습니다.

마: 이 지知 안에서 그대의 위치를 알게 될 때까지는 가만히 앉아서 한동안 이야기를 들어 보십시오. 그렇지 않으면 많은 혼란이 있을 것입니다.

통: 그대가 여기서 배우게 될 것은 지금까지 그대가 이해했거나 믿게 된 것과 전혀 다를 것입니다. 그러니 열린 마음을 가지십시오. 그렇지 않으면 개념들의 갈등이 있게 됩니다.

다른 질문자: 여기 오는 대부분의 사람들은 영적인 가르침으로 뭔가를 얻으리라고 기대하는데, 가르침이라고 할 만한 어떤 것도 얻지 못할 뿐 아니라 기존의 개념들이 완전히 파괴된다면, 처음에는 어느 정도 혼란이 있습니다. 물론 그것이 나중에 완벽하게 다듬어지지만 말입니다.

마: 그렇지요. 왜냐하면 저는 모든 개념을 파괴하니까요. 우리가 그것인 본래적 상태에서는 전혀 어떤 개념도 없습니다. 우리가 존재한다는 개념도 없고, 우리가 존재한다는 것을 알지도 못합니다. 따라서 그 상태에서는 누가 무엇을 기대하고 말고가 없습니다. 이 기대가 어떻게 일어납니까? "내가 있다"는 개념이 일어난 첫날에 존재의 느낌이 일어나고, 그런 다음 개념·바람·기대가 일어납니다. 나중에 이 존재의 느낌은 무수한 형상들 하나하나와 자신을 동일시하고, 그런 다음 전체 문제가 생겨났습니다.

살아 있다는 느낌은 몸에 의존하며, 몸이 있는 한 이 '내가 있음'도 있을 것입니다. 그러다가 생명의 머무름이 다해 몸이 사라지면 이 의식도 사라지고, 그러면 더 이상 그 자신을 의식하는 어떤 의식도 없습니다. 이 24시간 동안 우리가 어떤 삶을 영위하고 있다고 생각하든 그것은 하나의 개념에 불과한데, 즐거운 개념이지요. 한 개체로서의 자신의 개인성에 대해 우리가 어떤 이미지, 어떤 개념을 가지고 있든, 모두 그릇된 것입니다.

우리는 누구나 자기가 개별적 존재라고 생각합니다. 자연발생적으로 일어난 이 전체 작용 안에 어떤 개체 같은 것이 과연 있는지 알아내 보십시오.

나와 내 것이라고 내가 여기는 것을 위해 내가 무엇을 얻는다고 생각하든, 그것은 다 개념적일 뿐이고, 전체 연극이 끝나면 아무것도 남지 않지요!

◆ ◆ ◆

질: 일체가 일어나는 것은 그것이 그렇게 일어나기 때문입니까?
마: 전 세계에서 어떤 일이 일어나든, 그것은 '그대가 있기' 때문입니다. 그렇지 않습니까?
질: 아, 예.
마: 그런 이해를 항상 유지할 수 있겠습니까?
질: 한동안은 그런 이해가 머물러 있겠지만, 그러다가 다시 몸과의 동일시가 있으면 그것이 안정되지 않습니다.
마: 일체가 '내가 있기' 때문에 일어난다는 그 이해가 안정되게 하는 데는 오래 걸립니다. 그대는 인도에 얼마나 오래 머무를 예정입니까?
질: 월말까지입니다.
마: 진아 안에 자리 잡은 사람에게는 여기나 다른 어디에 머무르고 말고가 없습니다. 여기든 저기든 지리적 장소는 중요하지 않습니다.

(새로 온 질문자가 깊은 잠과 의식에 대해서 질문하지만, 거리의 소음 때문에 질문이 잘 들리지 않는다.)

그것은 오지도 않고 가지도 않고, 공간과 같지만, 그대는 이 허공 같은 의식 중에서 어떤 것을 배타적으로 그대 자신의 것이라고 주장합니다. 만일 각자가 서로 다른 의식을 가지고 있다면, 그들이 죽고 난 뒤 그 다양한 의식들이 서로 싸우고 있을지도 모르지요!

건물의 벽들을 허물어도 공간에는 아무 영향이 없습니다. 마찬가지로 이 의식이 벽들이 떨어져 나가도 의식에는 아무 영향이 없습니다.

그대가 죽어갈 때 자신이 죽어가고 있다는 것을 알지 모르지만, (곁에 있지 않으면) 달리 누구도 그대가 죽어가거나 죽었다는 것을 모를 것입니다. 그리고 그것도 그대는 한 번밖에 경험하지 않겠지요. 몸이 살아 있는 동안은 그대의 세간사를 영위할 수 있으나, 몸이 떨어져 나가면 세간적 활동을 할 수 없습니다. 일단 죽음을 맞아 몸이 떨어져 나가면, 나중에는 죽음의 기억도 없고 그 몸에 대한 기억도 없습니다.

적당한 몸이 있으면 의식은 (그 몸을 통해) 그 자신을 표현할 수 있습니다. (그래서) 의식은 수명에 의존합니다.

음식 안에 의식이 잠재해 있기는 하나, (사람의) 의식은 결국 사람의 형상을 통해서만 그 자신을 표현합니다. 이제 그것을 되짚어 추적해 보십시오. 5대 원소의 상호작용 때문에 음식이 산출됩니다. (의식인) 그대는 공간에서 시작하여 땅으로 내려오고, 땅에서 식물이 나오고, 식물에서 음식이 나옵니다. 따라서 그것을 추적하면, 이 의식은 5대 원소들을 거쳐 공간에 이르기까지 잠재적으로 존재합니다.

물은 우리에게 생명, 곧 이 의식을 주지만, 우리는 결코 "나는 물이다"라고 말하지 않습니다. 그러나 바로 이 물이 전 세계에 생명을 제공합니다. 이 신비를 일단 이해하면 그대의 모든 욕망·기대·소망에서 벗어나게 될 것입니다. 그런 것들이 떨어져 나갈 것입니다.

질: 이런 식의 사고는 저 자신의 안, 저의 현존보다 저 자신의 밖에 대해 더 많이 생각하게 만듭니다.

마: 왜 안과 밖을 생각합니까? 그대의 실체가 그 모든 것의 일부일 뿐입니다. 왜 그렇게 생각합니까?

질: 제가 왜 그런 것들 속으로 들어가려는 노력을 해야 합니까?

마: 그것은 그 모든 것의 일부이고, "내가 있다"로서 그대 속으로 폭발해 들어갑니다.

질: 제가 아무 노력도 하지 않았는데 그것이 저에게 폭발했습니다.

마: 그대는 이 음식 차원으로 자신에게 한계를 설정하고 있습니다. 그것은 음식의 한 꾸러미인데, 그대는 그것을 가지고 그대 자신을 한정하고 있습니다.

"오, 나는 이것일 뿐이야!"라고 말입니다. 그래서 이 음식 꾸러미와 관련하여 그대가 '안과 밖'을 말한 것입니다. 만일 물이 없다면 그대가 어떻게 존재할 수 있습니까?

질: 존재할 수 있다고 보지 않습니다. 그것이 당신의 어법이신 것 같고, 저는 동의합니다. 그러나 이것은 제 문제의 일부입니다.

마: 그대는 이 개념에 의해 혼동을 일으키고 있군요?

질: 실은 이런 거지요. 제가 왔을 때 가지고 있던 마음의 상태를 느끼는 겁니다. 저는 늘 이렇게 생각했습니다. "내가 살아 있으려면 음식을 먹어야 한다. 만약 내가 식품 살 돈이 없고, 식품을 더 살 돈을 벌 힘이 없으면 어떻게 되겠는가?"라고요. 이것이 삶이라는 문제의 전부입니다. 당신께서는 그냥 저에게 삶의 문제를 제기하고 계신데, 그것은 제가 이미 잘 알고 있습니다.

마: 그대는 제가 그대에게 말한 것과 동일합니까, 아니면 자신은 뭔가 다른 존재라고 생각합니까?

질: 당신께서 말씀하시는 대로라면 저는 음식의 한 꾸러미입니다.

마: 그대의 '내가 있음'은 음식에서 비롯됩니다. 그렇지 않습니까? 음식은 무엇에서 비롯됩니까? 음식은 무엇의 결과입니까?

질: 저는 그것이 음식을 산출하는 생명력의 결과라고 봅니다. 음식의 근원인 태양에서 생명기운이 나오고, 음식을 준비하는 저의 노력도 나옵니다.

마: 그대가 듣고 수집해온 것이 무엇이든, 그것이 어디에 쓰일 수 있습니까? 결국 그대가 들은 모든 것은 쓸모가 없고, 그 사용자 자신이 더 이상 존재하지 않게 되면 청산됩니다. 그대가 이런 이야기를 들을 수 있었다는 것은 순전히 행운입니다. 영적인 공부의 과정에서는 심오한 이야기를 들음으로써 마지막 한 방을 쏘게 됩니다. 궁극적으로 말은 그 의미와 함께 떠나고—"나는 진아다"라는 것도 말인데 그것도 사라집니다—'듣는 자'만 이름도 형상도 없이 남게 됩니다. 현상 세계의 이 모든 유희는 더없이 놀라운 거지요. 왜냐하면 실제로는 아무것도 없기 때문입니다.

1981년 3월 18일(오전/오후)

87
백 년 전에 그대는 무엇이었는가?

마하라지: 누가 여기를 오다 말든 계속 오든, 저에게는 정말 아무 차이가 없습니다.

질문자: 아무도 오지 않고 아무도 가지 않습니다.

마: 감각기관 중의 어느 것이 지각할 수 있는 대상은 일시적이며, 따라서 참되지 않습니다. 자신을 몸과 동일시하면서 자기 이익을 위해 애쓰는 개체가 있다면, 그것은 전적으로 쓸모가 없습니다. 몸과의 동일시도 일시적입니다.

몸이 무엇입니까? 그것은 5대 원소의 기운으로 만들어지고 그 기운을 먹고 살아갑니다. 몸이란 음식의 한 집적물에 불과합니다. 그대가 알아내야 할 것은 형상들은 창조되고 파괴된다는 것입니다.

사람들은 '이러이러한 것이 죽음'이라고 말하는데, 중요한 것은 창조된 것이 무엇이고, 죽음으로 간주되는 것이 무엇인지를 알아내는 것입니다.

질: 저는 20년 동안 크리슈나무르티 씨를 찾아가고 있습니다.

마: 복이 많군요. 좋은 일이지요. 지금 그 결과는 무엇입니까? 자신을 몸과 동일시하던 그 개체가 행복을 느낍니다. 그러나 이 행복감조차도 개념적이고 일시적입니다. 크리슈나무르티 씨는 높은 수준에 올라 있는 특출한 인격입니다. 이러한 최고 수준의 인격은 실로 무엇을 대표합니까? 그것을 누구도 알아내려 하지 않습니다.

질: 어떻게 해야 명상을 성취합니까?

마: 그대가 명상이라고 하는 말은 무슨 의미입니까? 명상은 집중일 뿐입니다.

어떤 사람이 그대에게 어떤 신사를 만나 보았느냐고 물으면 그대는 이렇게 대답합니다. "예, 그 신사를 만났습니다." 이제 어떤 신사를 만났다는 사실은 앎입니다. 명상은 어떤 사실에 대한 어떤 앎, 이해를 의미합니다. 그것은 다름 아닌, 그대가 명상에 의해서 이해하는 그것입니다.

어떤 탐구든 그 시작은 우리가 자신을 한 인간이라고 여기는 것이겠지요.

인간이라고 불리는 이 어떤 것은 실제로 무엇입니까? 그것이 탐구의 출발입니다. 그것은 어떤 개체가 몸·마음과의 동일시로 인해 그 자신이라고 추정한 이미지, 어떤 추정된 이미지 외에 무엇입니까?

'내가 있음', 곧 의식이 없다면 명상이 있을 수 있습니까? 그 몸의 의식은 ('내가 있음'의) 의식이 있어야만 일어납니다. 의식이 없다면 어떤 몸도 없습니다. 자신을 몸과 동일시해 온 의식에 대한 이 앎에서 그 기반은 무엇입니까? 그것을 이해해야 합니다. 어떤 수준의 어떠한 앎도 의식이 있기 때문에 올 수 있고, 따라서 그것은 일시적이고 지속되지 않습니다.

어떠한 개념·대화·느낌·행위든 그 무엇이든, 그것들 중의 어떤 것은 그대에게 얼마간의 만족을 줄 수 있지만, 항상 그 상태로 남아 있는 것이 어느 하나라도 있습니까? 시간이 가면서 그대가 유아기에서 아동기, 십대, 중년과 그 이후가 지나도록 자기 자신에 대해 가지고 있는 이미지 중에서, 어느 것이 참되고 변치 않게 남아 있었습니까? 때에 따라 특정한 이미지를 그대 자신의 이미지로 여겨서 무슨 이익이 있었습니까? 얼마간의 즐거움 외에 무슨 이익이 있었습니까?

우리는 배를 타고 여행하는 것이 아주 즐거운 경험일 거라는 관념을 가지고 있습니다. 그래서 많은 돈을 들여 배 한 척을 전세 냅니다. 그리고 원하는 만큼의 기간 동안 여행을 한 다음 돌아왔습니다. 여행은 끝났습니다. 어떤 일이 일어났습니까? 우리는 어떤 행복의 개념을 즐겼는데, 그것은 우리가 즐겼다는 그런 개념입니다. 즐거움이든 뭐든, 항상적으로 우리에게 그것을 안겨주는 그런 개념이나 생각이 하나라도 있습니까? 무수한 개념·생각·감정들이 오고 갔지만, 그 중의 어느 하나라도 항상적으로 머무른 것이 있는지 말해 보십시오. 한 개체의 자기 몸과의 이 동일시가 지속되는 한, 그것은 즐거웠다는 하나의 개념에 지나지 않습니다. 일단 몸이 사라지면 그 몸과의 이 동일시도 사라지고 맙니다. 무엇이 남았습니까?

무수한 형상들이 있지만 이 무수한 형상들 중 둘이 똑같은 것은 없습니다. 그런데도 어떤 이원성도 존재한 적이 없습니다. 이 신비를 푸십시오! 따라서 그대가 무엇이며, 그대가 성취하고 싶어 하는 것이 무엇인지를 알아내십시오.

어떤 사람은 가난뱅이고 어떤 사람은 억만장자일 수 있지만, 기본적으로, 본질적으로, 내재적으로, 두 사람에게 공히 이 의식의 점이 밑천입니다. 사정이 이러함에도 불구하고, 각 개체는 하나의 특정한 형상을 자신과 동일시하면서 이 동일시에 부단히 자부심을 느낍니다.

질: 저는 질문이 하나 있지만 이 분야의 것은 아닙니다.

마: 이것이 여기서 논의되는 유일한 주제입니다. 따라서 그대의 질문이 이 기본적이고 중대한 주제 아닌 어떤 것과 관계된다면, 저는 관심 없습니다.

질: 글쎄요, 이 주제에 대한 것인데 그 질문은 이렇습니다. 이 **시바** 혹은 **아뜨만**의 상태 안에 머무른다는 것, 그것은 어느 순간에 우리가 취하는 결심의 문제입니까, 아니면 **은총**의 문제입니까?

마: 그대가 이 찰나적 존재와는 별개라고 느끼고 있는 그 느낌 혹은 앎에 대해서 보자면, 항상적일 수밖에 없는 것이 대체 무엇이기에 그 앎이 항상적입니까? 이 존재의 느낌, 이 살아 있다는 느낌을 이야기하는 그 **의식**, 그 자체가 항상적일 수밖에 없습니다.

질: 맞습니다. 그에 동의합니다. 그것은 항상적이어야 합니다. 그러나 제가 명상에서 나오자마자—심지어는 명상 중에도—저는 제가 몸이고 다른 모든 사람들과 별개라는 이 수준으로 도로 떨어집니다. 제가 더 이상 (남들과) 다르지 않다는 어떤 결심을 할 수 있으면 '나'가 사라질 거라고 느낍니다. 이것은 일종의 결심인데, 그 의미는 저의 모든 소유물을 떨쳐 버린다는….

마: 그대가 원하는 무엇을 얻기 위해서든, 그 바탕은 이 **의식**입니다. 그대가 의식하지 못하면, 자신이 어떤 것이라거나 어떤 것과 하나라는 문제가 일어나지 않습니다. 따라서 필요한 것은 이 기본적 **의식**, '내가 있음', 존재의 느낌입니다. 그것이 어떻게 일어났는지 알아내십시오. 그것이 (그대가 해야 할) 유일한 탐구입니다. 이 존재의 느낌, 이 '내가 있음'의 **의식**이 어디서 어떻게 일어났는가? 여기가 바로 탐구를 집중해야 할 곳입니다.

질: 예, 하지만 제가 몸이나 분리감은 하나의 관념, 하나의 개념일 뿐이라는 결론에 이른다 해도, 문제는 여전히 동일합니다. 그것은 이 개념을 떠나기로 하는 결심의 문제냐, 아니면 **은총**의 문제냐 하는 것입니다. 말하자면 그것은

은총이 찾아와서 제가 이 개념을 잃게 될 때까지 자신의 상태를 유지하면서 그냥 기다릴 것이냐, 아니면 개념에 집착하지 않기로 우리 자신이 결심할 문제냐 하는 것입니다.

마: 결심을 해야 할 그 사람은 누구입니까?

질: 주시자, 저입니다. 혹은 의식 그 자체이거나 다른 무엇이겠지요.

마: 맞습니다. 결심을 할 수 있는 어떤 개체도 없습니다. 결심을 해야 하는 것은 이 의식 혹은 '내가 있음'일 뿐이지만, 이 '내가 있음', 이 의식 자체가 (다른 모든 개념의 바탕인) 근본 개념이고, 그 자체가 하나의 사기詐欺입니다.

질: 뭐 그렇다면 다음 질문은 "더 이상 여쭐 것이 없습니다"가 되겠군요.

마: 그럴 때 누구에게 아무 질문이 없습니까? 이것이 모두 하나의 사기라고 규정되는 것을 이해한 그것, 그 이해 혹은 그 확신에게만 아무 질문이 없겠지요. 의식이 아닌 저 원리 말입니다.

질: 맞습니다. 그러나 그 전이라도 지적으로는 어떤 상태가 있을 수⋯.

마: 지성이 생겨나기 이전의 것에 대한 지적인 이해가 과연 가능합니까? 본래적 원리, 곧 '존재하는 것'은 여기서 일어나는 '들음' 이전이라는 것을 이해하십시오.

질: 그러나 모든 질문은 지적인 수준에 있는데 모든 질문이 그 이전 상태에서 나와야 한다면, 질문을 하기 위해 지성의 수준으로 내려와야 합니다. 왜냐하면 당연히 우리가 받는 답변이 지적知的이기 때문입니다. 그것은 늘 지성이라는 상대적 수준에서 이루어지는 이야기입니다.

마: 그렇지요. 그 이해는 지적인 수준에서만 있을 수 있습니다. 그 지知를 받아들일 준비가 된 성숙된 지성만이 그것을 받아들일 수 있을 것이고, 그것을 받아들이면 그 자신의 한계를 이해하겠지요. 이야기와 들음이 있는데, 둘 다 의식이 있어야만 일어날 수 있습니다. 되돌아가서, 역행하여, 이 의식의 근원을 알아내십시오. 백 년 전에 그대는 무엇이었는지 알아내십시오. 그대 자신이 무엇이었는지 스스로 알아낼 수 있는 한도까지 지성을 사용하십시오. 이 몸과 의식이 있는 동안에, 이 상태의 우리가 무엇인지 알아내야 합니다. 하지만 의식조차도 일시적이고 시한부라는 것을 아십시오. 그것이 현현되려면 몸

에 의존해야 하니 말입니다.

질: 명상의 초기 단계들은 지적知的인데, 그것은 '내가 누구인지'를 알아내야 한다는 의미입니다. 그 다음 제 질문은 "헌신은 어디에 들어가는가?"입니다.

마: 헌신은 우리가 최고로 존경하거나 존중하는 것입니다. 그러나 이 의식 자체보다 우리의 최고의 헌신을 더 받을 자격이 있는 것이 있습니까?

질: 이 시한부의 의식 말입니까?

마: 그렇지요. 몸이 있는 동안은 말입니다.

질: 그러나 그것에 대해 헌신을 갖는다는 것은 잘못된 개념인데요?

마: 이 의식이 시한이 있다는 것을 이해하는 원리, 그것이 시한이 있습니까?

질: 아니요, 그것은 우리가 수행을 하면 헌신이 의식으로부터 그 이면의 원리로 이동할 거라는 것을 의미합니다.

마: 거기가 바로 의식이 나온 곳이지요! 이 의식은 그 본래적 상태의 한 표현 또는 반영입니다. 따라서 지금 우리가 매달릴 수 있는 것은 이 의식뿐입니다. 그것이 우리가 가진 유일한 밑천이지요!

질: 의식은 기억입니까?

마: 그대는 거기에 아무 이름이나 붙이지만, 어떤 이름을 붙이든 그대가 그럴 수 있는 것도 의식이 있어야—이 존재의 느낌이 있어야—가능합니다.

전 창조계 내에서 인간이 가장 높은 수준에 있는데, 인간은 이 신성神性의 수준에 도달할 수 있고 또 도달해 왔습니다. 인간의 성품이 무엇인지, 인간이란 것이 무엇인지 알아내십시오. 여기가 바로 탐구해야 할 곳입니다. 그리고 궁극적으로, 인간으로 여겨지는 그것은 늘 그 상태로 있겠습니까, 아니면 그의 존재는 시한이 있습니까? 우리가 평생 동안 갖는 수백 수천 가지 경험·생각·감정·개념들 중에서 어느 하나라도 항상적이고 참된 것이 있었습니까? 어떤 감정들은 아주 즐거운 것이어서 행복이라고 불립니다. 그러나 궁극적으로 그것이 무엇입니까? 그것은 한때의 즐거움에 지나지 않고 지속되지 않습니다. 이 삶 속에서 24시간 내내, 매 순간 변치 않고 존재하는 것은 우리가 가진 이 존재의 느낌입니다. 이 존재의 느낌이 무엇인지, 그것이 어떻게 일어났는지를 이해하십시오. 부단히 우리와 함께 하고 있는 이 존재의 느낌 근원을 알아내십시오.

질: 잠 속에서는 우리에게 이 존재의 느낌이 없습니다.

마: 잠 속에서는 의식이 그 자신을 의식하지 못한다는 이 사실을 누가 자각합니까? 부단히 존재하는 어떤 자입니까, 아니면 이따금 존재하지 않는 자입니까? 누가 그 말을 합니까?

질: 이제 이렇게 말씀드릴 수 있겠군요. 저는 잠 속에서도 존재했음이 틀림없지만, 막상 잠 속에서는 그것을 자각하지 못한다는 일종의 추론을 가지고 있어야 한다고 말입니다.

마: 깊은 잠 속에서 무엇이 존재하지 않게 되었습니까? 무지가 존재하지 않게 되었고, 생시 상태에서는 없었던(지각되지 않던) 본래적 존재는 있었습니다.

질: 아니면 우리가 그것을 자각하지 못하는 거지요.

마: 이 무지는 우리에게 이 존재의 느낌이 하나의 사기라고 말했습니다. 그래서 깊은 잠 속에는 그 사기가 없었습니다. 그러나 저 앎, 이 본래적 존재는 있었습니다. 저 '나'는 자각하지 못했지요. 깊은 잠은 그대가 생시의 상태에 대해 가지고 있는 앎에 반대되고, 기본적으로 그것은 모름(non-knowledge)입니다. 그 상태에서는 존재의 느낌이 없습니다. 그것은 모름입니다.

◆ ◆ ◆

질: 오늘 오전에 우리는, 깊은 잠의 상태에서는 무지가 사라졌기 때문에 그것은 일종의 자유로운 상태라고 하는 논의를 시작했습니다. 그 상태에 대해 제가 갖는 그 다음 생각은, 제 입장에서는 무지뿐만 아니라 모든 자각이 사라진다는 것입니다. 그래서 아무것도 없고 그 상태를 자각할 아무도 없으니, 그것은 하나의 자유로운 상태일 수 있습니다. 그것은 무無입니다. 왜냐하면 자각할 사람도 없고 자각할 대상도 없기 때문입니다.

마: 그것은 그대 자신이 체험한 것입니까, 아니면 어디서 읽은 것입니까?

질: 어디서 읽지는 않았습니다. 저는 매일 밤 체험하는 자 혹은 자각하는 자가 사라진다는 것을 경험합니다. 저는 잠들어 있다는 것을 자각하지 못하고, 잠에서 깬 뒤에야 제가 잠들어 있었음이 분명하다고 말할 수 있게 됩니다.

그러나 잠 속에서는 그것을 자각하지 못합니다.

마: 설사 그대가 잠들어 있다는 것을 모른다 해도 그것은 무지 아닙니까? 깊은 잠은 무지의 상태 아닙니까?

질: 글쎄요, 오늘 오전에 당신께서는 정상적인 생시의 상태는 무지를 대신하고, 잠 속에서는 이 무지, 이 '나'라는 의식이 사라진다고 말씀하셨습니다. 무지가 사라지기 때문에 그것은 일종의 초월적 상태이고, 거기에 '나'는 없습니다. 생시의 상태는 무지한 상태입니다. 왜냐하면 그것은 '나' 의식의 상태이기 때문입니다. 깊은 잠 속에서는 이 무지가 사라지고 '나' 의식이 사라지며, 따라서 그것은 일종의 초월적 상태입니다.

마: 만약 그대의 말대로 그것이 **진리**라면, 아마 그대는 깊은 잠이 **진리**라고 생각하는 거겠지요. **진리**는 그대가 그 안에 안주할 때 그대가 지속적으로 그 상태인 영원한 상태(절대자)이고, 거기서는 호흡이 없습니다. 깊은 잠이 가고 나면 생시 상태가 오고, 생시 상태가 가고 나면 깊은 잠이 오는데, 이 상태들은 일시적입니다. **절대적 상태**는 깊은 잠 같은 것이기는 하나, 그것은 일시적인 상태가 아니라 지속적이고 가장 미묘한 상태입니다. 그것은 생시 상태와 깊은 잠이 그 위에서 일어나는 바탕입니다. 이 바탕은 깊은 잠과 비슷하지만 지속적입니다. 또한 **삼매**라고 하는 제3의 일시적 상태도 있으나, 이런 것들은 모두 일시적인 단계이지 영원한 상태가 아닙니다.

질: 몸이 죽으면 마음에게는 정확히 어떤 일이 일어납니까? 우리가 스스로 마음을 빠져나갑니까, 아니면 몸이 죽을 때 마음은 흡수되고 사라집니까?

마: 몸이 살아 있을 때 그대가 말하는 마음이란 정확히 무슨 의미입니까?

질: 좁은 의미에서는 이른바 주의注意라고 해야겠지요. 넓은 의미에서는 하나의 도구적 기관인데, 그것은 지성·기억·아상我相(ahamkara)[에고 의식] 같은 것입니다.

마: 왜 그런 것을 다 거론합니까? 세간적으로 필요한 것에 대해 그대가 내면에서 생각하는 그 무엇도 마음 아닙니까? 그대의 세간사와 관련되는 내면의 이야기 말입니다.

질: 실은 그 질문은 그것이 어디서 이 원습原習(vasanas)을 멈추게 했을지를 여

쭈어 보려 한 것입니다.

마: 왜 외부세계를 다룹니까? 내면에서 어떤 계획이 일어나든, 그것은 다 마음 아닙니까?

질: 그렇습니다.

마: 그것은 내면의 실제적 언어입니다. 그대의 실제적인 세간적 삶에 관한 언어는 실제적인 문제들을 처리하기 위한 언어입니다. 어릴 때부터 지금까지 그대가 외부 세계에 대해 어떤 인상들을 가졌거나 수집했든, 그것이 재생될 뿐이고, 그것이 바로 마음입니다.

질: 글쎄요, 저에게 이 의문이 일어난 것은 오늘 오전 당신께서 말씀하시기를, "백 년 전에는 그대가 누구인지, 혹은 누구였는지 스스로 물어보라"고 하셨기 때문입니다. 그것은 제가 금생에 태어나기 전에 누구였느냐는 의미입니다. 그런 다음 저는 원습들도 백 년 전에 있었다고 생각했고, 그래서 이런 의문을 가졌습니다. "내가 부분적으로는 마음이기도 하다면, 백 년 전에 그 마음은 무엇을 했나? 내 마음은…."

마: 대단한 발견을 했군요! 백 년 전에 원습이나 욕망을 갖고 말고가 어디 있습니까? 백 년 전에는 이 **구나**["내가 있다"는 성질]가 없었고, 이 존재성이 없었고, "내가 있다"는 의식하는 존재(conscious presence)의 느낌이 없었습니다. 지금은 그대가 그 존재성, 곧 '그대가 있다'는 것, 의식, '의식하는 존재'를 가지고 있는데, 모두 단 하나입니다. 그대에게는 생기가 있고, 호흡이 있고, 그대의 '내가 있음'이 있습니다. 따라서 세계가 있고, 그대가 세계를 상대하는 일들도 있습니다.

질: 그렇다고 해서 그 문제가 풀리는 건 아닙니다. 오늘 오전에 당신께서는 "백 년 전에 그대가 누구였는지 알아내라"고 말씀하셨습니다. 그러면 저는 단순히, '뭐 그것은 **절대자**이고, **절대자** 이상은 아무것도 없었다'고 생각할 수 있습니다. 그럼에도 불구하고 이번 생에는 이 원습들이 있는데, 그것은 제가 태어나면서 온 것이 아니라 전생부터 내려오는 것입니다.

마: 그대는 백 년 전에 자신이 그 원습을 경험했다는 앎을 가지고 있습니까? 그대가 어떤 것을 본 적이 없다고 합시다. 그대가 알지 못하고 보지도 못한

것에 대해 어떤 욕망을 가질 수 있습니까?

질: 아마 아니겠지요.

마: 그런 모든 이야기는 무지에서 나옵니다. 그대는 자신이 수집한 지식을 가지고 이야기하지만, 그것은 그대의 직접 체험이 아닙니다.

질: 체험은 아니고 당신의 책과 다른 **구루**들의 책을 읽고 하는 말입니다.

마: 그대가 외부에서 수집한 모든 것은 다 무지입니다.

질: 그러나 무지라고 말씀하신다 해서 모든 문제가 풀리지는 않습니다. 아시다시피 저희는 지성이 있고, 지성으로 사물을 분명하게 이해하려고 애씁니다.

마: 그대는 아직 영적인 공부를 지향하고 있지 않습니다. 저는 다른 데서 한 이야기나 책에서 수집한 개념들을 잔뜩 가지고 여기에 오는 사람을 좋아하지 않습니다. 저는 (그대의 개념이 아니라) 그대와 세계를 상대합니다. 저는 여기 오는 사람들을 예의로 대하지만, 그들을 아주 높은 수준에 올려놓지는 못합니다. 그대는 어디까지나 몸의 정체성을 가지고 이야기하는데, 그러면 **지**知 속으로 들어가려 해도 그대가 가진 신체적 지식에 의해 제한됩니다. "내가 있다"의 수준에서 이야기하십시오.

질: 제가 그 수준에서 이야기할 수 있다면 질문할 게 없으리라고 생각됩니다.

마: 그러나 저는 그대의 몸 수준에서는 그대에게 이야기를 할 수 없습니다. 몸 수준에 대한 이야기에 왜 시간을 낭비합니까?

질: 저는 몸 수준에 있으니까 그 수준에서 질문할 수밖에 없습니다.

마: 그 수준에서 질문을 멈추십시오.

어떤 사람들은 어떤 종교적 개념·관념들을 품고 있습니다. 우리가 성지들을 찾아가야 한다는 '순례'도 그런 관념 중의 하나지요. 그래서 이렇게 묻게 됩니다. "그렇게 많은 성지를 찾아다니고 나서 그대가 원하는 것은 무엇입니까? 어떤 이익이 있습니까?" 영적인 이익이라 하더라도 말입니다. 영적인 이익이라고 해 봤자 '내가 여러 곳을 찾아다녔다'고 하는 기억뿐이고, 아마도 '나는 그런 데를 가지 않은 다른 사람들보다 더 낫다', 그리고 '나는 순례를 했다는 만족감이 있다'는 정도겠지요. 그런 개념이라면 그것은 하나의 부가적인 짐일 뿐입니다.

질: 그렇다고는 해도 사람들 말로는 이런 성인들 주위의 도시나 장소들에는 어떤 기운(vibrations)이 있어서 그것이 도움이 된다고 합니다. 저는 그것을 못 느끼겠지만 그런 기운이 있다고 합니다.

마: 의식의 기운은 도처에 있습니다.

질: 맞습니다. 예를 들어 라마나 마하르쉬가 말하기를, 띠루반나말라이(Tiruvannamalai)는 올 만한 가치가 있고, 자신은 거기에 있을 거라고 했습니다.

마: 라마나 마하르쉬는 몸을 버리기 전에 이렇게 말했지요. "내가 어디로 갈 수 있는가? 나는 여기 있다." 그러니 그는 여기에도 있습니다. 제가 어디를 가든 거기는 여기입니다. 라마나 마하르쉬가 한 말의 의미는 "나는 도처에 있다"는 것입니다. 이제 그것이 상업적으로 이용되어 그가 띠루반나말라이에만 있고 여기는 없다고 합니다. 그가 여기 봄베이에는 없습니까? 왜 그를 제약하여 띠루반나말라이라는 용기(容器)에 가둡니까? 그런 경지에 이른 분을 띠루반나말라이에 가둬 두고 싶습니까? 그것은 (자신들에게) 유리하게 잘못 해석하는 것입니다.

질: 그러나 라마나 마하르쉬의 한 헌신자에 대한 이야기가 있습니다. 그는 자신이 라마나 마하르쉬 곁에 그렇게 가까이 있을 만한 근기가 안 된다고 생각하고 석 달가량 찾아가지 않았습니다. 그러다가 다시 갔는데, 돌아가자마자 라마나 마하르쉬가 "왜 내 곁에 있는 것보다 (혼자) 명상하는 것이 더 낫다고 생각하나?"라고 물었습니다. 라마나 마하르쉬가 한 말은 당신에게서 떨어져 있는 것보다 곁에 있는 것이 낫다는 것이었습니다. 그러니 어떤 성자가 살아 있을 때는 그의 곁에 있는 것이 중요하고, 죽은 뒤에는 그렇지 않은 것은 왜입니까? 살아 있는 육신 곁에는 뭔가가 있는 것이 분명합니다.

마: 그대는 아직도 자신이 하나의 몸이라는 정체성의 견지에서 말하고 있습니다. 현현된 지知(의식)의 견지에서 이야기해야 합니다.

1981년 3월 19일(오전/오후)

88
세계는 자연발생적으로 나타난다

마하라지: 저의 인격, 곧 개인성은 폐기되어 더 이상 존재하지 않습니다. 존재하는 것, 혹은 여러분이 찾아오는 사람은 저 **두카 바그완**(Dukha Bhagwan), 즉 괴로움의 신일 뿐입니다. **바그완**은 현현물, 곧 이 지각성을 뜻하지만, 그것은 괴로움일 뿐입니다. '**완**(wan)'은 봄(vision), 볼 수 있음(visibility)을 뜻하고, '**바그**(Bhag)'는 "내가 있다"는 섬광을 의미합니다. 그것은 원인이나 활동에 관여하지 않고 하나의 현현물일 뿐이지만, 지금은 괴로움일 따름입니다.

저는 그 전체 작용이고, 그 작용 안에서 무엇이 어떤 의미를 가지고 있든, 지금 제가 그것입니다. 지금 그것이 괴로움을 겪고 있다면, 괴로움을 겪는 것은 바로 저, 곧 현현물(현상계) 아닙니까? 괴로움과 현현물, 혹은 괴로움과 그 작용은 둘이 아닙니다. 제가 작용하고 있고, 그래서 제가 괴로움을 겪고 있습니다. 이것이 현 상황입니다.

여러분은 어떤 이익을 염두에 두고 여기 옵니까? 여기서 무엇을 얻기를 기대합니까? 제가 지금 가지고 있는 이런 체험을 하는 사람은 전 세계에서도 극소수입니다. 그 '저'조차도 이야기를 하기 위해, 의사소통을 위해 있습니다.

무엇을 묻지 말고 그냥 들으십시오. 여러분은 어떤 정체성을 가지고 질문을 하려고 하며, 답변을 듣는다면 어떤 정체성을 가지고 들으려 합니까?

이 빛 혹은 이 **의식**과 이 **현상계**는 같은 것을 지칭하는 다른 이름들입니다. '**존재하는 것**'은 어떤 모양도, 무늬도, 색깔도 없습니다. 제가 말하는 빛, 작용 혹은 **의식**의 개념과 관련하여, 저는 그것이 '**존재하는 것**'이며, 이 세 가지가 서로 다른 것이 아니라는 점을 여러분의 마음에 확고히 심어주고 싶습니다.

저의 상태를 묘사하는 것을 여러분이 들었는데, 저 자신이 무슨 쓸모가 있을 거라고 여러분은 기대합니까? 제가 묘사한 상태를 감안할 때, 저에게서 무엇을 기대합니까?

질문자: 마하라지께서는 **두카 바그완**에 대해 좀 더 설명해 주시겠습니까?
마: **두카**(Dukha)는 고통·괴로움·번뇌를 뜻합니다. **바그완**은 신을 뜻할 뿐 아니라 폭발성, 섬광―어떤 폭발적 섬광… '내가 있음'이 출현하면서 있는 세계 지각을 가리킵니다.

폭죽이 터질 때는 탁 터지는 소리와 불빛 섬광이 있고 주변 지역이 환해집니다. 마찬가지로, "내가 있다"가 폭발하여 생겨나면 지각 가능한 온 우주가 나타나지만, **의식**, 곧 '내가 있음'은 부적합·불완전을 낳고, 그래서 슬픔·불행 등이 시작되어 몸-마음의 느낌 속에 자리 잡습니다. 완전에서 불완전으로, 비존재에서 존재로 말입니다. 그 역방향으로―즉, 몸-마음에서 존재성으로, 다시 **절대자로**―가면, 그럴 때 **의식**의 상태는 **신적인** 상태입니다.

질: 저는 말입니다….
마: 제가 뭐라고 했고, 그대는 제가 한 말을 어떻게 이해했기에 아직도 질문할 것이 있습니까? 제가 묘사한 상태를 그대가 참으로 이해한다면, 그 상태에게 질문을 할 수 있겠습니까? 아니면 한 개인으로서의 그대는, 자신을 한 개인일 뿐이라고 생각하는 사람에게만 질문할 수 있습니까?

저의 존재(의식)를 괴로움으로 간주해서, 그것을 하나의 도구로 여겨서 제가 이야기를 하고 있을 뿐입니다. 의식은 괴로움이고, 저는 의식입니다. 그리고 지금 일어나는 이야기는 의식의 도움을 받아서 일어납니다. 만약 **의식**이 없다면 어떤 이야기도 없고 어떤 괴로움도 없겠지요. 그러나 모두가 같은 것입니다. 이야기·괴로움·의식―일체가 같은 '나'입니다.

질: 며칠 전에 당신께서는 어떤 방해 때문에 모든 행위를 멈추어 버린 지성에 대해서 말씀하셨는데, 더 설명하지는 않으셨습니다.
마: 어떤 행위도 일어나지 않고, 어떤 행위도 일어날 수 없고, 어떤 행위도 일어나지 않을 것입니다―하나의 개체를 통해서는. 모든 행위는 자연발생적으로 일어납니다. 특정한 개체가 자신이 그것을 하고 있다고 생각하는 것은 잘못된 관념입니다.

질: 어떤 고통도 오관에 의해서 만들어집니다. 어떤 것도 고통을 줄 수 있지만, 그 고통이 느껴지는 것은 감각기관 안에서입니다. 우리에게 이 **의식**이 없

다면, 감각기관이 작동하고 있다 한들 고통을 느끼겠습니까? 의식이 없으면 고통도 없습니다.

마: 어떤 경험과 의식도 둘이 아니고, 의식 그 자체가 모든 경험들의 최초의 경험입니다. 여러분에게는 왜 고통과 불행이 있습니까? 사람들이 늘 행복을 추구하기 때문입니다. 불행과 행복은 서로 관련된 개념입니다. 상대적인 의식의 상태에서는 하나 없이 다른 하나가 존재할 수 없습니다. 어떤 불행도 없는 곳에서라면, 그들이 불행을 인식하겠습니까?

우리는 몸을 통해 자신을 하나의 개별적 존재로 잘못 해석합니다. 몸은 없습니다. 의식이 존재하지 않을 때는 이 몸이 존재할 수 없습니다. 그래서 의식이 몸과 전 우주의 근원입니다. 우리는 몸이 의식을 가지고 있다는 견지에서 생각합니다. 실은 의식이 무수한 형상을 통해 그 자신을 현현합니다.

◆ ◆ ◆

질: 만일 어떤 사람이 **진리**를 통찰하면 그것이 세상 사람들에게 영향을 미칩니까?

마: 최초로 일어나는 일은 그 개인성이 소멸되는 것이고, 이제 그 개인은 어떤 일이 일어나든 그것이 전체 작용의 일부로서 일어나지, 한 개인으로서의 자신과는 무관하다는 것을 확신합니다. 왜냐하면 개인들은 (실제로는) 아무것도 하지 않기 때문입니다. 어떤 일이 일어나든 그것은 전체 작용의 일부라는 것과 그것을 이해하는 것 그 자체가, 더 이상 한 개인이 존재하지 않는다는 의미이고, 그 전체 작용 안에서는 모든 일이 자연발생적으로 일어난다는 것을 의미합니다. 누구도, 확실히 어떤 개인도, 거기에 간섭할 수 없습니다. 우리가 그 전체 작용에서 떨어져 있을 수는 있지만, 늘 그 전체 작용의 일부입니다. 따라서 전체 작용에 대한 이러한 이해는 나뉘질 수도 없습니다. '나'나 '너'가 무엇을 이해하는 문제란 없고, **이해**의 문제만이 있습니다.

이 앎, 이 이해, 이 통찰은 나뉘질 수 없습니다. 이 이해 혹은 앎이 무엇인지를 이해하십시오. 세계를 무찌르거나 세계를 정복하여 다른 누구도 성취하지 못한 것을 성취한 자가 있을 수 있지만, 성취된 것이 실제로 무엇입니까?

한 개인으로서의 그가 생각한 것입니다. 그 성취한 자는 무수한 형상들 중 하나에 불과합니다. 그리고 그 형상을 한 개인으로 유지시켜 주는 것은 무엇입니까? 저 욕구, 저 생명력, 저 살아 있는 어떤 것일 뿐입니다. 그 욕구가 오랜 기간에 걸쳐 점차 식어서 결국 사라지면, 세계를 무찌르거나 정복한 그 사람이 어디 있습니까? 그 형상도 여느 형상과 같이 해체되겠지요. 만일 성취한 어떤 것이나 어떤 사람이 있다면, 그는 그것을 한 개인의 어떤 것으로 항시 젖혀둘 수 있어야 합니다. 그렇게 할 수 있습니까? 할 수 있었던 적이 있습니까? 아무것도 젖혀두지 못합니다. 이런 지(知)는 책 속에 들어 있는 지식이 아니고, 어떤 지적인 앎이 아닙니다. 제가 이야기하고 있는 것은 이 의식이고, 이 '내가 있음'이며, 이 "내가 있다"는 앎입니다. 그대가 '냐나(jnana)', 곧 지(知)를 한 단어로 쓴다면 그 지(知)가 과연 무엇입니까? 그것은 그 한 단어나 두 단어가 아니라, 이 단어들과 그 단어들의 의미를 인식하는 자입니다. 그것을 인식하는 자가 저 의식, 곧 "내가 있다"는 앎입니다. 많은 종류의 앎이 일어나는 것은 이 의식 때문입니다. 이 의식, "내가 있다"는 이 기초적 앎이 없으면 어떤 종류의 앎도 없습니다. 어떤 종류의 앎을 성취하기 위해서든 "내가 있다"는 이 기초적 앎, 이 의식이 있어야 합니다. 이 의식의 성품을 이해하십시오. 그것 없이는 다른 어떤 앎도 없는, 이 의식이 무엇입니까? 그것 없이는 어떤 일도 일어날 수 없고, 그것 없이는 우주도 때가 되면 없어지는 이 의식에게조차도 궁극적으로 어떤 일이 일어나는지를 제가 이미 이야기했습니다. 이 의식은 실은 욕구에 지나지 않습니다. 왜냐하면 그것은 (뭔가를) 원하기 때문입니다. 그 욕구가 점차 식어서 결국 사라질 때, 어떤 일이 일어난 것입니까? 한 형상 안에 제한되어 있던 그 욕구 또는 의식이 이제 무한해진 것뿐입니다. 그러니 누가 죽은 것입니까?

 이 의식 혹은 욕구의 성품은 어떤 형상이나 모양도 없습니다. 이제 그대는 진아(Atma), 지(知) 혹은 의식의 성품에 대해 감을 좀 잡았습니까?
질: 얼마 전에 누가 "두 개인의 이해는 동일합니까, 아니면 어떤 차이가 있습니까?"라는 이런 질문을 한 것 같습니다. 그에 대한 답변은 "몸들은 있지만 어떤 두 개인도 없다"는 것이었습니다. 두 개의 육신이 있고, 저 의식은 두

개의 육신을 통해 내다봅니다. 이 내다봄에 어떤 차이가 있습니까?
마: 의식은 무수한 형상을 통해 작용하지만 여러 종류가 있는 게 아닙니다. 공간은 여러 부분으로 나뉘지만 공간 자체는 동일하지 않습니까? 의식은 여러 형상을 통해서 작용하나, 의식 자체는 동일합니다. 두 개의 서로 다른 의식이 있는 것이 아닙니다. 차이가 생겨나는 것은 서로 다른 형상들과의 동일시 때문이고, 인간은 자신이 가진 것(몸)의 범위로 전락해 있습니다. 이 **진아**(Atma) 혹은 의식의 성품을 이해하십시오. 이 욕구가 점차 사라질 때, 어떤 개인성이 있을 필요가 어디 있고, 그 개인과 자신이 무엇을 한다고 생각하는 어떤 행위나 어떤 생각이 어디 있습니까? 그 모든 것은 몸과의 동일시가 있을 때만 일어납니다.

어떤 경험, 어떤 지각, 어떤 인식에서도 이 지각과 인식을 지켜보며 앉아 있는 누구 혹은 무엇이 있습니다. 만약 몸과의 동일시가 없었다면, 일어나는 이 들음이 먼저입니까, 이 들음을 인식하는 저 (지켜보는) 원리가 먼저입니까?

탄생, 죽음, 환생 등의 관념은 모두 개념이고, 개념화된 상상에 지나지 않습니다. 그것의 뿌리, 그 모든 개념화의 뿌리에 있는 것은 무엇입니까?

어느 단계에서는 의식이 그 자신을 의식하지 못했습니다. 그래서 지각도 없고 인식도 없었습니다. 어떤 단계에서는 아무것도 없었지요. 몸과 의식이 일어나자 이 모든 지각과 인식, 개념화가 시작되었고, 이 의식, 곧 욕구가 점차 물러나 원래의 상태로 돌아가자마자 그 개념화도 멈추어집니다.

일어난 어떤 이야기도 자연발생적으로 일어났습니다. 어떤 질문이 없으면 더 이상 이야기도 없을 것입니다.

몸과 의식의 관계를 이해하십시오. 우리는 자신이 존재한다는—'내가 있다, 내가 살아 있다'는—확신을 가지고 있습니다. 이 확신은 의식 때문에 있고, 몸이 없으면 이 의식의 어떤 **자각**도 있을 수 없습니다. 그러니 이것은 어떤 관계입니까?

의식은 이 육신 형상의 맛인데, 그것이 그 자신을 의식하려면 하나의 몸이 필요하고, 몸은 음식에 의해 부단히 좋은 상태로 유지될 때만 존재할 수 있습니다. 그래서 몸은 음식기운에 지나지 않고, 의식은 그 육신 형상의 기운이

자 그 육신 형상의 성품입니다. 제가 한 이 분석을 제대로 통찰한다면, 자신을 위해 무엇을 욕망할 개인이 있겠습니까? 이 분석을 제대로 통찰한다면, 그 개별적 개체에게 어떤 욕구가 있을 수 있습니까?

이 현현의 과정에서 개인이 어디 들어옵니까? 몸 안의 이 욕구, 곧 **의식**이 떠나자마자 이 몸은 아무 가치가 없게 됩니다. 그런데도 우리는 이 **의식**을 보존하고 싶어 합니다. 그것이 사람들이 가장 원하는 것입니다. 그러나 사람이 오래가게 하려고 애쓰는 그것이 대체 무엇입니까?

질: 만일 **의식**과 **의식**의 **자각**이 서로 다른 것이 아니라면, 몸을 보존할 필요가 있지 않습니까? 그것이 없이는 이 **의식**의 **자각**을 보존할 우리가 없고, 그것 없이는 우리가 자신이 존재한다는 것을 모르니 말입니다.

마: 만약 해와 그 빛을 둘로 본다면, 이 **의식**과 그 **의식**이 자신을 의식하는 것도 둘이겠지요. 그것은 똑같은 것입니다! **의식**은 형상이 없으면 그 자신을 의식하지 못합니다. 그 자신을 의식하려면 **의식**이 자신을 (형상으로) 현현해야 하고, 그러기 위해 이 무수한 형상을 가지고 있습니다. 그래서 **의식**은 무수한 형상들을 통해 작용하고, 한 형상이 창조되고 파괴되면 다른 형상이 나옵니다. 그것은 하나의 연속적 과정입니다. 이 과정에서 개인이 어디 있고, 그 개인이 보존하려고 하는 것은 무엇입니까?

질: 이 **의식**은 왜 어떤 특정한 형상으로, 그토록 서로 다르게, 자신을 보존하고 싶어 합니까?

마: **의식**은 그 형상을 자신과 동일시하는데, 가능한 한 오래 지속되고 싶어 하는 것이 이 동일시의 본질입니다. **의식**은 그 자신을 현현하여 하나의 형상을 갖자마자 그 형상을 자신과 동일시하는데, 그 동일시를 너무나 사랑하기 때문에 몸이 있는 한 그것이 언제나 지속되기를 바라는 것입니다.

질: 만일 이 개인성이 상실되면 **의식**은 여전히 지속되고 싶어 할까요?

마: **의식**이 개인성을 상실하여 보편적으로 되면 현상계의 특정한 한 형상과의 동일시를 잃고 전체 현상계와 하나가 되는데, 그 형상과 현상계를 지속하고 싶어 할 필요가 어디 있습니까? 제가 하는 말을 이해하도록 노력하되, 동시에 세간에서 그대가 일상적으로 영위하는 일이나 업무를 포기하지는 못할

거라는 것도 이해하십시오. 왜냐하면 하나의 개인적 형상이 있는 한 그것의 일상적 업무를 수행하는 것이 의식의 성품이기 때문입니다.

　이제 저는 반시간 이상 이야기를 하고 있습니다. 의사는 말을 하지 말고 듣기만 하라고 했지요. 의사는 세간의 모든 물질적 측면에 대해 많은 지식을 가지고 있습니다. 그러니 그대는 어떤 지식을 더 원합니까? 그대는 (저에게서 들은) 그 지식을 잘게 썰고(세분하고) 싶을지 모르지만, 저는 그대의 작업에 동참하지 않겠습니다. 만약 그 몸과의 동일시를 포기한다면 그대는 어떤 지식을 가지고 있습니까? 몸과의 동일시와는 별개로 되풀이해서 말하지만, 그대가 가지고 있는 어떤 지식의 표지라도 저에게 보여 달라는 것입니다.

질: 저희는 당신의 지식을 청하고 있습니다. 저는 당신의 말씀에 대해서는 아무 질문할 것이 없고, 현재 진행 중인 화제가 좋습니다.

마: 질문할 것이 있든 없든, 제가 한 말에 대해 무슨 언급을 한다는 것 자체가, 그대는 제가 한 말을 참으로 통찰하지는 못했다는 의미 아닙니까?

질: 맞습니다.

마: 다른 데서는 우리가 영적인 지식을 포함한 온갖 지식을 얻을 수 있습니다. 그러나 우리의 참된 성품에 대한 지식, '내'가 무엇인가에 대한 지식은 어디에서도 쉽게 얻을 수 없습니다. 만일 내가 '나'의 참된 성품에 대한 참된 통찰을 가지고 있으면, 이 세계에서 그 '나' 외의 어떤 것도 볼 수 없습니다. 전 우주에서 나 자신을 봅니다.

질: 그런 탐구들은 어떤 가치가 있습니까? 그것은 우연히 성취될 수도 있는데, (결과에) 아무 차이가 없다면 그런 탐색의 목적은 무엇입니까?

마: 유일한 목적은 그 탐색의 본질을 이해하는 것입니다.

질: 의식은 일종의 성질에 지나지 않습니다. 열이나 차가움 기타 성질처럼 모양도 형상도 없는 성질 말입니다. 어떤 것의 이 특정한 성질이 왜 그것이 연관을 맺은 대상(몸)에 들러붙습니까? (숯불의) 열은 숯과 연관을 맺지 않는데, 왜 이것은 특정한 형상과 그 자신을 연관시킵니까?

마: 이 형상이 일어날 때까지 의식은 그 자신을 의식하지 못했습니다. 이 형상이 일어난 뒤에야 의식이 그 자신을 의식하게 되었습니다. 그래서 의식과

특정 형상 간에 그런 친밀한 연관이 있습니다. 그런 다음 그 동일시가 일어납니다.

◆ ◆ ◆

질: 제가 세계를 창조했습니다. 그것은 이 마음, 그러니까 몸-의식, 이 별개의 개인성이 세계를 창조했다는 의미입니까? 왜냐하면 제가 창조했다고 생각이라도 해볼 수 있는 것은 느낌, 두려움, 욕망 같은 것들뿐이기 때문입니다. 제가 두려움, 걱정을 창조한다는 것은 인정할 수 있지만, 고형 물체들은 창조한다고 할 수 없습니다. 심적인 것들을 모두 제가 창조한다는 것은 쉽게 이해되는데, 이 사람이 세계를 창조했다는 것은 이해하기 어렵습니다.

통역자: 마하라지님은 이런 질문에 보통 이렇게 답변하십니다. "그대가 가진 이 의식은 5대 원소들로 이루어진 음식-몸의 소산이다. 이제 그 의식 안에서 세계가 나타난다. 그것은 그대가 (세계를) 창조했다는 의미가 아니라 세계가 의식 안에서 자연발생적으로 나타난다는 의미이다. 그러나 지금 5대 원소들로 이루어진 그 몸 안의 그대는 누구이며, 그 소산인 의식은 누구인가? 그대는 몸도 아니고 의식도 아니지만, 그 의식 안에 세계가 있다"고 말입니다.

질: 그러니까 의식과 동시에 세계가 나타나는 거로군요.

통: 그렇지요. 세계는 마음(의식) 안에 있습니다.

질: 저는 이 마음이 세계를 창조했다고 착각한 것 같습니다.

통: 마하라지님은 마음에 큰 중요성을 부여하지 않으십니다. 마음이 하나의 언어에 지나지 않는다고 말씀하시지요. 그것은 아무것도 창조하지 않으며, 생명기운인 **쁘라나**(Prana)의 한 언어에 불과하다고 말입니다.

질: 그러나 마하라지께, 저는 이 마음이 창조되었다는 말을 여러 번 들었지만 어째서 그런지 이해하기 어려웠다고 말씀드려 주시겠습니까?

마: 누구도 세계를 창조하지 않았고, 세계는 의식 안에 자연발생적으로 있습니다. 의식 때문에 세계가 느껴집니다. 개인이 있는 것처럼 보여도 실제로는 어떤 개인도 없습니다. 개인들이란 상상적인 것입니다. 존재하는 것은 현현된 의식이고 그 안에 세계가 있습니다. 세계는 자연발생적으로 나타납니다.

질: 의식이라고 할 때 그것은 우리가 말하는 보통의 몸-의식을 뜻합니까, 아니면 절대적 찌뜨(Chit)[보편적 의식]를 뜻합니까?

통: 마하라지께서는 그것을 일체에 편재한 쩨따나(Chetana)[의식, 내적 자각]라고 부르십니다만, 몸 안에서는 그것이 '내가 있음'으로 느껴집니다.

질: 그런데 '내가 있음'은 세계 느낌의 일부입니다. 다시 말해서 세계는 '내가 있음'과 더불어 창조됩니다.

통: 창조되는 것이 아니라 자연발생적으로 나타나는 거지요.

질: 현재의 순간에 대한 자각과, '있음' 혹은 "내가 있다"의 자각은 같은 것입니까?

마: 그렇지요. 사건들은 일어나는데, 그대는 일어나는 모든 일의 주시자일 뿐입니다. 그 상태 안에만 있도록 하십시오.

질: 어쩌면 이 단계가 수행(sadhana)의 핵심일 수 있겠군요?

통: 마하라지께서는 의식을 가지고 의식에 대해 명상하라고 말씀하십니다.

질: 이 "내가 있다"는 의식에 대해서 말입니까?

통: 예. 마하라지께서는 "그대가 무엇이든, 그대가 있다는 앎 그 자체가 의식이다"라고 말씀하시지요.

질: 그러면 몸을 없애겠다는 욕망은 어떻습니까?

마: 그 몸 안에 지금 현재 거주하고 있는, '그대가 있다'는 더없이 힘 있고 더없이 강력한 저 앎을 전적으로 끌어안고, 그것에 매달리고, 그것과 하나가 되십시오. 왜냐하면 그대는 그것일 뿐이기 때문입니다. 그 확신과 더불어 그대의 모든 무지, 모든 몸-동일시들이 떨어져 나갑니다. 그대가 그 의식일 때, 그때는 아무 의심도 없을 것입니다. 그런 확신이 있어야 합니다.

질: 그러면 몸-마음을 없애겠다는 욕망도 하나의 욕망이군요?

마: (벽시계를 가리키며) 지금 저는 저 시계가 아닙니다. 제가 그것이 아니라고 말할 때 달리 어떤 확신이 필요합니까? 저는 시계를 바라보는 위치에 있기 때문에 그것이 아닌 것입니다. 그대가 바라보는 대상이 무엇이든, 그대는 그것이 아닙니다. 그러니 그대가 몸-마음이 아니라고 말하는 데 달리 어떤 확신이 필요하겠습니까? 되풀이하지만, 몸 안에 있는 저 강력한, 아주 힘 있

고 아주 강력한 원리도 마찬가지입니다. 그것이 있기 때문에 모든 것이 보이지만, 그것을 볼 수는 없습니다. 이 앎은 다른 것들이 파괴되는 것을 보지만, 그 자신이 파괴되는 것을 보는 일은 없을 것입니다.

질: 저에게는 많은 욕망, 많은 편향됨이 있는데, 저는 그것을 지켜보고, 그것을 자각합니다. 저는 만약 어떤 욕망을 억누르면, 제가 억눌려진 욕망만 가지고 있는 듯이 생각된다는 것을 압니다. 이처럼 욕망을 계속 지켜보기만 하면 수행으로서 충분합니까, 아니면 그 욕망들을 충족시키면서 그저 관찰해야 합니까? 수행에는 이 단순한 관찰 이상으로 어떤 태도가 있습니까?

마: 왜 욕망들을 상대해야 합니까? 가장 중요한 점은 욕망들을 지켜보는 것입니다. 그대가 그 욕망의 주시자인 한, 그것을 충족시키느냐 않느냐는 중요하지 않습니다. 중요한 점은 그대의 실체, 곧 지켜보는 자, 주시자입니다. 주시자가 되십시오. 그 주시하기가 앎입니다. 거기에 머무르십시오. 욕망은 습관 때문이고, 습관이 강할수록 욕망이 강합니다. 습관이 없으면 욕망도 적어질 것입니다. 그대가 그 앎이지만, 지금은 몸과의 연관 때문에 자신이 몸일 뿐이지 "내가 있다"는 앎이 아니라고 생각합니다. 영적인 공부란 아주 간단합니다. "나는 몸-형상이 아니다"라는 그 확신입니다.

1981년 3월 20일, 21일(오전/오후)

89
그대가 있다는 확신을 계발하라

마하라지: 그대는 무슨 수행을 해 보았습니까?
질문자: 한 5년 정도 했습니다.
마: 그대가 한 그 5년간의 수행은 한 인간으로서 한 것입니까, 의식으로서 한 것입니까? 특정한 한 형상은 시간이 한정되어 있고, 일정 기간 동안 의식에

의해 점유됩니다.

그대는 인간의 몸 안에 **의식**이 있다는 것을 이해합니까? 그것은 모든 형상들, 모든 창조계 안에 머무르고 있는 것과 같은 **의식**입니다. 시간이 한정되어 있는 인간 형상에 대한 지식은 그대의 참된 성품에 대한 **지**知가 아닙니다. 현재 저는 몸이 좋지 않지만, 이 병은 저의 참된 성품과 무관합니다.

질: 어떻게 하면 그 참된 성품이 완전히, 포괄적으로 드러나서 이 인간 형상을 장악하게 할 수 있습니까?

마: 자신의 참된 성품에 대한 그 **지**知를 누가 갖고 싶어 합니까? 그대인 그 **의식**은 아무 모양도 형상도 없고, 몸은 시간이 한정되어 있을 뿐입니다. 몸이 끝나게 되면 그 안에 있는 **의식**은 어떻게 됩니까? 몸이 아직 있을 때 우리가 그것을 분명하게 이해해야 합니다.

그대가 세상에서 활동할 때는 몸과 동일시되는 한 인간으로서 그렇게 합니다. 몸이 있는 한 그대의 참된 존재인 **의식**에 대해 신경 쓰지 않지요. 그대가 세상 속에서 하는 모든 일은 그 몸을 먹여 살리기 위해 하는 것에 지나지 않고, 그대의 참된 성품에 대한 **지**知를 원하거나 추구하는 것과는 무관합니다. 그 몸은 시간이 한정되어 있어 일정 시간 뒤에는 사라지겠지요. 따라서 그것(참된 성품)이 뭔지, 내가 무엇인지를 몸이 소멸되기 전에 알아내십시오.

대다수 사람들은 전통적인 텍스트들을 읽고 나서 그 텍스트의 의미를 이해하려고 하지만, 그것은 **진아**에 대한 참된 **지**知가 아닙니다. 그대는 5년간의 수행에서 그에 대해 생각해 보았습니까? 저는 그대가 자신과 동일시하는 하나의 인간 몸으로서의 그대에게 이야기하는 것이 아니라, 저의 참된 성품을 염두에 두고 그대에게 이야기합니다. 그대가 세상에서 어떤 일을 하든, 그대는 그 몸을 자신과 완전히 동일시하면서 그 일을 합니다. 그러나 그대가 실제로 무엇인지를 생각해 본 적이 있습니까? 그대는 자신이 태어났고 언젠가 죽을 거라고 판단하고 있습니다. 그대는 **의식**이 있기 때문에, **신**에 대한 지식을 포함한 온갖 지식을 얻는다는 생각을 할 수도 있습니다. 그러나 그대가 의식하지 못한다면, **의식**이 그대의 몸 안에 없다면, 무슨 지식을 얻고 말고가 어디 있습니까? 이런 기본적인 이해가 있다면, 저는 그대가 자신의 **진아**에 대한 **지**知를 얻기 위해 얼마나 많이 노력했는지 알고 싶습니다. 바로 그대인 그 **의식**은 하나의 형상에 지각성을 부여할 뿐만 아니라 무수한 형상들에게 지각성을 부여하지만, 그러면서도 희석되지 않고 그대로입니다. 그대의 참된 성품에 대해, 그대는 그 세월 동안 어떤 특수한 동일시에 도달했습니까? 이 세상에서 그대가 온갖 지식을 얻을 수 있어도 그것은 참된 **지**知가 아닙니다. 그것은 기술이나 학문상의 다양한 지식을 얻는 것이지 참된 **지**知는 아닙니다. 자, 그대가 이야기해 보십시오!

질: 저는 세간에서 일하고 행동하고 행위할 때, 저의 참된 **자아**에 대해 신경 쓰는 것을 잊어버립니다. 어떻게 하면 늘 저의 **진아**를 가질 수 있습니까?

마: 누가 그 질문을 하며, 누가 알고 싶어 합니까? 내가 나의 참된 성품 혹은 참된 **자아**에서 밀려난다면, 내가 밀려나는 것을 누가 보았습니까? **의식** 그 자체가 무슨 자동차나 수동차여서 그대를 밀쳐 냅니까?

 세상에서 어떤 일이 일어나든, 어떤 생각이 일어나든, 어떤 행위가 일어나든, 그것은 모두 **의식** 안의 움직임에 불과하고, **의식**이 그 자신을 의식하는 것은 **의식**의 자연적 결과이자 그것의 성품입니다. 그대는 자기앎이 곧 **진아**에 대한 **지**知이며, **진아**에 대한 **지**知는 곧 **의식**이고, 그대가 바로 **의식**이라는 결론에 이르렀습니까? 확신을 가지고 그런 결론에 도달했습니까?

질: 저의 참된 성품을 잊어버릴 때는 어떻게 해야 합니까?

통역자: 마하라지님은 이미 "그 질문을 하는 것은 누구냐"고 그대에게 반문하셨지요.

질: 그 질문을 하는 것은 마음 아닙니까?

마: 그대에게 **의식**이 없으면 소위 마음이라는 것이 어디 있습니까? **의식**이 있기 때문에 생각과 마음이 일어날 수 있습니다. 그대가 세계나 생각이나 어떤 행위의 견지에서 생각할 수 있는 것은 **의식**이 있기 때문일 뿐입니다. **의식**이 없으면 부富나 가난의 문제가 어디 있습니까? 그래서 **의식**, 곧 존재의 느낌은, 지각 있는 모든 존재가 가질 수 있고, 가지고 있는 유일한 밑천입니다.

 스와하르따(*Swaharta*)라는 말은 **진아**에 대한, 존재의 느낌에 대한 **지**知, 곧 존재에 대한, 존재하기에 대한 최초의 **지**知를 뜻합니다. 그것 없이는 달리 아무엇도 없습니다.

질: 존재의 느낌이 무엇입니까?

통: 내가 존재한다는 것, 내가 살아 있다는 것, 내가 여기 앉아 있다는 것입니다.

마: 어떤 경험도 그대가 의식하고 있을 때만 일어날 수 있습니다. 그대가 의식하지 못하는데 어떤 경험이 있을 수 있습니까?

질: 그러나 우리가 매순간 그런 입장에만 있으면, 남들을 돕는다는 것은 생각할 수 없습니다.

마: 남들을 도우려 하기 전에 그대 자신의 참된 성품을 알아내십시오. 그대가 무엇인지 말해 보십시오. 그대는 남들을 돕고 싶어 하는데, 남들은 잊어버리십시오! 먼저 그대가 무엇인지 말해 보십시오.

그대가 남들을 도울 수 있는 것은 **의식**이 있기 때문입니다. 사실 그 남들은 (그대의) 이 **의식**이 있기 때문에 존재합니다. 그대가 의식하지 못한다면, 세계가 존재하겠으며, 사람들이 존재하겠습니까? 그대에게 이 **의식**이 없다면 그대가 사람들을 위해 무엇을 한다는 것이 가능합니까? 뭔가가―그것이 무엇이든―이야기를 하고 있는데, 이야기하고 있는 그것이 뭔지 말해 보십시오. 그대의 참된 성품이 무엇인지, 그것을 말해 보십시오. 그대에게 **의식**이, 이 존재의 느낌이 있기 때문에 세계가 있습니다. 그대가 의식하지 못하면, 가령 주사를 맞고 깊은 잠이 들었다면, 그 상태에서 바깥 세계가 존재한다는 증거를 그대가 제시할 수 있습니까? 누구나 자기가 태어났고, 따라서 언젠가 죽을 거라고 생각합니다. 죽게 될 그것, 혹은 죽을 거라고 그대가 생각하는 그것이 무엇인지를 이해하십시오. 그대는 그대가 가진 그 존재의 느낌이 사라질 거라고 생각하고, 그것을 두려워합니다. 그래서 일체가 존재의 느낌을 중심으로 삼고 있습니다.

질: 이해됩니다. 저는 존재일 뿐이고, **의식**(*Chetana*)일 뿐입니다.

마: 그것은 말일 뿐입니다. 그대가 어떤 단어를 갖다 붙여도 그게 그것입니다. 우리는 모두 서로 다른 이름을 가지고 있습니다. 우리 각자가 가진 이 모든 이름은 동일한 것, 즉 누구에게나 공통되는 저 존재의 느낌을 나타냅니다.

그 이름은 아무 모양이나 형상이 없고, 그 이름이 나타내는 그것도 아무 모양이나 형상이 없습니다. 세상의 그 어떤 힘도 자신이 무엇이라고 그대에게 말하거나 그 자신에게 말할 수 없습니다. '존재하는 그것' 말고 누가 있고, 무엇이 있습니까?

인간은 자신의 외적인 활동에 워낙 많이 개입해 있고 관심이 있어, 자신의 참된 성품이라는 문제를 파고들 시간이 없습니다.

질: (마더 테레사와, 남을 돕는 일에 대해 무슨 말을 함.)

마: 다른 누군가를 위해 무엇을 한다는 생각을 하기 전에, 그대가 존재한다는 것을 어떻게 알게 되었는지 말해 보십시오.

질: 제가 여기 앉아 있을 때는 무슨 생각을 할‥‥.

통: 마하라지께서는, 다른 어떤 것에 대해 생각하기 전에 그대가 어떻게 해서 여기 있게 되었는지 생각해 보라고 하십니다. 무엇이 그대에게 그 존재의 느낌을 안겨주는지, 무엇이 그대에게 그대가 존재하고, 살아 있다고 느끼게 만드는지 생각해 보십시오. 그런 다음 다른 것을 생각하십시오. 어떻게 해서, 왜, 어떤 식으로 그대는 자신이 존재한다는 것을 알게 되었습니까?

질: 의식은 몸 안에 있는데, 가끔 저는 몸-마음이 의식 안에 있다고 느낍니다.

마: 혼동할 필요는 없습니다. 그대는 그 의식에 대해 어떤 이미지를 가지고 있습니까? 이 의식 안에 그대의 몸이 있을 뿐 아니라, 의식의 한 점 안에 전 우주가 들어 있습니다. 그대는 이 의식이 뭐라고 생각합니까? 5대 원소, 세 가지 구나―이것은 같은 의식, 존재성 혹은 '내가 있음'에 붙여진 수천 가지 이름 중 두 가지입니다. 의식에게는 어떤 개인성도 없습니다. 의식은 일어나서 나타나고, 시간이 지나면 원인이나 이유 없이 그 자체 속으로 합일됩니다.

질: 의식은 그 자체 속에서 나타나, 그 자체 속으로 합일되지만‥‥.

마: 누가 자신은 이해했다고 생각한다면 그는 아무것도 이해하지 못한 것입니다. 왜냐하면 이해는 지성의 수준에서만, 의식의 수준에서만 있을 수 있기 때문입니다. 일체를 참으로 통찰하고 이해한 마지막 궁극적 결과는 무엇입니까? 그럴 때 우리는 이해라는 것이 없는, 이해가 그 자신을 상실하는 단계에 도달합니다.

제가 말하는 것이 대다수 사람들에게 이해될 거라고는 보장하지 못합니다. 제가 이야기하는 것이 세상 사람들에게는 아무 쓸모가 없을지 모르지만, 그럼에도 불구하고 수많은 사람들이 날이면 날마다 여기 와서 앉습니다. 이 주제는 그들이 세간에서 하는 일과 아무 관계가 없지만 가장 중요한 것과 관계되는데, 그것은 곧 그대입니다! 의식이 없다면 그대는 자신이 존재한다는 것을 의식하지 못하는데, 그대가 존재한다는 것을 의식하지 못하면 세상의 그 무엇도 그대의 흥미를 끌지 못할 것입니다. 그러니, 그것 때문에 우리가 지각성을 갖게 되는 그것을 그대는 어떻게 알 수 있게 됩니까? 제가 이야기하는 것은 어떤 개인과도 관계되지 않고, 특정한 한 현상이 아니라 전체 현상계와 관계됩니다.

질: 수백만의 '나'가 있다 해도 하나의 '나'가 있을 뿐입니다. 그래서 비유적으로 말하면 우리는 '나, 나, 나'를 지칭할 뿐, 두 개의 '나'가 있지는 않습니다.

마: 그것은 실은 한 개인으로서의 '나'가 아니라 전체 현현물(보편적 의식)이며, 개인은 그 전체 작용의 일부에 지나지 않습니다.

질: 흔히 '나'를 신의 이름이라고 지칭하고, 또한 신의 첫 번째 이름을 신으로 묘사합니다. 당신께서는 그런 '나'를 말씀하시는 것 아닙니까?

마: 존재하는 것(절대자)은 그 자신을 알지 못합니다. 그 본래적 상태에서는 어떤 자각도 없습니다. 존재하는 의식에 대한 앎을 가진 존재(existence)는 의식이 일어난 뒤에야 옵니다. 그 이전에는 어떤 (시공간의) 영역도 없습니다. 이 의식도 시간이 한정되어 있어서, 그 시간이 끝나면 의식은 자신을 의식하지 못하는 상태에 도달합니다.

◆ ◆ ◆

질: 가끔 저는 제자에게 전수를 해주는 스승의 이야기를 읽는데, 마하라지께서도 전수를 해 주시는지 궁금합니다.

통: 누가 만트라를 달라고 하면 당신께서 주시는데, 그것은 당신께 달렸지요.

질: 마하라지님의 가르침은 "내가 있다"를 자각하라는 것이고, 만트라는 하나의 대체물, 하나의 장치인 것 같습니다.

통: 그것은 생각들의 대체물이고, 그 **만트라**의 의미는 심오한 가르침입니다.
마: 제가 이야기를 할 때마다 사람들이 무엇을 듣든, 그들은 **진아**지에 귀를 기울일 뿐입니다. 일체가 **진아**지에 관한 것입니다. 어떤 이야기가 나오든 그것은 **진아**지와 관계될 뿐 달리 무엇도 아니고, 몸에 대한 것이 아니지요.
질: 우리가 "내가 있다"를 자각할 때, 우리는 생각들을 멈춥니까, 아니면 그것을 자각하면서 생각을 계속할 수도 있습니까?
마: 그대는 있습니다. 그대는 생각을 해서 '그대가 있다'는 것을 자각합니까, 아니면 그대 자신을 자각하고 나서 생각이 흐릅니까, 어느 것이 먼저입니까? '그대가 있다'는 이 상태는 일반적으로 말해서 '말이 없는 상태'이고, 그냥 그대가 있다는 느낌입니다.
질: 생각 이전이군요.
마: 그대가 이미 그것인데, 그것에 집중하거나 그것이 되려고 노력하고 말고가 어디 있습니까?
질: 그것이 아무 생각이 없는 상태라면, 생각이 있을 때는 제가 동시에 그 느낌을 갖지는 못할 것같이 보입니다.
마: 그것은 그대의 관점이 몸이기 때문입니다. 몸을 자신과 동일시하기 때문에 그런 문제가 있습니다. 생각들 때문에 저 '내가 있음'이 흐려집니다.
질: 생각이 있을 때도 '나'를 가지는 것이 가능합니까?
마: 물론이지요. 선결조건으로 그대가 있기 때문에, 생각들이 있습니다. 생각의 전제조건으로, 그대가 있어야 합니다.
질: 저에게 생각들이 있는 것은 그것을 저 자신과 동일시하기 때문인 것 같습니다. '내가 있다'의 순간에는 제가 그 느낌일 수 있고, 또 아니면 생각들에 빠져버릴 수도 있습니다. 낮 동안 10분간 생각에 빠져 있다가, '내가 있다'를 느끼게 되면 아무 생각이 없고, 그러다가 다시 의식적으로 '내가 있다'를 느끼지 못한 채 생각들이 있고, 그러다가 의식적으로 '내가 있다'고 느끼면 아무 생각이 없습니다. 생각과 '내가 있다'가 번갈아드는 것 같습니다.
마: 생시 상태에서는 **의식**이 생각과 모든 행위들을 통해서 작용하고 있을 뿐입니다. 이 **의식**이 없거나 덮여 있다고 할 수 있는 것은 깊은 잠이나 삼매

속에서인데, 이때는 **의식**이 있지만 작용하지 않고 있지요.

질: 생각들이 있을 때는 "내가 있다"가 사라져 무의식 상태인 것과 같고, 그래서 생각이 있다는 것은 필시 "내가 있다"가 사라짐을 뜻하는 것 같습니다.

마: 아니, 그것은 맞지 않습니다. 바로 그 지점을 지켜봐야 합니다. 저 **의식**은 그대의 사고 과정과 신체 활동이 함께하면 더없이 자극을 받습니다.

질: **샥띠**(Shakti)의 길에 대해서는 어떻게 생각하십니까?

마: 저는 **샥띠**의 길이라는 그런 영역은 전혀 밟아보지 않았습니다. 그런 학學이나 그런 상태는 공부해 본 적이 없습니다. 저는 자연발생적으로 저 자신인 것이면 뭐든 철저히 연구했지요.

다른 질문자: 제가 듣기로 깊은 잠과 자각은 동일하다고 합니다. 마하라지께서는 깊은 잠은 무의식이지 **진아**가 아니고 **절대자**가 아니라고 설명하셨습니다. 저는 그 점이 여전히 혼란스럽습니다. 마하라지께서 그것을 분명히 해주시겠습니까?

마: 모든 혼란을 내버리십시오. '그대가 있다'는 것을 알 때 다른 일체가 있는데, 그것은 일시적이고 불완전한 상태입니다. '그대가 있다'는 것을 몰랐을 때 그것이 완전한 상태입니다. 이것은 모두 저 불완전한 '아는 상태'의 유희 혹은 장난입니다. 그대가 조심스럽게 간수해야 하는 것, 불씨같이 보존하고 싶어 하는 것은 뭐든 **진리**가 아닙니다. 아무 노력 없이도 있는 것, 혹은 있을 수 있는 것이 완전한 것이고, 그것이 **진리**이며, 그것은 늘 있습니다. 그대가 평생 한 무더기로 수집한 것들은 사라지게 되어 있다는 것을 분명히 아십시오. 그대가 무엇을 하든, 무엇을 이해하든, 무엇을 경험하든, 모두 **진리**가 아니며, 시간이 한정되어 있습니다. 뒤로 물러난 뒤, 최종적인 가장 뒤쪽의 주시자, 그 원리만이 **진리**입니다. 그 궁극적 주시자만이 **진리**입니다.

질: 제가 이해하기로, 그 원리에 이르는 수단은 "내가 있다"를 통한 것입니다. "내가 있다"는 느낌은 뿌리생각이기는 하지만 여전히 하나의 생각입니다.

마: '그대가 있다'는 확신을 계발해야 합니다. 그것이 만능열쇠입니다.

질: "내가 있다"는 확신입니까, 아니면 "나는 **절대자**다"라는 확신입니까? 어느 확신인지 잘 모르겠습니다.

마: 또 말로써 조작하려 드는군요. 그대는 "아, 나는 **절대자다**"라고 되뇌고 싶어 합니다. 그대는 되뇌고 있습니다! 조작하려고 하거나 말로써 결정하려 하지 말고, 그 결정지으려는 기분 안에 말없이 머물러 있으십시오. 그대가 아직 낮은 수준의 초기 단계에서는, 문자의 영역에서는, 그대가 아주 낮은 수준의 결정을 해야겠지요. 여기 오기 위해서도 결정을 해야 합니다.

그러나 저것은 말이 이미 사라진 영역입니다. 우리는 지금 말이 없는 그 영역에 접촉하고 있습니다. 말이란 그냥 표지판이고 지시물일 뿐입니다. 그곳에 있으십시오. 그러나 표지판은 그 상태가 아닙니다.

질: 저는 무엇에 대한 확신을 발견하려고 노력합니까?

마: '그대가 있다'는, "내가 있다"는 확신이지요! 그것을 다시 내면에서 말로 표현하려고 하지 마십시오. 그대는 "내가 있다"를 알 수 없습니다. 그대인 '내가 있음'은 일체를 알고 있습니다. 주체를 대상으로 만들지 마십시오!

저는 저의 참되고 궁극적인 상태에서 이야기하고 있습니다. 알려진 모든 것, 알려질 모든 것은 저의 왕국 안에서는 있을 곳이 없습니다.

1981년 3월 22일(오전/오후)

90
놓아 버려라!

마하라지: 여러분은 저의 이야기를 듣고 나면, 기존의 어떤 개념으로 그것을 각색하고 그것을 발췌하려고 합니다. 그러나 듣기만 해서는 그렇게 될 수 없습니다. 문제는, 여러분이 몸을 자신과 동일시하는 한 존재로서, 한 인간으로서, 제가 하는 말을 듣는다는 것입니다. 이게 문제입니다. 저는 제가 말하는 것을 여러분에게 특별히 들으라고 하지 않습니다. 저는 우리에게 보이는 것들의 부존재(비실재성)를 실로 대표하는 **그것**입니다. 다시 말하지만, 여러분이

한 인간이라는 정체성을 가지고 형성한 개념들 안에서 각색하려 하면 그렇게 될 수가 없습니다. 제가 지금까지 한 이야기에도 불구하고, 여러분 대다수는 계속 하나의 몸을 자신과 동일시하겠지요. 그뿐만 아니라, 저를 한 개인으로 볼 것이고, 여러분이 자신과 동일시하는 어떤 것에 기초하여 저에 대한 어떤 개념을 갖겠지만, 저는 그것이 아닙니다. 이를 잘 염두에 두고 여러분이 하고 싶은 질문을 하십시오. 여러분이 (자신의) 종교에 대해서나, 자신과 동일시하는 계급(caste) 혹은 신념에 대해 가지고 있을지 모를 어떤 개념과도 저는 무관합니다. 이제 이 말을 들었으니, 여러분이 저에 대해 내리는 판단이 무엇이든, 그것이 이런저런 형성된 개념 아니고 무엇일 수 있습니까? 개념을 형성하는 것 외에 여러분이 무엇을 더 가질 수 있습니까?

다시 되풀이합니다. 여러분은 저를 하나의 몸으로 보지만, 저의 참된 존재는 여러분이 보는 현상들의 부존재라는 것을 잘 이해하십시오. 여러분은 제가 여러분처럼 잠을 잔다고 생각할지 모르지만, 제가 자는 잠은 여러분이 자는 잠과는 같지 않다는 것을 아십시오. 저의 잠은 **순수한 의식**이고, 전적으로 다른 종류의 것입니다.

제가 자고 있을 때는 전체 현현물(현상계)에 대한 **순수한 자각**이 있고, 한 개인으로서의 저와 전체 현현물로서의 저 사이에, 한 개인으로서의 저와 전체 우주 사이에 아무 구별이 없습니다.

여러분은 마하라지가 아프다고 생각하지만, 그것은 여러분이 저를 이 몸과 그릇되게 동일시하기 때문입니다. 같은 동일시를 가지고 여러분은 자기가 태어났다고 생각하고, (언젠가) 죽을 거라고 계속 생각합니다.

저는 제 병을, 하나의 몸-형상 안에 동일시(개인성)가 존재하는 한, 한 개인의 운명 혹은 삶 속에서 매우 드물게 찾아오는 하나의 예외적 상태로 봅니다. 그 의미는 묘사하기 어렵지만, 그 상태는 괴로움으로 가득 차 있습니다. 그것은 희유한 어떤 사람의 운명 속에서 드물게 찾아오는데, 그것이 가진 예외적 의미에 저는 관심이 있습니다.

저는 어떤 현상적 정체성 속에 저 자신을 집중시킨 적이 없고, 바로 지금도 이 몸에도 불구하고 저 자신이 어떤 현상 안에 있다고는 결코 생각한 적이 없습니다. 저의 존재는 늘 현상 아닌 것이었습니다. 이 정체성은 제가 누구이며 무엇인지 식별할 일도 없는 방식으로 사라진다는 것을 이해하십시오. 자기가 누군가 하는 그런 물음은 현상계 안에서 다른 현상들을 자신과 비교할 때만 일어납니다. 저의 경우, 다른 현상들을 보지 않고, 저의 것조차도 보지 않습니다. 저의 존재는 모든 현상계를 넘어서 있는데, "나는 무엇인가, 누구인가"라는 물음이 어떻게 있을 수 있습니까? 개념들의 어떤 집합 속에서만 '자기가 누구인가, 무엇인가'라는 물음이 나옵니다. 그러나 전체적인 봄 혹은 인식하기가 있을 때, 그런 물음이 어떻게 일어날 수 있습니까?

질문자: 저는 그에 대해 아무것도 이해하지 못했습니다.

마: 한번 말한 것은 말해져서 사라졌고, 다시 되풀이할 수 없습니다. 그것은 큰 소리로 무엇을 반복해 방송한 것과 같아서, 만약 그대가 아무것도 듣지 못했거나 이해하지 못했으면 그것은 사라진 것입니다.

통역자: 그전에 마하라지님은 이미, 들음(listening)은 탄환처럼 그 들음과 통찰을 뚫고 나갈 준비가 되어 있어야 한다고 말씀하신 적이 있지요.

질: 사실 저에게 문제되는 것은 언어와 통역입니다.

마: 놓아 버리십시오! 이야기된 것 일체를 내던져 버리십시오. 올바른 들음의 방식은 그대의 참된 정체성을 드러내는 그 말들에 집중하고, 다른 모든 말과 사물들을 잊어버리는 것입니다. 그럴 때 그대가 도달하는 것은 어떤 정체성입니까? 이야기하는 것은 물론 듣는 것조차 넘어서는 상태에 그대가 도달합니다. 각각의 질문에 대한 답변은 사실 말 외에 달리 아무것도 아니고, 그 말들이 (질문자를) 만족시키지만, 말은 그 말이 만족시키기 이전에 존재한 그것일 수 없습니다. 그 말 자체의 이전에 이미 존재한 상태를 말이 어떻게 설명할 수 있습니까? 그것은 이 의식이 나타나기 이전의 상태이며, 의식이 나타나자마자 그 이전의 상태에 대한 지知나 무지는 사라졌습니다. 얼마나 오랫동안 그렇습니까? 스승이 그 상태를 설명해 주고 그것이 어떤 것인지 분명히 해 줄 때까지입니다. 그러고 나면, 그것에 의해 다른 모든 것이 있는 이 의식이, '존재하는 것'(실재)의 한 반사일 뿐이라는 것을 이해합니다.

자기가 언젠가 죽을 거라는 확신이 존재하는 한, 몸과의 이 동일시가 사라지지 않을 것입니다. 죽음에 대한 공포가 얼마나 오래 갈 수 있습니까? 몸과의 동일시가 있는 동안만입니다. 그것이 사라지면 탄생이니 죽음이니 하는 것이 있을 수 있습니까? 태어나지 않는 것, 그것이 어떻게 죽을 수 있습니까?

자신을 한 사람의 추구자로 여기는 보통 사람, 그가 하는 일이 무엇입니까? 그의 개념인 여러 가지 모습들(형상과 대상들)을 숭배할 뿐인데, 그는 그 개념들을 숭배하지 자신의 참된 성품과 존재를 숭배하지는 않습니다.

깊은 잠 속에서 보통 일어나는 일은 대부분의 경우 몸과의 동일시가 없다는 것입니다. 저의 경우에는 몸과의 동일시가 없을 뿐 아니라, 의식과의 동일시도 없습니다. 바꾸어 말해서, 다른 경우에는 몸과의 동일성만 없을 뿐 의식의 영역 내에 있는데, 제 경우에는 그것을 넘어서 있다는 것입니다. 의식이 있는 한 현상계도 있는데, 저의 경우에는 둘 다를 넘어서 있습니다.

만일 우리가 여전히 한 개체로서 몸을 자신과 동일시하면 우리가 얻을 수 있는 이익은 이 현상 세계와 관계되는 것뿐입니다. 그러나 여기서 제 이야기를 듣는 것으로는 여러분이 그런 이익을 얻지 못합니다.

질: 삼매도 하나의 개념입니까?

마: 그것은 개념이 아니고 마음의 어떤 상태입니다.

질: 보통, 의식은 무엇을 이해하거나 무엇을 의식하는 것이지만, 순수한 의식은 어떤 것에 대한 의식이 없는 것입니까?

마: 제가 마음의 어떤 상태라고 한 것은 무슨 뜻입니까? 그것은 일시적인 것일 뿐이라는 뜻입니다. 하나의 상태로 나타난 것은 하나의 상태로서 사라질 것입니다. 제가 하나의 상태라고 하는 것은, 의식 안에서 나타나는 상태, 오고 가는 상태를 뜻합니다.

질: 저는 늘 깊은 잠이 진리라고 생각해 왔습니다. 왜냐하면 그때는 아무 생각도 아무 정체성도 없는데, 그것이 저 자신이기 때문입니다. 그러나 책에서 읽기로는, 그것은 의식의 상대물일 뿐이라고 했습니다. 제 말은, 그것은 의식이 없는 상태라는 뜻입니다. 순수한 의식은 의식이 없는 것입니까?

마: 의식이 나타나자마자 그대가 의식하지 못하게 되는 그런 상태에 대한 질문이 무슨 소용 있습니까? 우리가 생각하는 모든 것은 불가피하게 하나의 개

념인데, 의식 안에서 일어나는 그 상태에 대한 생각도 하나의 개념에 지나지 않습니다. 존재하는 이 의식의 상태 대신 본래적 상태에 대해 생각해 본다는 것은 재미있고 놀랍지 않겠습니까? 그대가 그런 상태에 대해 어떤 개념을 가지고 있든, 그 개념이 얼마나 오래가겠습니까? 그것은 하나의 개념이고 그대는 그 개념의 주시자인데, 그 주시하기는 의식 안에만 있을 수 있습니다. 그 개념과 그것에 대한 주시하기가 얼마나 오래 유지되겠습니까?

관찰자, 곧 경험하는 자만이 남는다는 것, 그는 어떤 경험 없이도 늘 남아 있다는 것을 이해하도록 노력하십시오.

(두 손을 들어 올리면서) 제가 왜 손을 들어 올렸습니까? 저는 전혀 아무것도 가지고 있지 않기 때문입니다. 이미 예전에 저는 제가 아무것도 아니라고 말했습니다. 왜 제가 감히 그와 같이 이야기하느냐 하면, 경험들 중 어느 하나도 저에게 머무르지 않았다는 것을 알기 때문입니다. 제가 말하듯이 이렇게 말하는 어떤 사람도 여러분은 찾지 못할 것입니다.

누구나 태어나서부터 죽을 때까지 여러 가지 경험을 하지만, 그 경험이 시작되기 이전의 상태에 대해서는 누구도 전혀 생각해 보지 않습니다. 이 '내가 있음'(의식)이 "내가 있다"는 것을 경험하지만, 이 "내가 있다"는 경험도 머무르지 않습니다. 이때 남는 것이 무엇인지 발견하십시오.

아무 이유 없이 나타나고 자연발생적으로 일어난, 그리고 결국은 역시 자연발생적으로 사라질 이 의식에 대해 명료한 통찰을 가지고 있는 사람은 어떤 경험에도 아무 중요성을 부여할 수 없고, 부여하지도 않을 것입니다. (여러분 가운데) 누구도 이 의식을 진정으로 이해하지는 못했습니다.

질: 우리가 경험하는 그 정체성, 이원성에서 어떻게 벗어날 수 있습니까?
마: 그 정체성에서 벗어나고 싶어 하는 것은 누구입니까?
질: 마음입니다.
마: 마음은 무지에 지나지 않습니다.
질: 그러나 그는 진리를 어느 정도 이해하고, 그것을 실현하고 싶어 합니다.
마: 그 마음 자체에게 물으십시오. 왜 제 마음을 그대의 마음과 결부시키려 합니까?

질: (질문이 잘 들리지 않음)

마: 그대는 어디서 영적인 공부를 배웠고, 무엇을 닦았습니까?

질: 캘리포니아에서 20년 전에 했습니다.

마: 그대가 영적인 공부라고 하는 것은 무엇을 뜻합니까?

질: "나는 누구인가", 즉 그 실체를 발견하는 것입니다.

마: 그 추구자는 누구입니까?

질: 마음입니다.

마: 만일 그대에게 '그대가 있다', 곧 "내가 있다"는 앎이 없다면, 누가 추구에 나서겠습니까? 그대가 있어야 추구가 시작될 수 있지요. 모든 것을 지배하는 "내가 있다"는 그 앎에 대해서 생각하고, 그 나머지는 잊어버리십시오.

질: 저는 언제나 "내가 있다"가 되지는 않습니다. 마음이 고요하지 않아서, "내가 있다"와 함께 늘 생각들이 일어납니다.

마: 그대가 생각하기 전에 "내가 있다"가 말없이 이미 존재합니다. '그대가 있다'고 계속 생각하려고 하지 마십시오.

모든 움직임은 공간 안에서 일어나는데, 움직임 하나, 나타남 하나를 위해서도 공간이 필요합니다. 마찬가지로, 그대의 존재(being)가 있어야 모든 사건, 모든 말들이 그 안에서 일어날 수 있습니다. 그대는 말을 넘어서 있습니다.

질: "나는 일체를 넘어서 있다"고 염해야 하는군요?

마: 그것도 "내가 있다"는 아닙니다. 우리가 그것("내가 있다")입니다. 그것은 하나의 현현된 상태이지, 어떤 배타적인 "내가 있다"가 아닙니다. 일체가 그것입니다. 오직 존재만이 있습니다.[38]

"나는 누구인가?"라는 그 물음에는 답이 없지만, 그대는 온갖 방식으로 그대 좋을 대로 어떤 식의 답도 할 수 있습니다. 이 '누구'에게 그대 좋을 대로 어떤 이름이나 칭호도 붙일 수 있겠지요. 아기가 태어나면 아무 이름이 없지만, 그대 좋을 대로 하나의 이름을 지어 주듯이 말입니다.

질: 당신께서는 결코 태어나지 않고, 죽지도 않을 거라고 말씀하셨습니다. 만

---

[38] T. 여기서 '현현된 상태'란 '늘 드러나 있고, 누구나 인식할 수 있는 상태'라는 뜻이다. "내가 있다" 혹은 '존재'는 일체가 그것인 의식이며, 따라서 무엇을 배제하는(배타적인) 것이 아니다.

일 이 찰나적인 몸이 죽으면 어떤 일이 일어납니까?

마: 지금 즉시 그 몸이 과연 있는지, 몸이 무엇인지를 물으십시오. 먼저 그 몸을, 그것이 무엇인지를 아십시오.

질: 우리는 살과 뼈와 거죽과····.

마: 그 전에, 그 몸이 창조되기 전에 무슨 일이 일어났습니까? 그 몸이 형성된 원인은 무엇입니까?

질: "내가 있다"가 있었습니까?

마: '내가 있음'은 그 자신을 벗어나지 못합니다. 모종의 물건, 일종의 물질, 원료도 있어야 합니다. 그것 때문에 '내가 있음'이 생겨날 수 있었던 것 말입니다.

질: 그것이 의식이군요.

통: '내가 있음'이 의식이고, '내가 있음'이 존재성이며, '내가 있음'이 의식하는 자각입니다. 이것들은 여기서 사용되는 여러 가지 이름입니다. 일체가 말이 없는 "내가 있다"는 느낌입니다.

마: 이것은 아주 귀중한, 그냥 그대가 알아야 하는 것입니다. 사람들은 보통 자기가 읽거나 들은 것을 그 내용이 무엇이든 앵무새처럼 반복합니다. 제가 말하는 '모든 것의 기본적 의미'로 나아가지 않습니다. 저는 바잔(bhajans)을 마치 앵무새처럼, 또는 틀어 놓은 테이프처럼 따라 하기만 하는 사람들에 정말 반대합니다. 얼마나 많은 사람들이 바잔에서 부르는 이런 시구의 의미를 이해하고 있습니까?

> "해와 달은 어떤 원리의 반영인데, 그대가 그 원리이지 달리 무엇도 아니네. 해와 달과 광활한 창공이 왜 있느냐 하면, 그대가 있기 때문이네."

제가 매일 밤 여기서 부르는 이 시구를 이해한 사람이 몇이나 됩니까? 모든 것이 그 바잔 안에 들어 있는데 말입니다! 자칭 진인들은 결코 여러분을 그 의미의 핵심으로 이끌어주지 못할 것입니다. 그들은 신비한 원리를 여러분에게 설명해 주겠지만, 그것은 피상적인 설명일 뿐입니다.

영적인 공부는 열려 있지만 동시에 그것은 하나의 신비입니다. 여러분이 정말 그 속으로 깊이 뛰어들면 그것은 여러분에게 열려 있습니다. 여러분이 있기 때문에 전 세계가 있고, 우주가 있습니다. 그것은 여러분의 반영입니다.

만일 여러분이 정확히 무엇인지를 알고 싶다면, 그것은 **바잔**에 이미 나와 있습니다. 여러분이 눈을 감고 자신을 거의 잊어버린 채 무념이 되었을 때, 그것이 정확히 여러분의 실체입니다. 그에 대한 어렴풋한 인상이나마 얻고 싶다면 눈을 감아 보십시오. 여러분이 처음 보게 되는 것은 저 깊고 푸른 허공(deep, blue space)입니다. 그것은 여러분의 존재성이라는 아름다움의 한 이미지입니다. 그러나 저는 이미, 여러분이 보는 모든 것은 여러분이 아니라고 말했습니다. 이 점을 종종 암시하고 설명했지만 제가 말하는 뜻을 거의 아무도 이해하지 못했습니다. 이런 철학 대부분이 이 **바잔**에 담겨 있습니다.

바잔을 할 때 저는 어떤 문장, 어떤 시구들을 큰 소리로 노래하고 그것을 곧잘 반복하는 습관이 있었는데, 그것은 마치 어떤 사람의 지성에게 "그대가 바로 전 우주가 거기서 창조되어 나온 **의식의 촉감**(touch)이다"라고 소리치는 것과 같았지요. 이 별로 볼 것도 없는 '내가 있음'의 점 안에 전 우주가 압축되어 있습니다. 이 **의식**의 점은 '미지의 아름다움'의 형상이고, 그것이 곧 여러분입니다. 다시 되풀이하지만, 해와 달과 창공은 바로 여러분인 이 **의식**의 점의 표현입니다.

저는 **바잔**을 할 때 늘 그것만 생각하고 거기에 완전히 순복했습니다. 왜냐하면 그것이 모든 영적인 음식(자양분)을 제공해 주기 때문입니다. 저는 **바잔**의 어떤 대목에 이르러 그 심오한 의미를 만날 때마다, 방 안을 돌며 춤을 추는 습관이 있었습니다. 지금도 춤추고 노래할 열의는 그대로지만, 더 이상 그럴 기력이 없군요.

그 뒤로 저는 어떤 현자나 성자도 찾아가지 않았습니다. 왜냐하면 일체가 거기서 싹터 나왔기 때문입니다. 오히려 거꾸로, 많은 현자와 성자들이 저를 찾아왔습니다. 안타깝게도 저와 필적할 만한 사람은 아무도 없었지요. 저는 해와 달과 우주를 자신의 표현으로 보는 사람 또는 원리를, 그런 **진인**을 아무도 만나 보지 못했습니다.

여러분은 '여러분이 있다'는 것을 압니다. 여러분은 어떻게 있고, 왜 있고,

무엇에 의존합니까? 오직 이 점을 탐구해야 합니다. 이 문제를 풀면 일체가 드러날 것입니다. 그 속으로 깊이 들어가야 합니다. 여기에 제가 여러분에게 말해 드리고 싶은 또 하나의 신비가 있습니다. 부모님은 여러분의 소위 탄생을 도와주는 하나의 수단 혹은 도구일 뿐이라는 것입니다. 여러분이 존재할 것이었기 때문입니다.

질: 외국인들 중에는 **바잔**이 뭔지 잘 모르는 사람들이 있습니다. 그 노래의 언어나 방언도 모르고, 그 깊은 의미도 모릅니다.

마: 그렇지요. 사람들이 여기서 일상적으로 **바잔**을 하지만, 그들이 그 깊은 의미를 파악하기는 불가능합니다. 여기 오는 외국인들은 이미 **바잔**이 베푸는 공부를 다 했고, 보이지 않게 이해합니다. 영적인 공부에 관심을 가지고 여기와 있는 모든 외국인들은 전생에 저 위대한 화신 **라마**의 군대였습니다. 그 당시에도 그들은 축복을 받았고, 그 이후의 생에서는 서양으로 옮겨갔다가 이제 집으로 돌아온 것입니다. 그래서 우리는 여러분이 이곳 사람이라고 느낍니다.

해외에서 온 수많은 외국인들은 저를 알아보지만, 이 거리의 사람들은 저를 모릅니다. 왜냐하면 저 위대한 **라마**가 그 당시에 자신의 모든 군대, 모든 추종자들을 축복해 주었기 때문입니다.

저는 외국인들에 대해, 그들의 꾸준함에 대해 큰 존경심을 가지고 있습니다. 그들은 수천 마일을 여행하여 여기 왔을 뿐 아니라, 봄베이에 머무르기 위해 하루에 수백 루피의 돈을 씁니다. 더 깊은 동기가 없다면, 여러분이 그 적지 않은 금액을 쓰지 않겠지요. 이것은 여러분의 운명입니다. 여러분 자신인 그 '화물化物' 안에, 그 충동이 이미 심어져 있었습니다.

여러분은 자신이 원하는 것을 얻겠다는 결의로 여기까지 와서 앉아 있습니다. 그래서 저는 외국인인 여러분들에 대해 큰 존경심과 호의를 가지고 있습니다.

1981년 3월 23일

91
의식 아닌 그 어떤 것도 없다

질문자: 어제 마하라지께서는 우리가 눈을 감을 때 볼 수 있는 깊고 푸른 허공에 대해서 설명하셨는데, 그것은 의식의 깊고 푸른 허공을 뜻하는 것이었습니다. 지금 제가 그것을 해보면 짧은 순간 동안만 그렇게 됩니다. 왜냐하면 전혀 아무 이유 없이 생각들이 다시 일어나기 때문입니다.

마하라지: 예, 그것은 분명히 보이고, 늘 보입니다. 그것은 일체의 배경 그 자체입니다.

질: 그렇지 않다면 우리가 눈을 감을 때 그것이 없겠지요.

마: 존재하는 모든 것은 그것일 뿐이고, 그것만이 지배합니다. 그대는 그것을 획득하거나 얻지 못하겠지만, 그대가 그것입니다. 그대는 그것처럼 될 수 없습니다. 그것은 그 자체와 같고, 전 세계는 그것의 표현입니다.

저는 지금 저의 확신을 그대에게 전하려고 노력하지만 그렇게 하기가 극히 어렵습니다. 저는 몸이 있지만 몸의 존재를 자각하지 못하는 저 특정한 상태에 있습니다. 누군가가 저에게 질문을 하면, (저에게) 몸과의 동일시가 있을 때만 그 질문이 지각될 수 있습니다. 몸과의 동일시가 없으면 어떤 경험도 지각되지 않습니다.

만일 저에게 몸에 대한 의식이 없으면 세간에서의 일상적 행동이 진행될 수 없습니다. 몸을 의식하지 못하면 뭔가가 의식에서, 따라서 세간에서의 행동에서 떨어져 나가고, 진행되는 일은 뭐든 일어납니다. 우리가 여기 조용히 앉아서 '우리가 있다'는 앎과 하나가 되면 세계나 세계 안에서 일어나는 일들에 신경 쓰지 않게 됩니다. 의식이 작용하기 시작하여 의식 안에 다양한 움직임이 있을 때에만 세상 안에서의 행동이 존재합니다.

저로 말하면, 어떤 경험들을 겪어 온 것은 이 의식입니다. 제가 몸의 존재를 의식하지 못할 때는 이 경험들이 지각되지 않습니다.

우주가 의식 안에 들어 있듯이, 이 육신은 의식 안의 한 겉모습에 지나지 않습니다. 의도적인 수행을 아무리 많이 해도 (지성으로는) 우리가 이것을 이해할 수 없고, 의식 안에서 이것을 가장 깊이 통찰할 때만 그 체험이 저절로 일어날 것입니다. 어떤 사람이 **사하스라라**(Sahasrara)[모든 마음 에너지가 흘러나오는 중심인 차크라] 안에 있을 때, 곧 의식은 물론 있지만 몸의 존재가 지각되지 않는 상태에 있을 때, 그럴 때조차도 몸 안의 상태는 계속 변하는데, 그 모두가 의식 안에서의 겉모습입니다. 따라서 의식은 그 모든 변화하는 상태들을 겪어야 합니다.

여러분은 지금 이야기 듣고 있는 이런 특수한 유형의 지식을 무슨 **지**知라고 생각하겠습니까? 이런 **지**知는 자신의 조상에 대한 정보를 얻는 것과 같아서, 여러분에게 손에 잡히는 쓸모는 없을 것입니다.

만일 어떤 사람이 자신이 무엇을 하거나 하지 않음으로써 이 세상에서 이익을 얻을 거라고 생각한다면, 그것은 전적으로 하나의 착각입니다. 일어나는 모든 일은, 실은 의식인 이 **공**空을 배경으로 하는 전체적 작용입니다. 모든 경험들은 의식 안에서 일어나고, 그 개인은 실은 상관이 없습니다. 아무리 많이 노력해도, 우리는 한 개체로서의 별개의 정체성을 얻지 못합니다. 존재하는 것은 이 **공**空, 이 의식이며, 그것과 별개로는 아무도 존재할 수 없습니다. 따라서 전혀 어떤 개체도 없습니다.

통역자: 마하라지께서 의식을 말씀하실 때, 그것은 **공**空으로서의 저 검푸른 상태를 가리킵니다. 그대가 아주 고요할 때, 그것이 곧 모든 것의 기초이자 바탕이고, 그것이 곧 그 안에서 모든 것이 일어나는 저 검푸른 상태입니다.

마: 그 검푸른 상태 안에 무수한 별과 행성들이 있습니다. 그 상태에서는 별개의 정체성이라는 것이 없습니다. 그대가 그 상태에 있을 때는, 한 개인으로서는 물론이고 현현물로서도 그대의 존재에 대한 **자각**이란 것이 없습니다.

질: 그 상태에 있으려면, 즉 **지고의 상태**이자 **공**空인 그 상태에 도달하려면, 우리는 무엇을 하기 전에 먼저 '우리가 있다'는 것을 기억하고, 항상 우리 자신에게 그것을 환기시켜야 합니까? 아무리 많이 노력해도 우리가 거기에 도달할 수는 없습니다. 그러나 거기에 도달하기 위한 부단한 기억하기가 있지 않습니까?

마: 그대는 어떤 도구를 가지고 그것과 하나가 되려고 합니까? 그것을 염해서? 그것은 늘 있지 않습니까? 의식은 언제나 있을 것이고, 어떤 경우에도 그것은 있습니다. 그래서 의식이 의식이 될 것이고, 그것이 의식입니다. 그러니 누가 무슨 도구를 가지고 의식 안에 있기를 바라겠습니까? 일체가 의식인데도? 그 안에는 어떤 개체도 없습니다.

그것은 늘 지배하고, 그대는 거기에 어떤 변화도 초래할 수 없습니다. 그것은 바로 (모든 것의) 기초입니다. 그대가 있다는 기억이든 다른 기억이든, 모든 기억은 그것 안에서 나타나고 그것 안으로 가라앉습니다. 그 전체적 작용 안에는 별개의 어떤 정체성도, 별개의 어떤 작용도 없고, 작용하는 어떤 사람도 없고, 그것은 그냥 작용입니다. 만약 별개의 한 개체가 있다면 그것은 말할 수 없는 불행의 원인입니다. 이 불행의 씨앗, 이 의식의 점이 일어나지 않았다면 무슨 불행이라는 문제나 무슨 욕구가 있었겠습니까?

지금까지 논의한 점에 대해 무슨 질문이 있으면 하고, 그와 무관한 다른 질문은 하지 마십시오.

질: 의식은 그 사람 자신의 공空 안에서 관찰되는데, 그것은 우리가 눈을 감으면 깊고 푸른 허공을 본다는 뜻입니다. 그 순간에 우리는 (의식을) 관찰하고 있습니다.

마: 달리 무엇을 보겠습니까?

질: 그러니까 사실 이해하기 간단하군요.

마: 그것은 너무나 간단해서 천만 명 중에서 한 명이나 이해할 것입니다.

질: 모든 문제, 슬픔을 야기하는 것은 '내가 있음'이라는 이 작은 점이군요. 그렇다면 (우리가 수행을 하는) 유일한 목적은 실은 그 사실, 그 근원에 도달하는 것입니다. 그것이 이유입니까?

마: 예, 에고를 이해하십시오.

질: 결국 의식 안에서 나타나는 몸이 있습니까? 제 말은, 몸은 의식일 뿐이라는 겁니다.

마: 몸은 5대 원소의 상호작용의 산물입니다. 몸은 음식입니다. 즉, 음식의 이미지이고, 음식의 한 묶음입니다. 그 몸의 맛 또는 향기가 '그대가 있다'는

앎입니다. 그 미묘한 성질, 5대 원소로 된 몸의 맛이 바로 여기서 나오는 "내가 있다"라는 맛입니다.

질: 5대 원소는 우리가 마음의 수준에서 시작할 때만 있지만, 나중에 당신의 관점에서 보면 5대 원소는 공空일 뿐이고 의식일 뿐입니다. 5대 원소는 실재합니까, 실재하지 않습니까?

마: 그 질문을 누가 하며, 그 말을 누가 합니까? 만약 그대가 5대 원소와 별개라면, 그럴 때는 실재하지 않는다는 그런 말을 할 수 있겠지요. 그대가 5대 원소의 일부라면, 어떻게 그럴 수 있습니까?

'내가 있음'은 5대 원소의 한 산물인데, 그대가 이 의식 안에 있는 한, 일체가 의식의 수준에서는 실재합니다. 그대가 의식을 초월하면 '내가 있음'이 없고, 따라서 5대 원소의 산물인 의식의 영역을 넘어서 있습니다. 의식을 넘어선 최고의 상태에서는, 그 관점에서는 그것이 실재하지 않지요.

질: 그 최고의 수준에서는 5대 원소가 실재하지 않는군요?

마: 그대가 '내가 있음'을 초월하면 더 이상 그대가 없지만, '내가 있음'을 초월한 뒤에도 그 원리(궁극적 원리)는 남아 있습니다. 그것이 이것은 실재하지 않는다는 결론을 내릴 수 있겠지요.

질: (존재하는 것은) 공空뿐이군요?

마: 현재 그대는 무엇입니까? 5대 원소의 산물입니다. 허공에서 움직임이 나오고, 공기(허공)에서 불이, 불에서 물이, 물에서 흙이, 흙에서 식물이 나오고, 식물에서 그대의 몸이, 그 몸에서 '그대가 있다'는 앎이 나옵니다. 그러니 그대가 어떻게 5대 원소와 별개일 수 있습니까? 그대는 5대 원소의 핵심인 "내가 있다"인데, 5대 원소 없이 어떻게 "내가 있다"가 있을 수 있습니까?

질: 그것은 같은 것입니까?

통: '내가 있음'은 5대 원소의 유희가 낳은 최종 산물인데, 그대가 어떻게 별개일 수 있습니까?

마: 지금 그대의 정체성은 무엇입니까? 그대는 5대 원소의 결과입니다. 그대는 허공입니까, 공기입니까, 불입니까, 물입니까, 흙입니까? 그대는 지금 어떤 정체성을 가지고 이야기하고 있습니까? "내가 있다"고 말하기 위해서라도, 그

대가 이 5대 원소 아닌 무엇입니까? "내가 있다"고 말하려면 그것들이 있어야 합니다.

질: 마하라지님의 관점에서는 아무것도 없고, 5대 원소도 없군요?

마: 5대 원소를 끌어들이지 말고 이야기하기 바랍니다.

질: 이 5대 원소 없이는 제가 이야기를 할 수 없습니다.

마: 그런 말을 할 필요는 또 어디 있습니까? 5대 원소가 없다면 '내가 있음'도 없습니다. 그런데 그런 질문을 왜 합니까?

질: 저는 "내가 있다"에는 관심이 없고, 제가 원하는 유일한 진리는····.

마: 5대 원소에서 어떤 것도 가져오지 마십시오. 그대가 이야기를 할 때 그 말들은 허공의 것이어서, 그대에게는 그것을 빌려올 권리가 없습니다. 허공은 공기의 성질이니 공기도 포기하십시오. 그 원소들을 하나하나 다 포기하고 나면, 그대는 무엇이며 어디에 있습니까?

이런 이야기를 하면 사람들은 그냥 항복하고(단념하고), 두 손 들고는 가 버리겠지요.

제가 이야기를 할 때, (그대의) 다섯 감각기관이 하나하나 사라지고, 궁극에는 호흡과 의식도 사라진다고 여기십시오. 그러면 '나 자신'에게 남는 것이 무엇입니까? '나 자신'에게 남는 어떤 것이 있습니까?

질: 그러니까 소위 자유란 것은 없고, 우리는 5대 원소에 따라 행위해야 하는군요.

마: 5대 원소와 결합된 어떤 행위도 받아들이지 마십시오.

질: 우리 자신의 다섯 감각기관 안에서, 이 원소들의 유희 안에서, 각 개인에게 어떤 선택권이 있습니까?

마: 각 개인에게 선택권이 있느냐고 묻는 그것은 무엇입니까? 5대 원소와 결합한 것이 아닌 그런 예를, 그런 사람을 한 번 들어 보십시오. 누가 선택권을 가져야 합니까? 그대는 5대 원소에서 나왔는데, 누가 그대를 충동질하고 자극하고 있습니까? 5대 원소와 별개의 그대가 어디 있습니까?

다른 질문자: 마하라지께서는 우리가 할 수 있는 것이 아무것도 없다 하셨고, 또 우리는 기억하려고 노력할 수 있다고 하셨습니다. 그 도구가 무엇이든 사

실상 이해가 필요합니다. 어떤 도구를 가지고 이해해야 하며, 어떻게 이해할 수 있습니까?

마: 의식 말고 누가 무엇을 인식할 수나 있습니까? 그 이해조차도 의식 안에서만 일어날 수밖에 없습니다.

질: 예, 하지만 우리는 마음을 가지고 노력합니다. 우리의 마음은 뭔가를 원합니다.

마: 제가 되풀이해서 말했지만, 이 말하기는 의식 안에서 일어나고, 듣기도 의식 안에서 일어날 수밖에 없습니다. 문제는, 이야기를 하는 것은 한 개인이고 우리는 한 개인으로서 듣는다고 우리가 믿고 있다는 것입니다. 그 들음도 한 개인으로서 듣는 것이 아니라 전체 작용의 일부인 들음 그 자체로서 일어날 수밖에 없습니다. 말하기와 듣기 둘 다 의식 안에서 일어나고, 그래서 개인성은 완전히 상실될 수밖에 없습니다.

질: 그러면 마음은요?

통: 무슨 마음 말입니까? 마하라지께서 마음에 대해 이야기하십니까? 차라리 몸에 대해서 이야기하십시오. 왜 마음을 이야기합니까? 그것은 몸을 자신과 완전히 동일시합니다. 마하라지께서는 몸과 마음을 구분하지 않으십니다.

질: 그 의문이 마음 속에서 일어나기 때문입니다.

마: 그 의문이 마음 속에서 일어난다고요, 그래서 어떻다는 겁니까?

질: 우리가 의식이라는 단어를 사용할 때, 그것은 이 개인적 의식과 같다고 주장합니까?

마: 존재하는 모든 것은 의식이고, 같은 의식이 지각하는 모든 존재 안에 있습니다. 내 의식이 다른 모든 몸들의 의식이라면, 그대가 의식을 어떻게 붙잡을 수 있겠습니까? 형상이 의식을 가지고 있는 것이 아니라, 의식이 무수한 형상들을 가지고 있으면서 그것들을 통해 자신을 현현합니다.

질: 제가 지금 느끼는 이 외관상의 개인적 의식은 무수한 형상들을 자신과 동일시해 왔군요?

마: 의식 없이 몸이 있습니까? 그대가 있습니까? 세계가 있습니까? 따라서, 일어나는 모든 일은 의식이지 달리 아무것도 아닙니다. 일체가 의식 안에서

나타나고, **의식**에 의해 **의식** 안에서 지각되고 인식됩니다. **의식** 아닌 그 어떤 것도 없습니다. 이 **의식**을 사진으로 찍은 것이 있습니까?

그대가 한 개인으로서 무엇을 구하여 여기 온다면, 설사 그것이 그 개인을 위한 영적인 것이라 해도 아무것도 얻지 못할 것입니다! 저 5대 원소로 만들어져 나타난 모든 것은 시간이 지나면 사라질 것입니다. 그대가 구하는 그것은 어디에 있습니까? 되풀이하지만, 이 5대 원소는 시간이 지나면 사라집니다. 이때 그대로서 남는 것, 그 '그대'가 구하는 자이겠습니까?

◆ ◆ ◆

통: (한 방문객을 가리키며) 마하라지님이 말씀하시기를, 당신은 많은 지식을 얻었지만, 오전에 당신이 한 질문들은 주제와 별 상관이 없었다고 하십니다.

질: 아마 그 질문들을 별로 잘 여쭈지 못해서이기 때문이겠지요. 저는 단어들을 잘 파악하지 못하고 있고, 그것을 제대로 사용하지 못했습니다.

마: 지식과, 몸과의 동일시는 그대에게 아무 소용없습니다. 그대는 **의식**이고, 이 몸은 일시적인 것일 뿐입니다. 그러니 그대 자신을 몸이 아니라 **의식**으로 알도록 노력하십시오. 만약 몸과의 동일시를 붙들고 있고 싶다면, 이 **지**知는 그대에게 맞지 않습니다.

질: 제가 몸이 아니라는 것은 압니다. 저는 제가 그것을 실천하며 산다고는 말하지 않습니다. 그래서 여기 온 것입니다.

마: 그대가 몸과의 동일시를 포기할 준비가 되었을 때만 여기 올 수 있습니다. 몸의 성질들은 그대의 성질이 아니고, 그대는 그것과 별개입니다.

질: 저는 **의식**과 **자각**이 혼동됩니다. 제가 아는 어떤 스승은 **의식**이 **진아**라고 했습니다.

마: 제가 말하는 것이 이해되지 않는다면 여기서 어정거리지 마십시오.

그대도 이야기를 하고 저도 이야기를 하지만, 저는 몸-마음의 수준에서 이야기하지 않고, **의식**의 수준에서도 이야기하지 않습니다. 당연히 저는 몸에 대한 어떤 사랑도 없습니다. 몸에 대한 사랑은 이미 해소되었습니다. 존재하는 그 무엇도 이 현현된 **의식**이 유희하는 것뿐입니다. **의식** 자체가 **사랑**이며,

그것을 통해 말이 나오고 있습니다. 저에게는 지금 어떤 인격도 없고, 몸 동일성이 전혀 존재하지 않습니다. 어떤 동일시가 있다면 그것은 현현된 의식의 수준에서 있습니다. 의식의 모든 유희는 지켜봐지면서 그냥 일어납니다.

1981년 3월 24일(오전/오후)

92
몸은 하나의 손님과 같다

마하라지: 그대는 이 주제에 관심을 가진 지 얼마나 되었습니까? 스승이 있습니까?

질문자: 5년 되었습니다. 스승은 없습니다.

마: 이 주제를 어떻게 진행시켜 왔습니까? 무슨 책이라도 읽었습니까?

질: 저 자신을 가지고 하고, 저 자신에게 귀를 기울이는 것입니다. 책은 다양하게 읽었습니다.

마: 수행으로는 무엇을 합니까?

질: 명상과 저 자신에게 귀 기울이기입니다.

마: '그대가 있다', '그대가 존재한다'는 저 현존의 느낌, 지각성—그대는 그것을 자각합니까? 그것을 의식합니까?

질: 그것은 뭔지 모르겠습니다. 제가 모르는 것들이 있습니다.

마: 그대는 자신이 존재한다는 것을 자각합니까? 그대가 존재한다는 것을 의식합니까, 의식하지 못합니까?

질: 의식합니다.

마: 그 현존의 느낌, 그 존재의 느낌, 그 살아 있다는 느낌에 대해 명상하고 있습니까? 그것 없이는 그대가 존재한다는 것을 알지 못할 그것, 저 '내가 있음', 저 존재성에 대한 앎에 대해서 명상하고 있습니까?

질: 마음은 늘 무엇을⋯.

마: 무엇이 없어도, 그 뒤에 무엇이 오든, 존재의 느낌, 저 '내가 있음'이 있지 않습니까? 그대가 존재한다는 것을 그대가 의식하게 해주는 저 존재의 느낌, 그것은 늘 있지 않습니까? 그것을 연구하거나 거기에 집중해야 합니까?

질: 그것은 늘 있습니다.

마: 영적인 탐구의 목적은 우리가 우리 자신으로 돌아갔음을 깨닫는 것입니다. 일단 이 확신이 깊이 체화되면 한 개체라는 문제가 남지 않습니다. 몸에 무슨 일이 일어나든 신경 쓰지 않게 됩니다.

진인에게는 세상사가 어떤 특별한 의미가 없습니다. 그러나 원하는 것이 있어 어떤 목적을 가지고 여기 오는 사람들은, 제가 그들을 위해 해주는 말을 받아들이면서 그 말에서 어떤 이익을 얻기를 기대합니다.

저는 그대를 저 자신과 같은 수준에서 바라봅니다. 그대도 마찬가지로 그대 자신을 보듯이—즉, 몸 정체성을 가지고—저를 바라봅니다. 그것이 차이점입니다. 제가 그대를 저 자신처럼 본다는 것은 무슨 뜻입니까? 세상사에 상관하지 않는 사람들은 그것을 하나의 꿈과 같이 취급합니다.

질: 가끔 명상 중에, 어제 우리가 이야기한 그 느낌 혹은 환영, 그 푸른 의식의 허공 혹은 공空이 있는데, 그 체험 속에서는 더 이상 어떤 개체도 없고 '나'도 없지만, 눈을 뜨자마자 이 '나'가 다시 있습니다. 명상의 상태와 보통 상태 간의 이 차이는 점차 사라지겠습니까?

마: 예, 점차 사라집니다. 일어날 모든 일은 일어나겠지요. 그 신체적 개체가 되려고 하지 말고, 그 속에 들어가려고도 하지 마십시오. 모든 일은 자연발생적으로 일어날 것입니다. 몸은 하나의 방문객(손님)과 같아서 우리는 몸을 오고 가는 방문객처럼 취급해야 하지만, 주인은 주인으로 남을 것입니다.

통역자: 마하라지께서는 (마라티어로) '손님'을 뜻하는 '빠후나(*Pahuna*)'라는 단어의 아름다움을 끌어내셨는데, 그 단어를 나누어 보면 마이너스, 마이너스입니다. '우나(*una*)'는 마이너스, 즉 점점 줄어들 것이라는 뜻입니다.

마: 그가 방문객이라는 것은, 그의 체류가 일시적이어서 계속 그대와 함께 머무르지 않을 거라는 의미입니다. 방문객은 언젠가 떠나야 합니다. 그러니

주인과 손님의 관계를 이해하십시오. 방문객은 갈 것인데 무엇이 주인인가, 그것을 알아야 합니다. 그 방문객이 와 있는 동안, 주인으로서의 그대의 지위를 분명하게 알아야 합니다. 방문객이 가면 주인과 손님 간의 차이가 없어질 것이고, 손님이 있을 때만 주인과 손님의 이원성이 있습니다. 주인은 주인으로서의 자신의 진정한 성품이 무엇인지를 깨달아야 합니다. 일단 손님이 가고 나면 이원성이 없고, (그 손님을 위해) 무엇을 할 시간도, 할 일도 없습니다. 거기서 재미있는 점은, 우리가 손님은 인식하면서도 정작 주인인 자신을 인식하지 못한다는 것입니다.

질: 손님에게 너무 많은 주의가 베풀어졌군요.

마: 예, 그렇게 되고 있지요. 모든 주의는 손님에게 쏠리고, 주인에게는 어떤 주의도 전혀 쏠리지 않습니다. 손님이 떠난 뒤에 주인의 정확한 성품은 무엇인가, 그것을 손님이 와 있을 때, 이원성이 있을 때 깨달아야 합니다. 이원성의 상태에서 우리의 일원성을 이해해야 합니다. 몸의 형상을 한 이 손님을 받기 전의 나의 참된 성품, 그것을 이해하고, 지각하고, 나 자신이 그것으로 철저히 배어들게 해야 합니다.

주인으로서의 자신의 지위를 이해한 사람은 손을 들어 보십시오. 이 몸이 떠난 뒤 주인으로서의 자신의 지위에 대해 저에게 좀 설명해 보십시오.

질: 몸이 떠난 뒤에는 어떤 정체성도 없습니다.

마: 좋습니다. 그것은 확고히 배어든 확신입니까?

질: 명상 중에는 그런 체험을 합니다.

마: 오고 가는 이 손님의 표지는 무엇입니까?

질: 손님이 오자마자 하나의 전체인 정체성의 느낌도 있습니다. 명상 중에는 이러한 확신을 가질 수 있습니다.

마: 저는 그대가 존재하지 않는다는 것을 보증하겠습니다. 따라서 만일 그것이 굳은 확신이라면, 그대는 여기 올 필요가 없습니다.

질: 저는 그것이 충분히 강한 확신은 아니라고 느낍니다. 그 말은, 명상 중에는 정말 그렇게 느끼는 때도 있지만····.

마: 여기 올 필요가 없다는 것은 굳은 확신의 경우를 뜻합니다. 만약 그 확

신이 특정한 시간에만 있고 늘 있지는 않다면, 그것은 확고히 배어든 확신은 아니지요. 그렇다면 어떻게 손을 들 수 있습니까?

질: 뭐, 그것이 확고한 늘 있는 확신은 아니라는 것을 인정합니다.

마: 우리는 세계에서 무수한 이름과 대상, 온갖 것들을 발견하는데, 뭔가가 존재하지 않으면 기본적으로 아무것도 인식되지 않을 것입니다. 그것이 뭐냐 하면 생명력입니다. 이 생명력의 성품은 이 '내가 있음', 곧 의식입니다. 이 두 가지(생명력, 즉 생기와 의식)가 있기 때문에 생각과 말이 있지, 그렇지 않고는 아무것도 없습니다. 이 두 가지가 결합한 까닭에 이 무수한 이름과 사건들이 일어났습니다. 누가 이것을 생각할 시간이 있습니까?

이 모든 것은 누군가가 그것을 하는 것이 아니라, 전체 작용이 이런 것들을 통해서 일어나는 것입니다. 그 작용은 생명력을 통해서 일어나는데, 이 생명력의 성품이 곧 '내가 있음'이고, 말과 생각입니다. 이것들의 무수한 결합에 의해 이 전체 작용이 일어납니다.

대부분의 영적 스승들은 일체의 기본인 이 하나의 것을 제외한, 세간의 온갖 것들에 대해서 이야기하겠지요.

어떤 사람이 아주 졸릴 때—바로 깊은 잠에 빠지려 할 때—그럴 때 그는 잠을 자고 싶겠습니까, 아니면 세상의 다른 어떤 것을 선호하겠습니까? 깊은 잠에 들고 싶은 것 말고는 세상의 다른 어떤 것도 마다하겠지요.

그래서 숨이 떠나는 마지막 순간도 그 비슷한 황홀경의 순간입니다. 생명력과 의식이 떠날 때는 그런 황홀경의 순간이 있습니다. 숨이 떠난다는 것을 아는 마지막 순간에, 누가 있으며, 누가 죽어가고 말고가 어디 있습니까? 다시 말하지만, 존재하는 것은 생명력, 의식, 그리고 말 혹은 생각의 세 가지뿐입니다. 결국 생명력과 의식이 사라질 때는 생명력이 떠난다는 것을 아는 것이 마지막 생각이고, 그 순간은 황홀경의 순간입니다. 마치 우리가 잠이 들 때, 깊은 잠에 드는 것 외에는 달리 아무것도 원하지 않는 것과 같은데, 죽는다는 것이 어디 있습니까? 이것을 철저히 이해한 사람이 **진인**이며, 그에게는 탄생이나 죽음이란 것이 없고, 그 밖의 모든 것은 다 무지이고, 속박이며, 괴로움입니다.

다시 가장 깊이 강조해서 말하겠습니다. 만일 어떤 사람이 이것을 정말 이해했다면, 여기 다시 올 필요가 없습니다. 여러분이 오든 안 오든 저에게는 아무 차이가 없습니다. 이것만 이해하면 됩니다. 여러분이 이런 말을 듣고 그것이 참되다고 생각한다 해도, 개념화 과정이 멈추지는 않겠지요. 이런 모든 이야기를 듣고 나서 어떤 개념이 여러분의 마음 속에서 이미 시작되었고, 여러분은 그 개념을 발전시키고 있습니다. 제가 지금 여러분에게 한 이야기가 무엇이든, 그것은 저 의식의 점에 대한 것뿐입니다. 달리 뭐가 있습니까?

존재하는 모든 것은 이 의식의 점 안에 있는데도, 누구나 커다란 개념적 구조물들을 세워 그 안에 철저히 함몰될 것입니다. 저는 이러한 개념화 과정을 포기해 버렸고, 이 존재의 느낌만 의식하고 있을 뿐입니다.

◆ ◆ ◆

질: 오전에 마하라지께서 잠 혹은 죽음 직전의 황홀경에 대해 설명하셨습니다. 그 황홀경의 순간에 대해 다시 설명해 주실 수 있습니까?
마: 거기에 대해서는 더 이상 아무 말도 할 수 없습니다. 그것은 "내가 있다"는 자기 체험의 정점 혹은 종결입니다. 저 '내가 있음'이 종결되고 나면, '내가 있음'의 경험이든 다른 누구의 경험이든, 어떤 경험도 없습니다.
질: 깊은 잠에 대해서도 말씀하셨습니다. 우리는 잠에 떨어질 때 전혀 눈치채지 못합니다. 그 순간에는 우리가 깊은 잠에 떨어지는지 뭘 하는지 결코 말할 수 없습니다.
마: 그것은 저 죽음의 순간도 마찬가지고, 그 뒤에는 어떤 이해도 없습니다.
질: 몇 년 전 한 호주인이 여기 왔을 때 그가 당신께 말하기를, 자기는 7분 동안 임상적으로 죽었던 적이 있다고 했습니다. 그는 자신이 다시 산 상태로 끌려나오고 있다는 것을 알았고, 자기는 그 상태에 영원히 머물러 있고 싶었지 끌려나오고 싶지 않았다고 말했습니다.
마: 그것은 지각성도 없고 비지각성도 없는 상태입니다.
질: 만약 앎도 없고 모름도 없었다면 그가 어떻게 자기는 다시 소생하기를 원치 않았다고 말할 수 있었을지 궁금합니다.

마: 지각성은 물질의 성질입니다. 그것은 어떤 형상을 한 지각성이 있었다는 의미가 아닙니다. 그것은 그런 것이 아니고 다시 깨어난 것입니다.

질: 거기에 대해서 우리가 할 수 있는 것은 아무것도 없군요?

마: 무엇을 아는 저 정신-신체적 도구(몸-마음)는 거기서 쓸 수 없지요. 그대는 태어나기 전에 무엇을 알고 있었습니까?

질: 아무것도 몰랐습니다. 어떤 도구도 없었습니다.

마: 그와 마찬가지로, 죽고 난 뒤에는 이 대상 세계를 아는 도구가 없습니다. 그대는 몸-마음과의 동일시로써 쾌락과 고통을 아는데, 몸-마음이 없으면 어떤 쾌락이나 고통도 없습니다.

구도자의 실체는 몸-마음이 없고, 그의 정체성은 몸-마음이 없습니다. 자기가 있다는 앎은 물질의 성질이고, 그것의 한 표현입니다. 그래서 몸이라는 재료가 없으면 "내가 있다"는 앎도 없습니다.

질: 스승의 발아래서 느껴지는 기쁨과 행복, 그것은 우리의 진정한 **자아**의 한 표현입니까?

마: 저 **의식**의 점이 확장되는 것일 뿐입니다.

질: 깊은 잠과 순수한 **자각**의 차이는 무엇입니까?

마: **자각**은 영원한 상태이며 시간이 한정되어 있지 않습니다. 반면에 깊은 잠은 시간이 한정된 일시적 상태입니다. 깊은 잠 속에서는 움직임이 있으나, 미현현의 **절대적 자각** 안에서는 어떤 움직임도 없습니다.

질: 깊은 잠 속에서의 움직임, 그것은 무엇입니까?

마: 생시 상태, 깊은 잠, 생시 상태, 깊은 잠. 생시 상태는 시작과 끝이 있고, 마찬가지로 깊은 잠도 시작과 끝이 있습니다. 그것이 움직임입니다.

통: 영원에는 탄생도 죽음도 없지만, 일시적 국면에는 시작과 끝이 있습니다.

질: 의식은 무엇의 표현입니까?

마: 그것은 **미현현자의 현현**입니다. **진아**가 **미현현자**입니다.

질: 우리는 결코 잃어버린 적이 없는 것을 찾고 있는 거로군요!

마: 그렇지요. 누가 누구에게 그 이야기를 하고 있습니까?

질: 우리는 어릴 때부터 1 더하기 1은 2라는 것을 배우는데, 그것이 마음속

에 확고히 자리 잡고 나면 우리가 그것을 받아들이고, 이후 그것은 하나의 습관이 되어 모든 계산에서 우리가 그것을 의심하지 않습니다.

또한 우리는 어릴 때부터 우리가 하나의 몸이라는 것을 배웁니다. 이제 우리는 자신이 몸이 아니라는 것을 지적으로 이해한다고 말하지만, 그래도 하나의 몸으로서 행위합니다. 우리가 몸이 아니라는 이해도 하나의 습관이 되어야 우리가 그것을 결코 의심하지 않는 것 아닙니까?

마: 1 더하기 1은 2인데, 만일 1이 없다면 2가 있을 수 있습니까?

그대가 그 몸도 아니고 그 몸의 행위도 아니라는 것을 확신하고, 그 확신이 정말 확고하다면, 다시 그 몸과 마음 혹은 그 몸의 행위를 그대 자신으로 것으로 여겨 개입하고 말고가 어디 있습니까?

저는 이 모든 지知를 얻었습니다. 이 모든 지知가 저에게 밝아왔지만, 이제 저의 실체는, 저는, 그 지知가 아닙니다. "내가 있다"는 앎과 그것의 모든 행위, 그리고 현현물들이 이해되지만, 그 이해 속에서도 저는 그것이 아닙니다. '내가 있음'은 이 몸 안에 있고, 모든 행위는 이 '내가 있음'과 몸을 통해 일어나지만, 절대자인 저는 그것이 아닙니다.

질: 전적으로 동의합니다. 하지만 그것이 당신께서 설명하시는 바와 같다는 것을 알아도, 여전히 몸과의 동일시가 일어납니다. 그것을 원치 않고 생각하지도 않아도 말입니다. 한 생각이 일어나듯, 홀연히 이 동일시가 있습니다.

마: 몸은 하나의 음식물이고 마음은 그 표현입니다. 마찬가지로 저 '내가 있음'도 음식물의 표현입니다. 그대는 그것이 아니고, 의식을 포함한 그 모든 것을 초월해 있습니다. 의식을 이해하는 가운데서 그대가 의식을 초월합니다.

질: 왜 의식에서 좋고 나쁜 언어가 흘러나옵니까?

마: 그 언어가 어떤 것이든, 그것은 의식 그 자체의 결과나 표현 아닙니까? 의식이 있으면 말이 언어로서 따라 나옵니다. 그러니 그것은 의식에서 비롯되지 않습니까? 좋든 나쁘든 일체가 의식 안에 있고, 모두 의식의 유희입니다.

1980년 3월 25일(오전/오후)

93
명상이란 "내가 있다"는 앎 속에 존재하는 것

마하라지: 그대가 여기서 얻게 될 그리고 얻어야 할 유일한 지식은 진아에 대한 지식이고, 다른 어떤 지식도 여기서 얻지 못할 것입니다. 그대가 세간에서 밥벌이를 하는 데 도움이 될 그런 지식은 여기서 얻지 못합니다. 이런 이야기를 모두 듣고 나니 그대의 참된 성품이 뭔지 분명히 알겠습니까?

질문자: 제가 무엇이 아닌지는 이해했습니다.

마: 좋습니다. 그대가 무엇이 아니라는 것을 이해했다면, 그대가 아닌 것에게 어떤 일이 일어나든 더 이상 상관해서는 안 됩니다. 분명히 이해됩니까?

질: 제가 무엇인지에 대한 관념이 좀 있습니다.

마: 그대는 자신이 무엇이 아닌지 이해했지만, 자신이 무엇인가에 대한 관념도 여전히 좀 가지고 있습니다. 그 이미지마저 완전히 지워져서 어떤 개체에 대한 어떤 관념도 없어야 합니다.

그대가 이해했다고 생각하는 것, 그것을 어디에 쓰겠습니까? 우리가 우리라고 생각하는 것이 의식이라고 가정합시다. 누가 자신을 위해 그 의식을 어디에 쓰겠습니까? 우리가 의식을 쓸 수 있는 것은 남들을 위해서입니다. 내가 한 개체가 아니라는 것이 확인되었다면, 존재하지 않는 개체인 내가 이 의식을 어떻게 쓰겠습니까? 의식을 쓴다면 그것은 남들을 위해서겠지요.

질: 심어진 씨앗이 아직 어립니다. 그것을 도와주려면 보살핌과 (스승의) 최종적 자비가 필요합니다.

마: 은총은 늘 있지만, 그 은총을 받으려면 그럴 만한 자격이나 수용성(받아들일 수 있는 능력)이 있어야 합니다. '내가 듣는 이야기는 절대적 진리다'라는 100퍼센트 굳은 확신을 가져야 합니다. 그대는 제가 그대에게 베푸는 것을 그대와 하나가 될 정도로 체화하지 않고, 그저 그것을 어디서 받은 물건처럼 주머니에 넣어두고 계속 다른 물건을 사용합니다. 그대가 사용하는 것은 그대가 축적한 개념들이지 제가 그대에게 말해준 것이 아닙니다. 여러분 중의 누

구도 자신이 무엇인지 진정으로 이해하지는 못할 것입니다. 여러분은 각기 (자신에 대한) 어떤 이미지를 가지고 있겠지만, 그것은 그릇된 것일 수밖에 없습니다. 저는 그것을 알고 있고, 그래서 사람들이 여기 오든 안 오든, 귀담아 듣는 사람이 있든 없든, 전혀 영향을 받지 않습니다.

질: 저는 지적으로 이해했다고 생각합니다. 우리가 그것을 깨닫지 못했다면 어떻게 해야 더 나아갈 수 있습니까?

마: 그대가 지금 지적으로 이해했다고 생각하는 것에 대해, 그대가 한 개체로서 더 이상 할 수 있는 것은 아무것도 없습니다. (그대에게) 뿌리 내린 것이 스스로 개화하여 하나의 직관적 과정이 될 것입니다. 그대는 그것을 지적으로 이해했다고 하는데, 그 뿌리 내린 것이 점차 발전하여 때가 되면 세계가 점차 불식될 것입니다. 그대가 불식할 수는 없고, 저절로 그렇게 됩니다.

어떤 개체도 없고 따라서 이 들음도 자연발생적으로 일어나야 한다고 제가 아주 절박하게 말했는데도, 그대는 한 개체로서의 현상적 존재 안에 자신의 중심을 두고 계속 존재하면서, 그 입장에서 질문합니다. 제가 그대의 수준으로 내려가서, 있지도 않은 어떤 것을 계속 털어 주어야 합니까?

질: 어제 어떤 분이 말하기를, 오랜 습이 없어지려면 시간이 걸리고, 그래서 질문도 그런 오랜 습에서 나오는 거라고 했습니다.

마: 그 시간의 개념은 누구의 것입니까? 이 탈동일시의 과정이 시간이 걸릴 거라는 생각, 그것은 개념 아닙니까? 그것이 위험요소가 된 것 아닙니까?

질: 한 개체로서 우리가 할 수 있는 것은 아무것도 없다는 지적 이해를 얻어도, "내가 있다"는 내관을 멈출 수 있다는 것은 아니겠지요?

마: 아무것도 할 수 없지요! 존재성은 늘 있습니다. 그저 제가 말한 것을 이해하고 통찰하십시오. "나는 '내가 무엇이다'라고 들은 그것이지, 내가 나라고 생각하던 그것이 아니다." 그것이 이해입니다. 그러니 그 이해 안에 머물러 있으십시오. 아무것도 할 수 없습니다. 누가 무엇을 하겠습니까?

질: 단순히 이해하는 것, 그것이 "내가 있다"가 되겠습니까?

마: 의식이 없다면 누가 질문을 하겠으며, 어떤 점에 대해 하겠습니까? 제가 말한 것을 그대가 진정으로 통찰한다면 계속해서 다시 올 이유가 없고, 만약

그것을 이해하지 못한다면 이야기를 계속한들 무슨 소용 있습니까?

질: 제 몸이 명상에 들어 앉아 있을 때 제 마음은 무엇을 해야 합니까? 우리가 아무것도 할 수 없다면, 앉아서 명상할 때는 어떻게 해야 합니까?

마: 명상이란 "내가 있다"는 앎 속에 있는 것을 뜻하며, 해야 할 것은 아무것도 없고, "내가 있다"는 앎 외에는 명상할 것이 하나도 없습니다. 생각이 오고 가면 오고 가게 내버려 두십시오. 그것은 마음의 성품입니다.

질: 모든 존재에서 자연발생적으로 솟아나오는 보편적 사랑은 마음과 몸의 작용입니까, 아니면 그것은 **보편적 의식과** 관련됩니까?

마: 이 전체적 사랑은 모든 현현물 속에 존재하는 의식의 성품의 표현 그 자체입니다. 이 느낌이 일어날 때는 할 수 있는 것이 없습니다. 그것은 의식의 성품 그 자체이기 때문입니다. 바다 전체를 어떻게 끌어안을 수 있습니까?

◆ ◆ ◆

질: 저는 좌선 명상을 잘 못하겠습니다. 자세 때문이 아니라, 마음이 들떠서입니다. 명상에 익숙지 않은데 어떻게 해야 될지 정말 모르겠습니다.

마: 그런 장애를 극복하기 위한 우리의 전통적인 방식은 명호기억, 곧 신의 이름 염송이나, **만트라** 같은 그런 거지요.

질: 저는 명상 속에서 가끔 공空 아니면 무한한 의식의 느낌 혹은 체험을 가질 수 있는데, 그러다가 이 공空 혹은 무한한 의식 안에서 나타나는····.

마: 그대의 체험을 너무 길게 이야기하는군요! 간단하게 하십시오.

질: 그러니까, 이 의식 안에서 현상계가 나타나고, 그래서 저에게는 이원성이 있는 것처럼 보입니다. 저는 의식이자, 의식 안에서는 그 상태이기도 합니다. 그것이 비이원성과 어떻게 조화될 수 있습니까?

마: 관찰 대상이 무엇이든 그것과 의식은 하나로 합일되어 나중에는 비이원적 상태가 됩니다. 의식의 영역 안에는 늘 관찰자와 관찰 대상이라는 이원성이 있고, 그래서 때가 되면 관찰자와 관찰 대상이 합일될 것입니다.

질: 사람이 죽으면 그 개인적 의식은 **보편적 의식** 속으로 합일된다, 저는 그것이 잘 이해되지 않습니다.

통: 그대가 더 이상 몸-마음이 아닐 때는 의식일 뿐이고, 그것이 곧 **보편적 의식**입니다. 개인적 의식이라고 할 만한 것은 없습니다. 그대가 몸과 마음을 벗고 마음 이전이 되면, 그것이 **보편적 의식**입니다.

질: 심령적인 것에 관한 어떤 문헌과 연구들이 있는데, 심령주의자들은 자신들은 더 이상 몸을 가지고 있지 않은 영혼들과 접촉한다고 말합니다.

통: 그 말은, 영혼 의식이라는 또 다른 상태가 있다는 뜻입니까?

질: 육신 이후, 곧 몸이 사라졌을 때 영원한 의식에 합일되지 못하고 살아남은 영혼들이 아직 있다는 것입니다.

마: 저는 그런 것은 전혀 모릅니다. 만약 그대가 관심이 있다면, 그런 것을 실험하는 실험실의 그런 실험 결과를 따르십시오.

통: 마하라지께서는 그런 것을 다루지 않습니다. 당신께서는 그대가 그런 모든 마음 문제들을 그냥 지나쳐서 마음 이전에 자리 잡기를 바라시지요. 그래서 의식을 말씀하시는 겁니다. 마음의 영역 안에서는 그대가 목적지에서 완전히 벗어나고, 길을 잃을 것이기 때문입니다.

마: 저는 존재하지도 않는데, 그 사람들은 그런 높은 경지에 있어서 그대가 영혼들의 영역에 붙들려 있군요! 여기서 괜히 시간 보내지 말고 가십시오!

질: 순복하는 시점에서 저의 내면에 두려움이 있습니다. 그 두려움은 마음 속에만 있습니까? 그것을 지나쳐야 합니까, 지켜보고 마주해야 합니까?

마: 두려움이 있다는 말을 그대가 들었을 뿐, 실은 어떤 두려움도 없습니다.

질: 아무 두려움도 없다면, 저는 그것을 뭐라고 불러야 할지 모르겠습니다.

통: 마하라지께서는 보통, 두려움은 마음의 영역 안에 있다고 말씀하십니다. 당신께서는 그대가 마음 이전에 머무르고, 마음 자체와는 상대하지 않기를 바라시지요. 그대는 두려움 이전입니다.

질: 다른 감정과 마찬가지로 말입니까?

마: 저는 두려움에 대해서는 모릅니다. 마음의 수준에서 대화를 유발하고 싶지 않군요. 답변에 만족하지 못하는 분들은 올 필요가 없습니다. 지금까지 수천 명의 사람들이 제 이야기를 듣고 나서 아주 많은 것을 알게 되었지요. 이제 저는 바위를 쪼아 일종의 큰 신상을 만들어낼 기력이 없습니다. 그런

끈기나 기력이 없습니다.
질: 아무것도 할 수 없다고 말씀하셨지만, 어떤 성숙 과정은 있습니까?
마: 그 앎 속에, 의식 안에 자리 잡을 수 있을 때, 그대의 성숙 과정은 거의 끝난 것입니다.

◆ ◆ ◆

질: 의식과 지성의 관계는 무엇입니까?
마: 지성은 의식의 표현입니다.
질: 우리는 지성을 통해서만 일체를 이해하고 통찰합니다.
마: 해야 할 일은 해야 하고, 이해해야 할 것은 이해해야 합니다. 해야 할 일이란 보통 그대의 세간적 삶을 말하고, 그것은 완수해야 합니다. 영적인 공부에서는 **이해해야지**, 무엇을 **해야** 하는 것은 없습니다. 영적인 공부에서는 이름도 형상도 없습니다. 이름과 형상은 그대의 세간적 삶에서 필요합니다. 이름과 형상이 자신의 정체성이 아니라는 것을 이해하는 사람은 영성靈性 속에 있습니다. 현재 그대는 아직도 이름과 형상 쪽으로 끌립니다. 현상 세계 안에서 그대가 이름과 형상으로서 갖는 정체성은 일시적이고 지나가는 하나의 연극이며, 이름과 형상에 관계되는 어떤 것도 머무르지 않을 것입니다.

다양한 개념들을 통해서 영적인 공부를 이해하는 사람은 어떤 악순환에 사로잡히게 될 것입니다. 만일 그대가 개념들에 걸려 있으면 개념들의 순환 속에 걸려들겠지요. 환생, 다시 몸 받기—이런 것들은 모두 개념입니다. 이런 개념들에 사로잡히면 그런 것을 겪을 수밖에 없습니다. 개념에서 건물 등과 같은 형상들이 창조됩니다. 원래 그대가 어떤 계획을 세우면 그대는 하나의 개념을 갖습니다. 그 개념은 그대에게서 태어나고, 그대는 거기에 구체적인 형태를 부여하지만, 그것은 하나의 개념으로 남습니다.

소위 탄생이라는 경험과 함께 그대는 마치 TV 스크린에 나오는 화면처럼 그 순환 속에 걸려듭니다. 이 모든 인생 사건은 하나의 영화와 같습니다.

상황들은 부단히 변하고 있다는 것을 그대는 매일 관찰해 보았겠지요. 그것은 몸-마음을 자신과 동일시하는 그대의 정체성의 성질 또는 표현입니다.

유희하고 있는 것은 의식이고, 그 현현된 의식 안에서 이 모든 다양한 얼굴과 몸들이 유희하고 있습니다. 그대는 이런 얼굴과 몸들이 아니며, 그 말들이 지금 흘러나오고 있는 그 의식입니다.

그대가 TV나 영화에서 보는 연극이 실재하지 않듯이, 이 연극도 실재하지 않습니다. 진인에게는 그 모든 유희가 실재하지 않습니다.

저는 그대에게 그대의 가정 문제들에 대한 해결책은 드리지 않을 것이고, 이 세간적 삶이 어떻게 존재하지 않는지를 말해주고 있습니다. 이런 이야기를 듣고 나서도 그대는 여전히 자신을 위해 어떤 이익을 얻고 싶어 합니다. 그것은 딱한 일입니다. 얼마나 놀라운 일인지…. 여기 오지 말라고 그렇게 말려도 그대는 계속 오는데, 어떻게 된 일입니까?

우리는 원하지 않아도 꿈을 꿉니다. 우리는 왜 꿈을 꿉니까? 깊은 잠 속에서 의식이 자연발생적으로 깨어나기 때문입니다. 그것은 깨어났기 때문에 어떤 환영들로 자신을 드러냅니다.

바로 그것처럼, 그대가 이곳을 찾아오는 것도 마찬가지입니다.

저는 저의 이익을 위해 그대에게 이야기하는 것이 아니고, 그대도 그대의 이익을 위해 듣고 있는 것이 아닙니다. 이 모든 언어는 꿈과 같은 상태에서 자연발생적으로 솟아나오고 있습니다.

저는 늘 그대를 **진리** 쪽으로 인도하려고 하지만 그대는 개념적인 막대기와 돌만 한 무더기 가져와서, 제가 말하는 것은 듣지 않고 그 막대기와 돌을 가지고 장난을 칩니다—저에게 말입니다.

바로 지금, 몸이 떠날 바로 그 순간을 생각해 보십시오. 그때 그대는 어떤 정체성을 가지고 떠나려고 합니까?

이것은 하나의 사기이고, 일체가 사기적입니다—마치 꿈 세계처럼.

질: 1차적 원인은 무엇입니까? 무엇이 잘못이었습니까?

마: 잘못은, 이 의식이 의식하기 시작하면서, 문제가 시작되었다는 것입니다.

그대가 좋아하든 말든, 저는 그대를 사실 그대로의 상황 앞에 세우겠습니다. 그대는 그대가 있다는 것을 알지만, 그것은 모두 상상적입니다. 그대는 그대가 있다고 생각하는데, 그것은 하나의 사기입니다. 그 존재성의 성품과 그 행동이 무엇이든, 그것은 그대의 행동이 아닙니다.

그대가 자신의 참된 정체성 안에 안주하면 이 짓궂은 꿈 세계에서 빠져나갑니다. 저는 그대 앞에 그대의 실체를 제시했습니다.

여러분 모두는 언젠가 자신이 죽을 거라는, 그 의식이 떠날 거라는 두려움을 가지고 있습니다. 그 모든 표현들은 음식기운으로 된 몸의 표현이지 여러분이 아닙니다. 단맛이나 매운 맛은 음식의 표현인데, 여러분은 그 맛을 보존하거나 보관할 수 없습니다. 마찬가지로, 이 '내가 있음'은 음식기운의 몸이 갖는 성질 또는 표현이고, 여러분은 그것을 영원히 보유할 수 없습니다.

1981년 3월 26일(오전/오후), 28일

94
의식은 해답을 얻기 전에는 휴식하지 않는다

질문자: 다양한 모든 형상들의 의식이 동일하다면, 왜 사람마다 생각과 행위들이 다릅니까?

마하라지: 그 생각과 행위들은 몸-마음에 속하는데, 몸-마음은 5대 원소의 정수입니다. 그 형상의 성품은 5대 원소와 세 가지 구나의 다양한 조합에 달려 있고, 생각과 행위들은 의식이 존재한 바로 그때부터 받은 조건화에 달려 있습니다. 의식 없이는 죽은 형상들밖에 없겠지요.

의식과 몸은 우리가 섭취하는 음식과 약에 의해 정상적인 작동 상태가 유지됩니다. 각 형상 안에서 일어나는 생각과 말과 행위는, 그 형상이 만들어진 이후로 받은 조건화뿐만 아니라 잉태 시에 형성된 조건화에까지 의존합니다. 의식은 그 탄생 화물(birth chemical) 안에 잠재해 있었습니다.

우리가 하나의 몸을 자신과 동일시한다는 것이 얼마나 우스운 일입니까! 그대는 영적인 공부를 얼마나 오래 해왔습니까?

질: 40년간입니다. 저는 라마나 마하르쉬의 "나는 누구인가?"를 따르고 있고, 마하라지님의 가르침에 관한 그 책도 읽었습니다.

마: 지금까지는 좋습니다. 그대는 자신의 진아에 대해 무엇을 이해하고 있습니까? 그대는 무엇입니까?

질: 의식입니다.

마: 궁극자는 어떤 경험보다도 먼저입니다. '내가 있음'이 경험의 시작입니다. 궁극자 위에 이 지각성이 나타났고, "나는 누구, 혹은 무엇인가?"라는 의문이 일어났습니다. 저 존재의 느낌은 형상에 의해 채색되지 않습니다. 그것은 그냥 "내가 있다"라는 존재의 느낌입니다. 그것이 최초의 경험이었습니다.

질: 이것은 마야입니다.

마: 그대가 "나는 누구인가?"에 대한 해답을 얻지 못하기 때문에 이것이 마야라는 대답을 합니다. 어떤 대답으로 그것을 포착하지는 못합니다. 그대는 무엇을 자신과 동일시합니까?

질: 저는 브라만입니다.

마: 그것은 그대의 직접체험이 아닙니다. 그대는 그저 책에서 읽거나 남에게서 들은 말을 되풀이하고 있습니다. 그대는 자신이 무엇이라고 생각합니까?

질: 제가 체험한 것은····.

마: 그 체험은 '내가 있음'이 있을 때 가능하지만, 이 '내가 있음'의 체험 이전, 그 상태는 무엇이었습니까?

질: 모르겠습니다.

마: 그대는 이해할 만한 지혜를 가지고 있기에 제가 이야기하는 것입니다.

질: 제가 이 '내가 있음'을 멈추고, '내가 있음' 이전이 될 수 있습니까?

마: 어떤 자연적 과정을 그대가 멈출 수 있습니까? 모든 것은 자연발생적입니다. 현재 그대는 의식 안에 있는데, 그것은 요동하고 진동합니다. 그대가 이 요동하고 진동하는 의식과 별개인 무엇이라고 생각하지 마십시오. 그대는 이 의식의 유희의 일부입니다. 그대, 곧 의식은 소화한 음식의 산물입니다.

　활동적 의식, 즉 활동하고 있는 진아의 수준에서는 몸이라는 정체성이 있을 수 없습니다.

질: 제가 그것을 어떻게 확신할 수 있습니까?

마: 그대의 **진아** 안에 조용히 머무르면 그 확신을 얻게 됩니다. 고요함에 머무르십시오.

◆ ◆ ◆

질: 어떻게 하면 "내가 있다"는 **자각** 안에 확고히 자리 잡을 수 있습니까? "내가 있다, 내가 있다"고 생각합니까?

마: 그대가 여기 앉아 있다고 생각할 필요가 있습니까? 그대는 자신이 여기 앉아 있다는 것을 압니다. 한 몸과 동일시되는 한 개체로서는 생각하지도 말고 행위하지도 말라고 아무리 큰 소리로, 아무리 자주 이야기해 주어도 그대는 계속 그렇게 합니다. 존재하는 어떤 이름과 형상도 저 물질에 속하고, 저 물질은 그대가 아닙니다. 그대는 그 문제를 분석하여, 굳은 확신으로 그대가 그 물질이 아니라고 판단합니까? 그 물질이 해체되면 그 이름은 무엇을 가리킵니까? 그것이 무슨 의미를 갖겠습니까?

천만 명 중에서 한 명이나 그 문제의 정점으로 나아가 그것이 무엇인지를 분석하고 어떤 결론에 도달하여 해방되는데, 모두 혼자서 그렇게 합니다. 해방되는 자는 **의식**이며, 어떤 개체도 없습니다.

궁극적 이해는, (삼매 속에서) 그 이해가 일어날 수 있게 하면서 그 자체는 아주 미묘해지고 아주 미세해져서 사라지는 그것(**의식**)입니다. 그리고 이 **의식**이 다시 일어날 때는 그 **삼매**가 깨지고 이 '내가 있음'이 다시 시작됩니다.

말은 **의식**에서 나오는데, **의식**은 몸의 힘을 필요로 합니다. 저는 몸의 힘이 점차 약해지고 있고, 그래서 마음대로 자유롭게 말이 나오지 않습니다. 많은 기력을 쓰면서 같은 말을 계속 되풀이하지만, 몇 사람이나 이해했습니까? 기본적으로 핵심은 너무나 간단한데, 그대가 계속 여기 와서 제가 하는 말을 듣는데도 그 말이 목적을 달성한 기미를 보이지 않으니 답답합니다.

탄생 원리가 무엇입니까? 그대는 이해했습니까, 이해하지 못했습니까? 이해했다면 왜 계속 옵니까? 이해하지 못했다면 왜 계속 옵니까?

질: 마하라지, 저는 그냥 여기에 당신과 함께 있는 것이 좋습니다.

94. 의식은 해답을 얻기 전에는 휴식하지 않는다

마: 그것은 별개의 문제지요. 그러나 그대가 이해하기를 제가 바라는 것을 정말 흡수했습니까?

질: 저희는 수많은 개념을 가지고 여기 오는데, 당신께서 가르치시는 것은 너무 놀라워서 하나의 충격요법 같습니다. 그러니 어떻게 저희가 질문할 것을 기대하십니까? 저희가 한동안 그 충격을 흡수하게 해주십시오. 그러면 질문이 나올 것입니다. 저희들은 놀라서 침묵하는 것입니다.

마: 여기 와서 제 이야기를 듣고 이해하는 사람들은 자기 나라로 돌아가면 스승이 될 것입니다.

이해하기가 그렇게 쉬운데 왜 이해 못합니까? '현재, 현상계 속에서, 나의 실체는 **의식**인데, 이 **의식**은 음식-몸이 없으면 남아 있을 수 없다. 따라서 의식은 음식-몸에 의존해 있다. 이 몸은 본질적으로 무상한 성품의 것이고, 나는 그것일 수가 없다.' 이렇게 간단한 것인데, 왜 이해하지 못합니까?

의식이 더 이상 그 자신을 의식하지 못하게 되어야 합니다. 단맛은 설탕 속에 있고, '나'는 그 단맛을 이해하고 맛보는 자입니다. (그대가 가진) 그런 모든 영적 개념들은 관습적으로 들어와 있습니다. 마지막 단계는, 자신의 궁극적 상태에서는 지각성(앎)이 곧 비지각성(모름)이라는 것입니다. **의식**을 초월하는 것은, **의식**이 **의식**을 알고 이해할 때입니다.

질: 오늘 아침, 깊은 잠에서 깨어나기 직전에 짧은 일순간 그 고요함이 있었습니다. 그때 완전한 앎, 고요함, 그저 존재함이 있었습니다.

마: 그것은 상당히 높은 상태지만 거기에만 걸려 있지 마십시오. 깊은 잠은 얼음 덩어리 같아서 거기에 아무것도 없습니다. 지금 그것이 다시 풀리면서 온기가 일어나고 있는데, 그 온기로 그대는 그대가 있다는 것을 느낍니다.

누가 피리를 불면 세상 사람들이 다 매혹됩니다. **의식**이 그대를 세계라는 연극에 사로잡히게 하고 있습니다. 그 피리에 대해서, 그리고 누가 그것을 불고 있는지 탐구하십시오. 근원으로 들어가십시오.

질: 우리가 이 삶을 사는 동안 많은 의문이 일어나는데, 우리는 **의식**을 부단히 자각하고 있어야 합니다. 그러나 마음이 우리를 내버려두지 않습니다.

마: 마음은 의사소통을 위한, 실제적 목적을 위한 한 도구입니다. 마음은 진

리를 파악할 수 없습니다. **진아**는 마음을 지켜보지만 마음은 **진아**를 붙잡지 못합니다.

❖ ❖ ❖

마: 의식의 성품과 작용에 대한 명확한 이해가 일어나면 그 이해는 더 이상 의식을 필요로 하지 않습니다. 그 이해가 의식을 아는 자가 되기 때문입니다.
질: 한 개인으로서가 아니라 전체 현현물로서 작용하는 것이 가능합니까?
마: 전체 현현물과 개인이 된다는 것을 그대는 어떻게 이해합니까?
질: 현현물(manifestation)이 무엇입니까?
마: '나'가 현현물입니다. 미현현의 절대자인 나는 현현된 '나'와 동일합니다. 의식은 절대자의 표현이며, 둘이 없습니다.
질: 만일 제 삶이 저에게 큰 만족과 행복을 준다면 '나는 무엇인가'나 '나는 누구인가'에 왜 굳이 신경 써야 합니까?
마: 이 의식은 해답을 얻기 전에는 휴식하지 않을 것입니다. 이 의식은 그 자신의 존재를 감당할 수 없고, 그 자신의 의식을 감당할 수 없습니다.
질: 그것은 그 자신의 안식처로 돌아가고 싶어 하는군요.
마: 저는 말로 논의하고 싶지 않습니다.

여러분은 확고한 마음으로 부지런히 여기 와서 앉아 있는데, 그렇게 오고 싶으면 와도 좋습니다.

제 가르침은 아주 단순합니다. 경험자와 경험들이 다 환幻이라는 것입니다.

여러분이 젊은이일 때는 젊은이가 하는 모든 활동을 아주 좋아하고 거기에 참여합니다. 일단 젊음이 사라지면 젊은이가 하는 활동에 관심이 없어집니다. 마찬가지로, 이 "내가 있다"는 개념을 입고 있으면 모든 개념에 관여하게 될 것입니다. 이 "내가 있다"는 개념이 떠나고 나면 '내가 있었다'거나 '내가 이런 경험을 했다'는 어떤 기억도 남지 않을 것입니다. 그 기억 자체가 말소됩니다. 여러분이 완전히 청산되기 전에, 여러분의 자취가 아직 좀 남아 있을 때, 이곳을 떠나는 것이 더 좋을 것입니다.

(다른 데서는) 이런 가르침을 이렇게 상세히, 이런 수준에서 만나지 못할지

모릅니다.

 이 여사는 많은 지식을 축적하여 그것을 잔뜩 쌓아가지고 있지만, 때가 되면 자신이 축적했던 모든 것을 잊어버릴 뿐 아니라 자기 자신마저, 즉 자신이 존재했다는 것마저 잊어버릴 것입니다.

◆ ◆ ◆

질: 진아를 깨달은 사람은 늘 지복의 상태에 있습니까?
마: 몸 관념을 초월한 사람은 지복(ananda)을 필요로 하지 않습니다. 그대는 몸의 경험이 없을 때 저 지복스러운 상태에 있었습니다. 그대의 탄생 이전인 그 상태는 깊은 잠으로 묘사될 수 없고, 그것을 넘어서 있지요. 진인의 체험은 탄생 이전의 그대의 상태와 동일하고, 그것은 완전한 상태입니다.
질: 어떻게 하면 제가 그것이 될 수 있습니까?
마: 그대는 늘 몸을 갖기 이전의 그 상태에 있지만, 몸-의식 때문에 미혹됩니다.
질: 몸은 있습니다.
마: 질문을 하지 말고 그냥 들으십시오. 제가 말하는 것을 이해하려면 **진인**들과 친교할 필요가 있습니다. 이 **지**知는 지성으로는 이해할 수 없습니다.
질: 그 영원한 상태 안에 **사뜨-찌뜨-아난다**가 있습니까?
마: 음식의 정수는 **사뜨**와인데 그 성질은 **의식**입니다. 그리고 그 안에 **사뜨-찌뜨-아난다**[존재-의식-지복]가 있습니다. 영원한 상태는 그것 이전입니다.
질: 제가 책에서 읽은 바로는 우리가 태어나는 주된 이유는 태어나고자 하는 욕망이라고 합니다. 그것은 태어나기 이전의 그 상태와 어떻게 조화됩니까?
마: 그대의 탄생은 그대의 부모님이 가졌던 욕망의 결과입니다.
질: 어떻게 하면 속박에서 벗어날 수 있습니까?
마: 속박이란 아예 없습니다. 속박은 상상적인 것입니다. 그대가 **의식** 쪽으로 향하면 모든 의문이 그대의 **진아**에 의해 해소될 것입니다.
질: 제가 그것을 깨닫는 것을 가로막는 장애물은 무엇입니까?
마: 유일한 속박은 그대가 몸이라는 그 부단한 기억입니다.

질: 마하라지께서 말씀하시는 것을 완전히 이해하지 못하고서도 사람들은 여기에 옵니다. 그것은 왜입니까?

마: 그것은 지(知)와 지(知)를 초월하는 원리의 결합입니다. 그 둘 사이에 끌어당김이 있습니다. 그래서 사람들이 세계 각지에서 이리로 오는 것입니다.

저는 유형의 존재가 아니어서, 그대는 저에게 무엇을 보태주거나 저에게서 무엇을 가져갈 수 없습니다. 저는 모든 면에서 충만하고 온전합니다. 그대가 저에게 무슨 짓을 하든, 그대 자신이 고통 받아야 할 것입니다. 만약 저에게 화를 내면 그대가 고통 받아야 합니다. 그대가 저에게 무슨 짓을 하면 그것은 그대에게 되돌아갈 것입니다. 그대가 허공에다 침을 뱉으면 그 침은 그대에게 떨어질 뿐이지요.

질: 물질적 세계는 무엇에서 창조됩니까?

마: 현현된 의식에서 물질적 세계가 창조됩니다. 영원한 **빠라브라만**, 영원한 **브라만**, 그 안에서 이 유희가 늘 진행되고 있습니다. 그 유희 안에서 그대는 전체이고, 어떤 개별적 정체성도 일어나지 않습니다. 몸 안에는 "내가 있다"의 맛이 있는데, 몸이 사라지면 그 맛도 사라집니다. 그대는 어떤 문제가 있으면 책을 찾아봅니다. 왜 그대 자신을 탐구하여 그대가 무엇인지를 알아내지 않습니까?

이 5대 원소의 유희에서, 보이고 경험되는 모든 것은 즐김을 위한 것일 뿐인데, 이 즐김 혹은 오락을 위해서는 마음이 아주 필요합니다.

질: 브라마, 비슈누 기타 신들은 무엇입니까?

마: 그들은 의식 안의 겉모습일 뿐입니다. 각각의 겉모습은 그 나름의 지속 시간이 있습니다. 그 지속 시간은 수백만 년일 수도 있지만, 모두 겉모습이고 정해진 존재 기간을 갖고 있습니다.

지(知)를 아는 자는 개인적 바람, 두려움 등에 의해 결코 영향받지 않습니다.

1981년 3월 29일, 30일, 31일 / 4월 4일

95
그대가 전 우주를 삼킨다

질문자: 제가 여기 앉아서 당신께 질문을 드리는 동안 저는 평안을 느낍니다. 그것은 진보를 보여주는 하나의 표지 아닙니까?

마하라지: 무슨 이야기를 하고 있는 것입니까? 그대는 유치원 수준에서 이야기하는군요. 저는 그대를 해탈열망자(*mumukshu*) 반의 학생이라고 부르지 않겠습니다. 저는 수행자(*sadhaka*) 반에게 이야기하겠습니다. 그대는 영적인 공부를 얼마나 오랫동안 해 왔습니까?

질: 어릴 때부터입니다. 왜냐하면 저의 집안은 몇 대에 걸쳐 영적인 공부를 닦아 왔기 때문입니다. 그래서 저는 영적인 공부가 취미입니다.

마: 아주 좋습니다. 그렇기는 하나, 그대는 아직 유치원 수준입니다. 그대에게 유일한 해결책은 그 몸-마음과의 동일시를 포기하는 것입니다.

질: 지적으로는 그런 것을 다 이해합니다만, 저는 그것을 체험하지 못하고 있습니다. 그래서 **삿상**(*satsang*)을 하러 온 것입니다.

마: 삿상이라고 하는 것은 무슨 뜻으로 하는 말입니까? 그것은 하나의 관습적인 영적 용어에 불과합니다. 지금 그대는 여기서 "나는 아무 모양도 형상도 무늬도 없고, 어떤 마음의 습習도 없는 **브라만**이다. 나는 현현된 **의식**이다"라는 굳은 확신을 가지고 가십시오. 그대가 무형상이라는 것을 깨달으면 그대에게는 계급도 교리도 없고, 어떤 개념도 남지 않을 것입니다.

해탈열망자는 유치원에 다니고 있고 영적인 성향을 가지고 있지만, 몸-마음과 자신을 동일시합니다. 수행자는 몸-마음과의 탈동일시를 한 사람입니다. 싯다는 "내가 있다"는 지知 안에 자리 잡고 있고, 그 과정에서 그것을 초월한 사람입니다. 이 여정에서 그대는 자신이 어디에 있는지 아주 잘 알겠지요.

(다른 사람에게 말함) 이 젊은이의 모친이 임종을 하게 되었는데, 저는 그녀가 죽지 않을 거라고 확신을 가지고 말했습니다. 그것은 몇 년 전이었고, 오늘날도 그녀는 살아 있습니다. 그의 모친은 자기가 죽을 거라고 아주 확신

한 나머지 자기 장례식에 쓸 자기가 좋아하는 꽃까지 사 두었습니다. 저는 그녀에게 일어나서 저를 위해 차를 준비해 오라고 시켰지요.

당시에 저의 태도는 "나는 브라만이다"라는 것이었습니다. 오늘날은 그 태도를 버렸습니다. 당시에 저는 제가 씨름하는 것이면 무엇이든 형태를 취하고, 그 일이 일어날 거라는 굳은 확신을 가지고 있었습니다. 바로 이곳에서도 많은 일들이 일어났습니다. 바잔은 1932년부터 여기서 해 왔는데, 저는 이 반말리(Vanmali) 건물의 첫 세입자였습니다. (여기서 일어난 다른 기적들에 대한 이야기가 더 있었다. 마하라지 주위에서는 많은 기적이 일어나지만, 당신은 과거나 미래에 대해 말씀하기를 결코 좋아하지 않는다.)

사람들은 자기 문제를 해결하고 싶어서 여기를 찾아오곤 했는데, 제가 왜 왔느냐고 물으면 자신들의 문제를 간단히 진술했습니다. 그러면 저는 이렇게 말하곤 했습니다. "당신이 여기 왔다는 것은 당신의 문제가 해결되게 되어 있다는 의미입니다. 가 보십시오." 이제 여러분이 다들 오고 있습니다. 누가 여러분을 이곳으로 끌어당깁니까? 여러분 자신의 존재성입니다. 여러분은 내면의 어떤 성질 때문에 이곳에 끌립니다. 여러분은 최고의 상태에서 안정되고 있습니다. 여러분을 여기로 데려오는 것은 세속적 견인력이 아닙니다. 여러분도 다른 누구도, 이 견인력에 대해 아무것도 모릅니다. 여러분에게 그 견인력은 여러분의 영원한 거주지, 즉 여러분의 집 안에 있는 것입니다. 그 견인력이 있을 때 여러분은 여기 옵니다.

질: 과학자들은 '블랙홀'이라는 것을 이야기하는데, 우주 내의 모든 것이 결국은 그 속으로 들어간다고 합니다.

마: 그대가 저 절대자이고, 그대가 전 우주를 삼킵니다.

◆ ◆ ◆

마: 미현현자는 항상 존재하지만 이 현현된 지각성은 일어나고 사라집니다. 현재 저에게는 어떤 개인성도 없습니다. 있는 거라고는 의식뿐이고, 그것의 표현을 위해 이 물질적 도구(몸)가 있습니다. 이 의식은 그다지 바람직스러운 것은 아니고, 하나의 불완전한 상태입니다.

이 **보편적 의식**의 작용에는 어떤 이유나 인과법칙도 없습니다. 이런 이원적 상태에서는 왜 어떤 일이 특정한 시점에 일어나는지를 설명할 수 없습니다. 우리는 그 작용을 지켜볼 수 있을 뿐, 일어나는 어떤 작용에 대해서도 어떤 이유를 요구할 수 없습니다. 만일 우리에게 이 몸-의식 합일체를 맡을지 여부의 선택권이 있다면 누가 어리석게 그것을 받겠습니까? 선택권이 없었기 때문에 일체가 자연발생적이었습니다. 괴로움도 전체 작용의 일부이기 때문에 우리가 그것을 받아야 하고, 선택할 수 있는 어떤 개체도 없습니다.

저는 어떤 개인성도 남아 있지 않지만 이 몸이 전체 작용의 일부인 한, 그 전체 작용 안에서 다가오는 것은 겪지 않을 수 없습니다. 전체 작용 안에는 한량없는 괴로움이 있는데, 이 몸은 무수한 형상들 중의 하나이고, 전체 괴로움 중에서 이 몸이 분담해야 할 몫을 경험해야 합니다.

질: 저는 그것을 이해해 보려고 하고 있습니다.

마: 그대는 이해해 보려고 하는 한 개체에 매달리고 있습니다. 이 모든 것은 단지 의사소통을 위한 것입니다. 무엇을 이해하려 하는 개체는 누구입니까?

그대는 그대가 가진 어떤 개념들 때문에 많은 활동을 수행하고 있는데, 그것은 그대 안에서 자연발생적으로 일어난 개념들을 만족시키기 위해서입니다. 이 모든 의사소통, 설명 등의 과정은 이 의식하는 존재가 있는 동안은 계속될 것이고, 이 모두 "내가 있다"는 개념을 만족시키기 위한 것일 뿐입니다. **절대자인 그대**는 "내가 있다"는 그 1차적 개념이 아닙니다.

제가 이런 이야기를 다 해주니 그대는 그것을 좋아하고 즐기지만, 제가 말한 것을 소화하거나 지각하는 것은 거의 불가능합니다. 저는 그대가 제가 하는 말을 정확히 이해하지 못한다고 확신합니다.

◆ ◆ ◆

마: 이 **의식**의 핵심은 지각성, 즉 "내가 있다"를 아는 것입니다. 그것은 하나의 인격이 아니고, 한 개인이 아닙니다. 그것은 전체적 현현물입니다. 존재성이 있고, 그것이 일체를 채웁니다.

그렇기는 하나, 이 "내가 있다"는 성질은 물질적이고 대상적인 몸의 결과입니다. 씨앗 안에 한 그루 나무 전체가 잠재해 있듯이, "내가 있다"는 작은 방울 안에 삼계三界가 다 들어가 있습니다.

최고의 상태는 **진인**의 상태입니다. 제1단계는 그 작은 방울이 되는 것입니다. 그 방울을 아는 과정에서 그것을 벗어나고, 그것이 **진인**입니다. 진인은 어떤 재난이나 어떤 문제에도 사로잡히지 않습니다. 왜냐하면 그는 "내가 있다"의 원리를 초월했기 때문입니다. 그는 주시자로서 그 유희를 지켜봅니다.

자, 분명하게 이해하십시오. 지각성이라는 이 작은 방울은 음식의 정수인 몸의 결과이고, 그것을 이해하면 여러분이 거기서 벗어납니다. **절대자인 나는** 그 방울, 즉 **의식**이 아님을 알아서 이 마지막 단계를 밟게 되면, 그것(의식)은 한 번밖에 일어나지 못합니다. 더 이상 의식의 유희에 개입하지 않게 됩니다. 그때는 우리가 돌아올 수 없는 상태, 영원한 상태에 있는 것입니다.

여러분이 영적인 지식이라고 생각하는 모든 것은 의식의 영역 내에서 얻어졌습니다. 그런 지식은 여러분의 머리를 무겁게 하는 짐에 불과하고, 불행을 가중시킬 것입니다. 그것은 영적인 용어 이상은 아무것도 아닙니다. 이 '내가 있음'은 모든 불행의 근원 그 자체입니다.

여러분은 자신의 **진아**를 표현하기 위해 어떤 단어도 사용할 수 없는 그런 지위에 있습니까? 제가 여러분의 질문에 그렇게 상세하게 대답해 줄 때, 여러분은 어떤 말도 나올 수 없는 하나의 고요함이 되어야 합니다.

저는 이 지식을 완전하게, 철저히 설했습니다. 여러분은 그것을 받아들일 용기가 있습니까?

제가 이야기해 드린 것을 여러분이 진정으로 이해했다면 다시 올 필요가 없습니다. 이런 이야기를 아무한테나 해 주려고 하지 마십시오. 다른 데서는 이런 것을 이야기하지 마십시오.

◆ ◆ ◆

질: 제자가 **스승**에게 헌신합니다. 그것은 이원성 아닙니까?
마: 세계 안에는 이원성이 늘 존재합니다. 현현은 몸-마음과의 동일시로 인한 이원성 속에서만 일어날 수 있습니다. 만약 **스승**과 제자가 그 몸과 동일

시되지 않는다면 이원성이란 문제가 어디서 일어나겠습니까? 제자와 스승은 지知일 뿐이고, 지知에는 어떤 형상이나 무늬도 없습니다.

질: 저희는 우리가 몸이 아니라는 것, 우리는 결코 태어난 적이 없고 죽을 수도 없다는 것을 받아들였습니다만, 뭔가가 빠진 것 같습니다. 그게 무엇입니까?

마: 듣고 받아들인 자의 견본을 하나 보여주십시오. 저는 제 이야기를 듣는 사람들을 지知라고 간주합니다.

동물은 배고픔을 채우기 위해서만 존재합니다. 여기 있는 여러분도 다 그렇습니까? 그동안 제 이야기를 들었으니 여러분에게 어떤 변화가 있을 것이 분명합니다. 우리는 자기가 형상이 아니라 그 형상에 지각성을 부여하는 의식이라는 것을 알아야 합니다. 그런 변화가 정말 일어났습니까?

질: 스승은 스승에 대한 집착도 하나의 개념이라고 설명하는데, 어떻게 하면 그것을 없앨 수 있습니까? 수행자는 늘 스승께 존경을 바치고 싶어 합니다.

마: 그것은 초기 단계의 이야기입니다. 이원성이 있으니 말입니다. 수행자는 스승을 그 자신 아닌 어떤 존재로 여기고, 그래서 존경을 바치고 싶어 합니다. 수행자도 스승이고 진인이며, 아무 차이가 없습니다.

저는 지금도 제 스승님께 예공을 올리고 있습니다. 남들을 인도하기 위해서는 그것을 계속해야 합니다. 스승에 대한 존경과 사랑이 없으면 그대가 개념 없는 상태로 되는 과정이 촉진되지 않을 것입니다. 제가 말하는 것이 이해되면 그럴 때만 여기 오십시오. 아무도 오지 않아도 저는 서운하지 않을 것입니다. 일어나야 하는 모든 일은 이미 일어났습니다.

◆ ◆ ◆

질: 깨달음은 스승에게서 진리를 들음으로써 가능하겠습니까, 아니면 다른 어떤 길이 있습니까?

마: 없지요. 스승의 은총과 지도가 있어야 합니다. 스승은 무엇이 성질적(사구나) **브라만**이고 무엇이 비非성질적(니르구나) **브라만**인지, 무엇이 세간적 문제이고 무엇이 영적 문제인지를 전적으로 아는 사람입니다. 그대는 여기서 개념

으로서 들은 그런 모든 것들에 집착하고 있습니다. 그런 것이 되려고 하지 마십시오. 그대는 지_知를 하나의 개념으로서 좋아합니다.

질: 마하라지께서는 내적인 스승이 외적인 스승보다 더 중요하다고 말씀하신 적이 있습니다.

마: 초기 단계에서는 외적인 스승이 있어야 합니다. 그 스승이 그대를 내적인 스승에게로 입문시켜 줍니다.

질: 만트라는 왜 하는 것입니까?

마: 만트라는 그대 안의 목표 혹은 대상을 가리켜 주는 것입니다.

질: 저는 의사인데, 가끔 환자들에게 애착이 생겨 그들의 문제에 개입합니다. 어떤 때는 초연하여 개입하지 않는다고 느낄 수도 있지만, 환자들은 자신들 문제와 투사처럼 싸우면서 저를 끌어들이려고 합니다. 어떤 때는 도망가고 싶습니다.

마: 그것은 그대의 개념들이 가지고 있는 지_知이지 **그대의 지_知**가 아닙니다. 그대가 세상에 개입하고 있다고 느끼는 것은 하나의 개념이고, 도망가고 싶다고 느끼는 것도 하나의 개념입니다.

질: 만일 어떤 사람이 아주 진지하고 세상의 그 무엇보다도 **진아 깨달음**을 얻고 싶어 한다면, 홀로 떠나서 (출가하여) 그것 외에는 아무것도 생각하지 않는 편이 더 쉽습니까?

마: 전혀 그렇지 않지요. 그것은 그대가 외적으로 무엇을 얻게 되는 것이 아닙니다. 그대가 있다는 앎은 이미 있으니, 그것을 이해하기만 하십시오.

그것은 다 개념들의 유희입니다. "내가 지_知를 얻게 될 것이다, 내가 지_知를 얻었다"고 생각하는 것조차도 여전히 하나의 개념입니다. 지_知를 얻기 이전에 있는 그 무엇, **그것**이 진리입니다.

질: 어떤 사람이 마하라지께 아주 어려운 질문을 하면, 그 답변은 어디서 나옵니까?

마: 그 질문에서 답변이 나옵니다. 모든 질문에는 답변들이 붙어 있습니다.

◆ ◆ ◆

마: 전 우주는 "내가 있다"는 의식 안에서 경험됩니다. 그것이 없다면 달리 무엇이 존재할 수 있겠습니까? 이 의식이 북을 치고 있고, 다들 그 북소리에 정신을 빼앗기고 있습니다. 누가 북치는 자를 찾아봅니까? 누가 북을 쳐서 소리를 내고 있습니까? 이 의식의 점에는 아무도 눈길조차 주지 않고 있다는 것이 너무나 놀랍습니다.

질: 제가 의식 안에서 안정될 때, 그것이 명상입니까?

마: 누가 안정됩니까? 그것은 의식 그 자체 아닙니까?

(진 던을 가리키며) 이 양반은 자신의 성품을 이해했습니다. 그것은 모두 스승에 대한 믿음 때문입니다. 저와 조금이라도 관계되는 모든 것이 그녀에게는 신성합니다. 스승에 대한 그런 믿음이 없으면 그대의 진아에 대한 믿음을 성취하지 못합니다. 어떤 사람들은 이 스와미 저 스와미 찾아 돌아다니는데, 무엇을 위해서입니까? 그들이 먹다 남긴 것을 핥으려는 거지요. 자신이 먹다 남긴 것을 핥는다면 얼마나 더 좋겠습니까?

그대 자신의 의식을 고수하고 그 안에 머무르십시오. 그대의 개념들이라고 하는 모든 짐을 의식 속으로 녹여 넣을 것이지, 의식을 사용하여 개념들의 건물을 짓지 마십시오.

질: 습관은 큰 힘이어서 저희들을 헤매게 합니다. 그렇지 않습니까?

마: 자기를 몸으로 여기는 습관은 모든 사람에게 너무나 많은 영향을 미치고 있습니다. "내가 있다"는 앎이 그대의 스승입니다. 그 안에 있으십시오.

바잔을 부르는 것은 누구입니까? 그것은 그 스승의 지성인데, 끼어드는 자(개입하는 예고)인 그대는 누구입니까? 물론 온 세상 사람들의 행위는 이 지성에 의존하지만, 이 지성이 그 정점에 도달하면 빠라브라만 속으로 합일됩니다.

여러분은 모두 자기 개념들의 일기를 계속 적고 있습니다. 마지막으로 제가 말하지만, 그것은 전혀 쓸데없습니다. 그것은 속박의 한 도구 구실밖에 못할 것입니다.

1981년 4월 6일, 10일, 11일, 13일, 15일, 22일

96
그대의 존재는 영원하다

질문자: 어떤 고통스러운 질병이 있으면, 진인도 다른 여느 사람처럼 고통 받습니까?

마하라지: 진인의 경우에는 마음과 지성이 작동하지 않습니다. 그들은 고통 받고 있는 것을 인지하지 않지만, 그래도 그 고통은 훨씬 더 심합니다. 왜냐하면 개체의 경우에 고통 받는 것은 몸이지만, 진인의 경우에 고통 받는 것은 의식이고, 그래서 의식 속에서 경험되는 그 무엇도 몇 배로 증폭되기 때문입니다. 그러나 지금 단계에서는 신경 쓸 필요 없습니다. 이것은 드문 사례니까요. 진인의 경우 그 상태는 몸-마음과의 완전한 절연絶緣 상태입니다.

한 개체로서, 몸과 어느 정도 절연되는 것은 즐거운 상태입니다. 사람들이 고대하고 받아들이는 그런 상태지요. 진인의 경우에 그 절연은 더 나아간 전적인 절연이고, 따라서 그런 상태의 효과가 즐거우니 어떠니 하는 것이 없습니다. 그 결과는 아무 바람도 욕망도 없다는 것입니다. 이것은 제가 체험하는 방식인데, 남들이 어떤지는 모르겠군요.

질: 마하라지께서는 저에게 지知를 베푸실 수 있습니까?

마: 이것을 이해하십시오―진인은 누구에게도 지知를 베풀 수 없다는 것을 말입니다. 그가 할 수 있는 것은 그대의 참된 성품인 것을 가리켜 보이는 것뿐입니다. 여기서 내놓는 것이 그런 정도인데, 왜 사람들이 이곳에 끌리는지 모르겠습니다. 여기 오는 누구에게도 제가 드릴 것은 아무것도 없습니다. 사람들을 이곳으로 끌어당기는 힘은 자연발생적이고, 우리가 지적으로 이해할 수 있는 것이 아닙니다.

만약 제가 지금까지 한 이야기를 누군가가 분명하게 이해한다면, 그 실제적 효과는 그 개인이 살아가면서 일상적으로 하는 일 속에서도 어떤 특정한 의도가 없으리라는 것입니다. 일들은 일종의 볼베어링처럼―무엇을 일부러 의도하거나 일부러 하지 않아도―계속될 것입니다. 저 자신의 경우에는 하루 종일 몸이 일상적 기능을 하고 있고, 일들은 일상적으로 진행되며, 아무 저항도 없습니다. 하루 종일 무슨 일이 일어나고 있는지 아는 데 아무 관심이 없습니다.

(아침) 8시까지는 지성이 작용하지 않았는데, 지금은 제가 저의 지성에 대한 약간의 지각을 알고 있습니다.

진인의 생애담을 보면, 어떤 진인도 이 비밀을 드러내지 않을 것입니다. 그는 아무 욕망이나 기대가 없을 뿐 아니라, '존재하려는' 애착도 없습니다. 존재하고 싶어 하는 의식의 애착이 없습니다. 어떤 희망·기대 등을 가지려면 우리가 어떤 이미지, 어떤 정체성을 가지고 있어야 합니다.

◆ ◆ ◆

마: 여러분이 가장 좋아하는 것, 그것 자체가 "내가 있다", 즉 의식하는 존재입니다. 그러나 그것은 영원히 지속되지 않을 것입니다.

이 불길이 꺼지면 그 불길에게 무슨 이익이나 손해가 있습니까? 그 불길은 무엇을 대표합니까?

질: 지知, 곧 의식입니다.

마: 그 의식에게 무슨 일이 일어나겠습니까? 오직 그것을 깨닫고 그것을 이해하기 위해 우리가 이 모든 영적인 공부를 가지고 있습니다. 그 불길이 꺼지면 그것은 자신에 대해 아무것도 할 필요가 없습니다. 마찬가지로, 몸이 떨어져 나가고 의식이 꺼질 때 그대는 아무것도 할 필요가 없다는 것을 이해하십시오. 이런 이해를 가지고 세간에서 그대가 하고 싶은 뭐든지 하십시오.

현재 그대는 몸의 속박에 묶여 있는데, 그것은 개념적인 것입니다. 그대가 이 지知를 깨닫게 되면 어떤 이익이나 손해라는 생각 자체가 해소됩니다.

그 원리를 위해서 그대는 여러 가지 활동에 가담하고 있습니다. 바로 그 원리가 무無 속으로 해소되면 그대는 무엇을 하려고 합니까?

이것저것 고르면서 '나는 이것을 해야 하고 저것은 하면 안 된다'라고 말하지 마십시오. 그대 자신에게 그런 조건들을 부과하지 마십시오.

개미 한 마리가 그대의 몸 위를 기어가면서 그대를 쏩니다. 그것이 물거나 쏘면 그대는 개미가 거기 있다는 것을 압니다. 그와 같이, "내가 있다"는 이 의식하는 존재의 느낌은 물질적인 몸 때문에 있습니다.

이것을 이해했다면, 세간적인 삶에 집착하거나 그것을 포기해야 할 그 사람이 어디 있습니까? 그런 문제가 일어나지 않습니다.

이 지知로써 완전히 충전되면, 세간사의 어려움들이 있다 해도 그 어려움이 그대에게 영향을 주지 못할 것입니다.

이런 난해하고 거침없는 이야기는 다른 데서는 듣지 못할 것입니다. 다른 곳에서는 의식에서 일어나는 어떤 개념들을 받게 될 텐데, 그 개념에서 더 많은 개념들이 발전하고 그대는 엉뚱한 길로 가게 됩니다. 의식의 영역 내에 있는 어떤 유형의 개념도 실재하지 않습니다. 세상 사람들이 이런 이야기를 귀담아듣겠습니까?

그대는 무엇입니까? 그대가 저 탄생 원리, 부모님의 분비물에서 태어나는 그 몸입니까?

이 지知를 얻는 사람은 세간적 문제나 가정적 문제에서 벗어납니다.

❖ ❖ ❖

마: 그대는 그대가 있다는 것을 압니다. 어떻게 해서 그렇게 되었고, 무엇 때문에 그대가 있다는 것을 압니까? 그 근원으로 나아가야 합니다. 백 년 전에 그대는 자신의 존재를 몰랐습니다. 그때는 그대에게 아무 문제가 없었습니다. 지금은 이 존재성 때문에 모든 문제가 시작되었습니다. 이 '내가 있음'은 몸 때문에 나타났는데, 그러면 우리는 몸에 대해 무엇을 알고 있고, 이 '나'라는 것에 대해 무엇을 알고 있습니까?

질: 몸이 떨어져 나갈 때, 사람이 죽었을 때, 기억과 의식은 남습니까?

마: 기억과 의식 둘 다 음식-몸의 성질입니다. 몸이 존재하지 않으면 그것들이 남을 일이 없습니다. '내가 있음'은 음식-몸의 성질이지, 진아의 성품이 아닙니다.

질: 뚜리야(Turiya)가 무엇입니까?

마: 뚜리야는 그대만이 남아 있고 달리 무엇도 남아 있지 않다는 의미입니다.

'그대가 있다'는 것을 아는 한 일체가 있습니다. 그대가 무엇인지를 알아내십시오. 그러면 모든 답을 얻게 됩니다. 몸의 근원과 이 '내가 있음'의 근원을 알아내십시오. 그것을 알아내면 그대가 무엇인지를 알게 될 것입니다.

변하는 그 무엇도 그대의 **진아**가 아닙니다. 이 몸은 끊임없이 변하고 있습니다. 그것은 없었는데, 그것이 나타났고, 사라질 것입니다. 그것은 그대가 아닙니다. 그대가 무엇인지를 알아내십시오.

중요한 것은 **의식**입니다. **의식** 그 자체에 그대의 온전한 주의를 쏟아야 합니다. 그것이 **명상**의 과정입니다. 그러면 **의식**에 의해서 모든 비밀이 그대에게 드러날 것입니다. **의식**은 저 **자기사랑**을 좋아합니다. **의식**에만 관심이 있으면 그것을 알게 될 것입니다. 그러나 그대가 세상에 관심이 있다면, 그것은 **의식**에 관심이 없다는 것을 뜻합니다. **의식**에만 관심이 있으면 **의식**이 모든 비밀을 드러내 줄 것이고, 그대는 그대가 무엇인지를 알게 될 것입니다. 이 '그대'가 그대가 누구인지를 알게 되겠지만, (그 '그대'인) **자각**은 순수한 **의식**을 의미하며, 어떤 '나'도 없습니다.

그대 자신을 지켜보는 것, 그것 자체가 **명상**입니다. 오직 **의식**만을 지키고 그것을 무엇과도 뒤섞지 않는 것, 그것이 말 없는 **지**知이고, 그것이 그대입니다. 생각들은 있겠지만 점점 약해질 것이고, 그래서 '내가 있음'의 느낌만 남게 될 것입니다. 어떤 활동도 없이, 오직 **의식**뿐입니다. 분노 등을 지켜보는 것과 같이 그대의 활동을 지켜보는 것은 낮은 수준이며, 그것은 몸-마음과의 동일시입니다.

질: 마하라지께서는 당신의 몸을 느끼십니까?
마: 저는 일체가 **의식**을 통해서 있다는 것을 알게 됩니다. 저는 그대를 보듯이 이 몸을 바라보지만, 저는 그것과 별개입니다. 저는 이 몸을 저와 동일시하지 않습니다.

의식은 남자도 여자도 아닙니다. 그것은 빛과 같습니다. 빛은 열을 뜻하기도 합니다. 체온이 내려가면 의사가 그 환자는 세상을 떠났다고 말하겠지요.
질: 환생은 어떻습니까?
마: 이 탄생조차도 거짓입니다. '내가 있음'의 성질은 몸 때문에 있습니다. 그

대는 깊은 잠 속에서 그대가 존재하는지 않는지를 모르는데, (그때도) 그대가 있다는 것을 모른다, 그뿐이지요. 그대는 결코 태어나지 않았습니다. 그대의 존재에 대한 선언("내가 있다")이 있을 뿐입니다. 그대는 탄생 이전에도 존재했습니다. 그대의 존재는 영원하지만, 그대가 존재한다는 앎은 그대가 몇 살이 되고 나서야 다가왔습니다.

이번 생에 대해서만 걱정하십시오. 왜 환생을 걱정합니까? 이 탄생했다는 것이 과연 맞는지 생각해 보십시오.

◆ ◆ ◆

마: 몸을 구성하는 물질은 지치고 약해지며, 그와 함께 이 ('내가 있다'는) 앎도 약해집니다. 존재의 느낌은 아직도 저와 함께 하는데, 그것은 몸을 구성하는 물질이 아직 힘을 조금 가지고 있기 때문입니다. 그 적은 힘이 사라지면 의식도 사라질 것이고, 그러면 아무 존재의 느낌이 없게 될 것입니다. 그러나 저는 존재의 느낌 없이도 아주 왕성하게 존재할 것입니다.

여러분은 각자 자신을 보호하려고 애씁니다. 여러분이 보호하려고 애쓰는 그것은 무엇입니까? 아무리 많이 보호한들 그것이 얼마나 오래 가겠습니까? 뿌리로 나아가서 여러분이 보호하고 보존하려고 애쓰는 그것이 무엇인지, 그것이 얼마나 오래 남아 있을 것인지를 알아내십시오.

여러분의 참된 성품을 이해하는 유일한 영적인 길은 이 "내가 있다"는 개념의 근원을 알아내는 것입니다. 존재의 느낌이 나오기 전에, '나'는 시간의 개념이 전혀 존재하지 않던 상태에 있었습니다. 그러니 무엇이 태어납니까? 그것은 시간이라는 개념이고, 탄생이라고 하는 사건입니다. 삶과 죽음이 함께 이루어내는 것은 시간, 지속 외에 아무것도 없습니다.

이것을 이해하고 나면 모든 것이 분명해지겠지만, 그것을 이해할 때까지는 그 무엇도 분명하지 않을 것입니다. 이것은 간단하고 쉽지 않습니까?

질: 말씀은 간단하지만 그 말씀이 의미하는 바를 이해하기는 어려울 겁니다.

마: 그것이 없으면 그대가 그 말조차 이해할 수 없을 그것은 무엇입니까? 그 근원이라는 뿌리로 나아가십시오.

제가 오늘 오전에 여러분에게 말한 것을 이해할 때 지성은 전혀 무력합니다. 그것에 대한 직관적 이해가 있어야 합니다.

◆ ◆ ◆

질: 어떻게 하면 마음을 제어할 수 있습니까?
마: 선善만 받아들이고 악은 배척하며, 끊임없이 신의 이름을 염하십시오. 그러면 점차 마음을 제어하는 데 도움이 될 것입니다. 그대가 받아들일 수 있고 그대에게 평안을 주는 것이 선입니다. 그대의 마음이 배척하는 것은 선이 아닙니다. 그대가 무엇을 할 때 실패에 대한 두려움이 있다면 그것은 그 마음이 순수하지 않다는 것을 뜻합니다.
질: 어떻게 하면 **만트라** 염송을 좋아하는 마음을 계발할 수 있습니까?
마: 진인들과 가까이하면 그것을 계발할 수 있습니다. 오후 5시부터 6시 사이에 무엇이 진행됩니까? 의식이 의식을 만나러 옵니다. 의식 그 자체 간의 약간의 의사소통 외에는 아무 말이 없습니다. 그때는 낯선 제3자나 간섭하는 사람이 없습니다. 신이 신을 만나러 온 것입니다. 어떤 감정이 일어나도 그대는 그 감정이 아니라는 것을 아십시오.

◆ ◆ ◆

마: 사람들은 제가 말하는 것을 참으로 이해하지는 못합니다. 부분적으로 이해하고 자기 나름의 개념들을 형성하지만, 진정한 **진아지**는 없습니다.
　큰 나무를 만들어낼 씨앗이 하나 있다고 합시다. 그 씨앗을 자르면 그 씨앗 안에서 그 나무를 볼 수 있어야 합니다.
　제가 얻은 나무는 탄생의 씨앗이라고 불리는 저 씨앗인데, 저는 그것을 깨트려 열어서 **진아지**를 얻었습니다. **진아지** 말고 제가 무슨 밑천을 가지고 있습니까?
　저는 소위 **진인**이라고 하는 사람들을 많이 만났지만, 씨앗 속에서 나무를 본 진짜 **진인**은 아직까지 본 적이 없습니다.
　진보된 단계에서는 지성에 어떤 일이 일어납니까? 늙어서 지성이 사라지면 주시자가 있습니다. 그 주시자를 여러분은 어떻게 묘사할 수 있습니까?

질: 생각과 감정이 늘 일어나 저를 산란하게 만듭니다. 어떻게 해야 합니까?

마: 그대가 있고서야 무슨 생각이 일어날 수 있습니다. 일어나는 온갖 생각 등은 **의식** 안에서의 움직임에 불과합니다.

일단 **의식**이 일어나면 일체가 일어납니다. 세계와 세계 안의 모든 거래가 말입니다. 그저 그것들을 주시하십시오. 그것은 일어나지만 주시하는 어떤 개인도 없습니다. 주시하기는 **보편적 의식**의 전체 작용에 대해 일어납니다.

저는 개인을 전적으로 부인하기 때문에, 이런 이야기는 백만 명 중의 한 사람에게나 와 닿겠지요.

질: 몹시 불만족스러워하며 늘 뭔가를 찾지만 결코 만족하지 못하는 수많은 사람들이 있습니다. 왜 그렇습니까?

마: 그대가 바로 그대가 찾고 있는 그것이라는 것을 발견하기 전까지는 결코 만족하지 못할 것입니다. 만일 그대가 한 개인으로서 지식을 원한다면 여기서는 그것을 얻지 못할 것입니다. 이 지知에 만족한다면 와서 가만히 앉아 있어도 되지만, 그대 자신을 부인하는 이런 이야기를 받아들일 수 없다면 가도 됩니다. 저는 이해할 것이고, 저에게는 영향이 없을 것입니다.

결코 일어난 적이 없는 것(마야), 그것이 석녀石女의 자식이란 것입니다. 거기에 대해 그대가 무슨 두려움을 가질 수 있습니까? 그것은 상상된 것이고 실재하지 않습니다. 그 환각에서 누군가가 무엇을 원한다면, 그것은 전적으로 실재하지 않는 것 속에서 실재하는 것을 구하는 것 아닙니까?

질: 만일 그것이 실재한다면 우리가 그것을 어떻게 해볼 수 있겠지요.

마: 맞습니다. 그대가 무엇을 봅니다. 그것(본다는 사실)은 참되지만, 그대가 보는 그것은 하나의 환幻이고 꿈같은 것입니다. 우리가 꿈속에서 보는 것은 아주 실재하는 것 같지만 우리는 그것이 실재하지 않는다는 것을 압니다.

그것을 다 이해해도, 남자나 여자라는 그 형상 정체성을 포기하기는 어렵습니다.

형상이 없으면 지知를 베풀 수 없습니다. **절대자**가 그 **자신**을 드러내려면 물질이 있어야 합니다. **절대적 미현현자**와 현현자는 둘이 아닙니다. 후자는 그림자와 본체처럼 그것의 표현일 뿐입니다.

이 **존재애**는 한 개인적 존재의 것이 아닙니다. 그것은 전체 **보편적 의식**의 성품입니다.

1981년 5월 9일, 10일 / 6월 5일, 6일, 7일, 8일

97
진리에 대한 어떤 체험도 있을 수 없다

마하라지: 라즈니쉬(Rajneesh)는 작은 인격이나 작은 원리가 아닙니다. 그는 엄청납니다. 아주 크지요. 큰 도인입니다.

그대는 이미 스승[라즈니쉬]이 있는데, 왜 다른 도인들을 찾아다닙니까? 그대는 이미 큰 도인을 스승으로 가졌으니, 여기 앉아 있거나 여기 와서는 안 됩니다. 저는 이 스승 저 스승 바꾸는 사람들을 좋아하지 않습니다. 방랑자들을 좋아하지 않습니다. 마하라지와 라즈니쉬의 차이가 무엇입니까? 그 문자들[이름들]을 없애버리고 나면 무슨 차이가 있습니까? 남들을 탐구하기 전에 그 방랑자의 '나'를 탐구하십시오. 그것의 이름을 없애고 나면 남는 것은 무엇입니까? 이름이나 호칭이 없으면 그대는 무엇입니까?

탐구하는 자를 탐구하십시오. 즉, "내가 있다"를 탐구하십시오.

남들에 대해 묻기 전에 먼저 그대 자신에 대해서, 그대가 과연 실재하는지 않는지에 대해 물으십시오. "내가 있다"는 문자는 어떤 잉크로 자연발생적으로 써져 있습니다. '그대가 있다'고 쓰는 데 사용된 잉크는 무엇입니까? "내가 있다"는 문자를 쓴 그 잉크에, **떼즈 세쉬 바가반**(Tej Sesh Bhagavan)이라는 칭호가 붙는다고 베다에서 확인해 주고 있습니다. (떼즈는 '빛의 에너지'이고) 세쉬는 잔존물, 남은 것이란 뜻입니다. '그대가 있다'는 것을 의미하는 그 잔존물이 무엇입니까? '존재하는 것'(실재)에 대한 자신의 수수께끼를 이해한 사람, 그런

사람은 어떤 사람의 큼(위대함)이나 작음(하찮음)을 논하거나 따지지 않습니다.

그대는 어떤 개념의 노예가 되었고, 한 개념의 노예가 되어 버림으로써 더 많은 개념들에 완전히 개입하고 거기에 빠져 있습니다. 그대는 개념들 속에서 익사하고 있습니다. '그대가 있다'는 개념, 그 최초의 개념에 사로잡히고 나자, 그대는 남들에게 이름과 칭호와 관념들을 부여하기 시작했고, 그 속에 걸려들었습니다. 어떤 사람은 자신을 진인으로 칭할지 모르지만, 그는 여러 가지 개념을 스스로 즐기는 것입니다. 그런 사람은 자신이 어디에도 이르지 않을 것임을 잘 알면서도 여러 가지 개념을 즐기느라 바쁩니다. 저 떼즈 세쉬 바가반은 자연발생적으로 왔고, 자연발생적으로 갈 것입니다. 그대는 "내가 있다"로서, 그대 자신을 위해 무엇을 얻으려고 합니까? 어떤 지위나 개념 안에 "내가 있다"로서 그대 자신을 안정시켰습니까? "나는 이것이다"라는 굳은 확신과, 생시 상태, 깊은 잠, "내가 있다"는 앎의 세 가지 상태는 떼즈 세쉬 바가반의 측면들입니다. 그대는 그것이 아닙니다.

질문자: 그러면 저는 누구입니까?

마: 뚜렷하고 확고한 답변은, 그대만이 있다는 것입니다. 그대는 고기를 잡기 위해 미끼를 단 낚싯바늘을 물속에 던집니다. 그런 식으로 그대가 있다는 개념으로 미끼를 던져, 많은 개념들을 그대 자신을 위해 끌어올립니다.

다른 어떤 인식 이전에 그대가 이미 있습니다. 그대가 없으면 다른 사람들도 없습니다. 그대는 몸의 지성 위에 그대 자신을 떠받치고 있고, 그 몸 혹은 지성 안에 자리 잡고 나서 많은 개념들을 만들어 내거나 불러들이고 있고, 그 개념들에 빠져 허우적댑니다. 그대는 남들에 대해 이야기하지만, 그대가 무엇인지를 알려 주십시오. 저는 그대에 대해 묻습니다. 그대는 무엇입니까? 그대는 관찰자입니다.

질: 마하라지께서는 제가 누군지 제가 모른다는 것을 아십니다. 저에게 왜 물으십니까?

마: 저는 그대에게 이야기하는 것이 아닙니다. 의식이 의식에 대해 의식에게 이야기하고 있습니다. 마하라지가 그대에게 이야기하고 있다고 누가 그러던가요? 그대의 기초 자체가 잘못되었습니다. (우리가 파리를 쫓을 때) 한 겉모습이

파리라는 다른 겉모습을 발견했기 때문에 그런 자동적인 몸짓이 나옵니다. 만약 내가 무엇인지를 알면, 즉 하나의 겉모습에 불과하다는 것을 알면, 남들도 겉모습이라는 것을 알겠지요. 따라서 나는 그들과 어떤 질문도, 토론도, 논쟁도 하지 않을 것입니다. 그러나 내가 나 자신을 이해하지 못하면, 그리고 어떤 개념의 날개 위에 타고 있으면, 나의 겉모습을 더 좋아하게 됩니다.

질: 마하라지께서는 의식에게만 이야기하시니까, 저의 무지에게는 이야기하지 않으시겠군요.

마: 무지는 언제나 존재하고 있겠지요. 마치 지知가 언제나 남아 있을 것이듯이 말입니다. 무지 없이는 지知가 있을 수 없고, 서로 연관되는 지知 없이는 무지가 있을 수 없습니다. 둘 다 현현물 속의 상대물이며, 하나는 다른 하나 없이 존재할 수 없습니다. 지知에 대한 이 개념조차도 하나의 개념에 불과합니다. 진인에게는 무지의 개념도 없고 지知의 개념도 없습니다. 일체의 지知나 무지가 없는 것이 의식이 일어나기 이전의 그 상태입니다. 그러나 그대는 제가 무슨 말을 하든 그것을 다양한 개념들로 해석하려 하면서, 그대 자신을 그런 온갖 개념들로 조건 지웁니다.

질: 마하라지께서는 저에게서 일체를 빼앗아 가시는군요. 저는 붙들 것이 하나도 없어 쓰러질 지경입니다.

마: 그렇게 쓰러지면 그대는 얼마나 많은 조각으로 부서지겠습니까? 그 모두를 가지고 그대가 하고 싶은 것을 하십시오! 다른 사람은 자기 자신을 찾고 있는데, 그대는 숨기고 있습니다.

질: 실재가 무엇입니까?

마: 영구적으로 존재하고, 불멸이며, 불변인 어떤 것입니다. 항상 영원한 것은 비경험적 상태입니다. 그것에 이어서 '내가 있음'이라는 의식, 몸의 경험, 그리고 삶이 나옵니다. 그대의 경험들은 의식의 영역 내에 있습니다. 의식의 영역 내에서는 **진리**를 체험할 수 없습니다. 사실은, **진리**에 대한 어떤 체험도 있을 수 없습니다. 왜냐하면 종국적으로 그대가 **그것**이기 때문입니다. **진리**에 대한 체험이 어떻게 있을 수 있습니까? 그것은 존재성 이전입니다.

질: 그 체험이 지속되게 하기 위해 무엇을 할 수 있습니까?

마: 어떤 체험도 영구적이지 않습니다. 그대가 영구적 존재입니다. 체험들은 의식의 영역 안에 있는데, 의식은 시간이 한정되어 있습니다.

질: 어떻게 하면 시간을 넘어섭니까?

마: 그대는 어떻게 왔습니까? 일들이 무의식적으로, 혹은 자연발생적으로 일어나는 것을 경험하면서 왔지요. 알면서 그 속으로 들어갈 수는 없습니다.

질: 알면서 거기서 나올 수는 있습니까?

마: 걸어 나가고 싶습니까? 시간이 무엇인지, 그대가 무엇인지를 정확히 알아야 합니다. 먼저 그것을 알아야지요. 그대의 걸음(step)은 어떤 것입니까? 그대는 시간 밖으로 걸어 나가고 싶군요. 시간이 무엇입니까?

질: 시간은 욕망입니다.

마: 전혀 아니지요. 시간은 공간을 의미합니다.

질: 공간 안에는 분리가 있습니다.

마: 그대가 마하라지 앞에 지식으로서 내놓은 것은 뭐든 다 잘못된 개념입니다. 그대는 탄생이 불행을 의미한다는 지知를 가지고 있습니까?

질: 탄생의 고통은 가졌지만, 지知는 갖지 못했습니다.

마: 말과 개념으로 장난해서는 해방되지 못할 것입니다.

질: 저는 어떻게 해야 합니까?

마: 그대가 무엇을 해야 한다는 개념조차 받아들이지 마십시오.

질: 그 고통을 제가 어떻게 해야 합니까?

마: 그것은 올 때처럼 그렇게 가겠지요.

질: 제가 한가해져야 합니까?

마: 뛰어 다니십시오! 그대는 제가 하는 말을 이해하지만, 그대가 수집해 온 이른바 지식이 평가절하 되는 것을 두려워합니다. 크리슈나무르티는 무슨 말이든 아주 올바르게 자기 말을 했지만, 그대는 그것을 철저히 소화합니까? 마하라지가 그대에게 무슨 말을 하든, 그대는 개념들을 통해 그것을 흡수하려고 합니다.

◆ ◆ ◆

질: 저는 명상할 때 잠이 듭니다. 그것을 극복하려면 무엇을 할 수 있습니까?
마: 그런 문제는 저에게 아예 제기하지 마십시오. 그대는 생시, 깊은 잠, '그대가 있다'는 앎의 세 가지 상태 안에 있습니다. 그런데 왜 (지금) 그대가 있지 않은 상태를 다룹니까? 왜 (그런 문제에) 관심을 갖습니까? 그것은 자연발생적으로 일어나고 있습니다. 생시 상태와 깊은 잠 이전, 말 이전이자 의식 이전의 상태 안에 자리 잡을 때는, 그대가 그렇게 하지 않아도 그대의 몸 상태 안에서 무슨 일이 일어납니다. (그러니) 그런 것은 내버려두십시오. 그에 대해서는 질문하지 마십시오. 그대는 이쪽 편에 있는데 (저쪽 편에서) 설사 무슨 일이 일어난들 왜 그것을 걱정합니까? 그대 자신이 되십시오. 그대가 그대 자신이 되면 저쪽 편에서 일어나는 일에 대해 걱정할 필요가 없습니다. 그대는 자신의 체험적 상태에 관심이 있습니다. 수많은 체험들이 있지요. 예를 들면 나는 푸른빛을 보았다, 위로 올라갔다 등이지만, 그런 모든 것에 대해서는 저에게 말하지 마십시오. 그대 자신이 될 것이지 그 체험들이 되지 마십시오. 이것도 하나의 일시적 국면인데, 그대는 "오, 이건 대단한 거야!" 하면서 거기에 과도한 중요성을 부여하고 있습니다. 그것은 자연히 일어납니다.

저를 찾아온 한 신사가 있었는데, 그는 명상을 하다가 10분가량 엉엉 울기도 한다고 말했습니다. 그는 그것이 자신이 **진아 깨달음**으로 나아가는 과정에서 일어난 아주 중요한 일로 생각하고 있었습니다. 흥분해서 "오! 내가 울기 시작했어!"라고 말해 본들 뭐합니까? 그게 어떻다는 겁니까! 그대는 우는 자가 아니고, 그대의 감정이 아니지 않습니까? 수많은 사람들이 마하라지를 찾아와서 명상을 통해 자신이 한 영적 체험들을 이야기하는데, 그것은 사람들에게 "나는 대단한 사람이야!"라는 것을 보여주기 위함일 뿐입니다.

잠에 빠질 때는 바로 그 순간, 그 경계선상에서 경각하면서 스스로에게 "나는 현현된 **브라만**이다"라고 상기시키십시오. 잠을 자는 중에도 그대의 초월성은 마음 이전이며, 잠을 자는 중에도 지속됩니다. 염송을 하다가 잠이 들면 한밤중에 잠이 깨서도 그 염송이 계속되는 것을 발견할 것입니다. 경각하면서 그대 자신을 자각하십시오. 그러면 그대의 핵심 깊은 곳에서 빛을 보게 될 것입니다.

◆ ◆ ◆

마: 몸-마음과의 동일성이 확고히 배척되고 의식과의 동일성이 철저히 확립되었을 때라야 제가 말하는 내용이 어떤 의미를 가질 것입니다.

여러분의 실체는 무한하며, 감각기관으로 지각되지 않습니다. 여러분은 자기 자신을 몸에 한정하고, 여러분의 진정한 실체인 그 무한한 잠재력에 대해 스스로를 닫아 버렸습니다.

명상을 할 때, 그것은 의식이 그 자신에 대해 명상하면서 그 자신 안에 머물러 있는 것입니다.

만일 여러분이 제가 하는 말을 받아들이면, 세상에서 자연발생적으로 일어나는 일들을 인수하지 않고, 원인이든 결과든 그에 상관하지 않게 됩니다. 그럴 때 여러분은 자신의 참된 성품을 받아들입니다. 몸을 통해서 어떤 행위가 일어나든, 그것은 여러분의 진정한 실체와는 독립하여 일어날 것입니다.

이 생명력[숨이자 의식인 것]은 몸을 떠날 때 어떤 것의 허락도 구하지 않을 거라는 것을 명심하십시오. 그것은 자연발생적으로 왔고 자연발생적으로 갈 것입니다. 소위 죽음에서 일어나는 일은 그것이 전부입니다. 태어나는 사람도 없고 죽을 사람도 없습니다.

질: 제가 이해하기로, 인생의 목적은 '현현되어 있고 작용하는 것'은 보편적 의식이라는 것을 이해하는 것일 뿐입니다. 이해 말고는 해야 할 것이 하나도 없습니다. 맞습니까?

마: 맞습니다. 일체가 자연발생적이고, 자동적이고, 자연적이며, 속박이 되는 것은 '나'와 '나의 것'에 대한 개념뿐입니다.

여러분과 같이 단순한 사람들이 여기 있을 때는 제가 평화롭고 불편함이 없습니다. 그러나 자기가 진인이라고 생각하고 뭘 알고 있다는 자만심이 있어서 그 지식을 과시하고 싶어 하는 사람들이 오면 불편함이 있습니다.

질: 이것은 아주 높은 수준의 아주 높은 지知입니다. 그것을 흡수할 때까지 보통 사람은 어떻게 해야 합니까?

마: 받아들일 자세가 되어 있고 그것을 이해하려는 깊은 욕망이 있는 한, 해

야 할 일은 아무것도 없습니다. 그 지知 자체가, 나와야 할 어떤 결과든 낳을 것입니다. 필요한 것은 심적인 혹은 지적인 역량이 아니라, 직관적인 분별 감각입니다.

그러면 이제 그대는 그 몸이 아니고 그 사실을 받아들였는데, 계속 그 몸을 자신과 동일시할 수 있습니까?

질: 몸과 마음이 어떤 중요성을 가지고 있습니까?

마: 일체가 그 나름의 중요성을 가지고 있지요.

질: 우리는 몸을 돌봐야 하지 않습니까?

마: 그대는 자신과 동일시하는 어떤 것을 돌보지만, 그 몸-마음과는 더 이상 아무 관계가 없습니다. 그런데 왜 그런 것들을 돌보는 데 신경을 씁니까?

그대가 허공이면 그대는 더 이상 몸이 아니고, 그 허공 안에 무엇이 들어 있든 그것과 그 허공은 곧 그대입니다. 그대는 이제 현현된 것—알려진 모든 것—이고, 허공입니다. 이 허공을 **찌다까쉬**(Chidakash-의식의 무변제)라고 합니다. 그대가 **찌다까쉬**일 때, 그대는 물리적 허공보다 더 미세하고 광대함은 그보다 더합니다. 지知 수행자(jnani)는 이런 미세한 것들, 하늘들, 허공들을 여러 단계에 걸쳐 초월합니다. 그러나 그는 **찌다까쉬** 안에 여전히 국한되어 있고, "내가 있다"는 생각에 의해 여전히 조건 지워집니다. 그래서 그 다음이 **빠라마까쉬**(Paramakash-지고의 무변제)입니다. **빠라마까쉬**는 가장 높은 것이고, 그 안에 다른 아까쉬(akash-허공)들이 있는데, 일곱 가지입니다. **찌다까쉬** 안에 이 "내가 있다"는 지각성이 있습니다. **빠라마까쉬** 안에는 '있다'도 없고 '없다'도 없습니다. 그것은 일체를 초월합니다.

질: 사랑이란 무엇입니까? 그것은 어떤 욕구나 쾌락을 충족해 줍니까?

마: 예. 그대가 어떤 것을 보고 그것을 좋아하면 그 좋아함이 그 대상에 대한 사랑입니다. 분노와 좌절감이 일어날 때, 그것도 사랑의 일부입니다. 그것은 상당히 좋으면서 아주 나쁘기도 합니다. 모든 고통의 경험들은 사랑의 결과입니다. 사랑과 미움의 이 모든 유희를 위한 필수조건이 무엇인지를 알아내십시오. 모든 고통과 불행을 낳는 것은 존재성에 대한, 곧 (자신의) 존재에 대한 사랑입니다. 그것과 대면해야 합니다. 왜냐하면 그대는 존재하기를 사랑

하기 때문입니다. 어떤 사랑 이전에 존재에 대한 그 사랑이 있습니다. 그것은 사랑의 성질(단맛)과 불행, 쾌락 및 고통(쓴맛)이라는 두 가지 맛이 납니다. (라이터의) 이 불꽃의 경우를 보자면, 이것은 빛과 온기를 주지만, 이것이 무엇을 태울 수도 있습니다.

질: 제가 그것에서 벗어날 수 있습니까?

마: 그것에서 벗어나고 싶어 하는 그대는 무엇입니까? 그대가 저와 별개라면 그대를 저의 밖에 둘 수 있지만, 존재하는 모든 것은 저와 별개가 아닙니다.

싹터 나와서 뿌리를 내린 그 '그대'가 무엇입니까? 그것이야말로 쾌락과 고통의 뿌리입니다.

그대가 이것을 이해하면 다 끝난 거지요—끝이 난 것입니다. 그러면 그대는 환희심에서 박수도 치고, 고함도 지르고, 비명도 내지릅니다. 모든 연극이 끝났습니다. 제가 베풀고 있는 지知가 그대가 가진 모든 이른바 지식을 몰아내 줄 것입니다.

진인은 허공처럼 미세합니다. 허공이란 어떤 것입니까? 그대는 하늘이 있다고 여기는데, 그것은 어떤 것입니까? 이 지知는 허공보다도 더 미세합니다. 허공의 아버지가 바로 "내가 있다"는 앎입니다.

질: 당신께서는 어떻게 의식을 아십니까?

마: 그대가 자신을 알기 시작한 것과 같은 방식이지요. 똑같은 방식입니다. 그대가 '그대가 있다'는 것을 알 때, 그것은 그대 자신을 획득하는 것과 같을 것입니다. 그렇기는 하나 그대는 늘 있었습니다. 그렇지 않습니까? 논리적으로 결론을 내리면 뭐합니까? 바로 지금 여기서—여기 그 사람이 있으니까—그대가 실제로 말해야 합니다.

질: 그러면 마하라지께서는 왜 저에게 그렇게 관심을 가지십니까?

마: 누가 누구에게 관심을 갖습니까? 누가 그렇게 하는 '행위자 지위'를 가지고 있습니까? 그것은 모두 자연발생적으로 일어나고 있습니다.

1981년 6월 9일, 10일, 11일(오전/오후)

98
그대의 정체성은 무엇인가?

마하라지: 그대는 자신의 몸에 대해서 무엇을 압니까? 그것은 무엇이며, 그대는 무엇입니까? 몸은 형상 혹은 모양입니다. 그 음식-몸의 맛은 "내가 있다"는 앎입니다. 그대가 몸 안에서 느끼거나 경험하는 그대의 정체성은 무엇입니까? 그대가 하는 말들은 옳지만, 그대가 그 말입니까? 그대는 옷을 입고 있지만 그 옷이 그대입니까? 영구적인 형상은 없습니다. 몸은 끊임없이 변합니다. 그대가 그 몸을 자신과 동일시하는 한, 만족은 없을 것입니다. 이것은 허공이지만 저는 허공이 아닙니다. 그대 자신의 **진아**에 대해 굳은 확신을 가져야 합니다. 그대 자신을 알아야겠다는 깊은 충동을 가지고 있어야 합니다. **은총**은 늘 있습니다. 그대의 최초의 확신, 곧 말 이전의 "내가 있다"는 것에 그대는 그 몸의 형상을 부여했습니다. 그 신체적 정체성을 포기하십시오. '그대가 있다'는 말 이전, 그냥 그것이 되십시오.

질문자: 어떻게 하면 제가 그것이 될 수 있습니까?

마: 그대가 무엇이든, 거기에 어떤 모양이나 무늬도 부여하지 마십시오. 그뿐입니다. 그대가 있으면 일체가 있습니다. 책을 숭배하고 책에 몰두해서는 어디에도 이르지 못합니다. 그대의 **진아**가 되십시오. 그대의 **진아**에 몰두하고, 그것을 숭배하십시오. "내가 있다"는 앎을 하나의 **신**으로, 그대의 **스승**으로 숭배하십시오. (그대가 있다는 것을 알기 위해) 먼저 거울에 그대의 모습을 비춰봐야 합니까, 아니면 그 이전에 그대가 있다는 것을 압니까? 어느 것이 먼저입니까? 그대가 없다면 거울에서 그대의 모습을 볼 수 있습니까? 진짜 '나'나 가짜 '나'를 평가하려 하지 말고 그 '나'를 **브라만**과 연관시키십시오. "나는 브라만이다"라고 말입니다. 그대가 지금까지 들은 모든 말이면 충분합니다. 더 이상 그런 어떤 **지**知도 들을 필요가 없습니다. 그대가 지금까지 어떤 말을 들었든, 그것을 흡수하고 그 안에 안주하면 충분히 훌륭합니다. 더 이상은 아무것도 그대에게 쓸모없습니다. 그대가 곧 전체적인 **브라만**이고, 그 이상 아

무엇도 아닙니다. 불행히도 그대는 자신의 **진아**를 조건 지워서, **브라만**인 그대를 그 몸이라고 믿어 왔습니다. 이제 그대는 자신이 몸이 아니라는 것을 압니다. 왜 가짜의 '나'인 신체적 정체성에 압도됩니까?

그대는 많은 지식을 가지고 있지만, 그것은 실생활 세계에 속합니다. 지금까지 그대는 **진아**에 대한 **지**知는 얻지 못했습니다. 공간은 "내가 있다"는 앎 속에 들어 있는데, "내가 있다" 이전이 **찌다까쉬**(Chidakash)['내가 있음']입니다. **찌다까쉬**가 우주의 근원입니다. **찌다까쉬**는 마음 허공의 뿌리입니다. (거기서는) "나는 이와 같다"나 "나는 저와 같다"는 어떤 앎도 있을 수 없습니다. 그대는 이와 같거나 저와 같을 수가 없습니다. **찌다까쉬** 때문에 **마하까쉬**(mahakash) ['큰 허공']가 있습니다. 세계라는 허공이 있는 것은 **의식**의 허공(찌다까쉬), 즉 마음 이전이 있기 때문입니다. 한 허공이 그보다 더 미세하고 더 광대한 허공에 의해 덮여집니다. 그 허공의 바탕에는 "내가 있다"는 앎이 있습니다. 만일 그대가 **찌다까쉬**의 **지**知 안에 안주하면, 그대에게 어떤 탄생도 어떤 죽음도 없다는 것을 깨달을 것입니다.

◆ ◆ ◆

마: 보통의 영적인 용어로 **지**知란 자기가 들은 것을 되풀이하는 것—즉, 지성을 드러내는 것을 의미합니다. 사람들은 그것을 영적이라고 생각하지만, 아무도 자신이 누구인지는 알아내려 하지 않고, 그 자신을 바라보지 않습니다. 처녀와 총각이 결혼을 하면 서로에게 강렬하게 관심을 갖습니다. 마찬가지로, 우리가 영적인 공부와 결혼하면 늘 영적인 공부에 관한 생각이나 성찰에 사로잡힙니다.

여러분이 몸 안에 흐르는 그 피입니까, 그 살갗입니까, 그 뼈입니까? 아니지요. 이와 같이 탐구하면 자신이 그 몸이 아니라는 것을 이해하게 되고, 일체를 물리치게 됩니다. 그 어떤 것도 여러분이 아닙니다. 결국 여러분은 무엇이겠습니까? 그 지점에 이르십시오.

여러분은 자신이 암기한 것, **의식**, **바잔** 등에 워낙 중독되어 그것을 매일 암송하지 않으면, 행복하다는 느낌의 어떤 만족도 느끼지 못할 것입니다.

그런 의식儀式 행법들은 무지한 사람들에게 그들의 몸-마음을 바쁘게 만들어 주기 위해 베푸는 것입니다. 그러나 몸-마음을 가지고 있다는 것은 여러분이 있다는 것을 아는 것이고, 그 여러분은 아무 이름과 형상이 없습니다.

이해하는 자에게는 쾌락과 고통이란 것이 없고, 죽음의 두려움도 없습니다. 만일 우리가 몸을 자신과 동일시하면, 몸과 관련되는 관계들에 사로잡힙니다.

제가 하는 말들은 적고 짧지만 아주 효과적입니다. 영적인 공부에 대한 책이 많아도, 그것은 여러분의 개념을 없애주지 못하고 오히려 개념들을 보태줍니다. 그 모든 책들은 여러분이 무엇인지를 말해주지 않습니다.

질: 찐마야난다(Chinmayananda)와 사뜨-찌뜨-아난다의 의미는 무엇입니까?

마: 사람들은 가끔 바잔을 하면서 춤을 추다가 자기 자신을 잊어버리는데, 그런 상태를 **찐마야난다**라고 합니다. 그런 **찐마야난다**를 갖기 위해서는 **의식**의 첫 접촉이 필요합니다. **아난다**는 **지복**을 뜻하는데, 이것은 마음의 한 성질—마음의 더 높은 영역—이지만 **의식** 안에 존재합니다. 최고 상태의 기쁨 또는 환희를 얻기 위한 필수조건은 **의식**의 키스인데, 그것이 **찐마야난다**이고 **사뜨-찌뜨-아난다**입니다.

저는 제가 아무것도 아니고, 저에게는 아무 모양도 색깔도, 저 자신에 대한 어떤 이미지도 없다는 확고한 결론에 이르렀습니다.

생시 상태가 일어나는 이른 아침, 전 우주 안에서 진동하고 저 자신 안에서 진동하는 저 존재성의 키스가 나타납니다. 또한 제가 오후에 휴식을 취할 때도 바로 그것을 지켜봅니다. 그러나 그대가 저를 신체적 수준에서 판단하고 싶다면, 저는 이 물 항아리 하나 들지 못합니다. 몸 안에 남은 기력이 그런 정도입니다. 그러나 진동하는 전 우주의 저 접촉—그것이 저의 '내가 있음'의 접촉입니다.

저는 **브라만**을 아는 자, 곧 **브라만 진인**입니다. 그렇기는 하나 이 존재성의 접촉은 불행일 뿐입니다.

◆ ◆ ◆

질: 계속되는 일상적 행위가 마음을 둔하게 만듭니다. 저는 이 마음을 예리

하게 만드는 법을 알고 싶습니다.

마: 저는 몸-마음과 세간에서 일어나는 일에 대해서는 이야기하지 않습니다. 저는 그대의 참된 성품에 대해서만 이야기하는데, 그대의 참된 성품은 그대가 가지고 있는 존재의 느낌, 이 의식입니다. 만일 그대가 의식하지 못하고 있으면 그대에게 어떤 우주도 없습니다. 아무것도 없습니다. 그대에게 의식이 있을 때만 세계가 그대에게 존재합니다. 그래서 저는 이 의식, 이 존재의 느낌에 대해서만 이야기합니다.

일단 이 존재의 느낌이 나오면, 그대가 어떻게 행동하고 세상에서 무엇을 하는가 하는 문제는 제가 다루지 않습니다. 이 존재의 느낌, 이 의식은 다른 어떤 무엇보다 이전 아닙니까? 무엇에 대해 생각하기 위해서도 마음을 사용해야 하는데, 그대가 의식하지 못하고 있다면 무슨 생각이 나올 수 있습니까? 그러니 이 존재의 느낌, 이 의식은 그것 없이는 다른 어떤 것도 일어날 수 없는 1차적인 것 아닙니까? 아무것도—어떤 생각, 어떤 개념도—그 스스로 일어나지 못합니다. 존재의 느낌이 없으면 어떤 활동도 일어날 수 없습니다. 존재의 느낌은 자신이 존재한다는 것을 알기 위해 마음의 어떤 활동도 필요로 하지 않습니다. "나는 존재하는가? 나는 의식하는가?"라고 자문할 필요가 없습니다. 저 직관적인 존재의 느낌이 있고, 그대는 그대가 존재한다는 것을 압니다. 이 존재의 느낌은 "내가 존재한다, 네가 존재한다, 어떤 개인이 존재한다"는 느낌이 아닙니다. 존재의 느낌은 존재한다는 느낌 그 자체입니다. 사람이 자기 몸을 자신과 동일시하기 때문에, 자기가 태어났고 언젠가 죽을 거라고 생각합니다. 태어나는 것은 일반적인 존재의 느낌 그 자체입니다. 자연발생적으로 온 그 존재의 느낌은 자연발생적으로 떠날 것입니다. 몸과의 동일시를 통한 것 외에는 어떤 개인성도 없습니다. 시간이나 지속의 느낌, 혹은 시간 속에서 사건이 일어난다는 느낌, 그 모두가 의식이 있을 때만 생겨날 수 있습니다. 의식이 없다면 그대에게 시간의 느낌이 있습니까?

심지가 있고 연료가 있을 때, 그럴 때만 불빛이 있을 수 있습니다. 그래서 불빛은 연료의 지속에 달려 있습니다. 그렇게 해서 시간 요소가 들어옵니다. 존재의 느낌, 이 의식이 모든 것입니다. 따라서 그것이 어떻게 일어나는지,

그것이 얼마나 오래가겠는지 알아내십시오. 연료가 있을 때만 불빛이 있을 수 있듯이 이 의식은 몸이라고 하는 연료가 있는 동안에만 지속될 것인데, 이 몸은 5대 원소로 이루어진 음식의 집적물입니다. 음식이 부단히 공급되지 않으면 몸뚱이는 지속되지 못할 것이고, 몸이 지속되지 못하면 의식도 지속되지 못할 것입니다. 따라서 이 의식은 몸이 얼마나 오래 존재하느냐에 달려 있겠지요. 이 의식조차도 전부는 아니고 항상 지속되지는 않을 것입니다. 그 의식이 어떻게 일어났는지, 의식의 근원은 무엇인지를 알아내십시오.

이 몸이란 무엇입니까? 몸은 음식과 물의 집적물일 뿐입니다. 이 음식과 물은 분명 그대가 아니고, 이 의식은 이 음식과 물의 성품에 불과합니다. 따라서 그대는 몸이나 의식 그 어느 것과도 별개입니다. 몸이 있는 한, 자신을 한 개인으로 여기는 어떤 사람도 그의 유일한 밑천은 존재의 느낌, 이 의식입니다. 그것을 최고의 신으로 대우하고, 존재의 느낌 외에는 달리 무엇도 숭배하지 마십시오. 그리고 그대가 존재의 느낌과 하나일 때, 영적인 지知로서 (그대에게) 필요한 모든 것이 저절로 싹틀 것입니다.

그대에게 신경 쓰이는 어떤 문제나 의문이 있다면, 그대는 그 문제와 의문들이 그대가 한 개인으로서 가진 몸-마음과의 동일시에 기초해 있다는 것을 발견할 것입니다. 그 동일시가 없으면 어떤 의문도 일어날 수 없습니다. 이런 결론에 도달하게 될 것입니다.

◆ ◆ ◆

마: 일단 그 지知가 여러분에게 밝아오면 여러분은 진인이고, 더 이상 한 인간이 아닙니다. (그럴 때) 여러분은 현현된 브라만이고, 의식(*Chetana*)이며, 역동적인 현현된 브라만입니다.

이전에는 여러분의 생각이 몸과 몸의 친척들(감각기관, 마음 등)과 연관되어 있었지만, 몸-마음과의 연관에서 벗어나 역동적인 의식의 상태에 자리 잡고 나면 그 생각들의 성질이 어떠하겠습니까? 만약 어떤 생각이 있다면 그 생각들은 더 미세할 것입니다. 그렇기는 하나, 이 역동적 의식은 음식-몸의 성질입니다. 몸이 있는 한 의식이 있습니다.

오전에 여러분이 무엇을 이야기하고 들었든, 그것을 여러분은 계속 되뇌다가 잠이 들겠지요. 아무도 이 수준에서 탐구하지는 않습니다. 이 모든 작용은 어떻게 일어납니까? 이 작용의 성질은 무엇이며, 그것은 어떻게 일어납니까? 여러분은 무엇입니까? 탐구하십시오.

소수의 사람들만이 이것을 이해할 수 있습니다. 그래서 저는 사람들을 내보냅니다. 말을 듣기만 해서는 아무 소용이 없으니까요. 그러나 굳은 확신이 있다면, 제가 말하는 것이 그들의 내면에서 밝아올 것입니다. 지성의 미흡함을 이런 아주 강한 믿음으로 메워야 합니다.

존재성이 있고, 의식이 있는데, 그것이 있기 때문에 세계가 있습니다. (저에게) 의식만이 지배할 때는 사람들이 이야기를 해도 제가 무슨 말인지 모릅니다. (저의) 의식하는 존재만이 느껴지고, 일어나는 일들의 세부적인 사항은 느끼지 못합니다. 그 의식하는 존재가 있기 때문에 여러분은 저를 존재한다고 여깁니다. 만약 의식이 없으면 제가 존재하지 않는다고 말하겠지요.

◆ ◆ ◆

마: 각자 자기가 하는 일이 있고, 각자 그 나름의 성품을 가지고 있습니다.

여기 여러분이 영적인 길을 걷고 있는지 여부를 아는 몇 가지 시험이 있습니다. 하루 24시간 동안 여러분이 무엇을 생각하고 있는지를 탐색해 보십시오. 여러분은 자신이 진아에 대한 지식을 얻었다고, 진아에 대한 지식을 수집해 왔다고 말합니다. 그렇지만 하루 종일 여러분은 내면에서, 마음의 흐름 속에서 무엇을 논하고 있습니까? 여러분의 모든 일상사에 대해 논하고 있을 뿐입니다. 여기서 여러분의 정체성에 대해, 여러분이 무엇인가에 대해 논하는 식으로 논하지는 않지요. 그것은 여러분이 논하지 않습니다. 자기 자신과 진아에 대해서만 논하는 사람이 누가 있습니까? 여러분이 어떤 사람인가는 여러분이 하는 생각의 밀도가 어떠한가에 달렸습니다.

저도 편안히 있지는 못합니다. 지금 제가 겪고 있는 고통과 불행은, 저의 위치에 있는 이 세상의 누구도 겪지 않습니다. 이런 이야기는 모든 사람이 듣고 새기라는 것이 아닙니다.

몸에서 일어나는 의식의 영역 너머에서는 의식에 대한 경험이 없습니다. 저는 의식의 영역을 넘어선 그 상태에 대해 이야기하고 싶습니다. 무수한 이름들이 있지만 그 모든 이름들은 대상 세계와 관계됩니다. '부모'라는 호칭조차도 몸에서 비롯됩니다. 몸이 있는 결과로 이 '부모'라는 호칭이 일어났습니다. 몸-의식 없이는 **브라만**이 없다는 것, **브라만**은 의식이 있기 때문에 있고, 의식은 몸이 있기 때문에 있다는 것을 분명히 이해하기 바랍니다. 몸-의식은 5대 원소의 결과입니다. 몸-의식과 세계는 다른 것이 아니고 같은 것입니다. 이런 식으로 이것을 생각해 보십시오.

마음과 지성이 무엇을 파악하든, 그것은 이 대상적 세계입니다. 여러분은 이런 이야기를 들어 왔는데도, 여전히 자신의 개념적 경험들에 마음을 빼앗기겠지요.

이 몸은 음식으로 이루어지지만 여러분의 참된 정체성은 무엇입니까? 이것은 음식일 뿐입니다. 이것은 음식-몸이고, 의식입니다. **절대자**가 여러분의 참된 정체성입니다. 저는 여러분에게 **절대자**에 대한 몇 가지 힌트를 드렸습니다. 여러분은 의식을 넘어서지 못했으니, 의식이 첫 번째 단계입니다. 전체적 **의식**(보편적 의식, 곧 대아)은 끝이 아닙니다.

1981년 6월 11일, 13일, 14일, 15일, 16일

99
자각은 의식이 자신 속으로 가라앉는 상태이다

(질문자가 경전을 종횡으로 인용했다.)
마하라지: 생시 상태가 시작되는 순간 불행에 대한 숭배가 시작됩니다. 그대는 첫 탄생을 언제 얻었습니까?
질문자: 거기에 대해서는 전혀 모릅니다.

마: 그러면 **궁극자**에 대한 그런 이야기를 어떻게 받아들입니까? 그것은 그대의 직접적인 체험이 아니라 책에서 빌려온 지식입니다. 그대의 직접 체험이 아닌 것을 그대는 어떻게 받아들일 수 있습니까? 델리에 어떤 강도사건이 있었는데, 경찰이 (여기 있는) 그대를 체포하여 기소하려고 합니다. 그대는 델리에 가본 적이 있습니까?

질: 아니요.

마: 그러면 왜 이 탄생을 받아들였습니까? 경전(shastras)이 무엇입니까? 그것은 우리가 세간에서 어떻게 행동해야 하는가에 대한 '하라'와 '마라'에 지나지 않습니다. 그런 것은 여기 가져오지 마십시오. 그대가 이 탄생을 받아들이느냐 않느냐가 원래의 질문이었습니다. 왜 그런 거창한 이야기를 다 합니까? 무지한 사람들은 경전을 읽는 것도 무방합니다. 그 다음 단계는 그것을 포기하고 그대가 무엇인지를 이해하려고 노력하는 것입니다.

그대가 읽은 것을 다 내버리고, 지금 이해하도록 노력하십시오. 그대의 분별력을 사용해야 합니다. 경전에서 말한 것을 그냥 맹목적으로 받아들이는 것은 아무 소용없습니다. 어느 단계까지만 그것을 받아들이십시오. 그 이후에는 그대의 분별력을 발휘할 수 있을 만큼 강해지거나 성숙해야 합니다. 사람들은 지식을 찾아 돌아다니지만 말의 함정에 걸려들고, 소위 **진인**이라고 하는 사람들(자칭 진인들)이 개발해 놓은, 자기가 좋아하는 개념들에 걸립니다. 어떤 **진인**은 그대에게 이렇게 행동하라고 할 것이고, 다른 **진인**을 찾아가면 저렇게 행동하라고 할 것입니다. 그래서 그대는 남들의 개념에 걸려듭니다. 경전에 나오는 한 리쉬(rishi)의 이야기가 있는데, 그는 7대양의 물을 한 움큼에 다 마셨다고 합니다. 그대는 그 말을 믿겠습니까? 분별력을 발휘하십시오. 그대는 아짜라나(acharana)[행동 규범]를 이야기하는데, 짜라나(charana)는 행동해야 하는 사람을 뜻합니다. 짜라나는 "나는 사랑한다"의 상태, 곧 "내가 있다"의 상태, **의식**의 상태, 말없는 존재의 느낌을 뜻할 뿐입니다. 그 상태에서부터 **의식** 안의 움직임이 시작됩니다.

로끼(loki)와 알로끼(aloki)라, 로끼는 보통 우리가 세간적이라고 하는 것입니다. 로끄(lok)는 다양한 인격들을 의미합니다. 인격에 의해 규정되는 그 무엇도 로끼입니다. 즉, 사람들이 따르는 모든 것입니다. 알로끼는 세간적인 것을 초월한 것입니다. 알로끼는 그대가 모르는 것입니다. 이 헌신자들은 저를 사랑하지만, 알로끼 영역에 있는 저를 이해하지는 못합니다.

(소위 진인들이 하는) 영적인 이야기는 남들에게 어떤 이미지를 주려고 하는 세간적(lokic) 이야기, 평범한 이야기입니다. 여기서는 어떤 이미지나 모습도 없습니다. 자, 그대는 어떻게 해서 그것과 하나가 되려고 합니까? (무엇과 하나가 되려면) 그대가 어떤 이미지나 모습을 가지고 있어야 합니다. 우리가 이야기하는 어떤 지知도 말로 소통해야 하지만, 그것은 **궁극자**가 아닙니다.

그대는 지식을 소유하고, 지식을 수집하고 싶어 합니다. 그런 지식은 세상에 많이 널려 있고 얼마든지 구할 수 있습니다. 그러나 그런 지식이 한 다발의 무지라는 것을 아는 사람은 드물 것입니다.

그대는 그대에게서 솟구쳐 나오는 그 개념들을 공부하겠지요. 그대가 좋아하지 않는 개념들은 그대에게 떠오르지 않을 것입니다. 만약 영적인 삶에 관심이 있으면 그대의 생각과 개념들도 그와 관련될 것입니다.

저는 제가 할 말을 했습니다. 더는 무슨 말을 하고 말고도 없습니다. 그대가 여기 찾아오기 때문에 제가 그대를 예우하지만, 저는 그대나 저나 아무런 모양이 없다는 것을 완전히 확신하고 있습니다. 제가 하는 말이 그대의 진정한 핵심에 도달하지 못하지 않을까 우려됩니다. 그러니 그대는 **바잔**을 하십시오. 사실 그대는 저를 아예 찾아오지 말았어야 합니다.

비슈마(Bishma-『마하바라타』에 나오는 영웅)는 임종을 앞두고 화살들이 박힌 침상 위에 있었습니다. 저도 고통의 화살들이 박힌 침상 위에 있습니다.

◆ ◆ ◆

마: 사람들이 여기 오는 것은 올 필요가 있다고 느끼기 때문입니다. 여러분의 몸 안의 **의식**이 여기 오면 즐거움을 느낍니다. 의식이 어떤 것에 대한 욕구를 느끼는 한, 여러분은 그것을 하지 않을 수 없게 됩니다. 의식이 떠나면 더 이상 속박은 없을 것입니다.

의식 때문에 우리가 가지고 있는 이 존재의 느낌 외에 우리가 무엇을 가지고 있습니까? (불행이라는) 상대물이 없는 진정한 행복은 의식이 떠날 때에만 있을 수 있습니다. 의식이 있는 한 행복과 불행이 있습니다. 순수한 행복은 의식이 없을 때만 있을 수 있습니다. 지각될 수 있는 그 무엇도 저의 실체와는 전적으로 다릅니다. 저는 저의 본래성품(swarupa)을 이해했고, 제가 그것입니다. 그것은 현상적으로 드러난 그 어떤 것과도 무관합니다.

의식이 여러분을 기꺼이 여겨 여러분(에고)을 없애버리지 않는 한, 여러분은 의식으로부터 자신을 결코 분리시킬 수 없습니다. 의식이 여러분에게 의식을 초월할 수 있는 문을 열어줍니다.

(의식에는) 두 가지 측면이 있는데, 하나는 개념들로 충만한 개념적·역동적 의식이고, 다른 하나는 초월적 의식입니다. (후자에서는) "내가 있다"는 개념조차도 없습니다. 개념들로 충만해 있고 성질을 가진 측면인 개념적·성질적 브라만은 살아 움직이는 몸의 결과입니다. 이 의식이 저에게는 죽어 있고, 그것은 사라졌습니다. 저는 그것을 초월했습니다. 그래서 (저에게는) 존재하는 그 무엇도 저 후자의 의식, 개념 없이 존재하는 의식입니다.

제가 초월한, 개념적이고 성질들로 충만한 그 원리는 아주 큰 바다와 같았습니다. 이제는 그것이 거의 다 말랐고 찌꺼기만 남아 있습니다. 아주 적은 조각, 몇 개의 부스러기만 남았습니다. (반면에) 두루 편재하고 지배적인 것은 개념이나 성질이 없습니다. 그 남은 것이 지금 여러분에게 이야기를 하고 있습니다. 그 남은 원리에게 탄생이나 죽음이란 것이 어디 있습니까? 여러분은 자신의 지혜를 가지고 이곳을 고수하지만, 어떤 개념들을 붙들고 있습니다. 아무 개념이 없다면 여러분이 여기를 왜 오겠습니까?

여러분은 자신의 내면에서 일어나는 개념들만 공부합니다. 여러분이 좋아하지 않는 개념들은 일어나지 않겠지요. 여러분이 수학을 좋아하지 않는다고 합시다. 그 과목은 재미가 없을 것이고, 여러분의 개념에게 낯선 대상입니다. 그래서 좋아하는 과목이나 문제들에만 관심을 갖겠지요. 여러분의 생각들을 분석하여 그것이 참된지 그렇지 않은지 살펴보십시오. 여러분에게 일어나는 생각의 성품을 알아내십시오. 그 생각들은 영적입니까?

저는 마음이 없는 상태에 안주하고 있습니다.

◆ ◆ ◆

마: 모든 사건들은 몸-의식 안에 있을 뿐입니다. 인격들은 몸-의식 안에만 존재합니다. 보통의 지식은 몸 이미지하고만 관계됩니다. 그대는 몸이 아니라 의식입니다. 인격의 어떤 인상도 없고, 그것은 현현된 의식이 작용하는 것입니다. 이 역동적인 현현된 의식은 늘 어떤 유동적 상태에 있습니다. 어떤 일이 일어날지 아무도 모릅니다.

이 역동적 의식은 좋거나 나쁜 어떤 일이 자신에게 일어날 거라는 어떤 개념도 가지고 있지 않습니다. 그것은 그냥 일어납니다. 누구도 그것을 일으키지 않습니다.

"내가 있다"는 메시지가 있습니다. 마음 흐름도 있는데, 그것은 하나의 인격이 아니라 의식입니다. 그대가 몸이라는 그 생각 자체가 우스운 것입니다. 의식은 자신의 현현을 경험하고 있습니다. 그것을 깨닫는 사람은 드물겠지요. 진인의 세간적 삶은 의식의 전체 작용을 의미합니다. 보통, 남들을 늘 인격체로 생각하는 사람은 그들을 단순히 의식 안의 한 작용으로 생각하지는 않겠지요. 의식의 유희는 한 개인의 수준으로 내려오지 않을 것입니다. 그것은 사뭇 다릅니다. 그것은 (전체적인) 현현일 뿐입니다.

그대는 큰 진인의 제자 아닙니까? 몇 년이나 그분을 찾아갔습니까?
질: 7, 8년 됩니다.
마: 그러면 여기는 왜 왔습니까?
질: 당신을 친견하고 싶었고, 당신을 뵙고 싶었습니다.
마: 그대 자신의 진아 안에 자리 잡으면 어떤 타자성他者性도 없고, 그대가 곧 모든 것입니다. 만일 그대가 진아에 안주하면, 그대는 허공과 같아서 어떤 이원성도 남지 않습니다. 그대가 허공처럼 광대하고 미세한데, 그것이 곧 해탈입니다. 어떤 이름이나 형상에 의해서도 그대가 조건 지워지지 않습니다. 그대가 허공과 같다면, 어디로 가는 것이 무슨 의미가 있습니까? 여기 있는 허공이 다른 곳에도 있습니다. 영적인 공부는 아이들 장난이 아닙니다. 제가 하는 말들은 그것을 듣는 어떤 사람의 의심도 갈가리 찢어 놓을 것입니다.

무엇보다 먼저 그대 자신의 **진아**에 안주하여 그것을 초월하십시오. 그러면 그 초월 속에서 그대의 **궁극자**를 깨닫게 될 것입니다. 여기서 나오는 말들은 경전이나 다른 책에서 볼 수 있는 빌려온 지식이 아니고 직접체험에서 나온 것입니다. 직업적 종교인들이 통상적으로 하는 담화(법문)를 니루빠나(nirupana)라고 하는데, 그들은 여러 책에 나오는 지식을 해설해 줄 것입니다.

그대가 무엇인지, 혹은 아무것도 없을 때 그대는 무엇이겠는지를 철저히 이해해야 합니다. 아무것도 없을 때도 그대는 있습니다. 그 그대는 무엇입니까? 그것은 모두 하나이며, 일체가 있을 때에도 그대는 있습니다. 그것은 이해할 수 있지만, 아무것도 없을 때 '내'가 어떻게 있을 수 있습니까?

◆ ◆ ◆

마: 여러분이 자신에 대해 가지고 있는 어떤 이미지도 참되지 않습니다. 참된 지식은 여러분의 **진아**에 안주하는 것입니다. 지금 여러분이 (여기서) 수집하고 있는 이 모든 지(知)를 이해하도록 노력하십시오. 여러분이 다른 데서 얻는 소위 지(知)는 무지에 대해서 이야기할 뿐, **진아**에 대해, 참된 지(知)에 대해서는 이야기하지 못합니다. 마음이 추구하는 모든 것, 그것은 참된 지(知)가 아닙니다. 참된 지(知)는 쉽사리 이해될 수 없습니다. 만일 제가 "내가 있다"의 경험을 그전에 가지고 있었다면 어머니의 자궁 속으로 들어가려고 했겠습니까? 자궁 속으로 들어가기 전에는 저 자신을 몰랐고, '내가 있음'에 대한 지(知)가 없었습니다. 모든 소위 지(知)는 말에 의해 오염되는데, 말이란 무지일 뿐입니다. **절대자**인 여러분이 생시의 상태를 지켜보고, 여러분이 **의식**을 알고, 여러분이 잠자는 상태를 압니다. 따라서 여러분은 그것이 아닙니다.

왔다가 간 무수한 사람들 중에서 저는 어디에 있다고 봐야 합니까? 그 형상들 중 어느 것과 연결되는 어떤 개인성도 없습니다. 저는 늘 그 전체 작용이었고, 지금도 그렇습니다. 저 없이는 그 작용이 일어날 수 없습니다. 저는 수백만 년 전이나 지금이나, 매 순간 그 전체 작용입니다.

저는 앞에서 말한 것을 분명하게 이해하고 있음에도 불구하고, **의식** 때문에 신체적 고통을 겪어야 합니다. **의식**의 이름은 괴로움(suffering) 그 자체입니다. 그 괴로움의 삶이 거의 끝나가고 있습니다. 이 원리가 무엇이든, 그것은 몸 및 **의식**과 함께 모든 고통을 경험하고 있고, 그 자신이 하나의 금 궤짝같이 억만금의 가치가 있다는 것을 스스로 알고 있습니다. 고통이 무엇이며 의식이 무엇인지를 이해하고 깨달은 이 원리는 억만금의 가치가 있습니다. 저는 일반 사람들의 영적 추구를 따르지 않습니다. 이곳에서는 여러분에게 보통 유형의 영성은 나누어 드리지 않을 것입니다.

저는 온순하고 겸손한 제자들을 원치 않습니다. 저의 제자들은 저처럼 강해야 합니다. 저는 제자들을 만들지 않습니다. 저는 **스승들**을 만들어냅니다.

저는 여러분이 이 탐구의 과정에서 시험관 속으로 뛰어들기를 바랍니다.

◆ ◆ ◆

질: 어떻게 하면 제가 자각 속에 안정되게 머무를 수 있습니까?
마: 그대는 그대가 있다는 것을 압니다. 그 자체가 **자각**입니다. 만일 그대가 자각해야겠다고 생각한다면, 그것은 하나의 경험적 상태가 됩니다. 뭔가를 경험하고 싶어 하는 거지요. 그 몸을 그대 자신으로 인식하지 마십시오. 일상적 세간사를 위해서는 몸을 자신과 동일시해도 무방하지만, 그대 자신을 이해해야 할 때는 자신이 그 몸이라고 알지 마십시오. 그대는 "내가 있다"는 앎을 가지고 있습니다. 그것 자체가 '그대가 있다'는 것을 의미합니다.

자각은 **의식**이 그 자신 속으로 가라앉는 상태입니다.

그 몸은 그대가 섭취한 음식의 산물이 표현된 것입니다. 물질은 음식의 형태로 섭취되는데, 몸이 그 결과입니다. (섭취하는) 음식이 적어지면 적어질수록 몸은 수척해지고 야위게 되어 있습니다. 그 몸은 그대의 정체성이 아니고, 그대의 이미지가 아닙니다. 그것은 하나의 도시락 통입니다. 그 얼굴은 왜 야위어졌습니까? 음식 공급이 줄어들었기 때문입니다. 그 음식-몸은 그대가 아닙니다. 생시의 상태는 그대가 아닙니다. 깊은 잠의 상태는 그대가 아닙니다. 그대는 생시의 상태를 압니다. 생시의 상태를 알기 때문에 그대는 그 생시의 상태가 아닙니다. 그대는 깊은 잠의 상태를 압니다. 따라서 그대는 그 깊은 잠의 상태가 아닙니다.

질: 저는 길을 잃었습니다.

마: 저 **궁극자**인 '그대'는 결코 잃어버려질 수 없습니다. 그대가 무엇을 잃어버렸든, 그것은 그 말을 잃어버린 것뿐입니다. 그대가 길을 잃었다고 누가 그랬습니까? 그대는 그대가 있다는 것, 즉 "내가 있다"를 압니다.

"내가 있다"는 느낌이 나타나는 순간, 세계도 나타납니다. '그대가 있다'는 혼자가 아니고, 고립되어 있지 않습니다. 그대는 세간지世間知(세계의 사물현상들에 대한 지知)의 핵심적 부분입니다.

의식의 위계구조 안에는 다음 세 가지 단계가 있습니다.

1) **개인아**(*jivatman*)는 몸-마음을 자신과 동일시하는 자입니다. "나는 몸이다, 한 인격이다, 세계와 별개의 한 개인이다"라고 생각하는 자입니다. 그는 몸-마음과의 동일시 때문에, '별개의 한 인격으로서의 자신을 세계로부터 배제하고 분리합니다.

2) 그 다음은 바로 존재성, 즉 의식인데, 그것이 세계입니다. "내가 있다"는 나의 전 세계를 의미합니다. 그냥 존재이고 세계입니다. 그 존재성과 함께 세계도 지각됩니다. 그것이 **아뜨만**입니다.

3) 이 존재성에 전혀 이름을 붙일 수 없다는 것을 아는 **궁극적 원리**입니다. 그것에는 접근할 수 없고 어떤 말로도 그것을 조건 지울 수 없습니다. 그것이 **궁극적 상태**입니다.

이 위계구조를 저는 보통의 말로 이렇게 설명합니다. '저에게 손자[개인아]가 있습니다. 또 아들이 있고, 저는 할아버지입니다. 할아버지가 아들과 손자의 근원입니다.'

이 세 단계를 지知라고 부를 수는 없습니다. 지知라는 용어는 존재성의 수준에서 들어옵니다. 저는 제 가르침의 핵심을 그대에게 전수했습니다.

그대는 지금 어떤 정체성으로 그대 자신을 인식합니까? 어떤 정체성을 가지고 이 세계에 들어왔습니까? 보통은 사람들이 이 신체적 정체성에 집착하지만, 지금 제가 그 정체성을 내던져 버렸습니다—그대는 그 몸이 아니라고 말입니다. 저는 묻고 있습니다. "그대는 무엇입니까? 그대는 몸이 아니니, 이제 무엇이 그대의 정체성입니까?" 그대가 말로 하는 어떤 답변도 옳지 않을 것이고, 틀릴 것입니다.

그대는 몸을 자신이라고 여기고 거기에 끈덕지게 집착합니다. 그대는 그 몸이 아니고 존재성 안의 그 **의식**도 아니라는 굳은 확신을 가져야 합니다.

그대 자신에게 실험해 보십시오. 그대가 막대기를 주시하고 있는데, 그 막대기에게 "나는 너를 주시하고 있다"고 말합니까?

그대가 그대 자신과 함께 있을 때는 아무것도 소용없고 어떤 이야기도 소용없습니다. 그대가 자신의 참된 **정체성** 안에 가라앉을 때는 아무것도 중요하지 않습니다. 왜냐하면 아무것도 없으니까요. '나'가 가라앉을 때, 그것은 온통 **자각**입니다.

1981년 6월 17일, 18일, 19일, 21일(오전/오후)

100
절대자 외에는 아무것도 없다

마하라지: 이 의식과 '내가 있음'은 무엇에 기인합니까? 그것이 싹트는 데 필요한 기본 물질은 무엇입니까? 그것은 5대 원소, 세 가지 **구나**, 그리고 **쁘라끄리띠-뿌루샤**입니다. 그 모두가 이 "내가 있다"는 공간을 낳습니다. 기억 말고 여러분이 가진 것이 무엇입니까? 기억은 5대 원소와 세 가지 **구나**, 이 여덟 가지 측면의 결과입니다. 따라서 그 기본 물질이 있을 때만 기억이 있습니다. 사물에 대한 기억이 있고, 마지막으로 가장 중요한 것은 '여러분이 있다'는 기억입니다.

현재 '여러분이 있다'는 느낌도 하나의 기억입니다. "내가 있다"는 그 기억을 유지하려면 그 모든 원료가 필요합니다. 여러분은 그 "내가 있다"가 아닙니다. **절대자로서의** 여러분은 "내가 있다" 이전입니다. 이 '내가 있음'은 그 원료들의 산물이지만 **절대자로서의** 여러분은 그것이 아닙니다. 기껏해야 여러분은 "내가 있다"고 말하겠지만, 이 "내가 있다"가 무엇입니까? '나'는 하나의 단어에 불과합니다. 처음에는 말이 있고 그 다음에는 기억이 있을 뿐입니다. 기억은 여러분이 아닙니다. 어느 누가 (몸이 사라진 뒤에도) "내가 있다"로서 자신의 기억을 유지할 수 있었습니까? 그 원료들이 사라지고 나면 "내가 있다"는 그 기억이 어디 있습니까?

여러분의 가장 필수적 단계는 역동적인 현현된 의식 원리로서의 여러분의 정체성 위에 확고히 서는 것입니다. 여기에만 자리 잡으십시오. 이것이 여러분의 첫 단계입니다. 여러분이 있다는 앎 외에는 다른 아무것도 없습니다. 그냥 그것이 되십시오 ― 더도 덜도 말고.

우리는 빛살들을 그 자체로는 볼 수 없고, 빛살들은 다른 사물과 만날 때만 반사됩니다. 마찬가지로, '내가 있음'은 이 5대 원소와 세 가지 **구나**로 인한 방해입니다. 그래서 "내가 있다"는 느낌이 지각됩니다. 그러나 "내가 있다"는 느낌이 없어도 여러분은 여전히 있습니다. 빛 그 자체는 해에서 방사됩니다. 일체가 (해 안에) 저장되어 있고, 5대 원소도 있습니다. 그래서 그것이 해로서 빛나는 것입니다. 밝음이 해로서 보이는 것은 뭔가가 있기 때문입니다. 뭔가가 없다면 그 빛살들은 온 사방으로 퍼져 빛의 한 근원으로서 눈에 보이지 않게 되겠지요.

마하까쉬(mahakash)[39]는 무한한 허공입니다. 그 무한한 허공은 어둡습니다. 그것은 여러분이 눈을 감았을 때처럼 어둡습니다. 그 물리적 허공 안에서 모든 우주가 일어나고 가라앉고 파괴됩니다.

결국 의식의 유희로서 진행되고 있는 모든 경험들의 결과는 무엇입니까? 그것들은 그냥 사라지고, 순수한 허공만이 남습니다.

전 세계는 항상 변하는 상태에 있습니다. 어떤 형상도 영구히 머무르지 않을 것입니다. 결국 모든 형상은 허공 안에서 사라져 무형상으로 될 것입니다.

저는 어떤 책에서 본 것이 아니라 저 자신의 직접 체험을 토대로 이야기하고 있습니다.

---

[39] *T. Mahakash*는 '大空'으로 번역된다. 『아이 앰 댓』에서는 '대상적 우주', 곧 '물리적 현상계'를 마하다까쉬(Mahadakash)라고 했는데, 마하까쉬도 같은 의미로서 '광대무변한 우주'를 뜻한다.

무수한 사람, 동물, 그리고 다른 존재들이 왔다가 갔습니다. 그러나 우주의 총합이 늘어나거나 줄어들었습니까? 그것은 변치 않고 그대로입니다. 결코 줄어들지 않았습니다. 늘 그대로 있습니다.

세계 안에 이렇게 무수한 형상들이 있는데, '나의' 이미지가 영구히 남을 수 있습니까? 지금 여러분은 '내가 있음'의 느낌밖에 가지고 있지 않고, 그 느낌 때문에 전 우주가 나타납니다.

그 무수한 사람들이 가고 나면 그들의 무슨 흔적이 남습니까? 영적인 공부는 당분간 잊어버립시다. 저의 모든 경험 중에서, 저는 기쁠 때도 있었고, 행복할 때도 불행할 때도 있었습니다. 그 불행이나 행복 중 어느 부분이 아직 남아 있습니까? 의식을 초월한 사람, 혹은 의식의 끝을 본 사람, 그런 사람에게 무슨 얻고 잃음의 문제가 어디 있습니까?

저는 이 지각성이 머무르지 않을 것임을 아주 잘 알고 있습니다. 저는 저 모름의 상태에 안주하고 있습니다. 그러니 사정이 이러하니, 우리가 무슨 활동을 하고 말고가 어디 있습니까? 그런 영적인 방향을 잡고 있다면, 우리가 세간적 삶이나 가정생활에 의해 영향을 받을 수 있습니까?

◆ ◆ ◆

마: 경험과 경험자 둘 다 사라질 것입니다. 더 자세히 말하지는 않겠습니다. 변화들은 의식 안에서 표현되고, 그래서 (수행이 진전됨에 따라) 의식은 점점 더 미세해집니다. 형상들이 해소됩니다. 영적 깨침에 이르는 길에서의 첫 단계는 내가 남자도 아니고 여자도 아니라는 확신을 계발하는 것입니다.

모든 제자들이 밖으로 빛과 소리를 추구하면서 어떤 영적 체험을 하지만, 그것 자체가 속박입니다. 그들은 자신의 체험을 남들의 체험과 비교합니다. 그런 제자들은 자기가 아주 진보했다고 생각합니다. 그들은 몸을 자신과 동일시하기 때문에, 그런 소리와 빛 등의 체험에 끌립니다. 그들은 어떤 모양과 무늬를 원하고, 그래서 모양과 무늬를 보여주는 체험들을 즐거워합니다.

여러분은 허공과 같아야 합니다. 외적인 것들에 주의를 기울이면 마음을 뺏기게 될 것입니다. 여러분이 허공이지 몸이 아니면, 그 단계에서 그 몸은 몸으로 남아 있지 않습니다. 왜냐하면 그 몸을 몸으로 평가할 사람이 아무도 없기 때문입니다. **찌다까쉬**(*Chidakash*)에서는 세계를 이름과 형상으로 평가하지만, 이름과 형상이 해소되면 해체가 일어납니다. 모든 형상이 **마하까쉬** 안에서 해소됩니다. 여러분은 어떤 형상을 두고 '그것은 이와 같다, 저와 같다'고 평가합니다. 평가가 없으면 마음이 없고, 그것은 허공과 같습니다. **찌다까쉬**는 그것을 가지고 여러분이 경험하거나 관찰하는 모든 것을 평가하는 원료입니다. (의식이) 더 미세해지는 과정 속에서 외부적 형상들은 **마하까쉬** 속으로 해소되고, 더 이상 이름도 형상도 없게 됩니다. 그와 동시에 평가의 과정과 마음 작용이 멈추어, **찌다까쉬** 속으로 스스로 해소됩니다. **마하까쉬**와 **찌다까쉬** 둘 다 고요해지면 그것은 허공일 뿐이고, 여러분이 곧 허공입니다.

    외적인 몸 때문에 "내가 있다"가 느껴집니다. 그러나 몸이 없어도 "내가 있다"는 느낌 없이 여전히 '내가 있음'이 있습니다. 내가 일체에 편재합니다.

◆ ◆ ◆

마: 여러분이 그 입은 옷은 아니듯이, 여러분은 그 몸이 아닙니다. 이것은 가장 중요한 단계입니다. 여러분은 서서히 자신이 허공과 같다는 것을 깨닫게 될 것입니다. 왜냐하면 허공이 일체의 시작이자 끝이기 때문입니다. 여러분이 병이 들었다고 합시다. 그러면 자신의 병에 대해 모든 것을 알고 싶을 것이고, 병이 심하면 심할수록 더 알고 싶겠지요. 마찬가지로, 이 '내가 있음'도 하나의 병과 같습니다. 이제 여러분은 그에 대한 지식을 수집하기 시작해야 합니다.

질: 어떻게 시작합니까?

마: 그 몸을 가지고 시작하십시오. 그대는 몸에서 "내가 있다"는 앎을 얻습니다. 그 과정에서 그대는 점점 더 미세해집니다. 그러다가 "내가 있다"는 앎을 주시하는 위치에 있게 되면 최고의 상태에 도달한 것입니다. 이런 식으로 이해하려고 노력해야 하며, 그러면 **지**知의 씨앗들이 내면에서 싹틀 것입니다.

    그대가 물질적인 세간지世間知의 끝에 이르면, 그 단계에서 관찰자와 관찰대상을 초월합니다. 그것은 그대가 참된 존재성의 상태에 있음을 뜻합니다.

그 후에 존재성을 초월하는 상태로 들어가는데, 거기서는 관찰자와 관찰 대상의 정체성들이 사라집니다.

어떤 사람이 그대를 욕한다고 합시다. 그대는 욕하는 사람이 누군지를 알아냅니다. 그것이 그 몸입니까? 몸이 아닙니다. 그러면 그것이 무엇이겠습니까? 결국 그 몸이 무엇이든, 욕은 거기서 자연발로적으로 나온다는 결론에 도달합니다. 그대는 그것을 어떤 개인에게 귀속시키지 않을 것입니다. 그대의 개인성이 해소되면 어디서도 개인들을 보지 못할 것입니다. 그것은 의식 안에서의 한 작용일 뿐입니다. 그것이 그대 안에서 계합契合되면 이해하기가 아주 쉽고, 그렇지 않으면 아주 어렵습니다. 올바르게 이해하면 그것은 아주 심오하고 아주 단순합니다. 제가 말하고 있는 것은 일반적인 부류의 평범한 영적 지식이 아닙니다.

몸을 초월하는 상태에 도달하면 마음이 초월되고, 의식도 초월됩니다. 그때부터는 모든 것이 몸의 결과인 의식에서 일어날 뿐이고, 어떤 권한자나 행위자도 없습니다. 몸에서 어떤 소리가 나오고 있을 때, 그것은 어떤 사람이 이야기하는 것이 아닙니다. 그것은 말이 그냥 나오고 그냥 일어나는 것이지, 누가 무엇을 하는 것이 아닙니다. 그 토대를 철저히 이해하면, 그것이 그대를 영적인 공부 속으로 아주 멀리, 깊이 이끌어줄 것입니다.

절대자만이 지배합니다. 절대자 외에는 아무것도 없습니다. **미현현자**가 자신을 현현했고, 그 현현된 상태가 **스승**(의식)인데, 그것은 일체에 편재합니다.

이 몸-마음을 인식하는 것은 누구입니까? 몸-마음을 인식하는 이 '내가 있음'은 이름도 형상도 없는데, 그것이 이미 있습니다.

◆ ◆ ◆

마: 저는 술술 나오는 대로 이야기하지만 아무 기력이 없습니다. 그러나 제가 무슨 말을 하든 그것은 아주 심원해서, 극소수가 이해할 것입니다. 우선, 일체는 우주라는 공간 안에서 일어나는데, 그것이 세간적 공간의 구체적인 행위들로 나타납니다. 이 모든 것은 자연발생적으로 일어납니다. 거기서는 어떤 창조자나 행위자도 없습니다.

세계의 수준에서는 다양한 몸들이 형성되고, 몸의 수준에서는 우리가 몸의 끌림(마음을 끄는 성질)을 만납니다. 무엇보다 먼저 우리 자신의 몸이 있고, 그런 다음 남들의 몸이 갖는 끌림이 있습니다. 이 구체적인 세계에서 무슨 일이 일어나든, 그 도구와 보조수단들은 허공에서 옵니다. 원료가 허공에서 옵니다. 허공(공간)은 빛 이전에 있습니다. 빛이 한데 모이면 해로서 반사됩니다. 이 모든 것은 이해하기 어렵기 때문에, (여러분은) **바잔**을 하는 것이 최선이라는 것입니다!

선과 악의 판정은 말을 통해서일 뿐입니다. 말이나 소리는 공간의 표현들입니다. 우리는 말의 수준에서만 좋거나 나쁜 어떤 일이 일어날 거라고 생각합니다. 우리가 허공을 자신과 동일시하면, 선과 악이 끝납니다. 무엇보다 여러분은 어떤 것을 자신에게 좋거나 나쁘다고 인식합니다. 그런 다음 좋은 것을 얻거나 나쁜 것을 없애기 위해 **신**을 발명했습니다. 그리고는 그런 **신**을 숭배하고, **바잔**을 하고, 자기에게 좋은 일이 일어나게 해 달라고 그 신에게 기도합니다.

◆ ◆ ◆

마: 여기 앉아 있는 여러분이 얻을 이익은, 잎이 무성한 몇 그루 나무의 그늘에 앉아 있으면서 얻는 이익과 다를 바 없을 것입니다. 나무 밑에 앉아 있으면 어느 정도 평안이나 행복감을 얻을 수 있지요. 평안 속에 머무르십시오.

저의 가르침은 이 **의식**에서 나오고 있습니다. 그것은 편안함을 위한 큰 그늘나무와 같습니다. 여러분은 여기 와서 앉아 편안함을 느끼는데, 그것이 어떤 것인지는 말하지 못합니다. 그 상태에서는 말로 설명할 수 없습니다. 여러분은 편안한 상태에 있지만, 더 깊은 의미는 (여러분이) **진아** 안에서 즐거워한다는 것, **진아**에 안주하여 **진아** 속으로 가라앉는다는 것입니다. 그래서 여러분이 편안하고 행복하다고 느끼는 것입니다.

이 상태에서는 여러분이 무슨 말을 들어도 그것이 잊히지 않을 것입니다. 스와르타(swartha)라, '스와(swa)'는 **자기**(진아)를 뜻하고, '아르타(artha)'는 의미입니다. 스와르타는 이기심을 뜻하는데, '진아의 의미'를 뜻하기도 합니다. 실

세계에서 의미를 갖는 말들은 여러분을 이기적으로 만들겠지만, 여기서 나오는 말들은 여러분 자신의 **진아**에 대한 의미를 안겨줄 것입니다.

(어느 모자母子가 와서 마하라지께 화만華鬘(꽃들을 줄에 꿴 장신구)을 둘러드리고, 좌중의 모든 사람에게 쁘라사드(*prasad*)를 나누어주었다.)

단순하고 순진한 사람들의 깊은 상태는 이런 식으로 열매를 맺습니다. 그녀는 아들이 시험에 합격하기를 기도했지요. 그녀 자신의 믿음이 성과를 냈습니다.

여기서의 이 편안한 상태를 여러분이 즐긴다면, 그리고 이 상태와 하나가 된다면, 여러분은 이 상태도 초월하게 될 것입니다. 심지어 **신**들이 태어나기 이전의 상태에까지 들어갈 수 있습니다.

이런 이해를 가지고 자신이 하고 싶은 일을 하고, 세간 활동을 해나가십시오. 여러분이 **스와**(*swa*)―**진아**―의 의미를 이해하면, 이기심이 들어설 자리가 없을 것입니다.

이것을 철저히 이해하고, 그 안에 안주하십시오. 그러다가 때가 되면 그것을 깨달을 것입니다. 시기가 무르익어야 그 **깨달음**이 일어날 것입니다.

여러분의 가치(worth-영적인 근기)는 무엇입니까? 여러분은 그것을 통해 세계가 표현되는 **의식**입니다. 그 가치성(의식으로서의 정체성)에 안주하십시오. 마음과 몸의 수준으로 떨어지지 마십시오. 또한 여러분은 탄생과 죽음에 의해 영향을 받지 않는다는 굳은 확신을 가져야 합니다. 여러분은 허공과 같습니다. 비단 허공과 같을 뿐 아니라 허공 이전입니다.

저 **궁극자**인 **여러분**은 결코 상실될 수 없습니다. 여러분이 무엇을 잃어 버렸든, 여러분이 잃어버린 것은 말일 뿐입니다.

저는 여러분에게 충분히 이야기했으니, 여러분은 무엇을 들었든 그것을 잘 지니고, 그것을 숙고하고, 그것을 궁구窮究하여, 그것과 하나가 되십시오.

◆ ◆ ◆

질: 명상이란 무엇입니까?
마: 그것 때문에 우리가 자신이 존재한다는 것을 아는 그것과 하나가 되는

것이 **명상**입니다. 신들에게 부여된 많은 이름이 있는데, 그것들은 모두 똑같은 것을 나타냅니다. 즉, 자기가 있다는 이 앎, 이 존재성, 이 **의식**을 나타냅니다. 이 앎은 어떤 개인을 말하는 것이 아니라, 하나의 전체로서의 '존재의 느낌'을 말합니다. 우리는 이 앎을 하나의 전체 작용으로 받아들이지 않고 그것을 여러 조각으로 분할하고, 그 한 부분을 어떤 개념에 기초해 자기 자신으로 여깁니다. 하나의 개념에 기초한 어떤 앎도 참된 앎이 아닙니다.

개체 같은 것은 없습니다. 지금 그대는 자신이 깨어 있다는 것을 아는데, 왜냐하면 그대가 여기 있고, 그 앎을 가지고 있기 때문입니다. 이 앎 외에는 달리 아무것도 없고, 어떤 개체도 없습니다.

그대가 이 **의식** 안에 거주하고 있을 때는, 그대가 아무것도 하지 않고 있다는 것, 그 모두가 자연발생적으로 일어난다는 것을 압니다. 그대가 무엇을 하려고 애쓴다는 것이 없습니다. 그대가 곧 그대의 **진아**이기 때문에, 그대의 **진아**가 되려고 애쓸 수가 없습니다.

1981년 6월 22일(오전/오후), 23일, 25일, 26일, 27일

101
그대가 말없는 존재일 뿐일 때, 그대는 강력하다

마하라지: "아함 브라마스미(*Aham Brahmasmi*)"는 어떤 미세한 곳에서 싹이 트는데, 자랄 때는 계속 자랍니다. 이것이 싹튼다는 것은 어떤 의미입니까? 그것은 "내가 **브라만**"이라는 것을 말해줍니다. 그런 다음 영감이, 직관이 시작됩니다. "아함 브라마스미"의 더 깊은 의미는, 내면에서 일어나는 어떤 직관적이고 신령스러운 성장, 곧 "내가 **브라만**"이라는 굳은 확신이 자리 잡는다는 것입니다. 이 "아함 브라마스미"의 성장이 시작되는 그런 사람은 (몸과 마음의) 괴로움을 겪는다 할지라도, 그의 이해 혹은 "아함 브라마스미"의 이 발아發芽

를 잃어버리지 않을 것입니다. 그것이 확고히 뿌리를 내립니다.

'아함 브라마스미'는 "나는 브라만이다"라는 뜻이지만, "나는 브라만이다"라고 말하기 이전에 여러분이 이미 브라만과 하나입니다. 그럴 때에만 여러분이 "나는 브라만이다"라고 말할 수 있을 것입니다. 그것은 그냥 생시의 상태와 같습니다. 깨어나면 여러분은 "나는 깨어났다"고 말합니다. 그래서 생시의 상태는 여러분이 "나는 깨어났다"고 말하는 것보다 먼저입니다.

지知를 받는 데는 두 가지 방식이 있습니다. 한 가지 방식은 그 지知를 배워서 그것을 외적으로 받는 것입니다. 또 한 가지 방식은, 그 지知가 내면에서 직관적으로 성장하는 것입니다.

이제까지 여러분은 자신의 진아로써 자신의 진아를 이해했습니까? 여러분은 아직 진아를 보지 못했는데, 자기가 무엇인지 어떻게 확신할 수 있습니까? 여러분이 지금 무엇을 자신과 동일시하든, 그것은 몸과 그 몸 안의 지성일 뿐입니다.

질문자: 이해하려면 지성을 사용해야 합니다. 저는 책을 많이 읽어 왔습니다. 더 깊은 정서적 이해를 계발하려면 어쩌면 시간이 좀 걸리겠군요?

마: 그대가 무엇인지를 이해하고, 궁극적으로 진아를—그것이 그대이지만—자신과 동일시하기 위해서는, 진아를 자신과 동일시하고 진아를 철저히 이해한 누군가를 만나야 합니다. 그대 자신의 그 정체성을 만난 적이 있습니까?

질: 아니요. 다른 사람들에게서 그것을 본 적은 있습니다. 그것이 우리에게 자기 자신 안에서 그것을 발견하도록 노력하게 추동합니다.

마: 그대가 남들을 바라볼 때, 그 다른 사람은 그대처럼 음식기운일 뿐입니다. 그 이상의 어떤 이해를 그대가 가지고 있습니까? 그대의 실체가 지닌 정수, 그대의 내적 핵심은 무엇입니까?

여러분이 여기 오면 아주 만족하고 흡족해합니다. 왜입니까? 그렇게 느끼는 이유는, 여러분이 여기에, 곧 여러분 자신의 의식의 그늘에 있기 때문이고, 그 의식 안에 안주하고 있기 때문입니다. 그것은 여러분이 몸-마음과 지성을 초월하는 상태에 있다는 것을 뜻합니다. 그 상태에 있기 때문에 여러분에게는 어떤 형상도 없고, 어떤 의문도 없습니다. 그래서 여러분이 그 만족한 상태에 있는 것입니다. 그 상태에서는 여러분이 듣는 어떤 문장도 여러분 안에 깊이 심어질 것이고, 잊히지 않을 것입니다. 그 문장들은 잊어버릴 수 없습니다. 그것이 여러분을 자기 진아에게로 이끌어 주기 때문입니다. 여러분이 듣는 말은 여러분이 떠날 때에도 잊히지 않을 것입니다. 밖에 나갈 때도 이 그늘의 상태에―곧 진아 안에, 여러분이 그것인 의식 안에 안주하십시오. 여기서는 지성이 장난치고 다닐 여지가 없습니다. 여러분이 어떤 형상과도 자신을 동일시하지 않기 때문에, 마음이 어떤 선전도 벌일 장소가 없고, 그 마음은 의식 속으로 가라앉습니다. 이것은 허공 같고 그늘 같은 상태입니다.

질: 우리가 그 존재성의 상태에 있다면, 자신의 만트라를 염할 필요가 있습니까?

마: 그대가 여자인데 자신이 여자라는 것을 받아들인 적이 없다고 합시다. 그래서 그대에게 그대는 여자라고 말해줍니다. 이것이 "나는 여자다, 나는 여자다"라는 만트라입니다. 자기가 여자라는 확신이 들어도 "나는 여자다, 나는 여자다"라고 계속 염하겠습니까? 그대가 그것일 때는 선택하고 말고가 없습니다. 그 만트라를 염하든 않든, 선택은 몸-마음의 수준에 있지요.

질: 의식이 그 자신을 의식하기 시작하면 우리는 논리적으로, 그것이 그 자체 속으로 합일될 거라고 생각합니다. 그러나 그것은 도로 미끄러져 몸을 자신과 동일시하기가 일쑤입니다. 왜 그렇습니까?

마: 부적절한 상태이자 하나의 질병인 의식이, 대체 왜 존재해야 합니까? 진인에게는 의식이 전혀 일어난 적이 없습니다. 의식이 그 자신을 이해하려고 들면, 시간이 지나면서 그것이 절대자 안에서 안정됩니다. 의식이 절대자 안에서 안정되면, 자신이 유령과 같은 것이고 실재하지 않음을 압니다. 그것을 감촉할 수가 없습니다.

그대는 태어난 뒤에 자신의 존재를 알지 못했습니다. 자궁 속에서 보낸 아홉 달과 그 뒤의 얼마 동안은 "나는 이러이러한 사람이다"라는 것이 없었습니다. 그대가 어머니를 인식하기 시작할 때, 자신의 존재도 자각하게 되었습니다. 저 '내가 있음'은 얼마 뒤에 나옵니다. 어머니는 무지한 가운데 그대가 그 몸이라고 가르치고, 그대는 그것을 믿기 시작합니다. 그대의 마음도 서서히 발달하기 시작합니다. 그래서 무지로 인해, **절대자**가 바로 처음부터 그 자신을 알지는 못하고, 몸 때문에 그것은 자기가 있다고, 즉 "내가 **있다**"고 알기 시작합니다. 무지로 인해 그대는 누군가에게 "저는 누구입니까?"라고 물어야 했는데, 그렇지 않았으면 아무한테도 묻지 않았겠지요. **라마** 같은 이른바 화신들도 그와 같이 가르침을 받아야 했습니다. 그 화신들도 그대와 마찬가지입니다. (어머니 등의) 잘못된 가르침 때문에 몸과 함께 속박이 왔고, 그 이후에 스승이 와서 "그대는 몸이 아니다"라고 말해주었고, 그런 다음 그들은 해방되었습니다. 그래서 이 모든 탄생들이 일어나고 있습니다. 만일 그대가 속박에 대해 알았다면 태어나는 것을 거부했겠지요. 그러나 '내가 있음'이 없었기에 함정에 빠졌습니다. '내가 있음'은 몸의 성질이기 때문에, 나중에 그대는 '그대가 있다'는 것과, 그대가 함정에 빠져 있다는 것을 알게 됩니다. 그러나 알고 나면 해방됩니다.

◆ ◆ ◆

마: 모든 지식은 석녀의 아들과 같습니다.

현재 (저에게는) 존재성과 작용만 있습니다. 개인성과 인격은 내던져집니다. 어떤 인격도 없고, 그래서 태어나고 살아가고 죽는다는 것이 없습니다.

남아 있는 것은 이름이나 형상이 없는 **의식**뿐입니다. 개인성이란 전혀 없습니다. 이 형상은 하나의 이름을 필요로 하지만, 둘 다 없으면 **의식**만 몸이 있는 동안 남아 있는데, 어떤 개인성도 없습니다. (저의) 몸은 지금, 그것이 태어나기 전이나 죽은 뒤에 그런 만큼만 쓸모가 있습니다. 여러분은 저를 어떻게 압니까? 몸-형상, 이름과 형상을 얻고 나서야 저를 압니다. 여러분이 있는 그대로의 저를 정말 봅니까? 아니겠지요.

지금 결론은, **불생자**不生者(절대자)가 탄생 원리(한 사람으로서의 마하라지의 의식)를 즐기고 있다는 것입니다. 태어나는 저 원리는 이것을 이해하는 데 아주 많은 시간이 걸렸는데, (그러기 전이나 지금이나) 지배하는 것은 **불생자**뿐입니다. **진아**가 **진아**를 이해하는 데 아주 많은 시간이 걸렸습니다.

우리는 목에다 수많은 개념을 둘러 왔습니다. 죽음, 이 "내가 있다" 등을 말입니다. 마찬가지로, 선과 악의 개념도 불필요합니다. 우리는 이런 개념들을 발전시켜 거기에 매입니다.

우리는 **진아지**에 대해 어떻게 생각합니까? 여러분은 **진아** 안에 안주합니까, 아니면 그 과정에서 다른 어떤 것을 **진아**라고 생각합니까? 여러분은 자신의 개념들에 싸여 길을 잃습니다.

예를 들어, 여러분은 우정에 대한 개념을 가지고 있습니다. 그러나 언제까지 여러분의 친구들을 둘 수 있습니까? 그들이 여러분에게 쓸모 있는 한에서 친구로 두겠지요. 그런 동안에만 그 우정을 유지하고 싶을 것입니다. 그런데 내가 어떻게 친구에게서 실제로 이익을 얻을 수 있습니까? 한 개인으로서의 '나'는 없는데, 어떻게 이익이란 것이 있을 수 있습니까? 누구에게 이익입니까? 그러니 우정이라는 것이 어떻게 있을 수 있습니까?

여기 오는 사람은 누구나 앉을 수 있습니다. 저는 그에게 한동안 앉아 있는 것을 허락하겠지만, 나중에는 "당신은 가도 좋습니다"라고 합니다. 왜입니까? 그 사람과 어떤 우정도 가질 의도나 목적이 없기 때문입니다.

보통, 다른 사람과 교제할 때는 어떤 이익을 얻을 얼마간의 목적이 있습니다. 여러분이 어떤 사람을 우정으로 만날 때는 서로 도움이 되려는 어떤 의도가 있을 수 있습니다. 그러나 저는 친구가 없습니다. 이 '내가 있음'조차도 저의 친구로 머물러 있지 않을 것입니다.

저는 더 이상 이야기를 할 수 없습니다. 의욕은 있으나 몸이 약합니다. 그 전에는 사람들을 반겨 맞곤 했지만 지금은 반길 입장이 아닙니다. 그들이 오면 앉아 있다가 제 발로 갑니다. 저는 환송조차 못합니다.

저의 모든 지식은 청산되었습니다. 저는 상관하지 않습니다.

❖ ❖ ❖

질: 깊은 잠은 모름(no-knowing)입니다. **절대자**는 지각성(앎)과 비지각성(모름)을 넘어서 있습니다. 저는 이해가 안 됩니다.

마: 우선 한 아이가 태어납니다. 그 아이는 자기 자신을 모릅니다. 배고픔, 갈증 등의 반응이 일어납니다. 그런 것은 생명이 있을 때의 신체적 문제이고,

내면에서 저 지각성의 상태가 아직 발달하거나 충분히 성숙하지 않았습니다. 1, 2년이 지나면 아이가 자기 자신을 알고, 엄마를 알게 됩니다. 아이가 그 자신을 알 때 아이의 지각성도 시작됩니다.

그 이전에는 아이가 무지입니다. 비록 비지각성이기는 하나 그 아이는 무지입니다. 그러다가 "내가 있다"는 앎을 얻습니다. 아이는 자기가 누구인지는 몰라도, 자기가 어떤 무엇이라는 것은 압니다. 나중에 아이는 남들이 먹여 주는 개념과 사상들을 수집하기 시작하고, 그 자신과 남들에 대한 어떤 개념이나 이미지들을 발전시킵니다. 마음이 발전한 것입니다. 그리고 깊은 잠과 생시 상태라는 매일 되풀이되는 주기가 옵니다. 생시 상태에서 그대가 어떤 마음 상태에 있든, 그대는 개념과 더불어 세계를 알고, 그런 다음 잠에 빠집니다. 그런데 엄밀히 말하자면 그 깊은 잠을 비지각성이라고 부를 수 있겠지요. 그러나 그것은 그 너머에 절대자가 있는 저 비지각성은 아닙니다.

다시 어린아이에서 출발해 봅시다. 무지, 지각성, 개념들의 집적, 스승과의 만남입니다. 스승이 그대에게 말합니다. "개념들을 없애고 그저 그대 자신이 되라." 그래서 그대가 있을 때는 오직 그대만이 있습니다. 이것이 첫 번째 단계입니다. 즉, 그대가 있다는 말없는 의식 안에 안주하는 것입니다. 그것이 지知입니다. 아이가 그 자신을 알기 시작했을 때도 지知가 있었습니다. 그러나 그것은 일반적인 지知로서 누구에게나 공통되는 것입니다. 그것이 이제 영적인 지知가 됩니다. 스승이 말한 것을 이해한 구도자는 개념들을 없애 버리고, 이제 첫 단계로서 "내가 있다"의 상태, 그저 있음 안에 거주합니다.

무엇보다 먼저 "내가 있다"는 말없는 지각성이 있습니다. 그 지각성과 함께 세계가 있습니다. 이제 그 구도자가 명상에 들어가면 그 지각성은 비지각성 속으로 들어갑니다. 이것이 수행 단계상 최고의 상태입니다. 이때 몸의 측면은 있는데, 왜냐하면 이 앎과 모름은 몸의 측면들이기 때문입니다. 몸은 의식을 의미하는데, 의식의 영역 내에 지각성과 비지각성이 존재하는 것입니다.
질: 저는 비지각성이 절대자를 의미한다고 생각했습니다.
마: 지각성과 비지각성은 신체적 의식의 표현들입니다. 음식으로 된 이 도구인 몸이 의식과 함께 완전히 초월될 때, 그것이 절대자입니다.

밝음이 있고 어둠이 있지만 그 배경은 무엇입니까? 허공입니다. 허공은 밝음도 아니고 어둠도 아닙니다. 그러나 허공은 있습니다. 허공 안에 안주하려면 밝음과 어둠을 초월해야 합니다. 마찬가지로, (절대자에 안주하려면) 지각성과 비지각성, 즉 신체적 의식의 측면들을 초월해야 합니다. 그 상태에 도달하면 의식과 비非의식을 지켜보게 됩니다. 그것이 **본연삼매**(Sahaja Samadhi)라는 것입니다.

본래 그대는 그 상태에 있지만, 몸과 의식이라는 이 정신-신체적인 도구가 늘 있습니다. 어떤 사람이 나타나는 순간 그 도구가 작용합니다. 그렇지 않으면 우리는 절대자로 돌아갑니다. 그것은 마치 이와 같습니다. 즉, 큰 방 안에 문이 하나 있는데, 그 문에 작은 구멍이 하나 나 있습니다. 그 작은 구멍이 의식이지만, 그대는 문 뒤에 있습니다.

저 우주선들이 지상에서 위로 올라가고 있다고 합시다. 그대가 공중에 있으면 지구를 벗어났다고 느끼지만, 그렇지 않지요. 여전히 지구 대기의 영향 아래 있습니다. 대기가 없는 허공 속으로 더 올라가야 합니다. 그러나 그대가 그곳으로 간다는 생각이 어디 있습니까? 그런 것이 아니지요. 그대는 실로 절대자이고, 이런 것들은 다 그대가 얻어 걸친 의복들입니다.

그대는 그대가 있다는 것을 알지만 (몸-의식을 초월하면) 그대가 있다는 것을 잊어버립니다. 그 망각이 비지각성이며 그것이 최고의 상태입니다. 그것을 말로는 결코 묘사할 수 없습니다. 그 상태는 결코 말로 포착할 수 없습니다.

이것을 이해할 필요가 있고, 헷갈리면 안 됩니다. 그대가 지각성의 상태에서 살고 있다고 합시다. 그 상태에서 그대의 지각성이 많은 능력을 받는다고 해서 자신이 이미 **진인**이 되었다고 생각하면 안 됩니다. 스스로 **진인**이라고 생각할지 모르지만, 그것은 그렇지 않습니다. 그것은 그냥 첫 단계일 뿐입니다. 그 단계에서는 많은 유혹이 있습니다. 그대가 말없는 존재일 뿐일 때, 그대는 강력합니다. 능력들을 포기하고 그것을 소유하지 마십시오.

1981년 6월 28일, 30일 / 7월 1일

번역 텍스트와 대담의 연월일별 목록

* 괄호 안의 숫자는 장 번호이며, 진하게 표시된 날짜는 JD 시리즈와 JN 원고에 중복되는 날짜임.

Jean Dunn 시리즈

제1권 *Seeds of Consciousness*(1982)

[1979]. (1) 7/7. 7/22. (2) 8/12. (3) 8/13. (4) 8/14. 8/15. (5) 8/16. 8/17. (6) 8/18. 8/19. (7) 8/20. 8/21. (8) 8/22. 8/23. (9) 8/25. 8/27. (10) 8/28. 8/31. (11) 9/1. 9/3. (12) 9/6. 9/7. (13) 9/8. 9/9. (14) 9/10. 9/11. (15) 9/14. 9/16. (16) 9/17. 9/18. (17) 9/19. 9/20. (18) 9/21. 9/22. (19) 9/23. 9/25. (20) 9/26. 9/27. (21) 10/2. 10/3. (22) 10/5. 10/6. 10/9. (23) 10/13. 10/14. (24) 10/21. 10/22. (25) 11/11. 11/16. (26) 11/17. 11/18. 11/28.
[1980]. (27) 1/1. 1/2. (28) 1/3. 1/5. (31) 1/11. 1/13. (32) **1/14**. (34) **1/14**. **1/16**. (35) 1/21. (43) 3/28. (44) **3/29**. **3/30**. (45) 4/2.

제2권 *Prior to Consciousness*(1985)

[1980]. (45) **4/4**. (46) 4/8. 4/14. 4/15. (47) 4/19. 4/23. 4/30. (48) 5/4. 5/8. (49) 5/11. (50) 6/27. 6/29. (51) 7/1. (52) 7/6. 7/9. (53) 7/15. 7/19. (54) 7/20. 7/21. 7/22. 7/23. (55) **7/26**. (57) 8/1. 8/8. 8/21. (58) 8/23. 8/24. 8/29. 8/30. (59) 9/11. 9/15. 9/21. (60) 9/24. 9/27. 9/28. 9/30. (61) 10/1. 10/2. 10/4. (62) 10/8(AM/PM). 10/14. 10/15. (63) 10/17. (64) 11/7. 11/10. 11/11. (67) 11/23. (68) 11/29. 11/30. (69) 12/7. 12/9. (70) 12/13. (71) 12/23. 12/24. (72) 12/27. 12/28. (73) 12/29. 12/31.
[1981]. (74) 1/1. 1/6. (75) 1/10. (76) 1/19. (77) 1/20. 1/27. (78) 2/1. (79) 2/2. 2/3. (80) 2/17. 2/18. (81) 2/22. 2/23. 2/28. (82) 3/1. 3/6. 3/8. (83) 3/9. 3/10. 3/11. (84) 3/14. **3/15**. **3/16**. (85) **3/17**. (86) **3/18**. (88) **3/20**. (90) **3/23**. (92) **3/25**. (93) **3/26**. 3/28. (94) 3/30. 3/31. 4/4. (95) 4/10. 4/13. 4/15. (96) 5/9. 5/10. 6/6. 6/8. (97) 6/11(AM/PM). (98) 6/13. 6/15. (99) 6/17. (100) 6/26. (101) 7/1.

제3권 *Consciousness and the Absolute*(1994)

[1980]. (48) 5/1. (49) 5/10. 5/14. (56) 7/29. (61) 10/5. (64) 11/8. 11/9. (65) 11/12. 11/17. 11/18. (66) 11/20. (67) 11/21. 11/24. (68) 11/25. (69) 12/5. 12/8. (70) 12/15. 12/18. (71) 12/22. 12/25. (72) 12/26. (73) 12/30.
[1981]. (74) 1/3. 1/4. 1/7. (75) 1/8. 1/9. 1/11. (76) 1/12. 1/14. 1/17. (77) 1/20. 1/24. (78) 1/29. 1/30(AM/PM). 1/31. (79) 2/5. 2/7. 2/8. (80) 2/9. 2/11. 2/12. 2/13. (81) 2/25. 2/27. (82) 3/2. 3/4. 3/7. (83) 3/12. 3/13. (88) **3/21**. (91) **3/24**. (94) 3/29. (95) 4/6. (4/10-생략). 4/11. 4/22. (96) 6/5. 6/7. (97) 6/9. 6/10. (98) 6/11. 6/14. 6/16. (99) 6/18. 6/19. 6/21(AM/PM). (100) 6/22(AM/PM). 6/23. 6/25. 6/27. (101) 6/28. 6/30.

Jozef Nauwelaerts 원고

[1980]. (29) 1/8. (30) 1/9. (32) **1/14**. (33) 1/15. (34) **1/16**. (35) 1/25. (36) 1/28. (37) 1/31. (38) 2/2. (39) 2/4. (40) 2/10. (41) 2/19. (42) 3/13. (44) **3/29**. **3/30**. (45) 4/4. (55) **7/26**. (56) 7/28. (63) 10/22. (65) 11/13. (66) 11/20.
[1981]. (84) **3/15**. **3/16**. (85) **3/17**(Morning/Afternoon). (86) **3/18**(〃). (87) **3/19**(〃). (88) **3/20**. **3/21**(〃). (89) 3/22(〃). (90) **3/23**. (91) **3/24**(〃). (92) **3/25**(〃). (93) **3/26**(〃).

찾아보기

가나빠띠/가네샤 85, 401
개인아 697 →지바뜨만
공空 44, 74, 636-8, 643, 651
구루 나나끄 309, 311
『구루 바니』 310
구루-짜란-암리따 259, 261
궁극자 56, 66, 102, 119, 169, 178, 256, 362, 381, 480, 492, 499, 656, 691-2, 695, 697, 704
궁극적 원리 228, 256, 285, 490, 697
그리스도 59, 96, 98, 110, 115, 141, 213, 263, 274, 322, 339, 368, 421, 577
깊고 검푸른 상태 348, 353, 574
까비르 252

나마 만트라 170, 326, 555
나마-요가 294
나바나트 삼쁘라다야[계보] 137, 326, 330
냐나 34, 543, 612
니루따 548
니루빠나 695
니르구나 23, 92, 164, 169, 215, 306, 324-5, 328, 330, 363, 384, 410, 420
니르비샤야 299
니르얀/니르반 329

두카 바그완 609-10
떼즈 세쉬 바가반 676-7
뚜까람 71, 220, 333
뚜리야 140, 671

라마 59, 98, 115, 139, 168, 185, 244, 556, 634, 708
라마나 마하르쉬 132-3, 215, 273, 310, 383, 450, 471, 608, 656
라마크리슈나 빠라마한사 83, 400
라즈니쉬 676
로끼/알로끼 691-2
링가-몸 358, 590-1

마야 31-2, 48-9, 68, 85, 90, 107, 116-7, 137-8, 156, 164-6, 179, 181, 218, 229, 294, 320, 355-6, 360, 369-70, 408, 428, 452, 487, 570; -의 바다, 41; -의 유희, 177, 311 →물라-마야
마하까쉬 685, 699, 701
마하뜨-따뜨와 274, 298
마하-요가 269
마헤스와라/마헤쉬 38, 233, 238
명상 46, 52, 55, 61-2, 114, 130, 159, 173, 184-5, 202, 254, 302, 307, 327-8, 404, 425, 531, 651, 672, 681, 704
명상-요가 227, 229
명호기억 132, 333, 651
명호염송 334, 381, 476-7, 522
몸-정체성 149, 154, 278, 281, 283, 287, 296, 332, 588
무無 80-1, 125, 135, 164, 177, 222, 228, 240, 245, 299, 365, 380, 398, 511
무한자 36, 235
물라-마야 31, 38, 85, 156, 158, 162, 207,

232, 267, 273, 298, 302, 354
미세신 179
미현현자 150, 194, 197-9, 203, 229-32, 253, 354, 410, 435, 447, 460-1, 483, 553, 557-8, 578-9, 582, 647, 663, 675
『바가바드 기타』 28-9, 144, 252, 379-80
바가반-바수데바 308
바바지 196-7, 331
바이나트 마하라지, 스리 19
바잔 13, 70, 118, 238, 258, 322, 356, 443, 479, 493, 632-4, 663, 668, 685-6
발(라)크리슈나 51, 338-9
범혈梵穴 323 →브라마란드라
보살 263
보편적 생명 69, 72-3
본연삼매 345, 711
불생자 283, 302, 326, 330, 332, 708
붓다 64, 263, 368
브라마 80, 99, 107, 109, 137-8, 166, 200, 208, 224, 238, 328, 447; -의 바다, 41; -의 유희, 189
브라마란드라 125, 158, 197, 200, 224, 377
브라마-수뜨라 265, 274, 298
브라만 16, 27, 63, 65, 85, 90-1, 114, 183, 288, 317, 328, 332, 354, 371, 373, 414, 430, 460, 489, 519, 661-2, 684-5, 689, 705-6; 사구나[성질적] -, 281-2, 360, 460, 666, 693; 비성질적 -, 666; 현현된 -, 284, 453, 680, 688
브리하스빠띠 219-20, 328
비냐나/아냐나 543
비슈누 119, 208, 224, 238, 259, 274, 328, 337, 661
비슈란띠 396 →빠라마 비슈란띠
비슈와/브라마/아뜨마-수뜨라 265
비슈와-비샤야 299
비슈와-요가 294
비非의식 37, 113, 711
비非주의 65, 253, 355

비지非知 355, 719
비지각성 295, 420, 429, 454, 530, 552, 574, 646, 658, 709-11
비토바 41, 291
빗탈 308
빠딴잘리 요가 227-8
빠라/빠시얀띠/마디야마/바이카리 221, 257, 374, 401, 570
빠라마까쉬 682
빠라마뜨만 58, 82, 150, 238, 246-7, 251, 270, 300, 414, 423, 435, 478
빠라마-비슈란띠 397
빠라메스와라 300
빠라바니 220-1
빠라브라만 12, 68, 82, 120, 127-8, 208, 210, 212, 238, 242, 246-7, 251, 268, 285, 329, 332, 335, 340, 346, 355, 361, 364, 376, 378, 414, 427-8, 431, 437, 447, 457, 468-70, 476, 489, 495, 529, 563-4, 661, 668; 니쉬까마 -, 82, 283, 300; 참스승 -, 363-4
빠라샥띠 220, 386
빠랍티 274
뿌르나브라만 268, 300
뿌루샤-쁘라끄리띠 265-6
쁘라사드 133, 290
쁘라끄리띠-뿌루샤 460, 464; --샥띠 265
쁘라끄리띠와 뿌루샤 69, 164, 181-2, 229, 273, 346, 358, 360, 371, 385, 416

사구나 박띠 591
사다나/산깔빠 479
사뜨-구루-짜란 456 →참스승의 두 발
사뜨와/라자스/따마스 12, 22, 42, 62, 236, 273, 442, 475
사뜨와 구나 42, 62, 223, 239, 262, 265-6, 296, 363, 439, 455
사뜨와 샥띠 265
사뜨-찌뜨-아난다 423, 464, 483, 660, 686
사띠야 사이 바바 441-2

사랑 40-1, 63, 95-6, 121, 148, 166, 179, 216, 339-40, 364-5, 378, 402, 435, 641, 651, 682-3; 나 -, 344
삼매 70, 116, 127, 167, 241, 377, 384, 497, 569, 605, 629, 657 →본연삼매
삿상 662
상습 52, 279, 326-7
샥띠 270, 376, 464-5; -의 길, 625
세 가지 구나 12, 22-3, 42, 62, 187, 213, 229, 235-6, 238-42, 259, 273, 292, 319, 329, 356, 361, 371, 385, 416-7, 442, 475, 501, 622, 696, 698-9
수뜨라 빠담 436
순수한 초월지 260
슛다 비냐나 260 →순수한 초월지
스와라사 299
스와루빠난다 260 →존재의 지복
스와르따 703
시바 224, 274, 328, 376, 464, 601
실재 23, 36, 74, 99, 105, 150, 195, 225, 257-8, 260-1, 362, 369, 421, 539, 678
싯다 118, 371, 662
싯다라메쉬와르 마하라지, 스리 17-8
싯다뿌루샤 244
씨앗-원리/씨앗-의식 294
씨앗-존재성 263, 265, 274, 296, 378
씨앗-환幻 267

아난다 마이 (마) 51, 184, 313-6, 318
아뜨마/아뜨만 38, 42, 67, 77, 172, 183, 238, 280-1, 285, 306, 328, 332-3, 362, 374, 376, 428, 505-6, 601, 697
아뜨마-쁘렘 216, 298 →자기사랑
아뜨마-요가 294
아르주나 105, 114, 150, 178
아상我相 235, 605
아이 무지 60, 387
『아이 앰 댓』 15, 53, 93, 232, 303, 314, 326, 341, 585, 589
아이 원리 250, 297, 338-9, 341, 343,

462, 464; 무지한 -, 337-8, 341
아이 의식 60, 343
아이-존재성 250
아잔마 330 →불생자
아짜라나 691
아함 브라마스미 34, 705-6
액체 에너지 246-7, 249
업業 63, 158, 209, 212
열반 217, 363
영원자 56, 90, 105, 114, 262, 271, 321, 357, 492, 508, 567
5대 생기 279
옴까르/옴꾸루 462-3, 465
요가 47, 56, 201, 227-8, 295, 313, 315-6
요가마야 231, 274
요가샥띠 274
원인신原因身 331, 358, 415, 545
원초적 환幻 118, 222-3, 232, 302, 354, 437 →물라-마야
은총 19, 113, 191, 256, 339, 348, 381, 542-3, 601-2, 649, 684
의식 20-3, 34, 42-9, 55-7, 61-3, 69-73, 80-2, 99, 105-7, 116-7, 119-22, 127-8, 142-3, 151-3, 159-60, 174, 183, 189, 197-8, 200-4, 222-4, 255-60, 286-8, 290-4, 297-9, 318-9, 324-5, 376-7, 406-11, 422-7, 446-50, 453-8, 468-70, 472-5, 479, 485-94, 501-2, 506-11, 513-28, 533-48, 558-67, 571-3, 577-80, 583-91, 594-7, 600-3; -의 무변제, 509; -의[안에서의] 유희, 136, 154, 243, 450, 479, 567; - 이전의 상태[원리] 37, 127-8, 469, 573, 584; 보편적 -, 69, 77, 92-3, 106, 112, 169, 192, 203, 219, 290, 298, 305, 324-6, 329-30, 339-40, 396, 414, 424, 448, 454, 459, 482, 494, 510, 528, 541, 556, 565, 664, 675-6, 681; 순수한 -, 120, 301-2, 627, 672; 전체(적) -, 197, 201, 449, 530, 689; 현현된 -, 99, 128, 216

-7, 279, 283, 288, 414, 424, 434-5, 538, 574, 577, 581, 616, 641-2, 654, 661-2
이스와라 87, 141, 178, 245, 299, 304, 317, 327, 351, 371, 406, 453, 494; -원리, 38, 351, 371-2, 494; --박띠, 261; -의 상태, 169, 278, 359, 414
자가담바 83
자각 30, 116, 127-8, 189, 197, 261, 268, 414, 474-5, 480, 613-4, 647, 672, 696, 698; 순수한 -, 480, 627; 자각에 대한 -, 414, 475; 절대적 -, 647
자기사랑 82, 156, 206, 210, 216, 247, 264, 274, 298, 328, 418, 456, 508, 518-9, 535, 672
자빠 195, 269
절대자 21, 36-41, 56, 66, 95, 99, 104-5, 114-6, 127-8, 144-5, 150, 159, 164, 168-9, 189, 212-5, 219-21, 233-5, 238-42, 248-50, 262, 272-5, 285-6, 298-302, 305-6, 315-8, 334-7, 347-9, 353-5, 371-3, 391-2, 403-7, 409-10, 423-5, 468-9, 480-1, 484-5, 487, 489, 502-3, 507-9, 553-4, 566, 625, 663-5, 702, 707, 709-11; 미현현의 -, 659
존재의 지복 260
존재애 63, 156, 164, 216, 246-7, 255, 266, 281, 386, 401-2, 426-7, 435, 485, 508, 551, 581, 676
존재와 비존재(성)의 경계선 207, 268
지知 30, 38-9, 80, 86-7, 89-93, 99, 110, 142, 150-1, 174-5, 199-200, 262, 281, 323, 331-2, 344, 347-8, 355, 361-2, 367-8, 408-10, 419-20, 426-9, 433-4, 458-9, 489-91, 506, 512, 529, 538-9, 544-5, 573, 620, 648, 661, 670-2, 706; 궁극적 -, 105, 238, 543; 보편적 -458; 진아에 대한 -, 27, 110, 184, 499, 578, 619-20, 685; 현현된 -, 21, 113, 260, 267, 472, 544

지고자 168, 186, 219, 221, 235, 253, 281, 288, 295, 298, 300, 318, 362, 384, 455, 586, 592
지知-요가 172, 184, 294-7
지바뜨만 414
진 던 15, 341
진아 깨달음 62, 134, 175, 292, 484, 680
진아-요가 227, 229
진아지 24, 32, 62, 97-8, 136, 178, 184, 204, 227, 275, 280, 287-8, 311, 404, 413-4, 488, 498, 505-7, 582, 624, 674
짜끄라빠니 479-80
짜란-암리따 254-8 →구루-짜란-암리따
짜이따니야 546
쩨따나 546, 617
찌다까쉬 682, 685, 700-1
찐마야난다 686

참스승 98, 116-8, 132-3, 147, 168, 197, 275, 302, 348, 356, 364, 408, 454, 477-8, 500, 530; -의 두 발, 453, 456
침묵의 소리 203-4

크리슈나, 스리[주/바가반] 28, 51, 59, 64, 66, 97-8, 105, 110, 150, 178-9, 213-5, 221, 262-3, 270, 272-5, 288-9, 311, 325, 351, 380, 436, 451, 480
크리슈나무르티 269, 580, 599, 679

탄생 원리 269, 422, 462, 501, 521, 525, 552-3, 657, 671, 708
탄트라/만뜨라/얀뜨라 443
티쿠 바바 190, 446

하나 73, 116, 140; 큰 -, 93
화물化物 32, 51, 154-5, 158, 171, 297-8, 325, 336-7, 364-5, 434, 436, 521, 545, 590, 634; 탄생 -, 171, 434, 655
홈까 297
히라냐가르바 32, 274, 298

옮긴이의 말

　이 책은 강력하다. 놀랍도록 평이하되 아득히 멀고 깊으며, 무수한 반복을 통해서 진리의 핵심을 향해 거듭거듭 나아간다. 여기서 **니사르가닷따 마하라지**는 시간과 공간 속의 일상적 경험에서부터 **궁극의 실재인 절대자**에 이르기까지 존재론적 범주들 전체를 종횡으로 다루는데, 그 결론은 단순하고 명료하다. 그의 가르침은 우리가 몸을 자기로 여기는 '몸과의 동일시' 관념과, 우리에게 늘 있는 "내가 있다"는 앎에서 출발한다. **마하라지**는 몸이 5대 원소에서 나온 음식으로 구성되고 생명기운으로 작동한다는 사실을 상기시키면서, "내가 있다"는 앎이 이 음식-몸에서 나온다는 점을 되풀이하여 강조한다. 이것이 개아個我로서의 우리의 '존재성'이다. 이 존재성은 시간이 한정되어 있고, 몸이 죽고 나면 해체되어 **보편적 의식**에 합일된다. 몸의 탄생과 환생, 그리고 우리가 자신을 몸과 동일시하는 '몸-정체성'은 **마야**의 유희일 뿐, **절대자**인 나는 그것과 별개이다. 여기서 환생 개념은 근본적으로 부정되며, 개인성의 관념에 기초한 다른 모든 개념들도 근거를 잃는다. 개념을 벗어나 "내가 있다"는 앎 속에 철저히 안주할 때, 우리의 본질인 어떤 상태가 열린다.

　마하라지는 이 책이 『아이 앰 댓』보다 더한 중요성을 갖게 될 것이라고 말했는데, 책을 읽고 나면 독자들도 아마 그에 동의하게 될 것이다. 이 두 권의 어록을 굳이 비교한다면 『아이 앰 댓』이 차분하고 정교한 반면, 이 책은 거침없고 준열峻烈하다. 이제 **마하라지**의 주제는 더 분명해지고 더 구체화되었으며, **절대자 · 의식 · 존재성 · 명상 · 삼매 · 자각 · 사랑** 등 개념들이 명확하게 설명되면서 기존의 여러 종교적 관념들에 드리워져 있던 모호한 신비성이 걷혔다. 아울러 개념과 규율 체계로서의 이른바 '종교'들이 가지고 있는 한계도 분명하게 지적되었다. **마하라지**는 어떤 전통적 경전에도 의지하지 않고 자신의 투철한 체험을 토대로 **실재**의 핵심에 바로 다가가는 독창적이고 실제적인 길을 제시했다. 그리고 생애의 마지막 시기에 질병으로 인한 온몸의 고통을 무릅쓰면서 혼신의 힘을 다해 이 희유한 말씀들을 구도자들의 가슴에 불길처럼 또다시 불어넣고 있다. 이것은 **마하라지**의 말씀처럼 우리 각자의 내면에 씨앗으로 자리 잡고 있다가 언젠가 싹이 터서 **깨달음**이라는 열매를 맺을 것이다. 그 씨앗은 시절인연을 만나면 자연발생적으로 발아하고 개화한다!

마하라지의 가르침 중 어떤 부분에 대해서는 논리적 의문이 일어날 수도 있다. 예컨대 "우리에게 환생이 없다면, 이번 생에 반드시 성취한다는 보장이 없는 **진아 깨달음**을 왜 추구해야 하며, '씨앗이 언젠가 발아할 것'이라는 **마하라지**의 말씀은 무엇을 의미하는가?"라고 반문해 볼 수 있다. **마하라지**도 그것이 개아에게는 모순처럼 보일 수 있다고 전제하면서, "이 모든 것을 전체적 작용의 일부로 보는 한 어떤 모순도 없다"고 말한다. **마하라지**의 관점은 이 모든 일이 **절대자**에 기반을 둔, 전체로서 **하나**인 '**보편적 의식**'의 작용이라는 것이다. 또한 지성이 제기하는 모든 의문은 개아의 관점에서 일어나지만, 우리가 개아가 아니라 항상 **절대자**라면 이러한 의문 자체가 무의미하다고 말할 수 있겠다. **절대자**에게 환생은커녕 탄생조차도 없다는 것은 너무나 당연한 일이기 때문이다. "태어나거나, 살아가거나, 죽는 어떤 존재도 없다." 이것이 **마하라지**의 확고한 메시지이다. 우리가 해야 할 일은 그것을 정확히 '이해'하는 것뿐이다. 지성으로써가 아니라, 직접적 체험을 통한 확신으로써 말이다. 그러기 위해서는 자기 존재성, 곧 '내가 있음'의 **의식**을 붙들고 그 안에 안주함으로써 **의식**을 넘어서야 한다. 그 과정에서 우리 내면의 **진아**가 우리 존재의 모든 비밀을 드러내 줄 것이다.

마하라지의 가르침에서 주목할 또 하나의 측면은, 꾼달리니·싯디 등 몸-마음 혹은 초자연계의 특수한 현상에 대한 철저한 무관심과 함께, 수행상의 어떤 체험에도 집착하지 말라는 충고이다. "그대의 어떤 체험도 영원하지 않다. 따라서 그것은 **진리**일 수 없다." 아무리 신비한 체험이라 해도 그것은 **의식**의 영역 내에 있으며 절대적 상태가 아니다. 왜냐하면 **절대자**는 '그 자신조차도 모르는' 상태이기 때문이다. 결국 모든 지知는 비지非知, 즉 지知와 무지를 초월한 '모름'으로 귀착된다. 이것이 '**궁극의 상태**'이자 '영원한 **진리**'인, 완전한 **깨달음**의 경지이다.

마하라지에게서 우리는, 더 이상 속박된 개아로서의 자신에게 좌절할 필요 없이, 자유롭게 세계 속을 거닐며 **절대**의 공간으로 비상할 용기를 얻는다. 그는 우리에게 말한다. "살아 있는 동안은 겁 없이 살라"고. 왜냐하면 그 누구도 우리를 창조하지 않았기 때문이다. "그대가 **신**이 존재한다는 증거"이며, "그대가 없으면 어떤 신도 없다." "그대는 **불생자**이고", "그대에게 죽음은 없다." 따라서 마하라지의 이런 말씀이야말로 진정한 복음이며, 참다운 종교의 선언이다. 그는 잡다한 종교적 개념과 이론들을 쓸어내고 그 자리에 **절대자**로 진입하는 관문 하나를 제시한다. "백 년 전에 그대는 누구였느냐?"고. 그런 의미에서 이 책은 전체가 하나의 '화두'나 다름없다.

이 『의식을 넘어서』는 두 종류의 텍스트를 합쳐 번역한 것이다. 그 하나는 **마하라지**의 미국인 제자인 진 던 여사가 발간한 3권의 어록이고, 또 하나는 벨기에 헌신자인 요제프 나우웰래르츠 님의 원고이다(그 책들과 대담의 연도별, 날짜별 목록은 712쪽 참조). 이 두 텍스트(편의상 '시리즈'와 '원고'로 약칭함)는 헌신자들이 녹음한 테이프들에서 각자 확보한 녹취록으로 만든 자료여서 같은 날짜가 중복되는 것이 여럿 있다. '시리즈'는 제1, 2권이 연대순으로 이어지고, 제3권은 제2권과 거의 같은 시기이면서 날짜가 서로 다르다(1981년 1/20자와 6/11자는 날짜가 공통되지만 내용은 다르다). '원고'는 1980~1981년의 2년분이며, 1980년분은 미국의 로버트 파월 씨에게 건네져서 『불멸의 감로(*The Nectar of Immortality*)』(1987)라는 책으로 따로 간행되었고, 1981년분은 미간행 원고이다. 우리는 나우웰래르츠 님에게서 2년간의 원고 전부를 제공받았는데, 그는 1996년에 작고한 진 던 여사를 대신해 그녀의 책들과 이 '원고'를 자유롭게 한데 합쳐 번역하는 것을 허락해 주었다. 우리는 이들 텍스트를 연대순으로 재배열하면서, 중복되는 곳에서는 최선의 텍스트를 취하고, 질문자와 통역자가 계속 주고받는 대화나 의미가 중복되거나 애매한 문장 등 밀도가 떨어지는 부분들을 제외하여 통일적인 흐름의 단일 한국어판을 만들었다.

이 책은 비교적 비슷한 분량으로 안배한 101개 장으로 구성되어 있는데, 날짜에 따라 텍스트 분량에 차이가 많다. '원고'에 비해 '시리즈'는 날짜별 텍스트 분량이 상대적으로 적고, 뒤로 갈수록 양이 급격히 줄어든다. 제1권이 비교적 자세한 편이나 2권은 그보다 적고, 3권에 이르러서는 질문 없이 **마하라지**의 말씀 하나로만 되어 있는 날짜도 많다. 이는 아마도 진 던 여사가 뒤로 갈수록 녹취록 중에서 적은 분량만 취해 책을 엮었기 때문일 것이다. 반면에 '원고'는 나우웰래르츠 님과 통역자 물라르빠딴 님 등이 녹음 원문을 최대한 많이 수록했기 때문에 수록된 날짜의 수는 적지만 각 날짜별 분량이 많다. 같은 날짜의 같은 문답들을 비교해 보면, '시리즈'의 문장은 간결하지만 간추리거나 다듬은 부분이 많다. '원고'는 자세한 반면, 1981년도 대담에서는 군더더기 어구나 정돈되지 않은 문장들이 많아서 선별이 필요했다.

두 텍스트는 같은 곳에서 의미가 아주 다른 단어를 사용한 경우도 있는데, 이는 녹음테이프를 어떻게 '청취'했느냐에 따른 차이일 수도 있다. 진 던 여사는 서로 다른 질문에 대한 **마하라지**의 답변들 중 중요한 내용을 이어서 하나의 답변으로 처리하기도 했다(예컨대 1981년 3/15일자). '시리즈'의 1980년 1/14일자 대담은 '원고'의 14, 15, 16일자 기록(제32, 33, 34장)과 다소 엇갈리며 중첩되는데, 3일간에 걸친 '원고'의 내용이 '시리즈'에서는 14일자에서만 발견되는 이유는 알 수 없다. 1981년 3/18일자 대담(제86장)도 '시리즈'와 '원고'의 내용이 비슷하면서도 분명한 차이를 보이는데, '시리즈'는 '원고'의 전반부(오전 대담)만 담고 있다. 여하튼 같은 날짜의 같은 대담에서는 두 자료를 합쳐 재조정하되, 분량이 많고 더 자세한 '원고'를 주된 텍스트로 하였다.

이 한국어판을 위해 귀중한 녹취록 '원고'를 보내준 벨기에의 나우웰래르츠 님은 몇 년 뒤 세상을 떠났고, 옮긴이가 직접 찾아뵌 적이 있는 물라르빠딴 님도 그 뒤 유명을 달리했다. 두 분과 진 던 여사께 깊은 고마움과 존경을 바치며, **니사르가닷따 마하라지**의 최상승最上乘 가르침을 다시 만나는 기쁨을 독자 여러분과 함께하고자 한다.

옮긴이 씀